创新引领突破 绿色再续新篇
——青海省"十三五"地质工作创新与成果

CHUANGXIN YINLING TUPO LÜSE ZAIXU XINPIAN
——QINGHAI SHENG "SHISANWU" DIZHI GONGZUO CHUANGXIN YU CHENGGUO

青海地质调查局 著

图书在版编目(CIP)数据

创新引领突破　绿色再续新篇:青海省"十三五"地质工作创新与成果/青海地质调查局著.—武汉:中国地质大学出版社,2024.9.—ISBN 978-7-5625-5990-0

Ⅰ.F426.1

中国国家版本馆 CIP 数据核字第 2024E8H802 号

创新引领突破　绿色再续新篇
——青海省"十三五"地质工作创新与成果

青海地质调查局　著

| 责任编辑:舒立霞 | 选题策划:舒立霞 | 责任校对:徐蕾蕾 |

出版发行:中国地质大学出版社(武汉市洪山区鲁磨路388号)　　邮编:430074
电　　话:(027)67883511　　传　　真:(027)67883580　　E-mail:cbb@cug.edu.cn
经　　销:全国新华书店　　　　　　　　　　　　　　　　　　http://cugp.cug.edu.cn

开本:880mm×1230mm　1/16　　　　　　　　　　　字数:650千字　　印张:20.5
版次:2024年9月第1版　　　　　　　　　　　　　　印次:2024年9月第1次印刷
印刷:湖北睿智印务有限公司

ISBN 978-7-5625-5990-0　　　　　　　　　　　　　　　　　　　　　定价:298.00元

如有印装质量问题请与印刷厂联系调换

《创新引领突破　绿色再续新篇
——青海省"十三五"地质工作创新与成果》
编委会

主　　编：李世金　王富春　田承盛　李熙鑫　祁生胜　童海奎

副 主 编：芦文泉　王　涛　郑振华　常革红　赵　娟　于漂罗

主要编写人：王方刚　王佳音　王　佳　冯林传　张得鑫　朱进守
　　　　　　史连昌　祁昌炜　王振东　魏丽琼　董基恩　李　华
　　　　　　白洪溪　杨延乾　李　兄　韩凤岩　严玲琴　时　贞
　　　　　　云启成　谈　艳　汪　鹏

前言

  青海省位于我国西部腹地,地处青藏高原东北部,横跨秦祁昆和特提斯两大成矿域,成矿地质条件优越,矿产资源丰富,属特提斯成矿域,为资源大省。已探明的钾盐、锂、锶、镍、石棉、金、铅锌等资源优势明显,一些主要矿产品(钾盐、锂、石棉等)产量在全国占有较大比重,建成了一批大型矿产品生产基地,已成为国家重要的战略性矿产资源接续地。

  2008年国土资源部、中国地质调查局与青海省人民政府通力合作,启动实施了"青藏高原地质矿产调查与评价专项"(简称"青藏专项")和"358地质勘查工程",提出了"3年取得新进展、新成果,5年实现重大突破,8年形成勘查开发新格局"的目标。2010年全国启动实施了"找矿突破战略行动",到2015年底,"青藏专项"和"358地质勘查工程"顺利收官,青海省"找矿突破战略行动"第一阶段目标任务顺利完成。8年间通过"大规模投入、大兵团作战",以16个整装勘查区为主体的矿产资源调查评价与勘查取得重大突破,矿产资源勘查开发初步形成了祁漫塔格千万吨级铁铜镍铅锌矿、东昆仑千吨级金矿、柴北缘30亿吨级煤炭、木里—热水35亿吨级煤炭四大新的勘查开发基地。地质找矿取得系列重大进展,找矿成果显著。柴达木盆地油气勘探累计新探明石油储量2.96亿t、天然气储量987.81亿m^3,在英雄岭地区新发现亿吨级油气田,8年新增油、气地质储量分别达到前六十年的88%、34%;东昆仑镍矿找矿取得重大突破,夏日哈木铜镍矿达到超大型规模,成为我国第二大镍矿床;大场、沟里、五龙沟、滩间山等整装区金矿勘查不断深入,圈定的主要物化探异常基本得到了查证,主要矿区基本完成了评价工作,累计新增金资源量300余吨。昆南造山拼接带昆仑河地区的黑海北—黑刺沟新发现上百千米金矿带,评价发现了黑海北、黑刺沟、西藏大沟南、拉陵灶火、南沟等金矿床,找矿前景良好;柴达木盆地深层卤水钾盐资源整装勘查区继大浪滩凹地之后,在昆特依、察汗斯拉图、尕斯库勒、马海等几个凹地深部也相继发现厚大富钾卤水层,新增氯化钾资源量3.5亿t,为钾盐找矿开辟了第二空间;沱沱河地区多才玛(超大型)、那日尼亚(中型)、雀莫错(中型)、楚多曲(中型)等主力矿区基本上完成了普查工作,千万吨级铅锌勘查基地雏形初现;玉树地区莫海拉亨(大型)、东莫扎抓(大型)、纳日贡玛(大型)、然者涌(中型)等主力矿区达到基本普查或普查程度,新评价发现了查涌(中型)、撒纳龙哇(中型)、米扎纳能(小型)、当江(小型)、西确涌(小型)等矿床,发现有较大远景规模的富铜矿体,扭转了青海省在铜矿找矿方面的被动局面,有望成为青海省新的大型铜矿勘查基地。新发现新型能源矿产(天然气水合物、干热岩、页岩气、煤层气、油页岩、铀矿)及新型材料矿产(晶质石墨、金红石、"三稀"矿产),具有广阔的找矿前景。

  "十三五"时期,即找矿突破战略行动第三阶段,青海省地质工作面对经济下行压力和行业转型升级阵痛,全省地勘工作坚决贯彻落实习近平总书记对青海生态环境保护的重大要求和中央、省委的重大战略部署,坚持以生态文明理念为统领,以支撑国家能源资源安全保障和全省经济社会发展需求为导向,深入贯彻落实党的十九大精神和习近平总书记"四个扎扎实实"重大要求,奋力推进省委省政府"五四战略"和"一优两高"重大战略决策部署,积极转变工作思路,及时调整地勘工作布局,积极退出三江源、祁连山等自然保护区矿业权,将勘查工作重点调整并聚焦到柴达木盆地及其周缘地区。同时,紧紧抓牢柴达木绿色找矿勘查大会战机遇和"五个示范省"建设契机,优化实施"四大工程",即基础地质调查与支撑工程、矿产资源勘查与保障工程、民生地质调查与服务工程、地质科技创新与应用工程,积极探索和全力推进绿色勘查,聚焦重点矿区,集中有限资金,加强清洁能源、优势矿产和战略性新兴矿产资源的勘查力度,能源资源勘查取得一系列新进展,地质找矿实现新突破,超前完成青海省找矿突破战略行动第三阶段的目标任务,为青海省建设柴达木经济循环区和清洁能源示范省提供了强有力的资源保障及基础地质资料支撑,也为全省经济社会发展和国家能源资源安全保障作出了巨大的贡献。5年间全省共实施各类非油气地勘项目1971项次,其中矿产勘查类项目1414项,投入资金共计63.11亿元,共完成槽探工作量124.66万 m^3,机械岩心钻探93.4万 m,坑探300m。新发现普查基地、矿产地62处,新提交可供开发矿产地18处。找矿行动收获"四大新进展",油气勘查在柴西凹陷带、阿尔金山前带新增石油探明地质储量1.5亿t,新增天然气探明地质储量400亿 m^3,勘探区域已从局部拓展到整个盆地;马海、大浪滩、昆特依等凹地深部发现以厚度巨大的砂砾石层为含卤介质的深层孔隙卤水型钾矿,累计提交氯化钾资源量4亿余吨;共和恰卜恰地区地下热水开采量达3.5万 m^3/d(折合标准煤31.5万 t/a),成为青海省第一处具备整装开发潜力的水质优良的大型中低温地热田,共和盆地干热岩已完成前期压裂和试采定向井施工,正在努力建成国家干热岩勘查开发利用示范基地。在柴达木盆地周缘金矿勘查方面取得新进展,都兰五龙沟地区累计提交金资源量95t,大柴旦滩间山金矿田老矿区累计提交资源储量38t,提交都兰达热尔、色日、迈龙、大柴旦青山等一批普查地,累计新增金资源量近20t。找矿行动取得"四大新发现":一是煤炭勘查在天峻县聚乎更煤矿区、大柴旦鱼卡煤田九龙山矿区新发现厚大的可采煤层,达到大型井田规模;二是矿产勘查在新类型新矿种方面取得重要发现,都兰县德里特和德令哈牙马地区新发现热液型萤石多金属矿,德令哈延森哈达—亚麻图地区新发现脉石英矿,大柴旦鱼卡—铁石观地区新提交大型榴辉岩型钛矿,都兰三通沟北新发现大型沉积型碳酸锰矿,都兰龙什更地区新发现热水沉积型铁钴矿,这些新矿床类型的发现,进一步拓展了东昆仑、柴北缘成矿带的找矿方向和空间;三是在都兰石头坑德、浪木日等地区新发现评价了岩浆熔离型铜镍矿,是青海省继夏日哈木之后同类矿床勘查的又一重大发现;四是在都兰朗日扎、热龙、各玛龙、博鲁古斯坦、益克郭勒、格尔木茫崖河东、夏日哈木外围及茫崖乌兰乌珠尔等地区新发现一定规模的金及多金属矿体,找矿空间进一步扩大。找矿行动实现"四大新突破",优势重要矿产勘查取得新成果,在都兰那更康切尔沟地区新发现评价了青海省第一个超大型独立银矿床;新材料矿产勘查取得新突破,分别在格尔木妥拉海河地区和铜金山地区新评价提交了超大型晶质石墨矿及超大型滑石矿,取得了非金属矿产勘查两个重大突破;锂铍稀有金属矿勘查取得新突破,天峻茶卡北山地区新发现规模巨大的含矿伟晶岩带,估算氧化锂资源量3万t,氧化铍资源量5000t,达中型矿床规模。至"十三五"末,在原有成果的基础上形成"八大矿产资源勘查开发基地"和"两大矿产资源储备基地",全省形成了柴达木盆地1000万吨级油气、柴达木盆地500万吨级钾盐、锡铁山-赛什塘-德尔尼700万吨级铜铅锌矿、祁漫塔格1000万吨级铁铜铅锌、东昆仑-西秦岭1000吨级金、柴北缘30亿吨级煤、祁连山35亿吨级煤铁铜铅锌、共和-贵德盆地干热岩地热资源勘查开发基地和沱沱河1000万吨级铅锌、玉树1000万吨级铜钼铅锌资源储备基地。

为系统总结"十三五"期间青海省地质工作取得的重要进展和成果,梳理归纳成功经验和创新亮点,指导新一轮找矿突破战略行动(2021—2035年),青海省地质调查局在青海省自然资源厅党组的领导下,在各地勘事业局及地勘单位的大力支持下,组织专班编写完成了《创新引领突破 绿色再续新篇——青海省"十三五"地质工作创新与成果》一书,供广大地质工作者参考。本书共6章,其中前言、第一章主要由李世金、童海奎、王方刚、田承盛、王振东编写;第二章主要由王方刚、王佳音、马国栋、童海奎、王佳编写;第三章主要由祁生胜、史连昌、祁昌炜、严玲琴、张得鑫、冯林传、云启成、董基恩、朱进守、郑振华、于漂罗、汪鹏编写;第四章主要由李熙鑫、赵娟、魏丽琼、李华、白洪溪、杨延乾、谈艳编写;第五章主要由韩凤岩、芦文泉、赵珊珊、王涛编写;第六章由王富春、常革红、童海奎、王方刚编写;文中图表主要由王佳、周瑾、李兄、陈晓琳、甘承萍、咸文君、张梦娇编制;全书由王富春、童海奎、常革红、王方刚统稿,由王方刚、严玲琴、时贞对所有章节进行整理与校对,图件审核主要由魏丽琼、严玲琴完成;相关统筹协调由王富春、童海奎、常革红、王方刚牵头完成。文中数据截至2020年底,本书涉及图件均不作为划界依据。

本书编写过程中，始终得到了孟广培、孙丰月、潘彤、陈海福、段建华、赵振、李永红等领导专家的支持。为本书提供基础性资料的单位有：青海省地质矿产勘查开发局及所属地勘单位、青海省有色地质矿产勘查局及所属地勘单位、青海省核工业地质局及所属地勘单位、青海省环境地质勘查局、青海煤炭地质局及所属地勘单位、中国建筑材料工业地质勘查中心青海总队、西安地质调查中心、吉林大学、中国地质大学、中国地质科学院等。在此特向以上领导专家致以真诚的敬意，向为本书提供基础资料的单位和个人，以及为本书编辑出版付出辛勤劳动的同志，一并表示衷心的感谢！

由于成果资料丰富、信息量巨大、时间紧迫，加之笔者水平有限，疏漏、不足之处在所难免，请广大读者批评指正，提出宝贵的建议。

著　者

2024 年 5 月

目录

第一章 "十三五"地质工作进展 (1)
第一节 地质概况 (1)
第二节 工作进展 (3)
第三节 面临的形势 (9)

第二章 "十三五"地质工作创新 (11)
第一节 工作思路创新 (11)
第二节 找矿理论创新 (13)
第三节 技术方法创新 (17)
第四节 管理制度创新 (19)
第五节 创新做法亮点 (20)

第三章 新成果与新突破 (22)
第一节 公益性基础地质调查与支撑工程取得新成果 (22)
第二节 矿产勘查与保障工程取得新突破 (52)
第三节 民生地质与服务工程开辟新领域 (94)
第四节 科技创新与应用工程取得新进展 (109)

第四章 "十三五"主要矿产地 (172)
第一节 能源矿产 (172)
第二节 黑色金属矿产 (181)
第三节 有色金属矿产 (195)
第四节 贵金属矿产 (232)
第五节 稀有稀土金属矿产 (254)
第六节 化工原料非金属矿产 (260)
第七节 冶金辅助原料非金属矿产 (272)
第八节 建材和其他非金属矿产 (281)
第九节 地下水及地热资源 (285)

第五章 成果转化与效益 (297)
第一节 成果的转化 (297)
第二节 潜在经济价值 (299)
第三节 经济与社会效益 (302)

第六章 下步工作思路 …………………………………………………………………（306）
 第一节 "十四五"面临形势 ………………………………………………………（306）
 第二节 地质工作下步思路 ………………………………………………………（307）
 第三节 工作部署 …………………………………………………………………（309）
 第四节 保障措施 …………………………………………………………………（313）
主要参考文献 ……………………………………………………………………………（314）

第一章 "十三五"地质工作进展

第一节 地质概况

一、地理位置、自然地理及交通

青海省地处青藏高原北部,与西藏自治区一起素有"世界屋脊"和"地球第三极"之称。面积69.66万km^2,居全国各省(自治区、直辖市)第四位。省内平均海拔4 058.40m,分布有"四山三盆一原"(祁连-阿尔金山脉、昆仑山脉、唐古拉山脉、秦岭山脉、柴达木盆地、青海湖盆地、共和盆地、青南高原)八大地貌单元。全省最高点布喀达坂峰位于西部青新边界,海拔6851m;最低点位于甘青边界的民和县下川口村湟水谷地,海拔1647m。两者高差5204m。省域范围内,海拔在5000m以上的地区占5%,3000～5000m的地区占67%,3000m以下的地区占28%。省内地势高亢,山盆发育。地貌上南北三分明显:北部为阿尔金-祁连高山山原区,有挺拔陡峻的祁连山,脉舒势缓的阿尔金山;中北部为柴达木-黄湟中海拔盆地区,柴达木盆地自然资源十分丰富,青海湖是全国最大的内陆咸水湖;南部为高海拔的青南高原,东昆仑山、巴颜喀拉山、唐古拉山雄踞其中,是长江、黄河、澜沧江的发源地,素有"中华水塔""三江源"之称,全区地势极高,大部分地区海拔在4000～6000m之间,其中玛卿岗日(玛积雪山)、布喀达坂峰雪山、格拉丹东雪山以其雄伟挺拔、神秘莫测、壁立千仞、冰川倒悬称著于世。

青海省处于东亚外流水域与中亚内陆水域的结合部。从祁连山—日月山—鄂拉山—布青山—昆仑山口—乌兰乌拉山—祖尔肯乌拉山—唐古拉山主峰,构成一条贯穿省区东北到西南的蛇形水域分界线。以东为外流水域,包括黄河、长江、澜沧江三大水系。以西为中亚内陆水域,自北而南分为四大汇水区:北祁连汇水区,有托莱河、黑河、东西大河等,流向甘肃河西走廊;南祁连汇水区,有沙柳河、布哈河、哈勒腾郭勒等,分别注入青海湖、哈拉湖、苏干湖等内陆湖泊;柴达木盆地汇水区,有察汗乌苏河、托索河、昆仑河、那陵郭勒河等,汇入柴达木盆地,形成若干个盐湖和大量沼泽地;青南高原西部汇水区,有若干条大小河流注入可可西里湖、库赛湖、西金乌兰湖、乌兰乌拉湖等高原湖泊群。

青海省基础设施建设在实现跨越的基础上,着力补齐基础设施短板,区域城乡发展更趋均衡协调。综合运输骨干网络基本形成,兰青-青藏-格库交通枢纽随着格库、格敦铁路的建成投运及西成铁路开工建设已初步形成;高速公路通车里程突破4000km,所有市州和2/3的县通达高速,所有具备条件的乡镇、建制村通硬化路、通客车;空中走廊不断提质增效,民用机场形成"一主六辅"的机场运营格局,省内陆续建成了格尔木、德令哈、花土沟、玉树、果洛、祁连等机场,已开通国内航线百余条,国际航线7条,国内外通航城市60多个,民航通航里程达到14.57万km,形成了以西宁为中心,辐射高原、加密省内、通达全国、连接国际的航线网络。中国清洁能源示范省青海海南州、海西州两个千万千瓦级可再生能源基地已建成,实现了青海省"十三五"能源发展目标,清洁能源规模化发展取得阶段性成绩。

青海省的地理位置和地形特点决定了本省为典型的高原大陆性气候。以低温多变,冬长夏短,干燥多风,低压贫氧,日照长辐射强为主要特点。全省各地气候有明显差异,东部湟水谷地年平均气温为2～9℃,无霜期100～200天,年降水量为250～550mm,主要集中在7—9月,热量水分条件皆能满足一熟作物的要求。柴达木盆地年平均气温2～5℃,年降水量近200mm,年日照长达3000小时以上。东北部高山区和青南高原年降水量在100～500mm之间。全省年平均气温在-5.6～8.6℃之间,盛夏6—8月平均气温为5.6～19.9℃,气候凉爽。多年平均降水量在15～750mm之间,各地降水量差别较大。青海地处中纬度地带,太阳辐射强度大,光照时间长,年总辐射量为690.8～753.6kJ/cm²,直接辐射量占总辐射量的60%以上,年绝对值超过418.68kJ,仅次于西藏,位居全国第二。本省大气密度为0.73～1.2kg/m³,相当于海平面的56%～80%;平均气压在0.58～0.82bar(1bar＝0.1MPa)之间,仅为海平面的2/3;大气含氧量多在0.174～0.233kg/m³之间,比海平面少20%～40%。全省气象灾害较多,主要有干旱、冰雹、霜冻、雪灾、风灾等。

青海省的农业作物以旱作物为特色。粮食作物主要有春小麦、青稞、蚕豆、豌豆、马铃薯等;经济作物以油菜籽为主。畜牧业生产条件得天独厚,全省牧区以草原牧业为主,畜产品主要有牛羊肉、羊毛、羊绒、牛毛绒、驼毛绒、牛奶等,是全国主要的羊毛产区之一。工业主要有电力、原油、原盐、原煤、钢及钢材、铝锭、电解镁、纯硅、石棉、钾肥、金属切割机床、水泥、石棉制品、乳制品、布、呢、绒、毛线、毛毯、皮革等,已形成以机器制造、食品和纺织为主的门类较齐全的现代工业体系。

二、矿产资源概况

青海是全国矿产资源最为丰富的省份之一,已发现各类矿产137种,其中查明有资源储量的111种,保有资源储量居全国第一位的有10种,前3位的有27种,前10位的有62种。盐湖矿产是青海省重要优势矿产和特色矿产,在全国占有绝对优势,钾盐、锂矿、镁盐保有资源储量居全国第一位,占全国的77.5%、56.7%和95.4%,盐矿(氯化钠)居全国第二位,硼矿居全国第三位。共发现矿产地(含矿点、矿化点)5477处,其中小型以上规模矿床880处,总体勘查程度较低,达到详查及以上勘查程度的约占40%;地质勘查深度普遍较浅,主要金属矿床勘查深度小于500m的超过80%;主要矿种的资源查明率平均为27%,找矿潜力巨大。

青海省发现的137种(含亚矿种,下同)矿产资源中,能源矿产11种,占8.03%;金属矿产46种,占33.58%;非金属矿产78种,占56.93%;水气矿产2种,占1.46%(表1-1-1)。全省查明的有资源储量的111种矿产中,编入《青海省矿产资源储量简表(截至2020年底)》的矿产种类98种(不含石油、天然气)。其中:能源矿产3种,占3.06%;黑色金属矿产5种,占5.10%;有色金属矿产12种,占12.25%;贵金属矿产8种,占8.16%;稀有、稀土、分散元素矿产14种,占14.29%;冶金辅助原料非金属矿产5种,占5.10%;化工原料非金属矿产17种,占17.35%;建材和其他非金属矿产32种,占32.65%;水气矿产2种,占2.04%。

表1-1-1 青海省已发现的矿产资源统计表

矿产分类		矿种数	矿种名称
能源矿产		11	煤、石油、天然气、油页岩、天然气水合物[2]、页岩气[2]、煤层气[2]、铀砂[2]、铀[1]、钍[1]、地热(地下热水)
金属矿产	黑色金属	5	铁、铬、锰、钛、钒
	有色金属	13	铜、铅、锌、镁、镍、钴、钨、锡、钼、汞、锑、铋、铝[2]
	贵金属	8	金、银、铂、钯、钌、锇、铱、铑
	稀有金属、稀土金属、分散元素	20	铌、钽、锂、锶、铷、镓、铟、镉、硒、锗、镧、铈、钕、钐、钇[2]、镝[2]、碲[2]、铯[2]、锆[2]、铍[1]

续表1-1-1

矿产分类	矿种数	矿种名称
非金属矿产（括号中为亚种）	78	石墨、自然硫、硫铁矿、水晶（压电水晶、熔炼水晶）、刚玉[2]、蓝晶石[1]、红柱石[1]、绿柱石[1]、硅灰石、滑石、石棉、云母（片云母、碎云母）、长石、石榴子石、叶蜡石[2]、透辉石、透闪石[2]、蛭石[2]、沸石[2]、明矾石[2]、芒硝、石膏、重晶石、天然碱、方解石[2]、冰洲石[2]、菱镁矿、萤石（普通萤石）、宝石[2]、玉石、电气石[1]、石灰岩（溶剂用灰岩、电石用灰岩、制碱用灰岩、水泥用灰岩）、白云岩（冶金用白云岩）、石英岩（冶金用石英岩、玻璃用石英岩、饰面用石英岩[1]）、天然石英砂（建筑用砂、铸型用砂[1]）、脉石英（玻璃用脉石英）、粉石英、含钾岩石[1]、高岭土[1]、陶瓷土、耐火黏土[1]、膨润土[2]、其他黏土（砖瓦用黏土、陶粒用黏土、水泥配料用黏土、水泥配料用黄土、水泥配料用泥岩）、蛇纹岩（化肥用蛇纹岩、饰面用蛇纹岩）、玄武岩（铸石用玄武岩、岩棉用玄武岩）、辉绿岩[1]、花岗岩（饰面用花岗岩）、珍珠岩[2]、凝灰岩[2]（水泥用凝灰岩[2]）、大理岩（饰面用大理岩、水泥用大理岩）、板岩（水泥配料用板岩）、泥炭、盐矿、镁盐、钾盐、碘、溴、砷、硼、磷矿、麦饭石[2]、硝石[2]、绿松石
水气矿产	2	地下水、矿泉水
合计		137

注：1.查明资源储量但未上表的矿种，其中铀、钍为放射性矿产；2.发现但未查明资源储量的矿种。

三、矿产资源在经济社会中的作用

青海省矿产资源地域分布不均衡，分带性明显。东部以水泥用灰岩、石英岩、钙芒硝、地热、冶金辅助原料、非金属化工原料矿产为主；中西部的柴达木盆地及周缘是省内最主要的矿产资源集中区，矿产资源分布相对集中，分布有能源矿产（石油、天然气、煤）、盐湖矿产（钾盐、镁盐、钠盐、锂、硼、锶、溴、碘、铷、芒硝）、金属矿产（铜、铅、锌、镍、金、钴、铁等）、稀有金属矿产（锂、铍、铌、钽等）、非金属矿产（石英岩、滑石、萤石、晶质石墨、石棉、石灰岩、宝玉石等）、水气矿产（矿泉水）等；北部以煤、铁、铜、铅、锌、铬、金、铂族、石棉等矿产为主；青南地区以铜、钼、铅、锌、金、银等有色金属、贵金属矿产为主。盐湖、有色金属矿产主要以多组分共伴生综合性矿床集中分布。

矿产资源在经济社会发展中的作用突出。"十三五"期间，矿业在全省经济发展中占有重要地位，采选业及其后续加工业占全省规模以上工业生产总值的比例在 54.07%～70.95% 之间，平均达到 64.37%。依托优势资源，全省经济形成了新能源产业、新材料产业、盐湖化工产业、有色金属产业、油气化工、煤化工、设备制造业、钢铁产业等以矿产资源开发及后续加工业为主的八大优势产业，矿产资源开发利用在全省经济社会发展中发挥了举足轻重的作用。

第二节 工作进展

一、投入情况

（一）资金投入

2016—2020 年，全省共安排各类非油气地勘项目 1915 项次，实施各类非油气地勘项目 1971 项次，投入资金共计 63.11 亿元。

按资金来源分:中央财政项目 361 项,资金 10.49 亿元,占总投入的 16.62%;地方财政项目 895 项,资金 23.83 亿元,占总投入的 37.76%(其中:省级财政项目 818 项,资金 21.73 亿元,占总投入的 34.43%;州县财政项目 77 项,资金 2.1 亿元,占总投入的 3.33%);社会资金项目 715 项,资金 28.79 亿元,占总投入的 45.62%(表 1-2-1)。

表 1-2-1 2016—2020 年青海省地质勘查投入资金表

年份	中央财政		地方财政				社会资金		年度合计	
			省级财政		州县财政					
	项目数(项)	资金(亿元)	项目数(项)	资金(亿元)	项目数(项)	资金(亿元)	项目数(项)	资金(亿元)	项目数(项)	资金(亿元)
2016	127	2.57	200	4.96	20	0.64	169	5.7	516	13.87
2017	54	1.80	197	4.95	12	0.39	166	5.23	429	12.37
2018	74	2.15	166	4.65	19	0.61	146	6.98	405	14.39
2019	72	2.22	147	4.41	3	0.06	109	5.72	331	12.41
2020	34	1.75	108	2.76	23	0.40	125	5.16	290	10.07
合计	361	10.49	818	21.73	77	2.10	715	28.79	1971	63.11

按项目性质分:基础类项目 216 项,资金 9.33 亿元,占总投资的 14.78%;矿产勘查类项目 1414 项,资金 45.02 亿元,占 71.34%;水工环与地热类项目 135 项,资金 6.1 亿元,占 9.67%;地质科研与管理类项目 206 项,资金 2.66 亿元,占 4.21%。

按成矿区带分:东昆仑-西秦岭成矿带 1154 项,资金 33.76 亿元,占总投资的 53.49%;阿尔金-柴北缘成矿带 286 项,资金 12.18 亿元,占 19.30%;柴达木盆地成矿区 43 项,资金 2.64 亿元,占 4.18%;祁连成矿带 33 项,资金 1.1 亿元,占 1.74%;三江北段成矿带 17 项,资金 2.9 亿元,占 4.60%;全省或跨区带 438 项,资金 10.53 亿元,占 16.69%。

按行政区分:西宁市 26 项,资金 0.77 亿元,占总投资的 1.22%;海东市 23 项,资金 0.64 亿元,占 1.01%;海西州 1433 项,资金 45.9 亿元,占 72.73%;海北州 26 项,资金 0.9 亿元,占 1.43%;海南州 71 项,资金 4.11 亿元,占 6.51%;黄南州 22 项,资金 0.42 亿元,占 0.67%;玉树州 12 项,资金 1.82 亿元,占 2.88%;果洛州 6 项,资金 0.45 亿元,占 0.71%;全省及跨地区 352 项,资金 8.1 亿元,占 12.84%。

五年来,为集中、整合技术力量和资金投入,合理设置矿业权,加快重点矿集区勘查进程,全省共优选出 8 个整装勘查区进行"规模作战",共安排整装勘查子项目 531 项,占总项目数的 26.94%,投入资金近 20 亿元,占总投资的 31.69%。

总体看,全省地质勘查年投入资金规模保持在 10 亿元以上,且省财政资金投入基本保持稳定,为取得找矿突破、圆满完成目标任务提供了有力的资金保障。此外,全省油气勘查共投入资金近 60 亿元,年均投资规模维持在 12 亿元左右。

(二)技术力量投入

2016—2020 年,参与全省地质工作的人员 5 万余人次。其中,专业技术人员约 2.68 万人次,辅助人员约 2.5 万人次;以省内地质工作人员为主,约 3.68 万人次,省外地质工作人员约 1.5 万人次,省内地质工作人员为省外地质工作人员的 2.44 倍(表 1-2-2)。

第一章 "十三五"地质工作进展

表 1-2-2 2016—2020 年地勘工作项目及人员投入统计表

年份	项目数	人员投入情况（人次）				
		总人数	技术人员	辅助人员	省内人员	省外人员
2016	516	12 713	7399	5314	8538	4175
2017	429	10 876	4821	6055	7083	3793
2018	405	11 728	5023	6705	7647	4081
2019	331	8686	4456	4230	6868	1818
2020	234	7861	5083	2778	6637	1224
合计	1915	51 864	26 782	25 082	36 773	15 091

（三）设备投入

2016—2020 年，全省地勘工作投入各类机械设备共计 2596 台次。其中，投入钻机 2289 台次，挖掘机 154 台次，链轨拖拉机 153 台次。2018 年投入地勘设备 640 台次，为 5 年的峰值；2019—2020 年，因地勘资金投入下降，投入的设备也相应减少，到 2020 年减少至 412 台次，为 5 年的最低值（表 1-2-3）。

表 1-2-3 2016—2020 年地勘工作设备投入情况统计表

年份	设备投入情况（台次）		
	钻机	挖掘机	链轨拖拉机
2016	490	29	32
2017	463	22	29
2018	564	43	33
2019	406	39	34
2020	366	21	25
合计	2289	154	153

二、目标任务完成情况

（一）主要目标任务

形成矿产资源勘查开发新格局，使青海省成为我国重要矿产资源供应基地：新发现矿产地和普查基地 35～40 处，形成可供开发的矿产地 10 处。新增石油地质储量 1.5 亿 t，天然气地质储量 1000 亿 m^3、煤炭 4 亿 t、氯化钾 1 亿 t、铜（镍）铅锌 400 万 t、金 100t、银 3000t、晶质石墨 250 万 t、钛 100 万 t。力争建成 2 处国家级干热岩实验研究及开发利用示范基地，2～3 处可供进一步勘查的稀有、稀土矿勘查基地。

基础地质工作程度大幅提高，大比例尺地质调查全面推进：完成 1∶25 万多目标区域地球化学调查 7.85 万 km^2、1∶5 万区域地质调查 $9173km^2$、1∶5 万专项地质填图 $15\,972km^2$、1∶5 万地面高精度磁法测量 $2113km^2$、1∶5 万航空磁测 2.33 万 km^2、1∶5 万放射性矿产调查 $5385km^2$、1∶5 万水系沉积测量

2526km²、土地质量地球化学评价2900km²、1∶2.5万地质矿产调查833km²、1∶2.5万综合物探测量89km²、1∶2.5万地球化学测量11 300km²、地质遗迹调查600km²。

民生地质工作程度全面提高,城市地质调查工作起步,地质工作服务民生的能力全面提升:完成1∶25万区域水文地质环境地质调查1200km²、重点地区1∶5万水工环地质综合调查17 820km²、城市地质综合调查450km²;完成1∶5万县(市)地质灾害详细调查35.5万 km²;勘查评价10～15处大中型后备水源地,提交地下水可采资源量100万 m³/d,人畜饮水水源20～30处。勘查评价大中型地热田3～5处、小型5～10处。

(二)完成情况

基础地质调查:新完成1∶5万区域地质矿产调查9173km²、1∶5万专项地质调查16 824km²、1∶5万航空磁法测量23 374km²、1∶5万地面磁法测量2113km²、1∶5万放射性测量5788km²、1∶5万水系沉积物测量2526km²、1∶5万土地质量地球化学评价2920km²、1∶5万地质遗迹集中区调查1130km²;在全国率先开展重要成矿带1∶2.5万地球化学测量和区域地质矿产调查工作,分别完成18 027km²、1158km²。各项工作完成率100%～188.3%(表1-2-4)。

表1-2-4 "十三五"期间地勘工作目标任务完成情况统计表

序号	目标名称	目标值	单位	"十三五"期间完成	完成率(%)
1	1∶5万区域地质矿产调查	9173	km²	9173	100
2	1∶5万专项地质调查	15 972	km²	16 824	111.6
3	1∶5万航空磁法测量	23 300	km²	23 374	100.3
4	1∶5万地面磁法测量	2113	km²	2113	100
5	1∶5万放射性测量	5385	km²	5788	107.58
6	1∶5万水系沉积物测量	2526	km²	2526	100
7	1∶5万土地质量地球化学评价	2900	km²	2920	100.7
8	1∶5万地质遗迹集中区调查	600	km²	1130	188.3
9	1∶2.5万区域地质矿产调查	833	km²	1158	145
10	1∶2.5万综合物探测量	89	km²	167	187.6
11	1∶2.5万地球化学测量	11 300	km²	18 027	159
12	1∶25万区域水文地质环境地质调查	1200	km²	1200	100
13	1∶5万水工环地质调查	17 820	km²	18 200	102
14	1∶5万县市地质灾害详查	355 000	km²	355 404	100
15	1∶5万城市地质调查	450	km²	450	100
16	普查基地和矿产地	35～40	处	62	152
17	可供开发矿产地	10	处	18	180
18	石油	1.5	亿t	1.5	100
19	天然气	1000	亿m³	400	40
20	煤炭	4	亿t	4	100
21	铁矿石	1	亿t	1.97	197

续表1-2-4

序号	目标名称	目标值	单位	"十三五"期间完成	完成率(%)
22	金	100	t	128.7	128.7
23	银	3000	t	3813	127.1
24	铜镍铅锌	400	万t	473.3	118
25	氯化钾	1	亿t	1.17	117

水工环民生地质：新完成1∶25万区域水文地质环境地质调查1200km²、1∶5万水工环地质调查18 200km²、1∶5万县市地质灾害详查355 404km²、1∶5万城市地质调查450km²，水文、地热钻探8.31万m(表1-2-5)。总体完成率100%~102%。

表1-2-5 "十三五"期间地勘项目主要工作量完成情况统计表

年份	槽探(万m³)	机械岩心钻探(万m)	坑探(m)	水文、地热钻探(万m)	浅井(m)
2016	41.1	26.43	/	1.33	1126
2017	32.3	22.35	/	1.26	857
2018	27.9	24.77	/	1.54	643
2019	13.76	11.85	300	2.68	2150
2020	9.6	8	/	1.5	1200
合计	124.66	93.4	300	8.31	5976

矿产资源勘查：新发现普查基地、矿产地62处，完成率152%；新提交可供开发矿产地18处，完成率180%。新探明石油地质储量1.5亿t，完成率100%；天然气地质储量400亿m³，完成率40%。重要矿种新增"333及以上"资源储量：煤炭4亿t，完成率100%；铁矿石1.97亿t，完成率197%；铜镍铅锌473.3万t，完成率118%；金128.7t，完成率128.7%；银3813t，完成率127%；钾盐1.17亿t，完成率117%。除天然气外，各项预期目标全面或超额完成。新增潜在资源：煤炭11亿t、铜镍23.8万t、金13t、银2300t、钨3.3万t、钴0.79万t、锰矿石539万t、钾盐2.95亿t、石墨1325万t、滑石3041万t、萤石100万t、脉石英1.1亿t、钛106.9万t。

三、"十三五"总体工作进展

公益性基础性地质工作稳步推进。全省航磁测量覆盖率由"十二五"末的19.79%提高至23.15%，环柴达木盆地1∶5万区域地质矿产调查基本全覆盖，柴达木盆地周缘1∶2.5万地球化学测量完成率已达到可测工作区域的48%，工作程度进一步提高。依托1∶5万土地质量地球化学评价成果，建成平安富硒产业示范基地，成功打造高原硒都产业园区。重要地质遗迹调查评价新发现地质遗迹集中区8处、地质遗迹景观355处、重要地质遗迹点55处，为地方政府发展特色旅游文化提供了依据。

水工环地质调查成果显著。1∶25万水文地质环境地质调查为黄河、长江和青海湖流域重要生态区环境保护和治理提供了依据。1∶5万水工环综合调查、后备水源地和供水水源地勘查，圈定富水地段(靶区)14处，提交供水水源地10处，成功实施探采结合井42口，解决了当地4万~6万人饮水困难问题；在共和、互助、贵南等地区新发现水量丰富、水质优良的大—中型富锶矿泉水8处。1∶5万地质灾害详查覆盖全省；西宁市城市地质综合调查为防灾减灾、保障民生奠定了坚实基础。

地质找矿实现重大突破。以柴达木盆地及周缘为重点区域，加大了新材料矿产、优势重要矿产和清支柱,地质工作的先行与基础地位显得更为重要。特别是实施"五四战略"、推进"一优两高"、统筹建设"五个示范省"、持续推动"四种经济形态"、培育和发展新材料产业、增强与延伸循环经济产业链等战略举措,对新材料、清洁能源、重要矿产勘查及生态环境地质、城市地质、农牧业地质等提出了更多要求,目前的成果无论是在工作程度上,还是在广度上,都难以完全满足发展需求。

二、生态文明建设与生态环境保护对地质工作提出更高要求

青海省地处地球"第三极",是全国的生态安全屏障,是"三江之源""中华水塔",是国家生态文明建设的前沿阵地。当前青海省正在开展以国家公园为主体的自然保护地体系示范省建设,实施"三线一单"生态环境分区管控,对地质工作的要求更高、更严,绿色勘查已经成为地质工作的常态。但从目前情况看,对照中央和省委省政府、厅党组关于生态文明建设和生态环境保护的要求,与绿色勘查还是有很大的差距。主要表现在:思想认识还不到位、新发展理念尚未深入人心、绿色勘查制度执行不力、生态环境保护措施落实不细、工程与道路回填不彻底、新型设备与技术应用不够、商业性项目绿色勘查监管困难等,还需要在深化宣传教育、制度执行、监督检查、整改追责等方面下大功夫,坚决使绿色勘查真正成为所有地质工作者的思想自觉、行动自觉。

三、找矿空间缩减与找矿难度加大对实现找矿新的突破提出更大挑战

"十三五"期间青海省矿产勘查压缩集中在柴达木盆地及其周缘的柴北缘、阿尔金、东昆仑等地区,随着各类保护地范围加大和"三线一单"的实施,可开展找矿工作的范围进一步缩小,而且这些地区地质工作程度逐年提高,地表找矿难度越来越大。今后将逐步进入深化勘查与攻深找盲阶段,从理论上、技术上,实现新的重大突破风险与难度相对加大,需要更多地依靠高质量工作与高水平科技创新以带动新一轮找矿工作。但现在一些项目或承担单位还存在野外一线技术力量薄弱、基础工作不扎实、院(队)级检查指导不到位、综合整理研究不足、理论与实践脱节、"产学研用"配合不够、新的原创成果少、现有科技创新平台作用发挥不够、领军人才不足等问题,严重制约着进一步实现找矿突破,需要我们采取切实有力的措施,以更加细致务实的工作作风和守正创新的科学精神来破解难题与突破技术瓶颈,为地质工作注入新的动力。

四、经济下行及地勘资金投入下降给目标任务的实现带来新困难

受经济下行影响,虽然省财政地勘资金投入基本保持稳定,但是中央财政、社会资金地勘投入均有较大幅度的下降,而且中央财政资金投入更加偏向于基础性、公益性的基础地质调查工作;由于商业性勘查项目存在资金投入不足,一些新发现矿产地难以及时转入开发阶段,不能产生直接经济效益与社会效益。面对这种形势,我们更应该利用有限的省财政地勘专项资金,保证重点、靶向投入,提交更多优质勘查成果,引领与拉动商业性资金投入,形成良性的地质勘查投入循环,为新一轮找矿突破提供坚实的资金保障。

第二章 "十三五"地质工作创新

第一节 工作思路创新

一、强化顶层设计

根据新形势、新要求,于2016年对《青海省找矿突破战略行动实施方案》进行了修编,明确了找矿突破战略行动第二及第三阶段的全省地质工作目标任务、工作重点、工作部署和保障措施。

对中央、地方、社会各类渠道的地勘工作实行"五统一"管理,加强与自然资源部、中国地质调查局、中央地勘基金管理中心、西安地质调查中心等单位的密切合作和沟通,共同研究,科学规划全省地勘工作部署,取得了明显的成效,有力推进了青海省地质勘查工作。

加强沟通合作,中央财政5年间向青海省投入地勘资金10亿余元,青海省财政地勘资金投入基本保持在年均5亿元的规模,财政资金对商业性资金的引领、拉动效果明显,商业性矿产勘查投入比重在10年间基本维持在40%~50%,初步形成了以商业性矿产勘查为主体的勘查新格局,为实现找矿重大突破奠定了基础。

二、优化总体布局

优化总体工作布局,坚决贯彻落实习近平总书记"四个扎扎实实"重大要求和中央、省委重大战略部署,以生态文明理念为统领,积极退出三江源、祁连山等自然保护区矿业权,将勘查工作重点调整、聚焦到了柴达木盆地及周缘地区;同时,优化实施公益性基础地质调查与支撑工程、矿产资源勘查与保障工程、水工环地质调查与服务工程、地质科技创新与应用工程等"四大地质工程",积极探索和推进绿色勘查新模式,拓展地勘工作服务领域。特别是2019—2020年,紧紧围绕省委省政府打好"四张牌"的要求,紧抓清洁能源示范省和循环经济发展先行区建设的契机,进一步聚焦重点地区,集中有限资金,加大了清洁能源和优势矿产资源勘查力度,为全省经济社会发展和生态文明建设提供了资源保障和技术支撑。

建立片区管理模式,先后制定了《关于调整省地勘基金矿产勘查项目技术质量管理片区及专家组成员的通知》《关于进一步加强省级财政资金地质勘查项目技术质量管理的通知》《青海省找矿突破战略行动专家指导年度工作方案》等一系列方案举措,进一步明确了各相关单位在项目管理中履行的职责和义务,在推动地勘项目组织、进度及质量等方面发挥了显著作用,有效保障了后期工作的开展。以省地质调查局为主导,采取与各地勘局联合检查验收、与西安地质调查中心共同督导检查等形式,严格进行项目的野外检查验收和跟踪督导,并对各地勘单位进行业绩信誉考核,稳步提升了地勘项目实施质量。

三、加强沟通协作

通过各方参与、积极沟通,由西安地质调查中心、青海省自然资源厅、青海省发展和改革委员会、青海省财政厅、青海省科学技术厅共同编制全省找矿突破战略行动实施方案,多方形成合力,最大限度地保障了实施方案的科学性和可操作性。

由西安地质调查中心、青海省自然资源厅对全省找矿突破战略行动的年度进展成果进行跟踪,并就实施情况与青海省发展和改革委员会、青海省财政厅、青海省科学技术厅等部门进行商讨对接,相关部门对全省找矿突破战略行动目标完成、组织实施等情况进行了系统总结,科学谋划下一步工作开展,有力助推全省找矿突破战略行动取得实效。

四、落实配套政策

矿业权管理方面,为加快重点矿集区勘查进程、合理设置矿业权,全省共优选出8个整装勘查区进行"集中作战",共安排整装勘查子项目470项,投入资金约20亿元,占总投资的30%;为项目实施提供了良好的工作环境,积极组织协调矿业权及内外部关系,在地质勘查活动中充分征求当地群众和政府部门意见,及时沟通外部环境相关情况,将工作重点安排在生态环境适宜、群众理解支持、地方政府积极配合、勘查后具备开发条件及社会投资主体有意愿的地区;在全国率先实行商业性探矿权合同制管理,出台了《青海省探矿权合同管理暂行办法》,对履行合同不到位的探矿权人采取约谈、警告、列入不良行为记录、收取违约金、缩减勘查区块面积、收回探矿权等措施,促使探矿权人按照审查方案和设计足额投资到位。

矿业资源国家权益管理方面,根据相关规定及要求,结合实际情况,协助青海省人民政府制定了《青海省矿业权出让征收管理实施办法》,在规范青海省矿业权出让收益征收管理、健全矿产资源有偿使用制度、维护国家矿产资源所有者权益等方面发挥了显著的作用。

服务矿业权人、地勘单位方面,积极解决相关矿业权办理、地质资料共享、后勤保障等具体工作及项目实施过程中存在的问题,努力协调矿业权人、地勘单位、地方政府和资源产地社区等各方利益。

机制体制改革方面,坚持地勘经济逆周期调节思路,积极争取地勘资金,基本保持投入稳定,在努力推动全省地勘工作的同时,做好其他各项先行工作;着眼于国家、青海省能源资源需求,在持续优化工作布局和调整工作方式的基础上,集中有限资金,加大了部分重点地区、重点矿种的勘查开发力度,保障矿产资源储量持续增长;稳步推进改革与转型工作,集中统一领导,上下联动,主动适应经济发展新常态对地质工作提出的新任务、新要求,积极转变工作方式方法,努力探索适合青海省地质工作的新路子;注重勘查成果评估、科技研发和成果运用,提高资源储采比和开发效率,盘活现有资源储量,对已探明的储量资源,加快出让、加大招商力度,努力推动产业和经济的可持续发展。

五、突出科技赋能

理论方法研究方面,以国家、省级重大地质科研项目为依托,以解决地质找矿重大基础地质问题和与成矿有关的关键性地质问题为主攻方向,引用地质找矿新理论、新技术、新方法,不断加强与省内外科研院所和地勘单位的合作,优势互补,围绕各成矿区带及重点矿区开展联合攻关,深化地质矿产成矿动力学和成矿规律研究,改进地质调查方法技术,提升地质调查研究水平。完成了柴西北地区油钾兼探深层卤水靶区优选、物探电磁法攻深找盲、复杂地层钻探技术研究等重要科研项目,取得了一系列科研成果，有力地推动了找矿勘查工作，正在逐步改变以往理论方法研究与地质勘查实际相脱节的局面。

地质信息技术方面，紧紧围绕青海省重要成矿区带、重点勘查区、整装勘查区等重点区域，以地学基础数据库建设与应用、地质资料管理与服务、多元信息集成与资料二次开发为重要任务，建立了青海省地质钻孔数据库、青海省同位素数据库、全国地质资料目录服务中心（青海）、区域地质图数据库（西北）、柴北缘综合调查评价数据库（试点）等多个地学基础数据库，进一步提高了全省地质资料利用水平和程度，为找矿工作提供了丰富的基础资料；编印了《青海省公益性基础性地质调查成果资料目录检索图册》《青海省整装勘查区地质资料检索图册》和青海省馆藏1：5万标准图幅地质资料分布图等，在提高地质资料服务质量、全力配合地质找矿的同时，向"果洛大武机场选址""乌兰500万千瓦级太阳能光伏发电""西宁-成都高铁建设"等全省重大项目的前期立项及实施提供了地质资料专题服务，保障了重大项目的顺利开展；率先于全国开展1：2.5万地球化学测量工作，在阿尔金、柴北缘和东昆仑地区完成面积2万余平方千米，同时，配套完成了青海省新一轮矿产地质志修编等工作，进一步提升了全省地质、物探、化探、遥感信息数据的综合利用水平，系列编图取得显著成果，对推进原始地质资料、成果地质资料和实物地质资料的专项研究与开发利用发挥了重要作用。

找矿部署研究方面，通过全省、铜矿、铜镍硫化物找矿部署研究，水工环地质工作部署研究，整装勘查区找矿部署研究等项目的实施，解决了一些制约找矿突破的关键基础地质问题和重大疑难问题，进一步明确了控矿构造和赋矿层位，在一定程度上解决了"找什么矿、怎么找、在哪里找"的问题、拓展了找矿空间，为找矿突破战略行动的顺利实施、阶段性地勘工作部署和年度工作安排提供了技术支撑；同时，相继开展了铜镍硫化物、斑岩型铜矿、金红石钛矿、晶质石墨、沉积变质型铁锰矿、独立银矿、"三稀"矿、煤系共伴生矿产的专项研究等，对新类型、新矿种的下一步评价起到了重要作用，为今后非常规矿种的找矿工作提供了依据。

另外，在服务生态文明建设与脱贫攻坚方面，向三江源国家公园建设提供了相关地质基础资料，在推动"三江源"生态保护和公园建设的同时，合理利用生态资源打造一批可吸纳就业的旅游、特色农牧等绿色产业，促进地方群众共享生态保护红利；积极打造区域旅游品牌，将地质遗迹与现代文明、自然景观及健康生态相结合，集中推出了环青海湖、祁连山、三江源、世界屋脊探险等以地质遗迹资源为依托的特种精品旅游线路，奠定了大美青海旅游发展的基础，促进了旅游业持续快速的发展，带动了当地群众的就业与增收创收；全省地质勘查活力空前增长，参与青海省地质工作的人员共5万余人（次），平均每年提供各类工程施工人员和当地群众劳务就业数千人，为促进地方就业和当地群众增收脱贫发挥了显著作用。

第二节 找矿理论创新

找矿理论是地质找矿的方向盘，是决定找矿成败的关键。提高成矿理论水平是地质找矿的基础、是创新的突破口。"十三五"期间，青海省矿产勘查工作紧扣社会经济发展和生态文明建设新需求，以柴达木盆地及周缘的东昆仑、柴北缘、阿尔金等重点地区为主战场，针对成矿动力学、成矿作用、成矿模式、成矿规律、找矿模型等重大问题，全省地勘单位、科研院所、高校开展了深入细致的调查与研究，通过联合攻关，解决了一批制约地质找矿的科学问题，在成矿理论指导下，实现了青海省地质找矿新突破。通过找矿理论创新，五龙沟、滩间山、沟里地区已有老矿区延伸段、外围及深部取得重大突破，金、银、镍等新增一批资源储量，大幅增加了青海省矿产资源储备；锂铍、锰、滑石、脉石英、钴等新矿种取得了找矿新突破，进一步拓展了找矿空间；新提交那更康切尔沟银矿、妥拉海河石墨矿、铜金山滑石矿等大型超大型矿产地14处。找矿理论创新主要表现在以下几方面。

一、造山型金矿深部勘查理论创新推动金矿勘查取得重大进展

五龙沟金矿属青海省东昆仑成矿带,区内金矿成矿条件优越,先后发现大型金矿两处及多个中小型金矿。"十三五"期间,五龙沟金矿以"探深部、打连接、拓外围、育新区"的总体思路和"以勘查促开发、开发反哺勘查"的五龙沟勘查模式继续加大区内找金力度。以五龙沟金矿成矿地质条件分析和成控矿规律为研究方向,总结了不同地质条件下激电、磁法、可控源、大比例尺土壤测量、地气地球化学、原生晕、槽探、钻探有效方法组合。建立了东昆仑造山带金矿成矿模式,总结了3条韧性剪切带的含矿特征、分段富集、尖灭再现、南东侧伏等规律,应用缺位找矿、就矿找矿指导找矿突破,扩大了红旗沟-深水潭矿床的规模,并在其外围发现了无名沟-百吨沟中型金矿床。一是建立了找矿模式,创新了成矿理论。五龙沟地区在海西期—印支早期,受到近南北向的挤压作用,产生逆冲断裂及大型韧性剪切带,构造-岩浆活动强烈,奠定了区内成矿的构造格架。印支晚期,构造体制由挤压向伸展转换,岩浆携带成矿流体及成矿物质发生迁移,在上升侵位过程中沿韧脆性剪切带-脆性断裂部位沉淀成矿。后期大气降水的加入使得成矿流体具有岩浆水和大气降水的特征,形成了现在的中—高温岩浆热液金矿床。二是运用地质力学-构造控岩控矿和构造成岩成矿理论方法建立不同级别构造控矿模型,研究矿床构造叠加晕特征,建立矿床构造叠加晕模式,构建找矿预测模型,开展找矿预测研究,强化成果应用,及时为勘查工程布置提供合理化建议,提出了"矿体群SE侧伏""矿体等距分布""矿体深部不同部位富集规律"等观点,为矿产勘查后备选区和已有勘查区找矿新突破奠定了基础,在矿床发现中起到了指导作用。以建立的理想找矿模型为指导,在五龙沟金矿中带Ⅺ、Ⅶ、Ⅸ断裂构造破碎带深部和东西两端延伸部位及北带Ⅲ、Ⅳ号带的南东延伸段圈定靶区多处。

滩间山地区属柴达木循环经济开发区100t黄金开发基地的重点规划矿集区,区内金矿成矿条件优越,"十三五"之前区内共探明金资源储量约100t,但后期该区找矿遇到方向和前景不明的瓶颈问题,找矿成果没有明显突破;"十三五"期间,以滩间山地区金矿成矿地质条件分析和成控矿规律为研究方向,充分运用成矿地质理论指导金矿的找矿和预测,采用合理的技术方法组合进行靶区验证,实现了找矿理论、找矿方法组合上的创新和找矿成果的重大突破。一是建立了金龙沟和青龙沟两个典型矿床的成矿模式:金龙沟地区金矿化受侵入核杂岩体及其上盘拆离构造体系控矿的成矿模式,控矿构造样式主要为向斜+层内滑脱断裂裂隙;青龙沟地区为背斜及层间滑脱断层复合控矿的成矿模式,成矿时代为中泥盆世,构造环境为隆升伸展,控矿构造为后碰撞期间形成的北西向皱褶及伴生的层间滑脱断裂构造。提出了滩间山地区受变质核杂岩及上拆离断层和背斜+层间滑脱断层控矿的两种成矿理论,成矿环境为碰撞造山后的伸展环境,矿床属浅成中温造山型金矿床。二是通过对细晶沟、青龙滩两个靶区利用"空气反循环钻探和小角度机械钻探+孔内岩心定向设备恢复厚覆盖区深部岩性原始产状"技术手段进行了深部验证,在青龙滩第四系冲洪积物覆盖区发现了隐伏的青龙沟Ⅲ金矿带,带内圈定隐伏金矿体21条;在细晶沟新发现金矿体12条。通过深部验证后实现了较好的金矿找矿突破,新发现了大型金矿床1处。滩间山地区通过"地表RC钻先行,金刚石钻探验证跟进"勘查模式的创新,在青龙滩一带第四系覆盖层下实现了找矿突破,为矿山开发提供了资源保障。

二、浅成低温热液成矿理论应用实现银矿找矿重大突破

都兰县那更康切尔沟银矿床为青海省东昆仑地区首次发现的超大型银矿床。"十三五"期间,进一步深化了以往对该区银矿找矿潜力的认识。通过对该地区成矿地质背景、条件的分析,发现该地区具较好的银矿找矿远景,改变了以往在东昆仑地区以找金为主的思路,在找矿方向、远景分析认识上具创新

性；在成矿规律认识上，提出了银矿赋存于金水口岩群、鄂拉山组中，以中低温热液成矿理论为指导，由以往"火山机构控矿"到"不同方向构造控矿"的新认识，浅部矿体受北西向、北北西向、北东向断裂的控制，深部为与中酸性岩浆有关的铜铅锌矿；在结合地物化遥等成果资料分析研究的基础上，及时确定找矿方向，拓展找矿思路，不断优化工作部署与工程布置，通过钻探验证，取得重大突破，矿床规模达超大型；在矿化富集特征认识上，提出了矿床在纵向上由浅—深具 Au、Au—Ag、Pb、Zn—Pb、Zn、Ag—Cu、Pb、Zn、Ag 的矿化分带特征，为深部勘查、研究提供了思路、依据。总结了那更康切尔沟银矿发现过程中有效的勘查工作方法组合为1∶1万地质草测（查明成矿地质条件、圈出破碎蚀变地段）+1∶1万土壤测量（查明化探异常特征）+探槽、浅钻（解剖化探异常，圈出矿化富集地段）+钻探工程验证（验证矿体深部延伸），并建立了初步的勘查模型，为那更康切尔沟矿区后续工作及外围地区银多金属矿的勘查工作提供了借鉴，那更康切尔沟银矿的发现对青海省东昆仑地区银矿找矿工作起到了重要的推动作用，为东昆仑地区银多金属矿找矿工作提供了示范和借鉴。

三、岩浆型铜镍成矿理论推广促成石头坑德大型铜镍矿床发现

自夏日哈木铜镍矿床发现以来，相继检查了大量物化探异常，发现了大量镁铁质—超镁铁质岩体，显示东昆仑地区岩浆型铜镍硫化物矿床具有巨大的找矿潜力。"十三五"以来，先后有不同勘查单位、科研院所及高校针对岩浆型铜镍矿开展了成矿地质背景、成矿特征、成矿规律、技术方法组合等方面的勘查及研究工作，为成矿预测及找矿勘查工作提供了理论基础，其中夏日哈木铜镍矿形成于万宝沟玄武岩高原拼贴-深俯冲-板片断离有关的伸展环境，认为"深部熔离-贯入"成矿作用是柴周缘铜镍硫化物的富集成矿的主导因素，具有"小岩体、成大矿"的特征，地球化学显示以 Ni、Cr、Co、Cu 异常为主，硫化物矿体赋存地段具有"三高一低"地球物理异常场。依据成矿理论对筛选出的岩体开展了进一步勘查评价，在石头坑德、浪木日等地区开展高精度磁电综合找矿预测工作，准确定位成矿岩体，新发现了岩浆型铜镍矿，新提交了中—大型镍矿产地1～2处，是继夏日哈木超大型岩浆型铜镍矿后，在东昆仑地区新发现的岩浆型铜镍矿有利地区，青海省铜镍找矿取得了新进展。

四、区域成矿条件分析及综合研究实现稀有金属重大发现

"十三五"期间，随着西昆仑新疆大红柳滩、四川甲基卡锂铍矿的发现，青海省锂铍矿找矿得以受重视，在宗务隆地区开展区域成矿条件分析与综合研究的基础上，通过对圈出的茶卡北山地区稀有稀土找矿靶区的踏勘检查，圈定出白云母花岗伟晶岩脉6条，Li、Be 异常高值段与白云母花岗伟晶岩脉对应较好，显示出较好的寻找稀有金属矿的潜力，随即快速开展了锂铍矿评价工作，在茶卡北山取得了伟晶岩型锂铍矿矿种和成矿类型的重大发现与突破，进一步拓展了找矿空间。随着勘查工作程度的提高、综合研究不断深入，对茶卡北山地区的构造背景、成矿类型等进行了梳理，茶卡北山稀有稀土金属矿床形成于同碰撞时期—造山晚期。提出"不稳定环境伟晶岩垂直分异成矿"理论，茶卡北山伟晶岩以伟晶岩脉群形式产出，每条伟晶岩脉宽1～5m，同时每条伟晶岩脉在垂向上均有不同岩相分带，自下而上岩相依次为石榴电气二云母伟晶岩、文象结构电气白云母伟晶岩、层状结构石榴电气白云伟晶岩、含绿柱石石榴电气白云母伟晶岩(Li、Be)、含绿柱石、锂辉石石榴电气白云母花岗伟晶岩(Li、Be)、含锂辉石石榴电气白云母花岗伟晶岩(Li)，其中含 Li 矿物主要为锂辉石，在白云母、电气石中均有少量 Li，含 Be 矿物主要为绿柱石，在白云母、电气石中含有少量 Be。建立了茶卡北山锂铍矿的找矿模型，有望形成1处大型以上锂铍稀有金属矿勘查开发基地。

五、通过找矿部署研究在新矿床类型方面取得重要进展

通过对天峻县茶卡北山地区伟晶岩型锂铍矿开展多次野外调研,结合柴北缘稀有稀土找矿实践,在对伟晶岩带(群)进行统计分析的基础上,提出茶卡北山地区"不稳定环境伟晶岩垂直分异成矿"理论,即:在构造环境不稳定的条件下,伟晶岩浆注入围岩过程中,岩浆垂直分异作用大于水平分异作用,垂直分带较水平分带好,具上锂矿下铍矿的产出特征,且变化在300~400m范围,利用这一成矿理论认识,对锂矿脉体可进行深部追索寻找向下延伸的铍矿脉体,铍矿脉体下一般不需要再寻找锂矿脉体,有效指导了茶卡北山地区锂铍矿找矿工作。同样,在柴北缘地区开展的伟晶岩性稀有稀土找矿工作,可依据该成矿理论进行安排部署。

通过对都兰县三通沟北锰矿、格尔木市铜金山滑石矿的找矿实践,提出了热水喷流岩和黑色岩系组成的"双岩石组合模式"理论,即:在东昆仑成矿带存在多期喷流成矿作用,形成不同矿种和含矿层位,同时存在强还原条件下形成的含碳黑色岩系,具双岩石组合特征。这一成矿模式理论对寻找亲石性菱锰矿、滑石矿等矿产具有重要意义,含碳黑色岩系作为醒目易识别的找矿标志,它具导电性,可以利用物探电法寻找和发现覆盖层下的矿层,从而达到发现和控制矿体的目的。在区域找矿方面,进一步明确了找矿方向和目标,可开展喷流沉积盆地、喷流中心的调查研究,确定成矿远景和矿床规模;可开展找矿综合评价,发现和评价共伴生的铁、磷、钒等矿产;可开展岩浆改造作用研究,确定富矿部位和规模。

一是东昆仑三通沟北地区通过1:2.5万地球化学测量及查证工作,首次发现了沉积型锰矿,取得了找矿新突破。由于该类矿床工作程度低,对矿床的成因及成矿机理等进行了初步研究,认为该区锰矿体主要发育在热水沉积建造中,通过对三通沟北锰矿床形成时的氧化还原环境与Eh、pH条件的研究以及对地球化学特征进行分析可知,该菱锰矿床具有热水沉积成因特征,发育一套热水沉积建造。结合研究区锰矿的物质来源及氧化还原条件、海平面变化等特征,认为区内菱锰矿的形成可能经历了海平面下降阶段——氧化锰生成、海平面上升阶段——氧化锰→碳酸锰转化、最高海泛面阶段——少量碳酸锰生成3个阶段。为该区今后勘查工作提供了理论依据。

二是在格尔木市铜金山钨铜矿区,以往主要针对构造蚀变岩型金矿、岩浆热液型钨矿开展勘查工作,"十三五"期间经钻孔深部验证,发现厚大滑石矿体,经近几年的勘查工作,取得了滑石矿重大进展,规模达超大型。通过对区内的综合分析,铜金山矿区周围有大面积的对滑石成矿有利的万保沟群青办食宿站组白云岩段的白云质大理岩、白云岩分布;中新元古代及早寒武世处于拉张环境,地层中火山岩及零星出露的一些岩脉反映出本区高的古地热场,是形成热水喷流沉积型矿床的有利地质条件。地层中产出的硅质岩、黑色岩系是典型的热水沉积岩,热水沉积岩与围岩呈整合接触关系,呈层状、似层状、长条脉状或透镜状,白云岩、硅质岩中发育的纹层状构造、条带状构造为区内滑石矿形成提供了丰富的物源基础和储矿构造。

三是对德里特多金属及萤石矿的矿床成因重新进行了厘定。以往认为构造控矿,关于构造控矿的认识,实际上应为控矿斑岩体。从钻孔ZK64中的控矿斑岩体来看,硅化蚀变较强,表明热液活动强烈,且细网脉较多。而构造主要起到导矿作用,在控矿因素中并非占主导地位。提出了斑岩体+构造联合控矿的新认识,并且对石英-方铅矿阶段和石英-萤石阶段的流体包裹体特征、成矿流体及成矿物质进行了研究分析,具有浅成低温特征的萤石与方铅矿床,为下一步勘查工作部署提供了理论指导及依据。

此外,在青海省页岩气预测研究成果的基础上,部署了页岩气调查工作,首次在都兰八宝山地区三叠纪陆相盆地中发现页岩气,形成了三叠纪陆相盆地页岩气成藏理论认识,并以此理论开展了东昆仑、柴北缘陆相盆地的页岩气调查工作,取得了区域页岩气调查成果,进一步完善了青海省页岩气成藏理论;经过多年探索,在共和盆地首次发现干热岩热储岩体,并建立了共和盆地干热岩热储的热源机制和

聚热模式，为共和干热岩开发利用示范基地建设提供了理论支撑。

第三节 技术方法创新

一、创新建立的高原荒漠区1∶2.5万地球化学测量方法在找矿突破中发挥了先锋作用

针对青海省干旱半干旱高寒山区水系沉积物异常流长偏短，水系沉积物不发育的特点，1∶5万水系沉积物测量工作对部分异常漏控，开展1∶2.5万地球化学测量能很好地解决上述问题，弥补了1∶5万化探工作的不足。为了更好地满足特殊景观区地质找矿的需要，"十二五"期间在东昆仑成矿带五龙沟—沟里一带安排了5个1∶2.5万地球化学测量项目进行方法试验，通过试验取得了显著的找矿成果。"十三五"期间1∶2.5万地球化学测量工作方法在东昆仑、阿尔金、柴北缘等类似地球化学景观区得到了推广应用，为区内矿产勘查项目部署及实施提供了比较可靠的地球化学依据，为下一步地勘工作部署和矿产调查评价工作提供了基础地质资料支撑与依据，也为青海省相同景观区开展该项工作提供了依据和技术标准。

二、通过引进广域电磁法测量新技术，在页岩气、地热、盐湖和矿产勘查领域发挥了重要作用

在页岩气新能源勘查方面，解译确定了主要含气岩性段深度和厚度；在共和干热岩项目中对干热岩分布区的第四系、新近系和花岗岩体界线划分清楚，为钻探工程部署提供了依据；在多金属隐伏矿深部勘查中显示出明显优势，在野马泉矿区精细刻画出岩体接触带展布特征，在浪木日、哈日扎、洪水沟等矿产勘查项目中，为工程布置提供了依据。广域电磁法测量在它温查汉西沙漠厚覆盖区（100～300m流动沙丘）采集到高质量电法测深数据，进一步细化了厚覆盖区勘查方法技术组合，为柴达木盆地周缘、山间盆地等沙漠厚覆盖区找矿工作奠定了基础。

三、充分利用高分遥感为实现找矿突破提供了坚实的技术服务和支撑

通过在东昆仑、阿尔金地区开展高分辨率遥感解译，对沟里迈龙—色日矿集区的构造进行了详细的辨识，解译线性构造100余处，与已知矿带具有很好的对应性，在迈龙地区东北部圈出线性构造2条，对圈定的构造通过地表追索、揭露，发现地表延伸稳定、品位高、规模大的AuⅢ矿带，该矿带也是迈龙地区首次发现的主矿带；色日地区通过遥感解译，对已知矿带的规模有了宏观的认识，同时有效指导了该矿区平行带的找矿工作，发现了较好的找矿线索，为该区的找矿工作提供了依据和方向；达热尔矿区通过遥感解译指导，AuⅡ矿带南部发现高品位的Au矿体，扩大了AuⅡ矿带的规模。目前，迈龙AuⅢ矿带、达热尔AuⅡ矿带地表延伸长度达5km，2条矿带实为同一条金矿带，成为沟里地区规模最大的主矿带之一。在阿尔金成矿带开展的高分遥感地质调查效果明显、辨识度高，在该区解译出1022条花岗伟晶岩脉，对其中约10%（103条）的岩脉进行踏勘性检查，证实72条为花岗伟晶岩脉（解译成功率69.9%），并圈定铌钽工业矿体，大大提高了野外工作效率，高分遥感＋野外地质调查的方法对在基岩裸露区中寻找花岗伟晶岩起到了引领示范作用。

四、构造叠加晕找矿方法在金矿床深部找矿预测方面显示了良好的指示效果

金矿床成因研究、控矿因素研究的发展以及找矿预测方法的改进,促进了金矿床深部找矿勘查工作的突破,尤其是构造叠加晕找矿方法的应用。构造叠加晕找矿方法是以金矿床构造特征以及系统的岩石地球化学迁移规律为主要研究对象而建立起来的找矿预测模型,该理论基于不同元素的化学活动性存在差异,在多期次热液成矿作用过程中存在明显的迁移差异,进而形成了不同元素组合规律的地球化学异常区域,直接或间接地指示深部金矿体的空间产出位置及形态。"十三五"期间,利用该方法在五龙沟、红旗沟、百吨沟、希望沟等金矿床开展深部盲矿体预测,其中在五龙沟主矿区结合矿区元素迁移规律得出该矿床的指示元素,F-Cl-B构成了该矿床的前缘晕,As-Sb-Ag组合为中前缘晕,CU-Pb-Zn组合为中后部晕,W-Mo-Sn-Bi组合为尾部晕,在分析岩金沟矿段前缘晕、中前缘晕、中后部晕和尾部晕的基础上,指出了深部找矿有利区域,为该矿段进一步开展深部找矿工作提供了依据。红旗沟金矿床通过系统研究典型矿体成矿成晕组分及分带、空间叠加特征,建立了金矿床深部盲矿预测的构造叠加晕模型,确定了盲矿预测的构造叠加晕标志和定位方法原则,为主矿体深部及外围Ⅸ、Ⅶ含金破碎蚀变带深部找矿预测奠定了基础,对指导探矿工作部署起到了重要作用。

五、主要矿集区矿产资源深部勘查方法技术为探索推进青海省第二空间找矿工作提供了新方案

积极响应国家向地球深部进军的号召,制定了《青海省矿产资源深部勘查工作方案》,与北京矿产地质研究院联合攻关,实施了"青海省柴周缘主要矿集区矿产资源深部勘查方法技术示范研究"项目,结合省内多个重点矿床的野外调查成果,建立了"三位一体"找矿预测模型,初步形成了一套有效的深部勘查方法技术组合,提出"深部成矿预测模型+深部电磁法约束"的已知矿区深部勘查技术,可广泛应用于矿床深部勘查领域。同时,优选"都兰县那更康切尔沟银多金属矿普查""都兰县浪木日地区镍多金属矿预查""格尔木市铜金山金铜钨多金属矿预查"等浅部找矿成果较好的项目,开展深部钻探工作,探索深部资源潜力。通过理论研究与勘查实践相结合,使方法技术逐步成熟,使深部勘查技术得到较好的示范应用。

在夏日哈木、拉陵灶火中游和哈西亚图矿区开展地质扫描技术在矿产资源勘查地质编录中的技术规范研究工作中,获取了3个典型矿床的高分辨率岩心图像,对岩心进行了数字化编录,保留了一套内容丰富、数据可靠、价值很高的实用数字资料,为较全面更深入地研究矿床提供了依据。同时,总结了一套适合固体矿产勘查的岩心扫描技术方法,编制了《青海省钻探岩心扫描技术规程》,研发了一套图像岩石矿物分析和钻孔综合柱状图矢量绘制系统,开发建立了数据网络共享平台,使岩心编录更加简单化、智能化和数字化。该成果通过青海省科学技术厅成果鉴定,达到国内领先水平。

在野马泉矿区开展复杂地层中的钻探技术研究工作,针对不同类型的复杂地层,对30余眼钻孔(共1.8万m)开展试验,研制出冲洗液15种、钻井液5套,实际应用效果明显。同时,开发的孔内可视化软件操作性强,适于野外应用;建立的计算排屑效果、循环阻力计算公式,为科学合理布置复杂地层中的冲洗液类型提供了理论依据等。该成果经青海省科学技术厅鉴定,达到了国内先进技术水平,为日后推广应用打下了坚实的基础。

第四节　管理制度创新

一、率先在全国开展绿色勘查，探索出一条资源勘查与环境保护双赢之路

党的十八大提出绿色发展新理念以来，国家对青海省生态文明建设和环境保护工作提出了更高更严格的要求，"十三五"期间，为深入贯彻落实习近平生态文明思想及对青海省"扎扎实实推进生态环境保护"的重大要求，奋力推进省委省政府"一优两高"重大战略部署，积极开拓思路，主动调整青海省地质工作模式，开创性地探索使用浅钻代替槽探、便携式钻机代替传统钻机、一基多孔、一孔多枝等绿色勘查新技术、新方法、新设备，并率先在全国开展绿色勘查工作，在此基础上，总结经验教训，因地制宜研究绿色勘查方法的可行性、实用性，并于2018年制定出台了《青海省绿色勘查管理办法（试行）》《青海省绿色勘查工作细则（试行）》，从绿色勘查工作的目的任务、原则、内容、方法及要求等多个方面，对地勘项目实施全程作出了具体的规定，绿色勘查得以全面贯彻落实。该创新效果显著：一是取得了良好的社会经济效益，对全国范围内开展绿色勘查起到了引领示范作用；二是改变了传统地勘工作方法的局限，实现了地质工作与生态环境保护"双赢"；三是绿色勘查理念深入人心，绿色勘查水平不断提升，有力推进了青海省地勘工作绿色高质量发展；四是得到了当地政府和人民群众的理解、支持和认可，营造了民族团结、共谋发展的和谐氛围，有效促进了地勘工作外部环境的改善，为民族团结进步示范省建设作出了贡献。

二、完善地质工作项目管理制度体系，进一步提升地勘项目工作质量

新时期地质工作形势发生了较大变化，青海省地质调查局认真分析研究地勘工作新需要，协助省自然资源厅相关处室，配合青海省财政厅制定并印发了《青海省省级地质勘查专项资金管理办法》，在此基础上，于2020年8月修订完成了《青海省省级地质勘查专项资金项目管理办法》，对管理职责、项目及承担单位确定、项目实施过程管理、业绩信誉管理、监督检查等作出了详细规定。同时研究编制了《青海高原绿色勘查规范》（青海省地方标准）、《青海省绿色勘查管理办法》。这些办法、标准预计将在"十四五"期间发布，不难看出这些制度、标准的出台，将进一步推进青海省绿色勘查工作规范化、标准化，进一步规范和加强省级地质勘查专项资金管理，提高资金使用效益，促进青海省地勘事业和经济社会可持续发展，有力助推国家"五个示范省"建设。

三、强化地质工作项目跟踪指导，加快地质找矿实现新突破

始终坚持强化项目督导检查，注重野外工作质量，每年省级财政资金地勘项目检查验收均实现全覆盖，并根据需要开展绿色勘查、野外样品采集等的专项检查验收，及时下发检查验收通报，对问题突出的单位进行约谈整改，有效解决突出问题，持续提升项目各方面工作质量。同时，充分发挥专家指导作用，由青海省自然资源厅和青海省地质调查局领导及相关技术专家组成督导组，每年多次对重点项目进行野外实地督导检查，及时了解工作进展、优化工作部署、查找存在问题、明确下一步工作思路和找矿方向，推动成果的显现。统计结果显示，地勘项目实施优良率从2016年的95.5%提高至2020年的99.16%，充分表明全省地勘工作持续向高质量、求实效、重环保的方向发展。

第五节　创新做法亮点

一、坚持生态保护优先，优化总体工作布局

以生态文明理念统领全省地勘工作大局，加强地勘工作顶层设计，及时调整优化地勘工作部署。在总体布局上，将"十三五"时期全省矿产资源勘查开发的工作重点，由青南地区向柴达木盆地及其周缘的柴北缘、东昆仑、阿尔金等地区转移；明确海西地区以矿产资源勘查开发为主，支撑国家资源安全保障；青南、海北重点开展基础性、公益性和水文地质、环境地质调查，查清地质本底，为生态文明建设提供基础性地质资料服务；西宁、海东地区紧紧围绕基础设施建设、民生改善等需求，积极拓展农业地质、城市地质、民生地质等工作，为特色农牧业发展、城镇规划、基础设施建设及民生改善提供依据。根据生态环境保护新要求和地质勘查新进展，将全省重点勘查区由原来的33个优化调整为16个；将全省整装勘查区由原来的16个优化调整为8个。通过对矿产资源勘查开发布局的优化调整，正确处理好矿产资源勘查开发与生态环境保护的关系，保障青海省找矿突破战略行动的持续推进。

二、突出重要矿产勘查，支撑资源安全保障

围绕柴达木盆地及周缘地区开展1∶5万放射性矿产调查、1∶2.5万地质矿产调查和1∶2.5万地球化学测量等工作，为下一步项目安排提供重要依据；突出清洁能源矿产勘查，重点开展页岩气、煤层气、砂岩型铀矿以及共和-贵德盆地地下热水-干热岩勘查；聚焦重点矿区，加大青海省优势重要矿产和关键矿产的勘查力度，主要围绕柴达木盆地及周缘开展以铜、钴、镍、铅锌、锡、金、银、钾（锂）盐、"三稀"矿产、晶质石墨等为重点矿种，兼顾钨、钼、煤及地方经济发展急需的建材非金属矿产和矿泉水等重要矿产资源的勘查，合理安排项目，优化工作部署，地质找矿取得了重要进展和新突破，有力地保障了能源资源安全。

三、率先开展引领示范，扎实推进绿色勘查

主动顺应新常态、把握新形势、贯彻新要求，创新地勘工作新思路，于全国率先推进绿色勘查，着力推动矿产资源绿色勘查开发。在全国率先开展"绿色勘查开发年"活动，出台了青海省绿色勘查管理办法及工作细则，全省所有地勘项目均按照绿色勘查规定开展地质勘查工作，坚持绿色勘查与地勘工作"同部署、同设计、同实施、同检查、同考核"，采用对生态环境扰动小的勘查新技术、新设备，最大限度减轻对生态环境的影响，取得显著成效，青海省绿色勘查开发工作得到了自然资源部的充分肯定和好评，在全国绿色勘查工作经验交流研讨会上作了典型发言，为全省推进绿色勘查提供了政策和标准依据。

四、开展民生地质勘查，拓展工作服务领域

及时了解掌握供给侧结构性改革及社会经济发展对地质工作的需求，遵循地质工作规律和市场经济规律，在青海省东北部农牧区和西部农业区开展1∶5万土地质量地球化学评价，在县（市）所在地开展1∶5万地质灾害详细调查，在交通便利地区开展矿泉水勘查，在西宁市主城区开展城市地质调查等

服务民生的地质工作,取得了显著的社会效益,持续推动地质工作向民生领域的拓展和深化。

五、坚持创新引领发展,提升科技支撑能力

全面贯彻落实《国土资源部关于加快推进科技创新的若干意见》和《青海省贯彻国家创新推动发展战略纲要实施方案》,以促进科技与地质找矿紧密结合为重点,充分发挥科技在找矿突破中的支撑引领作用,针对青海省各成矿带成矿背景与成矿作用的重大科学问题,加强重要成矿区带大地构造与成矿作用、地质找矿理论、成矿规律与找矿方向研究,加强整装勘查区和重点勘查区基础地质、控矿因素和成矿预测研究,完善成矿模式和找矿模型,全面提升全省地质找矿的科学研究水平,提出青海省地勘工作的部署建议,为实现青海省地质找矿新突破提供了重要支撑。如《柴达木盆地南北缘成矿系统与勘查开发示范》获2019年度青海省科学技术进步奖一等奖;编写并出版了《青海省"358地质勘查工程"——成果与经验》等系列专著;编撰了《中国矿产地质志·青海卷·普及本》等。

六、强化项目跟踪指导,持续提升工作质量

始终坚持强化项目督导检查,注重野外工作质量,每年省级财政资金地勘项目检查验收均实现全覆盖。同时,由青海省自然资源厅和青海省地质调查局领导及相关技术专家组成督导组,每年多次对重点项目进行野外实地督导检查,及时了解工作进展、优化工作部署、查找存在问题、明确下一步工作思路和找矿方向,推动了成果的显现;在中期质量检查和终期验收过程中,及时发现、解决项目中存在的各类问题,收到了明显的成效。统计结果显示,地勘项目实施优良率从2016年的95.5%提高至2020年的99.16%,充分表明全省地勘工作持续向高质量、求实效、重环保的方向发展。

第三章　新成果与新突破

第一节　公益性基础地质调查与支撑工程取得新成果

一、区域地质调查

(一) 项目完成情况

"十三五"期间,按照中央、省委省政府关于"生态保护第一、尊重群众意愿"的要求,完成由中国地质调查局西安地质调查中心实施的重要矿产资源调查计划西北主要成矿带地质矿产调查工程中的东昆仑铜镍多金属资源基地调查、祁连成矿带肃南—大柴旦地质矿产调查等项目。完成中央财政出资的1∶5万区域地质矿产调查91幅,面积约38 220km²,1∶5万专项地质矿产调查50幅,面积约21 126km²(部分项目由于专项调查性质、外部环境等因素不完整);地方财政(省级地勘资金)出资完成1∶2.5万区域地质矿产调查1158km²。

1. 1∶5万区域地质矿产调查

"十三五"期间,完成1∶5万区域地质矿产调查项目共28个(表3-1-1)。分布在除三江北段成矿带外的全省各地,2015年后只有2个新上项目,共8个图幅,总面积3360km²。

表3-1-1　"十三五"期间1∶5万区域地质矿产调查项目一览表

序号	项目名称	工作周期	承担单位
1	青海省北巴彦喀拉山地区1∶5万下仓界(I47E010014)、侧不地(I47E011014)幅区域地质矿产调查	2014—2016	中国人民武装警察部队黄金指挥部本部
2	青海省班玛县多尔娘地区1∶5万 I47E017016、I47E018016、I47E018017三幅区域地质矿产调查	2014—2016	重庆地质矿产研究院
3	青海省班玛县吉卡地区1∶5万 I47E019017、I47E019018、I47E020017、I47E020018四幅区域地质矿产调查	2014—2016	四川省核工业地质局二八三大队、青海省核工业地质局
4	青海省德令哈市居洪图地区1∶5万 J47E011002、J47E012002、J47E013002、J47E014002四幅区域地质矿产调查	2014—2016	中国煤炭地质总局广东煤炭地质局勘察院、青海煤炭地质勘查院

续表 3-1-1

序号	项目名称	工作周期	承担单位
5	青海省德令哈市喀克图蒙克地区 1:5 万 J47E012001、J47E013001、J47E014001 三幅区域地质矿产调查	2014—2016	陕西省地质矿产勘查开发局第一地质队、物化探队
6	青海省都兰县查哈西里地区 1:5 万 I47E004006、I47E004007 两幅区域地质矿产调查	2014—2016	陕西省核工业地质调查院
7	青海省都兰县香日德地区 1:5 万 J47E022008、J47E023008、J47E024006、J47E024007、J47E024008 五幅区域地质矿产调查	2014—2016	青海省地质调查院
8	青海省都兰县宗加地区 1:5 万 J47E023003、J47E023004 两幅区域地质矿产调查	2014—2016	中国地质大学（武汉）地质调查研究院
9	青海省甘德县青珍地区 I47E012017、I47E012018、I47E031017、I47E013018 四幅 1:5 万区域地质矿产调查	2014—2016	四川省地质矿产勘查开发局物探队
10	青海省格尔木市分水岭北地区 1:5 万 J46E022006、J46E022007、J46E0230006、J46E023007 四幅区域地质矿产调查	2014—2016	山东省地矿七院、山东省物化探勘查院
11	青海省格尔木市辉特陶可可地区 1:5 万 J46E023010、J46E024009、J46E024010 三幅区域地质矿产调查	2014—2016	新疆维吾尔自治区地质矿产勘查开发局第二区域地质矿产调查大队
12	青海省格尔木市塔鹤托坂日地区 1:5 万 J46E021004、J46E021005、J46E022005、J46E023005 四幅区域地质矿产调查	2014—2016	新疆维吾尔自治区地质矿产勘查开发局第一地质大队、四川省地质矿产勘查开发局区域地质矿产调查队
13	青海省格尔木市雪鞍山地区 1:5 万 J46E023011、J46E024011、I46E001011 三幅区域地质矿产调查	2014—2016	四川省核工业地质局二八二大队
14	青海省格尔木市雪山峰地区 1:5 万 J46E022008、J46E022009、J46E023008、J46E023009 四幅区域地质矿产调查	2014—2016	青海省第三地质矿产勘查院
15	青海省共和县曲什那地区 1:5 万 J47E021017、J47E021018、J47E022018 三幅区域地质矿产调查	2014—2016	长安大学
16	青海省海晏县甘子河地区 J47E017019、J47E018019、J47E018020 三幅 1:5 万区域地质矿产调查	2014—2016	四川省核工业地质局二八一大队
17	青海省冷湖行委冷湖地区 1:5 万 J46E007014、J46E007015、J46E008014 三幅区域地质矿产调查	2014—2016	青海省第一矿产勘查院、青海省第五地质矿产勘查院
18	青海省茫崖行委大浪滩地区 1:5 万 J46E008005、J46E009005、J46E010004 三幅区域地质矿产调查	2014—2016	西北有色地质勘查局地质勘查院
19	青海省民和县西沟地区 1:5 万 J48E022002、J48E022003、J48E023003 三幅区域地质矿产调查	2014—2016	青海省地质调查院

续表 3-1-1

序号	项目名称	工作周期	承担单位
20	青海省曲麻莱县阿尕拉地区 1∶5 万 I47E009001、I47E010001、I47E010002 三幅区域地质矿产调查	2014—2016	青海有色地质矿产勘查开发局地质矿产勘查院
21	青海省曲麻莱县叶格地区 1∶5 万 I46E009022、I46E010022、I46E011022 三幅区域地质矿产调查	2014—2016	核工业二〇三研究所
22	青海省曲麻莱县扎开陇巴地区 1∶5 万 I47E011001、I46E012024、I47E012001 三幅区域地质矿产调查	2014—2016	陕西省地质矿产勘查开发局第三地质队、物化探队
23	青海省同德县谷芒地区 I47E004019、I47E004020、I47E005018、I47E005019、I47E005020 五幅 1∶5 万区域地质矿产调查	2014—2016	陕西省地质矿产勘查开发局区域地质矿产调查研究院
24	青海省乌兰县赛坝沟地区 1∶5 万 J47E020009、J47E020010 两幅区域地质矿产调查	2014—2016	河南省地质矿产勘查开发局第一地质矿产调查院
25	青海省循化县道帏地区 1∶5 万 I48E002003、I48E003003 两幅区域地质矿产调查	2014—2016	长安大学地质调查研究院、华北地质勘查局五一九大队
26	青海省大柴旦行委土尔根达坂地区 1∶5 万 J46E010023、J46E011023、J46E011024 三幅区域地质矿产调查	2014—2016	中国煤炭地质总局航测遥感局、西北有色地质勘查局物化探总队
27	青海省北巴颜喀拉山地区 1∶5 万曲旁浪斜(I47E010012)、和科寺（I47E011012）、昌马河乡幅(I47E010013)、优云乡幅(I47E011013)地质矿产综合调查	2015—2017	中国人民武装警察部队黄金指挥部本部
28	青海省北巴颜喀拉山地区黄河乡(I47E009010)、恰木恰(I47E009011)、江日嘎玛（I47E010010）、歇日柔(I47E010011)四幅 1∶5 万区域地质矿产调查	2016—2018	武警黄金第六支队

2. 1∶5 万专项地质矿产调查

地质勘查工作虽取得了大量资料和成果,但对不同成矿区带成矿地质背景、成矿条件及矿产分布规律、与矿产有关的重要基础地质问题等尚存在争议,开展针对性的填图和调查,从构造环境、含矿地层、控矿构造、矿体标志、蚀变标志、地表找矿标志方面寻找规律,解决重要地质问题的专项地质矿产调查显得更加重要。"十三五"期间,主要在柴达木周缘、祁连成矿带开展工作,完成 1∶5 万专项地质矿产调查项目 20 个(表 3-1-2),面积 21 126 km²。

表 3-1-2　"十三五"期间 1∶5 万专项地质矿产调查项目一览表

序号	项目名称	工作周期	承担单位
1	青海省都兰县石头坑德地区铜镍多金属调查评价(I47E001001、I47E001002)	2015—2017	四川省地质矿产勘查开发局一〇八地质队
2	青海省都兰县察汗乌苏河地区 1∶5 万矿产地质综合调查(J47E024011、I47E001011)	2015—2018	西安地质调查中心

续表 3-1-2

序号	项目名称	工作周期	承担单位
3	青海省锡铁山地区 1∶5 万 J46E009018、J46E010018、J46E011018、J46E017024、J46E018024 五幅专项矿产地质调查	2016—2018	青海省第一地质矿产勘查院
4	青海省门源县冷龙岭地区四幅 1∶5 万 J47E014023 专项地质调查项目	2016—2018	青海省地质调查院
5	青海省祁连县阴凹槽地区 1∶5 万 J47E008012、J47E009012 两幅塞浦路斯型富铜矿专项矿产地质调查	2016—2018	青海省第四地质矿产勘查院
6	青海省茫崖行委大通沟南山—黄矿山地区 1∶5 万五幅晶质石墨矿专项矿产地质调查	2016—2018	青海省核工业地质局
7	青海柴北缘大柴旦-都兰 1∶5 万 J46E013020、J46E014021、J46E014022、J47E021010、J47E021011、J47E020010 六幅金红石矿专项矿产地质调查	2016—2018	中国地质大学（武汉）
8	青海治多多彩铜多金属矿整装勘查区矿产调查与找矿预测	2016—2018	青海省有色矿勘院
9	青海都兰沟里金矿整装勘查区矿产地质调查与找矿预测	2016—2018	青海省有色第三地质勘查院
10	青海祁曼塔格地区铁铜矿整装勘查区矿产调查与找矿预测	2016—2018	青海省第三地质矿产勘查院
11	青海省格尔木市拉陵高里河地区 J46E020013、J46E021013、J46E022013 三幅 1∶5 万矿产地质调查	2016—2018	西安地质调查中心
12	青海沱沱河地区铅锌整装勘查区矿产调查与找矿预测	2016—2018	青海省第五地质矿产勘查院
13	青海省祁连县夹道寺地区 1∶5 万 J47E010017、J47E010018、J47E011018、J47E012018 四幅专项地质调查	2016—2018	西安地质调查中心
14	青海省五龙沟鑫拓 1∶5 万矿产调查与找矿预测	2017—2018	青海有色矿勘院
15	青海省格尔木市喀雅克登地区 1∶5 万矿产地质调查	2018—2020	青海省第三地质矿产勘查院
16	青海省海西州察汉诺地区 J47E018009 等五幅 1∶5 万专项地质调查	2019—2021	青海省地质调查院
17	青海冷湖行委赛什腾山地区 1∶5 万 J46E008015 等四幅专项地质调查	2019	西安地质调查中心
18	共和一带 I47E001022 幅 1∶5 万干热岩成矿地质背景分析专项调查	2019	青海省地质调查院
19	中央造山系都兰、天水等地区基础地质调查乌兰南赛坝沟片区	2019	中国地质科学院
20	中央造山系都兰、天水等地区基础地质调查乌兰县北部区域 J47E018011	2019	中国地质科学院

3. 1∶2.5万区域地质矿产调查

柴达木盆地周缘分布许多重要矿集区,同时也是构造结发育区,找矿潜力已有显现,矿集区总体工作程度较高,通过辅以同比例电法、化探、高精度遥感等工作手段开展的1∶2.5万区域地质矿产调查,对成矿地质体、成矿构造、成矿作用特征标志等开展调查研究,为找矿突破提供基础资料支撑。"十三五"期间,由地方财政出资(省级地勘资金),在沟里、茶卡北山完成2个1∶2.5万区域地质矿产调查项目(表3-1-3),调查面积1158km²。

表3-1-3 "十三五"期间1∶2.5万区域地质矿产调查项目一览表

序号	项目名称	工作周期	承担单位
1	青海省都兰县昂日塔地区1∶2.5万区域地质矿产调查	2017年3月—2020年3月	青海省地质调查院
2	青海省天峻县贡卡休玛地区1∶2.5万区域地质矿产调查	2019年3月—2022年3月	青海省地质调查院

(二)取得的主要成果

"十三五"期间,青海基础地质调查工作以1∶5万区域地质(矿产)调查为主,均为中央财政资金项目,由中国地质调查局西安地质调查中心实施,采用地物化遥多工作方法开展调查,大多数项目部署在重要构造带和成矿带上。先后完成"西北主要成矿带地质矿产调查工程"中的"重要矿产资源调查计划"中所属的东昆仑铜镍多金属资源基地调查、祁连成矿带肃南-大柴旦地质矿产调查、西昆仑及青东基础地质调查、西北沿边及特殊地区地质矿产调查、整装勘查区基础地质调查与潜力评价工程、整装勘查区找矿预测与技术应用示范等计划项目。地方财政(省级地勘资金)完成1∶2.5万区域地质矿产调查。这些项目的实施使全省基础地质工作程度大幅提高,综合研究程度大幅提升,成矿地质背景更加清晰,从而使青海省区域地层、构造、岩浆岩划分更为合理,全省构造格架更为清晰,侵入岩时代厘定更准确,火山活动规律更明显,变质岩划分更准确,夯实了地质研究和找矿工作部署的基础。深化了地质矿产特征和成矿规律的认识,初步查明了相关的成矿地质条件、资源远景,为矿产勘查提供了基础地质支撑和依据,为国民经济建设和青海省战略资源保障提供了大量基础资料。补充完善了全省的岩石地层单位系统,划分了全省变质单元,初步划分了青海省构造岩浆岩带,采用岩石构造组合的分析办法,对不同构造岩浆带内侵入岩不同构造演化阶段、不同类型侵入岩组合进行了系统的研究。新发现了一大批矿(化)点、矿化信息等,通过立项,培育出一批矿产项目和整装勘查区,更加凸显出基础地质调查工作的重要性及必要性。

1. 1∶5万区域地质矿产调查

1)地层

"十三五"期间通过开展区域地质(矿产)调查项目,系统厘定、完善了岩石地层系统。根据最新成果,对不同地层分区各岩石地层单位进行了细化、分解和归并,划分了群级、组级、段级岩石(构造)地层单位,建立了区域地层格架。进行了岩石地层、年代地层和生物地层学等研究与讨论,划分了沉积相、沉积体系,分析了沉积盆地类型,对指导找矿和地质研究具有重要的理论与实践意义。

大量精确的同位素年龄的获得及系列地层中大量古生物化石的发现,提高了年代地层的精度,为地层的划分对比、时代分析、沉积相研究、区域地层时代格架建立提供了依据。高原隆升、古地理、古气候环境方面研究也取得了进展。

(1)北祁连地层分区。

在门源县冷龙岭一带地层中首次发现了隐板层孔虫化石，Cryptophragmus sp. 时代为晚奥陶世桑比期—凯迪期，并在该处发现了典型小布氏刺 Bryantodina typicalis，指示时代为中奥陶世晚期（达瑞威尔阶）。从冷龙岭断裂南原阴沟群中解体出一套灰色砾岩、砂岩夹板岩的岩石组合，粗砂岩碎屑锆石 U-Pb 测年获得最小谐和年龄值 426Ma，代表了该砂岩形成时代可能为早—中志留世，由此将其厘定为早志留世肮脏沟期。

阴凹槽地区专项矿产地质调查，将分布在红垭豁-煤洞沟南与早—中寒武世地层呈断层接触的一套以中细碎屑岩为主，局部夹少量粗碎屑岩、砂质泥岩的沉积岩组合，通过区域对比，将其从前人划分的托赖岩群中解体并厘定为晚石炭世羊虎沟期。

(2)中南祁连地层分区。

共和县曲什那地区从前人划分的隆务河群中厘定出一套变碎屑岩与大理岩组成的中级变质岩系，与隆务河组的低级变质碎屑岩系形成明显区别，目前呈侵入岩中残留状态或推覆体状态出现，主要岩石类型有长石石英岩、石英岩、大理岩、条带状大理岩、黑云石英片岩和少量黑云母变粒岩、黑云斜长变粒岩等，变质岩片理主体南倾，变质程度总体达低角闪岩相，故而称为"角孔变质岩"。通过对角孔变质岩中含石榴石黑云石英片岩和石英岩的锆石 U-Pb 定年，获得最年轻锆石年龄为 251Ma，其可能代表了该套变质岩的沉积下限。还获得侵位于角孔变质岩的中酸性侵入岩的锆石 U-Pb 年龄在 247.8～242.3Ma 之间，也限定了其沉积的上限，其沉积时代暂时限定为二叠纪。

对隆务河组沉积时限和物源进行了研究。砂岩碎屑锆石年龄谱中最小锆石年龄（258Ma，循化县道帏地区 1∶5 万两幅矿调）及侵入其中的闪长岩体锆石年龄（246Ma），综合限定隆务河组沉积时代为早三叠世。碎屑锆石中见 2 038.3～1 434.5Ma 的古—中元古代继承锆石 U-Pb 年龄，结合北西向古水流特征及岩石地球化学结果综合表明其物源主体来自北西侧化隆地块。

首次在老鸦峡一带湟源岩群东岔沟岩组含夕线石黑云母钾长石片麻岩中获得碎屑锆石 U-Pb 年龄，年龄值在 17 亿～12 亿年之间，其主峰年龄在 14 亿年左右（民和县西沟地区矿调），该年龄的获得为东岔沟岩组的时代归属提供了新的依据。结合近年在湟源群变火山岩和响河尔花岗岩中获得单颗粒锆石年龄确定时代上限为 910Ma（郭进京，2000），综合分析认为湟源岩群时代划归中元古代长城纪较为适宜。

土尔根达坂地区在早二叠世勒门沟组采获的灰岩中采获发现了双壳类化石和苔藓虫化石，中二叠世草地沟组中，采获了腕足类、珊瑚、苔藓虫等多门类化石，在勒门沟组杂砂岩中，发现植物化石碎片，为南祁连晚古生代岩相古地理环境的研究提供了新的资料。

高原隆升、古地理、古气候环境方面研究取得进展。在乐都县瞿昙寺一带新解体出中新世咸水河组，并在土黄色泥岩中采获嵌齿象（Gomphotherium sp.）牙齿化石一件（图 3-1-1），时代为中新世。该化石的发现不仅为咸水河组提供了精确的时代依据，同时对于研究本区乃至青海东部气候变迁、环境变化

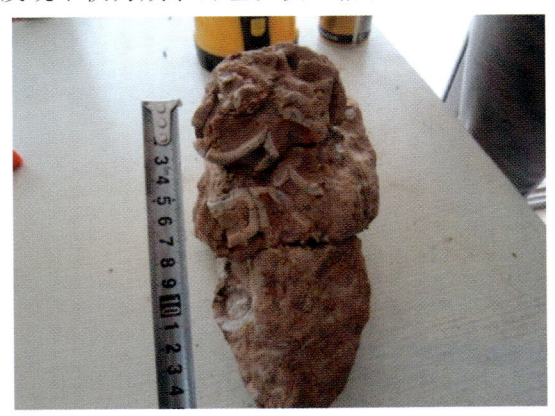

图 3-1-1 咸水河组嵌齿象牙齿化石

等都具有重要意义。通过对海晏县甘子河地区第四纪研究,确定出 3 次沙化历史,ESR 年龄值分别为:51 ± 10.2ka、35 ± 7ka 和现代沙化;在尕海北侧海拔 3231m 处沼泽堆积物中获得有 26 ± 52ka 的 ESR 年龄值,这对研究青海湖演化具有重要意义;在海晏盆地不同地段采获了一批 ESR 年龄数据(84 ± 8.4ka、59 ± 11.8ka、47 ± 9.4ka、43 ± 5.8ka),为海晏盆地形成时间提供了时代依据。并在晚更新世沉积物中发现一粒骆驼刺属(*Alhagi*)花粉,骆驼刺属为西北干旱—半干旱地区常见的荒漠植被,为该时期气候环境提供了重要的参考。

(3)柴北缘地层分区。

德令哈市居洪图地区 1:5 万矿调项目在第四系晚更新世冰水堆积-洪积层中发现了化学沉积层,可分为石灰华沉积及钠硼解石沉积两类,石灰华呈灰色或灰黄色,质硬而脆,具明显的化学结构,呈薄片状、同心圆状、葡萄状等产出,在石灰华表面或孔隙中常有次生羽状、纤维状钠硼解石;钠硼解石沉积主要分布在地表浅部,呈灰白色或灰黄色,具丝绢或土状光泽,以米粒状、团块状、纤维状分布于含砾砂质黏土层或含砾黏土质粉砂层中。

喀克图蒙克地区巴龙贡嘎尔组中的变玄武安山岩中获得了 430.4 ± 5.7Ma、427.2 ± 2.8Ma 的锆石 U-Pb 年龄。前人在该套地层的上部采得了早古生代海绵骨针化石,在该组下部的板岩中采得早志留世笔石:*Pseudoclimacograptus* sp.,*Pristiograptus* cf. *acinaces*(Tormguist)*Pristograptus* sp. *Climacograptusreetangularis* M'coy 等,将巴龙贡嘎尔组时代划为早志留世。

在冷湖小红山地区前人划分的滩间山群碎屑岩组中发现一套近北西-南东向展布的绿帘钠长阳起片岩、绿帘阳起石英片岩、黑云阳起片岩、石英片岩,底部为条带状白云岩,夹石英岩、变玄武岩、凝灰岩,局部夹结晶灰岩的岩石组合。其变质程度明显低于古元古界,处于绿片岩相到低角闪岩相区间,与滩间山群之间的主要区别在于其构造变形较强,地层受断裂构造的切割破坏和岩浆岩的侵蚀。在阳起石片岩中获取的 950 ± 10.5Ma 锆石 U-Pb 同位素年龄,时代为新元古代—中元古代。据此将其厘定为蓟县纪万洞沟群碎屑岩组。

通过大通沟南山—黄矿山地区晶质石墨矿专项矿产地质调查,初步确定了含矿地层时代和找矿标志,极大地提高了测区与石墨矿成矿有关地层的研究程度。发现该区含石墨矿床产于古元古代达肯大坂岩群碳酸盐岩组中,含矿岩性均为条带状石墨大理岩,广泛发育石墨化、碳酸盐化、硅化、褐铁矿化、绢云母化等蚀变。矿体呈层状、似层状产于条带状大理岩中,与岩层产状基本一致,受褶皱构造影响沿走向呈波状弯曲,往延深方向一般较稳定,该套地层中有大量早石炭世闪长岩、黑云母花岗闪长岩等中酸性侵入岩侵入改造。

(4)东昆仑-柴达木地层分区。

通过调查对地质体认识有了新进展,对岩石地层进行了细化、分解和归并。石头坑德地区铜镍多金属调查评价项目通过岩性对比,将一套玄武岩、变碎屑岩组合从前人划分的纳赤台群中解体并厘定为万宝沟群,于蚀变玄武岩中获得 935.1 ± 7.6Ma 锆石 U-Pb 年龄。雪鞍山地区根据岩石组合特征、生物化石特征及区域对比,将圆山附近原定名的万保沟岩群的一套碎屑岩夹碳酸盐地层重新厘定为早—中三叠世闹仓坚沟组。分水岭北地区从万宝沟群中解体出一套呈北东向长条状展布的粉砂质板岩、石英绢云千枚岩、长石砂岩组合,与万宝沟群呈断层接触,划归为早寒武世沙松乌拉组。发现了大量动植物化石,为地层时代确定和古地理、古气候研究提供了古生物学资料。在辉特陶可可地区万宝沟群中采集到新元古代 *Conophyton* sp.(锥叠层石)化石,在玄武岩中分别获得 515.2 ± 2.9Ma、504.7 ± 1.6Ma 的早—中寒武世锆石 U-Pb 同位素年龄;在辉特陶可可地区闹仓坚沟组采集到青海正海扇(T_1)、肋状游玉螺($T21$)、麦黑盘螺(T)、正海扇(T)、琴式麻生海扇(T_2)等化石;在雪山峰地区采集到 *Eumorphotis.* sp.(正海扇)、*Traumatocrinus.* sp.(创孔海百合茎)、*Bakevellia.* cf. *elegans* Assmann(优美贝荚蛤)、*Eumorphotis*(*Asoella*) *illyrica*(Bittner)(琴氏正海扇)、*Zygites qingyanensis* Pan(青岩接合螺)、"*Costirhynchia*" *tienchungensis*(Yang et Yin)(天峻线嘴贝),时代为早—中三叠世。在晚三叠世八宝山组采集到皱纹新芦木(T₃)、新芦木(T—J₂)、梅瑞安新芦木(T₃)、卡勒莱新芦木(T₃—J₂)、海西川新芦木(相似种)(T₃—J₂)等化石。在沱沱河组中采集到古近纪似木贼(未定种)化石。

在石头坑德地区雅西措组上段采集到动物化石：堇色水螺(比较种)*Hydrobia cf. violacea* Heude，小旋螺(未定种)*Gyraulus* sp.，圆滑土蜗(比定种)*Galba* cf. *liogyra* Martens，时代为第三纪(古近纪+新近纪)，为雅西措组时代厘定提供了新资料。

(5)巴颜喀拉地层区。

下仓界、曲旁浪斜地质矿产调查项目将以构造岩块形态零星分布在甘德-玛多断裂带以北的布青山群进行了解体，将主要岩石组合为灰—浅灰白色薄—厚层状微晶—粉晶灰岩、碎裂微晶灰岩的构造透镜体归属到早—中二叠世，与三叠纪巴颜喀拉山群呈断层接触。采集到珊瑚、蜓、菊石等化石(图3-1-2)；将中细粒岩屑砂岩、粉砂岩、粉砂质板岩，局部夹细砾岩及灰岩，沉积构造十分发育(图3-1-2)的碎屑岩划归到早—中三叠世昌马河组。在中三叠世甘德组灰岩夹层中首次发现了牙形石化石，其中Nicoraellagermanicus 和 N. kockeli 是我国海相中三叠世安尼期 Pelsoniana 亚阶 Nicoraellagermanicus-Nicoraellakockeli 带(间隔带)的带标准分子。

a.灰岩中的菊石　　　　　　　　　　　b.昌马河乡南西部灰岩中的蜓

c.砂岩中发育的沟模　　　　　　　　　d.斜层理发育

图3-1-2　巴颜喀拉地层中分布的化石及沉积构造

黄河乡地区新填绘出新近纪曲果组、早更新世羌塘组。羌塘组由土黄色厚层状粗粒石英砂岩、粉砂岩、泥岩组成，反映出湖相沉积环境特征。曲果组为一套砖红色砾岩、砂岩岩石组合，与巴颜喀拉山群甘德组呈角度不整合接触。

班玛县多尔娘地区在巴颜喀拉群地层中获得 *Cycadopites* sp., *Alisporites* sp., *Protopicea* sp.,

Pseudopicea sp.，*Piceites* sp.，*Piceaepollenites* sp.，*Pinuspollenites* sp.，*Abiespollenites* sp.，*Podocarpidites sp.*等中生代的常见孢粉,并在达卡乡朗西贡玛沟和浪西哇玛沟采得海百合化石圆圆茎*Cyclocyclicus* sp.,丰富了该区三叠纪生物研究的实际材料。

对第四纪地层进行了生物地层、年代地层的综合研究。在班玛县多尔娘地区、曲麻莱县阿尕拉地区冲洪积堆积物中获得木本植物花粉:松属 *Pinus* 和桦粉属 *Carpinipites*；草本植物孢粉:杜鹃花属 *Rhododendron*、禾本科 *Gramineae*、菊科 *Compositae*、莎草科 *Cyperaceae*、玄参科 *Scrophuloriceae*、藜科 *Chenopodiaceae*、毛茛科 *Ranunculaceae*、马先蒿属 *Pedicularis*。讨论了孢粉代表的古气候环境,提高了本区第四系的研究程度。

2) 岩浆岩

"十三五"期间对不同时代、不同类型的侵入岩进行了详细填绘和解体,图面上采用"岩性＋时代"表达,获得了大量精确的锆石 U-Pb 同位素测年数据,建立了区域岩浆演化序列,查明了不同地区侵入岩的时空分布规律和格架,总体上北部岩带时代老,南部岩带时代新,中部岩带活动期次频繁,时间延续长。火山岩采用岩性-岩相双重填图法,并对其形成时代、岩性和岩相特征、喷发韵律、火山构造等进行了系统调查。探讨了岩浆演化历史,对各期构造岩浆活动的成矿作用进行了深入探讨。

(1) 基性、超基性岩。

通过区域地质矿产调查,在东昆仑造山带内新圈定一批基性、超基性岩,对其岩石组合类型、形成时代及环境进行了总结,深入研究了基性—超基性杂岩体与铜镍等矿产的时空成因联系,为区域找矿突破提供了翔实的基础资料。

石头肯德地区新发现受东西向构造控制的基性—超基性杂岩体。岩体呈不规则椭圆状、带状,与金水口岩群呈侵入接触或断层接触,局部与加里东期石英闪长岩呈断层接触。杂岩体主要由辉长岩-橄榄岩组成,辉长岩中发育堆晶结构,橄榄岩相岩石中发育堆晶结构。获得 402 ± 3.5 Ma 锆石 U-Pb 年龄,表明含镍基性—超基性岩体主要形成时代为早泥盆世。

首次在雪山峰德拉脱郭勒地区发现晚二叠世辉长岩,地表出露面积 $0.06km^2$,呈岩株状产出。岩体呈北西-南东方向展布,平面形态呈椭圆状。岩体岩性单一,与早志留世的闪长岩呈超动型侵入接触,获得 263.3 ± 2.0 Ma 同位素锆石 U-Pb 年龄,代表了东昆仑在晚二叠世发生了一次伸展事件。

(2) 中酸性侵入岩。

根据青海省侵入岩时空分布、岩石类型、岩石地球化学、大地构造环境等特征,通过综合研究,初步建立了青海省的侵入岩时空结构框架。岩浆岩带明显受区域构造控制,解体出多个新元古代变质侵入体,划分了构造岩浆旋回,为青海省大地构造阶段划分和演化历史研究提供了最新资料。对复式岩体进行了解体划分,取得新元古代—晚三叠世岩体锆石 U-Pb 同位素年龄样 25 件。

(3) 祁连构造岩浆岩带。

对冷龙岭地区发育的岩体均进行了解体,划分出二长花岗岩、正长花岗岩、似斑状花岗闪长岩、花岗闪长岩等侵入体,花岗岩侵入于奥陶纪阴沟群碎屑岩中,部分与晚石炭世羊虎沟组呈角度不整合接触。沿接触带常见少量的岩脉平行分布,局部见岩体呈枝状穿插于地层中,且具有同化混染现象,并在接触带形成红柱石角岩等热接触变质,接触界线与围岩片理一致。花岗闪长岩中获得了 386.5 ± 5.6 Ma 锆石 U-Pb 同位素年龄,表明其形成于中泥盆世。

祁连阴凹槽地区从托赖岩群中新解体出一套变质侵入岩,集中出露在上哈熊沟—大南沟一带,面积约 $219.6km^2$。整体上呈北西西-南东东向带状分布,岩性主要为片麻状二长花岗岩,局部岩石中可见有眼球状构造。侵入古元古代托赖岩群片岩岩组,岩体内有大量透镜状片岩捕虏体,局部被后期构造作用所改造而表现为断层性质。2010 年中国地质大学采集了介于 $873\sim914$ Ma 之间锆石(U-Pb)年龄样,2005 年青海省地质调查院获得 842 ± 37 Ma 和 837.8 ± 58 Ma 锆石 U-Pb 年龄,表明该侵入岩形成时代为新元古代,形成后经历了多期变质变形作用。

民和县西沟老鸦峡一带将原划(1∶25万民和县幅)新元古代变质侵入体重新解体为中奥陶世和晚奥陶世两套侵入岩体。前者为石英闪长岩、英云闪长岩、花岗闪长岩组合,在片麻状斑状黑云母石英闪长岩中获得U-Pb年龄为465.4±3.5Ma,归属为中奥陶世;后者为角闪石闪长岩、英云闪长岩、花岗闪长岩组合,并在辉石闪长岩中获得U-Pb年龄为447.6±2.2Ma,为晚奥陶世。在河西沟水库一带峡门蛇绿构造混杂岩中新发现新元古代变质侵入体,岩性为糜棱岩化眼球状花岗岩,呈岩块状产于混杂岩带内,在其中获得821.1±5.6Ma锆石U-Pb年龄。

(4)柴北缘构造岩浆岩带。

冷湖地区从古元古代达肯大坂岩群中解体出一套变质侵入体,呈长椭圆状,近南北向展布,与达肯大板岩群片岩为侵入接触,同时又被后期二叠纪二长花岗岩穿插,岩性为花岗质黑云斜长片麻岩,恢复原岩为花岗闪长岩,获得888±4Ma锆石U-Pb同位素年龄,时代为青白口纪;茫崖行委大浪滩地区从蓟县纪狼牙山组中解体出的变质侵入体岩性主要为片麻状花岗闪长岩、黑云斜长片麻岩,并在黑云母斜长片麻岩中取得了961.5±7.8Ma的锆石U-Pb同位素年龄。岩石化学、地球化学特征显示具有过铝质-高钾钙碱性特征,反映出柴北缘在新元古代的发生过一次构造热事件。

(5)东昆仑构造岩浆岩带。

取得了一批可靠有价值的锆石U-Pb同位素年龄。石头肯德地区木和德特花岗闪长岩侵入到万宝沟群玄武岩中,北侧被三叠纪岩体侵入,获得418.4±3.2Ma锆石U-Pb同位素年龄,其时代归属应为早泥盆世。呈不规则状出露于腾格里配种站南的二长花岗岩,侵入到古元古代金水口岩群中,南北界均与金水口岩群呈断层接触,岩性单一,岩体中获得230.5±1.5Ma锆石U-Pb同位素年龄,其时代为晚三叠世;雪鞍山地区在海西期早志留世黑云母二长花岗岩和黑云母花岗闪长岩中新获得451.2±4.7Ma、437.3±3Ma锆石U-Pb同位素年龄;在晚志留世黑云母二长花岗岩和石英闪长岩中获得426.5±2.9Ma、424.4±3.8Ma、412±3Ma锆石U-Pb同位素年龄,为该区花岗岩定年提供了年代学新证据。

对宗加地区蛇头山复式岩体进行了解体划分。蛇头山复式岩体沿柴达木盆地南缘山地分布,其分布方向近北西,与区域构造线方向近于一致,呈岩基状产出,侵入到金水口岩群、小庙岩组中,区内出露面积约93km²,其岩性从花岗闪长岩过渡到二长花岗岩再过渡到正长花岗岩,不同岩性之间均为涌动接触,岩体内部还发育有后期闪长岩、闪长玢岩、石英正长斑岩及花岗斑岩等脉体。通过LA-ICP-MS锆石U-Pb测年限定其形成时代为中三叠世(237~232Ma),为东昆仑构造岩浆岩演化研究提供了新资料。

雪山峰地区从古元古代金水口岩群中解体出多个新元古代变质侵入体,岩性主要为黑云钾长花岗质片麻岩体、黑云二长花岗质片麻岩体,以岩株形式产出,围岩为古元古代金水口岩群变质岩、中—新元古代万保沟群大理岩及早志留世花岗岩,侵入体与围岩侵入关系清楚,岩体经历了强烈的变质变形作用改造,发育条带状韧性剪切带,其片麻理总体产状为南西向。在该变质侵入体中获得952.9±6.8Ma的锆石U-Pb年龄,其时代为新元古代。

(6)巴颜喀拉构造岩浆岩带。

班玛县吉卡扎隆沟新发现晚三叠世闪长岩体。岩体平面形态呈长条状,出露面积约0.4km²,呈岩株式产出,岩体长轴方向近180°,四周多被清水河组四段变砂岩所围限,侵入接触关系明显,岩性为闪长岩,并获得218.1±2.7Ma锆石U-Pb同位素年龄。

下仓界地区对吾合玛复式岩基进行了解体。与巴颜喀拉山群昌马河组呈侵入接触,局部断层接触,岩体内部定向组构不发育,外接触带常出现围岩捕房体,常有该期侵入岩的岩枝侵入穿切。划分为闪长岩、中细粒似斑状花岗闪长岩、中粗粒似斑状花岗闪长岩、中细粒二长花岗岩、中粗粒二长花岗岩,各侵入体之间为脉动型接触关系。获得226.6±2.6~209.0±2.31Ma激光等离子质谱法锆石U-Pb同位素年龄,其时代归属晚三叠世。

班玛县多尔娘、吉卡地区分别在二长花岗岩、花岗闪长岩、花岗斑岩岩脉中获得201.6±2.1Ma、

203.8±1.9Ma、208.0±3.4Ma、211.9±1.9Ma 的晚三叠世锆石 U-Pb 同位素年龄。提高了本区酸性侵入岩同位素年代学研究程度,也为构造研究提供了岩浆热事件方面的证据。

3)火山岩

查明了区域火山岩分布,并对其形成时代、岩性和岩相特征、喷发韵律、火山构造等进行了系统调查,对其构造环境及其形成演化进行了讨论,并总结了火山岩与成矿的关系。

(1)祁连构造岩浆岩带。

基本查明了冷龙岭倒腰沟—小牛头山一带火山岩岩性、岩相及空间分布特征,填绘出古火山机构 12 处,并对其含矿性进行了调查。中心式、裂隙式火山喷发均有发育,典型的有银灿、浪里克、铁矿沟、红腰线火山机构等。遥感影像上环形结构较为明显,火山机构中心主要为爆发相火山角砾熔岩,通道中心以闪长玢岩为主,向四周渐变为喷溢相安山岩、玄武岩、流纹岩,各类火山岩厚度变化很大,延伸不稳定,走向上呈半环状弧形展布,次火山岩呈半环状或岩栓、岩钟状产出,火山喷发时代多为奥陶纪。

同德县谷芒地区在中晚三叠世古浪堤组顶部填绘出了沉火山岩建造,岩性为熔结凝灰岩,并获得了 235.3±1.3Ma 锆石 U-Pb 年龄。佐证了区内古浪堤组时代为中三叠世,同时反映出中三叠世晚期区域上已有火山活动迹象。

循化县道帏地区从前人划分的古元古代化隆岩群变质岩系中厘定出一套变安山岩夹变玄武岩组合,锆石 U-Pb 同位素年龄为 503Ma,将其归属于中寒武世深沟组。该成果对于研究拉脊山构造带早古生代构造演化具有重要意义。

(2)柴北缘构造岩浆岩带。

在锡铁山独龙沟中游、冷湖黑独山地区确定了火山机构各 1 处。独龙沟中游火山机构遥感影像上显示明显,放射性断裂发育,中心地势较低洼,出露面积不大的潜火山岩,四周火山角砾岩不同程度地出露,为区内存在寻找喷流沉积型多金属矿的潜力提供了地质依据;黑独山火山机构具层状火山机构的特征,火山岩相分布清楚,火山机构中心至边缘总体岩性依次为火山角砾岩、英安质凝灰熔岩、安山质凝灰熔岩、火山尘凝灰岩、安山质含角砾凝灰熔岩,它们交替成层产出,且呈弧形或环带分布,火山活动表现出由强到弱的特征。

土尔根达坂、喀克图蒙克地区从志留纪巴龙贡噶尔组中解体出火山岩组合。火山岩集中分布于土尔根达坂山南麓鱼卡河上游出山口两侧,岩性较稳定,呈近东西向延伸,土尔根达坂火山岩岩石类型为英安岩、流纹岩、岩屑晶屑凝灰岩,岩石化学特征表明火山熔岩以高钾质-拉斑玄武岩系列为特征,在英安质流纹岩中获得 438.5±3.4Ma U-Pb 同位素年龄,喀克图蒙克地区火山岩岩性为变玄武安山岩、英安质晶屑凝灰岩、杏仁状蚀变玄武岩,并在变玄武安山岩中获得了 427.2±2.8Ma 的锆石 U-Pb 测年值,为巴龙贡噶尔组时代确定提供了同位素依据。另外分布于呼勒陶哈腊木勒根北侧的英安质流纹斑岩中获得 405.3±2.9Ma 锆石 U-Pb 同位素年龄,可能暗示该火山活动延伸到早泥盆世。

(3)东昆仑构造岩浆岩带。

对香日德地区分布的晚三叠世鄂拉山组根据岩石组合、岩性特征重新进行了厘定,首次发现鄂拉山组沉积间断相的一套碎屑岩。划分为 3 个岩性段,下段为玄武岩-玄武安山岩-安山岩-英安岩组合,为火山溢流相产物,该段可见典型的岩舌、柱状节理等地质现象;中段岩性组合主要为花岗质巨砾岩-花岗质粗砾岩-花岗质细砾岩-含砾凝灰质粗砂岩-凝灰质砂岩-煤线,具有典型河流相沉积特征;上段岩石组合主要为熔结凝灰岩、流纹岩、凝灰岩、含砾凝灰岩、火山集块岩。火山岩中获得 219±1.4Ma 及 230±1.3Ma 的 U-Pb 测年年龄。

首次在香日德农场东部一带恢复出古火山机构 1 处,该火山机构受后期破坏严重,其完整性较差,但火山机构处可见多条次级小型断裂发育,断裂呈环状汇聚,断裂汇聚部位形成半环形的洼地,且洼地周缘可见火山胶结的集块岩分布,具中心式—裂隙式火山特征,鄂拉山火山岩中火山机构的确定为区内寻找火山岩型矿产提供了依据。

（4）巴颜喀拉构造岩浆岩带。

在下仓界地区新发现3期火山活动记录：分别为产出于甘德断裂带内的早中二叠世玛曲组玄武岩、火山角砾岩、凝灰岩等构造块体；产出于早中三叠世昌马河组中的安山岩和甘德组中安山岩、玄武岩夹层；产出于指和头嘎再地区晚三叠世清水河组中的黑色玄武岩。

4）蛇绿岩

对蛇绿岩的分布规律进行了系统总结、梳理，对走廊南山、柴北缘、布青山、拉脊山等蛇绿混杂岩带中的蛇绿岩组成和类型、构造变形特征、岩石地球化学特征、形成时代等进行了较深入调查研究，为青海省构造单元划分和构造演化提供了依据。

（1）走廊南山蛇绿岩带。

冷龙岭地区在前人划分的阴沟群火山岩组中解体出一套具有混杂特征的岩石组合，将其重新厘定为冷龙岭蛇绿构造混杂岩带，东西延伸约50km，该混杂岩带主要由不同时代岩块和基质组成，岩块主要包括蛇绿岩、岛弧火山岩、碎屑岩、碳酸盐岩、基底残块，基质由各类糜棱岩、糜棱岩化岩石组成，受构造影响形成若干大小悬殊、形态各异的构造块体、构造透镜体，相互拼贴，堆垛在一起，组成无层无序的构造混杂体。在倒腰沟一带辉绿岩中获得了454.5±7.8Ma锆石U-Pb同位素年龄，结合区域资料该套蛇绿岩年龄为奥陶纪。

（2）柴北缘蛇绿混杂岩带。

1∶5万锡铁山地区矿调项目在滩间山地区解体出蛇绿混杂带1条。主要出露于胜利沟口、彩虹沟、橄榄沟、黑山沟、黑山—滩间山、万洞沟、环山等地区，出露面积约12.3km^2，岩石类型有强蚀变橄榄岩、透闪石滑石岩、辉橄岩、橄辉岩、辉长岩、辉绿玢岩等（图3-1-3），多冷侵位于古元古代达肯大坂岩群、中元古代万洞沟群及寒武纪—奥陶纪滩间山群中，被晚奥陶世侵入岩、中二叠世侵入岩、晚三叠世侵入岩超动侵入，呈孤立残块和北西向条带展布。1∶25万大柴旦镇幅在辉长岩中获得496.3±6.2Ma锆石U-Pb同位素年龄，时代确定为早奥陶世。

图3-1-3　蛇纹石化辉橄岩及辉长岩

（3）布青山构造混杂岩带。

通过对都兰县查哈西里地区的布青山蛇绿构造混杂岩带调查与研究，明确了布青山蛇绿构造混杂岩带的边界断裂、分布范围、物质组成、结构构造及变形特征和形成时代。基质由早中二叠世马尔争组复理石沉积组合所组成，混杂岩块按照岩石成因和形成环境类型，大致可划分为变质基底岩块、洋壳型混杂岩块、岛弧型混杂岩块以及磨拉石沉积组合和树维门科组灰岩外来推覆体5个部分，其中洋壳型混杂岩块为晚古生代蛇绿岩块，岛弧型混杂岩块可进一步分为岛弧型花岗岩岩块和岛弧型中酸性火山岩岩块。不同时代，不同岩性岩块（片）之间均为韧-脆性断层接触，平面形态呈网结状，弱变形域内原岩结构构造保留较好，强变形带内由于强烈的构造置换，韧性变形较强，糜棱岩发育。

（4）拉脊山蛇绿构造混杂岩带。

明确了民和县西沟地区的峡门蛇绿构造混杂岩属于拉脊山蛇绿构造混杂岩带的东延部分。将峡门地区呈北西-南东向展布，北侧主要与古近纪—中新世西宁组断层接触；峡门水库一带被中奥陶世英云闪长岩体侵入，白家藏一带被中奥陶世石英闪长岩、闪长岩岩体侵入，由基性岩—超基性岩、中基性海相喷发火山岩等火成岩和变质硅泥质岩以及碳酸盐岩、变碎屑岩等沉积物组成的六道沟组混杂地层组合体厘定为峡门蛇绿混杂岩。宏观上显示刚性的构造岩块呈大小不等的透镜体混杂于基质中，二者之间往往呈构造接触，同时在构造块体边部发育较强变形，形成糜棱岩化带和强劈理化带，平面上总体构成由强变形带和弱变形域交织而成的网结状构造。岩块包括蓟县纪磨石沟组石英岩和新元古代糜棱岩化眼球状花岗岩；蛇绿岩组分包括蛇纹岩、蛇纹石化辉石橄榄岩、蛇纹石化斜辉橄榄岩、辉石岩、辉长岩、辉绿岩、枕状玄武岩、硅质岩等，基质主要由六道沟组强变形岩石组成，为强片理化、糜棱岩化的灰绿色绿泥石片岩、绿泥钠长石千糜岩、火山岩质糜棱岩组成（图3-1-4）。剖面特征显示混杂带具有明显的两期面理构造特征，即早期主体南倾的韧性剪切作用和晚期向北的逆冲推覆构造。六道沟组产三叶虫及腕足类等晚寒武世化石，在超基性岩体中K-Ar同位素年龄值为442.5Ma（上庄岩体）。据此将峡门蛇绿混杂岩时代归属为寒武纪—奥陶纪。

图3-1-4　基质（糜棱岩化、强片理化绿泥片岩）

5）变质岩

对东昆仑、西秦岭、巴颜喀拉构造变质岩带的变质岩进行了调查研究，查明了变质岩类型、时空分布，尤其对元古宙变质基底进行了深入调查，研究了不同变质阶段变质作用的变质构造事件及其演化规律，总结了变质作用与成矿的关系。确定了变质作用可划分为4个大类型，有区域变质作用、动力变质作用、高压—超高压变质作用和热力变质作用；变质相可划分为亚绿片岩相、绿片岩相、绿帘角闪岩相、角闪岩相、榴辉岩相。

相继在柴北缘和东昆仑变质带内发现并确定有榴辉岩、榴闪岩等中高压变质岩零星分布，成带特点已逐渐清楚，尤以柴北缘高压变质带最具特色，其分布和形成对青海省区域构造格架、构造演化历史具有重要意义。

（1）东昆仑构造变质岩带。

查明了石头坑德、香日德地区变质岩的岩石类型和时空分布特征，将该区变质岩划分为区域变质岩、动力变质岩和热接触变质岩3类，晋宁期区域变质岩，主要岩石类型有斜长角闪岩类、云母片岩类、斜长片麻岩类等，变质类型为低压中温型区域变质作用、在后期又经历了加里东期区域低温动力变质作用的叠加改造，可分为低角闪岩相（斜长石-普通角闪石带）、高绿片岩相（铁铝榴石带）两个变质相带。拉忍地区从古元古代金水口岩群中解体出一套花岗质糜棱岩；在察汗哈达及白石崖等地新发现矽卡岩带2条。

宗加地区金水口岩群中获得的变质碎屑锆石的频数峰值集中在1300Ma,可以断定其原岩沉积年龄应早于1300Ma,根据早期酸性和基性两种变质侵入体,酸性的花岗片麻岩侵入年龄为921Ma,原岩为基性侵入岩斜长角闪岩具有907Ma的原岩结晶年龄,结合前人研究成果及区域对比研究,认为其形成时代为古—中元古代。

都兰县查哈西里马尼特沟中从原划(1∶25万冬给措纳湖幅)三叠纪英云闪长岩中解体出呈构造岩块形式产出的黑云角闪斜长片麻岩、斜长角闪片麻岩、绿泥石英绿帘石变粒岩、斜长角闪岩等变质基底岩块,该套岩石组合变质程度较深,属于中低压相系的角闪岩相变质作用,原岩主要为碎屑岩-碳酸盐岩组合。根据其岩石组合特征、变质变形特征及与区域进行对比,将其厘定为中元古代苦海岩群,为东昆仑构造基地研究提供了资料依据。

(2)西秦岭构造变质岩带。

曲什地区从奥陶纪花岗闪长质片麻岩中新识别出一套以黑云斜长片麻岩为主,夹少量的含堇青黑云斜长变粒岩的变质地层,北侧被中三叠世二长花岗岩侵入,西侧和南侧被中三叠世花岗闪长岩侵入,东侧与奥陶纪花岗闪长质片麻岩面理平行接触。根据地质接触关系和其东侧花岗闪长质片麻岩的年龄,将其暂定为奥陶纪,可能为西秦岭造山带基底物质。

(3)巴颜喀拉构造变质岩带。

通过对班玛县多尔娘、吉卡地区三叠纪巴颜喀拉群变质作用的调查研究,将区内变质期次划分为3期:印支期区域低温动力变质作用,形成绿泥板岩、千枚状板岩、变质砂岩等低绿片岩相变质岩石;晚印支期有一期强烈的陆-陆碰撞造山活动,同时发生一次较强烈的中酸性岩浆侵入活动,在区内形成了碎裂岩及角岩类岩石,反映出浅部构造层次变形的特征;燕山期—喜马拉雅期主要为动力变质作用,沿系列逆冲-走滑断裂两侧分布,涉及新生代以前所有地质体。并通过黏土矿物(伊利石)的有序度的测定,划分出了黏土杂基蚀变带,认为该区遭受了区域极低级变质作用,变质相为沸石相,加深了对三叠系变质作用的认识。

(4)柴北缘高压—超高压变质岩带。

确定柴北缘鱼卡、沙柳河地区超高压变质带。夹持于滩间山群绿片岩相变质地体和柴南缘地体之间(柴北缘大柴旦—都兰专项矿产地质调查),板块深俯冲所导致的超高压—高压变质地质体为鱼卡河岩群和野马滩岩群。大量已识别出的高压变质一般以出现蓝片岩相等为标志,其压力一般多大于0.5GPa,而超高压变质的典型变质相为榴辉岩相,压力一般在2.5GPa以上。鱼卡一带超高压变质地体间由韧性剪切带分隔。主要由片岩夹大理岩和榴辉岩构成,榴辉岩的退变结构在多硅白云母和角闪石含量较高的岩石中较为发育,早期的退变表现为在峰期绿辉石的边缘形成低钠绿辉石,都具有退变扩散环带,而且其边部成分对应着压力的降低。早期通过锆石TIMS方法所获得的榴辉岩的变质年龄495~488Ma,角闪石和多硅白云母Ar-Ar法获得的年龄477~466Ma(张建新等,2000;Zhang et al.,2005),因无法排除锆石老核和过剩氩问题,目前一般被排除。通过锆石SHRIMP和LA-ICP-MS方法所获得的鱼卡榴辉岩的变质锆石年龄有434±2Ma(陈丹玲等,2007a;Chen et al.,2009)、433±20Ma(Song et al.,2010)、436±7Ma和438±13Ma(Ren et al.,2017)、443±4Ma(Xiong et al.,2012),绝大多数数据在430Ma左右,可能代表了鱼卡一带榴辉岩相变质时间的上限。将沙柳河地区高压—超高压变质带及相邻地质体由北向南依次划分为俯冲带上盘的全吉地块滩间山群弧前增生地体(南祁连地体群)、俯冲带(高压地体、中低温超高压地体、中高温强混合岩化超高压地体、俯冲带下盘柴达木陆块夏日哈岩浆弧等,其中滩间山弧前增生地体明显逆掩到高压—超高压变质带之上,而超高压变质带则逆掩至柴达木地体之上。超高压变质地体带内的滩间山群是滩间山群弧前增生地体解耦的中上地壳部分逆掩至超高压带之上的剥蚀残留。

赛坝沟地区1∶5万区调确定泽日肯含榴辉岩高压—超高压变质带是柴北缘鱼卡-沙柳河高压—超高压变质带的重要组成部分。其中的榴辉岩多数已经退变为榴闪岩,绿辉石退变为普通角闪石。对榴辉岩中的石榴子石、金红石、角闪石等变质矿物进行了电子探针分析，发现石榴石普遍发育变质生长环带。根据石榴石中矿物包裹体和退变质反应边，认为测区榴辉岩至少经历了早期绿帘-角闪岩相、峰期榴辉岩相和后期角闪岩相3期变质作用。榴辉岩中获得了434.8±3.8Ma锆石U-Pb年龄。

(5)东昆仑高压—超高压变带。

宗家地区发现榴辉岩及其退变质形成的榴闪岩，对丰富东昆仑高压变质带构造演化具重要意义。近东西向分布，大小不等，零星出露范围长约为500m，呈透镜状产出于古元古代白沙河岩组斜长角闪岩、片麻岩及大理岩中，原岩中的石榴子石和绿辉石转变为细小的斜长石和深绿色角闪石，形成指纹状的后合成晶结构。岩石中的绿辉石转变为单斜辉石和角闪石，表示榴辉岩正向榴闪岩转变。获得其峰期变质年龄为459.1±7.6Ma，后期又叠加了与白沙河岩组角闪岩相变质同期的变质事件(416.9±4.0Ma)。根据Grt-Cpx温度计以及Grt-Cpx-Pl-Qtz压力计联合求解得到峰期变质温度达846～940℃，压力为1.67～1.88GPa。表明在该地区存在一条早古生代高压变质带，榴闪岩及其原岩榴辉岩可能与大规模的陆-陆碰撞事件有关。

6)地质构造

利用板块构造、大陆动力学理论，按陆块、离散、汇聚、碰撞、板内伸展及陆内6个发展阶段，主体以布青山南缘断裂为界，以北为柴达木-华北板块，以南为羌塘-扬子-华南板块，将省区划分为2个一级构造单元、12个二级大地构造单元、34个三级大地构造单元、106个四级构造单元，对各构造单元空间分布、物质组成、构造变形特征等进行了总结，充分体现了板块构造、造山系特点。并对成岩成矿控制作用进行了分析，从而使不同单元内地质建造类型及形成构造环境、变质变形、矿化特征时空格局进一步清晰明了。

(1)中南祁连构造带。

基本查明了西沟地区的构造形迹及形成时间。脆性断裂主要由北西西—近东西向、北西-南东向和北东向3组构成。其中加里东期形成北西西向断裂，海西期—喜马拉雅期形成北西-南东向、北东向断裂，北西西向断裂最为发育；韧性剪切带可划分为湟源岩群中的中深部构造层次和峡门蛇绿构造混杂岩带内的中浅部构造层次，均具左行逆冲性质。

对居洪图地区进行调查发现，沿塔塔棱河北岸存在一条大断裂，分布古喷泉、沉积硼矿床；志留系中发育有间隔性产出的剪切带、同斜紧闭褶皱、倾竖褶皱，表明南祁连可能经历了多期变形，韧性剪切作用与构造蚀变型金、锑矿化关系密切。

(2)柴北缘构造带。

对隆务河盆地构造形迹进行了调查，其中的向斜构造经历了早期的南北向挤压和晚期东西向的挤压形成过程，曲世那地区见二叠纪角孔变质岩推覆其上。

对土尔根达坂地区构造变形期次调查取得新认识。识别出5期构造变形期次：D_1期为片、劈理形成期，D_2期为早期片理的北南向紧闭同斜褶皱，D_3期构造主要表现为雪山牧场北西向韧性剪切带的形成，D_4期形成宽缓褶皱、逆断层、破劈理带，D_5期表现为北东向的走滑断裂。

对滩间山金矿产出构造背景进行调查发现：万洞沟组中发育北西向、宽200～500m、长度大于10km的韧性剪切带，带内可见线理与面理、塑性变形、不对称褶皱、旋转碎斑、石香肠构造等现象，认为滩间山金矿受控于该韧性剪切带。

(3)西秦岭构造带。

确定循化道帏地区存在两个重要的区域不整合构造。分别为中新世临夏组与下伏地层间超覆不整合构造，为新生代高原隆升及盆地变迁提供了地质资料；早白垩世河口组与下伏化隆岩群及六道沟组之间角度不整合接触，为西秦岭造山带燕山期陆内构造演化提供了证据。

对西秦岭与祁连造山带边界断裂(达里加垭口断裂)进行了调查研究，该断裂带呈北西-南东向展布，断面南西倾，倾角介于50°～65°之间。断裂性质为自南西向北东逆冲，兼左行走滑。断裂带板岩石英颗粒 EBSD 组构具底面滑移特征,指示其变形温度应低于 400℃。

(4)东昆仑构造带。

对布青山南缘断裂构造属性和变形组合开展了调查,认为它是一条晚古生代构造混杂岩带,该带发育 4 期构造变形组合:①俯冲阶段韧性变形构造组合;②碰撞走滑阶段脆-韧性剪切变形构造组合;③挤压造山阶段构造脆性变形组合;④隆升-走滑阶段活动断裂构造组合。断裂最新活动时间为 54.68±6.00 万年(ESR)。为该断裂的形成演化增添了重要资料。

对昆中断裂构造属性活动时限开展了调查。雪山峰地区地质调查初步认为:昆中断裂具有多期活动性,早期具韧性断裂特征,后期(主体)叠加脆性断裂,卷入早期地质体,昆中断裂活动时间为 9.06±0.85 万年、9.05±0.85 万年(ESR)。对基础地质研究、找矿工作部署具有指导作用。

对新构造运动进行了调查。初步查明库赛湖活动断裂活动时代为晚更新世[34.19±3.40 万年、28.16±2.50 万年(ESR)],至今仍有活动;香日德地区新构造活动主要表现为发育的五级阶地,低阶地由河流冲积物组成,高阶地则由晚更新世洪冲积物组成,新构造运动以间歇性差异隆升为主。

(5)巴颜喀拉构造带。

对下仓界地区甘德断裂带的空间展布、物质组成、变形特征等进行了详细调查研究。断裂带内东侧含大量二叠纪玛曲组火山岩、灰岩构造岩块以及辉长岩、花岗岩岩脉;西段主要为巴颜喀拉山群物质,带内砂岩构造透镜体、断层泥、牵引皱褶等发育。认为甘德断裂两侧均属巴颜喀拉前陆盆地,断裂两侧构造样式存在一定差异:北部以早期推覆、晚期走滑为特征,表现为逆断层及背向斜、同斜褶皱等,南侧则以斜冲走滑为主,主要形成倾伏褶皱、断陷盆地等。

2.1:2.5 万区域地质矿产调查

1:2.5 万天峻县贡卡休玛地区矿调初步总结了区域锂铍稀有矿产成矿要素及预测要素,通过成矿要素填图,确定了伟晶岩脉围岩,共填绘出花岗伟晶岩脉 1123 条,圈定含铍矿伟晶岩脉 155 条,含锂铍矿伟晶岩脉 25 条;新发现 3 条北西走向、脉宽 2~5m,可见延伸长度 4~10m 的含绿柱石花岗伟晶岩脉,经化学样分析,其中含锂铍钽元素含量达边界品位。

确定 4 条稀有元素异常带,由北向南分别为俄当岗-铼墨格(锂铍)异常带、二郎洞(铍钇)异常带、纳鄂东(铌钽)异常带、阿斯和塔(钽铍锂)异常带。首次在茶卡北山地区原土尔根大坂组中解体出一套新元古代片岩地层,区内含锂铍矿伟晶岩脉严格按该套地层展布,该套地层的确定限定了锂铍矿伟晶岩脉的分布范围,为区域上寻找伟晶岩型稀有矿产提供了直接找矿标志。

1:2.5 万昂日塔项玛地区矿调工作中突出表达了重要岩性、破碎蚀变带、矿化蚀变等特殊地质体。首次在战红山、多脚禾地区发现了早—中三叠世海相火山岩地层,与坑得弄舍金多金属矿赋矿围岩属同源岩浆演化的产物,为弱过铝质钙碱性—高钾钙碱性岩石系列、与俯冲有关的弧火山岩,归属于洪水川组。英安岩 257.0±2.4Ma 显示火山岩最早形成时代不排除为晚二叠世。并认为是坑得弄舍金多金属矿的含矿地层,在战红山南侧填绘出 1 处古火山机构。厘定出长石山、康德龙两条蛇绿构造混杂岩带,对其物质组成、变质变形、构造属性及形成时代等进行了调查研究。在肉早某日新发现 1 条近东西向、长约 2km、宽 0.5~1.8km 的榴辉岩带,由 6 处榴辉岩-榴闪岩透镜体组成,将围岩暂归为金水口岩群。

系统总结了坑得弄舍金多金属矿成矿规律,解决了该类型矿床的区域找矿问题,认为早—中三叠世洪水川组中段凝灰岩及其与碳酸盐岩的接触构造带为区内找矿的首要地段,北西西向、北西向断裂构造带是主要导矿和控矿构造,控制了矿体的产出,磁异常强度较低、具不连续展布的线性弱磁异常,围岩蚀变主要有重晶石化、硅化、碳酸盐化、绢云母化、褐铁矿化、黄铁矿化等,其中硅化和重晶石化与矿体空间关系密切。

(三)成果转化、社会影响及带动后续勘查情况

(1)发现和圈定了一大批矿体、矿(化)点、矿化信息,为地质找矿提供了技术支撑。

1∶5万区域地质矿产调查在东昆仑成矿带的乌兰县赛坝沟、香日德、分水岭、辉特陶可可、塔鹤托坂日地区新发现以金、铜、银为主的矿点5处,矿化点7处,矿化线索27处,圈定铜矿化体1条、铜矿体4条。发现榴辉岩型金红石矿点1处,红柱石矿(化)点2处,铷铌稀有金属矿点1处,煤矿点2处。

在阿尔金—柴北缘成矿带的冷湖、大浪滩、大通沟南山、土尔根达坂、喀克图蒙克、查哈西里地区新发现金、铜铅锌为主的矿点5处,矿化点11处,矿化线索及矿化信息多处,圈定铜矿化体1条、铅锌矿体1条,锌矿体1条。发现多罗什而铌钽矿化点1处,萤石矿点1处,新圈定萤石矿体1条。发现6处石墨矿点,圈定石墨矿体107条,初步估算石墨334类资源量1 472.90万t。通过对滩间山构造蚀变岩型金矿床的进一步调查研究,认为青龙沟金矿金矿体受滩间山复式向斜中的次级构造控矿,在青龙滩地区进行深部验证,发现了富大金矿体,取得了新的找矿突破。

在巴颜喀拉成矿带的曲麻莱县阿尕拉、班玛县吉卡,新发现金矿(化)点1处,圈出金矿(化)体1条。新发现金矿化线索2处;祁连成矿带的海晏县甘子河、民和县西沟地区新发现金、铜等多金属矿点4处,金、铜、铅、锌及非金属矿化线索17处;在西秦岭成矿带的同德县谷芒地区新发现金钨矿(化)点2处,新发现金矿(化)点7处,铅锌矿(化)点1处。

1∶2.5万矿调在昂日塔地区新发现以金、铜锌、银为主的矿化点4处,矿化线索24处,在贡卡休玛确定了4条伟晶岩脉带,共填绘伟晶岩脉1123条,发现以铍、钽、钨、铁等为主的矿化线索5处。在茶卡北山新发现铍钽稀有矿产线索4处、钨钼铁铜矿化线索3处,扩大了区域找矿成果。

(2)培育立项出一批矿产项目。

通过1∶5区域地质矿产调查,在东昆仑的香日德地区成功立项并实施了"青海省都兰县阿勒格尔泰山南铁多金属矿预查""青海省都兰县乌拉斯泰河下游地区多金属矿预查"等矿产项目,在都兰县查哈西里地区成功立项实施"青海省都兰县乌兰可地区铜镍多金属矿预查"项目,总投入资金183.17万元。都兰县昂日塔地区1∶2.5万矿调项目成功新上"青海省都兰县战红山地区金多金属矿预查"项目。这些项目的实施带动了都兰县香日德、巴隆地区的矿产勘查活动及资金投入,拓展了找矿新思路、新方向,取得了良好的社会经济效益。

(3)服务民生方面取得了积极的社会影响,为拓展发展空间提供了借鉴。

青海省民和县西沟地区3幅区域地质矿产调查在乐都县高庙镇候白家村东侧新发现两处古文化层遗址,推测和柳湾遗址属同一时期。通过遥感解译共确定3种类型(滑坡、泥石流、崩塌)的地质灾害,共识别出地质灾害约257处,其中泥石流约75处,崩塌约21处,滑坡约161处。

(4)通过项目的实施,培养了一批中青年地质科技人才、技术骨干和区域地质调查团队。

培养项目负责级别技术骨干9名、技术负责级别专业技术人员10名,培养博士后3人、博士研究生7名、硕士研究生37名,培养在职研究生9名。根据找矿成果发表SCI文章5篇,EI文章3篇,国内核心刊物发表论文5篇,完成科研论文4篇。

二、区域地球物理调查

(一)项目开展情况

1. 1∶5万地面高精度磁法测量

"十三五"期间,中国地质调查局在青海省部署实施了"青海省北巴颜喀拉山地区1∶50 000黄河乡

(I47E009010)、恰木恰(I47E009011)、江日嘎玛(I47E010010)、歇日柔(I47E010011)区域地质矿产综合调查"项目。

2. 综合物探

1) 1∶5万综合物探

2014—2015年,青海省第三地质矿产勘查院承担了"青海省茫崖镇冰沟—虎头崖地区1∶5万综合物探调查"项目,完成了570km²的重力测量和550km²的激电(中梯)测量工作,提供了高质量的1∶5万重力电法资料,全区圈定激电(中梯)异常76处,局部重力异常92处,"十三五"期间开展了该区域的异常查证工作。

2) 1∶2.5万综合物探

"十三五"期间,针对坑得弄舍金多金属矿、督冷沟铜钴矿等典型矿床,为系统查明该类矿产地地层、岩石、构造、矿化蚀变等地质矿产特征,实现找矿突破,在都兰县昂日塔地区开展了1∶2.5万区域地质矿产调查,重点地段配套实施了1∶2.5万激电(中梯)测量,对圈定的异常进行了合理的解译推断,通过综合研究对测区矿产成矿地质背景、条件、规律进行了分析总结,对找矿潜力作出了评价。

(二)取得主要成果

1. 1∶5万地面高精度磁法测量

完成1∶5万地面高精度磁法测量1598km²,具体工作量完成情况详见表3-1-4。

表3-1-4 黄河乡、恰木恰等4幅1∶5万地面高精度磁法测量工作量完成表

工作项目	比例尺	设计工作量	完成工作量	完成比例	备注
磁法测量	1∶50 000	1700km²	1598km²	94%	不可工作区100km²
磁法剖面	1∶10 000	30km	17.6km	58.7%	2017年7月终止
磁性标本		400块	400块	100%	

1) 区域异常特征

根据测区ΔT异常特征,以黄河支流为界将测区磁场分为4个异常分区,分别为东部复杂磁场正值区(Ⅰ)、中部磁场负值区(Ⅱ)、中部磁场正值区(Ⅲ)、西南部磁场负值区(Ⅳ)。东部复杂磁场正值区磁场正异常,等值线近北西向展布;中部磁场负值区为大面积块状负磁异常圈闭,北西向分布,各异常间不连续被北西西向错断;中部磁场正磁场变换平缓,形态简单,磁异常大多呈串珠状北西向分布,个别为磁场正负值相间分布,等值线总体呈北西向圈闭;西南部磁场负值区磁场呈负值背景,磁场形态较简单,磁场等值线整体呈北西向圈闭。

(1) 东部复杂磁场正值区(Ⅰ)。

该区磁场呈现正值背景,强度一般在0～25nT之间,磁场形态复杂,发育两处跳跃正值磁异常C2、C5。磁异常边界近北西向圈闭;经化磁极处理,分区磁场极大值位置向北部偏移,整体等值线沿北西向圈闭趋势明显;经向上延拓处理,区内北部磁异常C2变为磁场梯度带异常,南部磁异常C5北西向圈闭形态依然存在。

(2)中部磁场负值区(Ⅱ)。

该区磁场呈负值背景,强度一般在-20～0nT之间,磁场形态简单,在负值背景下分布1处负极小值磁异常C4。磁异常中部近北西西向略微错断,分割成两部分;化磁极处理发现两部分逐渐靠拢,最终呈现整体形式,以南部为浓集中心;等值线整体呈北西向圈闭;经向上延拓处理,以上形式不变。

(3)中部磁场正值区(Ⅲ)。

该区磁场呈正值背景,强度一般在-15～10nT之间,磁场形态较简单,该在正值背景下分布2处串珠状跳跃正值磁异常C1、C3和1处正负伴生磁异常C7。该区磁场正值部分整体向东北偏移,西北局部呈现磁场负值背景,将C3磁异常淹没其中,但各磁异常整体形态基本不变;经向上延拓处理,C1、C3变为北西向磁场梯度异常,而C7磁异常基本形态依然存在。

(4)西南部磁场负值区(Ⅳ)。

该区磁场呈负值背景,强度一般在-20～0nT之间,磁场形态较简单,在负值背景下发育1处磁场梯度带异常C6。该区磁场等值线整体呈北西向圈闭;经化磁极处理,磁场等值线圈闭整体向北偏移,而C6磁场梯度带异常位置不变;经向上延拓处理,磁场形态基本不变。

2)断裂构造的推断解释

根据测区磁异常特征及地质背景,全区共推断断裂9条,区内主要推断断裂的异常特征和断裂特征叙述如下。

F1断裂:推断的二级断裂,断裂呈北西向展布,位于测区的西北角。沿C1磁异常东北边缘延伸,测区内长约11km。从磁异常(ΔT)剖面平面图看表现为C1跳跃异常的正、负值的北侧突变边界;在磁异常(ΔT)等值线平面图及磁异常(ΔT)化极等值线平面图表现为图幅西北部多个小范围北西向正、负值磁场圈闭串列状排列的梯度边界,等值线密集、北西向分布;从磁异常(ΔT)垂向一阶导数图像看,此处磁场北西向圈闭紧密,形成明显"亮点";从磁异常(ΔT)45°水平方向导数图像看,此处等值线延续性好,有较明显的边界构造。据此,推断断裂构造存在。

F2断裂:推断的二级断裂,位于测区西北部,沿C1磁异常西北边缘向南,北西西向延伸,测区内长约13km。南部为大面积低缓的弱正磁异常C4。从磁异常(ΔT)剖面平面图看表现为C1跳跃异常的正、负值的南侧突变边界,异常带北部为陡立正值高峰,南部伸入负值低谷;在磁异常(ΔT)等值线平面图及磁异常(ΔT)化极等值线平面图表现为图幅西北部多个小范围北西向正、负值磁场圈闭串列状排列的梯度边界,等值线密集、北西西向分布;从磁异常(ΔT)垂向一阶导数图像看,此处磁场北西向圈闭紧密,形成明显"亮点";从45°水平方向导数图像看,此处等值线延续性好,有较明显的边界构造。据此,推断断裂构造存在。

F3断裂:推断的二级断裂,位于测区东北部,呈北西西向分布,区内长约23km。其位于复杂跳跃的正磁异常C2西南侧,是磁场分区Ⅰ东北部正值磁场区和负值磁场区两部分的分界线。该处总体属于磁场正值区,从磁异常(ΔT)剖面平面示意图和磁异常(ΔT)等值线平面示意图看,是平缓零值背景与紧密负异常圈闭的北部边界;随着向上延拓高度的增加,该边界的梯度带形态始终存在;在磁异常(ΔT)垂向一阶导数和各水平方向导数图像中,该处导数模值较高,整体形成条带状,条带的北部较陡立,为北西向,南部较平缓,呈北西西向。据此,推断断裂构造存在。

F4断裂:推断的二级断裂,位于测区西北部,呈北西向分布,区内长约23km。沿条带状跳跃正值磁异常C3北部边界北西向延伸。从磁异常(ΔT)剖面平面示意图和磁异常(ΔT)平面示意图看,该推断断裂位于C3磁异常条带状正值主体与北部负值带的边界,化磁极后的图像显示该处磁场整体数值降低,呈现负值背景,但推断断裂F4所在位置的磁场图像仍存在明显的串珠状条带;在磁异常(ΔT)垂向一阶导数和各水平方向导数图像中,该处导数模值较高,有明显的条带状形态。据此,推断断裂构造存在。

F5断裂:推断的二级断裂,位于推断断裂F4南侧,区内长约16km,北西西向延伸,东部与推断断裂F4斜交。从磁异常(ΔT)剖面平面示意图和磁异常(ΔT)平面示意图看,该推断断裂位于C3磁异常条带状正值主体与南部负值带的边界,化磁极后的图像显示该处磁场整体数值降低,呈现负值背景,但推断断裂F5所在位置的磁场图像仍存在明显的界线,其北部为跳跃串珠状磁场圈闭,南部为大面积平缓磁场圈闭;在磁异常(ΔT)垂向一阶导数和0°、45°水平方向导数图像中,该处导数模值较高,有明显的条带状形态。据此,推断断裂构造存在。

F6断裂:推断的二级断裂,位于测区中部,呈北西西向分布,区内长约23km。从磁异常(ΔT)剖面平面示意图和磁异常(ΔT)平面示意图看,该推断断裂将负值磁异常C4从中部错断为南、北两个部分,化磁极后的图像显示该处磁场圈闭连续性增强,但C4磁异常南、北两块分区界线依然存在;在磁异常(ΔT)垂向一阶导数和0°、45°水平方向导数图像中,该处导数模值较高,有较明显的条带状形态。据此,推断断裂构造存在。

F7断裂:推断的二级断裂,位于测区西部,呈北西西向分布,区内长约20km。大致沿磁场分区Ⅲ和磁场分区Ⅳ的北部边界下方平行发育,从磁异常(ΔT)剖面平面示意图和磁异常(ΔT)平面示意图看,该推断断裂北方磁场变化剧烈,等值线较密集,南部以负值磁场为背景,变化较平缓,整体性强;化磁极后的图像显示推断断裂F7东、西两端有明显的北西向等值线带状圈闭;磁异常(ΔT)垂向一阶导数和0°、45°水平方向导数图像凸显出推断断裂F7南侧平缓而北侧剧烈紧密,差异明显磁场变化趋势,据此,推断断裂构造存在。

F8断裂:推断的二级断裂,位于测区西南部,呈北西西向分布,区内长约24km。从磁异常(ΔT)剖面平面示意图和磁异常(ΔT)平面示意图看,该推断断裂位于C6梯度带状负值磁异常上,其北部为大面积北西向块状负值磁场圈闭,南部磁场圈闭较为零散;化磁极后的图像显示磁场分区Ⅳ沿推断断裂F8分为南、北两块分区;磁异常(ΔT)垂向一阶导数和0°、45°水平方向导数图像凸显出推断断裂F8南侧平缓而北侧剧烈紧密,差异明显磁场分界变化趋势,据此,推断断裂构造存在。

F9断裂:推断的二级断裂,位于测区南部,整体上呈北西西向分布,区内长约15km。位于小范围的跳跃磁异常C7和周围串珠状磁场圈闭的连线上。从磁异常(ΔT)剖面平面示意图和磁异常(ΔT)平面示意图及化极磁场图像看,推断断裂北侧磁场有正负相间的跳跃异常,南侧为平缓的正值背景;磁异常(ΔT)垂向一阶导数和0°、45°水平方向导数图像凸显出推断断裂F9南侧平缓而北侧剧烈紧密,推断断裂处导数模值较高,有较明显的条带状形态。据此,推断断裂构造存在。

2. 综合物探

1)1∶5万综合物探

通过对区内9个激电异常进行异常查证,基本查明了异常引起原因,明确区内2014-JD-10激电异常为矿致异常,同时对查证区地层、构造、岩浆岩及矿化蚀变分布特征进行了调查,发现破碎蚀变带为该区的主要含矿层位,北西向断裂构造为该区的主要控矿构造,印支期是区内最重要的成矿时期,其中三叠纪似斑状二长花岗岩和花岗闪长岩与成矿关系密切,成因类型主要有构造蚀变型或热液型。

通过地表探槽揭露和综合剖面,在区内圈出Cu、Pb、Zn矿化体1条,Cu平均品位0.57%、Pb平均品位0.7%、Zn平均品位0.29%,矿体厚度2.70m。由于地表覆盖,受地形条件影响,工作程度较低,分析认为该区具有进一步工作的价值。

2)1∶2.5万综合物探

都兰昂日塔地区完成1∶2.5万激电中梯测量167km²。区内划分为5个视极化率异常区和5个视电阻率异常区(图3-1-5、图3-1-6),新圈定局部激电异常71处,其中由已知矿带引起的甲类激电异常4

处,推测由矿化带、破碎蚀变带引起的乙类激电异常 56 处。性质不明,可能具有进一步找矿价值的丙类激电异常 11 处。

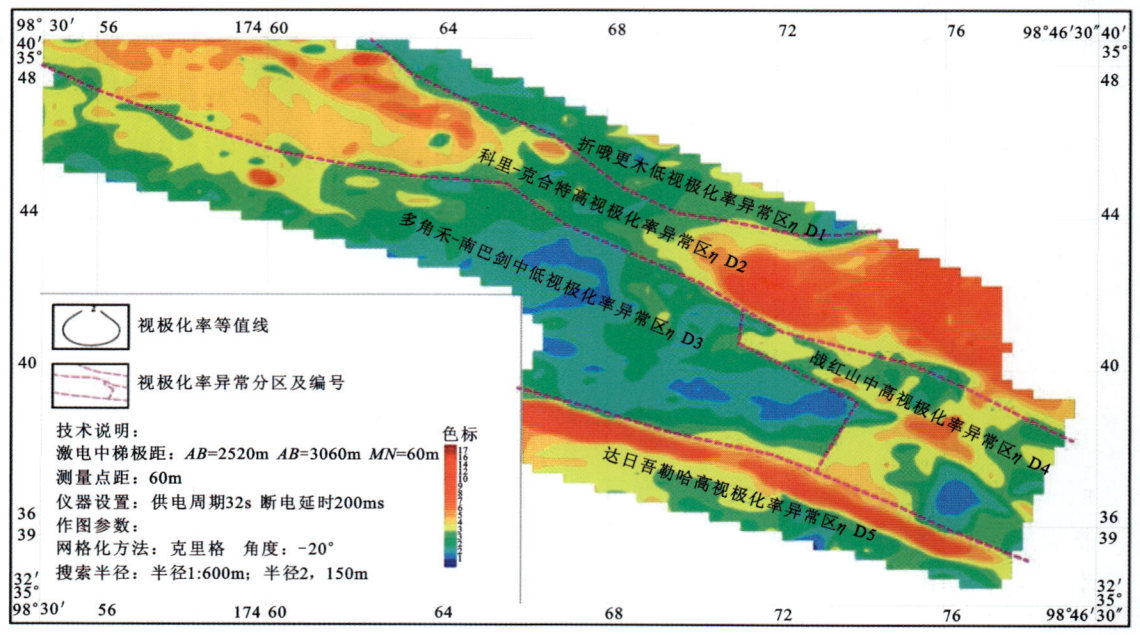

图 3-1-5　昂日塔地区视极化率异常分区示意图

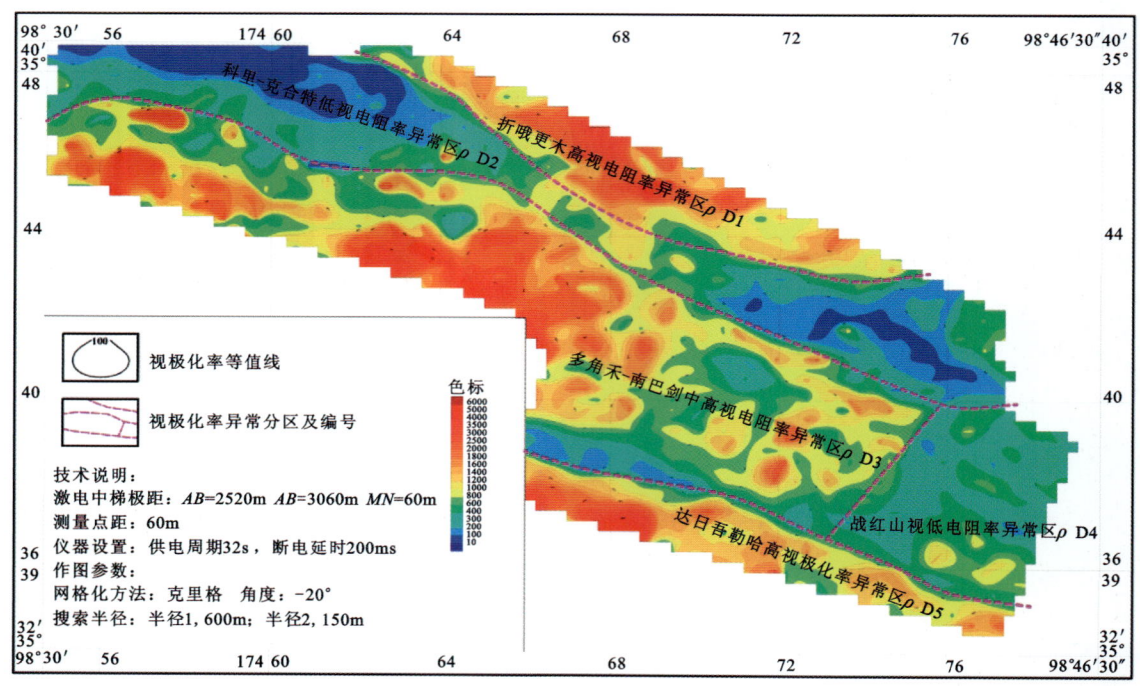

图 3-1-6　昂日塔地区视电阻率异常分区示意图

依据视极化率异常、视电阻率异常高低可将其详细划分为高、中高、中低、低 4 种类型区,根据视极化率异常幅值、走向、不同形态异常的组合状态等特征,将区内视极化率异常由北向南划分为以下 5 个异常区,分别为折哦更木低视极化率高视电阻率异常区(η_{D1}、ρ_{D1})、科里-克合特高视极化率低视电阻率异常区(η_{D2}、ρ_{D2})、多角禾-南巴剑中低视极化率高视电阻率异常区(η_{D3}、ρ_{D3})、战红山中高视极化率低视电阻率异常区（η_{D4}、ρ_{D4}）、达日吾勒哈高视极化率、高视电阻率异常区（η_{D5}、ρ_{D5}），各异常区之间均以连续或断续展布的异常梯级带或线性异常带为界。

北部的折哦更木低视极化率高视电阻率异常区（η_{D1}、ρ_{D1}），视极化率在 1‰～5‰之间，视电阻率在 1500～6000Ω·m 之间，异常查证发现该区异常主体与契盖苏组与侵入岩体黑云母石英闪长岩接触带内填充的金属硫化物关系密切，是上述岩体和地层的综合反映。

中北部的科里-克合特高视极化率低视电阻率异常区（η_{D2}、ρ_{D2}），视极化率在 3‰～25‰之间，视电阻率在 50～1000Ω·m 之间，大部分小于 500Ω·m，异常区内构造十分发育，部分边界不易划定，查证发现异常区主体与长石山蛇绿构造混杂岩带关系密切，并发现多处黄铜矿化、金矿化线索，推测高极化率异常为上述长石山蛇绿构造混杂岩中局部富集的黄铁矿化及金属硫化物的综合反映。

中西部的多角禾-南巴剑中低视极化率高视电阻率异常区（η_{D3}、ρ_{D3}），视极化率在 1‰～17‰之间，视电阻率在 1000～7500Ω·m 之间。异常区内构造复杂，调查发现异常区主要出露早三叠世洪水川组、古元古代金水口岩群片岩组、中三叠世正长花岗岩，其中洪水川组中发现多处铜锌矿化点，推断中低极化率异常为上述侵入岩体和地层局部富集的金属硫化物及构造热液性金属硫化物引起。

中东部的战红山中高视极化率低视电阻率异常区（η_{D4}、ρ_{D4}），视极化率值在 2.5‰～8‰之间，视电阻率在 500～600Ω·m 之间。出露早三叠世洪水川组、侵入正长花岗岩岩脉。推断该激电异常区是构造破碎带中局部富集的金属硫化物及褐铁矿化、地层中局部富集的金属硫化物的综合反映。

南部达日吾勒哈高视极化率、高视电阻率异常区（η_{D5}、ρ_{D5}），视极化率在 2.5‰～17‰之间，视电阻率在 100～4000Ω·m 之间，少部分（达日吾勒哈主沟内）在 100～600Ω·m 之间。区内主要出露冲洪积覆盖、晚石炭世—早二叠世浩特洛洼组、古元古代金水口片岩组，高极化率异常带是区内发育断裂中的碳化灰岩、金属硫化物及构造含水的综合反映。

三、区域地球化学调查

（一）1∶5 万水系沉积物测量

"十三五"期间，1∶5 万水系沉积物测量工作在东昆仑成矿带实施了"青海省格尔木市黑海—大灶火沟一带 1∶5 万水系沉积物测量"项目，涉及图幅 5 个，完成面积 2526km²。共圈定综合异常 78 处，划分成矿远景区 4 个，确定找矿靶区 21 处，发现铜金矿（化）点 4 处，铜矿化线索 1 处。

（二）1∶2.5 万地球化学测量

"十三五"期间，1∶2.5 万地球化学测量工作在青海省阿尔金、柴北缘、东昆仑等成矿带得到推广应用，通过多年工作取得了显著的找矿成果，共计完成 18 027km²，除柴达木盆地第四系覆盖区外，已覆盖柴周缘近 50%的地区。圈定地球化学综合异常 2000 余处，划分出找矿远景区 82 处，圈定找矿靶区 192 处，新发现矿化线索 146 处，成功立项省级财政资金矿产项目 37 项。为矿产调查评价工作、成矿规律的研究、相同景观区开展该项工作提供了基础资料和依据。

1. 阿尔金-柴北缘成矿带

1）青海省冷湖镇西挺沟北金多金属矿地球化学异常特征

2017—2019 年，青海省地质调查院通过"青海省大柴旦行委苏干湖南地区 1∶2.5 万地球化学测量"工作，圈定以 Au、Cu、W、Mo 等为主的综合异常 92 处，其中较具规模的 $GA_{Z_3}^{60}$Au（Cr、Ni、Co、Cu）异常处,出露晚泥盆世二长花岗岩和滩间山群下火山岩组蚀变玄武岩,异常主元素为 Au,特征组合元素有 Cr、Ni、Co、Cu,各元素套合较好,规模较大。主成矿元素 Au 峰值为 36.8×10^{-9},衬度为 6.49,规模为 0.66,具三级浓度分带(表 3-1-5、图 3-1-7)。另有 2 处单金异常(Au-2、Au-3),Au-2 异常出露滩间山群下火山岩组蚀变玄武岩,异常点数为 4 个,最大值为 572×10^{-9},最小值为 19.2×10^{-9},平均值为 216.4×10^{-9},具明显三级浓度分带,异常规模大、峰值高;Au-3 异常点数为 1 个,最大值为 154×10^{-9},具明显三级浓度分带,异常规模大、峰值高。成功立项并实施青海省冷湖镇赛西泉北、三角顶北、红灯沟、长征沟西挺沟北金多金属矿预查 4 个项目。

表 3-1-5 $GA_{Z_3}^{60}$ Au(Cr、Ni、Co、Cu)综合异常特征参数表

元素	异常下限	点数(个)	最大值	平均值	标准偏差(%)	面积(km²)	衬度	规模
Au	3.50	4	36.80	22.70	10.29	0.102	6.49	0.66
Co	35.00	2	39.30	39.15	0.21	0.032	1.12	0.04
Cr	120.00	2	178.00	175.50	3.54	0.039	1.46	0.06
Cu	70.00	2	82.40	81.60	1.13	0.028	1.17	0.03
Ni	60.00	2	70.30	69.75	0.78	0.040	1.16	0.05

注:异常元素含量单位除 Au 为 $n\times10^{-9}$ 外,其余均为 $n\times10^{-6}$。

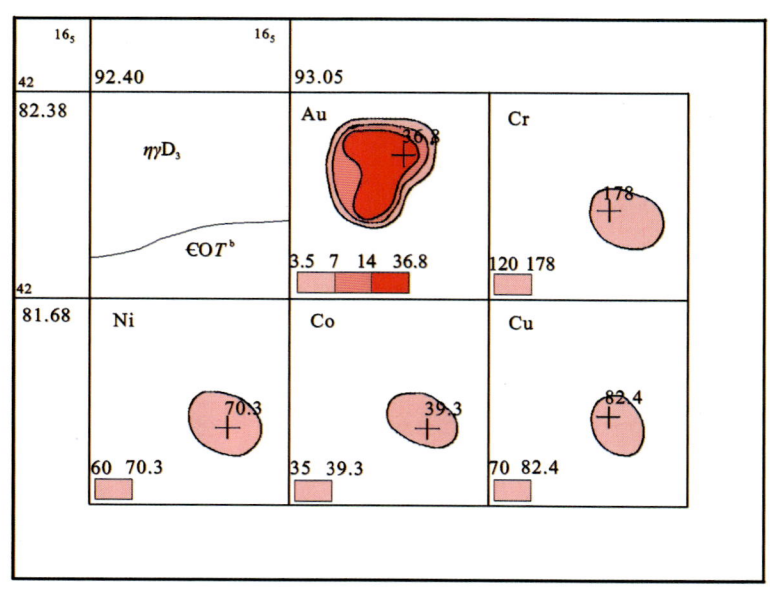

图 3-1-7 $GA_{Z_3}^{60}$ Au(Cr、Ni、Co、Cu)综合异常剖析图

2)青海省天峻县茶卡北山地区锂稀有稀土金属矿地球化学异常特征

2018 年青海省地质调查院通过"青海省乌兰县察汗诺—茶卡北山地区 1∶2.5 万地球化学测量"工作,区内圈定以 Li、Be、Y、Nb、Rb、Cu、W 等为主的综合异常 30 处,其中较具规模的 $GA_{甲_2}^{19}$ Be(Rb、Li、W、Sn)异常处,出露地层为青白口纪—奥陶纪茶卡北山片岩组,岩性主要为中粒二云石英片岩,异常南部发育一条中浅部韧性剪切带,片岩中发育大量白云母花岗伟晶岩脉,呈北东-南西向的长透镜状分布。异常主元素为 Be,特征组合元素有 Rb、Li、W、Sn、Be、Sn,呈北东向展布,各元素套合相对较好,规模大,Be、Sn 具明显的三级浓度分带。主成矿元素 Be 峰值为 57.4×10^{-6},衬度为 4.49,规模为 2.79(表 3-1-6、图 3-1-8)。成功立项并实施青海省天峻县俄当岗、茶卡北山、锶墨格地区稀有稀土矿预查项目 3 个项目,目前铍资源量已达大型规模。

表 3-1-6　$GA_{甲2}^{19}Be(Rb、Li、W、Sn)$综合异常特征参数表

元素	异常下限	点数(个)	最大值	平均值	标准偏差(%)	面积(km²)	衬度	规模
Be	3	16	57.4	13.48	15.11	0.62	4.49	2.79
Rb	150	5	391	249.60	84.44	0.11	1.66	0.18
Li	65	3	144	108.77	31.77	0.1	1.67	0.17
W	4	2	8.63	6.32	3.27	0.04	1.58	0.06
Sn	4	6	35.1	11.07	11.78	0.019	2.77	0.05

注：异常元素含量单位为 $n\times10^{-6}$。

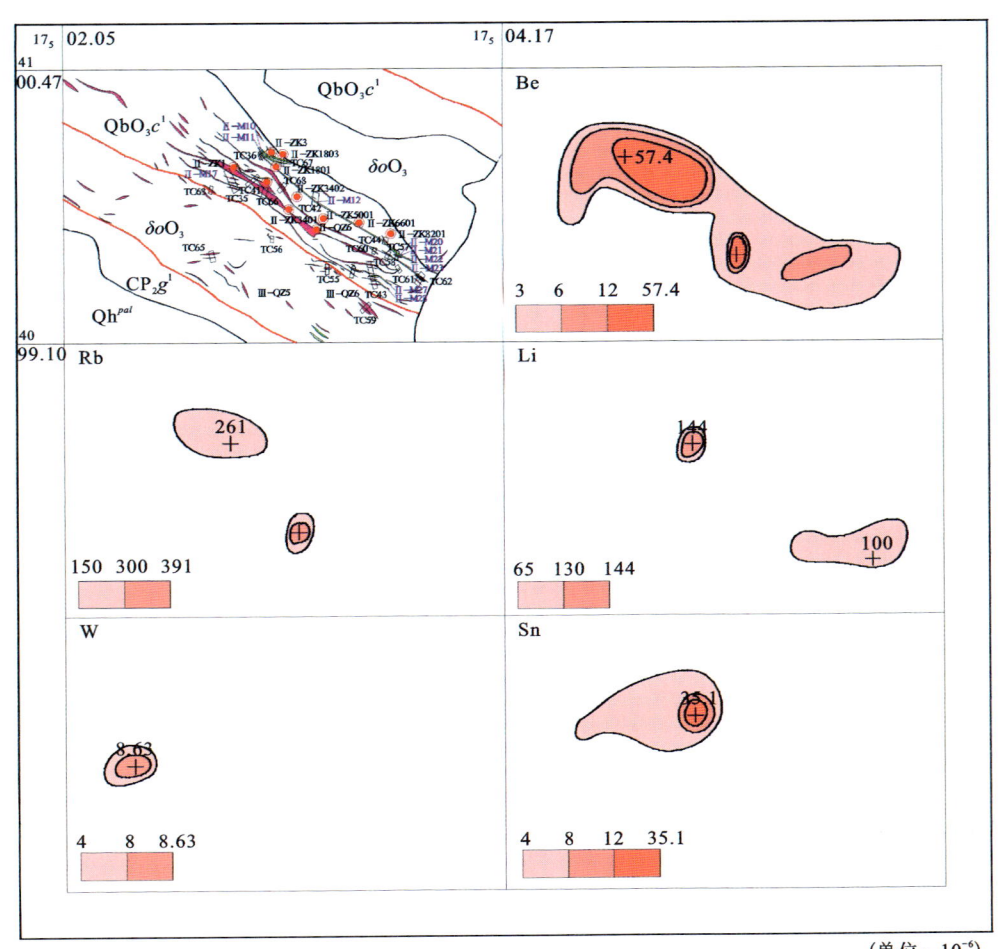

(单位：10^{-6})

图 3-1-8　$GA_{甲2}^{19}Be(Rb、Li、W、Sn)$综合异常剖析图

2. 东昆仑成矿带

1）青海省都兰县迈龙地区金多金属矿地球化学异常特征

2014—2016 年，青海省有色第三地质勘查院通过"青海省都兰县沟里地区 1∶2.5 万地球化学测量"工作，区内圈定以 Au、Ag、Cu、Co、Ni、Pb、Zn 为主的综合异常 54 处，其中较具规模的 $GA_{Z2}^{7}Au(As、Bi)$ 异常处，出露岩性主要为印支期灰—灰白色中细粒花岗闪长岩。东侧小范围出露加里东期灰—浅灰色中细粒英云闪长岩，主元素为 Au，伴生元素为 As、Bi，异常规模较大，各元素套合较好，Au、As 元素具

三级浓度分带。Au峰值为 $95.66×10^{-9}$，衬度为6.99，规模为1.92（表3-1-7、图3-1-9）。成功立项并实施青海省都兰县查果多金属矿、浪木日地区镍多金属矿、阿斯哈掌地区金及多金属矿预查3个项目，发现多处金矿体。

表3-1-7　$GA_{Z_2}^{7}$ Au(As、Bi)综合异常特征参数表

元素	异常下限	点数(个)	最大值	平均值	面积(km²)	衬度	规模
As	35	6	324.21	141.82	0.25	4.05	1.00
Au	3.5	6	95.66	24.49	0.28	6.99	1.92
Bi	2.0	3	5.51	3.31	0.06	1.66	0.10

注：异常元素含量单位除 Au 为 $n×10^{-9}$ 外，其余均为 $n×10^{-6}$。

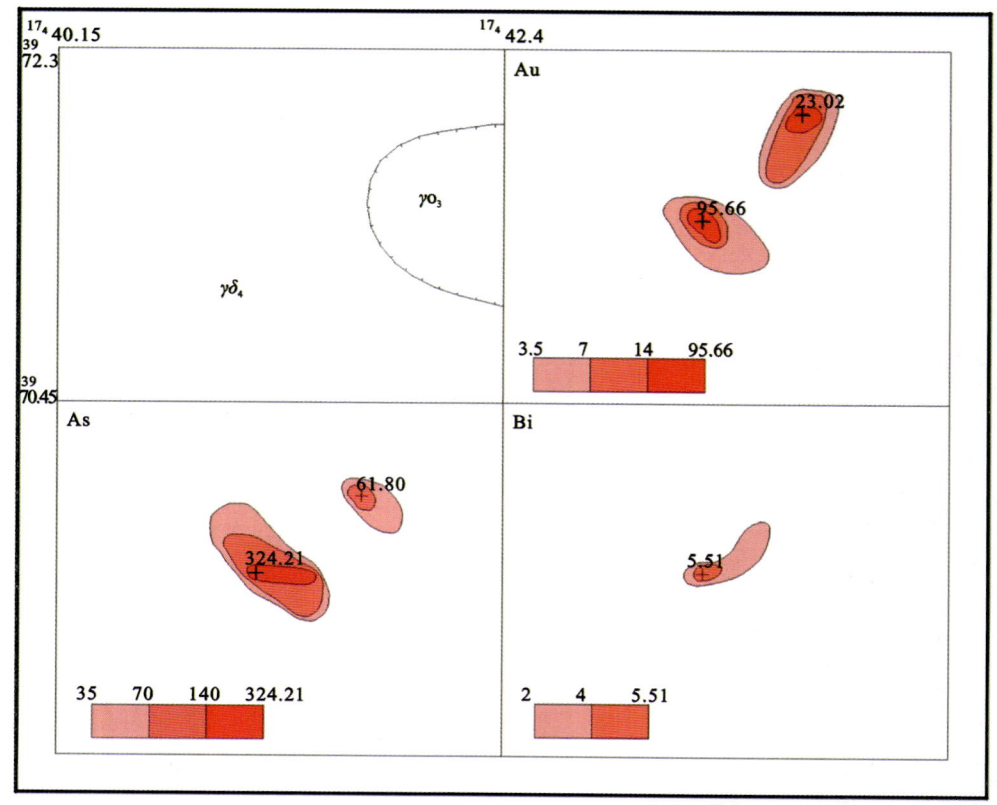

图3-1-9　$GA_{Z_2}^{7}$ Au(As、Bi)综合异常剖析图

2）青海省都兰县浪木日铜镍矿地球化学异常特征

2014—2016年，青海省有色第三地质勘查院通过"青海省都兰县沟里地区1∶2.5万地球化学测量"工作，区内圈定以 Au、Ag、Cu、Co、Ni、Pb、Zn 为主的综合异常54处，其中较具规模的 $GA_{Z_2}^{73}$ Ni(Cu、Co、Ag、Au)综合异常处，出露地层为古元古代金水口群白沙河岩组，岩性以黑云斜长片麻岩、斜长角闪片岩为主，其次为大理岩、变粒岩和黑云石英片岩。该异常呈近东西向展布，长约1km，宽约600m，面积约 0.6km²。异常主元素为Ni，特征组合元素为 Cu、Co、Ag、Au，Ni、Cu、Co 三元素的异常规模较大，浓集中心明显，均具有三级浓度分带，并且相互套合较好。其中Ni元素峰值 $1647.5×10^{-6}$，衬度为6.94，规模为2.32；Cu元素峰值为 $724.1×10^{-6}$，衬度为2.81，规模为1.18（表3-1-8、图3-1-10）。

表 3-1-8　$GA_{Z_2}^{73}Ni(Cu、Co、Ag、Au)$综合异常特征参数表

元素	异常下限	点数(个)	最大值	平均值	标准偏差(%)	面积(km²)	衬度	规模
Ag160	140	1	593	593.00	/	0.02	4.24	0.07
Ag161	140	3	432	238.67	167.44	0.13	1.70	0.22
Ni90	50	9	1 647.5	347.08	496.87	0.33	6.94	2.32
Ni91	50	1	283.8	283.80	/	0.03	5.68	0.18
Ni94	50	1	1 281.3	1281	/	0.02	25.63	0.55
Au97	3	1	11.38	11.38	/	0.04	3.79	0.15
Au98	3	1	7.75	7.75	/	0.02	2.58	0.04
Cu98	50	9	724.1	140.60	219.24	0.42	2.81	1.18
Cu99	50	3	58.8	56.90	3.20	0.14	1.14	0.16
Cu100	50	1	446.6	446.60	/	0.03	8.93	0.29
Bi54	1	2	3.67	3.06	0.87	0.13	3.06	0.40
Co108	20	6	157.3	54.23	51.97	0.25	2.71	0.68
Co109	20	2	142.6	92.80	70.43	0.06	4.64	0.29

注：异常元素含量单位除 Au、Ag 为 $n\times10^{-9}$ 外，其余均为 $n\times10^{-6}$。

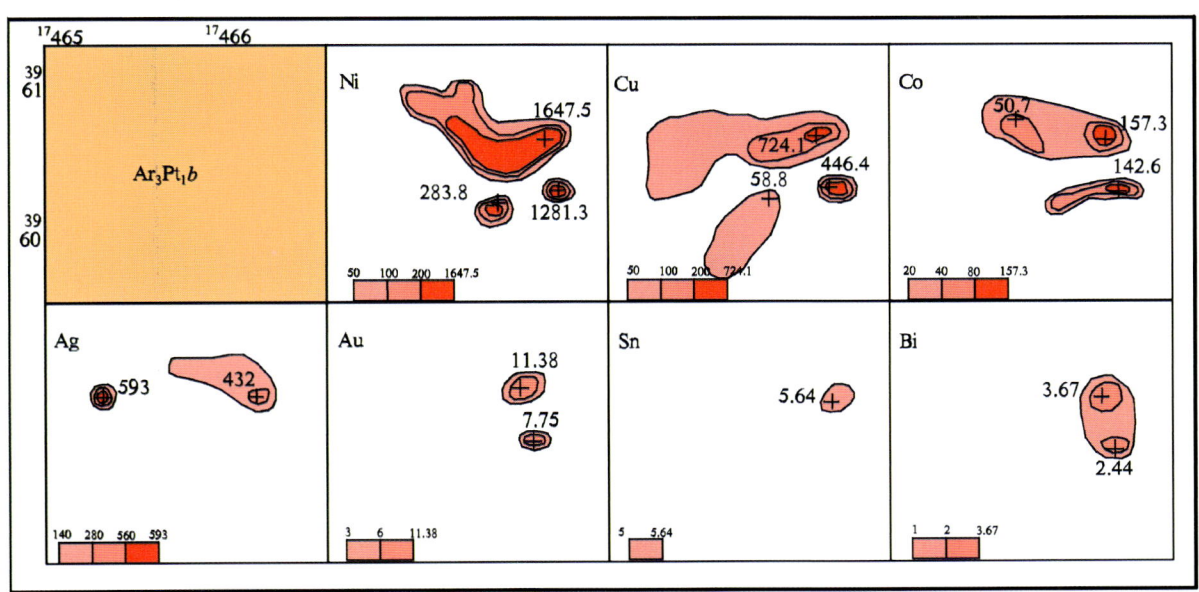

注：异常元素含量单位除 Au、Ag 为 $n\times10^{-9}$ 外，其余均为 $n\times10^{-6}$。

图 3-1-10　$GA_{Z_2}^{73}Ni(Cu、Co、Ag、Au)$综合异常剖析图

3)青海省都兰县博鲁古斯坦金多金属矿矿地球化学异常特征

2015—2017 年，青海省第三地质勘查院通过"青海省都兰县丘吉东沟地区 1∶2.5 万地球化学测量"工作，区内圈定以 W、Mo、Au、Cu、Pb 为主的综合异常 35 处。较具规模的洪水河沟口 $GA_{Z_3}^{4}Au$(As、Sb、Cu、Pb)异常，位于早侏罗世浅肉红色斑状二长花岗岩晚三叠世灰色中细粒花岗闪长岩的接触

带上。异常主元素为 Au,特征组合元素有 As、Sb、Cu、Pb,异常呈北西向展布,各元素套合相对较好,规模大,Au、As、Sb、Ag 具外中内三级浓度分带。主元素 Au 峰值 47.2×10^{-9},衬度为 4.43,规模为 4.81(表 3-1-9、图 3-1-11)。成功立项并实施青海省都兰县博鲁古斯坦金多金属矿、乌斯托铜多金属矿预查两个项目。

表 3-1-9　$GA_{Z_3}^4$ Au(As、Sb、Cu、Pb)综合异常特征参数表

元素	异常下限	点数(个)	最大值	平均值	标准偏差(100%)	面积(km²)	衬度	规模
Au	2	18	47.2	8.85	10.20	1.09	4.43	4.81
Sb	2	2	155	79.54	106.71	0.08	39.77	3.34
Cu	40	14	158	80.41	31.52	0.73	2.01	1.46
As	30	1	564	564	0.00	0.07	18.80	1.35
Pb	35	1	691	691	0.00	0.05	19.74	1.03
V	120	13	192	158.2	23.57	0.65	1.32	0.86
Ag	80	5	752	241.6	286.41	0.24	3.02	0.72
Co	20	7	29.7	22.61	3.23	0.31	1.13	0.35

注:异常元素含量单位除 Au 为 $n\times10^{-9}$ 外,其余均为 $n\times10^{-6}$。

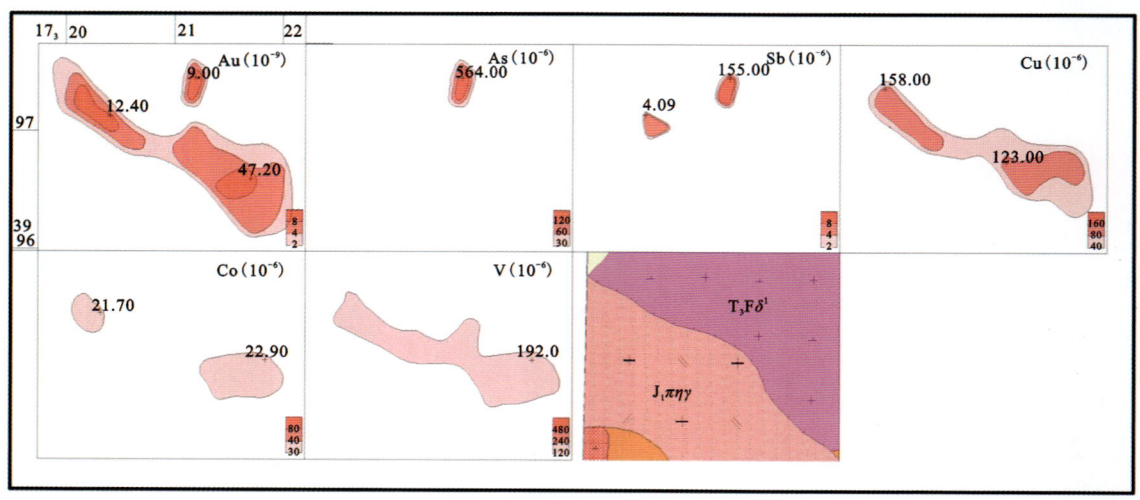

图 3-1-11　$GA_{Z_3}^4$ Au(As、Sb、Cu、Pb)综合异常剖析图

4)青海省都兰县洪水河口金矿地球化学异常特征

2015—2017 年,青海省第五地质勘查院通过开展"青海省都兰县冰沟地区 1∶2.5 万地球化学测量"工作,区内圈定以 Au、Cu、W、Mo 为主的综合异常 59 处。较具规模的 $GA_{\text{甲}_2}^{32}$ Au(As、Bi、W、Pb、Sb)综合异常出露早二叠世的花岗闪长岩,北部为泥盆纪—志留纪契盖苏组地层,岩性主要为碎屑岩。主元素为 Au,特征组合元素有 As、Bi、W、Pb,呈东西向条带状展布,各元素套合相对较好,规模大,Au、As 具三级浓度分带。主元素 Au 元素峰值 12.4×10^{-9},衬度为 1.9,规模为 7.3(表 3-1-10、图 3-1-12)。成功立项并实施青海省都兰县洪水河口地区金多金属矿预查项目。

表 3-1-10　GA$_{甲_2}^{32}$Au(As、Bi、W、Pb、Sb)综合异常特征参数表

元素	异常下限	最大值	平均值	面积(km²)	衬度	规模
Au	2.5	12.4	4.75	3.87	1.9	7.3
As	25	248	44.2	4.05	1.7	7.1
Bi	0.5	1.21	1.2	2.79	1.2	6.6
W	3	12.5	6.44	0.64	2.1	1.3
Pb	45	82	76.35	0.05	1.6	0.1

注：异常元素含量单位除 Au 为 $n\times10^{-9}$ 外，其余均为 $n\times10^{-6}$。

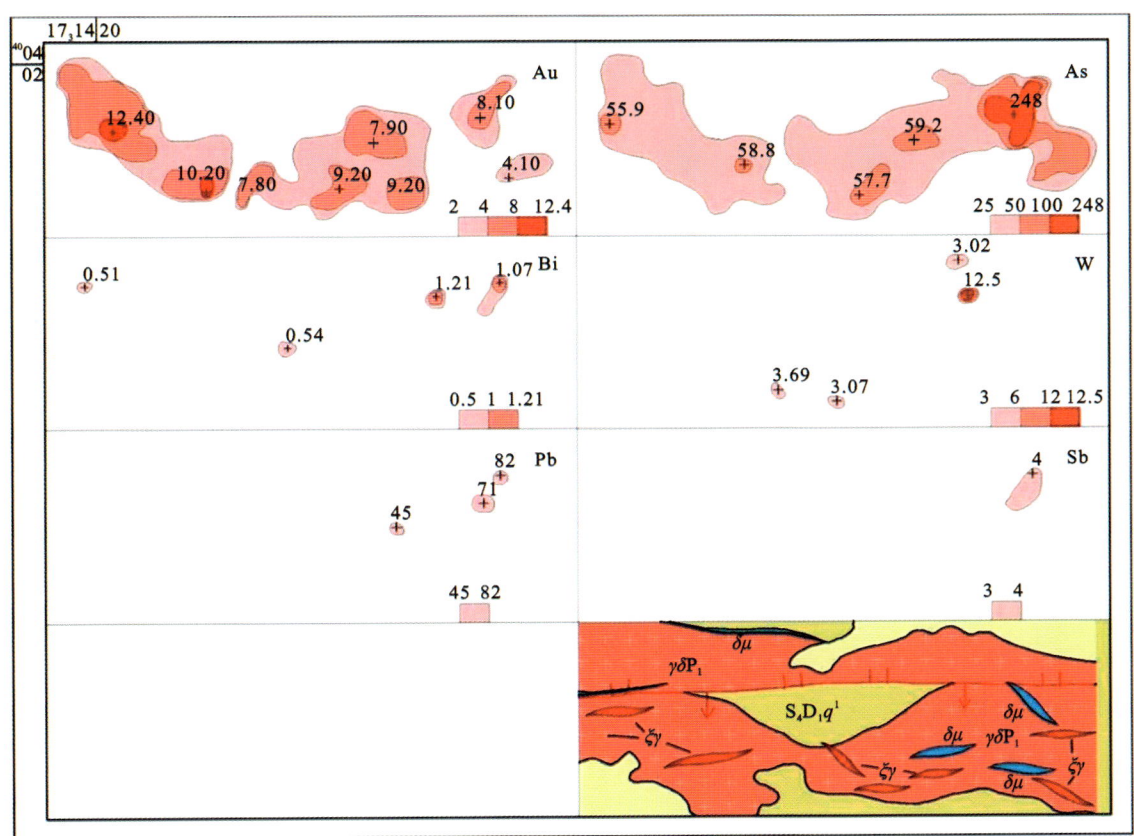

注：异常元素含量单位除 Au 为 $n\times10^{-9}$ 外，其余均为 $n\times10^{-6}$。

图 3-1-12　GA$_{甲_2}^{32}$Au(As、Bi、W、Pb、Sb)综合异常剖析图

5)青海省都兰县三通沟北地区锰多金属矿地球化学异常特征

2017—2019 年，青海省第三地质勘查院通过"青海省都兰县埃坑德勒斯特地区 1∶2.5 万地球化学测量"工作，区内共圈定以 Au、Ag、Cu、Ni、Mn 为主的综合异常 74 处。较具规模的德特北 GA$_{甲_2}^{32}$Mn、Au(Ni、Cr、Ag)异常区岩性主要为万宝沟群碎屑岩组的千枚岩、板岩、变粉砂岩夹强蚀变安山岩、硅质岩。异常主元素为 Mn、Au，特征组合元素有 Ni、Cr、Ag，异常呈北东向展布，各元素套合较好，规模大，Mn、Cr、Ag 具明显的三级浓度分带。主成矿元素 Mn，峰值为 $25\,417\times10^{-6}$，衬度为 4.60，规模为 3.58（表 3-1-11，图 3-1-13）。成功立项并实施青海省都兰县三通沟北地区锰多金属矿、哈拉郭勒北金多金属矿预查两个项目，首次在青海省发现沉积型菱锰矿。

表 3-1-11　$GA_{甲2}^{32}$ Mn(Au、Cr、Ag、Mo)综合异常特征参数表

元素	异常下限	点数(个)	最大值	平均值	标准偏差(%)	面积(km²)	衬度	规模
Mn	1600	19	25 417	7 367.16	7 817.50	0.78	4.60	3.58
Cr	200	11	2176	771.64	579.87	0.43	3.86	1.66
Au	3	20	7.8	4.53	1.55	0.73	1.51	1.11
Ag	140	9	650	284.11	154.93	0.45	2.03	0.90
Mo	3.5	3	8.32	6.24	2.22	0.11	1.78	0.20
Co	50	3	66.2	62.53	3.18	0.15	1.25	0.19
Sb	2	4	3.26	2.70	0.52	0.13	1.35	0.17
As	40	3	60.6	52.23	8.11	0.10	1.31	0.13

注：异常元素含量单位除 Au、Ag 为 $n×10^{-9}$ 外，其余均为 $n×10^{-6}$。

6) 青海省都兰县德里特地区多金属及萤石矿地球化学异常特征

2017—2019 年，青海省有色第三地质勘查院通过"青海省都兰县德里特地区 1∶2.5 万地球化学测量"工作，区内圈定以 AuCuSnTuLaY 等为主的综合异常 69 处。较具规模的 $GA_{甲1}^{43}$ Pb(Ag、Zn、Bi、As、Sn、Mo、Cr、Co、Nb、W、Ni、La、U、Cu)综合异常出露中—新元古代万保沟群下碎屑岩组的灰—灰褐色、灰绿色、灰紫色变中细粒长石(岩屑)石英砂岩夹粉砂岩及片理化复成分砾岩、安山质沉火山角砾岩、片理化安山岩、玄武岩。主元素为 Pb，特征组合元素为 Ag、Bi、W、Mo、As、Zn、Co、Au 等，其中 Ag、Zn、Pb、As、Bi 元素异常套合情况较好，浓集中心明显，规模较大，元素强度较高、均具三级浓度分带。主元素 Pb 峰值为 $2000×10^{-6}$，衬度为 2.18，规模为 16.09(表 3-1-12，图 3-1-14)。成功立项并实施青海省都兰县德里特地区多金属矿预查项目，发现多处萤石矿体。

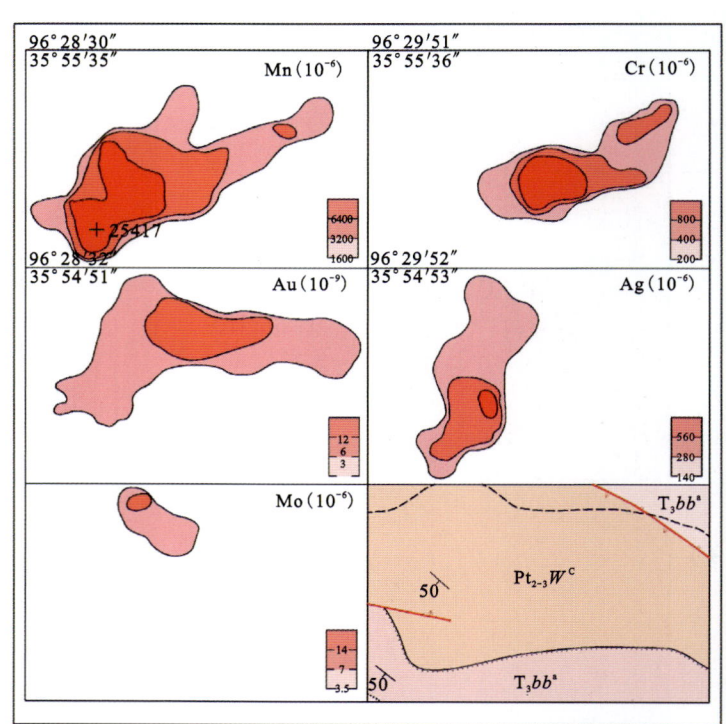

图 3-1-13　$GA_{甲2}^{32}$ Mn(Au、Cr、Ag、Mo)综合异常剖析图

表 3-1-12　$GA_{甲1}^{43}$ Pb(Ag、Zn、Bi、As、Sn、Mo、Cr、Co、Nb、W、Ni、La、U、Cu)综合异常特征参数表

元素	异常下限	点数(个)	最大值	平均值	面积(km²)	衬度	规模
Pb	100	140	2000	218.11	7.38	2.18	16.09
Bi	1	84	15.6	2.15	4.72	2.15	10.16
As	40	45	572	143.08	2.13	3.58	7.63
Zn	120	103	479	164.40	5.49	1.37	7.52

续表 3-1-12

元素	异常下限	点数(个)	最大值	平均值	面积(km²)	衬度	规模
Ag	0.15	82	0.63	0.23	4.42	1.51	6.67
W	6	81	13.78	7.97	4.28	1.33	5.69
U	9	43	17.5	11.18	2.31	1.24	2.87
Sn	10	29	40.9	12.98	1.84	1.30	2.39
Cr	200	27	1652	385.74	1.18	1.93	2.28
La	110	30	274	171.19	1.33	1.56	2.07
Mo	3	32	13.9	4.04	1.35	1.35	1.82
Ni	60	14	180	108.41	0.40	1.81	0.72
Co	25	13	59.7	29.70	0.52	1.19	0.62
Cu	50	7	205	122.57	0.24	2.45	0.59
Nb	25	16	34.7	28.24	0.51	1.13	0.57
Th	70	5	99.4	83.78	0.20	1.20	0.24
Mn	1100	5	1512	1 281.80	0.17	1.17	0.20

注:异常元素含量单位除 Ag 为 $n \times 10^{-9}$ 外,其余均为 $n \times 10^{-6}$。

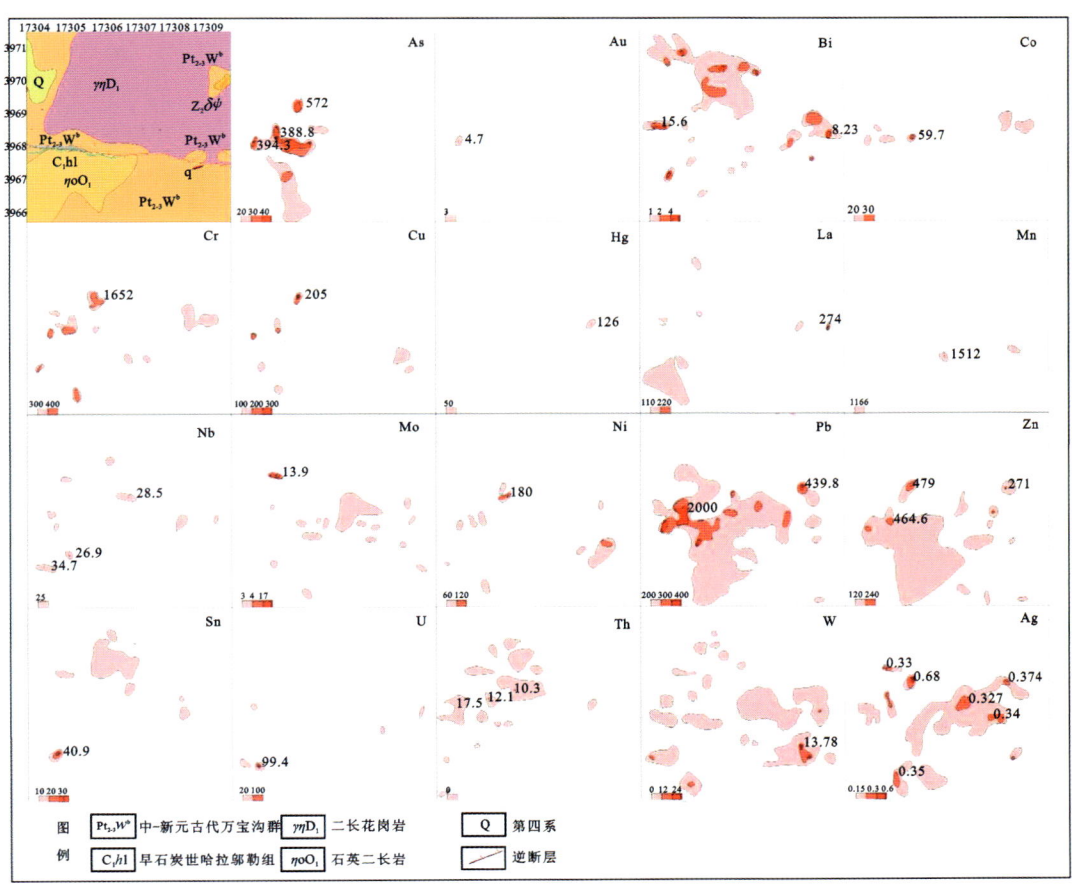

注:异常元素含量单位除 Ag 为 $n \times 10^{-9}$ 外,其余均为 $n \times 10^{-6}$。

图 3-1-14　$GA_{甲1}^{43}$ Pb(Ag、Zn、Bi、As、Sn、Mo、Cr、Co、Nb、W、Ni、La、U、Cu)综合异常剖析图

第二节 矿产勘查与保障工程取得新突破

"十三五"期间,在青海省生态建省的新形势下,全省地勘工作范围调整至柴达木盆地及周缘地区,在找矿空间不断压缩的情况下,更换思路和找矿方向,紧紧围绕省情和经济建设需求,积极探索新材料、新能源矿产找矿工作,在锂铍等稀有金属和石墨、滑石、萤石、高纯石英等新材料矿产勘查中取得了重大发现。柴北缘茶卡北山地区发现伟晶岩型锂铍矿,目前已初步评价了茶卡北山、锶墨格、俄当岗3个矿(床)点,锂铍资源量整体规模达到中型,有望经过进一步工作形成1处大型以上的锂铍稀有金属矿勘查开发基地;东昆仑妥拉海河一带、那西郭勒、呼热郭勒及柴北缘楚鲁特地区等开展了石墨矿预、普查工作,其中妥拉海河一带基本达到普查程度,晶质石墨矿规模达到超大型;东昆仑铜金山、野马滩、合支龙地区开展了滑石矿勘查工作,其中铜金山地区滑石矿达超大型规模,估算矿石量3000万t以上;柴北缘牙马、东昆仑德里特地区开展了萤石矿勘查工作,累计估算萤石矿物资源量100万t;柴北缘德令哈市亚麻图地区高纯石英矿,估算潜在资源1.14亿t;柴北缘大柴旦鱼卡超高压变质带内发现金红石矿,初步估算TiO_2潜在资源106.93万t,达到超大型规模。另外,在东昆仑新发现三通沟北海相沉积型锰矿、龙什更热水沉积型钴矿。以上矿床的发现,为青海省发展循环经济、发展新材料产业提供了有力资源保障,因此,与新材料产业相关联的矿种勘查是今后青海省地勘工作的方向和重点。

一、柴达木盆地山前第四纪砂砾石孔隙卤水钾矿找矿不断取得新进展,第三系背斜构造裂隙锂矿、砂岩型铀矿找矿取得实质性突破

(一)钾盐

"十三五"期间,在柴达木盆地大浪滩、冷湖镇昆特依、察汗斯拉图、马海等地区第四纪砂砾石孔隙卤水钾盐矿找矿工作取得重要进展。累计已提交普查地3处,矿产地2处,新增推断+潜在氯化钾资源量4.95亿t,柴达木盆地西部第四纪孔隙卤水资源量进一步增加,拓展了柴达木盆地山前砂砾石孔隙卤水钾盐矿找矿范围,为扩大钾盐资源储量奠定了基础。有望在柴达木盆地浅部钾资源基地之外,再形成一个深部钾资源供应基地。截至2020年底,全省钾矿累计资源储量10.98亿t(上表6.56亿t,未上表4.42亿t),潜在资源6.21亿t。"十三五"期间新增资源储量6.43亿t,占总资源储量的37.4%。

1. 马海地区深层卤水钾矿、冷湖昆特依深层卤水钾矿成果显著

1)茫崖市马海地区深层卤水钾矿

矿区地处马海凹地,该凹地为一北西向盆地,受控于南祁连褶皱系赛什腾山构造、冷湖构造,属断陷凹地构造。凹地内分布地层为第四系,其中阿拉尔组(Qp_1)属山前冲洪积相沉积,是孔隙卤水的储层,岩性为粗砂层、砂层及黏土层。孕斯库勒组(Qp_2)岩性为黏土层夹石膏层、薄层石盐层,属泥坪相沉积和少量盐湖相沉积,赋存晶间卤水。察尔汗组(Qp_3)出露少,岩性为黏土层夹石膏层、厚层石盐层,属泥坪相、干盐湖相沉积,赋存晶间卤水。达布逊组(Qh)岩性为石盐、含粉砂的石盐、杂卤石、含淤泥的石盐、含芒硝的石盐、含石盐的芒硝等,夹黏土层、淤泥层,属现代盐湖相沉积,局部为泥坪相沉积,赋存晶间卤水。矿床主体属于砂砾孔隙卤水型钾盐矿。凹地上部为化学盐类晶间卤水,下部为砂砾孔隙卤水,靠近山前,均为砂砾孔隙卤水。水化学类型为氯化物型,富水性中等—强。KCl液体的矿产资源量:孔隙度资源量4.978 6亿t,给水度资源量2.405 0亿t。

2）冷湖镇昆特依矿区深层卤水钾矿

矿区地处昆特依凹地，该凹地受控于阿尔金走滑断裂构造、鄂博梁构造与冷湖构造。凹地分布（或钻遇）地层为第四系，其中阿拉尔组（Qp_1）属山前冲洪积相沉积，是孔隙卤水的储层，岩性为粗砂层、砂层及黏土层。尕斯库勒组（Qp_2）岩性为黏土层夹石膏层、薄层石盐层，属泥坪相沉积和少量盐湖相沉积，赋存晶间卤水。察尔汗组（Qp_3）研究区出露少，岩性为黏土层夹石膏层、厚层石盐层，属泥坪相、干盐湖相沉积，赋存晶间卤水。达布逊组（Qh）岩性为石盐、含粉砂的石盐、杂卤石、含淤泥的石盐、含芒硝的石盐、含石盐的芒硝等，夹黏土层、淤泥层，属现代盐湖相沉积，局部为泥坪相沉积，赋存晶间卤水。昆特依凹地上部为化学盐类晶间卤水，下部为砂砾孔隙卤水，水化学类型为氯化物型，富水性强。区内液体盐类矿产中KCl资源量：孔隙度资源量8 802.50万t，给水度资源量3 784.81万t。矿床主体属于砂砾孔隙卤水型钾盐矿。

2.茫崖市阿拉巴斯套地区卤水钾矿取得一定成果

矿区位于柴达木盆地西部边缘，属柴达木盆地西部中央坳陷带的西部隆起区，北东为柴北缘褶皱带，北西为阿尔金构造带，南缘为昆北断裂带，大地构造位置属柴达木板内裂陷盆地。区域内绝大部分地区分布新生代地层，只在西南、西北角一带有前新生代地层出露，盐类矿产丰富，以钾、硼、镁盐为主，其次为石盐、芒硝、天青石等矿产。通过2020年区内钻孔施工，共揭露含水层12层，含水层厚度114.83m，涌水量2592m^3/d，单位涌水量83.77m^3/d·m，富水性强，KCl品位为0.64%，提交KCl孔隙度潜在矿产资源1 440.57万t，给水度潜在矿产资源385.13万t。

（二）锂矿

"十三五"期间，在柴达木盆地第三纪背斜构造区开展了找锂工作，柴达木盆地第三纪背斜构造区含水层位于上、下油砂山组中，具有含水层相对稳定、水量大、锂品位大多高于工业品位的特征，卤水属于构造裂隙卤水及承压自流卤水，镁锂比向深部具有逐渐变小趋势，属于易提锂卤水，具有可开发利用价值，第三纪背斜构造区找锂取得实质性突破。

1.柴达木盆地锂资源调查取得一定成果

调查区地处青海省柴达木盆地中西部。通过调查工作，新发现锂矿点6处，提交找矿靶区14处，首次在柴达木盆地背斜构造进行系统取心，对地层中各矿物元素含量进行研究，分析了成矿物质来源和深层卤水锂矿成矿机理，为今后同类型找矿工作提供了找矿指导和工作部署建议。

调查评价区面积较大，基本包含整个柴达木盆地中部地区，工作重点为柴达木盆地新近纪背斜构造深层卤水锂矿，2018—2019年在具有代表性的鄂博梁Ⅱ号背斜构造、红三旱四号背斜构造施工2个钻孔进行调查评价，取得了相应的地质、水文地质资料，因此本次主要以红三旱四号背斜构造作为典型矿床进行研究。由于新近纪背斜构造中未见到固体盐类化学沉积矿层（固体石盐矿），矿层主要为背斜构造深层卤水锂矿。

1）含水层分布特征

红三旱三—四号地区据收集的旱2井、红四1井、里1井、里2井、里3井等多口石油局钻孔资料显示，红三旱四号地区深层有较多的卤水层分布，物探测井解译有较多的水层分布，含水层呈多层状连续分布，地层出水量较好。根据里3井的测井解释成果，红三旱四号地区地层孔隙度发育良好，电测解释显示在地层孔隙度最大26.7%，平均地层孔隙度15.5%，为卤水赋存提供了良好的储藏空间，里3井测井在1302~2566m间共解释水层42层，累计厚度124.50m。红四1井在251.3~2 217.30m之间共解释出水层47层，累计厚度114.80m，显示红三旱四号深层卤水矿层分布条件良好。

红三旱四号背斜构造在第四系、狮子沟组、上油砂山组均有水层分布，主要水层集中层段为上油砂山组地层，水层集中分布在 2000m 以下。解释水层主要分布在上油砂山组中，集中层段在 2200～2400m、2700～2850m 之间，成多层连续分布，单层厚度一般为 2.5～4.5m，最大单层厚度 13.80m，最小厚度 1.50m，平均单层厚度 3m。

2）水文地球化学特征

矿区内深层卤水锂矿的主要组分为 LiCl、B_2O_3，共生组分为 NaCl，伴生组分为 $MgCl_2$、KCl。卤水品位：LiCl 最低 78mg/L（旱 ZK01 孔 0～1000m），最高品位 394mg/L（石油局里 2 井），平均品位 198mg/L，LiCl 品位在鄂博梁 II 号矿区达到边界品位以上，红三旱四号矿区达到最低工业品位以上。B_2O_3 最低品位 455.53mg/L（旱 ZK01 孔 1000～2000m），最高品位 879.7mg/L（石油局里 2 井），平均品位 668.1mg/L，在矿层中普遍达到边界品位以上，可见背斜构造深层卤水硼含量普遍较高，硼是易溶元素，在自然界中主要存在于水圈和上地壳沉积岩系中，对于沉积环境及各种地质作用具有明显的指示意义，是判别沉积环境、物源的有效地球化学参数（肖荣阁，1999）。NaCl 最低品位 5.75%（石油局鄂 2 井），最高品位 18.73%（旱 ZK01 孔 1000～2000m），平均品位 11.99%，NaCl 品位在鄂博梁 II 号矿区达到边界品位以上，红三旱四号矿区达到最低工业品位以上；KCl 最低品位 0.02%（鄂 ZK01 孔），最高品位 0.21%（石油局里 2 井），平均品位 0.11%。$MgCl_2$ 最低品位 0.13%，最高品位 0.62%，平均品位 0.32%，KCl、$MgCl_2$ 品位普遍较低，在鄂博梁 II 号、红三旱四号矿区均达不到边界品位。卤水密度一般为 1.141g/mL。卤水矿化度最低 70.06g/L，最高 240.2g/L，平均矿化度 154g/L，鄂博梁 II 号矿区平均矿化度 71.13g/L，属于低矿化度。红三旱四号矿区平均矿化度 196g/L，属于高矿化度。卤水中镁锂比最低 9.35，最高 105.7，平均 77。钙锂比最低 65，最高 453，平均 201。其水化学类型均属于氯化钙型水。

在红三旱四号背斜构造实施的旱 ZK01 孔深 3000m，0～1000m 属第四纪地层（Qp^{1-2}），含水层厚度 154m，水量 2010m³/d，LiCl 含量 108mg/L，B_2O_3 含量 469mg/L，Mg/Li 值为 96.5；1000～2000m 属上新世狮子沟组（N_2s），含水层厚度 46.55m，抽水水量 107m³/d，LiCl 平均含量 93mg/L，B_2O_3 含量 687mg/L，Mg/Li 值为 96；2000～3000m 属中新世上油砂山组，含水层厚度 162.32m，自流量 668m³/d，抽水试验涌水量 840m³/d，LiCl 含量 275～315mg/L，B_2O_3 含量 820～860mg/L，Mg/Li 值为 16.5，I^- 含量 19.67。该孔深部上油砂山组及下伏砂岩储层 LiCl 含量明显变富、Mg/Li 值明显变低，单孔预计 LiCl 资源量约 35 万 t，是今后锂矿勘查的重要目标层位。

区内各矿种资源估算结果如下：液体 LiCl 矿产资源量：孔隙度潜在矿产资源 41.58 万 t，给水度潜在矿产资源 10.32 万 t；B_2O_3 孔隙度潜在矿产资源 563.06 万 t，给水度潜在矿产资源 116.08 万 t；NaCl 孔隙度潜在矿产资源 15.76 亿 t，给水度潜在矿产资源 2.81 亿 t；Br 孔隙度潜在矿产资源 93 165t，给水度潜在矿产资源 23 133t；I 孔隙度潜在矿产资源 38 607t，给水度潜在矿产资源 9586t。

矿床主体属于背斜构造裂隙孔隙深层卤水锂矿。

2. 大柴旦行委西台吉乃尔湖东北深层卤水锂矿

矿区位于柴达木盆地中部，行政区划隶属于青海省海西蒙古族藏族自治州大柴旦行委管辖。南部及周边交通较为方便，国道 G315 线（德令哈—涩北气田—黄瓜梁）从矿区南部通过，可分别到达格尔木市、冷湖镇、茫崖镇等城镇，矿区西北部有西台—马海铁路贯穿，交通较为便利。勘查区位于柴达木盆地东部沉降区的西端，由褶皱和断裂构造运动形成的次一级成盐盆地（西台吉乃尔湖）与巴嘎雅乌尔背斜构造之间。其北西部为红三旱四号背斜构造。北西与一里坪锂矿区毗邻，西南侧为西台湖。

通过在区内施工的鸭 ZK01 孔发现了涌水量大、LiCl 品位高、镁锂比值低、矿化度低的深层卤水锂矿，含水层地层属上新世狮子沟组、上油砂山组。混合试段 403.60～2500m，第一次降深涌水量 1 676.16m³/d，第二次降深涌水量 1 339.20m³/d，第三次降深涌水量 976.32m³/d；LiCl 品位为 213.85mg/L，B_2O_3 品位为 403.57mg/L。镁锂比值为 24.02，镁锂比较低，也反映出深部具有富锂趋势。估算液体 LiCl 孔隙度资源量约 15.87 万 t；B_2O_3 孔隙度资源量约 29.96 万 t；Br^- 孔隙度资源量约 4.76 万 t；I^- 孔隙度资源量约 1.61 万 t。

3. 茫崖行委小冒泉地区锂矿

矿区位于柴达木盆地中西部，行政区划隶属海西州茫崖市管辖，周边交通较为便利，北部分别有 S305 公路（冷湖—黄瓜梁）、315 国道（德令哈—涩北气田—黄瓜梁），南部有 303 公路（格尔木—乌图美仁—老茫崖），可分别到达格尔木市、冷湖、茫崖市等城镇。勘查区位于柴达木盆地中的一级构造单元柴西坳陷中，区内施工的冒 ZK01 孔在 400～1600m 物探测井解释含水层累计厚度 235.7m；1600～2900m 物探测井解释含水层厚度 309.6m。经对冒 ZK01 孔放水试验，水质分析第一段（400～1600m）LiCl 品位为 311.27～368.09mg/L，平均值为 333.00mg/L；B_2O_3 范围在 850.20～905.50mg/L 之间，平均值为 874.02mg/L；Br^- 范围在 61.71～68.40mg/L 之间，平均值为 65.74mg/L；I^- 范围在 23.95～27.63mg/L 之间，平均值为 25.16mg/L。

第二试段（1600～2900m），显示 LiCl 品位为 362.28～459.04mg/L，平均值为 430.19mg/L；B_2O_3 范围在 874.31～993.04mg/L 之间，平均值为 950.28mg/L；Br^- 范围在 56.38～68.75mg/L 之间，平均值为 63.87mg/L；I^- 范围在 23.75～27.25mg/L 之间，平均值为 26.14mg/L。

（三）砂岩型铀矿

"十三五"以来，主要在省地勘基金安排下，在青海省互助县包马庄地区、都兰县五道梁地区、乌兰县柴凯湖地区、柴北缘航亚、绿草山、冷湖三号及柴达木盆地和柴西缘等地开展了砂岩型铀矿调查工作，调查发现青海省砂岩型铀矿的赋存层位以侏罗系、新近系和第四系为主，通过钻探验证及对柴达木盆地 30 个油田区 3448 个油气钻孔资料的整理，依据钻孔自然伽马测井数据对钻孔进行筛选，共发现潜在铀矿孔 354 个，潜在矿化孔 971 个。划分了七个泉-昆北、冷湖-平台、马北-鱼卡、台南-涩北和尖北-茫崖 5 个铀成矿远景区；圈定了跃进二号、七个泉、冷湖三号、英东、红柳泉、花土沟和跃进一号 7 个找矿靶区，为进一步开展砂岩型铀矿找矿工作提供了依据。通过砂岩型铀矿勘查工作，初步估算跃进二号地区铀资源量 1 355.46t，七个泉地区铀资源量 1 071.22t，英东地区铀资源量 116.00t，冷湖三号地区铀资源量 2 259.40t，共计铀资源量 4 802.08t。

柴达木盆地冷湖三号铀矿勘查取得一定成果

矿区位于海西州冷湖镇 330°方向，直距约 10km，隶属青海省海西州茫崖市冷湖镇管辖，面积约 22.43km²。工作区到冷湖镇的油区有简易公路穿过，且与省道 S305 公路相接，省道与国道 G315、G3011 相连，可通冷湖、大柴旦、茫崖市（花土沟镇）和敦煌等地。冷湖镇至敦煌 255km，至德令哈 488km，至花土沟 292km，敦煌、德令哈、花土沟均建有机场，交通方便。

勘查区大地构造位置属于西域板块柴达木陆块柴达木中新生代后造山磨拉石前陆盆地柴北缘坳陷内，赋矿层位为早侏罗世小煤沟组。通过 2018—2019 年砂岩型铀矿找矿工作，在早侏罗世小煤沟组中圈定 3 层工业铀矿层，长 450～765m，宽 150～360m，矿层视厚度 3.10～12.10m，平均品位 0.051 6%；通过对勘查区 3 个工业矿层进行资源量估算，估算铀矿潜在资源 2 259.40t，基本达到了中型规模矿床。

二、柴北缘成矿带稀有金属找矿取得重大突破,金矿勘查取得新进展,萤石、石英等重要非金属勘查取得新发现,支撑青海省新材料产业布局

(一)稀有稀土金属

随着新兴产业的快速发展,伟晶岩型锂矿重新受到重视,国内外新发现了(或老矿区扩大规模)一批大型—超大型锂辉石矿床(王登红等,2017)。青藏高原最主要的硬岩型锂矿带是"马尔康-雅江-喀喇昆仑巨型锂矿带"(许志琴等,2018),近年来找矿勘探取得了重大突破,在西昆仑-喀喇昆仑发现了大红柳滩超大型伟晶岩型锂铍矿床(燕洲泉等,2018)和白龙山超大型锂铷矿床(王核等,2017),在川西松潘—甘孜发现了甲基卡超大型伟晶岩型锂铍矿(王登红等,2005)和可尔因超大型伟晶岩型锂矿床(王登红等,2017)。"十三五"期间青海省在南祁连地块和全吉地块相接的宗务隆山构造带东段茶卡北山地区发现了锂辉石伟晶岩脉群。近年来,随着对茶卡北山、锲墨格、俄当岗等地区锂铍矿开展预查工作,找矿取得重要进展。全区共发现 3 条伟晶岩脉密集分布带,圈出含矿伟晶岩 755 条、锂铍铷矿体 156 条,估算锂矿潜在资源 1.4 万 t,铍矿潜在资源 5 044.12t,显示出巨大的成矿潜力。这一发现暗示南祁连地块与全吉地块接合部的宗务隆山构造带东段可能是一个新的、十分重要的 Li-Be 成矿带,是青藏高原继"马尔康-雅江-喀喇昆仑巨型锂矿带"之后的又一重要的 Li-Be 成矿带,将青藏高原伟晶岩型 Li-Be 矿成矿范围向北扩大到了南祁连地块的南缘,大大拓展了青藏高原伟晶岩型 Li-Be 矿的找矿空间(王秉璋等,2020)。

1. 天峻县茶卡北山-锲墨格锂铍稀有稀土矿取得重大成果

矿区位于青海南山的西端,区域构造上处于南祁连地块与全吉地块(又称欧龙布鲁克地块)接合部的宗务隆山构造带东段,秦祁昆接合部的北端。青白口纪—奥陶纪茶卡北山片岩组是区内最主要的含矿花岗伟晶岩脉的围岩地层。矿区内断裂构造较为发育,伟晶岩的总体产出状态也与断层总体北西-南东的方向一致。矿区内岩浆活动较为频繁,以晚奥陶世石英闪长岩为主,该岩体局部地段有浅灰白色含 Li、Be 矿的白云母花岗伟晶岩脉产出,是区内寻找 Li-Be 矿的主要地质体之一。矿区内划分出 4 条伟晶岩带,共圈定伟晶岩 527 条,圈定锂、铍(铌钽铷铯等)矿体 117 条,矿化体 192 条。矿区内初步估算推断资源量 Li_2O 4 854.82t,平均品位 1.14%;BeO 2 959.14t,平均品位 0.059%。

2. 天峻县俄当岗地区锂铍矿取得一定进展

与茶卡北山锂铍矿相邻,继茶卡北山锂铍矿发现后,在对其周边俄当岗地区进行了踏勘时,发现了锂、铌钽矿化伟晶岩脉,取得了较好的找矿成果。青白口纪—奥陶纪茶卡北山片岩组地层为本区主要含矿地层,岩浆岩主要为早二叠世石英闪长岩,与含矿关系密切。区内共圈定伟晶岩脉 242 条,铍矿体 36 条,锂铍矿体 2 条,长度 160m,厚度 1.84～2.65m,铍矿化体 41 条,含矿岩性为花岗伟晶岩。矿石类型主要有铍矿石、锂辉石矿石。成矿类型为伟晶岩型稀有金属矿床。初步估算 Li_2O 潜在资源量 214.46t,BeO 潜在资源量 396.85t,Rb_2O 潜在资源量 56t。

3. 冷湖行委交通社西北铌钽矿

矿区位于柴达木盆地西北缘阿尔金山。矿区铌钽矿主要位于Ⅲ号矿化蚀变带内,该带为铌钽、晶质石墨、轻稀土矿化蚀变带,走向近南北向。带内圈出铌钽矿体 6 条(其中盲矿体 1 条)、铌钽矿化体 16 条;矿体长 200～2640m,平均厚度 4.87～13.65m,最厚达 26.96m,品位(Nb_2O_5)(0.016～0.034)× 10^{-2},最高达(Nb_2O_5)0.14×10^{-2};伴生轻稀土矿,([La、Ce、Nd]$_2O_3$)品位(0.08～0.25)×10^{-2};控制斜

深在 40~240m 之间；矿体与碱长花岗岩关系较为密切，分布于碱长花岗岩脉与岩体交界部位；矿化蚀变主要为褐铁矿化、硅化、绿帘石化、矽卡岩化、高岭土化；铌钽矿（化）体在构造转折部位有品位变富、厚度变大的趋势。通过 U-Pb 法测定铌钽矿成矿年龄为 453Ma，成矿时代属于奥陶纪，初步判定其成矿类型为与碱长花岗岩有关的铌钽矿床。全区估算铌钽潜在资源 4 492.4t，铌平均品位为 0.021×10^{-2}。

（二）钛矿

钛及其氧化物、合金产品是重要的涂料、新型结构材料、防腐材料，被誉为"继铁、铝之后处于发展中的第三金属"和"战略金属"。青海省钛矿产地 24 处，大型 1 处，矿点 23 处，其中金红石原生矿 2 处，其余多为钛铁矿或目前矿物赋存成分性质不明的钛矿产。具规模的钛矿产地主要与超高压变质带相关，尤其与超高压变质带中的榴辉岩有关。钛矿产地分布极不均匀，主要集中在柴达木盆地周边地区，尤其是鱼卡-沙柳河高压—超高压带中。"十三五"期间主要在大柴旦鱼卡、丁叉叉南坡地区开展了勘查工作，取得了一定的找矿进展，资源储量得到进一步提升。截至 2020 年底，全省钛累计资源储量 161.82 万 t（上表），占总资源储量的 59.59%。潜在资源 109.75 万 t。"十三五"期间新增资源储量 178.17 万 t，占总资源储量的 65.6%。

1. 大柴旦行委鱼卡金红石矿

矿区位于秦祁昆加里东造山系祁连造山带赛什腾山-阿木尼克山造山亚带柴北缘结合带鱼卡-沙柳河高压混杂岩带上，中新元古界鱼卡河岩群超高压变质岩系是金红石矿床主要赋矿地层，主要由白云母石英片岩、二云母片岩等组成，并夹有厚度不等的榴辉岩、大理岩等，部分地段榴辉岩构成矿层，榴辉岩呈透镜状或条带状及似层状产于石英片岩和云母片岩中，区内变质作用较为明显，石榴子石集合体定向构成条带状构造，峰期变质作用是金红石形成的主要阶段，是成矿的主要时期。区内圈出榴辉岩型金红石矿体（群）18 个以上，共计圈出矿体 70 个，其中工业矿体 32 个，金红石矿体 TiO_2 品位一般变化在 1.65%~3.69% 之间。鱼卡地区的榴辉岩区分为高品位矿石和低品位矿石两类，大致与块状榴辉岩型金红石矿和片麻状榴辉岩型金红石矿两种类型对应。全区估算 TiO_2 潜在资源 106.94 万 t，共生石榴子石潜在资源 1 270.1 万 t。"十三五"期间新增 TiO_2 潜在资源 56.53 万 t，共生石榴子石 563.97 万 t，为大型矿床。通过对金红石矿体混合样和 4-1 金红石矿体开展的工艺矿物学和钛回收选矿工艺研究，全矿区混合样选矿结果相对较差，目前尚无法开发利用。

2. 乌兰县丁叉叉山南坡金红石钛矿

矿区断裂构造发育，岩浆活动强烈，印支期—燕山期岩浆岩呈环带状分布。奥陶纪滩间山群为矿区主要地层，该地层与加里东晚期变质岩榴辉岩、榴闪岩、灰绿色含石榴子石闪长岩、石英闪长岩、强蛇纹石化橄辉岩呈侵入接触关系。矿区中共发现 9 条为榴辉岩体，6 条为榴闪岩体。含矿矿物金红石主要分布在榴辉岩体中，榴闪岩体中未圈定有意义矿体。榴辉岩是钛矿体的主要载体，矿石矿物主要为金红石，脉石矿物主要为绿辉石、角闪石，次为辉石、透闪石、石英、斜长石、黑云母。矿石结构主要为填隙结构，细粒结构及包含结构，矿石构造主要为浸染状构造。矿床类型为变成型。累计提交 TiO_2 资源储量 87.70 万 t，TiO_2 平均品位 1.38%。

（三）萤石

德令哈市牙马地区萤石矿

青海省柴达木综合地质矿产勘查院 2019 年通过对区内 1∶20 万、1∶5 万稀有稀土异常结合地质背景综合分析，区内钙碱性系列的花岗岩和断裂构造发育，成矿条件良好，通过踏勘检查发现多处萤石找矿线索。矿区地处南祁连岩浆弧带，区域构造较为复杂，地层、构造及岩浆发育，岩浆活动呈现多期次的特点，具备良好的成矿地质环境。北西向断裂破碎带及其派生出的节理、裂隙等次级构造是区内萤石及稀有金属矿产的主要控矿因素和赋矿空间。区内圈定萤石矿化带2条，主要位于构造破碎蚀变带中，赋矿岩性为石英脉以及碎裂岩化花岗岩，矿体主要产于该矿化带中。共圈定萤石矿体22条，矿化体30条。萤石矿体主要产于中酸性侵入岩体中的碎裂岩化带内。含矿岩性为紫红色块状萤石矿化石英脉，围岩为碎裂岩化粗粒正长花岗岩。矿体围岩蚀变主要为硅化、云英岩化、高岭土化、绢云母化、绿帘石化、绿泥石化等。初步估算萤石潜在资源44万t，已达到中型矿床规模。

（四）高纯石英岩矿

石英工业应用十分广泛，使用量和工业产值巨大，尤其是在电子信息、新材料和新能源等战略性新兴产业中得到广泛应用，而高纯度石英更是制备光导纤维、石英坩埚、大口径石英管、单晶和多晶硅的重要原料，并在光纤通信、光伏、功能陶瓷、电子、航空航天等高新技术产业中具不可取代的地位，因此已成为一种战略性非金属矿产。"十三五"期间，青海省在德令哈市亚麻图地区开展了高纯石英岩找矿工作，取得了较好的找矿成果。

德令哈市亚麻图地区高纯石英岩矿

区域大地构造位置属秦祁昆造山系之南祁连加里东期岩浆弧。矿区出露的地层主要为全新世残坡积物及冲洪积物。区内发育2条断层，走向为北东向，性质不明，构成了石英脉的北界线。区内岩浆活动频繁，主要发育加里东期侵入岩，岩性主要有正长花岗岩、斑状正长花岗岩、二长花岗岩等。区内岩脉较发育，岩性主要为石英脉，局部分布有少量二长花岗岩脉及灰绿色闪长岩脉等。矿区圈定石英脉23条，各脉体均产于花岗岩体中，其中脉体规模大、质量佳、延伸稳定的主要有11条，具有进一步工作的价值。矿石 SiO_2 含量 92.05%～99.14%，Al_2O_3 含量 0.01%～4.56%，Fe_2O_3 含量 0.02%～1.15%，CaO 含量 0.053%～2.44%。通过提纯试验可将该脉石英中 SiO_2 平均含量由 96.15% 提纯至 99.35%，提纯后的脉石英可满足超白光伏玻璃用硅质原料工业质量要求（$SiO_2 \geqslant 99.3\%$，$Al_2O_3 \leqslant 0.3\%$，$Fe_2O_3 \leqslant 0.010\%$）。初步估算石英矿潜在资源1.15亿t，矿床规模已达到超大型。

（五）金矿

柴北缘大柴旦滩间山矿区细晶沟、青龙沟、金龙沟深部及外围找矿取得了较大进展，资源量得到一定提升。评价了青山金矿、交通社西北山金矿，其中青山金矿基本达到普查程度，矿床规模达到中型；交通社西北山为小型，目前还在勘查中。新增金资源量22t。

1. 大柴旦行委青山地区金多金属矿

矿区位于青海省柴达木盆地北缘地区，赛什腾山中段南坡，大地构造位置位于欧龙布鲁克地块和柴北缘造山带的过渡带，属于赛什腾山-阿尔茨托山加里东期成矿带的一部分。区内含矿地层为古元古代达肯大坂群。断裂构造的发育使岩石发生韧性变形，局部发育较强的糜棱岩化，形成较大规模的裂隙或构造岩带。区内岩浆活动较强，侵入岩主要有石英闪长岩和二长花岗岩，呈岩株状、脉状产出。岩脉具有强绢英岩化蚀变，与金矿化关系密切。区内共圈出4条矿化蚀变带，带内圈定56条矿体，金矿石按含矿岩性主要分为石英片岩型、构造蚀变岩型。发现的矿体与围岩没有明显的界线，界线不清。蚀变主要有褐铁矿化、绢云母化、硅化、碳酸盐化、黄铁矿化等，这些蚀变与矿化关系密切。共求得推断金资源量

6t,铅锌资源量9.59万t,银107t,5年新增金5.7t,铅锌9万t。

2. 滩间山地区

滩间山地区位于柴北缘结合带西段,赛什腾山南东段。区内已发现青龙沟、细晶沟等金矿。区内地层主要由中元古代万洞沟群和部分滩间山群组成,中元古代万洞沟群为一套浅变质岩系,区内褶皱和断裂构造十分发育,构造线的总体方向为北西-南东向,与区域主要构造线方向基本一致。侵入岩发育,侵入时代主要为晚古生代,其次为早古生代。岩石类型有闪长岩、石英闪长岩玢岩、辉长岩及斜长花岗斑岩。

以往在青龙沟金矿床共圈定出了两条矿带(Ⅱ和Ⅲ矿带),但通过多年的开采,保有资源量已接近枯竭。细晶沟金矿床在"十三五"之前仅完成了普查评价工作,共圈定金矿体40条,矿体集中分布于东、西主矿段,基本达到了40m×(40~80)m的控制程度,但中部为工程空白区。"十三五"期间针对青龙沟金矿Ⅱ、Ⅲ矿带沿走向南东,通过"地表RC钻先行,金刚石钻探验证跟进"勘查模式的创新,在青龙滩一带第四系覆盖层下实现了找矿新突破,使Ⅲ矿带的控制规模沿走向延长了1.2km,控制总长度达2.2km,并完成了该区段的详查评价工作。细晶沟地区2016—2018年详查工作对东、西主矿段矿体按40m×40m网度进行了进一步的加密控制,并对中部空白区段按40m×(40~80)m网度进行了控制。

5年间,通过深部钻孔验证,全区共圈定金矿体181条,主矿体按40m×40m网度系统控制。细晶沟金矿床矿化带长800m,宽200~300m,带内共圈定出金矿体91条。主矿体长120~500m,厚1.0~4.29m,金平均品位4.12g/t。青龙沟金矿Ⅱ、Ⅲ矿带长约2.2km,宽50~200m,带内共圈定金矿体90条,均为盲矿体,金矿体长370~680m,厚2.56~7.0m,金平均品位4.46g/t。提交新增金资源量22.03t,其中控制的金金属量6.11t,推断的金金属量10.01t,潜在的金金属量5.91t。累计提交金资源量43.48t,其中控制的金金属量7.3t,推断的金金属量19.59t、潜在的金金属量16.59t。

3. 茫崖市的交通社西北山金矿

矿区位于海西州茫崖市冷湖镇,大地构造位置属于柴达木盆地北缘。区内出露地层相对单一,主要有古元古代达肯大坂群,分布面积最大,由两个岩段组成,分别为片麻岩段及大理岩段。区内断裂构造较发育,按断裂展布方向共分为5组,即北西向、近东西向、北东向、北北东向及近南北向断裂。北西向断裂为区内主要的金矿控矿构造。

矿区共圈出5条含金构造蚀变带,呈北西南东向平行展布,经对Ⅰ、Ⅱ、Ⅲ、Ⅳ号带进行地表揭露和深部验证,圈定金矿体5条,长100~960m,厚0.87~4.00m,金品位1.26~13.64g/t,平均品位5.52g/t。金矿化体11条,长100~800m,厚0.98~2.91m,品位0.21~0.33g/t。共求得潜在金资源2.7t。

4. 大柴旦行委尕日力根砾岩型金矿新发现

矿区位于青海省大柴旦镇塔塔楞河中下游一带,行政区划隶属青海省德令哈市怀头他拉乡管辖区,大地构造位置位于南祁连南部弧后前陆盆地与宗务隆山-兴海坳拉槽分界部位。大柴旦镇尕日力根地区首次发现了砾岩型金矿,对区内找矿具有重大的借鉴和指导意义。

区内出露地层主要有早志留世巴龙贡嘎尔组、早中二叠世勒门沟组、早中二叠世草地沟组及第四系,其中勒门沟组是主要的含矿地层,主要为一套陆源碎屑岩,岩性主要为中粗粒砂岩、含砾砂岩、复成分砾岩。区内褶皱和断裂构造发育,断裂构造主要有两组,一组北西向,一组近东西向。岩浆岩分布较少且岩性单一,主要为岩基状、岩株状浅红色斑状二长花岗岩,为加里东期侵入岩。

通过勘查工作,发现矿化蚀变带5条,蚀变带长480~1250m,宽1~30m。带内圈定金矿体8条,单矿体长160~760m,真厚度0.85~2.94m,平均品位1.06~3.2g/t,单样最高6.16g/t。通过研究发现,金矿体严格受青灰色中砾岩控制,金主要在钙质、硅质胶结物中,早期阶段矿床为古砂矿形成,金与砾岩同沉积,在后期或同期经历过一定的热液作用,并认为区内赋存于早中二叠世勒门沟组砾岩层的金矿主要为古砂金沉积成矿形成的砾岩型金矿。

三、在构造推覆体下找煤理论指导下,南祁连及柴北缘找煤工作取得突破,煤层气有良好的找矿信息

"十三五"期间,青海省煤炭勘查工作主要集中在木里煤田聚乎更矿区、柴北缘全吉煤田、鱼卡煤田及团鱼山矿区等,取得了一定的成果。主要在推覆体下找煤理论指导下,在以往矿区周边深部开展找煤工作,如鱼卡煤田各矿区周边、团鱼山矿区、木里煤田聚乎更矿区等地区寻找已知矿区煤层向深部的延伸情况,其中在聚乎更南、江仓南、鱼卡煤田九龙山北及三岔口东等地取得了较好成果。截至2020年底,全省煤累计资源储量80.43亿t(上表79.38亿t,未上表1.05亿t),潜在资源24.97亿t。"十三五"期间新增资源储量14.42亿t,占总资源量的13.68%。

(一)天峻县聚乎更煤矿区南找煤工作取得重大突破

矿区大地构造位于北祁连弧盆系(Ⅳ-1)北祁连蛇绿混杂岩带(Ⅳ-1-3)。上三叠统(T_3),伏于煤系地层(J_2)之下,为含煤岩系基底,中侏罗统(J_2)为区内主要含煤岩系,在深部广泛分布,地表无出露。由于受矿区普遍发育的南、北两侧推覆逆冲断裂向区内的水平推挤作用影响,形成煤系的不稳定褶皱和断裂。根据含煤性分为江仓组(J_2j)和木里组(J_2m)上、下两个含煤组,两个组又可分为4个层段,分别为江仓组上段(J_2j^2)、江仓组下段(J_2j^1)、木里组上段(J_2m^2)和木里组下段(J_2m^1)。煤层赋存在江仓组下段(J_2j^1)和木里组上段(J_2m^2)中,共含煤17层,属特低—低灰、中高挥发分、特低硫、特高热值煤,为优质炼焦用煤。由于含煤地层及煤层受多期沉降运动及构造的切割影响,局部含煤地层保存不完整。通过勘查工作,区内6—8勘探线之间估算了潜在煤炭资源49 984.7万t,其中1500m以浅估算资源量40 153.1万t;1500m以深估算资源量9 831.6万t。

(二)天峻县江仓南部煤炭勘查成果显著

矿区大地构造位置处于北祁连弧盆系(Ⅳ-1),北祁连蛇绿混杂岩带(Ⅳ-1-3)。矿区位于江仓向斜的南翼,被F8断层后期改造呈向北倾斜的单斜构造,中侏罗统窑街组(J_2y)为本区含煤地层,分为窑街组上段(J_2y^3)、窑街组中段(J_2y^2,次要含煤层段)和窑街组下段(J_2y^2,主要含煤层段)3个段,共含煤20层,属低灰、中挥发分、低硫、高热值煤属炼焦用煤。区内预测潜在煤炭资源25 553.6万t,其中1200m以浅预测资源量的为17 229.1万t,1200m以深至勘查区边界预测资源量8 324.5万t。

(三)鱼卡煤田九龙山北煤炭勘查取得一定成果

九龙山北普查区整体位于滩间山北-鱼北向斜(断陷)带中段。构造形态为受一系列不同期次逆断层影响形成的断块构造。主要构造线呈近东西向,含煤地层总体呈北倾单斜赋存,共含煤8层,其中石门沟组M5煤层和大煤沟组M7煤层为全区主采煤层,属低中—低灰、中高挥发分、低硫分、中发热值煤,煤类为长焰煤和不黏煤,为动力用煤。区内1500m以浅预测潜在煤炭资源26 100万t。

第三章　新成果与新突破

(四) 鱼卡煤田三岔口东部煤炭勘查取得新进展

勘查区地处鱼卡煤田东部、大柴旦行委西部，属柴达木盆地北缘的一部分。区域地层区划属秦祁昆地层区（Ⅰ）的柴达木北缘分区。区内含煤地层为中侏罗世大煤沟组和石门沟组。通过以往区内物探、钻探找煤成果资料对比和研究，结合 2015—2016 年预查工作（施工 ZK1、ZK2、ZK3 共 3 个钻孔），其中 ZK2 号钻孔在 1 192.39m 处见到区内主采煤层大煤沟组 M7 煤层，真厚 36.63m，煤层为中灰、低硫、中高发热量、中高挥发分、特低氯、低磷、一级含砷煤，微黏结煤。该孔的见煤，确定了周边矿区煤层往工作区的延伸和。根据见煤成果及物探研究，区内 1500m 以浅预测潜在煤炭资源 22 962 万 t。

(五) 煤层气找矿有新信息

2016 年以来，青海省煤层气勘查工作主要集中在柴达木盆地北缘鱼卡和团鱼山地区开展，在开展寻找煤炭资源勘查的同时，兼顾煤层气勘查工作，主要在鱼卡煤田九龙山北、嗷唠河—羊水河地区、三岔口等地区开展了煤及煤层气勘查，2018—2020 年，在鱼卡和团鱼山实施了柴达木盆地北缘重点矿区煤层气勘查工作，主要对团鱼山矿区和鱼卡矿区内两层主采煤层 M5 和 M7 煤层的煤层气特征进行了评价。

1. 团鱼山矿区

团鱼山地区处于柴北缘造山带（Ⅰ-5）柴北缘蛇绿混杂岩带（Ⅰ-5-2），矿区位于赛什腾山南麓，原老高泉（结绿素）煤矿西北部，区内含煤地层为中侏罗世大煤沟组和石门沟组，共含煤 7 层（石门沟组 5 层，大煤沟组 2 层），其中石门沟组的 M5 煤层和大煤沟组 M7 煤层全区可采，也是煤层勘查的主要对象。

M5 厚度为 1.23~21.94m，平均厚度为 7.37m，煤炭资源量为 1.05 亿 t；埋深 600~1200m；宏观煤岩类型以半亮煤为主，少量镜煤；煤类为低阶煤的长焰煤-不黏煤；煤体结构不均一，以碎裂煤居多，少量为碎粒煤；最高含气量为 4.9m^3/t，最低为 0.14m^3/t，平均为 1.16m^3/t；兰氏体积为 18.83m^3/t，含气饱和度为 8.8%。

M7 厚度为 0.46~46.38m，平均厚度为 17.25m，煤炭资源量 3.55 亿 t；埋深 600~1300m；宏观煤岩类型以半暗煤、暗煤为主；煤类为低阶煤的长焰煤-不黏煤；煤体结构以原生结构煤及碎粒煤为主，原生结构煤裂隙发育较少；M7 煤层最高含气量为 3.29m^3/t，最低为 0.15m^3/t，平均为 0.98m^3/t，兰氏体积为 19.89m^3/t，含气饱和度为 6.86%。

经计算，团鱼山矿区 M5 煤层气资源量为 1.16 亿 m^3，M7 煤层气资源量 2.84 亿 m^3，其中两煤层在 500~1000m 煤层气资源量为 1.32 亿 m^3，占总资源量的 33%，1000~1500m 的资源量为 2.67 亿 m^3，占总资源量的 67%。

2. 鱼卡矿区

鱼卡煤田大地构造处于柴北缘造山带（Ⅰ-5）柴北缘蛇绿混杂岩带（Ⅰ-5-2），由滩间山-鱼卡背斜、南侧云雾山北-尕秀向斜、北侧鱼卡向斜组成的复式向斜构成。区内含煤地层与西部团鱼山矿区一致，为中侏罗世大煤沟组和石门沟组，共含煤 7 层（石门沟组 5 层，大煤沟组 2 层），其中石门沟组的 M5 煤层和大煤沟组 M7 煤层全区可采，也是煤层勘查的主要对象。

M5 厚度为 0.26~15.77m，平均厚度为 3.40m，煤炭资源量 3.8 亿 t；宏观煤岩类型以半亮煤为主；镜质体反射率为 0.5%~0.6%，煤类为低煤阶长焰煤-不黏煤；M5 含气量根据以往瓦斯资料显示，最高含气量为 13.12m^3/t，平均为 2.59m^3/t，以羊水河地区瓦斯含量最高。

M7厚度为0.6~52.72m,平均厚度为14.00m,煤炭资源量为14.06亿t;宏观煤岩类型以半暗煤为主,有少量亮煤;镜质体反射率为0.5%~0.6%,煤类为长焰煤-不黏煤;孔隙度大,渗透率较高;M7含气量据以往瓦斯资料及YQ-1与YQ-2参数井实测数据显示,最高含气量为10.43m³/t,平均为1.42m³/t;兰氏体积为11.84m³/t,含气饱和度为14.52%。

经计算,鱼卡矿区M5煤层气资源量累计5.82亿m³,M7煤层气资源量为21.01亿m³。其中400~500m煤层气资源量为2.17亿m³,占总资源量的8%,500~1000m煤层气资源量为14.13亿m³,占总资源量的53%,1000~1500m煤层气资源量为10.52亿m³,占总资源量的39%。

四、东昆仑成矿带新材料、新能源矿产勘查取得新发现,金、多金属矿找矿实现新突破

(一)锰矿

锰作为一种重要的金属矿产,广泛应用于冶金、化工及国防工业等领域,在国民经济中具有十分重要的战略地位。我国锰资源分布广泛,但储量不足,品位低,品质差,对外依存度过高,近年来随着锰矿产业迅速发展,供需矛盾进一步加大。青海省以往发现的都兰县洪水河铁锰矿、乌兰县哈莉哈德山锰矿规模小,品位低,开发利用难度较大,全省无中大型锰矿床。2018年青海省第三地质勘查院通过1:2.5万地球化学异常检查在东昆仑三通沟北地区首次发现了海相沉积型锰矿,经2019—2020年预查工作,找矿取得了突破性进展,初步估算锰潜在资源454万t,达中型矿床规模。并在外围新发现磨石沟锰矿,有望实现找矿突破。截至2020年底,全省锰累计资源储量24.9万t(上表),潜在资源539.91万t。"十三五"期间新增资源储量540.91万t,占总资源储量的95.94%。

1. 都兰县三通沟北地区锰矿

三通沟北锰矿床位于柴达木盆地南东缘,属东昆仑成矿带祁漫塔格-都兰成矿亚带。区内与锰矿成矿关系最为密切的地层主要为中新元古代万宝沟群,分为3个岩组:火山岩组以玄武岩为主,局部夹有安山岩、凝灰岩等;碳酸盐岩组岩性主要为灰岩、白云岩;碎屑岩组为一套碎屑岩夹碳酸盐岩和火山岩;目前发现的锰矿主要产于碎屑岩组中。区内地层总体呈向南倾,地层单元内部次级褶皱相对较为发育,多见揉皱和挠曲构造。矿区南部兼有一背斜构造发育,由万宝沟群碎屑岩组构成,所发现的Ⅰ、Ⅲ号锰矿带赋存在该背斜的两翼,矿体产状、形态受褶皱构造控制,因此褶皱构造具明显的控矿作用,对成矿起富集作用。矿区内共圈出了3条锰矿带,整体呈东西向展布,带内圈定18条锰矿体,矿石成分简单,主要为菱锰矿矿石及菱锰矿-褐锰矿矿石。锰矿石工业类型主要为碳酸锰矿石,主要为贫锰矿石,属于冶金用锰矿石。截至2020年底,初步估算锰潜在资源454万t,矿床Mn平均品位16.08%。

2. 格尔木市磨石沟锰矿

矿区位于青海省格尔木市西南部,距格尔木市区约90km,区内圈出4条含锰矿带,长500~4500m,宽10~40m,走向延伸较为稳定,位于中新元古代万宝沟群碳酸盐组第二岩性段,主要岩性组合为含碳泥质灰岩、泥质灰岩、细晶灰岩、砂岩。带内圈出9条锰矿体,真厚0.53~1.18m,控制长200~520m,锰矿体平均品位8.11%~15.58%、最高25.68%。锰矿物成分主要为软锰矿、菱锰矿,同时,锰矿石中矿石矿物与脉石矿物呈条带状交替分布,界线清晰,矿物顺沉积地层发育,产状与周边岩石产状一致,具典型的沉积特征,判断其成矿类型为海相沉积型。初步估算锰矿石潜在资源62万t,达到小型规模。矿床平均品位12.2%。该矿床工作程度低,尚未有深部工程控制,目前正在开展勘查工作。

3. 都兰县哈莉哈德山锰矿

矿区位于青海省乌兰县东南方向约60km,地处哈莉哈德山一带。在前人工作的基础上,开展了青海省都兰县哈莉哈德锰矿生产探矿和深部勘查,对采坑进行了系统控制,对深部矿体按(100~200)m×(100~300)m间距稀疏布置钻孔进行了追索控制,资源量及级别得到进一步提升。

矿区出露的地层主要为奥陶纪—志留纪滩间山群变碎屑岩组硅质板岩、变砂岩,总体呈北东-南西向展布,倾向南东,其中硅质板岩层是区内的主要赋矿层位。区内共圈定41条锰矿体,其中14条已全部采完。主要分布在27~12勘探线间,长100~1042m,延深50~160m,平均厚度0.51~10.50m,平均品位15.17%~26.69%,其中M2、M5、M7、M15、M16、M17矿体规模较大,呈层状-似层状展布,其他矿体规模较小呈透镜状展布,各矿体连续性、对应性较好。矿石矿物主要为蔷薇辉石、软锰矿、菱锰矿。矿石类型属硅酸盐锰矿石,工业类型为冶金用锰矿石。矿床成因类型为沉积-变质型锰矿床。全区提交控制+推断+潜在锰矿石量253.29万t,"十三五"期间新增189.19万t。

(二)钒矿

钒是"现代工业的味精",是发展现代工业、现代国防和现代科学技术不可缺少的重要材料。钒的独立矿床很少,主要为共伴生矿床。青海省钒矿研究、勘查程度很低,尚无钒矿产地,目前还没有开发利用的钒矿床。以往主要在格尔木市大干沟地区和红土沟地区发现有钒矿。其中格尔木市大干沟口钒矿是在东昆仑地区首次发现的钒矿床,填补了青海省钒矿床的空白。并且成为目前青海省唯一具一定规模的钒中型矿床。

格尔木市大干沟口钒矿

大干沟口钒矿床位于格尔木市郭勒木德镇大干沟地区,矿区大地构造位置属东昆仑南坡俯冲碰撞杂岩带。矿区出露地层主要有奥陶纪纳赤台群哈拉巴依沟组及中新元古代万宝沟群。其中万宝沟群岩性主要为微晶大理岩及变砂岩;哈拉巴依沟组为矿区内的主要地层,该套地层自下而上分为3个岩性段。其中,下岩段岩性主要为浅灰色灰岩;中岩段下部黄褐—灰黑色泥钙质板岩,上部为薄层状黑色碳质板岩与薄层浅灰色硅质岩互层,局部见薄层灰岩夹层,该岩性段为主要含矿地层;上岩段主要为泥钙质板岩与灰岩互层,岩段中部见有薄层砂岩出露。矿区内共圈出钒矿化蚀变带6条,总体走向北西向,矿化原岩以碳质板岩、碳质硅质板岩为主,共圈出20条钒矿体。累计提交五氧化二钒化合物量10.87万t,五氧化二钒平均品位0.75×10^{-2};伴生钼金属量3 173.6t,P_2O_5金属量156 144t,Ga金属量1 035.9t,Se金属量244.4t,Ag金属量29.7t,Pt+Pd金属量325.9kg。矿床规模达到中型。

(三)镍矿

在东昆仑地区对已发现的石头坑德铜镍矿进一步开展了普查工作,资源量进一步提升,主矿基本达到普查程度,并在该带新发现了浪木日、阿克楚克赛岩浆熔离型铜镍矿床,进一步扩展了岩浆型铜镍找矿空间,显示了东昆仑造山带良好的镍钴硫化物矿床形成条件和巨大的找矿潜力。"十三五"新增镍资源量7.2万t,累计镍资源量达20万t,其中,石头坑德矿区累计镍资源20.19万t,达到大型规模;浪木日矿区累计镍多金属资源0.59万t。截至2020年底,全省镍累计资源储量139.15万t(上表131.65万t,未上表7.5万t),潜在资源13.79万t。"十三五"期间新增资源储量22.03万t,占总资源储量的14.4%。

1. 都兰县石头坑德铜镍矿

矿区行政区划隶属海西州都兰县宗加镇管辖,位于伯喀克里-香日德印支期金铅锌成矿带东段五龙沟金矿田的南东端。矿区发现了3个含铜镍矿的镁铁质—超镁铁质杂岩体,岩石类型主要为橄榄岩类、辉石岩类和辉长岩,三者为同一岩浆分异的产物。通过对以上3个杂岩体开展工作,共发现铜镍矿体8条,矿体类型为就地熔离分异型矿体、熔离贯入式矿体、热液改造叠加型矿体等。石头坑德铜镍矿石属于高镁硫化镍矿石,矿石矿物为镍黄铁矿、黄铜矿、磁黄铁矿,少量和微量的黄铁矿,铁氧化物主要为磁铁矿、微量钛铁矿、褐铁矿、铬铁矿。全区估算推断的镍资源量为201 947t(工业矿36 106t,占总资源量17.87%),共(伴)生铜16 360t、伴生钴11 479t,工业矿体平均品位:镍0.422%,低品位矿平均品位:镍0.237%(资源量未评审)。

2. 都兰县浪木日铜镍矿

矿区行政区划隶属都兰县热水乡、沟里乡管辖,距都兰县100km,大地构造位置处于昆仑-秦岭-大别山造山带西部,东昆仑成矿带东段。矿区岩浆岩较发育,主要分布于矿区东北和西北区域,主要为加里东晚期—海西早期镁铁质—超镁铁质岩和加里东期—印支期的中酸性岩浆岩,其中镁铁质—超镁铁质岩为该矿床的成矿岩体,海西期—印支期中酸性岩属于成矿后岩浆活动。区内发现基性超基性岩体17处,含矿辉橄岩体6处,另有一些很小的透镜体或脉体分布,主要以规模大、产状较陡的岩墙状侵入于古元古代金水口群白沙河组中,岩石类型主要有辉长岩、橄榄辉石岩、辉石橄榄岩和辉石岩,其中辉石橄榄岩是最主要的含矿岩石。在全区圈定铂钯共伴生及独立矿体19条,其中与铜镍共生8条,伴生9条,独立矿体3条。全区累计探获镍潜在矿产资源0.892万t,平均品位0.36%,其中镍工业矿体潜在矿产资源0.589万t,平均品位0.47%,镍铜钴潜在矿产资源总金属量1.21万t。累计探获铂潜在矿产资源金属量340.32kg,平均品位0.47g/t,其中工业品级铂潜在矿产资源金属量319.68kg,平均品位0.10g/t,伴生钯金属量300.56kg,铂钯总金属量770.66kg。

3. 格尔木市阿克楚克赛铜镍矿取得一定进展

矿区位于青海东昆仑山西段,柴达木盆地西南缘那陵郭勒河上游北岸,行政区划属于青海省海西州格尔木市乌图美仁乡管辖。大地构造位置处于秦祁昆晚加里东造山系、东昆仑造山带伯喀里克-香日德元古宙古陆块体。区内圈出较多的镁铁质—超镁铁质岩体,圈定了4处含矿辉石岩体,矿石主要赋存在粗粒辉石岩中,发生强烈的自变质作用,包括透闪石化、角闪石化和黑云母化等。镍矿石均为原生硫化镍矿石,无氧化矿及混合矿分布。工业类型为镍矿石和铜钴镍矿石。岩体中共圈出镍矿体29条,矿体长53~200m,厚1.0~22.72m,倾向延伸54~176m,单个矿体镍平均品位0.22%~1.22%,铜品位0.33%~0.64%。矿区累计提交推断的铜镍钴资源量0.606万t,潜在镍资源0.066万t。其中镍资源量0.598万t,铜资源量0.048万t,钴资源量0.004 1万t;矿床镍平均品位0.57%、铜0.33%、伴生钴0.028%。

(四)钴矿

钴矿属我国急需的战略性矿产资源,青海省钴矿主要分布在东昆仑祁漫塔格、阿尼玛卿山、拉鸡山化隆及阿尔金山等地区,主要以共伴生矿产出,已累计发现钴矿床15处,代表性的矿床有玛沁县德尔尼铜钴矿床、格尔木市夏日哈木铜镍矿床、平安县元石山铁镍矿床、格尔木市驼路沟钴矿床等,主要矿床类型有热水喷流沉积型、岩浆熔离型。"十三五"以来,青海省在东昆仑浪木日、石头坑德、龙什更地区发现了钴矿找矿信息,其中龙什更地区发现的钴矿为热水沉积型,取得了成矿类型上的突破,为青海省地质找矿拓展了工作思路和空间。截至2020年底,全省钴累计资源储量8.1万t(上表),占总资源储量的89.3%。潜在资源0.97万t。"十三五"期间新增资源储量1.09万t,占总资源储量的12%。

都兰县龙什更铁钴矿

龙什更矿区地处都兰县东南方向,西距香日德镇80km,区内地形复杂,自然地理条件较差。矿区出露地层主要有古元古代金水口群、中新元古代万宝沟群、早石炭世哈拉郭勒组的、早石炭世—早二叠世浩特洛哇组。万宝沟群在矿区南部,主要由千枚岩、灰岩、变质玄武岩组成,是铁钴矿的主要赋矿层位。区内断裂构造发育,主要有近东西向、北西西向和北西向3组。目前全区共发现有9条含矿带,区内共圈出29个矿体,其中铁钴矿体7条、钴矿体6条、金矿体1条、金铜矿1条、银铜矿体1条、铜矿体13条。矿石类型以氧化型矿石为主,由各种铁的氧化物组成。龙什更铁钴矿作为近年来新发现的氧化物型钴矿床具有其特征性矿物组合:赤铁矿、褐铁矿及水钴矿,龙什更矿床为热水沉积型矿床。

(五)石墨

"十三五"之前,青海省在柴西北缘阿尔金构造活动带和东昆仑造山带内的古老变质岩系中发现了一批中小型石墨矿床(点)。如柴西北缘的大通沟南山石墨矿、黄矿山北石墨矿,柴南缘的口口尔图石墨矿、红水河东石墨矿,敦德郭勒石墨矿、巴勒木特尔石墨矿床等。但总体工作程度较低,大多数矿床勘查程度仅为预查。石墨矿体规模总体较小,矿化体规模较大,矿石质量一般。"十三五"期间,主要在东昆仑的妥拉海一带、那西郭勒、呼热郭勒及柴北缘楚鲁特、交通社西北山等地区开展了石墨矿勘查评价工作,其中在妥拉海发现了超大型石墨矿。截至2020年底,全省石墨累计资源储量1 056.31万t(上表334.9万t,未上表821.41万t),潜在资源1 469.06万t。"十三五"期间新增资源储量2 181.79万t,占总资源储量的86.39%。

1. 格尔木市妥拉海一带石墨矿

矿区位于青海省格尔木市以西的妥拉海河一带,行政区划属青海省格尔木市郭勒木德镇管辖,北部有省道格茫公路(S303)通过,交通条件便利。矿区大地构造位置处于东昆仑弧盆系,北昆仑岩浆弧。主要赋矿层位为金水口岩群下岩组大理岩段,区内呈层状、透镜状分布,总体呈北西-南东向展布,地层受构造影响,产状变化较大,区内圈出石墨矿化带10条,矿化带沿走向延伸较稳定,在矿化带中共圈定石墨矿体88条(工业品位>2.5%)。矿体沿走向延伸较为稳定,呈北西-南东向,多呈层状、似层状,少量呈透镜状,矿体类型多为含石墨硅质大理岩、少量为含石墨大理岩,围岩多为灰白—浅灰色大理岩、石英片岩、片麻岩。属大鳞片晶质石墨。初步估算石墨矿物推断资源量1 232.45万t,潜在资源量432.91万t。达超大型规模。

2. 那西郭勒铁及石墨矿

矿区位于那陵郭勒河中上游南岸,行政区划隶属格尔木市乌图美仁乡管辖。2013—2015年青海省第三地质勘查院主要以铁为主开展了预查,期间发现了石墨矿后,2016年评价了铁和石墨矿,找矿取得了较大的进展。区内共圈定了4条石墨矿带,呈层状北西-南东向展布,产于金水口岩群斜长角闪岩组的石英岩地层中,长3~5.1km,宽3~42m。带内共圈出石墨矿体17条,长400~1555m不等,厚2.25~21.09m不等,控制斜深50~1054m,固定碳平均品位在3.27%~5.93%之间。石墨矿石化学样品仅分析了固定碳,未作其他分析,据采集的光片和薄片鉴定结果分析,矿区石墨矿属晶质磷片状石墨矿。成因类型属沉积变质型。全区共求得石墨潜在资源量94.86万t。

3. 格尔木市呼热郭勒沟石墨矿

矿区位于青海省格尔木市西南约 200km 处的呼热郭勒沟地区。行政区划隶属青海省格尔木市乌图美仁乡管辖。区内共圈定晶质石墨矿化带 11 条,晶质石墨矿体 14 条。矿体长 200~2000m 不等,厚 3~12m 不等,平均品位在 3%~13.24% 之间,最高品位达 18.03%。通过选矿试验及光片鉴定统计工作,查明该区石墨片径最大可达 1200μm,一般为 20~660μm,属晶质石墨,其中+100 目占比 48.83% 左右。该区石墨矿体赋存于古元古代金水口岩群片麻岩岩组内,该岩组岩石组合为透闪透辉石岩+大理岩+黑云斜长片麻岩+含石墨石英片岩+含石墨大理岩+斜长角闪岩+混合岩。赋矿岩性主要为含石墨石英片岩,少量为含石墨大理岩。矿石工业类型为晶质鳞片状石墨矿石,矿石中主要矿石矿物为石墨,主要脉石矿物为石英、方解石等。矿床成因类型属受后期热液改造的区域沉积变质型晶质石墨矿床。全区共探获晶质石墨潜在资源 94.70 万 t,矿床固定碳平均含量 9.09%。其中工业品位晶质石墨潜在资源量 92.42 万 t,固定碳平均含量 9.36%;低品位晶质石墨潜在资源量 2.29 万 t,固定碳平均含量 4.17%。矿床规模已接近大型。

4. 乌兰县楚鲁特石墨矿

矿区位于青海省乌兰县北东约 30km 处,行政区划隶属海西州乌兰县铜普乡管辖。矿区出露的地层主要有古元古代金水口岩群片麻岩组、大理岩组,呈北西-南东向展布,其中大理岩为主要的含矿岩性。区内共圈定了石墨矿体 19 条,呈透镜状或似层状分布,长 465~2056m,厚 2.09~23.03m,品位 2.7%~12.43%。矿石类型为大理岩型,石墨片径大于 100 目的占比为 43%~95%,平均 80.82%,显示矿区内石墨片径大,质量佳,属晶质(鳞片状)石墨矿石。成因类型均属于区域变质型。全区估算石墨潜在资源 89.12 万 t。

5. 茫崖市交通社西北山石墨矿

矿区位于柴达木盆地西北缘阿尔金山,行政区划隶属海西蒙古族藏族自治州茫崖市冷湖镇管辖。2015—2018 年青海省第五地质勘查院开展了预查工作,前期主要以铌钽、金矿找矿为主,在找矿过程中发现了石墨矿后,后期开展了评价工作。区内圈出了晶质石墨矿化蚀变带 1 条,走向近南北向,长 8030m,宽 50~580m。带内圈出晶质石墨矿体 8 条(其中盲矿体 3 条),矿体长 320~760m,真厚度 2.18~16.64m,固碳品位 3.54%~11.37%;控制斜深 80~170m,走向 140°~190°,倾向西—北西,含矿岩石主要为含石墨大理岩、含石墨石英岩,矿石类型主要为石墨片岩及石墨大理岩等。其片径大多为 0.01~0.1mm,目前的工艺技术尚无法开采利用。区内石墨矿的成因类型为区域变质型晶质石墨矿床。估算晶质石墨潜在资源量 27.01 万 t。

6. 都兰县波罗不尕地区石墨矿

矿区位于都兰县香日德东南,行政隶属青海省海西蒙古族藏族自治州都兰县香加乡管辖。区内共发现含石墨大理岩矿化带 6 条,均赋存于古元古代白沙河岩组大理岩中,赋矿岩性为含石墨大理岩,含石墨大理岩中石墨均为鳞片状晶质石墨。带内圈定出 17 条石墨矿体,呈似层状,长度为 143~1 096.5m,厚度为 2~11.3m,平均品位为 2.83%~7.52%。区内石墨片径>100 目的大鳞片含量较高,占 79.15%。矿石类型单一,属含石墨大理岩矿石。矿床成因类型属沉积变质型晶质石墨矿床。全区探获石墨矿物潜在资源 10.88 万 t。矿床平均品位为 4.45%。

（六）滑石矿

滑石是已知最软的矿物，为白色体质涂料、造纸填料、塑料填料、电缆、陶瓷、建筑材料等产业培育提供原料。青海省滑石矿主要分布在茫崖市、祁连县、格尔木市、互助县、大通县等地，累计查明矿石量4222万t，主要集中于茫崖石棉矿，已开采。"十三五"时期，青海省紧密围绕国家能源资源安全战略和本省社会经济发展与生态文明建设重大需求，加强了滑石矿产的勘查评价工作，在格尔木市铜金山钨矿区、茫崖市野马滩、都兰县合支龙新发现滑石矿，其中铜金山滑石矿规模达超大型，取得了重大突破。

1. 格尔木市铜金山地区滑石矿

矿区位于青海省西部的东昆仑山中段，行政区划隶属青海省格尔木市郭勒木德镇管辖，矿区位于东昆仑山中段，大地构造单元属东昆仑南坡俯冲增生杂岩带。

矿区出露地层较为简单，主要为中元古代万保沟群上部青办食宿站组及下部温泉沟组、早中寒武世沙松乌拉组和三叠纪碎屑岩沉积地层。其中万保沟群青办食宿站组在区内可划分为灰岩和大理岩两个岩性段，其大理岩段为本区滑石矿的主要赋矿地层。区内断裂构造发育，主要发育多条脆性断裂及韧性剪切带。岩浆活动较弱，矿区范围内未见大面积岩体出露。区内划分了2条滑石矿化带（MⅣ、MⅤ），MⅣ滑石矿化带圈定滑石矿体65条，MⅤ滑石矿化带圈定滑石矿体1条。MⅣ滑石矿（化）带空间上与MⅡ-MⅢ白钨矿矿（化）带重叠，产于万保沟群大理岩（白云岩）段，滑石矿整体白度较好，平均值为88.99%。

2. 野马滩地区滑石矿

矿区位于青海省茫崖市野马滩附近。2017年中国建筑材料工业地质勘查中心青海总队在花土沟地区综合找矿中发现了滑石矿化线索，2018—2019年开展了预查工作，取得了较好的找矿成果。矿区出露地层为古元古界金水口岩群，主要岩性为灰绿色—灰褐色石英黑云母片岩、白—灰白色白云质大理岩夹滑石大理岩。地层呈北西向展布，倾向南西。区内发育2条断层，呈近东西向展布，均为逆断层。区内出露海西期灰绿—灰褐色二长花岗岩，面积0.06km²。全区共圈出滑石矿体8条，矿体呈似层状、透镜状，含矿岩性均为白云质大理岩，长52.0~469.2m，矿体平均真厚0.84~5.10m，最大控制斜深192.4m，滑石含量44.18%~89.49%，白度76.18%~93.78%。矿石多呈乳白色，主要矿物成分为滑石（35.77%~98.02%），含少量白云石、透闪石等。矿石类型为滑石大理岩，矿石工业类型属三级品，属透闪石-镁质碳酸盐滑石型。估算三级品滑石矿潜在资源量41.35万t。

3. 都兰县合支龙滑石矿

矿区位于沟里乡东，行政区划隶属于都兰县沟里乡管辖。2018年中国建筑材料工业地质勘查中心青海总队在该区进行了综合找矿，发现了滑石矿化点，2020年开展了预查工作，发现一级品滑石矿，取得了较好的找矿成果。区内出露地层主要有长城纪小庙组，石炭纪哈拉郭勒组碎屑岩段、碳酸盐岩段、火山岩段，总体呈倾向南西的单斜层状产出。其中哈拉郭勒组碳酸盐岩段为主要含矿层，呈北西-南东向延伸6.88km，厚度440~950m。岩性主要为灰—灰黑色白云质硅质大理岩、灰白色硅质白云石大理岩、滑石片岩、片理化大理岩等。区内岩浆岩分布面积较小，以岩脉状产出，近东西向展布，主要有辉长岩脉及长英岩脉。区内共圈出滑石矿化带3条，呈层状或透镜状分布于哈拉郭勒组碳酸盐段硅质白云石大理岩中，近东西向展布，长206~1160m，宽2.98~26.81m，产状160°~215°∠50°~77°。带内圈定滑石矿体7条，矿体长103~400m，真厚度0.90~7m，呈透镜状或似层状，呈近东西向延伸，滑石含量51.11%~86.07%，白度58.51%~94.46%。其中圈出一级品矿体9条，找矿前景较好。

(七)萤石矿

萤石由于其特殊的物理化学性质,除在传统行业有广泛应用外,目前在新能源、新材料、新医药、核工业、国防工业和国民经济等新兴产业发展中成为不可或缺的战略性资源。因此,"十三五"期间针对寻找新兴战略性资源找矿工作作出工作部署调整,目前已发现牙马、德里特等初具规模的萤石矿床。截至 2020 年底,全省萤石累计资源储量 300.8 万 t(上表),潜在资源 100.4 万 t。"十三五"期间新增资源储量 140.3 万 t,占总资源储量的 34.97%。

都兰县德里特地区萤石矿

矿区位于柴达木盆地南缘,布尔汗布达山脉区西段南坡,隶属于都兰县宗加镇管辖。矿区出露地层主要有中新元古代万保沟群,晚古生代石炭纪哈拉郭勒组、浩特洛洼组,中生代三叠纪八宝山组及第四系。断裂是区内发育的主要构造类型,方向主要为北西西向、北西向及近东西向。其中,北西西向与北西向均为控矿构造,控制着矿区内矿化蚀变带的产出。区内岩浆岩侵入活动强烈,主要为加里东期—印支期酸性侵入岩,主要有辉石闪长岩、二长花岗岩、钾长花岗岩及酸性脉岩。矿区共发现 6 条含矿蚀变带,带内圈定萤石及多金属矿体共 31 条,其中萤石矿体 13 条,铅萤石复合矿体 2 条,铅矿体 14 条,铜矿体 1 条,铜铅复合矿体 1 条。初步估算萤石潜在资源 48.78 万 t,铅潜在资源 3.17 万 t。矿床规模已达到中型。

(八)页岩气

青海省赋存页岩气的主要区域为祁连、门源、天峻、刚察、德令哈、西宁、乐都、民和、大柴旦、冷湖、格尔木、都兰、杂多等地区古生代至新生代沉积盆地。从 2016 年开始,对青海省页岩气勘查工作进行整体布局和安排,先后对都兰县八宝山地区三叠纪八宝山组、昆仑河地区晚石炭世—早二叠世浩特洛哇组、乌图美人地区石炭纪大干沟组、共和盆地中北部早中三叠世隆务河组、贵德地区白垩纪万秀组、下日哈坳陷二叠系(三叠系)、塔塔棱河流域志留纪巴龙贡噶尔组、柴东缘巴音山地区石炭纪等地层开展了页岩气调查评价工作,通过调查评价工作,对青海省具有较好页岩气潜力的地区及地层暗色泥页岩的地化指标进行了了解和评价,对全省页岩气资源潜力进行了初步评价。

都兰县八宝山地区页岩气勘查取得一定成果

八宝山盆地大地构造位于昆仑东段,昆中、昆南两大断裂带之间,区内上三叠统、中下侏罗统广泛分布和发育。2016—2020 年,区内开展了页岩气调查及压裂试气相关工作,通过勘查工作,工作区目标层为早中侏罗世羊曲组和晚三叠世八宝山组,区内共划分出 10 段页岩气储层,其中,早中侏罗世羊曲组 1 层,晚三叠世八宝山组上段 5 层,八宝山组下段 4 层,各储层段厚度介于 16.24~79.63m 之间,累计厚度为 410.78m。晚三叠世八宝山组各储层解析气量平均在 0.44~2.20m^3/t 之间,总含气量在 1.51~6.23m^3/t 之间;气体组分分带性明显,八宝山组上段整体以 CH_4 为主,含量在 69.33%~99.13% 之间,平均为 90.45%,八宝山组下段气体组分变化大,底部主要为 CO_2,CH_4 含量在 45.00%~96.01% 之间,平均为 77.96%。总体评价为中等烃源岩,有机质类型以 Ⅲ 型为主,热演化程度整体均属于高成熟阶段。

通过八页 2 井压裂试气工作,试气过程中共排液 6 427.85m^3,返排率 89.37%。在试气过程中出现两个窗口期:第一个窗口期,在返排率 10%~22% 时出气量最大,5~7mm 油嘴控制,日产气量在 74.31~361.97m^3/d 之间,持续时间 15d;第二个窗口期,在使用螺杆泵排液阶段动液面呈现台阶状,中间测气产量 63~69m^3/d。

（九）金矿

"十三五"期间，在柴北缘滩间山矿田青龙山、金龙沟、细晶沟，东昆仑五龙沟地区红旗沟-深水潭深部、无名沟-百吨沟金矿、打柴沟外围金矿，沟里地区色日地区、达热尔、瓦勒尕、阿斯哈等已知矿区深部及外围找矿均取得了不同程度的进展，矿体规模进一步扩大，资源储量进一步提升，找矿取得重要进展。东昆仑新发现的鑫拓、向阳沟、茫崖河东、洪水河口、博鲁古斯坦及迈龙等矿床点取得了新突破，沟里地区热龙、朗日扎新发现金多金属矿体，找矿前景较好。截至2020年底，全省金累计资源储量594.21t（上表419.48t，未上表174.73t），潜在资源304.68t。"十三五"期间新增资源储量114.77t，占总资源储量的12.77%。

1. 鑫拓金矿找矿取得重大突破

矿区内地层分布较单一，主要为中元古代长城纪小庙组和第四系。中元古代长城纪小庙组在普查区中西部及外围呈北西向展布，为区内主要含矿地层。区内脆韧性剪切带和断裂构造发育，岩浆活动频繁，脉岩以花岗岩脉和辉长岩脉为主。区内共发现含矿构造破碎带3条，含矿化构造破碎带4条，圈出22条矿体，赋矿岩性主要为构造角砾岩、碎裂岩。本区金的矿物为银金矿，主要有3种赋存状态，主要为包裹金、粒间金和分散金。全区累计估算推断金金属量0.957t，铅金属量2.01万t，锌金属量3.32万t。潜在金金属量3.21t；银金属量204t，铅金属量4.95万t，锌金属量6.55万t。

2. 红旗沟-深水潭金矿

矿区属青海省都兰县五龙沟金矿田的主力矿区之一。通过"十三五"期间对红旗沟-深水潭采矿区及外围探矿权的进一步地质找矿工作，共圈定金矿体210条，红旗沟矿段圈定矿体60条，矿体长40～250m，厚0.95～3.47m，平均品位1.40～5.87g/t；黄龙沟矿段圈定矿体95条，矿体长40～880m，厚0.9～11.13m，平均品位1.32～17.62g/t；黑石沟矿段圈定矿体20条，矿体长58～636m，厚1.94～5.68m，平均品位1.14～12.28g/t；水闸东沟矿段圈定矿体35条，矿体长41～480m，厚1.05～7.77m，平均品位2.47～4.33g/t。全区累计探明＋控制＋推断金资源量为71.06t，其中探明金金属量14.58t，控制金金属量15.18t，推断金金属量12.09t，潜在金金属29.29t。

3. 无名沟-百吨沟金矿

矿区属青海省都兰县五龙沟金矿田的主力矿区之一。"十三五"期间，主要针对已发现主矿体及外围小泉沟地区开展深部验证工作。通过探槽揭露控制基本上使主矿体ⅫM1和ⅫM2在地表的控制间距达到80m。通过钻探工程的实施，证实Ⅺ号矿带及其内的金矿体在39线至64线（1.2km）范围内延伸稳定。共圈定金矿体31条，矿体长80～870m不等，厚0.8～11.05m，金平均品位为2.75g/t。主矿体基本达到详查程度。累计提交金资源量23.44t，其中推断金金属量19.00t，潜在金属4.44t。

4. 打柴沟金矿外围金矿

矿区位于柴南缘东段大格勒沟—五龙沟一带，大地构造位置为柴达木准地台东昆仑北坡断隆北缘，介于昆北断裂和昆中断裂之间，属柴南缘金矿成矿带。矿区出露地层较简单，主要为古元古代金水口岩群及第四系。区内断裂较为发育，大致以北西向、北北西向断裂构造为主，其次为近东西向次级断裂和后期南北向断裂，其中近东西向及近南北向断裂构造是本区的主要控矿构造。矿区岩浆活动强烈，岩浆岩在矿区分布广泛，岩性主要为海西期中粗粒黑云母钾长花岗岩，次为中粗粒蚀变花岗岩，大多呈岩基或岩株状。以往对区内Ⅲ、Ⅳ区金矿（化）体开展了普查工作，圈定金矿（化）体39条，提交推断金金属量

1.42t。2015—2019年对矿区进一步开展了详查工作,对Ⅰ、Ⅲ、Ⅳ矿带内的主矿体加密控制,在以往勘查成果的基础上扩大了Ⅰ、Ⅲ、Ⅳ矿带的主矿体规模,大幅度增加了资源量,取得了良好的找矿效果。全区共圈定5个矿化蚀变带(Ⅰ1、Ⅰ2、Ⅱ、Ⅲ、Ⅳ),共圈定金矿体95条,其中规模较大的矿体5条,主要矿体规模为中—大型,其余矿体为小型。主要矿体分布于Ⅰ1、Ⅲ、Ⅳ蚀变带内,矿体长5~1160m,厚0.82~11.14m,最大控制斜深516m。全区估算控制+推断资源量25.08t,平均品位4.5g/t,达大型矿床规模。

5. 格尔木市茫崖河东金多金属矿

矿区位于东昆仑山脉西段,行政区划隶属海西州格尔木市乌图美仁乡管辖,大地构造位置处于秦祁昆造山系-东昆仑弧盆系-祁漫塔格蛇绿混杂岩带内。矿区内出露地层主要为奥陶纪祁漫塔格群、早石炭世大干沟组以及第四系。构造以北西向断裂为主,次为北东向断裂。岩浆岩主要为中晚三叠世的侵入岩,其次为晚志留世侵入岩,岩性主要为花岗闪长岩、二长花岗岩。区内圈出5条含金构造蚀变带,圈定金矿(化)体10条。金矿体长160~1150m,厚0.80~7.45m,金平均品位为2.70g/t。此外发现铅锌矿化蚀变带1条,长2.3m,宽1.10~4.40m,带内圈定铅锌矿体4条,矿体长200~415m,厚0.81~4.4m,铅平均品位为0.31%~5.96%,锌平均品位为0.41%~4.25%。经初步估算金潜在资源2t,铅锌资源1.48万t(铅0.5万t,锌0.98万t)。

6. 格尔木市向阳沟地区金多金属矿

矿区位于青海省格尔木市野牛沟北部向阳沟地区,行政区归属青海省格尔木市郭勒木德镇管辖,大地构造位置位于东昆中新元古代—早古生代缝合带和东昆仑南坡俯冲碰撞杂岩带之间。区内出露地层主要有早寒武世沙松乌拉组,早中三叠世洪水川组、闹仓坚沟组和第四系。构造以北西向展布的压扭性断裂为主,是区内的控矿构造之一,构造复合部位对成矿更加有利。区内岩浆岩以侵入岩为主,岩性主要为海西期二长花岗岩、花岗闪长岩及正长花岗岩。

矿区内圈出矿化蚀变带8条,带内圈出12条金矿体,矿体长65~305m,厚0.76~6.50m,平均品位1.16~14.3g/t,求得金潜在资源2.5t。

7. 都兰县博鲁古斯坦金多金属矿

博鲁古斯坦金多金属矿位于洪水河下游,行政区划属都兰县宗加乡管辖,地构造位置上属秦祁昆造山系东昆仑弧盆系-北昆仑岩浆弧。区内出露地层较简单,主要有古元古代金水口岩群片麻岩段、长城纪小庙组和大面积第四纪地层。北西西—北西向是区内主干断裂构造,规模相对较大,区内目前发现的金多金属矿(化)体均产于北西西向及其次级构造破碎蚀变带内。区内岩浆岩活动主要为侵入活动,侵入岩以酸性岩为主,以中三叠世灰色中细粒花岗闪长岩最为发育,其次为早侏罗世灰白—浅肉红色二长花岗岩和钾长花岗岩。共圈出金矿(化)构造蚀变带25条,带长0.1~1.8km,宽0.4~30m。带内圈定金矿体14条、金银铅矿体1条、金铅矿体1条、铅锌银矿体3条。矿体长100~800m不等,厚0.71~4.03m,Au品位1.00~7.13g/t,初步估算潜在的金资源3.16t,Au平均品位3.38g/t。

8. 都兰县色日-迈龙-达热尔金矿

矿区地处青海省都兰县沟里乡境内,3个矿区位于同一大的构造带上,具有相似的成矿地质背景、成矿环境、控矿因素、成因类型等,具有较大的找矿前景。该区大地构造位置位于东昆仑前峰弧南侧复合拼贴带东段的北部;雪山峰-布尔汉布达造山亚带中的雪山峰-布尔汉布达海西期—印支期钴、金、铜、玉石(稀有、稀土)成矿带东段。矿区内出露古元古代金水口群白沙河岩组的一套变质岩系,岩浆活动强烈,多期次侵入的中酸性杂岩体,构造形迹复杂,物化探异常众多,成矿地质条件有利。矿区内的断裂构造十分发育,以压性或压扭性断裂为主,构成主干构造,张性和扭性断裂居从属地位。区内岩浆活动强烈,以中酸性岩体为主,多呈岩株、岩脉产出,侵入时代以加里东期、海西期、印支期为主,脉岩分布广泛,主要有闪长岩、石英脉。色日矿段共圈定含金或含银构造蚀变带11条,圈出金多金属矿体9条,其中金矿体6条,银矿体3条。金矿体长80~2100m,厚0.76~1.32m,金品位1.12~7.46g/t,银品位22.91~260.76g/t。迈龙矿段共发现15条含金或含银构造蚀变带,带内共圈定26条矿(化)体,其中金矿体15条,金矿化体5条,金银铜矿体2条,银铜矿体3条,银铜矿化体1条。金矿体严格受蚀变带控制,矿化程度不均匀。金矿体控制长80~870m,厚0.9~2.32m,金品位1.96~99.8g/t。达热尔矿段共发现10条含金矿化蚀变带,带内圈定矿体19条,其中,金矿体7条、金银矿体8条,银矿体1条,铜矿体1条,铅锌矿体2条。其中Ⅱ、Ⅲ主矿带长2.2~2.3km,宽2~9m,带内圈出的金矿体长876~1500m,厚2.0~0.9m,金品位1.02~27g/t,平均品位6.58~11.7g/t,最高30g/t。通过工作,目前估算潜在金资源12.26t、其中色日矿段5.78t、达热尔2.29t,迈龙4.19t。

9. 都兰县洪水河口金矿

洪水河口金矿位于东昆中断裂以北,大地构造位置属于柴达木盆地南缘,东昆仑中部基底隆起及花岗岩带。矿区内共圈出9条矿化蚀变带,带长90~1820m,宽2~17m,矿化蚀变带主要为碎裂花岗闪长岩,发育强的褐铁矿化、硅化、毒砂、高岭土化、黄铁绢英岩化、黄钾铁矾及绿泥石化等蚀变。带内圈定金矿(化)体13条,矿(化)体长80~1680m,厚0.65~5.87m,金品位1.01~14.56g/t,矿体主体走向为北东-南西向,倾向东,局部地段产状略有变化,含矿岩性为碎裂岩化花岗闪长岩、碎裂岩化闪长玢岩,其中Ⅰ-1规模较大,其他金矿(化)体规模小,控制程度低。区内矿体围岩主要为早二叠世中粗粒花岗闪长岩,其中夹闪长玢岩脉和正长花岗岩脉。蚀变以硅化、钾长石化、高岭土化为主,次为绢云母化、绿泥石化、青磐岩化等。初步估算金潜在资源4.88t。

10. 都兰县瓦勒尕金矿

瓦勒尕金矿位于青海省都兰县沟里,大地构造位置属于秦祁昆(东昆仑-祁连-北秦岭)晚加里东造山系东昆仑造山带祁漫塔格-都兰造山亚带。区内出露的地层以古元古代金水口岩群的中深度变质岩系为主,岩性主要为黑云斜长片麻岩和斜长角闪片岩。区内构造以断裂构造为主,褶皱构造不发育。岩浆活动强烈,主要期次为海西期、加里东期和燕山期。岩性主要为斜长花岗岩、石英闪长岩、花岗闪长岩、钾长花岗岩等。通过工作,矿区共圈出含金蚀变带7条,带内圈定金矿体18条,2016年至今主要对区内AuⅥ矿带开展了详查工作,通过工作,AuⅥ-1号矿体金矿详查预估算控制+推断金金属量5.69t,平均金品位19.95g/t;其中:控制、推断金金属量分别为2.48t、3.21t,平均金品位分别为17.34g/t、22.59g/t。另估算潜在金资源3.24t,金品位19.49g/t。其中"十三五"期间新增金资源量6.75t。

11. 都兰县阿斯哈金矿

阿斯哈金矿大地构造位置位于东昆仑前峰弧南侧复合拼贴带的东段的北部。区内仅出露古元古代中深度变质岩系白沙河岩组,岩性主要有片麻岩和斜长角闪片岩,其次为大理岩和少量黑云石英片岩。矿区处于昆仑前峰弧的东段,区内主体构造凌乱,存在多个方向,按展布方向可分为北北东向、北东向、北西向、近东西向断裂4组,其性质多为压扭性压性断裂,具多期活动的特点。区内岩浆岩分布广泛,主要以海西期—印支期侵入体最为发育,岩石类型以灰白色中—粗粒花岗闪长岩为主,灰白色中—细粒闪长岩、浅肉红色中—细粒花岗岩次之。通过工作,区内共发现12条含矿蚀变破碎带,长约1km,最长4170m,宽一般1~5m,最大延深430m。共圈出31条金矿体,矿体一般长在100~360m之间,最大延长850m,厚一般在0.80~2.49m之间,延深在40~340m之间,最大延深390m。金品位一般在$(1.12~14.6)\times10^{-6}$之间,单样最高72×10^{-6}。具一定规模的矿带为AuⅠ和AuⅦ矿带。2016年至今主要对

AuⅦ矿带利用坑探及钻探工程追索控制。矿区共估算金资源量7.50t,平均品位8.59g/t。其控制+推断金资源量4.10t,平均金品位8.4g/t;其中控制金资源量1.42t,金品位为7.59g/t;推断金资源量1.33t,金品位为9.08g/t。其中控制的资源量占51.71%。AuⅦ-1矿体共估算金资源量2.74t,平均品位8.24g/t。较普查阶段,金金属量增加1.6t。

12. 都兰县朗日扎地区金多金属矿

朗日扎金矿位于沟里地区,大地构造位置位于北昆仑岩浆弧中。区内地质构造复杂、断裂发育、岩浆活动频繁,地层受断裂和岩体影响出露残缺不全,地层多以岩片、断块形式出现,具典型的造山带地层构造特征,出露地层主要有白沙河(岩)组、万保沟群和纳赤台群。这些地层中均有基性火山岩、碳酸盐岩分布。局部地段有超基性岩脉产出。侵入岩有加里东期、海西期、印支期基性—超基性、中酸性岩浆岩,岩性主要为斜长花岗岩、钾长花岗岩等。已发现的含矿带主要分布于纳赤台群绿泥石英千枚岩中发育的断裂构造带中,近东西向、北东向、北北东向构造及其派生的次级构造蚀变破碎带是矿体的良好储矿空间。通过工作,调查评价区内共圈出9条含矿构造破碎蚀变带,带内圈出6条矿体(其中金矿体3条、银金体1条、铅锌矿体1条、铜矿体1条)。其中金矿体长160m,厚0.89~2.92m,金品位1.18~10.7g/t。

13. 都兰县热龙金矿

热龙金矿位于青海省都兰县沟里乡境内,大地构造位置位于北昆仑岩浆弧中。矿区内出露的地层主要有古元古代金水口群、中新元古代万保沟群、早石炭世哈拉郭勒组、中石炭世—早二叠世统浩特洛哇组以及第四系。工作区内断裂构造较为发育。主要为北西向,次为北东向,其中北西向断裂构造为区内主要的控矿、容矿构造,空间上为热液活动和成矿元素的迁移、富集提供了通道与场所。区内岩浆岩分布面积较广,主要以加里东期—海西期的侵入岩为主,岩性主要为二长花岗岩、花岗闪长岩。圈定了3条含金构造蚀变带。长0.98~3.25km,宽1.5~15m,走向北西,带内圈出4条金多金属矿体,控制矿体长为260~877m,厚度为0.3~2.7m,金品位1.16~17.2g/t。找矿前景较好。

(十)银矿

"十三五"以来,继续对那更康切尔沟银矿开展了普查工作,矿体规模进一步扩大,资源量大幅提升,主要矿体基本达到普查程度,矿床规模达超大型,找矿取得重大突破。另外,在那更康切尔银矿周边的那更康切尔北、哈日扎、各玛龙等地区相继开展了银矿勘查工作,发现和圈定了具一定规模的银矿体,也取得了较好的成果。截至2020年底,全省银累计资源储量8 084.86t(上表4239t,未上表3 845.86t),潜在资源6 699.08t。"十三五"期间新增资源储量6 152.31t,占总资源储量的41.61%。

1. 都兰县那更康切尔沟银多金属矿

矿区位于北昆仑岩浆弧带,成矿带属祁漫塔格-都兰海西期、印支期铁、铜、铅、锌、钴、锡、金、硅灰石(锑、铋)成矿带东段。出露地层有古元古代金水口岩群、晚三叠世鄂拉山组及第四系,构造岩浆活动强烈,含矿断裂主要为北西向,次为北东向、近南北向,其中北西-南东向断裂为本区主要控矿、赋矿断裂,近东西向断层为区域内控岩及导矿构造,近南北向和北东向断裂对本区矿体有破坏及改造作用。区内岩浆岩主要为海西期花岗闪长岩和二长花岗岩。另外在矿区南部金水口岩群中和二长花岗岩体中分布大量基性、中性和酸性岩脉。围岩蚀变主要有黄铁矿化、硅化、碳酸盐化、绢云母化、高岭土化、绿泥石化、绿帘石化等。共圈出了18条含银断裂破碎带,整体呈帚状分布。带内共计圈出矿体84条,其中银矿体69条,铅锌矿体13条,金矿体2条。全区提交推断银资源量2 137.2t,潜在资源2 933.36t,银平均品位326.35×10^{-6},矿床规模达到超大型。

2. 都兰县哈日扎地区银多金属矿

哈日扎银多金属矿都兰县热水乡，大地构造位置上属秦祁昆造山系、东昆仑弧盆系，处于北昆仑岩浆弧段。矿区主要出露地层有古元古代金水口岩群、晚三叠世鄂拉山组和第四系。区内岩浆活动十分强烈，岩浆岩分布广泛，主要为中酸性侵入岩。出露的侵入岩主要有加里东期、海西期和印支期等。矿区整体构造主要为断裂构造，褶皱构造不发育。北西向断裂组是区内的主干构造，由一系列相互平行北西西向断裂组成。2016—2019年主要针对Ⅴ、Ⅵ矿带富矿段开展了详查工作。Ⅴ矿带长3.8km，宽10～500m，共圈定多金属矿体29条，矿体长50～479m，厚1.08～6.95m，Cu平均品位0.23％～0.81％，Pb平均品位0.31％～1.27％，Zn平均品位0.52％～1.23％，Ag平均品位42.95～105.33g/t。Ⅵ矿带长3.0km，宽20～800m，共圈定多金属矿体36条，矿体长50～600m，厚1.09～10.97m，延伸20～439m，Pb平均品位0.33％～2.11％，Zn平均品位0.51％～1.88％，Ag平均品位40.52～335.36g/t。本次详查阶段通过对全区149条矿体资源量估算，共求得控制＋推断的铜铅锌多金属资源量39.87万t（其中铜8.51万t，铅25.14万t，锌6.21万t，锡0.008万t）；求得推断的银资源量952.62t。

3. 都兰县那更康切尔北银多金属矿

矿区位于都兰县热水乡，那更康切尔银矿北侧，行政区划隶属都兰县热水乡管辖，大地构造位置属秦祁昆造山系东昆仑弧盆系东昆北岩浆弧东段。区内地层出露简单，出露大面积晚三叠世鄂拉山组及第四纪地层。区内地质构造复杂，断裂发育，地层受断裂和岩体影响出露残缺不全，断裂主要发育北西向、北北西向、近南北向，其中近南北向断裂大致平行排列，断裂性质多为推覆逆冲断裂，对区内矿产的形成和分布具有一定的控制作用。区内侵入岩不发育。主要出露鄂拉山组火山岩，岩性主要为流纹岩、安山岩、玄武岩等。区内共圈定破碎蚀变带6条，长300～1000m，宽4.3～200m。带内圈出11条银矿体，矿体总体走向为近南北向，大致平行排列，矿体围岩为流纹岩，矿体长100～700m，厚0.8～3.63m，银品位40.3～1371.63g/t，单样最高品位2320g/t。全区初步估算潜在银资源340t。

4. 都兰县各玛龙地区银多金属矿

矿区位于青海省都兰县西南，行政区划属于青海省都兰县热水乡管辖，大地构造位置位于东昆仑弧盆系东段北昆仑岩浆弧复合型俯冲期岩浆杂岩带。矿区地层出露较为简单，主要为晚泥盆世牦牛山组、晚三叠世鄂拉山组及第四纪冲积、残坡积等。矿区构造活动强烈，主要为断裂构造，发育近东西向、近南北向、北东向、北东东向等断裂，其中近南北向断裂为重要控矿构造。区内侵入岩以早三叠世侵入岩为主，岩性为二长花岗岩、花岗斑岩等，多以岩株产出，另有脉岩零星分布。区内圈定含矿蚀变破碎带6条，带长220～1500m，宽30～180m，带内圈出银多金属矿体22条，矿体长80～1000m，厚0.9～5.17m，控制斜深40～160m，Au品位0.86～3.79g/t，Ag品位45.3～963g/t，Pb品位0.3％～3.52％，Zn品位0.53％～2.12％，Cu品位0.21％～0.98％。其中Ⅲ号主矿带长达1.5km，宽30～60m，最大控制斜深320m，带中圈定3条银多金属矿体，长120～1000m，平均厚0.8～1.44m，银品位81.0～962g/t，平均276.5g/t。初步估算潜在银资源量320t。

（十一）铜矿

1. 祁漫塔格卡而却卡Ⅵ矿带多金属矿

卡而却卡铜矿区位于格尔木市西，是祁漫塔格成矿带最重要的一个矿床，该矿床分为A、B、C共3个矿区，成矿以铜、铅、锌为主，伴有铁、钼、金、银等矿化，其中卡而却卡Ⅵ矿带位于C区。卡而却卡铜矿区位于柴达木盆地西南缘,大地构造位置属于秦祁昆造山系东昆仑弧盆系北昆仑岩浆弧,成矿带位于伯喀里克-香日德 AU-Pb-Zn-Mo-石墨-萤石(Cu、稀有、稀土)成矿亚带的最西端。

区内出露地层主要为奥陶纪祁漫塔格群碳酸盐岩组,深灰色、灰白色厚层条带状大理岩是含矿地层,与岩体断层接触部位形成的矽卡岩及矽卡岩化大理岩是区内最主要的含矿层位,目前所发现的铅锌矿体多位于该套地层中。区内北侧发育一组北东东向断裂,发育在中三叠世花岗闪长岩中,南段局部切割奥陶纪祁漫塔格群碳酸盐岩组地层,西段与中三叠世似斑状二长花岗岩接触,东段被第四系覆盖。断裂带中矿化主要为金矿化、赤铁矿化、褐铁矿化、黄铁矿化、铅锌矿化,蚀变主要为高岭土化。该断裂带与中低温热液型金矿化关系密切,已圈定多条金、铅等矿体。岩浆活动十分强烈,岩浆岩分布广泛,主要表现为中酸性侵入岩,其中分布面积最大的为中三叠世花岗闪长岩;其次为中三叠世似斑状二长花岗岩。2016—2017 年针对Ⅵ矿带开展了详查工作,共圈定 29 条多金属矿体,多为透镜状、条带状,规模不等,以矿石类型划分主要为锌矿体、金矿体及锌铅银复合矿体。矿体的长度、厚度和延伸变化均较大,一般长 25～200m,最长 287.5m(Ⅵ-M6 矿体);目前控制延深一般 25～160m,最大 305m(Ⅵ-M7 矿体);平均厚度在 1.35～17.27m 之间,矿体 Zn 平均品位 0.58%～7.10%,Pb 平均品位 0.26%～1.68%,Au 平均品位 0.46～4.17g/t,Ag 平均品位 15.78～427.50g/t。

提交控制+推断的铅锌总金属量 30.31 万 t,银金属量 168.26t,金金属量 0.5t。"十三五"期间卡而却卡Ⅵ矿带详查区新增铅锌多金属资源量 13.91 万 t,新增银资源量 168.26t(未评审)。

2. 可特勒高勒地区铜多金属矿

矿区位于青海省格尔木市西,行政区划属青海省海西蒙古族藏族自治州茫崖镇管辖。地处东昆仑西段祁漫塔格山中东部,大地构造属于祁漫塔格早古生代缝合带。区内出露地层主要为晚石炭世缔敖苏组、晚三叠世鄂拉山组和第四系。区内断裂构造普遍发育,主要控矿构造为北西西向构造,后期北东向的断裂对北西西向断裂有破坏作用。区内的岩浆岩活动主要发生在印支期,次为燕山期,属祁漫塔格复合构造岩浆带,主要出露晚三叠世黑云二长花岗岩和早侏罗世黑云正长花岗岩及晚三叠世鄂拉山组火山岩,岩体与晚石炭世缔敖苏组灰岩接触部位常见矽卡岩化,与晚三叠鄂拉山组火山岩碎屑接触部位具角岩化。

通过 2016—2018 年预查工作,新圈定 4 条铜多金属矿带,分别为Ⅰ、Ⅱ、Ⅲ、Ⅴ矿带,其中Ⅰ、Ⅲ、Ⅴ矿带类型均属于与接触交代有关的矽卡岩型矿,Ⅱ矿带类型属于与热液充填有关的热液型矿。矿带长 0.3～1.2km,宽 5～300m。圈定 15 条铜多金属矿体,其中铜铅锌多金属主矿体 2 条(Ⅴ-1-1、Ⅴ-1-2),铁铜铅锌多金属矿体 13 条,矿体长 100～580m,厚 1.29～6.68m,延深 40～870m,Cu 平均品位 0.20%～1.28%,Pb 平均品位 0.25%～7.85%,Zn 平均品位 0.50%～9.21%,TFe 平均品位 20.65%～36.0%。矿石自然类型主要为硫化矿石,地表局部可见氧化矿石。铜铅锌推断资源量 10.34 万 t,其中铜 0.30 万 t,铅 4.06 万 t,锌 5.97 万 t。铅、锌为工业品级矿,铜为低品位矿。

(十二)铅锌矿

格尔木市夏日哈木外围铅锌矿

夏日哈木铅锌矿床位于青海省东昆仑西段,柴达木盆地南缘,为构造热液型(矽卡岩型)铅锌矿,位于夏日哈木铜镍矿床详查区 HS31 号异常区,属"青海省格尔木市拉陵灶火地区铜多金属矿整装勘查"工作区之一。该矿床位于东昆仑西段祁漫塔格地区,处于伯喀里克-香日德晚古生代金、铅、锌、铜、镍成矿带中。区内出露地层有古元古代金水口群白沙河组,主要有黑云母斜长片麻岩、云母片岩、斜长角闪岩、大理岩等。工作区主要有东西向、北西向、北东向、北北东向 4 组构造,其中北北东向和北东向为主要的含矿构造,北北东向构造为主要控矿构造,东西向、北西向构造对矿体有破坏作用,区内岩浆活动频繁且强烈,主要有晚志留世—早泥盆世基性—超基性岩体和正长花岗岩、晚三叠世中酸性岩体,其中基性—超基性岩体形成岩浆熔离型铜镍硫化物矿床,而晚三叠世中酸性岩体与白沙河岩组大理岩接触带形成矽卡岩型多金属矿。区内共圈出了铅锌多金属矿体 24 条,全区累计推断资源量金属量 Pb+Zn 10.6 万 t,其中 Pb 4.82 万 t,Zn 5.34 万 t,共伴生 Cu 0.20 万 t,伴生 Au 316.195kg,Ag 25 772.358kg。

(十三)铁矿

1. 格尔木沙丘地区铁多金属矿

矿区位于格尔木西 200km 处,大地构造位置处于柴达木盆地南缘,该区大部分地区被第四系覆盖,厚度一般在 150~300m 之间,区域内出露地层主要有古元古代金水口岩群、中元古代蓟县纪狼牙山组、寒武纪—奥陶纪滩间山群、晚泥盆世牦牛山组、早石炭世大干沟组、晚石炭世缔敖苏组、早—中二叠世打柴沟组、新近纪油沙山组和第四系。地表未见岩体出露,南侧侵入岩分布广泛,其中以海西期—印支期最为强烈,燕山期岩体零星出露,主要为花岗闪长岩体、花岗闪长斑岩及闪长岩体等。区内矿产以接触交代型铁多金属矿(化)为主,次为气液充填型细脉状黄铜矿化。成矿岩浆岩主要为印支期花岗闪长岩。含矿围岩为寒武纪—奥陶纪滩间山群上岩组。

通过两年普查工作,C7M2 主矿体规模进一步扩大,矿体长度由 560m 扩大至 1.28km,长度增加 720m,Cu 平均品位 0.5%,Pb 平均品位 0.82%,Zn 平均品位 1.92%。新圈定了 C7M7 和 C9M3 矿体,C7M7CuZn 矿体真厚度 4.19m,Cu 品位 0.43%~1.24%,Zn 品位 2.82%;C9M3PbZn 矿体真厚度 1.28m,Pb 品位 0.56%,Zn 品位 4.04%。

2019—2020 年通过对全区 13 条矿体资源量估算,共求得铜铅锌金属总量 25.54 万 t(其中铜金属量 2.5 万 t,铅金属量 7.12 万 t,锌金属量 15.92 万 t),推断的铁矿石量 314.06 万 t;求得推断的银资源量 291.2t(共生 212.4t、伴生 78.8t),Ag 平均品位 29.3g/t,铟资源量 98t(共生 74.5t,伴生 23.5t),In 平均品位 10g/t。"十三五"期间沙丘地区铁多金属矿普查区新增多金属资源量 13.55 万 t,新增银资源量 291.2t,新增铟资源量 98t。

2. 格尔木野马泉铁多金属矿

矿区位于东昆仑山脉西段,距离格尔木市西约 280km,行政区划隶属格尔木市乌图美仁乡管辖。大地构造位置处于东昆仑祁漫塔格早古生代裂陷槽,柴达木准地台之南缘。

矿区大部分被第四纪风成砂与洪、冲积物所覆盖。出露地层多见于矿区南部,以古生代及中生代为主,出露地层自老至新为奥陶纪祁漫塔格群(OQ)、早泥盆世契盖苏组(D_1q)、晚石炭世缔敖苏组(C_2d)、早—中二叠世打柴沟组($P_{1-2}dc$),其中晚石炭世缔敖苏组出露面积最广,约占区内出露面积的 50%。奥陶纪祁漫塔格群及晚石炭世缔敖苏组产出的碳酸盐岩与区内成矿关系密切,为区内主要的含矿地层。区内构造活动强烈,以北西西向断裂构造为主,控制着地层走向、褶皱形态、矿产分布及次一级构造的展布,为矿区南、北矿带的主要控矿构造。矿区岩浆活动频繁,主要有晚三叠世石英闪长岩、花岗闪长岩、二长花岗岩等,矿体多产于岩体与滩间山群大理岩、灰岩外接触带;区内还有辉绿玢岩、闪长玢岩及闪长岩脉等脉岩,早古生代玄武岩,晚泥盆世安山岩、英安岩、凝灰熔岩等火山岩分布。区内铁多金属矿体较明显地受岩浆岩和接触带形态的控制,成矿与矽卡岩密切相关,认为区内是多期岩浆热液活动叠加的接触交代型矽卡岩型铁铜铅锌矿床,成矿时期为早—中泥盆世(北矿带)和晚三叠世(南矿带)。

通过 2017—2019 年勘查工作,矿区共圈定南、北两个矿带,在南矿带 M1 磁异常区新圈定 6 条铁铜复合矿体,矿体长 162.5~384.0m,厚 1.4~7.81m,平均延深 166.29m,TFe 平均品位 23.13%~

57.0%，Cu 平均品位 0.21%～0.97%。在 M3 磁异常区新圈定 4 条铁矿体，矿体长 162.5～548.5m，厚 1.78～11.51m，平均延深 200m，TFe 平均品位 27.11%～47.83%。

依据 M9、M10 及 M13 磁异常详查及其他各磁异常区资源量估算，铁矿石量 4 451.94 万 t，其中工业矿 TFe 平均品位 32.94%～41.32%；铜铅锌多金属资源量 101.18 万 t，其中工业矿 Cu 平均品位 0.54%～0.80%；Pb 平均品位 1.09%～2.15%，Zn 平均品位 1.98%～2.16%。

3. 格尔木哈布吉可高勒铁多金属矿

矿区地处格尔木市西，距格尔木市约 330km，行政区划隶属格尔木市管辖。大地构造位置处于秦祁昆造山系-东昆仑弧盆系-北昆仑岩浆弧带-喀雅克登塔格复式侵入岩基带。矿区出露地层主要有晚泥盆世牦牛山组陆相火山岩及火山碎屑岩、三叠纪鄂拉山组流纹质晶屑玻屑凝灰岩及火山角砾岩、石炭纪缔敖苏组灰岩和第四系。区内主要发育近东西向(F1、F2)、北西向(F3、F4、F5)两组断裂，其中 F2 断裂为本区铅锌银矿体的控矿构造。区内无岩浆岩出露。

通过 2016—2019 年普查工作，共圈定 9 条多金属复合矿体，其中铜铅锌银矿体 2 条，铅锌银矿体 3 条，铅锌矿体 2 条，锌矿体 1 条，铜矿体 1 条。矿体长 65～300m，真厚度 1.12～7.85m，Pb 品位 0.33%～3.65%，Zn 品位 0.55%～4.78%。矿体主要赋存于 F2 蚀变破碎带内，该带与肯得可克中型铁铅锌多金属矿床控矿断裂为同一断裂构造带。位于鄂拉山组、缔敖苏组和牦牛山组接触带部位，带内岩石破碎，呈碎裂状，主要蚀变有高岭土化、绿泥石化、褐铁矿化等。矿石类型主要以热液型铜铅锌银矿石为主，矿床成因类型属于低温热液型。全区共求得潜在的铅锌资源的 6.41 万 t(其中铅资源 2.19 万 t，锌资源 4.22 万 t，铜资源 178.03t)，银资源 101.20t。

（十四）锡矿

1. 乌兰乌珠尔—十字嵩地区锡多金属矿

矿区地处柴达木盆地西缘，东昆仑北部断裂造山带北西段祁漫塔格乌兰乌珠尔一带，行政区划属青海省海西蒙古族藏族自治州茫崖市管辖。矿区主要出露古元古代金水口岩群灰色黑云二长片麻岩、深灰色黑云斜长片麻岩，小面积分布于南部及西侧通沟一带，被早泥盆世似斑状二长花岗岩侵入吞噬，区内出露面积约 0.4km^2。区内断裂构造十分发育，以近东西向、北西向断裂为主，北西向、近东西向断裂配合次级北西向、北东东向断裂形成网状断裂组，控制了区内地层分布、岩浆活动和成矿作用。根据各组断裂间的相互切割关系，其生成先后顺序为北西西向→近东西向→北西向、北东向，初步圈定了 23 条断裂构造及 7 条构造蚀变带。区内大面积出露泥盆纪正长花岗岩，晚三叠世花岗闪长斑岩和花岗斑岩仅在区北部的乌兰乌珠尔矿区出露，但与成矿关系密切。脉岩较为发育，从北至南均有出露，有正长花岗岩脉、二长花岗岩脉、闪长岩脉、闪长玢岩脉、辉长岩脉、石英脉等。区北部乌兰乌珠尔斑岩型矿床矿产受斑岩体控制明显，铜矿体主要产于花岗斑岩体内及其与围岩接触带上；锡矿体主要赋存于花岗闪长斑岩及围岩两侧，多条铅锌矿化带主要产在小型裂隙中。岩石整体蚀变较强，主要蚀变有褐铁矿化、硅化、绿帘石化、绿泥石化及少量的碳酸盐化等。

通过 2019—2020 年预查工作，共圈定 11 条构造蚀变带，圈出 11 条铅锌银锡多金属矿体，其中锡矿体 3 条、铅锌银矿体 4 条、锌矿体 4 条。矿体长度 200～780m 不等，厚 1.48～7.76m，Ag 平均品位 46.54～306.19g/t，Pb 平均品位 1.94%～3.09%，Zn 平均品位 0.62%～0.99%，Sn 平均品位 0.13%～0.51%。初步估算潜在铅锌资源 3.89 万 t，Pb+Zn 平均品位 2.97%(其中铅资源量 3.0 万 t，平均品位 2.30%，锌资源量 0.89 万 t，平均品位 0.67%)；银资源量 320.29t，银平均品位 212.58g/t。

2. 东昆仑小红土湾地区矽卡岩型锡矿新发现

矿区位于柴达木盆地南缘,行政区划属青海省都兰县管辖,大地构造位置处于秦祁昆造山系,北昆仑岩浆弧。矿区内出露地层有古元古代金水口岩群、中元古代蓟县纪狼牙山组、古—新近纪干柴沟组,其中金水口岩群主要出露片麻岩组和大理岩组,狼牙山组仅有碳酸盐岩段出露,干柴沟组主要为砖红色岩屑长石砂岩。断裂构造在本区十分发育,根据断裂走向主要分为4组,分别为北西-南东向断裂、北北东-南南西向断裂、北东东-南西西向断裂、近东西向断裂,控制了区内的地层、岩浆岩等展布。区内出露大面积酸性侵入岩,时代主要为加里东晚期—印支期,岩性主要为正长花岗岩、似斑状二长花岗岩、二长花岗岩、花岗闪长岩。

区内共圈定矽卡岩带25条,矽卡岩带规模总体较小,长25~470m,宽1~40m,同时结合槽探揭露,带内共发现锡多金属矿体18条,单个矿体长39~456m,厚0.51~33.55m,锡品位$(0.1~2.8)\times 10^{-2}$,单矿体平均品位$(0.105~1.08)\times 10^{-2}$,M1、M4、M5-1、M5-6、M7-1等5条矿体为区内的主要锡矿体,成因类型为矽卡岩型锡矿,含锡矿物主要为锡石和黄锡矿。

(十五)钼矿

都兰益克郭勒地区斑岩型钼矿取得新突破

矿区位于青海省都兰县巴隆乡东南部,大地构造位置位于东昆中岩浆弧带。区内除第四系外不发育其他地层。断裂构造主要发育有两期,第一期为以昆中断裂构造为主体的一系列北西向及近东西向的次级断裂构造,岩石中形成了大量早期的北西向裂隙,为主要的控矿构造;第二期为广泛发育的北东向断裂构造及近南北向断裂构造,岩石构造裂隙极为发育。矿区大面积分布岩基状中三叠世灰白色中细粒花岗闪长岩体和晚三叠世灰黑色英云闪长斑岩、灰白色花岗闪长斑岩及闪长玢岩脉、石英脉、正长岩脉等脉体。

在区内圈出5条破碎蚀变带,带长50~1200m,宽1~20m,走向主要为北东向,带内发育强烈褐铁矿化、钾化、高岭土化、孔雀石化、黄铜矿化、黄铁矿化以及硅化等矿化蚀变。带内圈出铜钼多金属矿(化)体10条,单矿体长30~450m,Cu品位0.11%~1.28%,Mo品位0.01%~0.055%。矿体及矿化体的分布、分带特征及矿化类型显示出与岩浆热液作用有关的斑岩型矿床矿化特征,总体上矿化体多产于构造破碎带中,其M3、M4和M5矿(化)体最具斑岩型矿床找矿潜力,矿化体向深部延伸稳定,规模有明显的变大趋势。

五、三江北段成矿带多才玛铅锌找矿取得新突破,有望实现青海省首个千万吨级有色资源储备基地

"十三五"期间,三江北段地区除多才玛铅锌矿还进行勘查外,其他项目均受外部环境的影响和生态保护环境的要求,停止了勘查工作,但各项目均取得了不同程度的工作进展,找矿成果进一步扩大。多才玛矿带延伸稳定,千万吨级资源储备基地雏形初步显现,显示了勘查区良好的铜多金属矿找矿前景,展现了该区巨大的铜多金属找矿潜力和找矿空间,三江北段千万吨级资源储备基地雏形初步显现。

西藏那曲安多县多才玛铅锌矿

"西藏那曲安多县多才玛多金属矿普查"项目是为了响应国家加快青藏铁路沿线矿产资源勘查开发,从而带动区域经济发展的号召,由青海省地质矿产勘查开发局率先投资勘查,之后社会资源和省勘

查基金投资勘查。2016年为加快地质勘查进程,青海省地质矿产勘查开发局与青海省国有资产管理有限公司签订战略合作协议确定"西藏那曲安多县多才玛铅锌矿详查"为联合勘查项目,由青海省第五地质勘查院与青海省国有资产管理有限公司下属的青海国投矿业有限公司联合勘查,由青海省国有资产管理有限公司全额投资,经过五年的详查工作,全区资源总量大幅增加,资源量级别大幅提升,发现的大规模的铅锌银富矿体,取得了重大地质找矿突破,该矿床的勘查突破是沱沱河国家级整装勘查区的唯一典范,对该区地质找矿工作起到了积极作用。

区内出露地层较为单一,主要为二叠系九十道班组、侏罗系夏里组、古近系沱沱河组、雅西措组、五道梁组及第四系。主要的赋矿围岩为九十道班组下岩段浅灰白色块层状结晶灰岩,呈近东西向展布,目前圈定的具规模的铅锌矿体大多产于该岩性段。区内构造比较发育,总体以褶皱和断裂为表现形式,褶皱以背斜形式出现;断裂构造主要有北西西-南东东向、近东西向和近南北向3组断裂。其中以北西西-南东东向和近南北向断裂与矿体关系较大。区内岩浆活动方式以侵入为主,活动微弱,只在孔莫陇矿段东南一带呈岩株状零星分布,与成矿无直接关系。多才玛铅锌矿区目前根据赋矿岩性、矿化特征等不同,共划分为3个成矿地段,从西向东分别为孔莫陇矿段、茶曲帕查矿段和多才玛矿段。3个矿段共圈定出铅锌矿体97条,其中孔莫陇矿段圈定出铅锌矿体86条,茶曲帕查矿段圈定出铅锌矿体7条,多才玛矿段圈定出铅锌矿体4条。含矿岩性主要为碎裂岩化硅化泥晶含生物屑砂屑灰岩、碎裂岩化白云石化硅化含生物屑泥晶灰岩,方解石脉发育。围岩蚀变类型主要有碳酸盐化(包括白云岩化)、硅化、泥化。其中与矿化关系较密切的主要为硅化、碳酸盐化,常以石英细脉的形式产出。

矿区累计估算控制的+推断的铅锌矿石量28 464.90万t,铅锌金属量845.02万t,其中控制资源量约480.58万t,推断资源量约364.44万t,铅锌平均品位2.97%。伴生银3 321.78t,伴生银平均品位13.44g/t,另外伴生镉、硒、铊等稀散元素。

六、青海省东部盆地区清洁能源勘查取得显著成果,共和盆地首次钻获高温优质干热岩体

近年来,随着国家鼓励开发利用清洁能源政策的实施,青海省加大地热资源勘查力度,"十三五"期间,青海省先后在海南、西宁、海东、黄南等地部署实施地热资源调查评价、地下热水资源勘查及地热资源开发利用研究项目19项,累计投入资金约1.63亿元,相继发现了共和、西宁等一批中低温地热田和共和盆地高温干热岩,取得显著勘查成果。

地下热水方面,共和恰卜恰地区为一大型中低温地热田,先后实施地热井19眼,井口水温达73~105℃,具有水温高、水量大、水质优的特征,计算可开采量达3.5万m^3/d,折合标准煤23.9万t/a,利用后可减少二氧化碳排放量约59.6万t/a;西宁及海东地区实施地热井10余眼,发现了水温60℃以上的地下热水,提交了张其寨、城南新区、上新庄等一批中小型地温地热田,但矿化度普遍偏高;同仁地区在井底1800m处测得地温达90℃,具有进一步开发地热能的潜力。

干热岩方面,共和盆地先后在恰卜恰和扎仓沟地区探获温度达236℃和214℃的干热岩,具有埋藏浅、温度高、规模大的特点,初步圈定干热岩远景区18处,总面积3092km^2,估算干热岩资源换算标准煤6300亿t,目前正在恰卜恰地区开展我国首例试验性发电,计划年内实现装机容量1MW发电且并网输送,预测共和盆地干热岩资源换算标准煤6300亿t,利用后可减少二氧化碳排放量约1.57万亿t。

(一)地热资源调查评价

"十三五"期间,青海省共开展地热资源调查评价项目7个,合计投入资金约1 891.99万元。共完

成1∶5万地热地质遥感解译1330km²;1∶5万地热地质调查1800km²;1∶2.5万地热地质调查100km²;1∶1万地热地质剖面测量18km;地热地质钻探3300m。

1. 青海省平安县地热资源调查评价

通过实施DR2016地热钻井,初步查明了平安张其寨地区的1500m以浅的地层结构及岩性:0～20.22m为第四系(Q),上部为黄土状亚黏土,下部为青灰色砂卵砾石层,厚度20.22m;20.22～1 208.69m为古近系(E),岩性为红褐色泥岩、砂质泥岩、含砂的泥岩,局部夹石膏、粉砂岩,厚度1 188.47m;1 208.69～1 503.16m为白垩系(K),岩性为灰色粉砂岩、泥质粉砂岩夹薄层砂砾岩,钻孔揭露厚度294.47m。

通过产能测试、物探测井等工作,确定井深1 503.16m的DR2016地热井,单井涌水量577.62m³/d,井口水温67℃,矿化度34.36g/L,50～1200m古近系地温梯度为5.01℃/百米,1200～1500m白垩系地温梯度为2.8℃/百米,平安祁家川地区恒温带深度为25m,恒温带温度为12.2℃,计算全孔地温梯度为4.56℃/百米。水质方面,DR2016地热井地下热水pH值为8.08,为弱碱性,含CO_2、H_2S等多种气体,可嗅到臭鸡蛋气味;锶、偏硅酸等元素浓度已达到"理疗热矿水水质标准",有医疗价值;但氯化物、矿化度严重超标,硼和砷超标,总α、总β超出生活饮用水卫生标准,不宜饮用,且不能用于农田灌溉、渔业养殖等,也不适宜作为锅炉用水,对混凝土、碳钢具有强腐蚀性。

项目初步分析区域热储特征,并建立了地区热储概念模型(图3-2-1):平安县张其寨地下热水热源来源以地壳地热梯度的加热为主,断裂摩擦热为次;热储主要为白垩系民和组和古近系砂岩、砂砾岩;热储盖层为第四系砂卵砾石层及古近系的厚层泥岩、砂质泥岩夹石膏,泥岩致密坚硬,裂隙不发育,具有良好的隔水保温性能;地下热水的补给来源主要是南部山区的大气降水,以温泉和向区外径流的形式排泄;地热通道主要为早期形成的北西西向断裂切割较深,连通了地幔上部地热圈,与后期北东向与近东西向张性断裂共同切割岩层形式构造裂隙。

通过热储法计算,初步评价调查区$63.02\times 10^6 m^2$范围内,0～834.21m热储中存储的热量为$3.43\times 10^{17}J$,834.21～1 503.16m热储中存储的热量为$2.69\times 10^{18}J$,1 503.16～2100m热储中存储的热量为$2.65\times 10^{18}J$。根据DR2016地热井抽水试验,单井最大涌水量577.62m³/d,最大降深353.94m,计算单井每年可开采热水约$21.08\times 10^4 m^3$,可开采地热资源量约为$8.915 3\times 10^7$MJ,折合标准煤3042t,为Ⅱ-1的小型中低温地热田。

2. 青海省海东市乐都区引胜—高庙地区地下热水资源调查评价

通过地热地质调查,结合遥感、物探工作取得的成果及前人资料综合分析,项目初步查明了区域地层、构造、地热异常点的分布情况及性质,并圈定虎狼沟李家壕村、窑庄村、瞿昙3处地热异常勘探靶区。项目选定虎狼沟李家壕村进一步开展地热勘查,拟通过微动探测进一步查明区域控热控水构造的空间展布及规模,圈定地下热水异常区范围、热储空间分布及埋藏深度,并施工一眼深1600m的地热探采结合井,查明地热田的地层结构、构造分布、热储特征等地热基础条件,并通过井产能测试,获取热储相关参数,力争探获水温大于60℃、水量大于500m³/d的地下热水资源。

(二)地下热水资源勘查

"十三五"期间,青海省共开展地热资源勘查项目8个,合计投入资金约8 760.23万元。共完成1∶5万地热地质遥感解译120km²;1∶5万地热地质调查390km²;1∶2.5万地热地质调查470km²;1∶5000地热地质剖面测量12.5km;地热地质钻探20 183m。地下热水资源勘查成果突出重点项目介绍如下。

1. 青海省共和县恰卜恰地区地下热水资源预可行性勘查

(1)基本查明了恰卜恰地区的地层特征及构造展布情况。通过地面调查结合前人研究成果,基本查

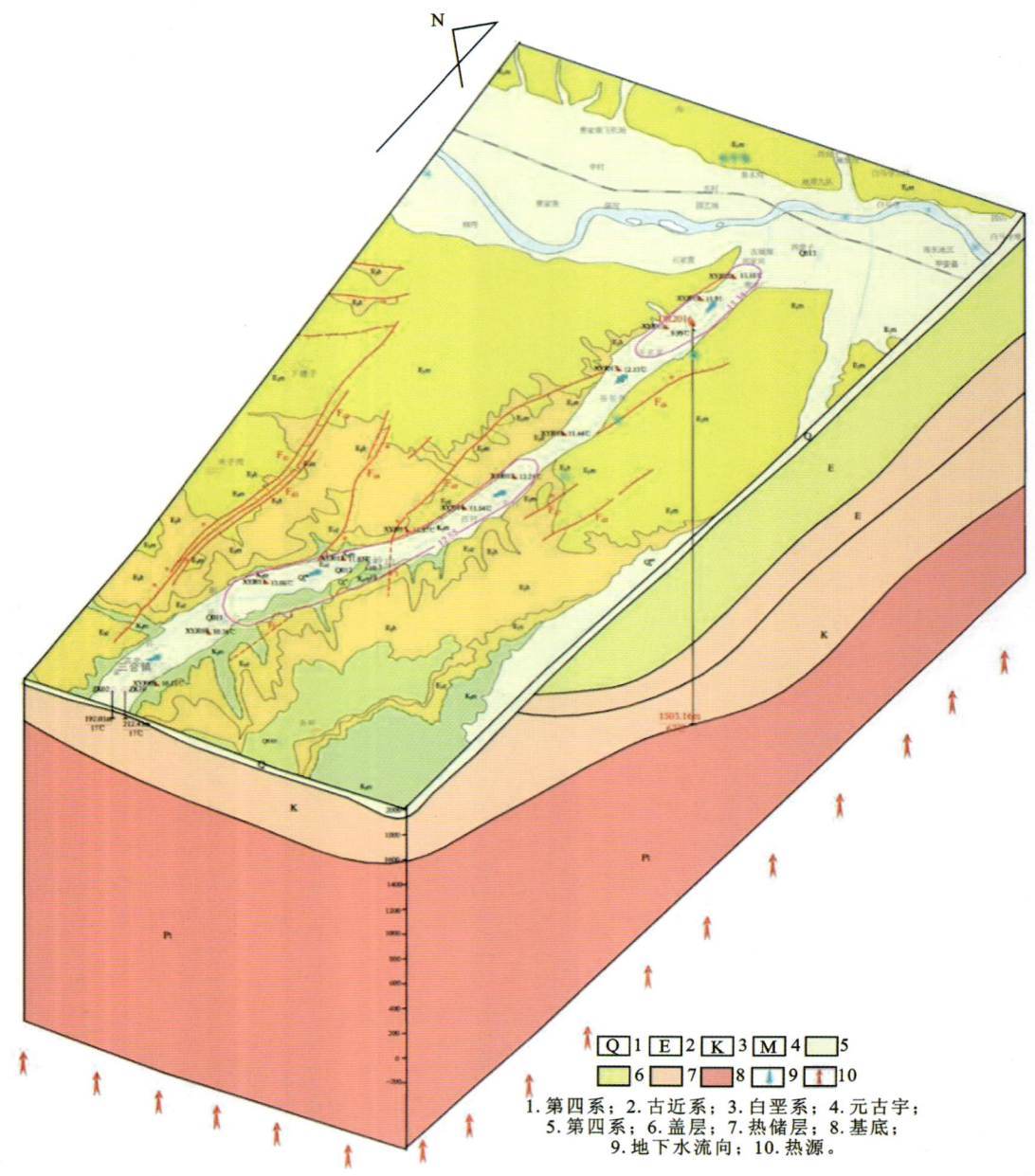

图 3-2-1 平安县张其寨地区热储概念模型示意图

明了地区地层出露情况,主要出露的地层有古元古代托赖岩群(Pt_1)含石榴黑云斜长片麻岩、黑云二长片麻岩,二叠系(P)石英砂岩、砂砾岩、板岩,早—中三叠世隆务河组(T_{1-2})砂岩、粉砂岩,新近系(N)泥岩、泥质粉砂岩及第四系地层(Q)。勘查区的断裂,基本上可分为 3 组主要断裂:即 N80°W 断裂组和 N10°W—N20°E 张性断裂及近 NS 向断裂组,控制着构造的主要特征。

(2)基本查明了区内基底及盖层埋深情况(图 3-2-2)。通过地面调查、地球物理勘探工作,基本查明勘查区基底呈东浅西深,南北向起伏小,局部有隆起或凹陷的格局,其中勘查区东侧基底埋深 800～1100m,中部基底埋深 1300～1400m,西部基底埋深 1600～1700m。下更新统和新近系热储覆盖层呈东部薄西部厚的特点,其中下更新统盖层岩性主要以黏土、亚黏土、亚砂土为主,盖层厚度 119.66～384.28m,新近系盖层岩性主要以泥岩、砂质泥岩为主,盖层厚度 494～940.52m。

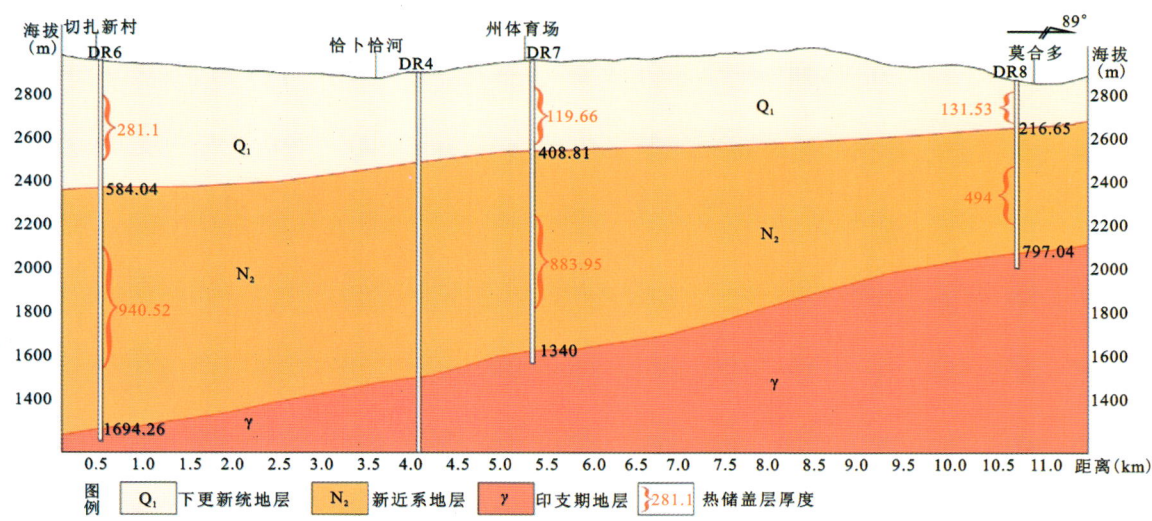

图 3-2-2　恰卜恰地区热储分布及埋藏条件示意图

（3）基本查明了区内热储分布及特征。通过钻探勘查结合地球物理勘探及地面调查，下更新统热储以粉砂、细砂、粗砂为主，呈东部薄、西部厚的特点，东部厚度 216～388m，中部 408～510m，西部 488～580m；新近系热储以粉砂岩、细砂岩、粗砂岩、含砾粗砂岩及花岗岩风化壳为主，呈现东部薄、西部厚的特点，东部厚度 580～740m，中部 802～950m，西部 1050～1120m。勘查区内单井涌水量呈东部小、西部大的特点，东部 1250～2000m³/d，中部 1500～2500m³/d，西部 2000～3500m³/d，水温也由西北部呈向东部递减的趋势，区西北部井口水温普遍在 100℃左右。恰卜恰地区下更新统实施多眼地热钻孔，孔深在 96.11～600.35m 之间，热储顶板埋深在 21.3～317.17m 之间，热储层厚度在 10.84～205.96m。

恰卜恰地区下更新统热储在南北向上呈现中间厚、两边薄的特征：在北侧加拉—乙浪堂一带热储层厚度在 21.71～44.59m 之间，单井涌水量在 287.9～810m³/d 之间，井口水温在 20～27℃之间；在南侧阿乙亥—达连沟口一带热储层厚度在 18～118.3m 之间，单井涌水量在 131.24～1 917.22m³/d 之间，井口水温在 16.5～40℃之间；在中部莫合多—切扎新村一带热储层厚度在 65.88～205.96m 之间，单井涌水量在 480.03～2 555.63m³/d 之间，井口水温在 15～30℃之间。在东西向上，恰卜恰以北地区呈现东厚西薄的特征，恰卜恰中部及以南地区呈现东薄西厚的特征：在东侧乙浪堂—阿乙亥一带热储层厚度在 18～65.88m 之间，单井涌水量在 131.24～1 917.22m³/d 之间，井口水温在 20.6～40℃之间；在中部下梅—塔迈一带热储层厚度在 26.49～118.3m 之间，单井涌水量在 489.11～2 071.09m³/d 之间，井口水温在 24～39.5℃之间；在西侧加拉—达连沟口一带热储层厚度在 21.71～205.96m 之间，单井涌水量在 480.03～2 555.63m³/d 之间，井口水温在 15～30℃之间（图 3-2-3）。

新近系热储特征：恰卜恰地区新近系实施了多眼地热地质钻孔，孔深在 860.10～3 705.41m 之间，花岗岩基底埋深在 797.04～1 694.26m 之间，热储层位置在 216.65～1 694.26m 之间，热储层厚度在 59.6～213.19m 之间，热储层岩性多以砂岩、砂砾岩及花岗岩风化壳为主，具有水温高、水量大、热储层厚的特点。在南北向上：东部乙浪堂—阿乙亥一带热储层厚度在 59.6～211m 之间，呈中间薄两边厚的特点，花岗岩基底埋深在 797.04～1 125.23m 之间，在莫合多呈一隆起，单井涌水量在 1 249.34～2 066.64m³/d 之间，井口水温在 56.5～77.5℃之间；具有水温低，水量一般，热储层薄的特点。西部加拉—沙有一带热储层厚度在 104.6～213.19m 之间，由北向南逐渐变薄，花岗岩基底埋深在 1 349.1～1 694.26m 之间，在切扎呈一凹陷，单井涌水量在 1 002.15～3 333.62m³/d 之间，井口水温在 84.2～105℃之间。在东西向上：北部加拉—乙浪堂一带热储层厚度在 106.52～213.19m 之间，单井涌水量在 1 249.34～1 849.3m³/d 之间，井口水温在 77.5～99℃之间，厚度、涌水量及水温由东向西均为逐渐递增的

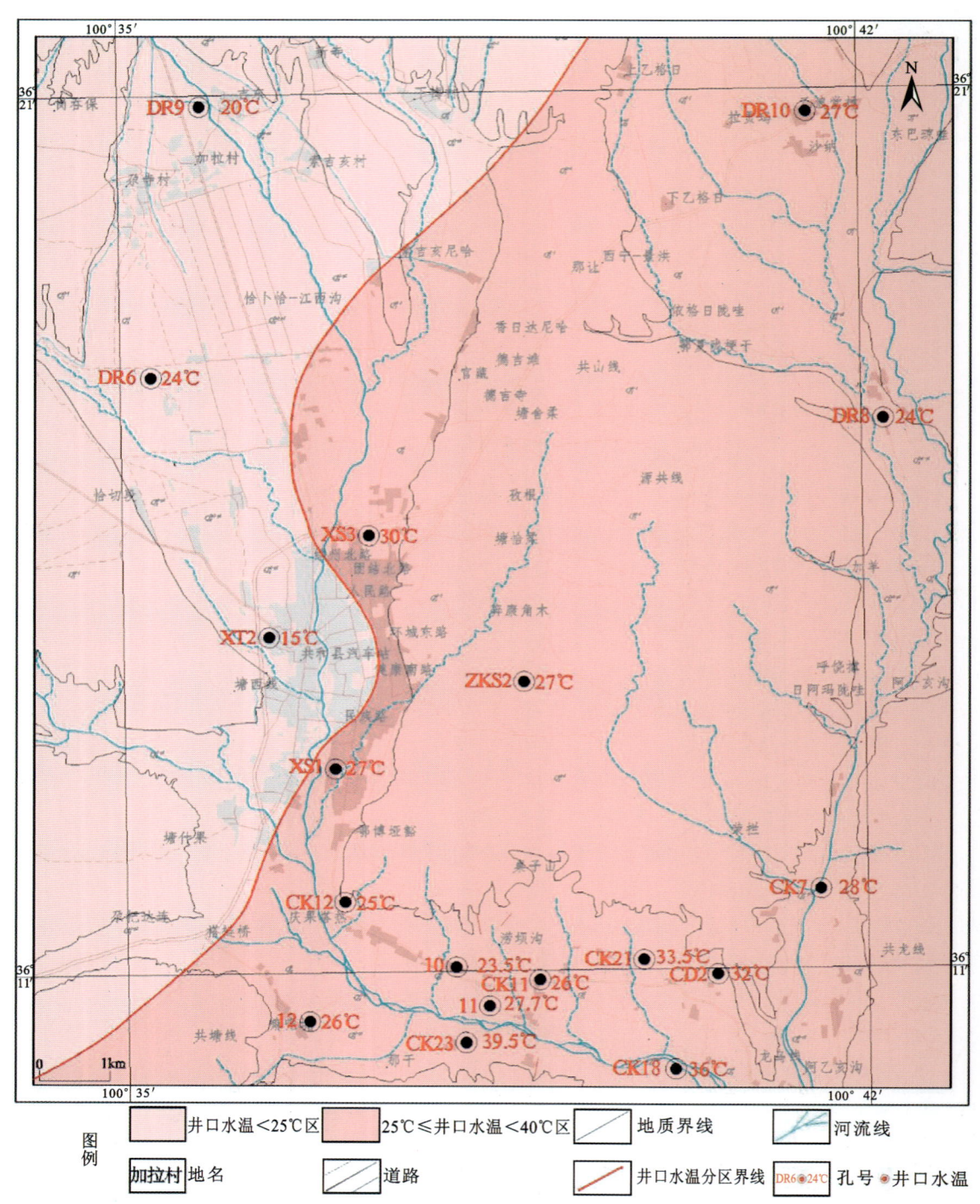

图 3-2-3 恰卜恰地热田下更新统井口水温分区图

趋势;中部切扎—莫合多一带热储层厚度在 59.6~201.2m 之间,单井涌水量在 1 330.03~3 333.62m³/d 之间,井口水温在 73~105℃之间,厚度、涌水量及水温由东向西均为逐渐递增的趋势;南部沙有—阿乙亥一带热储层厚度在 104.6~211m 之间,单井涌水量在 1 002.15~2 066.64m³/d 之间,井口水温在 56.5~84.2℃之间,厚度、涌水量由东向西逐渐递减,水温由东向西逐渐增高(图 3-2-4)。

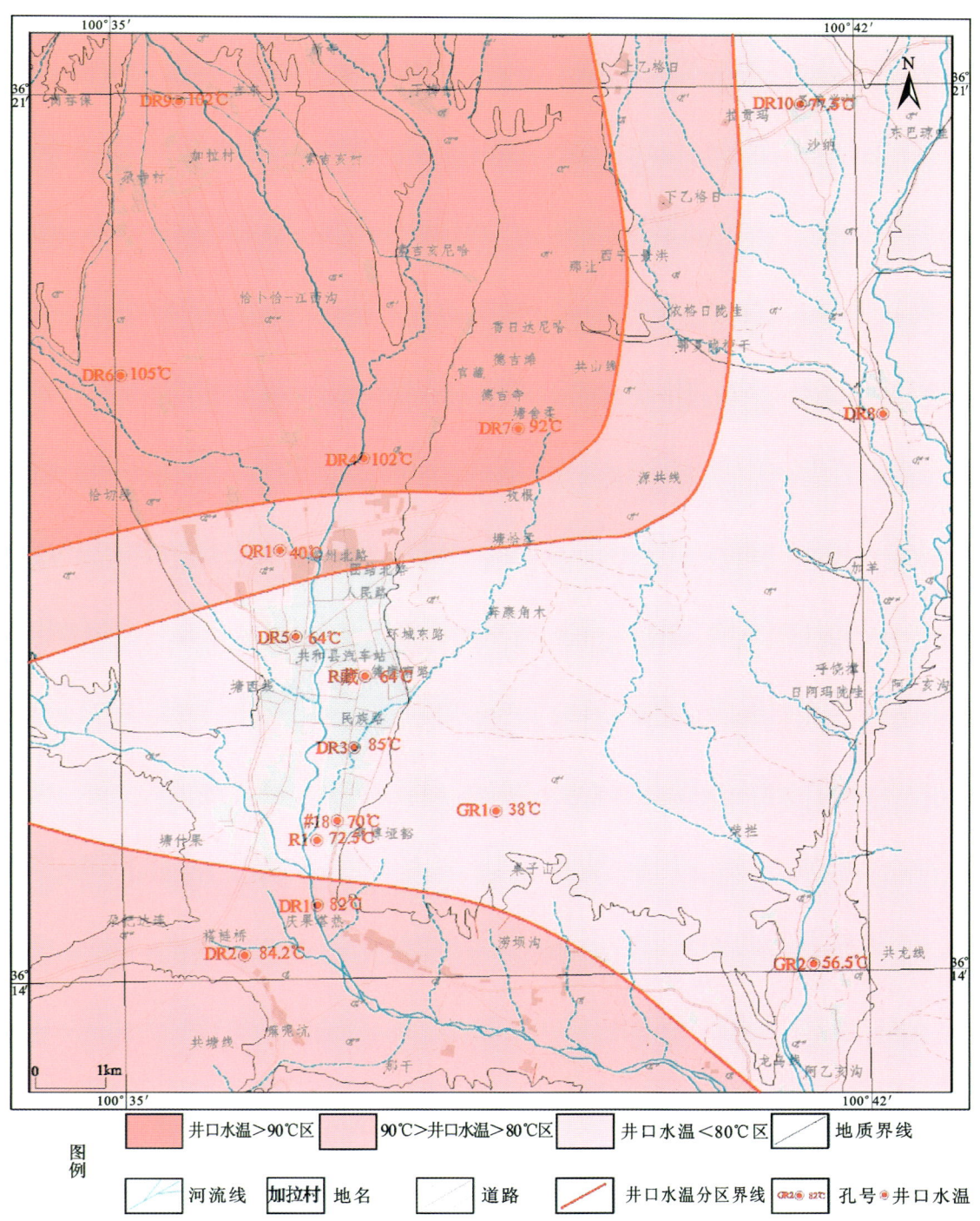

图 3-2-4 恰卜恰地热田新近系热流体井口水温分布图

(4)通过稳态测温及热流值计算,初步分析了区域热量传播方式。勘查区下更新统低温热储内地热梯度为 51.5~102.6℃/km,平均值 81.05℃/km,大地热流值为 28.9~56.0mW/m²,平均值 46.0mW/m²;新近系热储地温梯度为 27.3~86.5℃/km,平均值 61.4℃/km;大地热流值为 73.71~195.75mW/m²,平均值 160.37mW/m²(图 3-2-5),超过全球大地热流值平均值的 1 倍以上,反映了该区域热传导强烈。综合分析认为,勘查区热储层厚度随着地层厚度的增加而增加,西部地热前景更好。

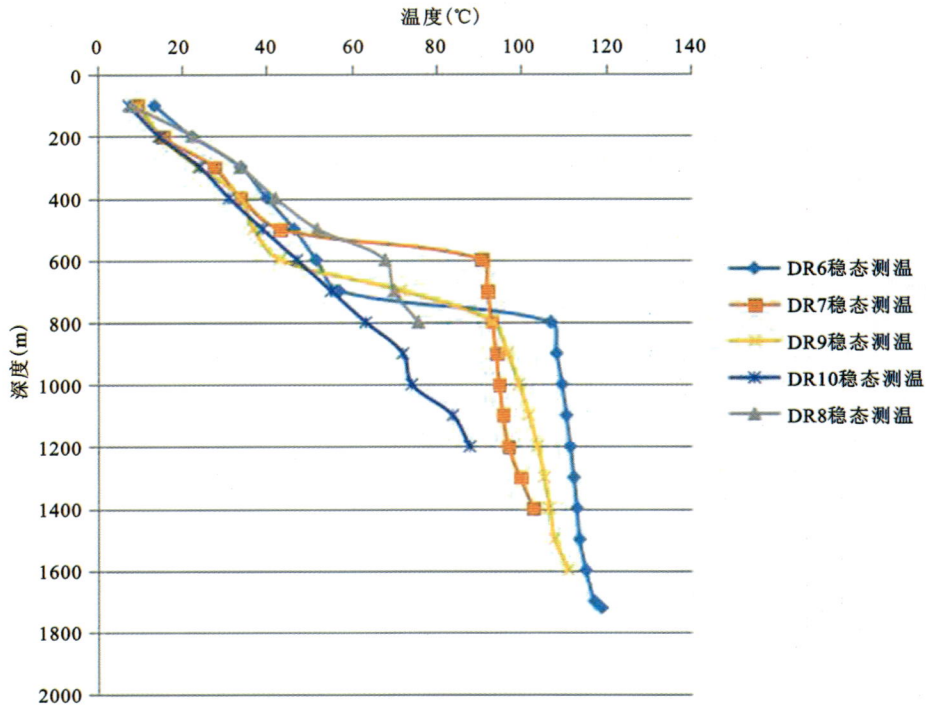

图 3-2-5　恰卜恰地区 DR6、DR7、DR8、DR9、DR10 孔稳态测温深度与温度曲线图

（5）计算了下更新统及新近系热储的储存热量、流体储量、允许开采量等参数，评价了勘查区地下热水资源量。勘查区根据地热地质条件、水文地质条件、开采条件划分了 6 个地热区块，其中 I-1 区为老城区及沙有一带，为前人勘查片区，勘查区面积 39.97km², 控制精度达到可行性勘查精度；I-2 区城北新区—加拉一带，为本项目勘查控制区，面积为 56.87km², 达到预可行性勘查精度；II-1 为塔迈及北台一带，为本项目勘查控制区，面积为 31.98km², 达到预可行性勘查精度；II-2 区为德吉滩—下梅一带，为本项目勘查控制区，勘查面积 25.75km², 达到预可行性勘查精度；III-1 为阿乙亥带，为本项目勘查控制区，勘查面积 26.89km², 达到预可行性勘查精度；III-2 为乙浪堂一带，为本项目控制区，勘查面积 19.28km², 达到预可行性勘查精度（图 3-2-6）。

根据各区参数特征采用热储法计算，勘查区下更新统热储中存储的热量为 3425.83×10^{15} J, 可采热量按照 10% 的地热回收率计算可采热量为 342.58×10^{15} J, 可采热量折合标准煤 1170.42×10^{4} T, 折算发电量为 951.62×10^{8} kWh, 折合发电功率 108.63MW。勘查区新近系热储中存储的热量为 9343×10^{15} J, 可采热量按照 10% 的地热回收率计算为 924.3×10^{15} J, 折合标准煤 3157.86×10^{4} T, 折算发电量为 2567.51×10^{8} kWh, 折合发电功率 293.09MW。

按照 6 个区块进行计算，勘查区下更新统热储中流体储存量为 36.88×10^{8} m³, 其中容积储存量为 36.88×10^{8} m³, 弹性储存量为 2.42×10^{6} m³；勘查区新近系热储流体储存量为 56.21×10^{8} m³, 其中容积储存量为 55.73×10^{8} m³, 弹性储存量为 0.48×10^{8} m³。勘查区下更新统允许开采量为 4.97×10^{4} m³/d, 前期可行性阶段提交资源量为 3.65×10^{4} m³/d, 新增允许开采量 1.32×10^{4} m³/d。新近系热储可采资源量建议取值 3.54×10^{4} m³/d, 其中，前期可行性提交资源量为 1.18×10^{4} m³/d, 新增允许开采量 2.32×10^{4} m³/d。根据勘查区资源计算，结合开发利用年限及方式，恰卜恰地热田属中、低温大型地热田。实现了青海省砂岩型热储回灌的突破。项目首次在恰卜恰地区开展了砂岩热储层地热尾水回灌，并实现了在自然回灌条件下的 100% 同层回灌，开创了青海省首个地热回灌项目，为恰卜恰地热田可持续开发利用奠定了坚实基础。

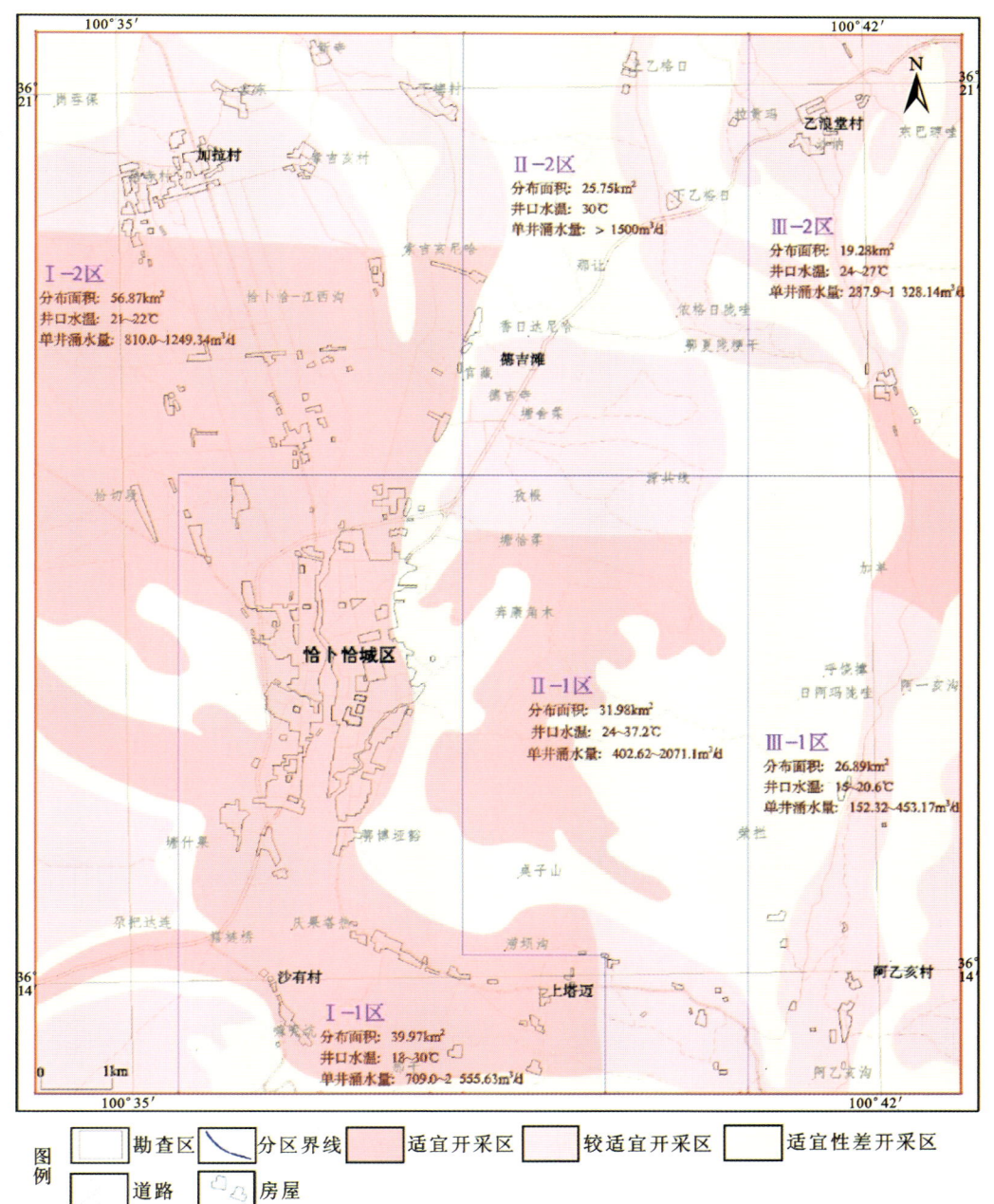

图 3-2-6　恰卜恰地区地热区块划分图

（6）基本查明了地区地下热水的类型及特征。恰卜恰地热区下更新统热储水温为 15～37.2℃，属低温地热资源温热水类型，可用于理疗、洗浴、采暖、温室、养殖等；新近系热储水温 58～105℃，属中、低温地热资源热水类型，可用于发电、采暖、洗浴、温室、烘干、工业利用等。区内地热流体矿化度为 1.92～2.23g/L，属 $HCO_3·Cl-Na$ 型水。地下热水偏硼酸、偏硅酸、氟、碘达到有医疗价值浓度和矿水浓度，局部达到命名矿水浓度，且含有锶、溴、硫化物等微量组分，达到热水标准，有医疗作用。地下热水砷、氟、汞、硫化物、钠、氯化物及矿化度超过饮用水标准，不能直接作为饮用水。

（7）建立了恰卜恰地区地下热水概念模型。根据恰卜恰地区钻探勘查及地球物理勘探剖面，勘查区东西向变化明显，花岗岩基底埋深呈现东浅西深的规律，花岗岩向西倾斜总体坡度约 8°，恰卜恰北部地区花岗岩坡度约 8.9°，上部盖层厚度由东向西加厚，下更新统厚度从 216m 增加至 580m；新近系厚度由

581m增加至1117m。恰卜恰地热田地质结构呈东部薄、西部厚的特点。勘查区覆盖层在南北向整体起伏小,局部呈现小的凹陷或者凸起,勘查区东部乙浪堂—阿乙亥地区中部呈凸起状,DR8号孔在799见基底花岗岩;勘查区西部加拉—沙有地区中部呈凹陷状,DR6号孔处花岗岩埋深比南北两侧的孔偏深一些(图3-2-7)。

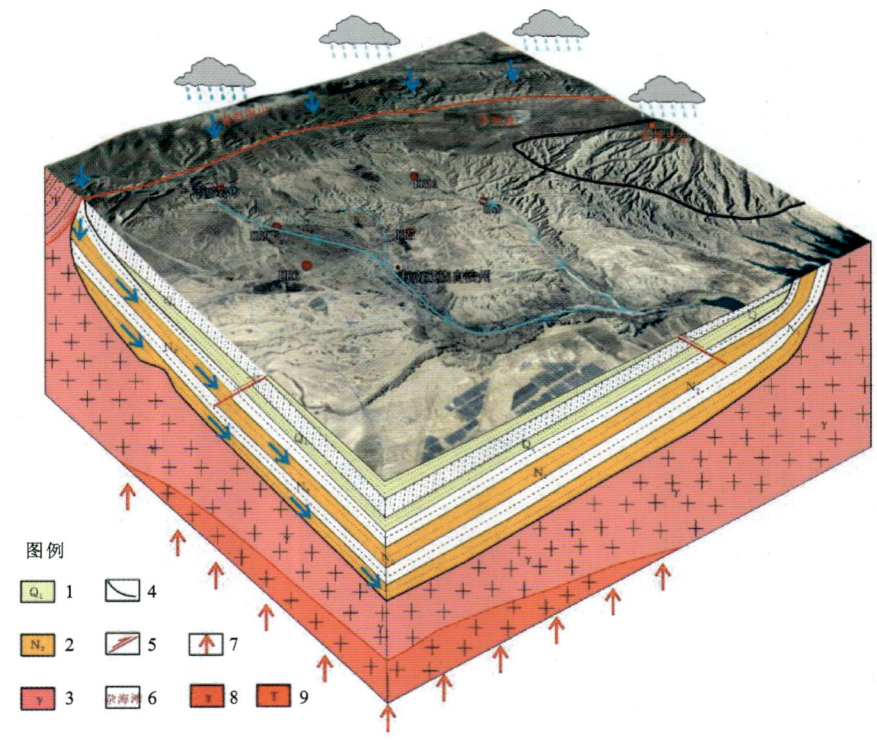

1.下更新统地层;2.新近系地层;3.花岗岩地层;4.地质界线;5.断层;6.地名;7.大地热流;8.干热岩;9.三叠系砂板岩。

图3-2-7 恰卜恰地热田概念模型

2.青海省同仁盆地地下热水资源勘查

项目通过地面地热地质调查、物探等手段,初步查明了同仁地区的地热地质条件,提交了同仁县城、措玉村、江龙村、官秀村4处地热靶区,选定同仁县城为最优靶区,实施一眼深1 800.5m的DR1地热孔。通过DR1地热孔的实施,初步查明了同仁市靶区地层温度变化情况:经物探测井,在孔深1793m处测得温度达90.25℃,新近系地温梯度6.24℃/100m,古近系地温梯度3.00℃/100m;白垩系地温梯度5.38℃/100m,全孔平均地温梯度4.50℃/100m;经定深测温,在孔深1800m处测得温度为77℃,全孔平均地温梯度3.77℃/100m。

同仁地区地热以层状热储为主兼有带状热储,为Ⅱ-3型。盖层底板深度为879.65m,岩性主要为第四系砂卵砾石层及古近系的厚层泥岩、砂质泥岩等;热储层以层状热储为主,层状热储埋深为879.65~1 800.5m,热储层厚度为920.85m,为白垩系,岩性主要为粗碎屑砂砾岩夹砂岩、泥岩,带状热储的热储层为F10断层,F10断层为F4的配套断层,同属多禾茂断裂带中的断层,且为一条活动断层,具有一定的控热性;勘查区的地下热水主要接受南部基岩山区大气降水入渗补给,部分地段通过盆地边缘基岩裂隙水的侧向补给,地下水经过大区域、深循环径流,局部地段沿断裂或断裂交会处以泉的形式排泄地表;热源主要为地壳地热梯度的加热及断裂构造深部导热,多禾茂断裂带为同仁地区的区域导热断层,为地下热水及热异常输出主通道。由于北西西向断裂切割较深,连通了地幔上部地热圈,在北东向与近东西向张性断裂切割,形成了地热通道。

3. 青海共和达连海北部地区地下热水资源勘查

项目通过地热地质调查、物探、钻探等工作，初步查明了达连海北部地区 2350m 以浅地层的地热地质结构及热储层分布情况：勘查区 0～899m 为第四系砂砾石、黏土、亚黏土和亚砂土地层，900～2250m 为新近系泥岩、泥质砂岩、粉细砂岩、中砂岩等，2251～2351m 为三叠系砂岩。热储盖层为下更新统黏土、亚黏土和亚砂土及新近系顶部的泥岩，热储层为新近系粉细砂岩、中砂岩及含砾中粗砂岩等，厚度达 265.0m。

实施的 DR11 地热钻孔井深 2351m，经单孔产能测试，最大落程出水量 3768m³/d，降深 120m，井口水温 78℃，矿化度 1.61g/L，属 $HCO_3·Cl-Na$ 型水，具有水质好、水量大、水温高的特点。通过物探测井测定第四系地热增温率为 5.02℃/100m，新近系热储地热增温率为 5.97℃/100m，三叠系砂岩地热增温率为 5.18℃/100m。初步分析地热流体主要从青海南山及盆地外围山区接受补给，由北向南向盆地中部汇集，深部热源通过地层导热，为达连海地区深部热储层提供了热力来源。达连海北部地区地下热水的发现，进一步拓展了共和恰卜恰地热田的范围，但基底岩性与恰卜恰地区明显不同，导致水温比恰卜恰地热田中心要偏低，物探解译的成果仍需进一步分析。

4. 青海省贵德县罗汉堂地区地下热水资源勘查

项目通过地面地热地质调查、物探、钻探等方法，初步查明了罗汉堂地区控热构造的分布及性质：工作区内 F1 断层系热光断裂北沿，控制着罗汉堂地区带状热源，断层倾向西，沿北北西 340°左右方向延伸，且跨过黄河之后在尼那地区向北北西方向继续延伸，倾向 244°～255°，倾角 56°～75°，破碎带宽 150～200m，垂向延展深度超过 2km，且近期仍处于活动状态，直接证据显示其最晚活动时期约在距今 2.58Ma 左右的新近系上新统时期。

实施 1 眼深 1600m 的地热探采结合井，通过产能测试，探获孔口水温 60.3℃、单井涌水量 1135m³/d、矿化度 0.76g/L 的优质地下热水资源，pH 值为 8.43，属弱碱性水，矿化度为 $Cl·SO_4·HCO_3-Na$ 型热矿水，微量元素丰富。通过定深测温基本查明了 1 600.81m 以浅地温场特征：0～400m 温度由 15℃ 增加至 28.6℃，增温率为 3.40℃/100m；400～700m 温度由 28.6℃ 增加至 59.8℃，增温率为 10.40℃/100m；700～1600m 温度由 59.8℃ 增加至 83.1℃，增温率为 2.59℃/100m，全孔增温率为 4.26℃/100m（图 3-2-8）。

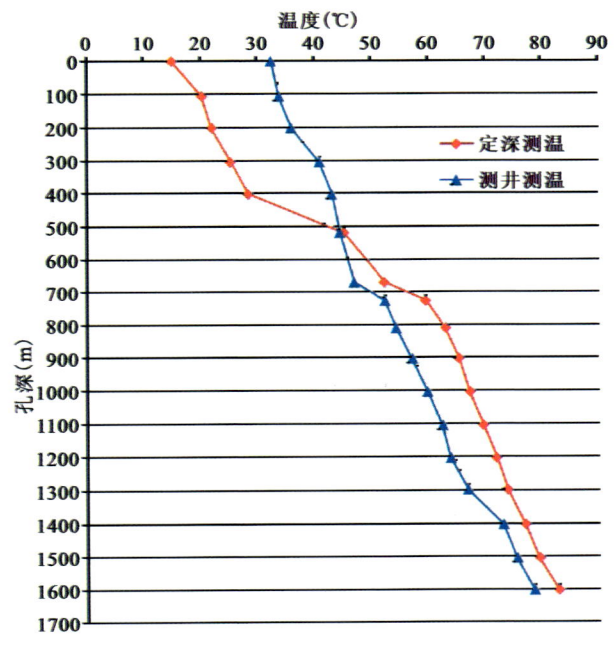

图 3-2-8　DR1 钻孔定深测温及测井测温曲线图

初步分析了罗汉堂地区的地热地质条件,并建立了热储概念模型:罗汉堂地区赋存强烈构造活动带Ⅱ-3型复合型地热资源,上覆厚约300m的新近系泥岩起到了一定的盖层作用,F1及F2断裂破碎带影响下的三叠系砂岩裂隙构成热储层,区域活动性深大断裂热光断裂分支F1断裂作为阻水构造和导热主通道,热源为上地幔高导层(部分熔融层)传导上来源源不断的热量、断裂带内各断裂面间的摩擦生热和地层增温。地热流体主要接受大气降水、西南部高山区地表水、地下水和泉补给,沿基岩裂隙通道运移并受到F1及F2逆冲断裂阻隔后汇集于共用上盘形成汇水三角面(图3-2-9)。

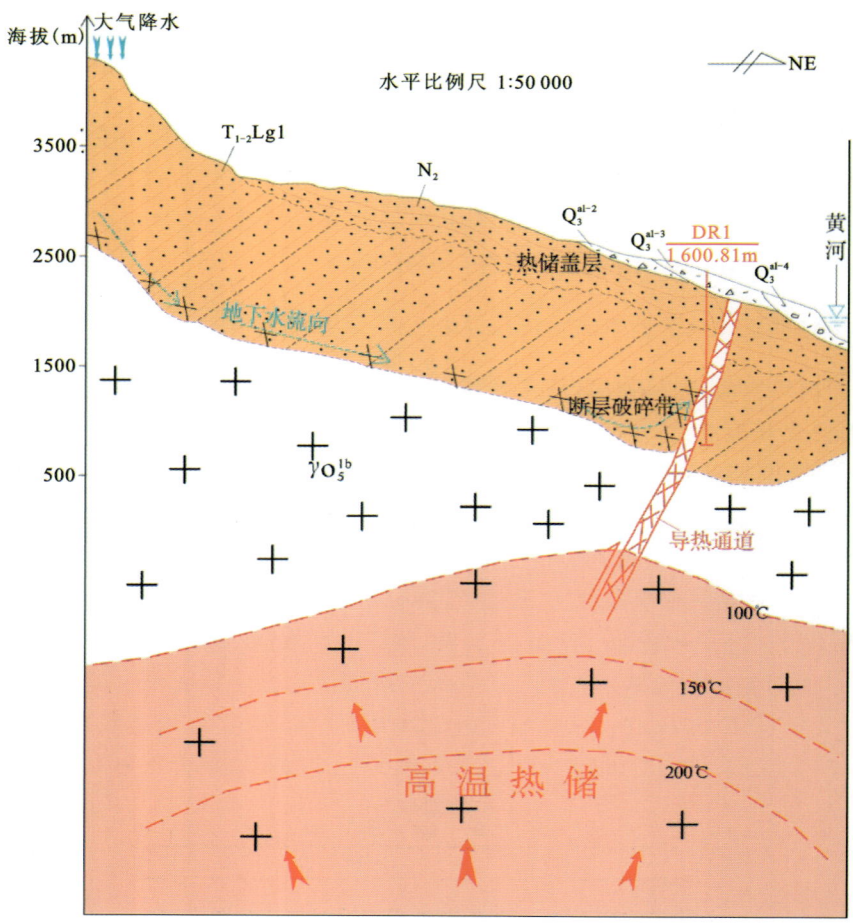

图3-2-9 贵德罗汉堂地区热储概念模型

(三)干热岩勘查

"十三五"期间,青海省共开展干热岩资源勘查项目2个,合计投入资金约4992.48万元。共完成1∶5万航磁反演解译160km^2;1∶2.5万地热地质调查225km^2;1∶1万地热地质调查12km^2,大地电磁测深585个点;地热地质钻探18909.5m。

1. 青海省贵德县扎仓沟地热勘查

项目实施2眼地热地质钻孔,基本查明了扎仓沟地区4721m以浅的地层结构。其中ZR1孔深3050.7m,孔底温度151.34℃,增温梯度4.38℃/100m;ZR2孔深4721.6m,4602m处实测地层温度为214℃,4100m处探获温度达180℃的干热岩资源,4100~4600m地层增温率为6.8℃/100m,揭露干热岩厚度为 621.60m(图 3-2-10)。通过物探工作,基本查明扎仓沟地区发育的两组主要断裂性质,其中北北西向断层共有 4 条,自西向东呈现阶梯状分布,4 条断层与实测扎仓沟地区热光断裂,是受瓦里贡山-多禾茂走滑挤隆构造带影响而在扎仓沟地区发育的北北西向热源断层组。

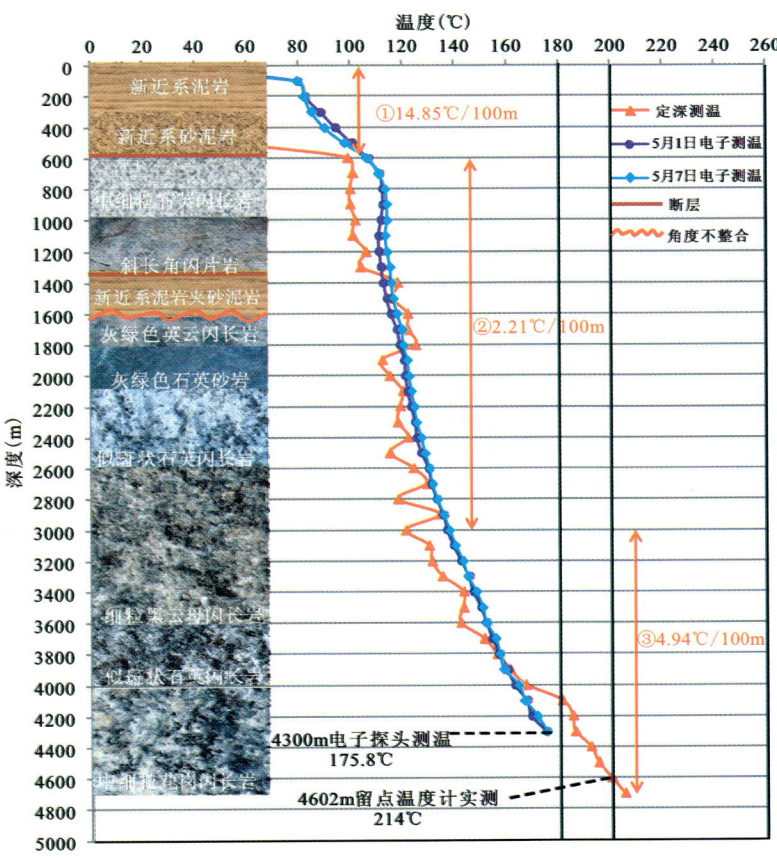

图 3-2-10　ZR2 钻孔定深测温和电测井温度变化曲线

通过该项目的实施,首次在贵德地区发现了温度为 214℃干热岩型地热资源和 151.34℃的水热型地热资源,实现了我国干热岩勘查重大突破,其中控制水热型地热资源热储面积为 8.4km^2,干热岩资源分布面积约 75km^2,勘查类型为中低温地热田Ⅱ-2 型。中高温地下热水主要接受大气降水和上游地表水的补给,近东西向张裂隙为入渗通道,中三叠世砂板岩与花岗闪长岩接触变质带为径流通道,北北西向热光断裂为热源通道,热源为断裂导热,属断裂-深循环型地热系统。扎仓沟地热田具备上地幔高导层(部分熔融层)传导上来源源不断的热量、深大活动断裂构成的导热主通道、中—晚三叠世花岗岩组成的高热导率聚热热储,以及上覆近 1500m 厚新近系泥岩保温盖层的地热地质条件,除深部导热外,断裂带内各断裂面间的摩擦生热、地层增温和放射性生热也有一定的贡献,共同构成了扎仓沟地热田中低温对流型地热资源、中高温对流型地热资源和干热岩型地热资源。

项目基本查明了干热岩赋存岩性的特征。通过岩石地球化学、同位素定年、物性测定等手段,测算了扎仓沟地区主要侵入岩二长花岗岩、正长花岗岩、花岗闪长岩等的主微量元素、成岩年龄、热导率、力学特征、放射性等特征。分析组合指数花岗闪长岩中介于 0.72～2.14 之间,二长花岗岩中介于 2.01～2.70 之间,正长花岗岩中介于 0.37～1.96 之间,均小于 3.3,属钙碱性岩石。在 $\omega(SiO_2)$-$\omega(K_2O+Na_2O)$ 图解中均落入亚碱性系列区,在 AFM 图解中投影,不同岩石类型所有样品点均落入钙碱性系列区,不同岩石类型花岗岩在岩石化学成分上有一定的亲缘关系。稀土配分模式图及微量元素蜘网曲线形式具有协调一致性,显示出同源岩浆演化特征;干热岩成因属起源于大陆地壳中沉积的源岩,与陆壳改造型花岗岩相当。区域上同位素年龄主要集中在231Ma左右,表明扎仓沟花岗岩形成时间为中晚三叠世,说明该地区花岗岩于中晚印支构造期侵入就位。ZR1钻孔揭露3个较为明显的构造裂隙含水系统,且构造裂隙影响深度较大,ZR2钻孔地层节理、裂隙分段发育,完整性相对较好;ZR2钻孔岩心样品的密度平均值为2619kg/m³,容重平均值为25.67kN/m³,孔隙度平均值为2.78%,渗透率平均值为0.323mD,热导率平均值为3.211W/(m·K),比热容平均值为0.732kJ/(kg·K);力学特征显示纵波波速平均值为5.482km/s,横波波速平均值为2.922km/s,弹性模量平均值为58.217GPa,剪切模量平均值为22.484GPa,泊松比平均值为0.297,岩石单轴抗拉强度平均值为8.43MPa,单轴抗压强度平均值为132.10MPa,三轴抗拉强度随围压增大逐渐增大,且线性规律非常明显,剪切强度法向力平均为8.03kN,切向力平均为17.97kN,$C=3.41$MPa,$\Psi=54.6°$;在高背景值条件影响下,花岗岩铀钍钾放射性呈现"高铀、高钾"特征;3960~4518m井段微电阻率成像特征识别出31条裂缝,4210~4220m集中发育裂缝6条,4310~4320m集中发育裂缝7条;识别现今最大主应力方向为NE35°。

地表水水化学主要为Cl·SO₄·HCO₃-Na型,矿化度为1.27~2.3g/L,pH值为8.18,水化学组分较稳定;浅层地热流体为矿化度1.464g/L的SO₄·Cl-Na型水,pH值为8.13~9.03,属弱碱性水;深部构造地热流体为矿化度1.55g/L的SO₄·Cl·HCO₃-Na型水,pH值为9.11,属弱碱性水;地热流体水化学组分动态变化稳定;δD-$\delta^{18}O$测试结果指示地热水主要补给来源为大气降水,补给距离远,补给高程高,因高程效应造成了氧同位素的向右漂移(图3-2-11);^{14}C年龄显示地热水的年龄为8000年,说明热水是由晚更新世温度较低的大气降水补给,属深循环水,循环途径长,径流时间长。

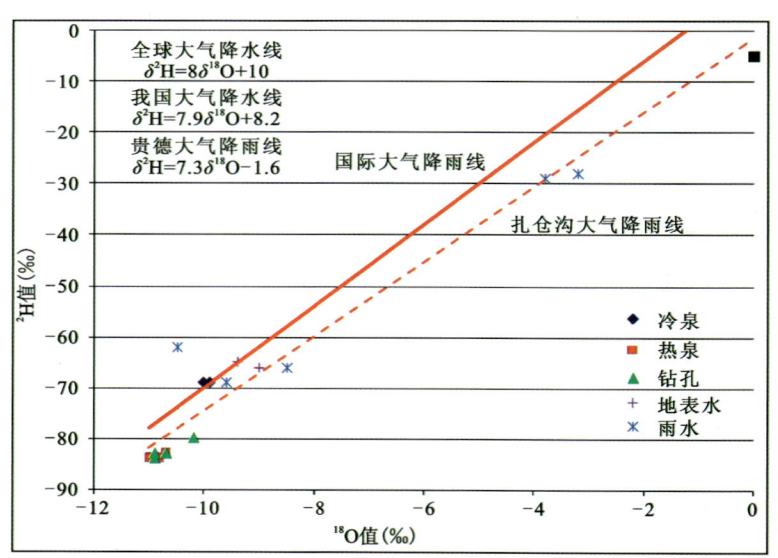

图3-2-11 扎仓沟地区地热流体δD和$\delta^{18}O$关系图

采用热储法和动态模拟方法,建立扎仓沟地热田数值模型,探索了水-热交换条件,初步评价了扎仓沟地热田水热型和干热岩型热能潜力。静态法计算扎仓沟地热田(8.4km²)及外围75km²范围内4100~6000m层段干热岩地热资源量为$58.90×10^{18}$J,折合标准煤$200.96×10^{8}$t,折合发电量$163.58×10^{14}$kW·h。动态法基于竖直井水热气数值模拟,模型稳定运行50年,估算0~3000m以内扎仓沟地热田可开采热量为$2.94×10^{17}$J,折合燃煤$1.003×10^{7}$t,总发电量为$1.36×10^{10}$kW·h。估算贵德盆地可开采热量为$1.75×10^{20}$J,折合燃煤$2.302×10^{9}$t,总发电量为$3.12×10^{12}$kW·h。估算3000~8600m深度范围内,扎仓沟地热田可开采热量为$2.31×10^{18}$J,折合燃煤$7.879×10^{7}$t,总发电量为$6.920×10^{10}$kW·h。估算贵德盆地可开采热量为$1.01×10^{21}$J,折合燃煤$3.443×10^{10}$t,总发电量为$3.02×10^{13}$kW·h。扎仓沟地热田热能资源储量大、埋藏浅、矿化度低,地热流体中富含多种微量元素,其开发将产生显著的生态效益、社会效益和经济效益。

2. 青海省共和县恰卜恰镇干热岩勘查

项目共实施地热地质钻探 11 137.2m/4 孔,其中 DR3 孔深 2 927.2m,2230m 探获 153℃干热岩,孔底温度为 180.27℃,平均热流值为 114.7mW/m²;DR4 孔深 3 102.0m,3080m 处测得温度为 182.32℃,平均热流值为 98.9mW/m²;GR1 孔深 3 705.0m,孔底测得 236℃的高温,平均热流为 96.2mW/m²;GR2 孔深 3 003.0m,孔底温度 182℃,平均热流值为 97.8mW/m²(表 3-2-1、图 3-2-12)。根据共和恰卜恰地区已实施的地热钻孔,下更新统低温热储内地热梯度为 5.06~9.81℃/100m,平均值为 7.78℃/100m,大地热流平均值为 65mW/m²,新近系热储地温梯度在 5.19~7.25℃/100m,平均值为 5.94℃/100m;大地热流值平均值在 10²mW/m² 之间。根据共和地区干热岩井测温数据,计算的共和恰卜恰地区平均地温梯度为 6.1℃/100m。

表 3-2-1 共和恰卜恰地区干热岩钻孔地温梯度计算

井编号	花岗岩埋深(m)	花岗岩顶界的地层温度(℃)	钻孔深度(m)	孔底温度(℃)	花岗岩地温梯度(℃/100m)	恰卜恰地区多年平均地温(℃)	泥砂岩梯度(℃/100m)
DR3	1340	112	2 927.2	180.27	4.30	6.34	7.89
DR4	1402	111	3 102.0	182.32	4.20	6.34	7.47
GR1	1350	104.5	3 705.0	236	5.58	6.34	7.27
GR2	940	82	3 003.0	182	4.85	6.34	8.05

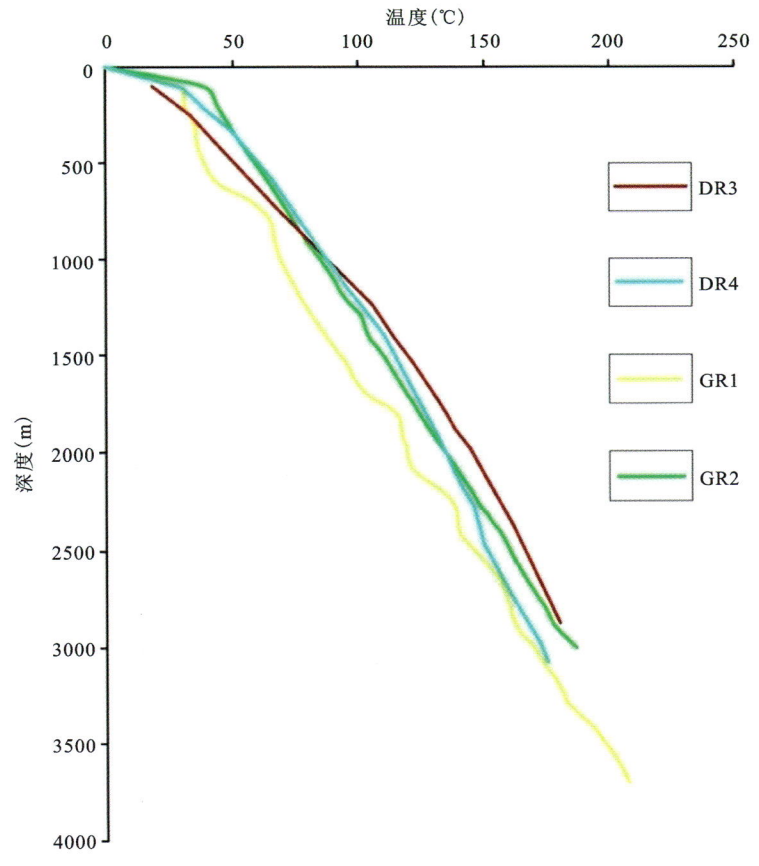

图 3-2-12 恰卜恰地区干热岩钻孔测温曲线

勘查区基底均由印支期花岗岩组成,其埋藏深度在900～1400m之间,基底呈东高西低趋势,总体起伏不大;花岗岩体在埋深3000m左右温度达到180℃干热岩。干热岩埋深也呈现由东向西逐步变浅的趋势(图3-2-13)。

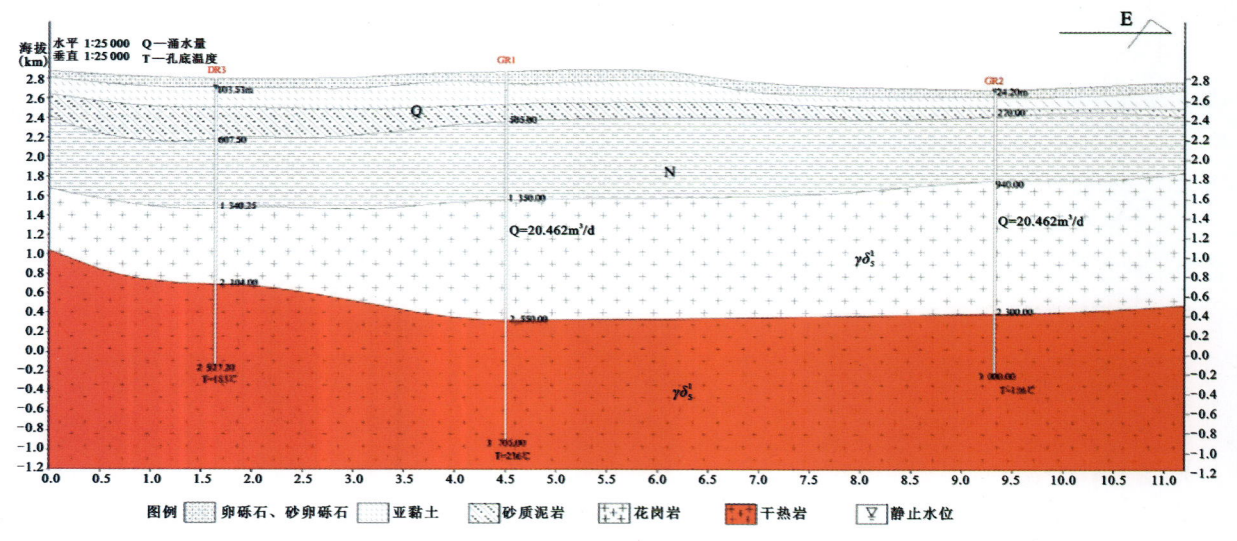

图3-2-13　共和盆地恰卜恰地区东西向干热岩地质剖面图

项目通过样品分析测试,测定了干热岩赋存岩性的岩石地球化学、地球物理、力学、放射性等特征。恰卜恰地区干热岩基底侵入岩由黑云母花岗闪长岩、斑状二长花岗岩、花岗岩组成,岩石类型均属高钾钙碱性岩石类型(包含晚三叠世火山岩和早白垩世火山岩),且属于镁安山岩类,显示A型花岗岩特征,构造环境判别整体上显示出同源岩浆特征。恰卜恰地区钻孔揭露的花岗岩侵入年龄为243±1～248±2Ma、224±2～227±2Ma,表明共有印支期早、晚两个侵入期。盆地中心花岗岩埋深为1300～1500m不等,从上到下岩性较均一。岩心样品显示3000m以浅钻孔岩心较为破碎,其下岩体较为完整,部分井段岩心裂隙发育,裂隙发育井段厚度为一般为29～94.3m,最大厚度为134.5m,且与完整岩体常呈"互层"出现。共和盆地揭露的花岗岩,比热0.651～1.71kJ/(kg·K),平均值为1.08kJ/(kg·K)。热导率0.34～3.16W/(m·K),平均值为1.86W/(m·K),密度1.66～2.71kg/m³,平均值为1.64kg/m³。恰卜恰地区钻孔揭露花岗岩铀含量一般为4.01～8.76μg/g,钍含量一般为16.2～24.8μg/g,钾含量一般为2.27～2.94%,含环境本底γ照射量率3.25～4.33×10⁻⁶c/(kg·h)。根据生热率值,计算岩石样品的生热率介于1.17～5.81μW/m³之间,放射性生热率与Th/U比值均处在中等或正常的水平,没有出现高异常现象(图3-2-14)。岩石热导率介于1.28～3.10W/(m·K)之间,不同类型岩石的热导率存在较大差异,泥岩和砂质泥岩的热导率普遍小于花岗岩、闪长岩等。

根据地球物理解译及钻探揭露分析,建立恰卜恰地区温度＞150℃地层干热岩热储概念模型(图3-2-15)。依据大地电磁测深剖面及钻孔验证,确定共和恰卜恰地区基底为花岗岩,花岗岩在南北向起伏小,东西向逐渐变浅,钻探和大地电磁测深控制的共和干热岩勘查区面积近262km²,估算厚度自3000m起算,其中探明储量计算深度为3000～3705m,估算深度为3705～6000m。根据体积法推算,已探明的262km²范围内,干热岩资源静态储量为72.98×10¹⁸J,换算标准煤24.93亿t,在恰卜恰地区3000～6000m深度范围干热岩资源储量为130.86×10¹⁸J,换算标准煤44.71亿t。

综合研究表明,整个勘查区地温梯度、温度相对均匀稳定,表明区内干热岩具有分布范围广、埋深浅、温度高的特点,具有很高的开发利用前景。共和恰卜恰干热岩的发现,突破了传统只有在青藏高原南部大陆(板块)边缘碰撞带具有高温地热资源,而北部不存在高温地热的理论认识,实现了中国干热岩资源找矿零的突破,为后续我国干热岩勘查及试验性发电提供了基础。

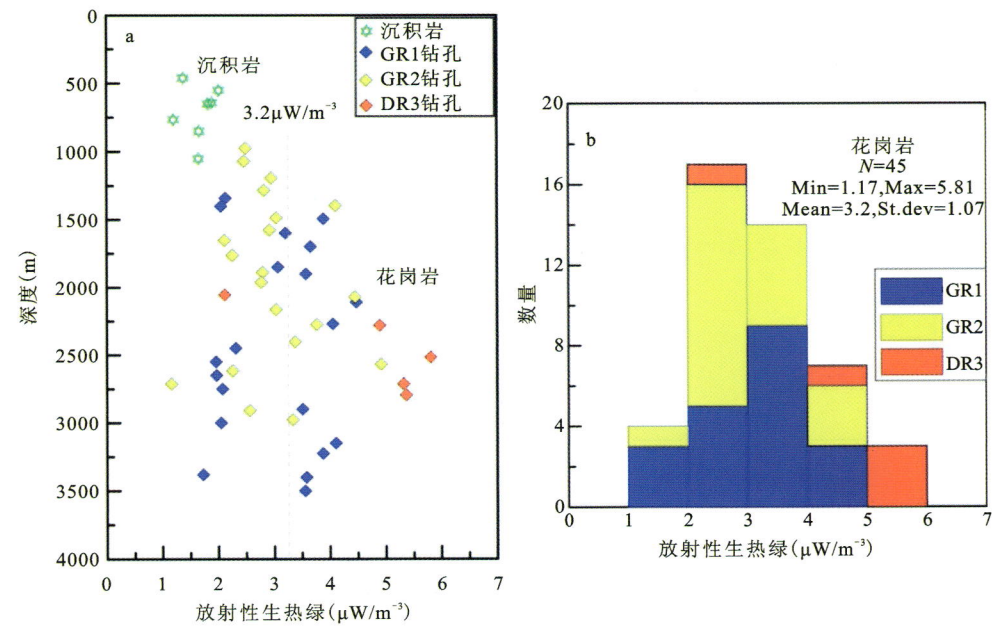

图 3-2-14 共和盆地主要干热岩钻井岩心样品放射性生热率测试结果
a.生热率随深度变化图;b.花岗岩生热率直方统计图

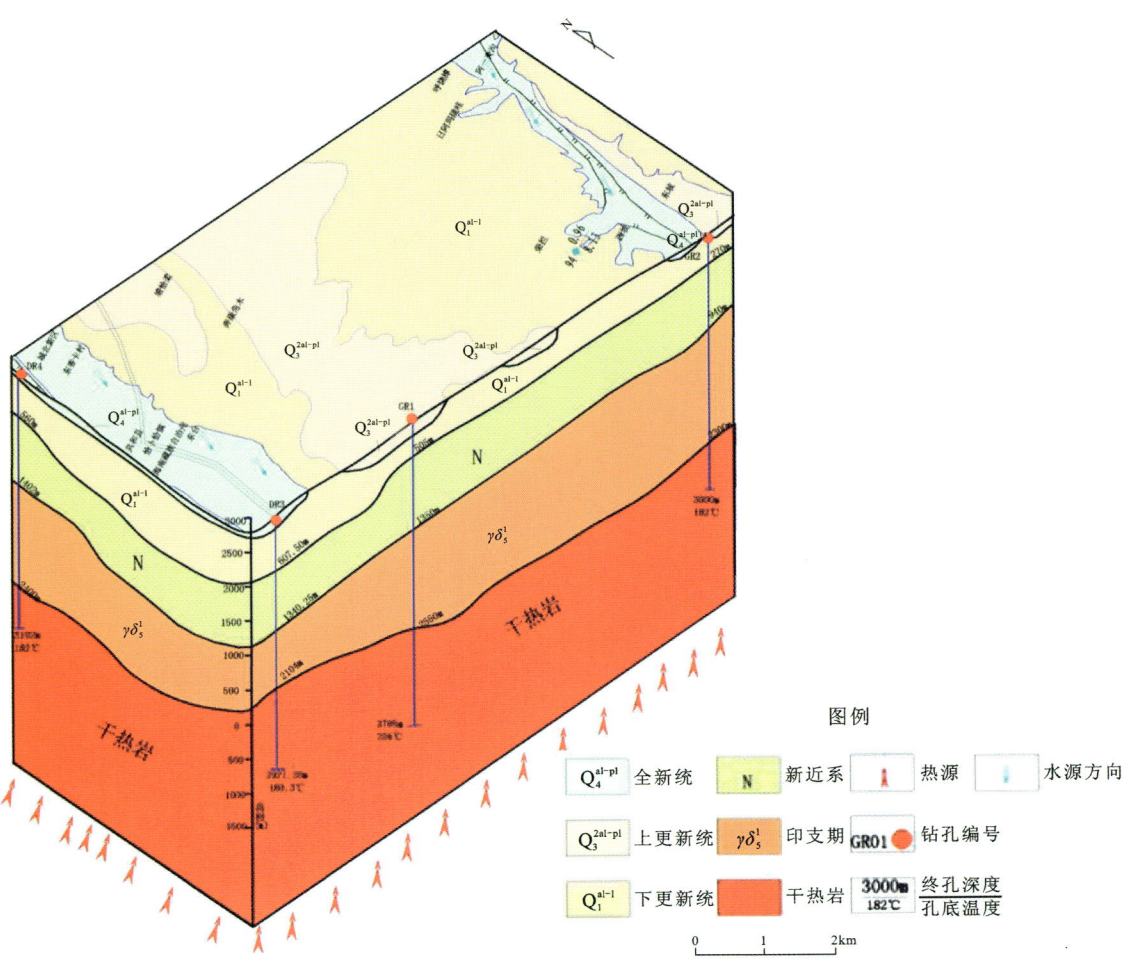

图 3-2-15 恰卜恰地区干热岩热储概念模型

第三节 民生地质与服务工程开辟新领域

一、土地质量地球化学评价

"十三五"期间,分别在柴达木绿洲农业区、平安区和门源县富硒区开展了1∶5土地质量地球化学评价工作,共部署了6个项目,完成面积2920 km²,柴达木绿洲农业区和海东市富硒耕地区已全覆盖。共圈定富硒土壤1 518.3 km²,富锗土壤123.6 km²。

(一)柴达木盆地绿洲农业区生态地球化学评价

2015—2017年,先后在柴达木盆地都兰、德令哈-乌兰、格尔木地区安排部署了3个绿洲农业生态地球化学评价项目,共计1217 km²,圈定土壤综合异常128处,其中有益元素异常93处,有害元素异常14处,其他元素异常21处。圈定富硒土壤544.1 km²(Se≥0.23μg/g),其中富硒耕地106.6 km²,富硒林草地437.5 km²,筛选出红枸杞、黑枸杞、白刺果3种富硒作物。

1. 都兰县绿洲农业生态地球化学评价成果

(1)通过1∶5万土壤调查圈定综合异常70处,其中Se、Ge、B等有益元素异常39处,As、Cd、Zn等有毒有害元素异常11处,S、CaO、Na$_2$O、SiO$_2$等其他元素(或氧化物)异常20处。

(2)诺木洪地区以Se≥0.23×10^{-6}圈定富硒土壤面积413.6 km²,其中富硒耕地21.3 km²,富硒林草地392.3 km²。香日德地区圈定富硼耕地42.2 km²(B≥55×10^{-6})。为特色农业提供了地球化学依据。

(3)通过土地质量地球化学评价和等级划分,提出察汗乌苏镇—夏日哈、香日德、诺木洪、巴隆4个地区以二、三等土地为主,占比在75%以上,土壤环境清洁、土壤养分中等,为绿洲农业规划提供了依据。

(4)通过对土壤和农作物中有益有害元素分布特征进行分析,评价了工作区农作物安全性,特色作物藜麦、枸杞的安全率和绿色率均为100%。初步提出了香日德、诺木洪特色作物种植建议;有毒有害元素异常区提出了土壤环境安全预警。

2. 德令哈—乌兰地区绿洲农业生态地球化学评价成果

(1)通过1∶5万土壤测量圈定各类异常共25处,异常以Se、Mn、B、Ge为主,其中怀头他拉地区圈定综合异常5处,主元素为Ge、Se和Mn;德令哈地区圈定综合异常7处,主元素以Se为主;尕海地区圈定综合异常3处,主元素以Se为主;乌兰地区圈定综合异常6处,主元素为Se、Ge、B;茶卡西—茶卡地区圈定综合异常4处,主元素为Ge。

(2)以Se≥0.23×10^{-6}圈定富硒土壤77.7 km²,根据富硒土地的分布特征,结合当地农业发展现状,对工作区富硒产业进行了规划建议。

(3)通过土地质量地球化学初步评估,评价区土壤养分地球化学等级以三、四等为主,占总面积的63.68%;土壤环境地球化学等级以一等为主,占总面积的99.96%;土壤质量地球化学综合等级以一、二等为主,占总面积的72.51%,土地质量优良。

(4)研究了德令哈—乌兰地区农作物中有益、有害元素、有机污染物的含量特征以及植物-水-土壤系统中元素的分布、富集规律;通过对特色农作物安全性评价,表明工作区农产品总体为绿色,无污染。筛选出黑枸杞、白刺果、油菜籽、冰草4种富硒作物。

3. 格尔木绿洲农业生态地球化学评价成果

(1)通过1∶5万土壤测量圈定综合异常33处,其中有益元素异常29处,有毒有害元素异常3处,其他元素异常1处。选取硒、锌、汞、镉等为主元素的5处异常进行了查证,初步查明了异常起因及其生态效应。对硒的来源及迁移转化进行了初步研究,认为富硒土壤硒的主要来源为晚更新世湖积物。

(2)以 $Se \geq 0.23 \times 10^{-6}$ 圈定富硒土壤 $52.8 km^2$;确定黑枸杞、种植红枸杞为富硒作物(Se 含量$\geq 0.05 \times 10^{-6}$)。根据富硒土壤的分布特征,结合当地农牧业发展现状,提出了富硒农牧业开发建议。

(3)对农作物及水地球化学特征进行了研究,对特色农作物安全性和水质量进行了评价。除河东农场砖厂地区红枸杞部分样品 Cd、Pb 超标外,其余地区采集的红枸杞、黑枸杞、白刺果、圣女果、藜麦、大蒜中 Cd、Pb、As、Hg 四种重金属含量较低,无污染;灌溉水质量总体较好,河西农场北部曲流河个别地段地表水氟超标。

(4)对土壤质量进行了地球化学评价及分等定级,工作区土壤质量地球化学综合等级以二、三等为主,其中:二等土壤面积为 $121.5 km^2$,占评价区总面积的 46.7%;三等土壤面积为 $107.4 km^2$,占评价区总面积的 41.3%。并对河东农场砖厂地区进行了土壤环境安全预警。

调查显示,柴达木盆地富硒土壤来源于第四纪湖相沉积物,富硒土壤中重金属元素均不超标,具有富硒来源稳定、清洁无污染、有效硒含量高的突出优势,而该成果为海西特色资源利用、农业结构调整等方面提供了重要支撑。目前,海西州建立了"柴达木枸杞绿色产业示范基地""柴达木绿色食品保健品出口基地""全国高寒区枸杞种植产业知名品牌创建示范区""国家级出口枸杞质量安全示范区"等,目前枸杞产业已进入新的发展阶段,开启了全力打造全国富硒有机枸杞基地的新征程。

(二)平安区富硒土壤综合调查评价

2016—2018年开展了平安区富硒土壤综合调查评价项目,完成面积 $357 km^2$,圈定足硒($Se \geq 0.175 \times 10^{-6}$)土壤面积为 $274.2 km^2$,其中富硒($Se \geq 0.4 \times 10^{-6}$)土壤面积为 $11.71 km^2$。

(1)通过1∶5万土地质量调查,查明了平安南部地区土壤中31种元素地球化学分布和分散富集特征,圈定土壤综合异常42处,其中有益元素异常22处,有害元素异常9处,有益有害共生异常11处。

(2)通过平安三合地区1∶1万土地质量地球化学评价,圈定优良富硒土地图斑115个,建立了富硒档案卡,建立富硒种植试验基地1处,为当地富硒产业规划和开发提供了一套较好的地球化学资料。

(3)初步认为平安区南部拉脊山土壤硒高值异常主要与土壤有机质吸附作用及硫化物矿化有关。通过对异常区生态效应的评价,认为该区牧草富集硒元素的同时也富集了砷、铬、镉等有害元素。

(4)根据有害元素异常查证、土地质量地球化学评价,在平安南部重金属污染区划定了7个土壤环境安全预警区。

(5)确定了小麦、油菜、黄芪、党参等富硒作物,在政府部门制定产业规划、促进富硒产业建设和发展等方面得到了广泛的应用,并取得了较好的效果。

(三)门源盆地土地质量地球化学评价

2018年至今,在门源县安排部署了2个1∶5万土地质量地球化学评价项目,共计 $1346 km^2$,圈定综合异常23处,其中有益元素为主的异常19处,有毒有害元素为主的异常4处。确定绿色富硒土地

700km²[硒含量为(0.23～2.1)×10⁻⁶],其中绿色富硒耕地230km²,富硒林草地470km²;确定绿色富锗土地123.6km²(Ge>1.5×10⁻⁶);初步发现油菜籽、牧草等富硒植物,为发展富硒特色农牧业提供了基础。

二、1∶5万水文地质、工程地质、环境地质调查

"十三五"期间,青海省先后在湟水流域、黄河干流区、柴达木盆地等重点地区部署实施了1∶5万水文地质工程地质环境地质调查工作;在西宁、冷湖等地实施了供水水文地质勘查工作,在西宁市开展了城市地质调查工作,共部署实施勘查和研究项目23项,其中省财政投入资金约10 090.34万元;此外省财政还出资3 573.19万元,在全省开展了17个县市1∶5万地质灾害详细调查工作,实现了全省地质灾害详查工作全覆盖,取得了较显著的成效。

(一)湟水流域

圈定了多处富水地段

湟水流域富水区主要分布在湟水河干流及其较大支沟内,即西纳川、北川河、南川河、沙塘川、甘河、石灰沟等地。

1)西纳川富水区

西纳川富水区主要分布于毛吉村以下至沟口的河谷中部附近,含水层岩性上部为全新统砂卵石层,一般厚2～5m,下部为上更新统含泥质砂卵石层,一般厚20～30m,河谷潜水埋深自下游到上游,从河谷中央向两侧,由浅变深。丹麻寺一带及其以下地区,地下水埋深小于3m,上寺村至西岔一带10～20m,铁家营至千户营一带20～30m,局部大于30m。由于河谷基底抬高造拦,隆口附近水位变浅,为3m左右。渗透系数35～156m/d,计算涌水量1000～5000m³/d,水量丰富。

河谷冲积层潜水补给来源主要是地下径流和西纳川河河水入渗,大气降水入渗补给意义不大。该区依据地下水的补给、径流、排泄关系可分为两个段。拦隆口至丹麻寺为地下水补给—径流段:河水高悬地下水位之上,以垂向渗透方式通过包气带补给地下水,与拦隆口、拉沙沟两断面流来的地下水一起向下游径流,随着径流途径增长流量增加,地下水埋深变浅。到丹麻寺剖面地下水位与河水位基本一致,再向下600m泉水溢出。丹麻寺以南为地下水排泄—径流段(图3-3-1):地下水排泄以隐蔽式补给河水为主,丹麻寺以南长约3km,地下水总泄出量3.97×10⁴m³/d,以泉水形式的排泄量为0.12×10⁴m³/d,占总泄出量的2.94%。地下水排泄的原因是下游河谷变窄,过水断面减小。

计算的地下水天然补给量枯水年8.48×10⁴m³/d,平水年为12.83×10⁴m³/d,储存量0.87×10⁸m³,地下水B级精度允许开采量为8×10⁴m³/d。

2)北川河富水区

北川河富水区主要分布于长宁镇以西的许家寨—新寨村,王家庄村—东村一带,该区为北川古河道及现代河谷,富水区北东、北西、南西三面为中、新生界碎屑岩,局部为古生界变质岩构成的小起伏中山地形,海拔2600～3100m。富水区及南东为河谷平原,海拔2500～2600m,宽2～4km,分布有第四系松散岩类构成的河漫滩、Ⅰ—Ⅲ级阶地。含水层岩性为全新统冲积砂卵石和上更新统冰碛泥质砂卵石,两者之间无明显的隔水层。透水性在水平方向上是非均质的,总的规律是河谷中央带、含水层厚度大的地带透水性最佳,向河谷边缘带逐渐变差,含水层厚度9～15m,水位埋深0.5～10m不等,地下水补给条件好,单井计算涌水量大于5000m³/d,渗透系数在50～200m/d间,河谷在横向上由河谷中央向两侧随着与河流距离的增大,含水层由厚变薄,潜水埋深由浅到深,含水层透水性由大变小,钻孔计算涌水量由

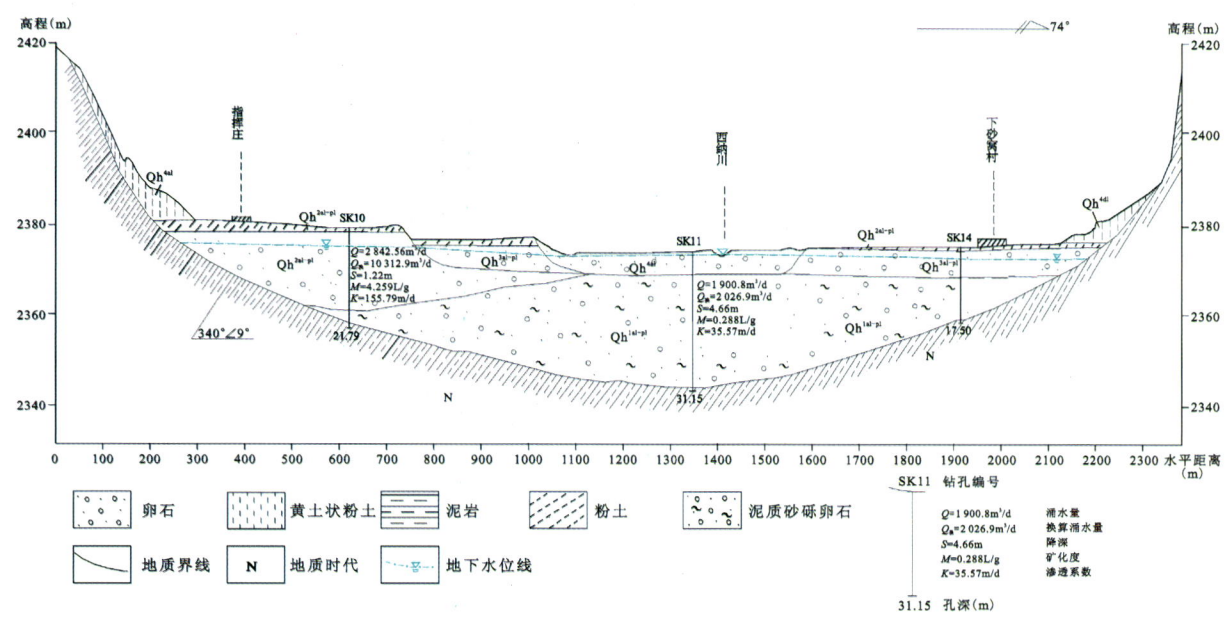

图 3-3-1　西纳川指挥庄水文地质剖面图

大到小。河谷纵向上(图 3-3-2)从峡门,城关到上石家庄,河谷基底分别以 11.7‰ 和 12.5‰ 的坡度递降,含水层逐渐加厚,钻孔计算涌水量增大,富水性增强;由石家庄向下游至下旧庄段,基底坡度变缓为 4.4‰,含水层变薄、透水性差、宽度变窄,计算涌水量变小;由下旧庄向下游进入塔尔盆地,基底坡度加大到 7.4‰,含水层变厚,富水性增强,单井计算涌水量达 $2\times 10^4 \mathrm{m}^3/\mathrm{d}$ 以上,向下游至堡子一带基底急剧抬升,含水层变薄,富水性变弱。

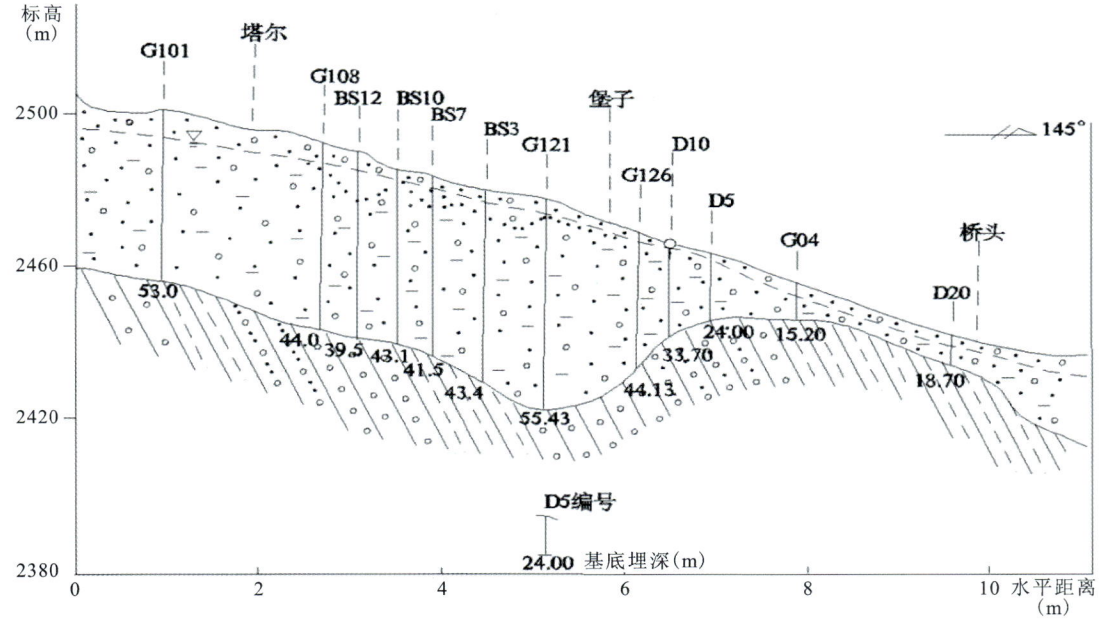

图 3-3-2　北川河塔尔—桥头段水文地质剖面图

北川河发源于达坂山南麓,流经塔尔盆地,穿过老爷山峡口,在西宁市汇入湟水。区内潜水主要接受上游和周边地下径流及河水的渗漏补给,其次是农田灌溉回归水、大气降水的入渗补给。北部边界峡门断面和西部边界的张庄—贝寺断面是地下径流进入水源地的"门户"。宝库河峡门—上石家庄段(长

6.35km),河水位高于潜水位,河水垂向渗漏经包气带补给地下水。多年平均河水渗漏量 $13.29\times10^4m^3/d$,单位长度渗漏量 $2.09\times10^4m^3/d\cdot km$。由张庄—贝寺断面流入的地下径流,从柳树庄开始泄出补给黑林河或形成泉水泄出带,到石家庄汇入宝库河后直到下旧庄一带仍继续排泄潜水。总排泄量 $23.06\times10^4m^3/d$。过了下旧庄,进入塔尔盆地,北川河再一次垂向渗漏补给地下水,平水年渗漏量达 $14.64\times10^4m^3/d$,经过塔尔水源地到堡子一带开始泄出,总排泄量 $9.23\times10^4m^3/d$。总的特点是地下水交替迅速,地表水、潜水互相转化构成河水—潜水系统。河水大量垂直下渗强烈补给河谷潜水,接受补给的河谷潜水以5‰~8‰的水力坡度,由北西向南东径流。随着径流途径增长流量增加,至堡子奶牛厂一带,河谷潜水开始大量排泄。堡子庄下方奶牛厂一带是地下水补给—径流段向地下水排泄—径流段的转换地段。塔尔地区枯水年河谷潜水补给量为 $22.084\times10^4m^3/d$,扩采增补量 $15\times10^4m^3/d$,人工引渗补给量 $9.27\times10^4m^3/d$,塔尔水源地B级精度地下水允许开采量为 $11.9\times10^4m^3/d$。堡子地区枯水年河谷潜水天然补给量为 $24.076\times10^4m^3/d$,容积储存量 $0.690\,3\times10^8m^3$,允许开采量为 $8.28\times10^4m^3/d$。

3)沙塘川富水区

沙塘川富水区主要分布于互助县城西北—东庄一带,该区为沙塘川古河道及现代河谷,含水层岩性为第四系砂砾卵石,渗透性能好,渗透系数 10.45~$72.65m/d$,含水层厚度 10~40m,水位埋深一般为 0.3~11.3m,靠近现代河床水位埋深一般小于 5m,远离现代河床埋深逐渐增大,可达 17m,单井计算涌水量大于 $5000m^3/d$,水量丰富(图3-3-3)。

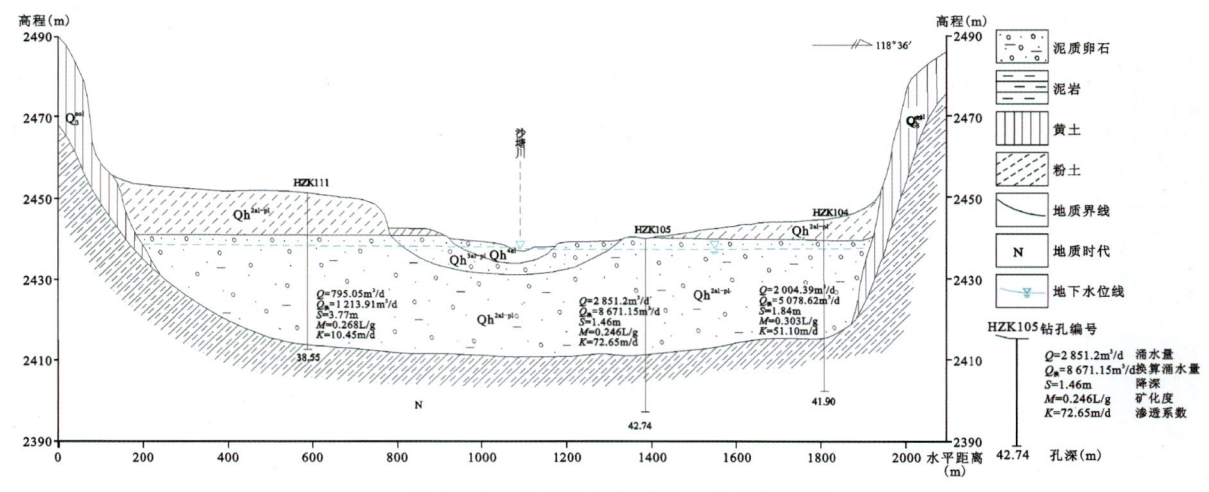

图3-3-3 沙塘川大通苑水文地质剖面图

地下水主要接受北部基岩山区地下径流和河水的入渗补给。地表水与地下水关系密切,南门峡河、巴扎河、柏木峡河和东沟河,在互助县城南的董家大桥汇集成湟水河一级支流——沙塘川河。由于基底抬升和河谷变窄,北部南门峡岳木沟—塘巴、巴扎河菜子沟滩—多土代和柏木峡纳家以北地段地下水大量泄出,在南门峡和巴扎河谷汇合处,地下水径流受阻,地下水沿河以泉水或隐蔽方式排泄,形成多土代(巴扎)、纳家(柏木峡)泄出带。往南至互助县城一带,河谷潜水接受河水的入渗补给,在这一河谷地段,松散堆积层泥质含量相对较低,卵砾石大小相对均一,地下水径流通畅,含水层的渗透性能较好。南门峡—巴扎河谷和柏木峡河谷在互助县城汇合,进入沙塘川河谷区后,由于河谷基底的突然降低,基底坡度减小造成细粒物质的大量堆积,含水层的渗透性变差,加之沙塘川河谷由县城往南逐渐变窄,致使地下水又沿河呈隐蔽式大量排泄,并在威远良种场和余家庄一带形成泉水泄出,向南流30余千米在韵家口汇入湟水。

沙塘川河谷枯水年地下水补给量为 $8.64\times10^4m^3/d$,允许开采量为 $7.40\times10^4m^3/d$,储存量为 $0.98\times10^8m^3$。

4）甘河富水区

甘河富水区分布于甘河西庄至坡家村、上中沟村至沟口段之间的河谷中心地带，含水层岩性为第四系冲洪积含泥砂砾卵石和砂砾卵石，渗透性能好，渗透系数64.57～150.15m/d，地下水位埋深4～30.76m，含水层厚度18～32.54m，降深11.467m，实际涌水量为2 988.31m³/d，计算涌水量为1 371.10m³/d，属水量丰富地段，pH值矿化度0.306g/L。计算的天然资源量为4.23×10⁴m³/d，可开采资源量为2.39×10⁴m³/d，可作为1处中型集中供水水源地（图3-3-4）。

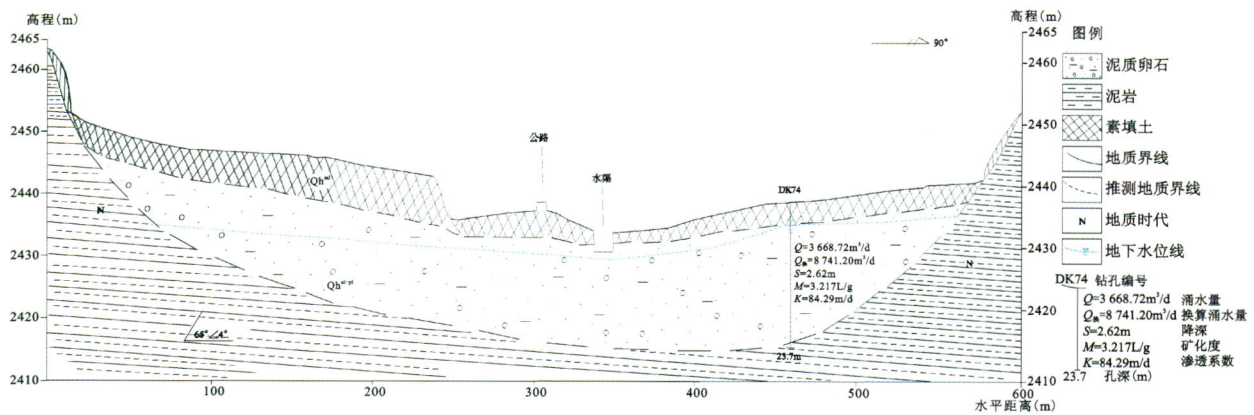

图3-3-4 甘河西庄上游水文地质剖面图

5）南川富水区

南川富水区主要分布在中、下游的徐家寨、清水河、塘马房、沈家寨、梁家庄-韩家堡、新安庄至尕庄等地的古河道内。含水层岩性为砂砾卵石和泥质砂砾卵石，含水层厚度10.5～19.33m，水位埋深在河漫滩小于5m，河流阶段一般在10m以上，其中Ⅰ级阶地一般为5～10m，Ⅱ级以上阶地大于10m。在降深0.64～1.96m时，实际涌水量1 054.17～2 973.97m³/d，计算涌水量5 048.73～7 727.81m³/d，渗透系数65.10～147.80m/d。水化学类型均为HCO_3-Ca·Mg、HCO_3·SO_4-Ca·Mg型，矿化度小于1g/L，水质良好（图3-3-5）。

计算地下水天然资源量为11.6×10⁴m³/d，允许开采量2.75×10⁴m³/d，储存量2.20×10⁸m³。

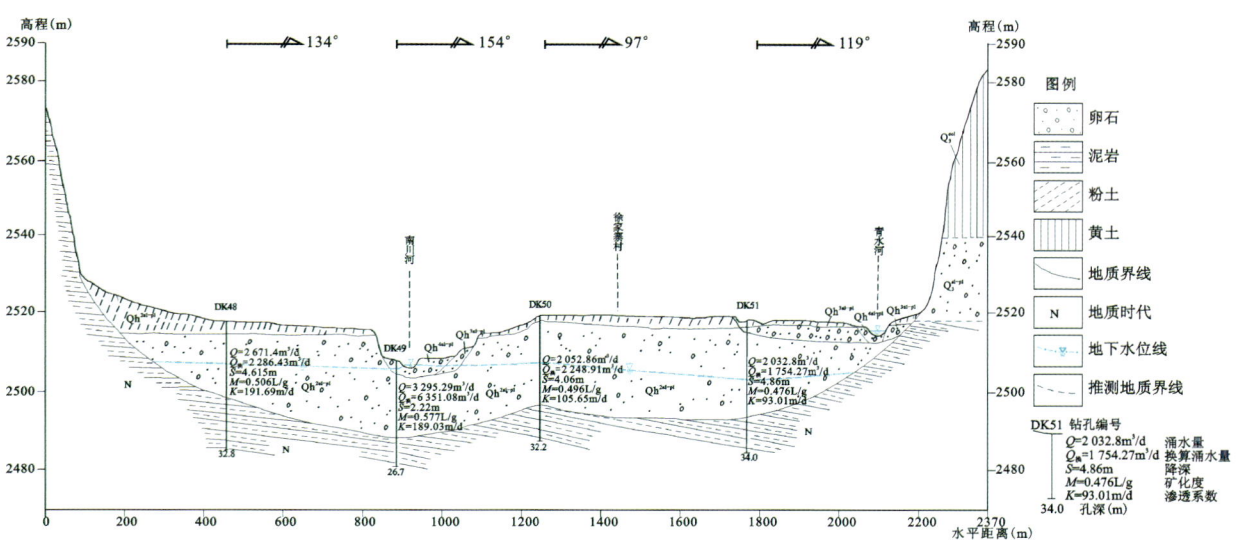

图3-3-5 南川徐家寨水文地质剖面图

6）湟源县白石崖村富水区

湟源县白石崖村富水区分布于湟源白石崖村南北两侧侵蚀中低山区,该类型地下水受一系列断裂及褶皱构造的严格控制,其富水性差异较大,多被冲洪积层覆盖,均为承压水。主要含水层为元古宇蓟县系克素尔组(Jxk)结晶灰岩,岩溶十分发育,所有钻孔岩心均见到大量锈蚀和钙积物,该地区施工的3眼水文钻孔SK05、SK14和SK15,分别于7.64m、7.44m、17.82m处揭露到结晶灰岩,地下水水头7.44～17.82m,含水层厚度为69.2m、30m、183.7m,降深23.87～33.71m,涌水量分别为3 491.42m³/d、2 166.74m³/d和3 340.224m³/d,计算涌水量分别为1 307.20m³/d、574.43m³/d、1 113.45m³/d,水量丰富;区内碳酸盐岩类裂隙岩溶水pH值为7.51～8.53,矿化度<0.5g/L,水化学类型以HCO_3-Ca·Mg型水为主,水质较好(图3-3-6)。

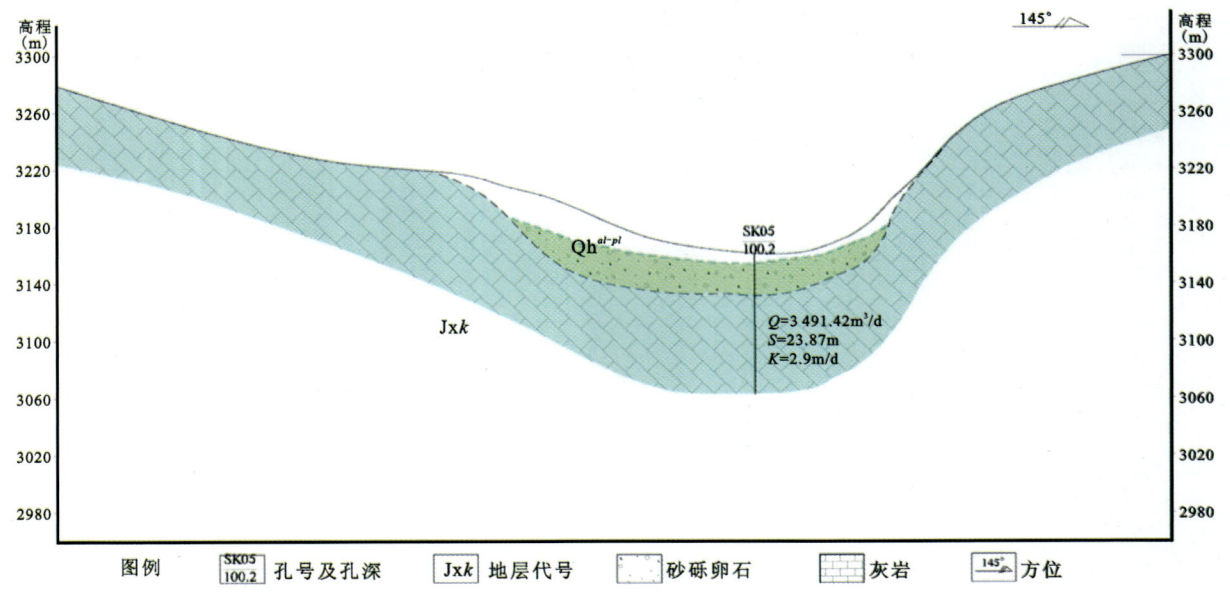

图3-3-6 白石崖地区水文地质剖面图

7）湟中贵德峡富水区

湟中贵德峡富水区主要分布于贵德峡地区,区内碳酸盐岩主要呈条带状分布于拉鸡山北麓,含水层岩性主要为元古宙克素尔组(Jxk^2)灰岩、白云质灰岩。该区降水充沛,岩溶较为发育,为地下水的形成创造了有利条件。区内多有泉水出露,泉水出露较集中,单泉流量一般小于10L/s,矿化度小于0.5g/L,属HCO_3-Ca·Mg型水。泉水的出露主要受东西走向的拉北逆断层阻水及南北向顺沟的平移导水断层控制。据HK97号钻孔资料,孔深52.68m,含水层岩性为白云质灰岩,含水层厚度32.24m,位于20.44～52.68m之间,承压水头高+17.5m,自流量1 229.47m³/d,矿化度1.55g/L,水化学类型为HCO_3-Ca型。DDR13号孔,孔深1 403.46m,在103～1160m段出现多段含水层,含水层岩性为灰岩碎裂岩,承压水头高+12.1m,降深58.24m,单井涌水量2 378.07m³/d,矿化度2.178g/L,水化学类型为HCO_3-Ca·Mg型。上新庄镇贵德峡施工的K2水文地质钻孔,孔深181.46m,该孔14.10m以上为卵砾石层,14.1～38.32m为青灰色灰岩,38.32～181.46m为青灰色碎裂岩、断层角砾和断层泥,含水层岩性为断层破碎带,厚度87.32m,该孔承压水头高+6.0m,降深19.26m时,单井涌水量1 139.18m³/d,单位涌水量59.15m³/d/m,降深27.56m时,单井涌水量1 649.64m³/d,单位涌水量59.85m³/d/m,自流量为450m³/d,推算该钻孔最大涌水量(降深至隔水顶板,即降深44.32m)为2637m³/d。矿化度0.298g/L,水化学类型为HCO_3-Ca·Mg型(图3-3-7)。

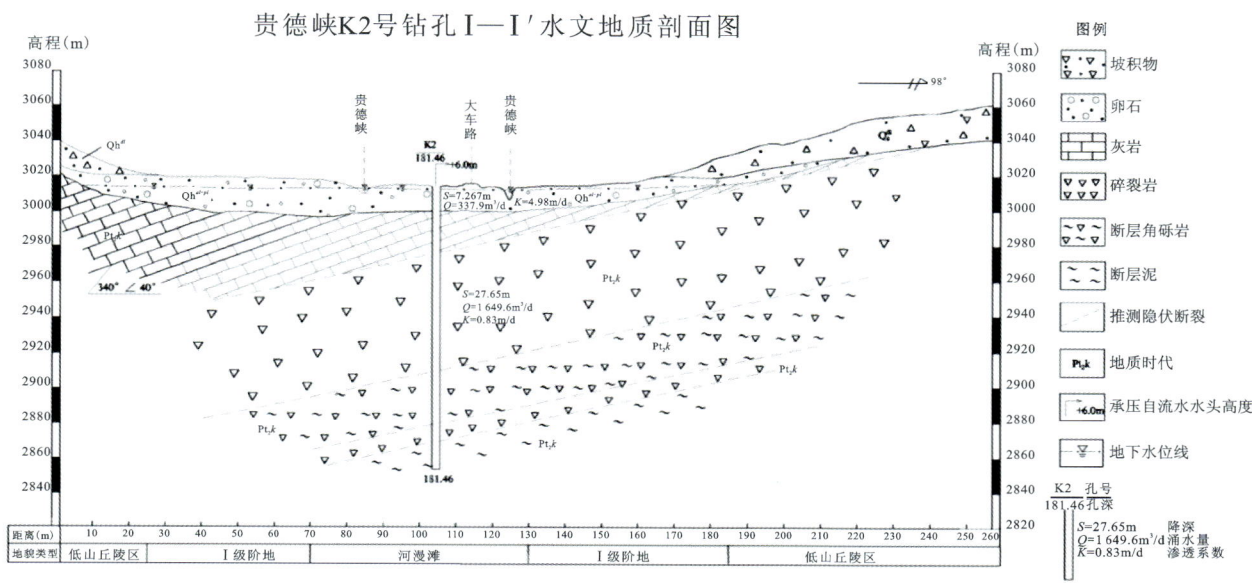

图 3-3-7 贵德峡水文地质剖面图

(二)黄河干流区

1. 圈定了一批富水地段,为地方的后备水源建设提供了有力保障

在黑城河中游、昂思多沟上游、街子沟上游、巴燕沟、起台沟、乾沟、恰不恰、西沟、隆务河中游与朗姜河交汇地带及杂库河中下游曲麻村等地圈定了多处富水区,其中最具代表性的为黑城河中游的泉古拉至宗尕滩、起台沟上游白庄村、乾沟、贵德西沟下游和黄河河谷区地区。

(1)黑城河中游的泉古拉至宗尕滩段富水区。该区含水层为全新统砂砾卵石和上更新统泥质砂卵砾石;因该地段为黑城河、关沙沟、拉曲滩沟、浪隆沟、挖隆沟五沟交汇处,汇水面积大,地下水补给条件较好,含水层厚度大,透水性强,富水性好,钻孔单井换算涌水量均大于 $1000m^3/d$。下扎巴地区地下水位埋深 10.62m,含水层厚度为 35.25m 左右,降深 2.68m,涌水量达 $3364.40m^3/d$,矿化度 $0.360g/L$,水化学类型属 $HCO_3-Ca \cdot Mg$ 型;黑城地区地下水位埋深 $0.63 \sim 10.62m$,含水层厚度 $29.32 \sim 35.25m$,降深 $2.21 \sim 2.68m$ 时,涌水量达 $1099.7 \sim 3364.40m^3/d$,计算涌水量 $2101.7 \sim 3364.40m^3/d$,渗透系数 $50.54 \sim 52.1m/d$,矿化度 $0.360g/L$,属 $HCO_3-Ca \cdot Mg$ 型水;中游宗尕滩地区地下水位埋深 3.01m,含水层厚 10.09m,降深 2.21m,实际涌水量 $1099.70m^3/d$,计算涌水量 $2101.7m^3/d$,矿化度 $0.402g/L$,水化学类型为 $HCO_3-Ca \cdot Mg$ 型。利用断面径流量法计算了天然资源,黑城河中游天然资源量为 $1.52 \times 10^4 m^3/d$,可开采资源量 $6168.60m^3/d$,可作为扎巴镇的应急水源;昂思多沟上游天然资源量为 $3.01 \times 10^4 m^3/d$,可开采资源量 $1.32 \times 10^4 m^3/d$,可作为群科新城及昂思多镇应急水源。

(2)起台沟上游白庄村、乾沟富水区。起台沟上游白庄村东西宽 $0.5 \sim 1.0km$,南北长 3.0km 的地带,含水层岩性由上更新统及全新统砂砾卵石层组成,水位埋深 $19.07 \sim 22.0m$,计算涌水量 $1028.09 \sim 1410.9m^3/d$,水量丰富,计算地下水天然资源量为 $16923.574m^3/d$,可开采资源量为 $4500.00m^3/d$,储存量为 $0.572 \times 10^8 m^3$;乾沟下游黄河北岸Ⅰ、Ⅱ、Ⅲ级阶地东西宽 $1.5 \sim 7.0km$,南北长 4.0km 地带,水位埋深 $4.77 \sim 26.06m$,含水层厚度 $8.61 \sim 24.97m$,渗透系数 $12.4 \sim 37.0m/d$,单井计算涌水量 $1080.108 \sim 1107.74m^3/d$,水量丰富,计算地下水天然资源为 $3.24 \times 10^4 m^3/d$,可开采资源量为 $1.26 \times 10^4 m^3/d$,储存量为 $1.43 \times 10^8 m^3$。

(3) 在贵德西沟下游和黄河河谷区存在 2 处富水区。西沟麻吾峡沟口至官磨沿的河漫滩、Ⅰ级阶地，水位埋深 2.48～20.31m，含水层为松散的砂砾卵石，含水层厚 8.5～27.45m，降深 2.62～5.77m，单井涌水量 2 467.58～6 913.73m³/d，单井换算涌水量 3 651.1～5 681.3m³/d，矿化度 0.29～0.57g/L。黄河河谷区，水位埋深 0.46～23.6m，含水层为松散的砂砾卵石，含水层厚 8.5～25.98m，降深 0.46～5.77m，单井涌水量 1 019.26～6 913.73m³/d，单井计算涌水量 3 651.1～11 011.4m³/d，矿化度 0.35～0.57g/L。计算西沟可开采资源量为 2.07×10^4 m³/d；黄河河谷区可采资源量为 0.72×10^4 m³/d。两处富水地段具有地下水埋藏浅、水质好、水量大、便于集中开采的特点，可作为贵德县城后备供水水源。

2. 发现多处矿泉水点，有望提交一批矿泉水水源地

在拉脊山南缘及群科尔盆地北缘、隆务河、东锁子村—哇家滩、龙羊峡镇、岗察藏族乡宗占村、卡索村、文都乡拉雄村等地发现多处矿泉水点。

(1) 拉脊山南缘及群科尔盆地北缘，分布龙乳泉饮用天然矿泉水，单泉流量 1.215L/s，矿化度 0.732g/L，锶含量 0.77mg/L，水温 8.5℃，水化学类型为 HCO_3-Ca·Mg；查甫泉单泉流量 0.828～2.473L/s，矿化度 0.597g/L，锶含量 0.64mg/L，水温 9℃，水化学类型为 HCO_3-Mg·Ca 型；昂思多沟上游（ZK4 孔）天然矿泉水含水层厚 27.69m，水位埋深 6.41m，降深 2.41m，实际涌水量 3 295.10m³/d，计算涌水量 6 502.04m³/d，矿化度 0.415g/L，水化学类型为 HCO_3-Ca·Mg 型。

(2) 隆务河两侧的基岩山区及丘陵区：经检测分析数据显示，泉水中锶含量 0.31～1.19mg/L，属于锶型矿泉水，瓮尼柯村锂含量 0.21mg/L，属于锂型矿泉水。主要为富锶矿泉水，少部分为含锂矿泉水。泉水流量 0.277～13.2L/s，钻孔涌水量 0.058～20.4L/s。锶含量 0.45～11.3mg/L，锂含量 0.21～0.81mg/L。

(3) 在黄河以东锁子村—哇家滩一带通过水文地质钻探，涌水量 2 412.58m³/d，在其中发现锶含量高达 10.2mg/L 的基岩裂隙水，水温 14℃，溶解性总固体 4.278g/L，达到理疗锶矿水标准，属锶型矿水。该地段天然资源量为 7 658.98m³/d，可开采资源量为 2 412.58m³/d，具有一定的开发利用价值。在岗察藏族乡宗占村、卡索村等地发现了 4 处天然饮用矿泉水，锶含量在 0.7～2.68mg/L，单泉流量 2.38～17.01L/s，矿化度 0.395～0.774g/L，水质好，交通便利，具较好的开发利用价值。

(4) 文都乡拉雄村饮用天然矿泉水，含水层呈层状分布，厚度 12.37～13.86m，地下水单井涌水量 1 002.24～1 641.49m³/d，矿化度 0.48～0.52g/L，锶含量 1.25mg/L，水温 9℃，水化学类型为 HCO_3·SO_4-Ca·Na 型。尕楞矿泉水位于尕楞乡林业站，含水层呈层状，以孔隙水为主，以泉水形式天然出露，泉流量 293.76m³/d，矿化度 0.364g/L，锶含量 0.78mg/L，交通便利，开发利用适宜性好。

(5) 在共和盆地和龙羊峡镇新发现可供医疗或饮用的矿泉水 7 处，主要为富锶型矿泉水，少部分为含锂矿泉水。泉水流量 0.277～13.2L/s，钻孔涌水量 5.01～1 762.56m³/d。锶含量 0.45～11.3mg/L，锂含量 0.21～0.81mg/L。

三、水文地质勘查

圈定了一批富水地段，有力地促进了地方经济发展。

1. 都兰察汗乌苏河地区

在都兰地区主要为察汗乌苏河冲洪积扇分布 1 处富水区段，都兰地区英德尔种羊场—下滩村一带的冲洪积平原地带，含水层岩性为上更新统的砂砾卵石、含泥砂砾卵石，水位埋深 54.67～80.45m，揭露含水层厚度 59.23～339.90m，降深 1.65～2.10m，涌水量 4 513.54～6 141.31m³/d，单井计算涌水量 12 225.80～13 399.40m³/d，矿化度小于 1g/L，水化学类型为 Cl·HCO_3-Na·Ca 型。

察汗乌苏河河流出山后,流经洪积扇的流程为40~50km。由于河床岩性以砂卵砾石为主,渗透性强,导致河水大量渗漏补给地下水。在出山口至溢出带的河流流程内,河水与地下水呈脱节状态,故河流渗漏方式沿程均为自由渗漏。受灌溉引水影响,现状条件下较天然条件河水渗漏率有所降低。察汗乌苏河天然流量$46.45×10^4m^3/d$,渗漏量$44.12×10^4m^3/d$,渗漏率95.0%;现状条件下,渗漏量$28.10×10^4m^3/d$,渗漏率82.7%。夏日哈河天然流量$14.88×10^4m^3/d$,河水完全渗漏补给地下水,渗漏率100%;现状条件下,渗漏量$9.8×10^4m^3/d$,渗漏率74.9%;平原区沉积巨厚的中上更新统砂砾卵石、泥质砂砾卵石,属于单一大厚度的潜水含水层,岩性颗粒粗,水位埋藏深,透水性好,径流交替积极,是地下水的径流区。地下水总体上由南向北径流。受基底构造及岩层渗透性差异控制,径流特征差异较大。出山口至洪积扇中上部,水力坡度大于10‰,地下水径流畅通,并存在2~3级跌水陡坎。洪积扇中前部,水力坡度1.1‰~2.6‰,地下水径流缓慢。

采用断面径流量法计算地下水天然资源为$51.48×10^4m^3/d$,可开采资源量$20.00×10^4m^3/d$。铁奎滩河谷地带水位埋深32~91m,含水层厚53.20~117.45m,降深为1.61~6.73m时,涌水量2368~$5627m^3/d$,计算涌水量3901~$8024m^3/d$,水量丰富。安固泉河谷地带,地下水埋深小于60m,含水层厚度67.3~255.69m。含水层结构单一,主要岩性为砂卵砾石、砾石,透水性强,单井计算涌水量大于$3000m^3/d$,在AK2号钻孔至AK4号钻孔的狭长地带为单井计算涌水量大于$5000m^3/d$的极富水地段,且水位埋深在1.5~52m间,水质良好,适合集中开采,有望提交一大型水源地。

2. 查查香卡地区

查查香卡地区圈定2处富水地段。第一富水地段:以F1、F2断裂为界的农场场部至下查查一带,长10km,含水层厚度一般170~240m,加之查查河大量垂直渗漏补给,在凹陷区形成地下水富集,单井计算涌水量大于$5000m^3/d$;第二富水地段:农场三队一带,含水层厚度一般大于65m,是地下水径流区,钻孔资料显示降深0.83m,涌水量达$1327.10m^3/d$,计算涌水量达$7011.70m^3/d$,计算的断面径流量为$15.14×10^4m^3/d$。矿化度一般为0.6~0.8g/L,多为$Cl·HCO_3-Na·Ca$型水。

受基底起伏和地层岩性的限制,查查香卡河谷地表水和地下水发生多次转换,形成两个转换断面。农场一队以东,基底抬升,地下水径流受阻,部分以泉水的形式排泄补给河水,部分向下游径流。农场一队下游至农场三队第四系松散地层较厚,含水层颗粒粗,地下水径流舒畅、埋藏深,为地下水的补给区。区内大气降水量小,蒸发量大,大部分地段水位埋藏大于20m,降水对地下水的补给作用甚微。南北侧中山、丘陵区由于本身水资源贫乏,其侧向补给河谷区地下水量微弱。地下水主要接受查查河河水大量垂直渗漏补给,其次为灌溉回归水入渗及牦牛山南麓冲洪积倾斜平原少量地下水的侧向补给。查查河在灌溉季节,河水流至Ⅱ断面处消耗殆尽,非灌溉季节在Ⅲ断面处渗漏殆尽,全部转化为地下水。Ⅲ断面以西至达楞希热根地区,地下水向西径流,水位埋深大于5m,受蒸发影响小,为地下水的径流区。达楞希热根以西的下游地区,除接受上游地下水大量径流补给外,还受到少量北部山区基岩裂隙水侧向径流补给。地下水接受补给后,由北向南径流,进入细土带后,与来源于查查河上游补给的地下水一样,由于地面坡降变小,含水介质变细,呈现多层结构含水层,地下水位埋深浅,径流缓慢,一部分潜水溢出地表,形成沼泽、泉;部分以承压、半承压水性质在地层深部向西径流,至金子海一带,受南侧基底隆升影响,地下水全部溢出地表,补给金子海。采用断面径流量法计算出该区地下水天然资源量为$15.14×10^4m^3/d$;采用平均布井法和干扰井群法,分别计算出两个富水区内的地下水开采资源量为$5.6×10^4m^3/d$和$5.02×10^4m^3/d$,均达到大型规模。

3. 花土沟地区

花土沟地区主要分布于石棉矿生活福利区以西冲洪积扇的轴部前缘。含水层主要为上更新统和中更新冲洪积相的砂砾石、砾卵石或含泥质的砾卵石,结构松散。水位埋深13.354~80.063m,含水层厚度 33.41～202.60m,渗透系数为 13.24～35.90m/d,单井计算涌水量 14 391.4～10 786.9m³/d,水量丰富。南部阿达滩—斯巴利克冲洪积扇前缘地区(ZK5—ZK6 之间)为单一大厚度孔隙潜水,岩性颗粒粗,结构松散,渗透性好,补给充足,富水性强。含水层厚度大于 180m,单井计算涌水量大于 10 000m³/d,水质好。戈壁砾石带的中前缘水位埋深 4～20m,适合集中供水井开采,可作为主要的供水水源。

南部斯巴利克河及阿达滩河的入渗形成了地下水径流补给,阿达滩—斯巴利克冲洪积平原由于包气带岩性为砂卵砾石,渗透性强,有利于河水渗漏。两河在出山口位置汇流后经过一段时间后全部渗漏形成地下水,阿达滩河与斯巴里克河汇合后形成的地表径流在向南约 40km 处全部渗漏补给地下水,西南隅的斯巴利克河和阿达滩河的流量合计 7.7m³/s,渗漏补给量为 73.36×10⁴m³/d。北部的地下水主要为阿哈堤山区季节性洪流渗漏补给。阿哈堤山山势较低,降水量少,又无常年积雪,补给来源缺乏,地表径流不发育,主要为季节性沟溪。洪流出山口后,于山前平原全部渗失转化为地下水。山前冲洪积平原是地下水的径流带,此带以洪积—冲洪积砂砾卵石层为主,岩性单一、颗粒粗、厚度大、透水性强,地下水径流速度快,水循环交替积极,地下水以水平运动为主。山前平原地下水流向基本与洪积扇轴线方向一致,由盆地周边的各个方向向盆地中心汇集。至冲湖积平原区,地层结构由砂卵砾石的单一结构过渡为中细砂、粉细砂与亚砂土、亚黏土互层的多层结构。地下水由单一潜水转化为多层承压水,二者均向湖盆中心径流;垂向上,局部承压水通过天窗或弱透水层向上越流补给潜水(图 3-3-8)。

采用断面径流量法计算的天然资源量为 21.47×10⁴m³/d,允许开采量为 6×10⁴m³/d,达到大型规模。

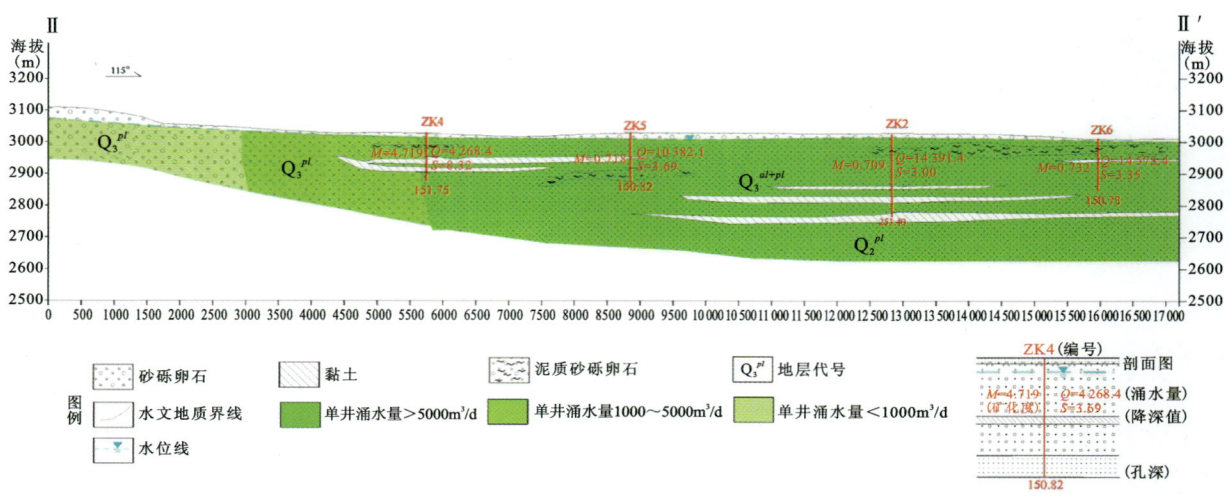

图 3-3-8　阿哈提山洪积平原东西向水文地质剖面图

4. 大格勒—五龙沟地区

大格勒冲洪积扇的轴部中前缘主要接受大格勒河河水渗漏补给,含水层岩性为中上更新统的泥质砂砾卵石及砂砾卵石层,岩性较单一,局部有亚砂土夹层,地层颗粒较粗,结构较松散,孔隙发育,水位埋深前缘小于 30m,中部 30～90m,后缘 90～150m,含水层厚度 41.42～127.47m,降深 1.16～2.42m,实际涌水量 2 784.95～6 321.88m³/d,计算涌水量 7 927.1～195 851.6m³/d,矿化度 0.7～1.75g/L,属 Cl-Na 及 Cl-Na·Ca 型水,为极富水地段。

五龙沟冲洪积扇的轴部中前缘,主要接受五龙沟河水的渗漏补给,含水层岩性为中上更新统的泥质砂砾卵石及砂砾卵石层,岩性单一,局部有亚砂土夹层,地层颗粒较粗,结构较松散,孔隙发育,水位埋深前缘 5～30m,中部 30～80m,后缘 80～160m,含水层厚度 47.33～136.68m,降深 1.03～3.02m,实际涌水量 2 028.63～6 902.24m³/d,计算涌水量 5 060.28～22 140.0m³/d,矿化度 0.58～2.1g/L,属 Cl-Na、Cl-Na·Ca 及 Cl·SO₄-Na·Ca 型水,为极富水地段。

地下水主要接受山区大气降水、冰雪融水和冻结层水汇集形成的大格勒、五龙沟、石灰沟河水的补给，次为渠道渗漏、农灌回归水及基岩裂隙水的侧向补给。山前倾斜平原地形坡度大（约15‰），岩性颗粒粗大，结构松散，透水性强，地下水埋藏深，潜水保持无压自由水面，以1‰左右的水力坡度运动。地下水运动方向，基本上为单一的由南向北，向盆地中心径流，水力坡度逐渐减小，径流通畅。大格勒沟与五龙沟扇间洼地往往汇集两侧洪积扇轴部边缘的地下水，形成辐合状流态，因岩性较细，径流不畅，地下水位壅高，进入细土平原带后，由于地形坡降变小（约5‰），含水介质变细，并呈现多层结构，地下水埋藏浅，径流缓慢。一部分地下水溢出地表，一部分以地下径流的形式继续向北运移。细土带后缘—山前平原戈壁带，地下水埋藏深，地下水以向下游径流为主，戈壁带植被稀少，植物蒸腾及地下蒸发量较小；细土带前缘以北，潜水位埋深一般小于3.0m，以泉（群）、季节性片状溢出、地面蒸发和植物垂直蒸腾排泄为主；而深部地下水继续向下径流补给下游地下水，最终补给盆地中心的南霍布逊湖。

采用断面径流量法计算的大格勒冲洪积扇 $14.61\times10^4\mathrm{m}^3/\mathrm{d}$（枯水期），五龙沟冲洪积扇 $14.36\times10^4\mathrm{m}^3/\mathrm{d}$（枯水期），总资源量为 $28.97\times10^4\mathrm{m}^3/\mathrm{d}$；采用解析法、干扰井群法和开采强度法计算的满足C级精度的允许开采量为 $11.81\times10^4\mathrm{m}^3/\mathrm{d}$，其中大格勒冲洪积扇允许开采量为 $5.04\times10^4\mathrm{m}^3/\mathrm{d}$，五龙沟冲洪积扇允许开采量为 $5.22\times10^4\mathrm{m}^3/\mathrm{d}$，均达到大型规模。

四、地质灾害

"十三五"期间省财政出资3 573.19万元，共开展17个县（市）1∶5万地质灾害详细调查和4个重点地区1∶1万典型泥石流灾害勘查工作。

（一）1∶5万地质灾害详细调查

1. 基本查清了全省地质灾害状况和发育分布特征

截至2017年，1∶10万县（市）地质灾害调查与区划和1∶5万县（市）地质灾害详细调查实现全省覆盖。据统计，青海省崩滑流灾害点共发育8744处，其中崩塌824处，占地质灾害点总数的9.43%；滑坡4611处，占地质灾害点总数的52.73%；泥石流3309处，占地质灾害点总数的37.84%。从地域上来看，青海省东部是全省地质灾害最发育的地区，特大型、大型灾害主要集中分布在西宁市（含三县）、东部河湟谷地地区以及青南高原地区；中型、小型灾害集中分布在青海东部河湟谷地地区内，数量最多。西部柴达木盆地、北部祁连山区相对较少。从规模上来看，青海省地质灾害规模以中小型为主，其中特大型灾害389处，占总数的4.45%；大型748处，占总数的8.55%；中型1654处，占18.92%；小型5953处，占68.08%。

2. 青海省地质灾害受地形地貌、地层岩性、斜坡结构和构造、地貌演化过程控制

青海省地质灾害具有沿地貌陡变带和密集分布的特点，崩塌、滑坡、泥石流、不稳定斜坡等地质灾害主要分布在青海东部，而西部主要发育小型泥石流、不稳定斜坡、地面塌陷、土地荒漠化、盐渍化等地质灾害。青海东部的黄土及下伏新近纪软弱地层，软硬相间的砂、泥岩为主的碎屑岩是主要的易崩滑工程地质岩组。区域构造地貌和大江大河河谷地貌的演化过程决定了大型滑坡、泥石流沿活动构造带及河谷地带线性分布的特点，如沿黄河两岸多发育大型、特大型滑坡和泥石流。

青海省的地质灾害易发区分为高易发、中易发和低易发三级，青海东部的西宁市、海东市下辖各县集中分布高易发、中易发和低易发区，而西部和南部集中分布中易发和低易发区。高易发区面积 $2.743\times10^4\mathrm{km}^2$，中易发区面积 $12.737\times10^4\mathrm{km}^2$，低易发区面积 $54.242\times10^4\mathrm{km}^2$。

3. 强降雨是青海省地质灾害的主要诱发因素，汛期降雨型地质灾害有逐年增多的趋势，不合理的工程切坡、采矿等人类工程活动诱发地质灾害也呈增加态势

青海省的地质灾害发生大多集中在每年5~9月份，与降雨密切相关，最集中的是7、8月份，灾害发生数占全年总数的80%以上。区内季节性小冲沟及大部分泥石流沟平常干枯无水，但在暴雨后往往会突发洪水，加之沟谷纵坡陡，洪水沿途侵蚀沟槽，极易诱发或激发泥石流。黄土和新近系分布区往往在雨季容易诱发滑坡和崩塌灾害。不合理的人为切坡、采矿等活动也是导致或加剧地质灾害的因素。

4. 建立了地质灾害群策群防网络体系和气象预警区划，促进了全省地质灾害防治

建立了各县（市）地质灾害信息系统，实现了对基本地理、基础地质、工程地质、地质灾害（稳定性和危险性）和其他图表等数据的集成和管理。实现了对信息系统的数据管理、成果浏览等功能，实现了通用软件与专业软件的系统集成和不同操作平台间的无缝对接，为地质灾害资料的整理、分析提供了平台。

（二）典型地质灾害勘查

通过调查、测量、工程地质测绘、现场颗分、容重试验、井探、探槽及室内土工与水质分析试验等综合手段，基本查明了泥石流物源分布和特征，查明了泥石流形成的地形地貌条件和水源条件、泥石流运动特征和规模、灾情和险情，分析了泥石流易发程度、成因机制和发展趋势、危险性和危害性，对泥石流基本特征参数进行了计算，提出了"拦挡＋排导为主，辅以生物绿化工程"的综合治理措施，为泥石流的治理提供了基础依据，取得了较好的社会效益。

五、城市地质

重点围绕西宁市的土地资源、地下空间资源、地下水资源、地热资源、天然建筑材料等重要地质资源的禀赋和制约城市规划、建设和安全运行管理的地质灾害、土壤地球化学污染等环境地质问题开展了资料收集、野外调查和系统集成相关工作。

1. 系统地梳理调查了西宁市周边主要的地质灾害发育现状，进行了分析评价，为城市防灾减灾提供了支撑

西宁市地质灾害集中分布于丘陵区第一斜坡带，复核调查了其稳定性、易发性，并对城市周边地质灾害的易发性和危险性进行了初步风险区划。各类地质灾害点370处，灾害点密度0.82处/km²，隐患点231处（条），占灾害点总数的62.43%；其中滑坡175处（隐患点94处），占灾害点总数的47.30%；崩塌64处（隐患点48处），占灾害点总数的17.30%；泥石流41条（隐患点13处），占灾害点总数的11.08%；不稳定斜坡90段（隐患点76处），占灾害点总数的24.32%。截至2019年，各类地质灾害隐患点对居民点、寺院、学校、加油站、厂房、仓库、管理站、高速公路、铁路、国道、硬化路、公园景观廊道及绿化带、输电线路、养殖厂、水渠、灌溉管道、便道、农田、苗圃等构筑物和设施构成威胁，威胁人口3410人，威胁财产92 506.22万元。

通过综合分析后认为西宁市不适宜建设的高风险区 16.41km², 有条件建设用地的中等风险区 155.14km², 适宜建设用地的低风险区 278.45km²。

2. 对西宁市地下水资源进行了复核与潜力评价, 为合理利用水资源、节约用水、提高水资源利用效率提供了依据

西宁市河谷区地下水资源丰富, 具有供水意义的富水地段分别位于湟水河、西纳川河、北川河及南川河的漫滩至Ⅱ级阶地, 总面积 168.27km², 大部分属于Ⅲ类以上优良水体, 可以作为集中式生活饮用水水源及工农业用水水源。湟水河谷多巴—大堡子富水段地下水资源量为 $15.813 \times 10^4 m^3/d$。南川河谷上新庄-张家庄富水段地下水资源量为 $4.87 \times 10^4 m^3/d$。北川河谷老爷山以北(石家庄—老爷山)富水段地下水天然资源量为 $40.901 \times 10^4 m^3/d$。北川河古老爷山以南(长宁堡地区)富水段地下水天然资源量 $9.454 \times 10^4 m^3/d$。西纳川河谷拦隆口-指挥庄富水段地下水天然资源量为 $11.322 \times 10^4 m^3/d$。整个河谷区潜水可开采资源量为 $51.992 \times 10^4 m^3/d$, 其中西纳川 $8 \times 10^4 m^3/d$, 北川石家庄地区 $15.09 \times 10^4 m^3/d$, 北川塔尔地区 $11.9 \times 10^4 m^3/d$, 北川长宁堡地区 $5 \times 10^4 m^3/d$, 湟水多巴地区 $11.5 \times 10^4 m^3/d$, 南川河谷 $2.75 \times 10^4 m^3/d$, 西宁地区地下总水开采量为 $26.6 \times 10^4 m^3/d$, 开采潜力为 $21.61 \times 10^4 m^3/d$, 开采潜力较大。

3. 首次较系统地进行了西宁市地下空间调查评价, 为城市地下空间资源合理利用提供了科学依据

西宁市主城区总面积约 450km², 已利用地下空间 $2.79 \times 10^8 m^3$, 尚有可合理开发利用的地下空间(0～200m)总资源量约 $880.67 \times 10^8 m^3$。其中: 浅层地下空间(0～15m)开发利用适宜区 116.67km², 主要分布在湟水河南北两岸、南、北川河东西两岸大部分Ⅱ级阶地, 坡度均小于 5°; 地质灾害不发育; 黄土状土大部分为Ⅱ级自重湿陷, 湿陷易于处理; 地层为黄土状土和卵石, 承载力 190～350kPa, 承载力中等; 场地土大部分为微腐蚀, 适宜于民用建筑与地下服务设施建设; 中层地下空间(15～50m)开发利用适宜区 238.11km², 主要分布在主要河谷两岸的平原区, 坡度均小于 5°, 地质灾害不发育, 场地土大部分为微腐蚀, 适宜性高。黄土状仅分布于Ⅲ—Ⅳ阶地, 湿陷等级为Ⅱ级湿陷, 厚度仅 5～9m, 易于处理; 在低阶地卵石和泥岩, 承载力为 260～400kPa; 地下水位 5～10m, 适宜性中等, 适于地铁、轨道交通及大型地下设施建设; 深层地下空间(50～200m)开发利用适宜区 443.78km², 除了少数碎屑岩类裂隙水分布区外, 其余地区均为地下空间开发利用适宜区。不利因素仅有盐渍土和断层, 其中盐渍土多为中盐渍土; 活动断层仅对断裂周边 0～15m 范围内有影响, 适于地铁、轨道交通及大型地下设施建设。地下空间开发潜力巨大, 条件较好(图 3-3-9)。

4. 首次建立了西宁市地质数据库, 建立了西宁市主要城区可视化的地下三维地质结构模型, 为城市科学管理、城市规划、建设与管理及科学决策提供了强有力的地质支撑

开发了西宁城市地质调查评价项目的资料整理录入系统, 集成汇总了西宁市主要城区不同地质年代开展的区域地质、水文地质、工程地质、环境地质、地质灾害、地热资源、土壤地球化学等基础数据。根据地下水类型及含水层的富水性, 将西宁市划分为 12 个水文地质标准层; 根据不同地貌单元、不同深度的岩土体结构和岩体力学性质, 将 200m 以浅的地层划分为 56 个工程地质标准层。为城市重大工程规划、突发性地质安全事件提供多维度、多方位的地下地质信息, 实现了对城市地质数据的科学管理, 为城市规划、建设与管理及科学决策提供了强有力的地质支撑。

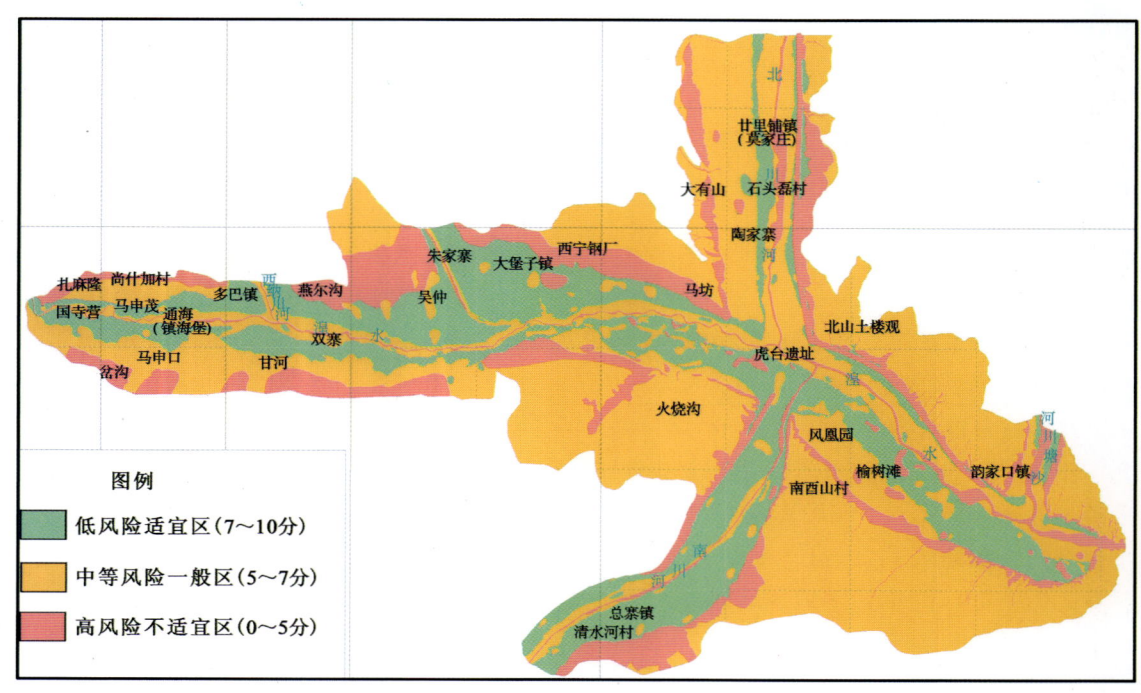

图 3-3-9 西宁市浅部地下空间评价图

六、矿泉水

"十三五"期间开展了9个矿泉水点的勘查工作,提交了2处矿泉水源地:河南县荷日恒饮用天然矿泉水水源地、天峻县快尔玛饮用天然矿泉水水源地。

1. 河南县荷日恒饮用天然矿泉水水源地

荷日恒矿泉出露于泽曲支流参美沟内的中三叠统砂岩、砂板岩及生物碎屑灰岩中,表层为第四系冲洪积物覆盖,发育多处泉眼,泉眼较分散,有涌砂、冒气泡现象,气体为二氧化碳。地下水主要补给来源于大气降水,降水沿基岩裂隙、风化裂隙和构造裂隙入渗形成基岩裂隙水,在运移过程中溶滤了含水介质中的微量元素和盐分而矿化,并向山前断裂构造带富集,受压性断裂(F1)阻挡,沿断裂带一定通道上升,在山脚下及坡脚低洼处涌出地表而形成矿泉(群)。矿泉汇集成溪流,汇入参美沟,向北径流最终汇入泽曲中。据泉水动态长观资料,泉群流量大,主泉群最大流量为 2.245L/s(193.97m³/d),最小流量为 1.702L/s(147.05m³/d),平均流量 1.909L/s(164.94m³/d),下游泉集河最大流量 7.58L/s(654.91m³/d),最小值 6.599L/s(570.15m³/d),平均流量 6.983L/s(603.33m³/d),锶含量 0.7～1.55mg/L,水温 5～8℃,pH 值 7.05,矿化度 0.546g/L,属 HCO_3-Ca·Na 型水,总硬度 332.0mg/L,总碱度 359.0mg/L,总酸度 12.1mg/L,计算的允许开采量为 456.12m³/d,为小型矿泉水水源地。

2. 天峻县快尔玛饮用天然矿泉水水源地

天峻县快尔玛饮用天然矿泉出露于两沟交汇的北侧山脚新元古界南华系变质砂岩中,为一带状构造的天然露头。含水层主要为基岩裂隙,区域广泛分布的基岩裂隙为地下水的富集和运移提供空间及运行通道,地下水主要接受北部山区大气降水、冰雪融水等的补给,沿基岩裂隙下渗而形成基岩裂隙水。在运移过程中溶滤了含水介质中的微量元素和盐分而矿化,遇到山前压扭性断裂(F2)的阻挡后,沿断裂带一定通道上升,在山脚下及坡脚一带涌出地表而形成矿泉(群)。矿泉汇集成溪流,汇入吉岗多让沟,向南径流至阳陇沟最终汇入布哈河河中(图3-3-10)。该矿泉是由一个主泉眼和若干个次级小泉构成的,且分布较集中。据泉水动态长观资料,主泉最大流量1.663L/s(143.68m³/d),最小值1.336L/s(115.43m³/d),平均值1.497L/s(129.34m³/d),水温4.1~5.5℃,锶含量0.563~0.589mg/L,pH值7.68~7.83,矿化度548.5~565.0mg/L,总硬度295.7~299.2mg/L,水化学类为HCO_3-Ca型;泉群最大流量14.8L/s(1 278.72m³/d),最小流量为11.3L/s(976.32m³/d),平均流量13.62L/s(1 176.77m³/d),矿泉pH值7.68~8.20;矿化度548.5~641.0mg/L,总硬度283~285mg/L,水化学类型为HCO_3-Ca型,计算的允许开采量781.06m³/d,为一小型水源地。

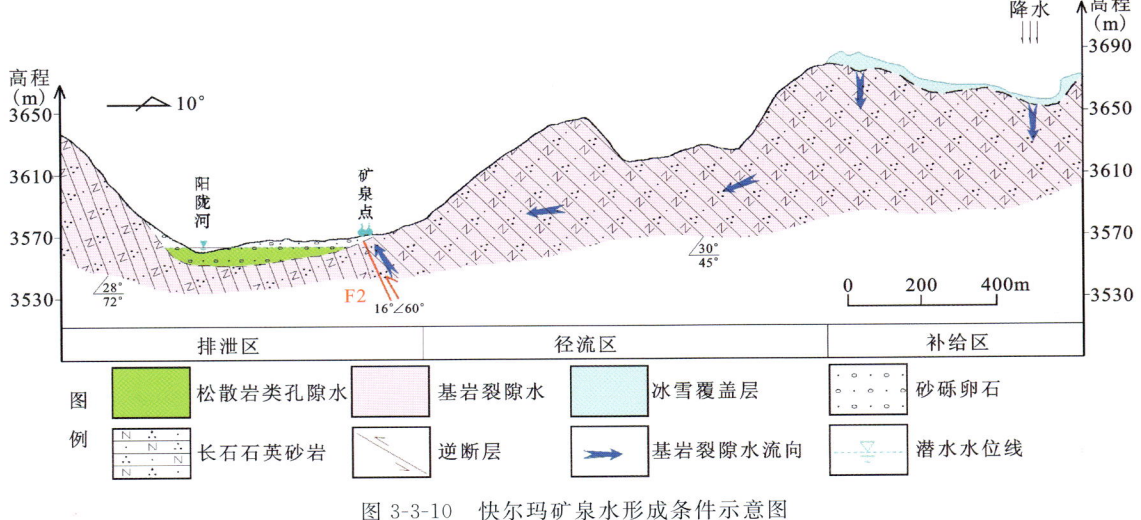

图3-3-10　快尔玛矿泉水形成条件示意图

第四节　科技创新与应用工程取得新进展

"十三五"以来,青海省将科技创新作为贯穿地质勘查工作始终的一条主线,以服务找矿突破为目的,加大地质科技创新投入,加强了基础地质、矿产地质、水工环地质科学研究力度和新理论、新技术、新方法在青海地质勘查中的应用,积极建立院士工作站、重点实验室、"产学研用"基地等科研平台,以科技创新推动绿色勘查,极大地促进了地质科技创新工作,取得了一批地质科研成果。地质科技创新综合能力不断增强,地质科研人才队伍不断壮大,新技术、新方法在地质找矿中的作用愈加明显,为服务与引领青海省地质找矿实现新的突破打下了良好基础。

一、地质科学研究工作开展情况

(一)资金投入情况

据统计,"十三五"期间全省共实施地质科研与管理类项目206项次,累计投入资金2.66亿元,占总投入的4.22%,年均5000余万元。其中,省地质勘查基金五年来相继开展地质科研项目93项次,累计投入经费9 805.98万元,占省地质勘查基金总投入(21.73万元)的4.51%,年均近2000万元。此外,为促进地质科研指导找矿突破,各地勘事业局、地勘单位及矿山企业也投入了一定比例的科研费用,本次未统计在内。

总体看来,2016—2020年地质科研经费与地勘总投入成正比,呈现出在基本平稳态势下略有下降的趋势(以省地勘基金为例,见表3-4-1及图3-4-1),"十三五"较"十二五"期间无论在项目数量、经费投入方面,均有所下降。

表 3-4-1 2016—2020 年青海省地质勘查基金地质科研资金投入情况

年份	项目数量(项次)	经费(万元)
2016	31	2 966.38
2017	27	2825
2018	17	1765
2019	8	1090
2020	10	1 159.6
合计	93	9 805.98

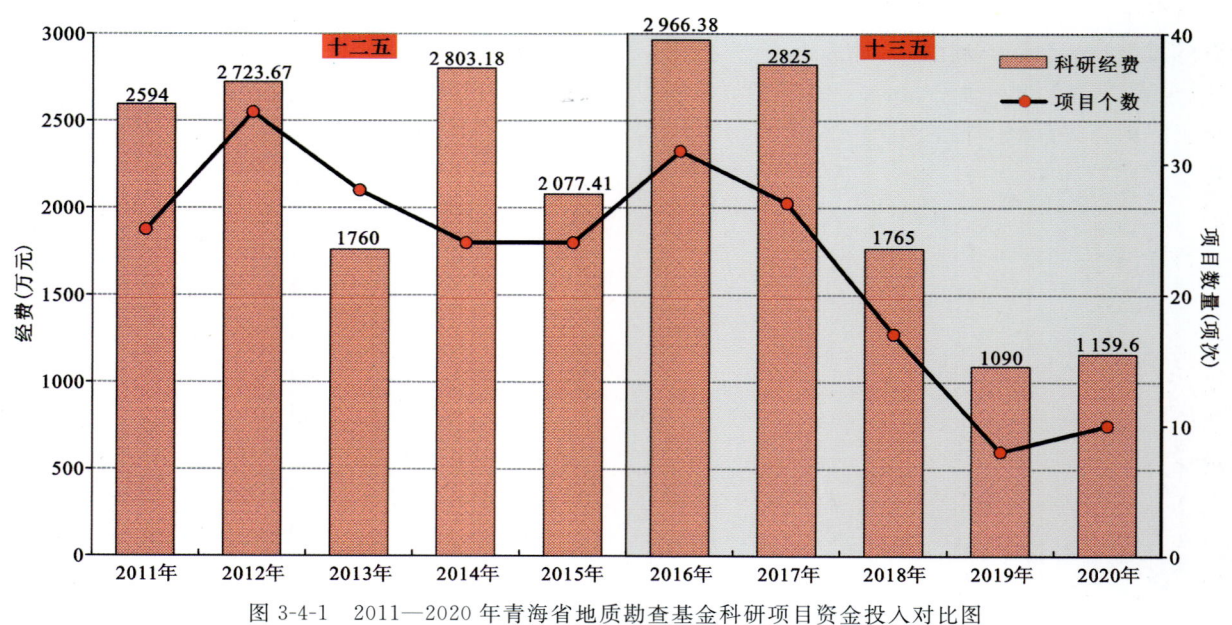

图 3-4-1 2011—2020 年青海省地质勘查基金科研项目资金投入对比图

(二)工作开展情况

1. 科技创新助力地质勘查

五年来,依托地质理论创新和勘查技术进步,针对基础地质、矿产资源勘查与开发利用、环境地质、遥感地质调查等领域遇到的地质问题,主要开展了全省范围内的地质找矿部署研究和整装勘查区找矿部署研究,针对柴北缘和东昆仑地区的重要金属矿产、柴达木盆地深层卤水钾锂资源、新类型新矿种的成矿规律及找矿预测研究、勘查方法技术试验与新技术新方法的应用推广、地学数据库建设及地质资料二次开发、矿产资源开发利用等研究项目,加强了对重大基础地质问题与制约找矿突破的关键性地质问题的科技攻关,提高了对地质科学规律的认识,有效地指导和助力了地质勘查工作的顺利开展。

此外,为贯彻中央生态文明建设和省委、省政府生态文明先行区建设、生态环境保护的要求和部署,青海省自2016年优选省地质勘查基金项目在全国率先试点开展绿色勘查,到2018年全面开展绿色勘查。五年来,我们先后发布了《青海省绿色勘查管理办法(试行)》《青海省绿色勘查工作细则(试行)》,《青海省绿色勘查管理办法》坚持绿色勘查与地勘工作"同研究、同部署、同设计、同实施、同检查、同考核"的"六同时"原则,使绿色勘查工作持续推进,实现了地质勘查与生态环保的和谐共赢。

2. 地质科技创新平台建设及人才培养

五年来,青海省高度重视科技基础条件和平台建设,为培养和引进地勘行业高层次人才和重点科研团队,相继搭建了多个布局合理、特色鲜明的科技创新研究平台,逐步完善了科技资源共享机制和科技支撑服务体系,进一步强化了人才队伍建设,为科研项目的高效实施提供了基础保障。

邀请国内知名院士专家,打造了不同专业的学术团队,相继成立了多吉·武强、何继善院士工作站,博士后科研工作站,潘彤工作室,中国地球物理学会青海办事处。建立了自然资源青海卫星应用技术中心(原国土资源青海卫星应用技术中心)、中国地质调查局矿产资源绿色评价研究中心青海分中心和高原富硒资源应用研究中心,新认定青海省遥感大数据、地质环境保护与灾害防治、金矿资源开发、青海省柴达木周缘大型超大型金矿深部探测技术创新、青海省盐湖提钾老卤综合利用研发等5家省级工程技术研究中心,持续建设和运行青海省盐湖资源开发、青海省岩心钻探、青海省低品位盐湖资源高值利用、青海省盐湖资源综合利用、青海盐湖镁资源开发等5家省级工程技术研究中心。新批准青海省页岩气资源、青海省隐伏矿勘查、青海省柴达木盆地盐湖资源勘探研究、青海省地理空间信息技术与应用等4个省级重点实验室,持续建设青海省青藏高原北部地质过程与矿产资源、青海省水文地质及地热地质、青海省环境地质、青海省盐湖地质与环境、青海省盐湖资源综合利用、青海省硫酸盐型盐湖资源综合利用、青藏高原北缘新生代资源环境等7个省级重点实验室。新认定青海省地学、青海省盐湖地质与环境、青海省无人机遥感等3个省级科研科普基地。

此外,中南大学、中国地质大学、吉林大学等科研院校分别与青海省第三地质勘查院、省第五地质勘查院、省有色地质矿产勘查局、省地质调查局等单位合作成立了"产学研用"示范基地,就科学研究、人才培养等达成全面合作协议,与吉林大学联合举办了"地质找矿产学研用创新合作基地"在职工程硕士班;与成都理工大学、吉林大学、中国地质大学(武汉)联合举办专题培训和研修班,选派技术骨干前往地质过程与矿产资源国家重点实验室学习。通过各种平台及项目实施,培养了一批高层次的地勘行业领军人才,先后培养了俄罗斯自然科学院外籍院士、国家百千万人才工程、青海学者、自然资源部第一批杰出青年科技人才、省自然科学与工程学科带头人、"昆仑英才·高端创新创业人才"、西部之光访问学者等,为青海省地质科技创新奠定了人才基础。

3. 地质科技创新开放合作

在实施国家和省级重大科研项目、解决青海地质找矿重大问题和关键性技术问题的科技创新实践中,各地勘单位不断探索地质科研新途径,提升自身科学研究能力,积极承担各类与找矿有关的科研项目,提高地勘项目科学技术水平,发挥了地勘单位在地质科技创新中的基础支撑作用。截至目前,省内绝大多数地勘单位均承担有与本单位地质找矿工作相关的科研项目,并与科研院所建立了合作机制,以科技创新切实促进地勘工作提质增效。

五年来,除省内地勘单位外,先后有中国地质科学院地质研究所、矿产资源研究所、地球物理地球化学勘查研究所,中国地质调查局油气资源调查中心、水文地质环境地质调查中心,中国自然资源经济研究院,中国地质大学(北京),中国地质大学(武汉),中国矿业大学(北京),吉林大学,中南大学,长安大学,成都理工大学,桂林理工大学,东南理工大学,青海大学等20余家科研院所、高等院校参与青海省地质科学研究工作,五年间赴青海从事科学研究的专家、学者、博士、硕士等达到千余人(次)。地质科学研究队伍不断壮大,很大程度上提升了青海省地质找矿科技创新能力和地质科学研究水平,推进了地质事业的持续发展。

4. 地质科技创新管理体制机制建设

五年来,通过不断努力,大力破除体制机制性障碍,建立和完善了科技创新管理体制机制,为科技创新发展整体布局、地质勘查与科学研究的紧密结合奠定了基础。

1) 明确管理职责

进一步明确了原省国土资源厅规划科技处(2019年机构改革后调整为省自然资源厅科技发展合作处)、省地调局发展研究部(2019年机构改革后调整为地质调查研究中心)、各事业局地质科技处、各单位技术部等相关单位或机构在地质科技规划、管理、项目实施等方面的职责、任务,各部门团结协作,形成合力,共同推进全省地质科技创新工作。

2) 完善管理制度

五年来,创新求变、积极探索与全省地勘工作相适宜的管理制度,先后制定出台了《青海省地质勘查项目管理办法(试行)》《青海省地勘单位业绩信誉考评办法》《青海省地质勘查基金项目管理办法》《青海省绿色勘查管理办法(试行)》《青海省绿色勘查工作细则(试行)》《青海省省级地质勘查专项资金管理办法》《青海省省级地质勘查专项资金项目管理办法》《青海省绿色勘查管理办法》等。这些制度办法的有效实施,对进一步规范青海省地质勘查和绿色勘查工作,持续加强省级地质勘查专项资金项目监督管理,促进青海省地勘事业持续高质量发展发挥了重要作用。

3) 强化合作攻关

原省国土资源厅要求地质科研项目必须与科研院所合作,做到优势互补、联合攻关,进一步提高了科研成效。此外,原省国土资源厅于2018年与中国空间技术研究院五〇三所签订战略合作框架协议,在自然资源信息化建设、卫星遥感应用、自然资源调查监测及成果应用提升、人才培养与交流等方面开展长期战略合作;省自然资源厅与成都理工大学签订战略合作协议,依托地质灾害防治和地质环境保护国家重点实验室研究成果,加强在地质灾害防治、生态修复、地质勘查等方面的合作。

4) 加强学术交流研讨

针对工作中出现的制约找矿突破的关键基础地质问题,及时开展专家指导和现场调研,同时推进各种形式和不同层次的学术交流、理论讲座和方法研讨会,进一步加大了学术交流和研讨力度,高水平论文不断涌现,营造出了空前良好的学术氛围。五年来,开展与青海省地质勘查有关的大型科技研讨会76次(表3-4-2);以项目为依托,公开出版专著22本(表3-4-3),发表与青海省地质找矿工作有关的高质量论文76篇,其中SCI 3篇、EI 15篇、中文核心58篇。

表3-4-2 2016—2020年与青海省地质勘查有关的大型科技研讨会一览表表

序号	研讨会名称	会议时间	组织单位
1	青海省贵德-共和地区地热暨干热岩勘查开发利用研讨会	2016.05.17	青海省地质调查局
2	青海省祁漫塔格整装勘查区关键科学技术难题研究与示范项目技术研讨会	2016.05.28	青海省第三地质矿产勘查院、青海省地质矿产勘查开发局
3	矿产资源综合利用示范基地先进技术推广应用和绿色矿山建设现场会	2016.08.24	青海省国土资源厅、青海省海西州政府
4	青海省祁漫塔格整装勘查区关键科学技术难题研究与示范项目进展及财务管理研讨	2016.11.11	青海省第三地质矿产勘查院、青海省地质矿产勘查开发局
5	青海省地质科技创新工作研讨会	2016.11.29	青海省国土资源厅、青海省地质调查局

续表 3-4-2

序号	研讨会名称	会议时间	组织单位
6	2016年度青海省地勘工作成果汇报会	2016.12.27	青海省国土资源厅、青海省地质调查局
7	2016年青海省绿色勘查工作研讨会	2016.12.28	青海省国土资源厅、青海省地质调查局
8	五龙沟地区主区找矿研讨会	2017.02.24	青海省第一地质矿产勘查院
9	2017年度绿色勘查工作会	2017.03.30	青海省地质矿产勘查开发局
10	西北地区地球物理学术研讨会	2017.04.07	青海省地质学会、湖南继善高科技有限公司
11	地质勘查新理论新技术新方法培训班	2017.04.20-21	中国地质矿产经济学会地勘产业专业委员会
12	地质矿产类遥感信息产品研发与应用示范研讨会	2017.06.06	青海省地质调查院
13	矿产资源绿色循环综合开发利用及绿色矿山建设技术与装备论坛	2017.06.15	青海省矿产开发学会
14	青藏高原国土综合整治暨土地科技创新国际学术交流研讨会	2017.07.28	青海省国土资源厅
15	青海省生态环境地质调查专题研讨会	2017.08.02	青海省环境地质勘查局
16	青海省共和-贵德地区干热岩勘查与开发利用研讨会	2017.08.25-27	青海省国土资源厅、中国地质调查局水环部、青海省地质调查局
17	青海省地矿局地质科技创新大会	2017.08.30	青海省地质矿产勘查开发局
18	第二届高原富硒产业发展高峰论坛暨土地质量地球化学调查服务精准扶贫交流会	2017.09.10	青海省海东市人民政府、青海省国土资源厅、中国地质调查局西安地质调查中心、中国地质科学院地球物理地球化学勘查研究所
19	青海省绿色矿山和绿色矿业发展示范区建设工作会议	2017.09.28	青海省海西州人民政府、青海省国土资源厅
20	青海省资源环境遥感技术研讨会	2017.09.30	青海省地质调查院
21	祁漫塔格矿集区矿产资源可利用性可选性评价体系	2017.10.13	中国地质科学院郑州矿产综合利用研究所、青海地矿测试中心
22	西宁市城市地下空间工程地质环境研究研讨会	2017.10.24	青海省环境地质勘查局
23	青海省矿产资源深部勘查研讨会	2017.11.28-29	青海省国土资源厅、青海省地质调查局
24	青海省地质遗迹调查保护开发利用研讨会	2017.11.30	青海省地质调查院
25	青海省地质工作项目管理信息系统应用技术交流会	2017.12.08	青海省地质调查局
26	青海东部黄河谷地百万亩土地开发整理重大项目工作推进会	2017.12.15	青海省国土资源厅
27	青海省地矿局2017年度地勘资料展评会	2017.12.21	青海省地质矿产勘查开发局

续表 3-4-2

序号	研讨会名称	会议时间	组织单位
28	2017年青海省地质勘查成果汇报会	2017.12.26	青海省国土资源厅、青海省地质调查局
29	青海玉树囊谦县地质遗迹调查保护与开发利用研讨会	2018.02.28	青海省地质调查院
30	建局60周年绿色发展论坛	2018.04.23	青海省地质矿产勘查开发局
31	矿产资源勘查开发座谈会	2018.05.11	青海省国土资源厅、中国煤炭地质总局
32	青海区域地质调查片区总结与服务产品开发学术研讨会	2018.05.12	青海省地质调查院
33	柴达木绿色找矿勘查大会战成果信息发布会	2018.06.12	青海省海西州人民政府、青海省国土资源厅
34	2018年青海矿产资源综合开发利用及绿色矿山建设技术与装备论坛	2018.07.06	青海省矿产开发学会
35	青海省格尔木河流域地下水资源评价研讨会	2018.07.11	青海省环境地质勘查局
36	2018年度野外地勘项目成果技术交流会	2018.08.22	青海省第五地质矿产勘查院
37	2018年"产学研用"地质找矿研讨会	2018.08.25	青海省有色地质矿产勘查局、吉林大学
38	中国核能行业协会专家委员会铀资源组年会暨青海省铀矿找矿突破研讨会	2018.08.28	青海省核工业地质局
39	海东市硒与人体健康调查成果新闻发布会	2018.08.30	青海省海东市人民政府、青海省第五地质矿产勘查院
40	2018年度省财政资金地质勘查重点项目推进会	2018.09.06	青海省地质调查局
41	都兰县八宝山地区页岩气调查评价八页2井压裂试气研讨会	2018.10.10	青海省地质调查局
42	青藏高原东北部深部地热-干热岩勘查开发利用高级研修班	2018.10.28-31	青海省科学技术协会、青海省人力资源和社会保障厅、青海省国土资源厅、青海省环境地质勘查局、青海省环境地质重点实验室、青海省国土资源厅人力资源开发中心、青海省地质环境保护与灾害防治工程技术研究中心
43	新能源储存探测技术研讨会	2018.11.02	青海省第三地质矿产勘查院
44	青海省有色地质矿产勘查局2018年度地矿成果汇报会	2018.12.20	青海省有色地质矿产勘查局
45	2018年青海省地质勘查成果汇报会	2018.12.26.27	青海省自然资源厅、青海省地质调查局 2019年1月起,机构改革地勘单位更名
46	页岩气专题技术研讨会	2019.01.22	青海省第四地质勘查院
47	青海省八宝山地区页岩气调查评价二位地震专题验收会	2019.03.30	青海省地质调查局

续表 3-4-2

序号	研讨会名称	会议时间	组织单位
48	青海省都兰县八宝山地区页岩气调查评价设计审查会	2019.04.20	青海省地质调查局
49	青海省地质勘查活动对生态环境影响因素分析及评估交流研讨会	2019.04.03	青海省地质调查局
50	地质勘查生态保护和绿色发展科技创新研讨会	2019.04.12	青海煤炭地质勘察院
51	青海省都兰县八宝山地区页岩气调查评价总体设计和八页 2 井压裂试气工程设计复核会	2019.04.22.23	青海省地质调查局
52	青藏高原北部地质过程与矿产资源重点实验室 2019 年开放课题重点项目研讨会	2019.04.23	青海省地质调查院
53	2019 年度省财政资金地质勘查重点项目推进会	2019.04.25	青海省地质调查局
54	省科技厅重点研发项目"柴北缘战略性新兴矿产找矿突破及关键技术示范"研讨会	2019.05.17	青海省地质调查院
55	柴达木盆地锂资源潜力与利用调查评价项目研讨会	2019.05.30.31	青海省柴达木综合地质矿产勘查院
56	锂铍矿勘查研讨会	2019.06.26	潘彤工作室
57	希望沟项目找矿研讨会	2019.07.13	青海省地质调查院、中国地质调查局西安地质调查中心
58	物探科研项目技术研讨会	2019.08.05	青海省第三地质勘查院
59	2019 年地质找矿交流研讨会	2019.08.20-21	青海省有色地质矿产勘查局
60	中国地质学会地热专业委员会 2019 年年会暨第一届地热青年论坛召开共和贵德干热岩勘查开发情况	2019.08.20-21	中国地质学会
61	柴周缘综合物探项目技术研讨会	2019.09.09	青海省第三地质勘查院
62	长江、黄河源头区生态环境保护研讨暨长江中心青海驻点现场推进会	2019.11.18	自然资源部、青海省自然资源厅
63	2019 年度有色局地勘成果汇报会	2019.12.20	青海省有色地质矿产勘查局
64	2019 年度青海省地质勘查成果汇报会	2019.12.30-31	青海省自然资源厅、青海省地质调查局
65	第二次青藏高原综合科学考察研究推介会	2020.04.20	青海省地质调查院
66	柴达木盆地成矿系统研究项目讨论会	2020.05.09	青海省柴达木综合地质矿产勘查院、潘彤工作室
67	青海省城市地质调查研讨会	2020.06.04	青海省地质调查局、青海省环境地质调查局
68	深部勘查典型矿床交流研讨会	2020.08.06	青海省地质调查局
69	柴达木盆地及周缘战略性矿产找矿突破推进会	2020.08.21	青海省地质矿产勘查开发局

续表 3-4-2

序号	研讨会名称	会议时间	组织单位
70	青海省"十三五"期间地质工作创新与成果突破	2020.08.22	青海省地质调查局
71	青海省地理空间信息技术和应用重点实验室召开2020年度学术研讨会	2020.11.19	青海省地理空间信息技术和应用重点实验室
72	2020年地理空间大数据融合应用高峰论坛	2020.11.20	青海省地理空间和自然资源大数据中心、青海省地理空间信息技术和应用重点实验室
73	新理念·新成果·新盐湖——盐湖绿色勘查技术研讨会	2020.07.24	青海省地质矿产勘查开发局
74	第五届青海省卫星导航定位基准站网年会	2020.09.16	青海省基础测绘院
75	八宝山地区页岩气调查评价项目年度资料验收暨研讨会	2020.12.09	青海省地质调查局、青海省第四地质勘查院
76	2020年暨"十三五"青海省地质勘查成果汇报会	2020.12.23-24	青海省自然资源厅、青海省地质调查局

表 3-4-3　2016—2020 年出版专著一览表

序号	专著名称	出版时间	著作人	出版社	主要作者单位
1	青海东昆仑成矿环境成矿规律与找矿方向	2016	潘彤、王秉璋、李东生、李善平、陈静	地质出版社	青海省地质矿产勘查开发局
2	青海省金属矿产成矿条件和成矿预测	2016	贾群子、杜玉良、栗亚芝、李金超、孔会磊	中国地质大学出版社	中国地质调查局西安地调中心
3	青海省祁漫塔格地区主要矿产成矿规律与成矿系列	2017	张爱奎、李东生、何书跃、赵俊伟、刘智刚、张勇	地质出版社	青海省第三地质矿产勘查院
4	青海省地质遗迹综合研究	2017	史立群、武法东、张婷婷、王彦洁、董高峰	地质出版社	青海省环境地质勘查局
5	青海矿山地质环境及恢复治理工程	2017	许伟林、董高峰、毕海良、罗银飞、吴国禄、杨世新、史立群、张婷婷、曹德云、马建青、薛海林	地质出版社	青海省环境地质勘查局
6	西北地区重要矿产概论	2017	杨合群、姜寒冰、谭文娟、赵国斌、杨乐田、李英	中国地质大学出版社	中国地质调查局西安地调中心
7	三十九种元素的分组及元素地球化学	2017	刘恒福、许永甫、李善平、吴正寿、白宗海、陈丽娟、黄青华等	地质出版社	青海省地质调查院

续表 3-4-3

序号	专著名称	出版时间	著作人	出版社	主要作者单位
8	青海省祁漫塔格地区地球物理方法应用研究	2018	白国龙、何书跃、严永邦等	地质出版社	青海省第三地质矿产勘查院
9	青海省水工环地质概论	2019	李长辉、许伟林、董高峰等	地质出版社	青海省环境地质勘查局、青海省九〇六工程勘察设计院
10	西南"三江"成矿带北段成矿地质背景及成矿规律	2019	何世平、时超、阜平阳、于浦生、潘晓萍、吴中楠	科学出版社	中国地质调查局西安地质调查中心
11	青海湖流域生态环境地质	2019	许伟林、马思锦、罗银飞、畅俊斌、于漂罗等	中国地质大学出版社	青海省环境地质勘查局、陕西地矿九〇八环境地质有限公司、青海省地质调查局
12	柴达木盆地南北缘成矿系列及找矿预测	2019	潘彤、王秉璋、张爱奎、黄勇等	中国地质大学出版社	青海省地质矿产勘查开发局
13	青海省358地质勘查工程——成果与经验	2019	韩生福、李世金、田承盛、王富春、李熙鑫、祁生胜等	地质出版社	青海省自然资源厅、青海省地质调查局
14	深部咸水层二氧化碳地质储存勘查评价与工程控制技术	2019	刁玉杰、李旭峰、金晓琳、郭建强、张森琦等	地质出版社	青海省水文地质工程地质环境地质调查院
15	那陵格勒河流域重点地区水文地质调查研究	2020	黄勇等	地质出版社	青海省水文地质工程地质环境地质调查院
16	青海省重要矿床发现史与经验启示	2020	李世金、李熙鑫、王富春、张梅芬等	地质出版社	青海省地质调查局
17	青海省东部土壤地球化学背景值	2020	苗国文、马瑛	中国地质大学出版社	青海省第五地质勘查院
18	长江源区生态环境地质	2020	李永国、辛元红、贾小龙、谭立渭、郭宏业、张敞兴等	地质出版社	青海省水文地质工程地质环境地质调查院
19	青海东部生态地球化学成果及经济效益示范	2020	姬丙艳、许光等	中国地质大学出版社	青海省第五地质矿产勘察院
20	青海省地质科技创新进展与成果	2020	韩生福、祁生胜、李世金、童海奎、宋恩玉等	地质出版社	青海省自然资源厅、青海省地质调查局
21	地质实验测试技术	2020	石华、杜作明	伊诺科学出版社	青海省地质矿产测试应用中心
22	青海省典型金矿可利用研究与应用	2020	孙晓华	伊诺科学出版社	青海省地质矿产测试应用中心

(三)取得的主要成果

1. 地质科技创新与应用工程有力实施,引领作用进一步显现

1)有序推进不同层次的找矿部署研究

一是编制完成《青海省找矿突破战略实施方案(2011—2020年)》,为科学部署、有效组织实施和有序开展青海省地质勘查工作打下了坚实的基础。二是开展了针对青海省铜镍硫化物矿、铜矿、天然矿泉水等重点矿种的找矿部署研究项目,进一步分析总结了各矿种的成矿类型、成矿规律、控矿因素、找矿标志,建立了找矿模型,共圈定可供进一步工作的铜镍硫化物矿找矿靶区12处、铜矿靶区50处、天然矿泉水靶区14处,明确了地质找矿方向,为下一步开展勘查工作提供了科学指导。三是部署了青海省"358地质勘查工程"成果集成与经验总结、"十三五"地质勘查重要进展跟踪与部署研究、"十四五"矿产资源总体规划研究、"十四五"矿产资源总体规划编制、柴达木盆地盐湖资源利用与保护规划等5个成果经验总结及规划项目,编制了系列专著和研究报告,达到了总结成果、梳理问题、分析形势、谋划布局的目的,为青海省地质勘查工作绿色高质量发展提供了理论技术支撑。四是开展了整装勘查区找矿部署研究工作,在五龙沟、拉陵灶火和昆仑河整装勘查区继续开展找矿部署与预测研究项目。通过这些项目的实施,在为整装勘查区提供系列基础图件的同时,进一步完善了成矿理论和矿床模型,提高了整装勘查区的地质理论水平,优选了一大批找矿靶区,其中多处成功立项矿产勘查项目,为明确地质找矿方向和拓展找矿空间提供了积极指导,为找矿突破战略行动的顺利实施和重大矿床的发现提供了科学依据,提升了资源量,为全省矿产资源开发战略及国家区域经济发展提供了资源保障。

2)积极实施重要矿产成矿规律及找矿预测研究

一是相继在柴北缘和东昆仑地区开展了稀有稀土金属、多金属、页岩气、铀矿的成矿规律及找矿突破方向研究,进一步明确了控矿构造和赋矿层位,为实现找矿突破提供了技术支撑。二是加强沉积型晶质石墨矿、锰矿、岩浆伟晶岩型锂铍矿、热水沉积型铁钴矿等新成矿类型的研究,进一步拓展了找矿思路和空间,优选了可供进一步工作的重点评价区,为新类型和新矿种找矿工作部署、资源战略规划与政策制定提供了依据。三是在柴达木盆地成矿区针对盐湖资源开展了盐湖矿产成矿规律研究和钾盐资源、锂资源、南翼山地区深层卤水的潜力评价工作,全面总结了柴达木盆地成盐地质条件,分析和总结了深层卤水赋存分布规律,为全省规划部署盐湖矿产资源勘查开发工作提供了翔实的基础资料。

3)创新开展勘查技术方法试验与应用研究

一是针对共和盆地干热岩实施两眼深度超过4000m、井底温度超过200℃的双靶点干热岩定向井,创国内首例,探索形成一套高温硬岩高效定向钻进技术,建立干热岩储层描述与裂隙预测方法;首次系统提出干热岩应力波及、有效裂缝、进液范围的多重改造体积概念及定量界定方法;形成以当地环境可承载力为阈值、断层力学稳定评价为基础、微震统计分析与模型预测相结合的诱发地震评价与预测技术。二是针对柴周缘重要矿床类型开展综合物探技术方法有效性评价与试验研究,总结出在青藏高原浅覆盖区寻找矽卡岩型铁及多金属矿的物探方法组合,并在野马泉、它温查汗西等矿区得到成功应用,进一步拓宽了找矿空间。三是在重要成矿带开展1∶2.5万地球化学测量示范与推广,明确其圈定的多数异常不仅对1∶5万异常进行了分解,同时新发现了一批具有找矿意义的新异常,为矿产勘查选区立项工作提供了可靠靶区。四是二维地震和广域电磁法在页岩气、干热岩、深层卤水、金属矿等领域得到推广,取得了一批重要勘查成果。五是在都兰地区开展了"自然资源遥感动态巡查及遥感监测示范研究",初步探索了高分遥感在自然资源领域的动态监测应用。六是在夏日哈木、拉陵灶火、哈西亚图、铜金山、锡墨格山等重点矿区开展地质扫描技术规范研究,获取了高分辨率岩心图像,保留了一套内容丰富、真实可靠、价值很高的实用数字资料,为更全面深入研究矿床成矿特征等提供了依据。七是在高寒草地动态监测与智能评价关键技术及重大应用中,创新融合多源数据协同获取机制和高寒草地综合监测指标体系,突破了天空地一体化协同监测、多元异构大数据集成管理、知识驱动的评价决策等关键技术,实现了高寒草地动态化、精细化与智能化监测评价与监管决策。

4)加强地学数据与资料信息开发利用

一是以全省自然资源"一张图"为核心,不断提升自然资源信息化建设水平和服务保障能力,完成了青海省同位素数据库、全国地质资料目录服务中心(青海)、区域地质图数据库(西北)等多个地学基础数据库的建设,更新完善了青海省矿产地数据库和青海省地勘项目管理数据库,为持续推进数字化建设提供了支撑;二是在重要成矿带实施了1∶5万矿调多元地质信息集成与靶区优选,圈定找矿靶区124处,成功立项矿产勘查项目7项;三是开展柴周缘1∶5万水系沉积物样品稀有稀土元素优选测试及找矿预测研究,圈定稀有稀土组合异常710处、找矿靶区113处,成功立项稀有稀土预查项目3项;四是开展青海省新一轮区域地质志、矿产地质志编制工作,对全省地质工作成果进行了全面梳理和综合集成,为找矿工作提供了丰富的基础地质资料,进一步提升了全省地质资料综合利用水平和程度。

2. 优势互补,联合攻关,产学研结合,指导找矿突破

以国家、省级重大地质科研项目为依托,以解决地质找矿过程中重大基础地质问题和与成矿有关的关键性地质问题为主攻方向,引用地质找矿新理论、新技术、新方法,在基础性地质矿产调查的基础上,不断加强与省内外科研院所和地勘单位的合作,优势互补,围绕各成矿区带及重点矿区开展联合攻关,深化地质矿产成矿动力学和成矿规律研究,提升地质科研及其调查方法技术和研究水平。在开展联合攻关的同时,探索出一条"产学研用"相结合、理论研究与找矿实践相结合、科技创新引领和指导找矿的新途径,从而将地质科研与生产实际紧密结合起来,有效推动了全省地质矿产勘查工作的开展和找矿突破的实现,并取得了一系列找矿成果,逐步改变了以往科学研究与地勘实际相脱节的局面。青海省第五地质矿产勘查院与吉林大学孙丰月科研团队合作,在发现东昆仑地区首例岩浆熔离型铜镍硫化物矿床并开展系列研究的基础上,带动了东昆仑乃至全省的镍矿找矿热潮,相继发现了石头坑德、浪木日、盐场北山、阿克楚克赛等铜镍硫化物矿床(点),其中"青海省格尔木市夏日哈木铜镍矿 HS26 号异常区勘查"获得 2019 年度国土资源科学技术二等奖。

青海省有色地质矿产勘查局与中国地质大学(武汉)魏俊浩团队、吉林大学孙丰月团队合作,在三江北段多彩地区铜铅锌矿勘查、沟里—抗得弄舍地区进行联合攻关,通过共建"产学研用"基地、科研项目与课题合作、现场指导与会议研讨结合等多种形式,促进了该地区的矿产勘查工作,发现并评价了查涌、撒纳龙哇等矿床,并在深部见到富铜矿体,扩大了该地区找矿前景,指明了进一步找矿方向。

青海省柴达木综合地质矿产勘查院与中国地质科学研究院郑绵平院士团队、中国石油天然气股份有限公司青海油田分公司等合作,分别发挥各自理论、勘查、资料方面的优势,在柴达木盆地西部深层钾盐勘查研究中进行联合科技攻关,在大浪滩、黑北、马海、察汗斯拉图等凹地深部发现大厚度砂砾石层孔隙卤水钾盐矿层,扩展了盆地找钾的新方向和新思路。青海省柴达木综合地质矿产勘查院申报的"柴达木盆地西部深层卤水钾矿综合研究与找矿突破"获得 2017 年度青海省科学技术进步三等奖,参与申报的"中国海陆相钾盐找矿新进展"获得 2019 年度中国地质调查局地质科技一等奖。

青海省地质调查院作为省内唯一一家参与第二次青藏高原综合科学考察研究(STEP)的地勘单位,承担"青藏高原中北部(青海)中生代岩浆岩演化及深部过程研究"项目。该项目依托第二次青藏高原综合科学考察研究(STEP)任务 7(高原生长与演化,2019ZQKK0700),是与中国科学院广州地球化学研究所联合承担的"典型地区岩石圈组成、演化与深部过程(2019QZKK0702)"专题研究子课题,项目以国内紧缺战略性关键矿产(锂、铍、铌、钽、氟、钨、锡等)成矿地质构造环境研究为核心,开展三江北段、东昆仑、柴北缘等重要成矿区带中生代岩浆作用研究,明确中生代岩浆演化阶段关键成矿地质体岩石构造组合、时空分布、岩石成因及构造环境,探讨关键矿产的成矿环境,建立岩浆作用与成矿的耦合关系,总结关键矿产成矿规律和成矿潜力,进一步明确找矿方向,以打造三江北段、东昆仑、柴北缘关键性新兴矿产资源战略储备基地,为我国战略性矿产资源可持续开发提供资源保障。

青海省地矿测试中心被认定为国家高新技术企业(2020)和青海省科技型企业(2018),青海省第六地质勘查院(暨都兰金辉矿业有限公司)被认定为青海省科技型企业(2016),是省内地勘单位提升科技创新能力的重要体现。

3. 地质科技进步与创新成果显著

通过五年的努力,青海省地质科技成果转化应用和社会服务水平进一步提升,地质科学技术进步及创新成果不断涌现,共获得各类成果奖励143项,成绩喜人。其中,自然资源部(原国土资源部)颁发的各类奖项12项(其中地理信息科技进步特等奖2项、二等奖2项,国土资源科学技术一等奖2项、二等奖3项,全国地质勘查行业优秀地质找矿项目一等奖2项、二等奖1项);中国地质调查局颁发的地质科技奖3项(其中一等奖2项、二等奖1项);青海省人民政府颁发的科学技术进步奖30项(其中一等奖4项、二等奖7项、三等奖19项);厅局级奖励18项,行业(学会)奖励合计80项。特别是"三江造山带铅锌多金属成矿理论创新与找矿突破"荣获国土资源科学技术一等奖,该项成果构建了全新的三江造山带构造演化模型,创建了大陆碰撞铅锌成矿理论,提升了我国的国际学术地位和矿产勘查评价水平,增加了我国铅锌资源储备;"青海省都兰县那更康切尔沟银多金属普查"项目获评中国地质学会2020年度十大地质找矿成果,该矿床的发现填补了青海省无超大型独立银矿床的空白,对青海省的经济建设以及西部大开发都具有重要意义;"高寒草地动态监测与智能评价关键技术及重大应用"项目,荣获我国地理信息行业的最高科技成果奖项"地理信息科技进步特等奖",实现了全省高寒草地资源全面、动态的精细化监测,为青海省"摸清自然资源家底"以及"山水林田湖草生态保护修复"等任务提供了科学、可靠的数据支撑,该项成果整体上处于国际先进和国内领先水平,青藏高原极端环境和艰苦条件下固定观测—移动调查—遥感监测集成的高寒草地监测技术系统达到了国际领先水平。各类奖项的取得,不但极大地提高了青海省地质工作者的工作积极性和创造性,提升了地质科技自主创新能力和科学技术发展水平,而且为促进青海省经济社会发展作出了有力贡献。

4. 科技人才培养取得实效

通过不同层次科研平台的建设和人才工程的实施,逐步培养了一批综合素质较高的科技人才和学科带头人,为地质科技创新奠定了人才基础。

2016—2020年,先后获得"全国精神文明建设单位""全国工人先锋号""青海省五一劳动奖状""青海省劳动模范集体"等各类先进集体奖励共59项。先后获得"全国五一劳动奖章""全国劳动模范""自然资源部科技领军人才""最美地质队员""青海学者""昆仑英才"等各类先进个人奖励128人(次),其中5名专家享受国务院政府特殊津贴(包含青海油田、盐湖工业股份有限公司),3名专家入选国家百千万人才工程,获得国土资源部科技领军人才1名、杰出青年科技人才2名、科技与国际合作先进个人3名,10名年轻地质工作者获得中国地质学会"金罗盘奖",2名获得"银锤奖",6名地勘工作者成长为青海省自然科学与工程技术学科带头人,5名评为青海省优秀专家,2名评为青海省优秀专业技术人才,9名入选青海"高端创新人才千人计划",16名入选青海省"昆仑英才"。青年地质工作者在科技创新过程中得以锻炼成长,既保障了科研项目的顺利开展,又为地质事业高质量发展提供了人才保障与智力支撑,能够进一步推动地质科技创新工作再上新台阶。

5. 探索形成了一套科技创新管理制度与经验

五年来,通过不断探索、尝试,逐步形成并完善了《青海省省级地质勘查专项资金管理办法》《青海省省级地质勘查专项资金项目管理办法》等地质勘查资金、地质科研项目管理、地勘单位业绩信誉考评办法相关的多项管理办法,制定发布《1∶25 000地球化学测量规范》青海省地方标准。建立了一套立项论证—设计审查—项目实施—成果提交—业绩信誉考评的全过程监管体系,地质科研项目管理制度化、规范化。形成了地勘单位与科研院所合作机制,青海省自然资源厅与自然资源部勘查技术指导中心、中国地质调查局、西安地质调查中心等项目主管部门的沟通联系机制,青海省地调局与地勘事业局联系检查验收督导机制,地勘项目(含科研)分片区技术监督管理机制,项目重要技术事项专家联席研讨评审机制等。这些办法、机制的建立,既保障了地质科技创新工作的有序开展和科研项目的顺利实施,又为今后加快推进地质科技创新工作打下了良好的基础。

二、地质找矿工作部署研究

(一)全省找矿部署研究

为进一步加强青海省地质找矿综合研究,科学规划、有效部署实施全省地质找矿工作,2016—2020年,相继开展了青海省铜矿和铜镍硫化物找矿部署研究、天然矿泉水勘查靶区优选研究等3个重要矿产资源找矿部署研究项目,以及青海省"358地质勘查工程"成果集成与经验总结、"十三五"地质勘查重要进展跟踪与部署研究、"十四五"矿产资源总体规划研究、"十四五"矿产资源总体规划编制和柴达木盆地盐湖资源利用与保护规划等5个成果经验总结及规划项目。这些找矿部署研究项目通过跟踪掌握地质勘查项目工作进展情况、成果总结认识和梳理分析地质找矿疑难问题等进行综合研究,为下一步工作部署提出建议。项目取得的成果为青海省重要矿产找矿、矿泉水靶区优选、各类地质勘查工作的规划部署提供了丰富的资料基础和工作思路,有效地指导了青海省矿产勘查工作的科学合理开展。

1. 重要矿产资源找矿部署研究

1)柴周缘铜镍硫化物成矿规律及找矿部署研究

为有效开展柴达木周缘地区地质勘查工作,进一步实现铜镍矿找矿重大突破,2014年,省地勘基金出资设置该项目,由青海省地质调查局、吉林大学、四川省地矿局一〇八队和青海省核工业地质局共同实施。

项目在系统收集分析相关资料的基础上,对柴周缘地区分布的镁铁—超镁铁质岩体特征、岩性及岩石组合特征、时代、构造环境等进行了梳理分析,共划分出镁铁—超镁铁质岩体343个。对柴达木周缘夏日哈木、石头坑德、冰沟南、白日其利沟等重点勘查区12个异常岩体开展调研,掌握了岩体的产出特征、岩性、岩相及矿化特征。对与铜镍找矿有关的18个勘查项目开展跟踪研究,并提出了相应的工作部署和调整建议。

通过一系列综合分析研究认为,下一步找矿工作应紧紧围绕东昆仑基底隆起带、柴北缘基底隆起带分布的镁铁—超镁铁质岩及其物化探异常开展,即围绕金水口岩群、达肯大坂群古陆块地层中分布的基性—超基性岩和铜、钴、铬、镍异常及其相应的小而分散的磁异常开展找矿部署工作,为下一阶段的靶区优选提供了依据。

2)青海省天然矿泉水勘查靶区优选研究

为了解全省矿泉水(天然饮用矿泉水及医疗矿泉水)勘查和开发现状,掌握尚未勘查开发的矿泉水(天然饮用矿泉水及医疗矿泉水)形成条件及分布规律,从而进一步提高青海省矿泉水勘查开发水平,自2016年起省地勘基金出资设置该项目,由青海省地质调查局牵头,青海省环境地质勘查局、青海省水文地质工程地质环境地质调查院、青海省柴达木综合地质矿产勘查院和青海省地质调查院共同承担实施。

通过对已有190个矿泉水泉点资料的收集整理分析、遥感解译和复核调查,综合研究后优选出可供进一步勘查的天然矿泉水靶区14处,具有交通位置较为方便,自然生态环境良好,泉水流量大,动态较为稳定,易开采,开采潜力大等特点。其中,饮用天然矿泉水11处,泉水流量5.0~307.5L/s,锶含量0.42~1.34mg/L,均为含锶饮用天然矿泉水,泉水流量大,动态较为稳定;理疗天然矿泉水3处,泉水流量1.30~3.05L/s,水温67~96.6℃,水温高,动态较为稳定,流量较大。

基本阐明了全省矿泉水形成地质背景条件和矿泉水分布规律及其特征,其中饮用天然矿泉水主要分布于柴达木盆地周边、青南及青东地区,其形成分布主要受地形地貌、地层岩性、地质构造、气象水文等自然因素影响和制约。在富含矿泉水有益元素成分的中、新生代地层及岩浆岩分布的地区,区域性深大断裂及次生断裂构造发育,为矿泉水的形成提供了上升通道,主要源于中高山区大气降水、冰雪融水的渗入补给。地下水在获得补给后沿断裂破碎带进入深部循环,溶滤地层中富含矿泉水的有益元素成分,形成矿泉水,在断裂带附近以上升泉的形式泄出地表。一般具有水量大、动态稳定、水质优良等特征。

3)青海省铜矿主要成矿类型选区研究

为进一步梳理全省铜矿主要成矿类型,剖析典型铜矿床成矿条件,总结区域成矿规律,拓展铜矿找矿方向,省地勘基金出资设置该项目,由青海省地质调查局承担实施,中国地质大学(北京)和中国冶金地质总局青海地质勘查院作为协作单位配合完成部分研究工作。

项目在全面收集全省铜矿勘查资料,剖析典型矿床,编制1:50万尺度的青海省铜矿地质矿产图、成矿规律找矿靶区部署建议图系列综合图件的基础上,参考国内外铜矿床最新划分方案,结合青海铜矿成矿特征,按照以容矿岩系为主参考构造环境及含矿建造的划分原则,首次将青海省铜矿划分为火山块状硫化物型(VMS型)、沉积喷流型(Sedex型)、斑岩型、矽卡岩型、岩浆型、砂岩型及热液型7类,并对上述7种类型铜矿的时空分布、成矿地质环境、成矿地质条件、控矿因素、成矿亚类型、矿床组合及矿床式的成矿特征等做了详细研究和系统总结,共划分出4个成矿系列,分别为岩浆作用成矿系列、中高温—中低温热液成矿成矿系列、热水喷流矿床成矿系列和沉积作用成矿系列(表3-4-4)。

在研究总结铜矿成矿地质条件、成矿规律、典型矿床成矿模式及找矿模型的基础上,根据成矿要素、结合地质、物探、化探及成矿事实等综合信息,完成了靶区预测工作。预测铜矿找矿靶区50处,其中A类靶区10处、B类靶区24处、C类靶区16处,为全省铜矿找矿下一步工作部署提出了科学合理的建议。通过靶区优选实施"青海省乌兰县阿哈大洼铜多金属矿预查"项目1项,新发现矿产地1处,取得了良好的找矿成果。

表3-4-4 青海省铜矿成矿系列划分表[引自《青海省铜矿主要成矿类型选区研究报告》(青海省地质调查局,2019)]

成矿系列	矿床类型	主要矿产	主成矿期	主要产地	代表性矿床(点)	地质构造环境
岩浆作用成矿系列	岩浆型	铜、镍、钴	加里东期海西期	南祁连、滩间山、北昆仑岩浆弧	拉水峡、裕龙沟、牛鼻子梁、夏日哈木、石头坑德等铜镍硫化物矿床	大陆裂谷或后碰撞环境
中高温—中低温热液成矿系列	斑岩型	铜、钼、金	加里东期、晚海西期—印支期、喜马拉雅期	三江北段、柴北缘、北祁连、东昆仑	纳日贡玛、小赛什腾山、乌兰乌珠尔、哈日扎、东山根、加当根等铜矿床	岛弧、陆-陆碰撞或陆内俯冲
	矽卡岩型	铁、铜、铅、锌、钴、钨、锡、金	加里东期、海西期—印支期、印支晚期—燕山期	祁连带、柴北缘、东昆仑、三江北段	卡而却卡铜矿、野马泉、双朋喜、双庆、大洪山等铜多金属矿床	陆-陆碰撞或陆内俯冲
	热液型	铜、铅、锌、银	海西期—印支、印支晚期—燕山期、喜马拉雅期	柴北缘、东昆仑、三江北段	查涌及滚艾尔沟等铜多金属矿床(点)	陆-陆碰撞或陆内俯冲

续表 3-4-4

成矿系列	矿床类型	主要矿产	主成矿期	主要产地	代表性矿床（点）	地质构造环境
热水喷流矿床系列	火山块状硫化物型（VMS型）	铜、铅、锌、钴	加里东期、海西期、印支期	北祁连、柴北缘、阿尼玛卿山、三江北段	红沟、阴凹槽、锡铁山、下沟—下柳沟、德尔尼、督冷沟、绿梁山、尕龙格玛等铜多金属矿床	裂谷、岛弧、弧后盆地
	沉积喷流型（Sedex型）	铜、铅锌、钴	加里东期、海西期、印支期	柴北缘、东昆仑	铜峪沟、赛什塘、日龙沟、索拉沟、恰冬等铜多金属矿床	裂谷、岛弧、弧后盆地
沉积作用成矿系列	砂岩型	铜、	二叠纪、三叠纪、侏罗纪、第三纪（古近纪＋新近纪）	中南祁连、三江北段	藏麻西孔、二道沟、托托敦宰等铜多金属矿点	陆内断陷盆地或坳陷盆地

此外，针对部分典型矿床成矿环境、成矿物质来源、矿床成因及成矿时代等方面存在的争议及问题，开展了野外调研，并采集稳定同位素、放射性同位素、流体包裹体及锆石 U-Pb 同位素测年等样品进行了分析测试，根据测试成果对上述争议及问题进行了进一步的分析研究和确定。根据锆石 U-Pb 法测年结果，首次确定东山根铜矿的成岩成矿时代为早三叠世（242.7±5.2Ma），滚艾尔沟铜矿成岩成矿时代为加里东期（400～500Ma），浪力克铜矿的成矿时代为奥陶纪（463.5±1.4Ma）。

2. 成果经验总结和规划

1）青海省"358 地质勘查工程"成果集成与经验总结

为了系统梳理和总结提炼青海省"358 地质勘查工程"实施期间地质工作形成的成果资料与成功经验，更好地规划、管理、保护及合理利用全省矿产资源，科学谋划"十三五"全省地质勘查工作，自 2016 年起省地勘基金出资设置该项目，由青海省地质调查局承担实施。通过项目实施，全面总结了青海省"358 地质勘查工程"期间取得的系列成果和重要工作、管理经验，起到了宣传地质勘查成果、推广工作经验的良好效果。

对青海省"358 地质勘查工程"期间各种来源各类地质项目资料的全面收集和系统梳理总计，形成了一整套编排合理、内容完整、图文并茂的系列成果文集，包括《青海省"358 地质勘查工程"——成果与经验》《青海省基础地质调查成果集成》《青海省重要矿产整装勘查成果集成》《青海祁连成矿带成矿特征及找矿前景》《青海柴北缘成矿带成矿特征及找矿前景》《青海柴达木盆地成矿区成矿特征及找矿前景》《青海东昆仑－西秦岭成矿带成矿特征及找矿前景》《青海巴颜喀拉成矿带成矿特征及找矿前景》《青海三江北段成矿带成矿特征及找矿前景》《青海省水文地质工程地质环境地质——进展与成果》《青海省地质科技创新进展与成果》《青海省重要矿床发现史与经验启示》等 12 本系列专著。提出了滩间山金矿"变质核杂岩控矿模式"、青龙沟金矿"复式向斜层间构造控矿模式"、卡而却卡铜多金属矿"斑岩型—矽卡岩型—热液脉型三位一体"成矿模式、夏日哈木岩浆熔离型铜镍矿"板片断离—软流圈上涌—岩浆熔离控矿模式"、那更康切尔沟银矿"两期幔源岩浆底侵作用成矿模式"、大场式金矿"背斜褶皱核部加—断裂"的构造控矿格架、纳日贡玛式铜钼矿找矿模型、莫海拉亨式和多才玛式铅锌矿构造流体成矿等理论，为青海省"358 地质勘查工程"期间大中型矿床的发现、评价、规模扩大提供了理论基础和方向，对带动省内寻找同类矿床发挥了重要的理论指导作用。

结合青海省"358 地质勘查工程"期间有新发现、新突破的矿床研究成果，通过对已发现的 137 种矿产、895处矿床和4597处矿（化）点的成矿地质构造环境、成矿地质条件、成矿特征、成矿作用、成因类型、成矿时代及成矿规律的系统总结研究，运用陈毓川等提出的成矿系列理论，按照5个成矿系列序次（层次），划分出青海省主要矿床成矿系列组14个、成矿系列46个、成矿亚系列76个和矿床式131个，并提出了最具找矿前景的11个成矿系列组、25个成矿系列、44个成矿亚系列及其63个典型矿床式（李世金等，2022）；编制了青海省"358地质勘查工程"期间有重大发现和突破的56个典型矿床的发现史，提炼和总结了找矿勘查中的经验和启示，对开拓找矿思路、寻找同类矿床具有重要的借鉴和参考价值。

2）青海省"十三五"地质勘查重要进展跟踪与部署研究

根据全国找矿突破战略行动工作的需要，为更好地组织和实施好青海省找矿突破战略行动，按年度进行梳理和核实地勘项目的投入及目标任务完成情况，分析找矿疑难问题和主要经验做法，系统总结地勘工作成果，研究地勘工作面临形势需求，并对"十三五"期间全省地勘项目实施动态跟踪和督导，提出下一步工作安排部署建议，自2016年起省地勘基金出资设置该项目，由青海省地质调查局承担实施。

通过开展实地跟踪和督导检查，调整了多个重点勘查项目的工作思路与重大工程布设，有力保障了各项目的成果取得。通过野外调研和分析研究，优化调整了多个项目的工作量设置，科学指导了项目具体工作部署。紧扣全省经济社会发展和生态文明建设需求，提出了继续按照"四大地质工程"部署安排地勘项目的工作思路，主要工作部署为加快新材料和优势矿产资源勘查进程、加大清洁能源矿产勘查力度、围绕发展绿色生态产业开展多目标地球化学调查评价和立足于柴达木盆地周缘重要成矿带加强基础地质工作。

3）启动规划编制研究工作

自2019年起，省地勘基金出资设置"青海省'十四五'矿产资源总体规划研究""青海省'十四五'矿产资源总体规划编制"和"青海省柴达木盆地盐湖资源利用与保护规划"项目，由青海省地质调查局承担实施，中国自然资源经济研究院、中国科学院青海盐湖研究所、中国地质科学院矿产资源研究所、中国地质科学院郑州矿产综合利用研究所等科研院所作为合（协）作单位参与相关规划专题研究工作。

《青海省矿产资源总体规划（2021—2025年）》在开展专题前期研究工作的基础上，进行规划研编，工作内容主要分规划成果（5项）和专题研究成果（11项）两部分。规划成果包括规划文本、规划附表、规划图件、规划编制说明和规划数据库；设置青海省上一轮矿产资源总体规划实施评价，青海省矿产资供需形势及保障程度研究，青海省地质矿产勘查开发现状研究，青海省地质矿产勘查布局研究，青海省矿产资源开发利用布局和结构优化研究，青海省矿产资源节约与综合利用研究，青海省"十四五"矿产资源总体规划实施保障措施研究，青海省矿产资源数据库更新、维护，青海省矿产资源总体规划（2021—2025年）环境影响评价，青海省矿产资源勘查开发与保护区划研究，青海省矿业绿色与高质量发展研究等11项专题研究，为规划文本编制提供基础数据支撑。

青海省柴达木盆地盐湖资源利用与保护规划从总则，盐湖资源现状与形势，指导思想、原则及目标，盐湖资源勘查，盐湖资源开发利用与保护，开发利用管理的政策措施，规划实施保障措施等七部分开展规划编制。

（二）整装勘查区找矿部署研究

青海省整装勘查区划分的依据是在同一个构造成矿区带内，根据重点调查评价区、重点矿产勘查区的设置及全省地质调查与矿产勘查工作程度，对成矿潜力大，成矿地质背景、物质成分和成因上相近似的一系列矿田、矿床（点）或矿产资源分布集中区（至少存在一处大型远景规模的矿床或几处中型远景规模的矿床），按照"统一组织管理、统一规划部署、统一预算标准、统一勘查进度、统一质量要求"的原则，集中人力、财力、物力等要素，运用现代成矿理论和有效的勘查技术手段，开展系统化、规模化的矿产勘查活动。

自 2010 年青海省实施整装勘查工作以来,找矿部署研究工作始终贯穿整装勘查的全过程。"十三五"期间,省地勘基金、中央财政出资,在青海省 8 片整装勘查区先后开展了 10 项相应的找矿部署和预测研究类项目(表 3-4-5、图 3-4-2),"十三五"期间累计投入经费 4049 万元,其中省地勘基金投入 320 万元,中央财政投入 3729 万元。

表 3-4-5　青海省整装勘查区科研项目实施情况一览表

编号	项目名称	资金来源	启动时间	结题时间	主攻矿种	主攻矿床类型	"十三五"期间经费
ZZ01	五龙沟地区金矿整装勘查区找矿部署研究	省地勘基金	2010 年	2018 年	金、铜	构造蚀变岩型、矽卡岩型	100 万元
ZZ02	格尔木市拉陵灶火地区铜多金属矿整装勘查区找矿部署研究	省地勘基金	2012 年	2019 年	铜多金属	矽卡岩型、岩浆熔离型、斑岩型、热液型及喷流沉积型	110 万元
ZZ03	昆仑河地区金多金属矿整装勘查区找矿部署研究	省地勘基金	2013 年	2018 年	金多金属	构造蚀变岩型和热液型	110 万元
ZZ04	青海都兰沟里金矿整装勘查区矿产调查与找矿预测	中央财政	2016 年	2019 年	金多金属	岩浆熔离型、岩浆热液型	835 万元
ZZ05	青海省都兰县色日-督冷沟地区绿色勘查示范与深部找矿	中央财政	2019 年	2020 年	金多金属	构造热液型、中低温热液型	407 万元
ZZ06	青海省五龙沟鑫拓地区 1∶5 万矿产调查与找矿预测(原青海治多多彩铜多金属矿整装勘查区矿产调查与找矿预测)	中央财政	2016 年	2020 年	铜多金属	构造蚀变岩型金矿、矽卡岩型	847 万元
ZZ07	青海青龙沟-绿梁山-锡铁山铅锌矿整装勘查区矿产调查与找矿预测	中央财政	2016 年	2018 年	铅锌、金	热水喷流沉积型	660 万元
ZZ08	青海祁漫塔格地区铁铜矿整装勘查区矿产调查与找矿预测	中央财政	2016 年	2018 年	铁铜	斑岩型	590 万元
ZZ09	青海沱沱河地区铅锌矿整装勘查区矿产调查与找矿预测	中央财政	2016 年	2017 年	铜、铅锌	热水沉积型、密西西比河谷、浅成低温热液型、接触-交代型、热水沉积型、陆相火山岩型	210 万元
ZZ10	青海省柴达木盆地深层卤水钾盐资源整装勘查区矿产调查与找矿预测	中央财政	2012 年	2017 年	深层卤水钾盐	构造裂隙孔隙型、砂砾孔隙卤水型、盐类晶间卤水型	180 万元

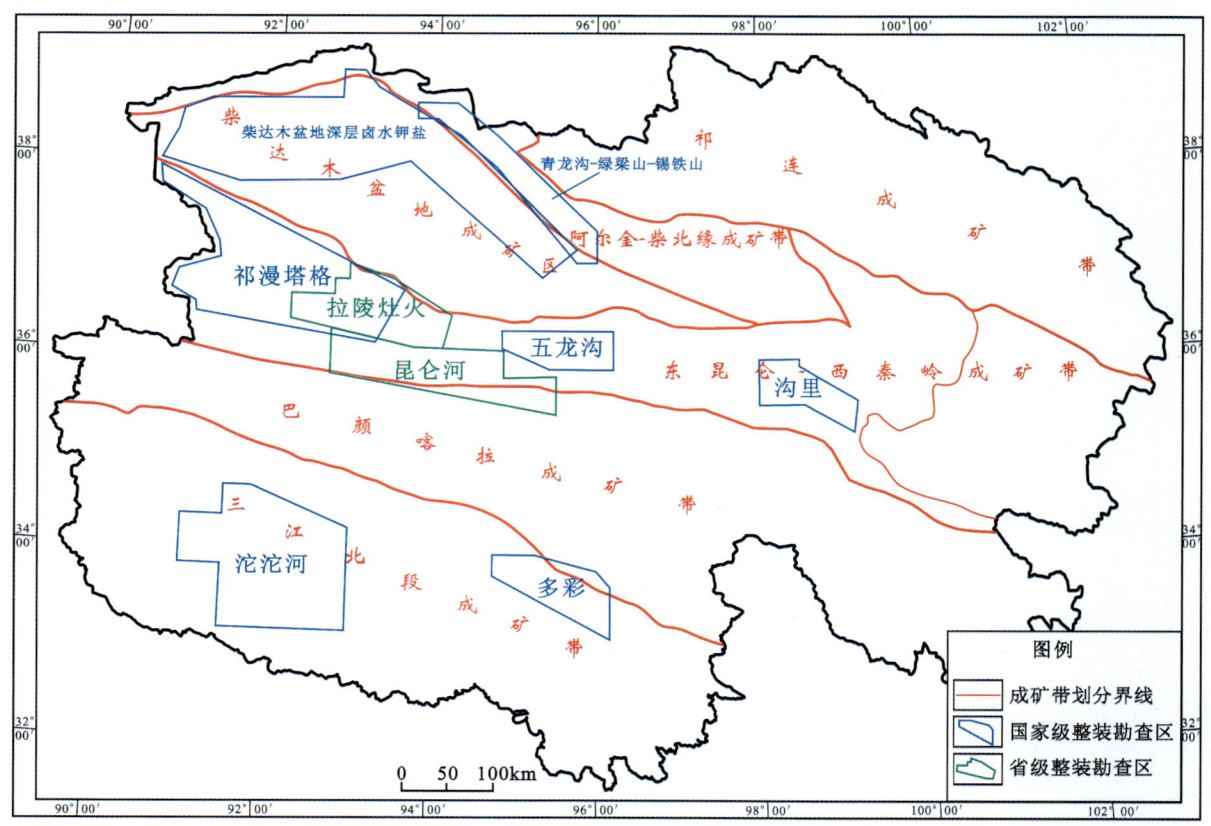

图 3-4-2 2016—2020 年青海省整装勘查区分布图

通过整装勘查找矿部署和预测研究项目的实施,结合已有地质矿产、物化遥资料进行了综合信息集成,动态深入分析研究了成矿地质条件,编制了以 1∶5 万比例尺为基础的整装勘查区地质、物探、化探等系列综合图件;跟踪整装勘查工作新进展、新成果,总体部署了整装勘查区子项目的工作,组织实施了各子项目的工作,通过协调各方关系,按计划进行了子项目设计审查,监督了各子项目的执行,督促各子项目组按期完成了项目工作任务目标;与科研院所合作开展的一系列整装勘查区内的构造-岩浆控矿作用、成矿条件、控矿因素等研究,进一步完善了成矿理论和矿床模型,积极指导了地质找矿方向和优选靶区的圈定,为重大矿床的突破发现提供了科学依据。全面提高了全省整装勘查区地质工作程度,基本查明了全省重要成矿区带优势与战略性矿产的潜力和找矿前景,取得了重要找矿进展,资源储量大幅增加,为全省矿产资源开发战略及国家区域经济发展提供了资源保障。主要成果总结如下。

1. 省基金出资实施

1)五龙沟地区金矿整装勘查区

2010 年省地勘基金设置该项目,由原青海省第一地质矿产勘查院牵头,陕西省西安地质矿产勘查开发院、中国冶金地质总局地球物理勘查院、中国地质大学(武汉)协作实施。2010—2011 年项目名称为"青海省都兰县五龙沟地区金矿成矿规律及找矿潜力研究",2012 年项目名称变更为"青海省五龙沟地区金矿整装勘查区找矿部署研究";2018 年项目结题,"十三五"期间共投资 100 万元。

五龙沟地区金矿整装勘查区处于东昆仑成矿带中段,位于柴达木盆地南缘、东昆仑中段北坡,属东昆仑山脉布尔汗布达山系,西起托拉沟,东至大滩沟,南起哈拉郭勒沟脑石羊岭—温冷恩一带,北至尕牙合—五龙沟沟口一带的昆仑山区,地理坐标为东经 94°50′46″—96°12′27″,北纬 35°54′22″—36°18′38″,面积 4822km²(图 3-4-3)。

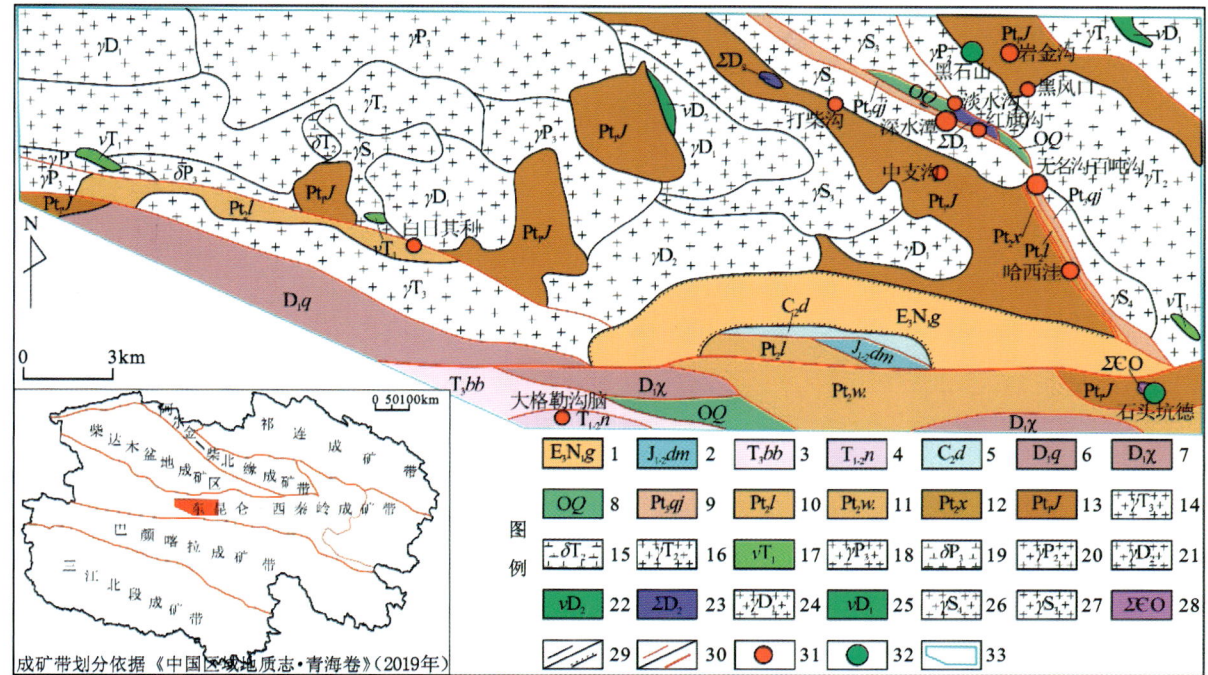

1.新近系—古近系干柴沟组；2.下—中侏罗统大煤沟组；3.上三叠统八宝山组；4.下—中三叠统闹仓坚沟组；5.上石炭统缔敖苏组；6.上泥盆统契盖苏组；7.上泥盆统雪水河组；8.奥陶系祁曼塔格群；9.青白口系丘吉东沟组；10.中元古界狼牙山组；11.中元古界万保沟群；12.中元古界小庙岩组；13.古元古界金水口岩群；14.晚三叠世花岗质侵入岩；15.中三叠世闪长岩；16.中三叠世花岗质侵入岩；17.早三叠世辉长岩；18.晚二叠世花岗质侵入岩；19.晚二叠世闪长岩；20.中二叠世花岗质侵入岩；21.中泥盆世花岗质侵入岩；22.中泥盆世辉长岩；23.中泥盆世超基性岩；24.早泥盆世花岗质侵入岩；25.早泥盆世辉长岩；26.早志留世花岗质侵入岩；27.晚志留世花岗质侵入岩；28.寒武纪—奥陶纪超基性岩；29.地层界线/不整合界线；30.实测断裂/区域性边界断裂；31.金多金属矿床；32.铜镍多金属矿床；33.整装勘查区范围。

图 3-4-3 五龙沟地区金矿整装勘查区地质矿产简图

五龙沟整装勘查区紧紧围绕"探深部、打连接、拓外围、育新区"的勘查思路，在全面搜集整装勘查区内以往各类地质资料的基础上，对本区的成矿地质条件、地球物理、地球化学、遥感地质和矿化特征进行了系统的综合研究和1∶5万系列编图工作，划分了整装勘查区大地构造分区、地层区划、构造岩浆岩带和变质地质单元，归纳总结了本区的成矿地质条件和成矿规律，以昆中断裂为界划分为伯喀里克-香日德 Au-Pb-Zn-Mo-石墨-萤石（Cu，稀有，稀土）成矿带及东昆仑南部（坳褶带/增生楔）Cu-Co-Au 成矿亚带2个Ⅳ级成矿带所属4个Ⅴ级成矿亚带。

结合典型矿床、区域成矿背景以及成矿规律分析研究，对整装勘查区主要矿床进行了成矿预测，重新厘定了侵入岩体的时代；通过1∶5万地、物、化、遥、矿产系列编研，梳理出地层单位（岩石地层、构造地层）4个群、26个组和10个段，43个沉积建造组合；北昆仑构造岩浆岩亚带划分出13个构造岩浆岩段和15个岩石构造组合，东昆仑南坡构造岩浆岩亚带划分出5个构造岩浆岩段和5个岩石构造组合；根据地球物理特征统一划分了2个地磁异常带，圈定物探地磁异常151个；据地球化学特征划分了3个成矿元素富集区，圈定化探综合异常108处；遥感解译出线要素214条、环要素19个、色要素4块、块要素6块。

通过与中冶金地质总局地球物理勘查院合作，针对整装勘查区开展了"红旗沟金矿区深部盲矿预测的构造叠加晕模型研究及预测"和"深水潭金矿区典型矿床构造叠加晕研究及找矿预测"专项科研工作，研究了五龙沟红旗沟矿区Ⅶ、Ⅸ号含金破碎蚀变带和深水潭矿区Ⅺ号矿带典型金矿床的地球化学特征与构造叠加晕特征，建立了深部盲矿预测的构造叠加晕模型（表3-4-6、图3-4-4、图3-4-5），包括构造叠加晕模式和盲矿预测的构造叠加晕标志，具体如下。

表 3-4-6　五龙沟金矿构造叠加晕模式

[引自《五龙沟地区金矿整装勘查区找矿部署研究成果报告》(原青海省第一地质矿产勘查院,2017)]

类别		Ⅶ、Ⅸ号矿带	Ⅺ号矿带
金矿床深部盲矿预测的最佳指示元素组合		Au、Ag、Cu、Pb、Zn、As、Sb、Hg、B、Bi、Mo、Mn、Co、Ni	Au、As、Sb、Hg、B、Ag、Cu、Pb、Zn、Bi、Mo、Mn、Co、Ni
特征指示元素组合	As、Sb、Hg、(B)	As、Sb、Hg、(B)	As、Sb、Hg、(B)
	Au、Ag、Pb、Zn、(Cu)	Au、Ag、Cu、Pb、Zn	Au、Ag、Pb、Zn、(Cu)
	Mn、Ni、Co、(Bi、Mo)	Mn、Co、(Bi、Mo、Ni)	Mn、Ni、Co、(Bi、Mo)

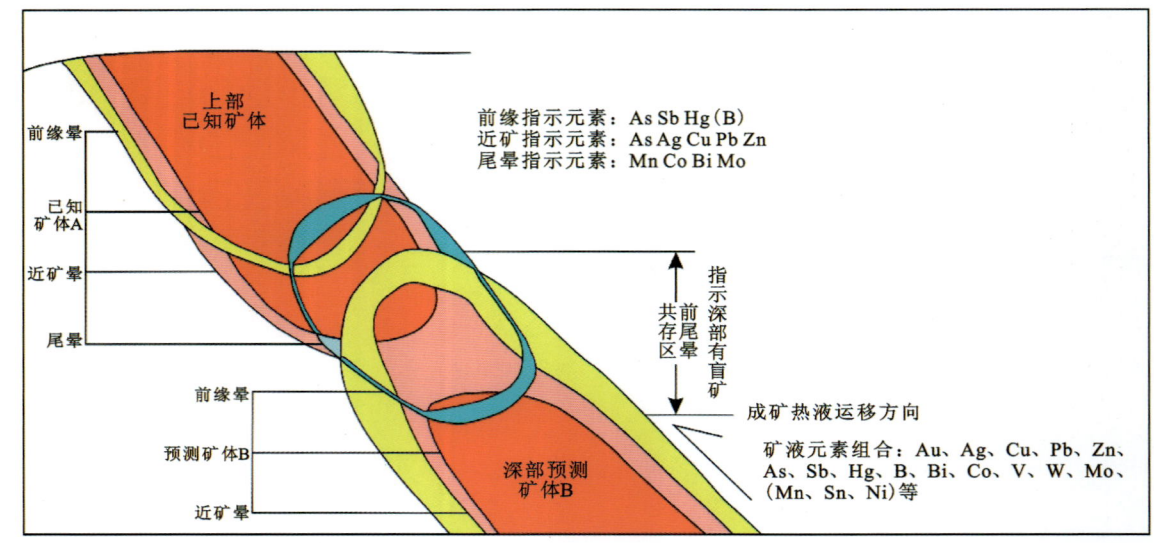

图 3-4-4　深水潭矿区Ⅺ号带金矿床构造叠加晕模式纵投影图(原青海省第一地质矿产勘查院,2017)

[《五龙沟地区金矿整装勘查区找矿部署研究成果报告》(2018)]

根据构造叠加晕,研究预测盲矿体头部深度与Au含量及前缘晕异常浓度有关,与控矿构造性质、围岩性质及矿体在构造带中赋存规律如等距性、无矿间隔、侧伏规律等有关。对深部找矿进行了预测,共提出预测靶区25处。其中,深水潭金矿区提出深部找矿靶区7处;红旗沟金矿区提出深部找矿靶区18处,有利成矿部位2处,剖面靶位2处,对勘查区的地勘工作提出了新的思路和方向。其中,Ⅸ、Ⅶ号矿(化)带主矿体QM4、QM5、QM8分布13~10线及附线段深部找矿预测,提出了4处预测靶位;Ⅸ号矿化带57~50线深部找矿预测,圈定5处预测靶位;Ⅶ号矿化带57~10线深部找矿预测,圈定4处预测靶位;五龙沟西Ⅻ矿化带深部预测,圈定5处预测靶位及2处有利成矿部位;中支沟Ⅻ矿化带深部预测,圈定2处剖面预测靶位。

通过编图及预测工作,在空白区优选出靶区16个,并成功申报省地质勘查基金项目8个。

2)格尔木市拉陵灶火地区铜多金属矿整装勘查区找矿部署研究

2012年省地勘基金设置"格尔木市拉陵灶火地区铜多金属矿整装勘查区找矿部署研究"项目,由青海省地质调查院牵头,中国地质大学(北京)协作实施。2014年调整到国家级整装勘查"青海省祁漫塔格整装勘查区"范围内,由国土资源部矿产勘查技术指导中心统一组织实施整装勘查区找矿预测与技术应用示范项目;2019年项目结题,"十三五"期间共投资110万元。项目旨在通过整装勘查区地质背景、地质条件和成矿规律研究,解决制约找矿的重大地质问题和方法技术问题,服务于整装勘查区工作部署,为全区总体部署、项目布局、子项目设置提出建议。

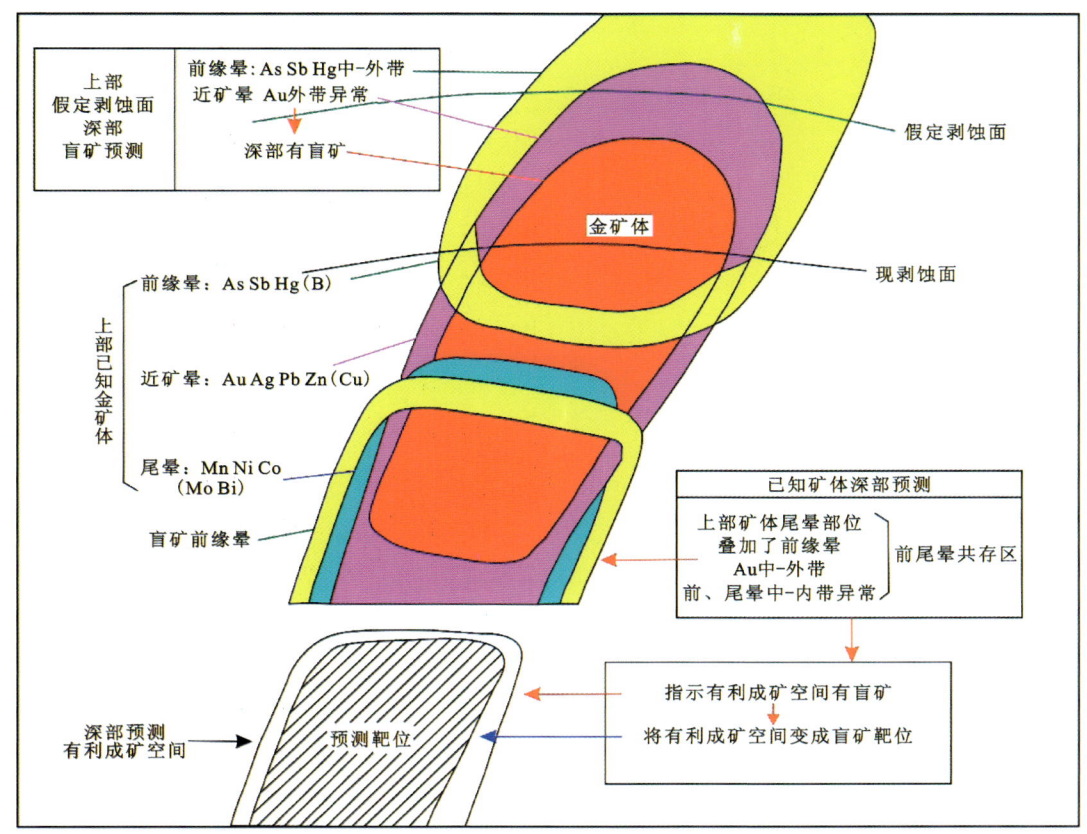

图 3-4-5　红旗沟矿区Ⅶ、Ⅸ号带金矿床构造叠加晕模式纵投影图
[引自《五龙沟地区金矿整装勘查区找矿部署研究成果报告》(原青海省第一地质矿产勘查院,2017)]

拉陵灶火地区铜多金属矿整装勘查区位于青海省东昆仑山脉西段,柴达木盆地南缘。行政区划隶属青海省格尔木市乌图美仁乡管辖,地理坐标为东经 92°14′40″—94°12′48″,北纬 36°07′46″—36°59′56″,面积约 9820km²(图 3-4-6)。

通过整装勘查区 1∶5 万地质、物探、化探、遥感的系列图件编制,划分了 42 个地层单位,确定出 40 个沉积建造组合,认为金水口群斜长角闪岩-黑云斜长片麻岩-镁质大理岩变质岩石构造组合、厚层大理岩变质岩石构造组合,石拐子缓坡碳酸盐岩建造组合、大干沟开阔台地碳酸盐岩建造组合、祁漫塔格局限台地碳酸盐岩建造组合、祁漫塔格火山岛弧拉斑玄武岩建造组合与区内成矿关系密切,是主要的找矿地段。

对区内岩浆岩做了进一步梳理,确定 18 个岩石组合,与成矿关系密切的为早侏罗世高里西组合,晚三叠世黑沙山、拉陵灶火组合,中三叠世开木棋组合,中志留世—早泥盆世夏日哈木组合。高里西组合、黑沙山及拉陵灶火组合主要分布于昆北断裂以北,岩性以正长花岗岩、二长花岗岩、花岗斑岩、花岗闪长岩为主,与区内矽卡岩型矿产关系密切;开木棋组合岩性分布于昆北断裂以南,岩性复杂,以花岗闪长岩最为发育,与区内矽卡岩-斑岩型矿产关系密切。

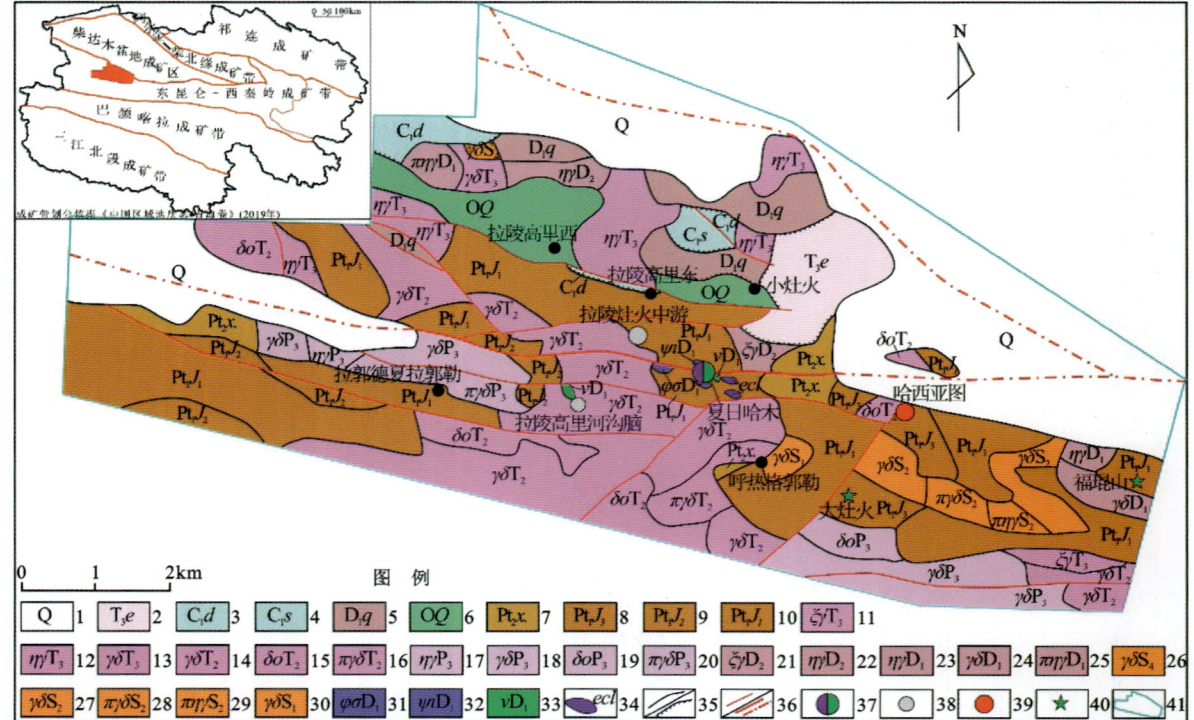

1.第四系；2.上三叠统鄂拉山组；3.下石炭统大干沟组；4.下石炭统石拐子组；5.下泥盆统契盖苏组；6.奥陶系祁漫塔格群；7.中元古界长城纪小庙岩组；8.古元古界金水口岩群片岩岩组；9.古元古界金水口岩群大理岩岩组；10.古元古界金水口岩群片麻岩岩组；11.晚三叠世正长花岗岩；12.晚三叠世二长花岗岩；13.晚三叠世花岗闪长岩；14.中三叠世花岗闪长岩；15.中三叠世石英闪长岩；16.中三叠世斑状花岗闪长岩；17.晚二叠世二长花岗岩；18.晚二叠世花岗闪长岩；19.晚二叠世石英闪长岩；20.晚二叠世斑状花岗闪长岩；21.中泥盆世正长花岗岩；22.中泥盆世二长花岗岩；23.早泥盆世二长花岗岩；24.早泥盆世花岗闪长岩；25.早泥盆世斑状二长花岗岩；26.早志留世花岗闪长岩；27.中志留世花岗岩；28.中志留世斑状花岗闪长岩；29.中志留世斑状二长花岗岩；30.早志留世花岗闪长岩；31.中泥盆世异剥橄榄岩；32.中泥盆世辉长岩；33.中泥盆世辉长岩；34.榴辉岩；35.地层界线/不整合界线；36.实测断裂/区域性边界断裂；37.超大型铜镍多金属矿床；38.中型钼多金属矿床；39.中型铁多金属矿床；40.小型玉石矿床；41.整装勘查区范围。

图3-4-6 拉陵灶火地区铜多金属矿整装勘查区地质矿产简图

区内划分了5个镁铁—超镁铁质岩体岩体群：夏日哈木岩体群1~2号岩体为辉石橄榄岩+辉石岩组合，为典型的富镁的铁质镁铁-超镁铁质岩组合，已有大量的年龄资料，范围在393.5~439Ma（中泥盆世—早志留世）；其他地段岩体为层状橄榄岩组合，不含矿或具微弱的镍矿化，为典型镁质岩（$m/f=9$）。开木棋河西岩体岩性组合为辉长岩+单斜辉石橄榄、方辉橄榄岩、二辉橄榄岩，辉长岩占主体，为均匀的块状构造，很难看到堆晶层理，在二辉橄榄岩获得了238.9Ma的测年成果；小尖山岩体岩性为辉长岩，年龄为227.8±0.9Ma，岩石属于钙碱性系列岩石；托拉海-向阳沟辉长岩体群主要由辉长岩构成，初步分析，侵位时间为晚三叠世；拉陵高里河沟脑岩体群岩石类型主要为角闪石岩及角闪辉长岩，是一类富含角闪石的岩体，与拉陵灶火地区其他地岩体或岩体群具有明显的差异；锆石U-Pb年龄为226Ma。

通过资料的重新处理，圈定1∶5万地磁异常71处，为区内寻找矽卡岩型铁多金属矿产提供丰富的地球物理资料，正负地磁异常转换带上是有利的找矿部位；1∶5万水系沉积物测量综合异常212处，从异常分布格局划分3个元素组合异常带，北部以Cu、Pb、Cr、Ni元素为主，中部以Cu、Pb、Cr、Ni、V、Mo元素为主，南部以W、Mo、Au、Hg、Ag等元素为主，与区内发现的矿产化种类一致。

通过充分收集研究区相关资料，对整装勘查区成矿地质背景、成矿地质条件、控矿构造、物化遥多元信息以及矿化线索等方面的研究，结合野外实地调查，初步厘定出区内成矿系统为：与基性—超基性岩体有关的铜镍-钒钛磁铁矿成矿系统，与中—晚三叠世中酸性岩浆活动有关的铁氧化物铜金矿床

（IOCG）成矿系统,矽卡岩-斑岩铜钼矿成矿系统,与造山作用有关的构造蚀变岩型金矿系统,沉积变质型石墨-铁矿成矿系统。整装区中—晚三叠世花岗岩类岩石地球化学特征与俯冲洋壳熔融形成的埃达克岩类似,是区内斑岩型铜钼矿产的主要控矿因素。通过对拉陵高里河沟脑矿区花岗斑岩体及辉钼矿年龄测定,认为区内成矿作用发生在岩基岩浆尚未完全固结时,重新诠释了该区斑岩型成矿作用的定义,提出了具体的找矿部署意见,为整装区斑岩型矿产找矿提供了理论基础。在1:5万系列图件编制和关键基础地质问题研究的基础上,圈定找矿靶区16处,并提出了整装勘查区后续找矿部署建议,为全面评价区内成矿潜力及扩大找矿规模提供了重要的技术支撑。

随着综合研究和勘查工作的不断深入,进一步明确了拉陵高里沟脑3号岩体是寻找攀枝花式钒钛磁铁矿的最有利地段。

3）昆仑河地区金多金属矿整装勘查区

2013年省地勘基金设置"昆仑河地区金多金属矿整装勘查区找矿部署研究"项目,由青海省地质调查院牵头,中国地质大学（北京）协作实施;2018年项目结题,"十三五"期间共投资110万元。项目旨在通过整装勘查区地质背景、地质条件和成矿规律研究,解决制约找矿的重大地质问题和方法技术问题,服务于整装勘查区工作部署,为全区总体部署、项目布局、子项目设置提出建议。

昆仑河地区金多金属矿整装勘查区北部地区处于东昆仑成矿带西段,南部地区属巴颜喀拉成矿带,地处柴达木盆地南缘,其范围横跨南昆仑结合带和阿尼玛卿结合带,东至五龙沟及大场整装勘查区,西至小库赛湖,南至昆仑山主脊为界,北至拉陵灶火整装区,地理坐标为东经92°45′00″—95°30′00″,北纬35°26′50″—36°18′46″,面积约12 095 km²（图3-4-7）。

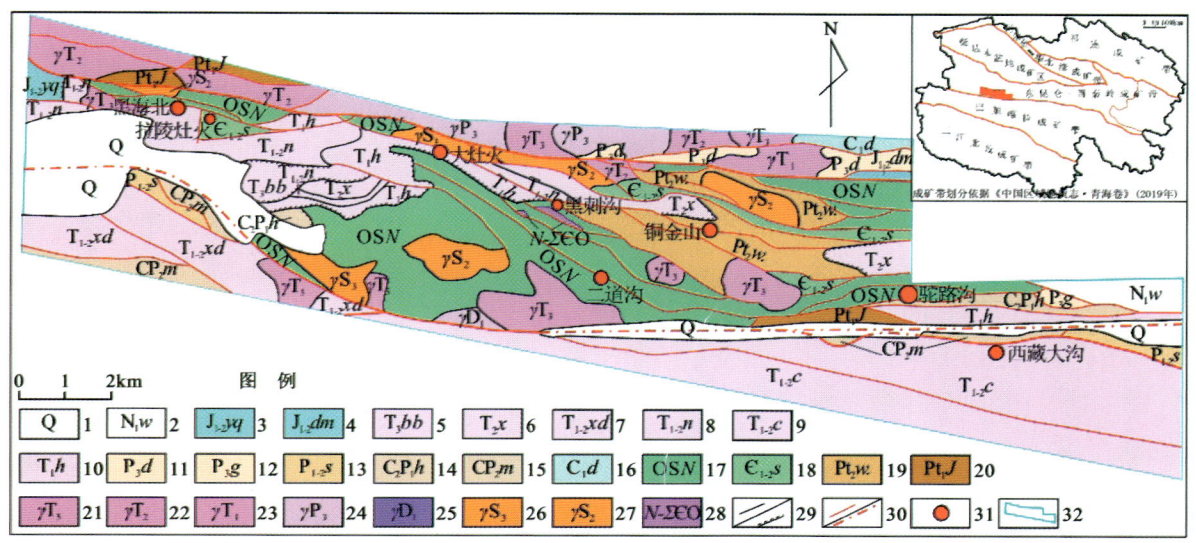

1.第四系;2.新近系五道梁组;3.下—中侏罗统羊曲组;4.下—中侏罗统大煤沟组;5.上三叠统八宝山组;6.中三叠统希里可特组;7.上—中三叠统下大武组;8.上—中三叠统闹仓坚沟组;9.下—中三叠统昌马河组;10.下三叠统洪水川组;11.上二叠统大灶火沟组;12.上二叠统格曲组;13.下—中二叠统树维门科组;14.上石炭统—下二叠统浩特洛哇组;15.石炭统—中二叠统马尔争蛇绿混杂岩;16.下石炭统大干沟组;17.奥陶系—志留系纳赤台蛇绿混杂岩;18.下—中寒武统沙松乌拉group;19.中元古界万保沟群;20.古元古界金水口岩群;21.晚三叠世花岗质侵入岩;22.中三叠世花岗质侵入岩;23.早三叠世花岗质侵入岩;24.晚二叠世花岗质侵入岩;25.早泥盆世花岗质侵入岩;26.晚志留世花岗质侵入岩;27.中志留世花岗质侵入岩;28.寒武纪—奥陶纪基性—超基性岩;29.地层界线/不整合界线;30.区域性边界断裂/实测断裂;31.金钨多金属矿床（点）;32.整装勘查区范围。

图3-4-7 昆仑河地区金多金属矿整装勘查区地质矿产简图

研究认为,本区主要经历了两期碰撞造山活动,以昆中断裂为代表的加里东期造山活动的主变形期大概发生在431～422Ma之间,以昆南断裂为代表的印支期—燕山期造山活动的主变形期应在199～196Ma。两大主断裂两侧产生的北西西向次级断裂是矿区主要的控矿构造,张性断层为矿区主要的导矿构造,层间构造和节理为矿区主要的容矿构造,构造蚀变岩型和热液型矿为该区找矿的主攻类型。

据已有资料分析,整装勘查区具成矿成因类型复杂、成矿种属多等特点,目前已发现的主要包括造山型金矿床(以大灶火-黑刺沟为代表)、高温热液型钨锡矿床(主要表现为铜金山、二道沟石英脉型钨矿产和巴拉大才云英岩型钨锡矿产)、喷流沉积型钴金铁多金属矿(其中矿种为钴金的以驼路沟钴金矿床为代表),另外,热水沉积型铜多金属矿产(以温泉沟脑铜铁矿点为代表)、伟晶岩型三稀矿产(小沙子沟)、黑色岩系钒钼矿产(三岔河等)也应该引起关注。

昆仑河地区金矿床(点)主要围绕昆中及昆南两大构造系统分布,两大成矿系统在成矿作用上既有相似之处,又存在差异。昆中断裂带南侧的黑海北、大灶火、黑刺沟等矿点氢、氧、硫同位素均反映流体为变质水与大气降水混合热液,昆南断裂两侧的黑海南及西侧的大场金矿,均表现出了成矿流体与岩浆的密切关系。黑刺沟属于造山型金矿床,3个显著的水系沉积物异常区均受成矿断裂控制,找矿空间较大。区内钨锡矿化均赋存于断裂构造两侧,受断裂构造控制作用明显,这些构造均具有同一主断裂所形成的"断裂羽"的特征。昆仑河地区地质事件及相应的成矿作用示意图见图3-4-8。

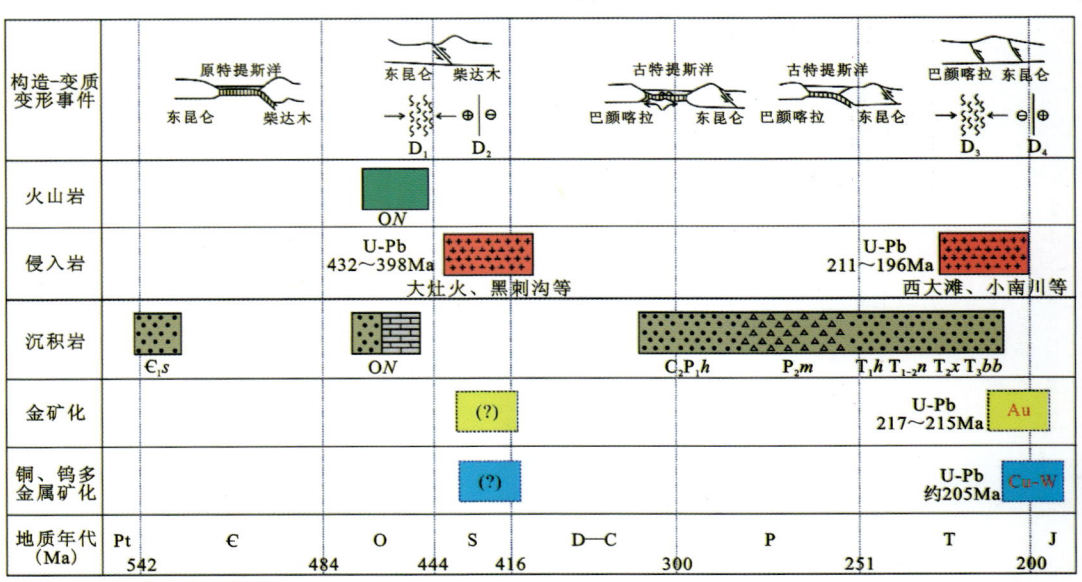

图 3-4-8 昆仑河地区地质事件及相应的成矿作用示意图

(引自《昆仑河地区金多金属矿整装勘查区找矿部署研究2013—2016年工作总结及2017年工作安排》(青海省地质调查院,2019)

目前在巴拉大才、二道沟、铜金山、拖拉海及黑海南、深沟北等地均发现了规模不等的钨锡矿化线索。经对各类信息综合分析,初步认为本区的钨锡矿主成矿期应在印支期。铜金山地区的白钨矿主要集中在矽卡岩顶底板两侧(主要为底板),可作为进一步找矿的标志。

热水沉积型铁多金属矿在本区中发现的矿化信息还比较零散,主要为万保沟群火山岩段中发育的一套硅铁建造(温泉沟脑及三岔河北、拖拉海),另外在小红山北的纳赤台群火山岩段也发现了该类型的矿化线索,说明在研究区存在着至少两期的热水沉积作用;就其成矿时代应该为同生矿产的典型代表,即相应的含矿层位的时代对应着矿化富集沉积的时代。当然,南昆仑结合带作为典型的俯冲增生杂岩带,多为构造块体,规模相对有限。基于成矿规律分析,昆仑河勘查区无论是造山型金矿还是岩浆热液型钨多金属矿,成矿作用均与印支末期造山事件关系密切。

通过基础图件编制和关键基础地质问题研究,圈定找矿靶区14处,成功立项8处,为全面评价区内成矿潜力及扩大整装区找矿规模提供了重要的技术支撑。

2.中央基金出资实施

1)沟里地区金多金属矿整装勘查区

2016年中央财政出资设置"青海都兰沟里金矿整装勘查区矿产调查与找矿预测"项目,由中国地质调查局发展中心(原国土资源部矿产勘查技术指导中心)组织管理,由青海省有色第三地质勘查院(原青海省有色地质矿产勘查局八队)牵头,中国地质大学(武汉)地质调查研究院协作实施,2019年项目结题,"十三五"期间共投资835万元。

沟里地区金多金属矿整装勘查区处于东昆仑成矿带南东段,毗邻西秦岭单元-巴沟逆冲滑脱构造带,跨越东昆中岩浆弧带、东昆仑南坡俯冲碰撞杂岩带、昆仑山口-昌马河俯冲增生楔。沟里地区金多金属矿整装勘查区位于青海省中东部布尔汗布达山的东段,范围西起都兰县香日德镇,东至玛多苦海,北邻都兰热水乡,南至玛多县冬给措纳湖—苦海一带,地理坐标为东经98°00′00″—99°11′28″,北纬35°14′00″—36°00′00″,面积约4795km²(图3-4-9)。

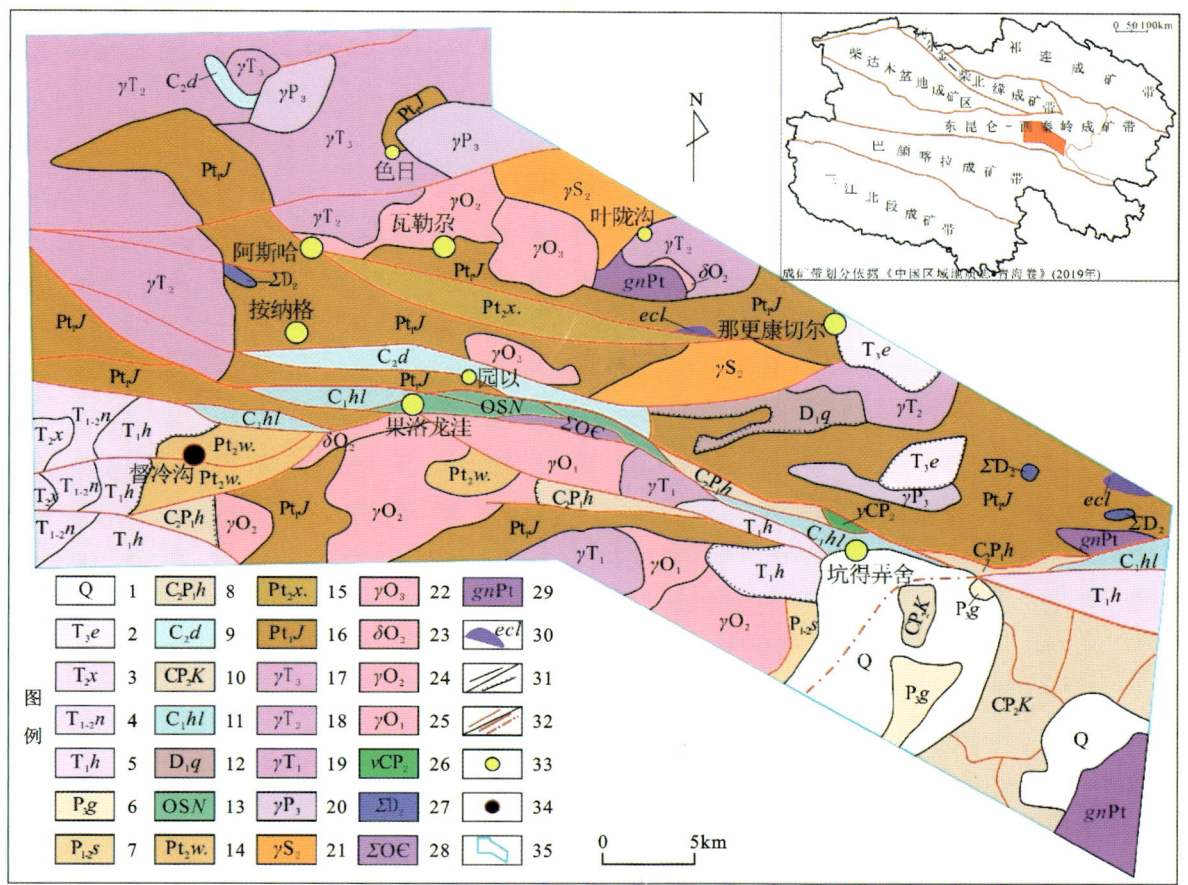

1.第四系;2.上三叠统鄂拉山组;3.中三叠统希里可特组;4.下—中三叠统闹仓坚沟组;5.下三叠统红水川组;6.上二叠统格曲组;7.下—中二叠统树维门科组;8.上石炭统—下二叠统浩特洛哇组;9.上石炭统缔敦苏组;10.石炭系—中二叠统苦海-赛什塘蛇绿混杂岩;11.下石炭统哈拉郭勒组;12.下泥盆统契嘉苏组;13.奥陶系—志留系纳赤台蛇绿混杂岩;14.中元古界蓟县纪万保沟群;15.中元古界长城纪小庙岩组;16.古元古界金水口岩群;17.晚三叠世花岗质侵入岩;18.中三叠世花岗质侵入岩;19.早三叠世花岗质侵入岩;20.晚二叠世花岗质侵入岩;21.中志留世花岗质侵入岩;22.晚奥陶世花岗质侵入岩;23.中奥陶世闪长岩;24.中奥陶世花岗质侵入岩;25.早奥陶世花岗质侵入岩;26.石炭纪—中二叠世辉长岩;27.中泥盆世超基性岩;28.寒武纪—奥陶纪超基性岩;29.古元古宙片麻岩;30.榴辉岩;31.地层界线/不整合界线;32.实测断裂/区域性边界断裂;33.金银多金属矿床;34.铜钴矿床;35.整装勘查区范围。

图3-4-9 沟里地区金多金属矿整装勘查区地质矿产简图

通过野外地质填图工作和室内整理,初步认为I47E003010幅内整体构造线呈近东西向或北西西向,受构造岩体影响地层多呈断块、断片或岩片出露,但多被断裂破坏。岩体对地层的破坏明显,沿接触带岩石破碎,断裂发育,为矿产的形成和就位创造了优越的条件。断裂构造十分发育,以压性或压扭性断裂为主,构成主干构造;张性和扭性断裂居从属地位。断裂构造从其展布方向可分为3组:即北西西—近东西向、北西向和北东向,其性质多为压扭性,具多期活动的特点。

通过1∶5万遥感解译,划分了巴加别里赤尔幅(I47E002011)、肉早某日幅(I46E003012)、沟里乡幅(I47E003010)基本线环构造,识别出3个火山机构,共圈定24个遥感异常。

新发现矿化线索43处,主要为黄铁矿化、黄铜矿化、孔雀石化,并有少量的钴华与镍华,其中部分矿化线索已通过后续的工程进行了查证。

通过1∶5万矿产地质专项填图,重新厘定了巴加别里赤尔幅(I47E002011)、肉早某日幅(I46E003012)、沟里乡幅(I47E003010)、魏日幅(I47E002009)内的地层系统和岩浆岩填图单位,基本查明了工作区的成矿地质背景,为区域地质找矿和成矿远景分析提供了基础地质依据。本次工作对工作区内的地层进行了精细的岩性构造划分,更加精确地限定了工作区内的成矿地质体,梳理了已知矿床(点)的主要含矿建造。加里东期含镍超基性岩的找矿突破,带动了整个沟里整装区的寻找岩浆熔离型铜镍的新动向。确定牦牛山组火山岩建造为该地区新的含矿层位,拓宽了本区找矿方向。

根据综合检查,巴加别里赤尔幅(I47E002011)新发现岩浆熔离型铜镍多金属矿产地2处(浪木日、查果);肉早某日幅(I47003012)新发现岩浆热液型肉早某日银多金属矿化点1处,恰当铜矿化点1处;沟里乡幅新发现热龙金矿点1处、龙洼卡鲁铜银矿点1处、八格龙洼-下拉温铜矿点1处、龙什更铁钴矿点1处;共计新发型矿(化)点8处,涉及金、银、铜、钴、镍等多种金属。

在调查区内共圈定找矿靶区17处,找矿远景区2处,其中A类靶区9处,B类靶区8处;其中巴加别里赤尔幅(I47E00201)内A类靶区2处,B类靶区3处;肉早某日幅(I47E003012)内A类靶区3处,B类靶区1处;沟里乡幅(I47E003010)内A类靶区3处,B类靶区1处,找矿远景区2处;魏日幅(I47E002009)内A类靶区1处,B类靶区3处。

对工作区内的1∶5万地面高精度磁C9、C15号异常及1∶2.5万化探异常进行了剖析,在图幅内划分出重点工作区,并对重点区段进行了异常查证与综合检查,结合最新的1∶5万矿产地质调查结果,划分找矿远景区。在图幅内共划分出6处找矿远景区,分别为龙哇卡鲁地区、八格龙哇、卡龙金多金属找矿远景区,下拉温南、下拉温北与热龙铜钴找矿远景区。后经探槽工程控制,在热龙、卡龙以及下拉温北地区已发现矿体。通过该项目的实施,2019年在沟里乡幅申报青海省地质勘查基金项目2项,分别为青海省都兰县龙什更地区铜钴矿多金属矿预查、青海省都兰县下拉温地区镍多金属矿预查。

2)都兰县色日—督冷沟地区绿色勘查示范与深部找矿

2019年1月中央财政出资设置"青海省都兰县色日—督冷沟地区绿色勘查示范与深部找矿"项目,由中国地质调查局发展中心(原国土资源部矿产勘查技术指导中心)组织管理,由青海省有色第三地质勘查院牵头,吉林大学协作实施,2019年12月项目结题,"十三五"期间共投资240万元。

通过开展1∶5万专项地质填图,建立了工作区地层格架、岩浆岩侵入序列;划分了控矿构造,即香日德-德龙断裂转折端两侧的断裂构造为有利的成矿界面,其中,西南侧派生的近东西向、北西向断裂是有利的容矿构造界面,北东侧派生的北东向、近南北向断裂界面为主要的容矿构造界面;确定区内金多金属含矿建造:金水口岩群、印支晚期花岗岩和昆中断裂派生的次级区域性断裂构造"三位一体"为金矿富集区成矿的前提条件,这为在区域上寻找下一个金矿富集区提供重要参考。

通过研究认为沟里整装勘查区金矿成矿时代为晚印支期,金矿成因与晚印支期构造岩浆活动密切相关。晚印支期巴颜喀拉地块与东昆仑碰撞、陆内造山过程中,加厚下地壳(金水口岩群)部分熔融,形成"C"型埃达克岩,由于Au具有不相容元素的属性,在部分过程中的熔体中及成岩过程中富集在岩浆期后热液中而富集成矿。

通过开展工作,新发现金银铅矿点2处,分别为哈日吐Au、Ag、Pb多金属矿点和先锋村东Ag、Pb多金属矿点。哈日吐Au、Ag、Pb多金属矿点内通过探槽揭露圈定金多金属矿体1条,为Pf1含矿构造蚀变带,该含矿构造蚀变带产于HS14乙11(AuPbSbAgBi)异常区内的早三叠世花岗闪长岩中,呈北西向展布,长150~200m,宽5~8m,构造蚀变带内矿化、蚀变较强,普遍见硅化、绢云母化、褐铁矿化、黄铁矿化、方铅矿化。带内圈定金多金属矿体1条(AuAgPbZnI),由1条探槽控制,长150m左右,宽3m,Au品位9.39×10^{-6},Ag平均品位81.73×10^{-6},最高180×10^{-6};Pb平均品位1.47×10^{-2},最高3.17×10^{-2};Zn平均品位1.04×10^{-2},最高2.22×10^{-2};带内绿泥石化、褐铁矿化、黄铁矿化强烈。在该区开展进一步工作,有望在寻找构造蚀变岩型及热液型 Au、Ag、Pb 矿方面取得新突破。先锋村东 Ag、Pb 多金属矿点内地表发现构造破碎带 1 条,宽约 5m,走向 NW310°,其中可见硅化、褐铁矿化、网脉状褐铁矿化较发育。由于地表风化较强,未见原生硫化物。对其捡块样进行化学分析,结果显示 Ag:11.51g/t;Pb:1.13%。Pb 虽达工业品位,但是由于目前勘探程度比较低,没有开展进一步的槽探以及钻探工程验证,其成矿潜力有待进一步研究。

结合已知矿床的地质、物化探特征及上述新发现矿化点,圈定找矿靶区 2 处。

3) 多彩铜多金属矿整装勘查区和五龙沟鑫拓地区 1:5 万矿产调查与找矿预测

2016 年中央财政出资设置该项目,由中国地质调查局发展中心(原国土资源部矿产勘查技术指导中心)组织管理。2016—2017 年项目名称为"青海治多多彩铜多金属矿整装勘查区矿产调查与找矿预测",2017 年 9 月中国地质调查局同意将多彩整装勘查区 2017 年度工作区调整至青海五龙沟地区,调整后项目名称为"青海省五龙沟鑫拓地区 1:5 万矿产调查与找矿预测"。2016—2018 年,项目由青海省有色第一地质勘查院(原青海省有色地质矿产勘查院)承担实施,协作单位为中国地质大学(武汉)地质调查研究院;2019—2020 年项目由青海省第一地质勘查院牵头,青海省第五地质勘查院和吉林大学协作实施。2020 年项目结题,"十三五"期间共投资 847 万元。

(1)青海治多多彩铜多金属矿整装勘查区矿产调查与找矿预测。

多彩地区铜多金属矿整装勘查区处于三江成矿带北段西延东段,位于玉树藏族自治州多彩—宗可曲一带,地理坐标为东经 94°45′00″—96°10′00″,北纬 33°07′00″—34°00′00″,面积 6919km² (图 3-4-10)。

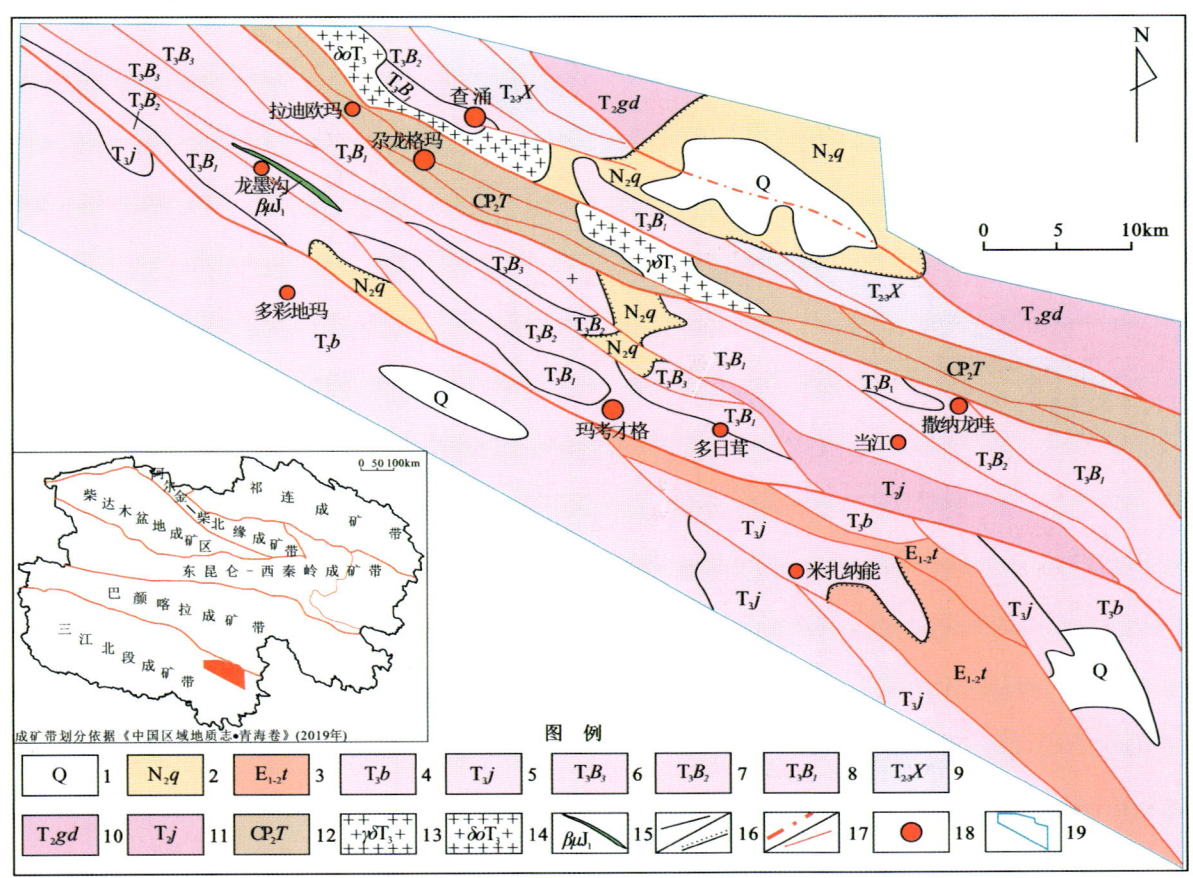

图 3-4-10　多彩地区铜多金属矿整装勘查区地质矿产简图

在当江下幅（I46E016023）厘定了3个正式岩石地层单位，基本建立了测区地层单元序列。在工作区内发现玄武质安山岩（U-Pb年龄237Ma）；新发现铜铅锌多金属矿（化）点8处、铁矿化点1处、矿化线索7处；在米扎纳能地区新圈出2条铅锌矿化蚀变带；利用1∶5万地面高精度磁法测量圈定5处地磁异常，认为M3、M4具有一定的找矿意义；圈定米扎纳能、龙格东多、公吉贡玛3处靶区。

（2）青海省五龙沟鑫拓地区1∶5万矿产调查与找矿预测。

五龙沟地区金矿整装勘查区处于东昆仑成矿带中段，位于柴达木盆地南缘、东昆仑中段北坡，属东昆仑山脉布尔汗布达山系，西起托拉沟，东至大滩沟，南起哈拉郭勒沟脑石羊岭—温冷恩一带，北至尕牙合—五龙沟沟口一带的昆仑山区，地理坐标为东经94°50′46″—96°12′27″，北纬35°54′22″—36°18′38″，面积4822km²（图3-4-11）。

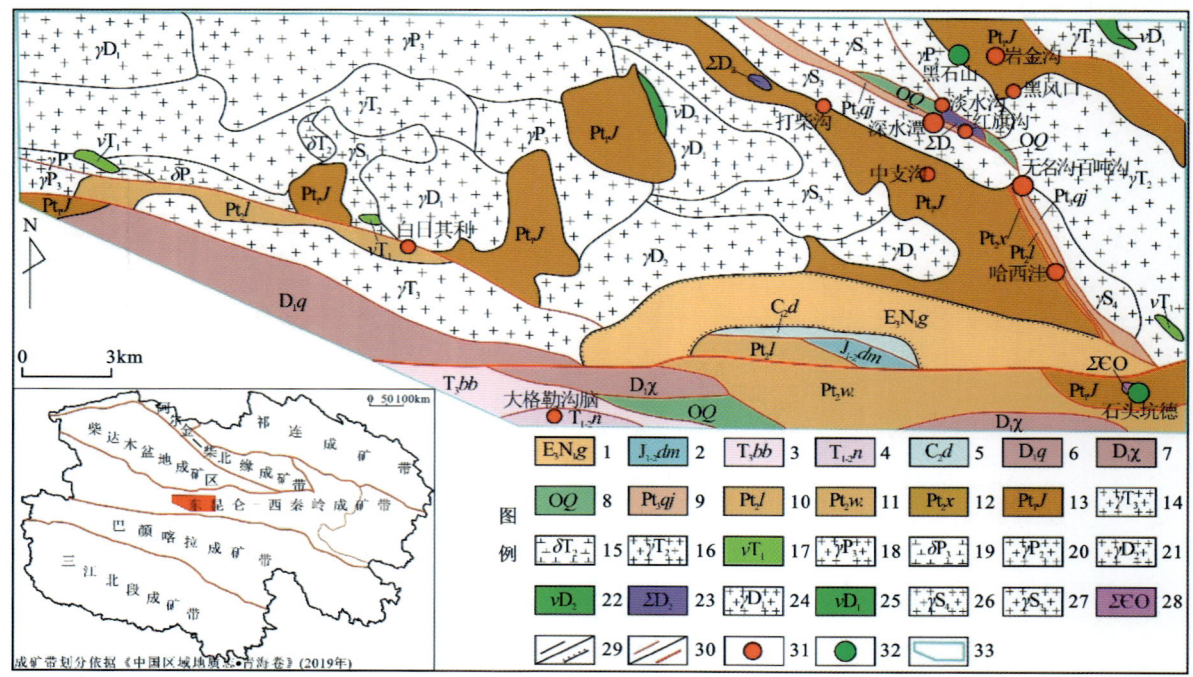

1.新近系—古近系干柴沟组；2.下—中侏罗统大煤沟组；3.上三叠统八宝山组；4.下—中三叠统闹仓坚沟组；5.上石炭统缔敖苏组；6.下泥盆统契盖苏组；7.下泥盆统雪水河组；8.奥陶系祁曼塔格群；9.青白口系丘吉东沟组；10.中元古界狼牙山组；11.中元古界万保群；12.中元古界小庙组；13.古元古界金水口岩群；14.晚三叠世花岗质侵入岩；15.中三叠世闪长岩；16.中三叠世花岗质侵入岩；17.早三叠世辉长岩；18.晚二叠世花岗质侵入岩；19.晚二叠世闪长岩；20.中二叠世花岗质侵入岩；21.中泥盆世花岗质侵入岩；22.中泥盆世辉长岩；23.中泥盆世超基性岩；24.早泥盆世花岗质侵入岩；25.早泥盆世辉长岩；26.顶志留世花岗质侵入岩；27.晚志留世花岗质侵入岩；28.寒武纪—奥陶纪超基性岩；29.地层界线/不整合界线；30.实测断裂/区域性边界断裂；31.金多金属矿床；32.铜镍多金属矿床；33.整装勘查区范围。

图3-4-11 五龙沟地区金矿整装勘查区地质矿产简图

通过研究，将研究区划分为15个填图单元；对平台岩基进行研究，分解出3个侵入单元，分别获得锆石U-Pb年龄423Ma、280Ma和243Ma，以印支期岩浆侵入活动为主；开展了成岩成矿年代学研究，确定了五龙沟鑫拓地区240Ma±和220Ma±两期成矿事件；通过开展构造-蚀变专项填图，厘清了构造对金多金属成矿的控制作用；通过大格勒沟幅遥感解译及蚀变信息提取工作，划分遥感异常优选区4处，其中有1处为优先推荐验证区。通过矿产综合检查新发现金矿化带1条，铅锌矿化带1条，铅锌矿带1条，镍矿化线索1处，铜矿化线索1处。通过开展综合评价工作，在整装勘查区全区内优选勘查部署建议区6处，找矿靶区21处，其中A类找矿靶区8个，B类找矿靶区6个，C类找矿靶区7个。

4）青龙沟-绿梁山-锡铁山铅锌矿整装勘查区

2016年中央财政出资设置"青海青龙沟-绿梁山-锡铁山铅锌矿整装勘查区矿产调查与找矿预测"

项目,由中国地质调查局发展中心(原国土资源部矿产勘查技术指导中心)组织管理,由青海省第一地质勘查院(原青海省第一地质矿产勘查院)牵头,吉林大学协作实施,2018年项目结题,"十三五"期间项目总经费为660万元。

青龙沟-绿梁山-锡铁山铅锌矿整装勘查区位于青海省西北部柴北缘三角顶—饮马峡一线,呈北西向带状展布,属海西州管辖,南距格尔木180km,东距德令哈200km,地理坐标为东经93°45′00″—96°00′00″,北纬37°00′00″—38°40′00″,面积为7938km²(图3-4-12)。

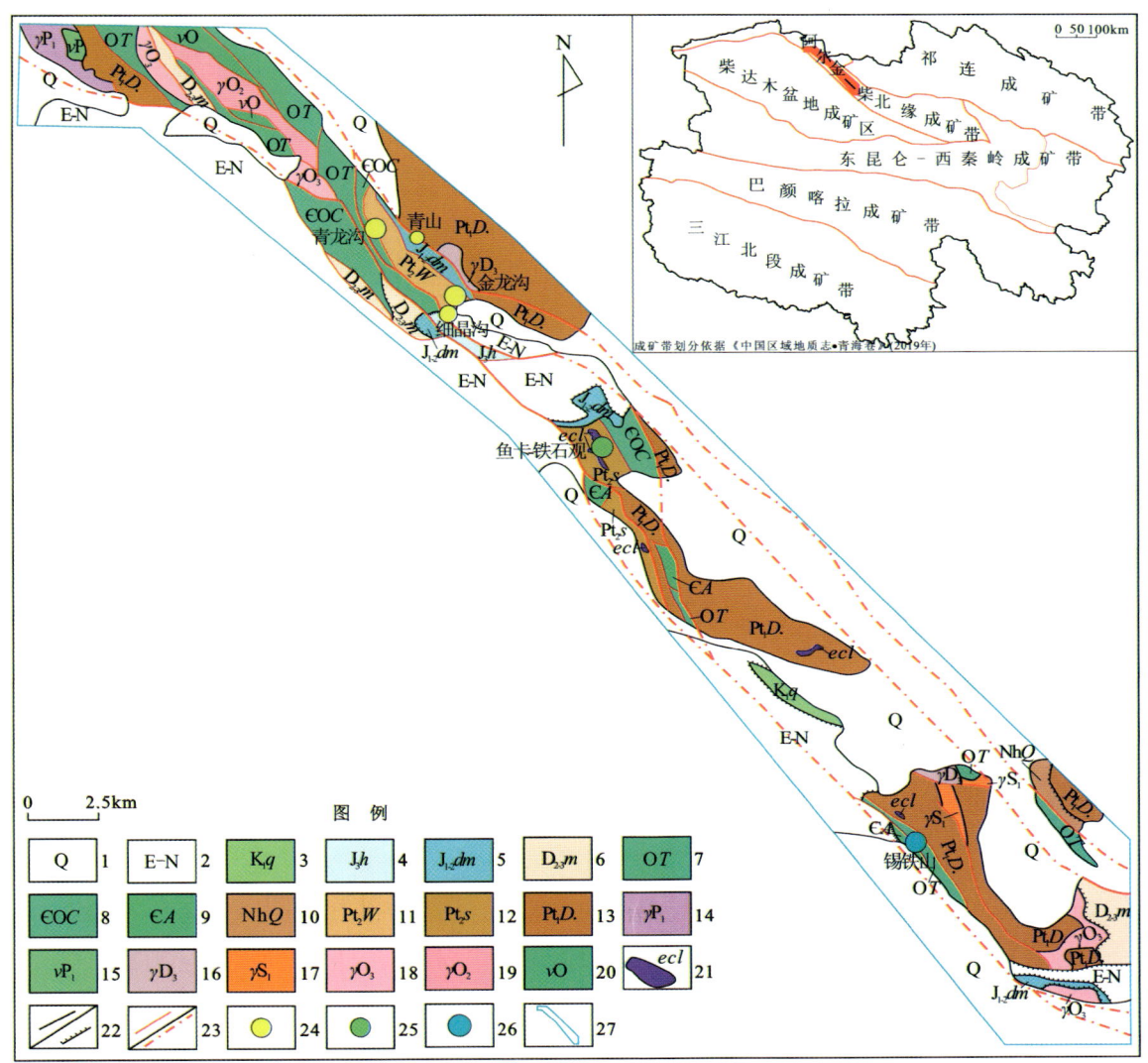

1.第四系;2.新近系—古近系地层;3.下白垩统犬牙沟组;4.上侏罗统红水沟组;5.下—中侏罗统大煤沟组;6.中—上泥盆统牦牛山组;7.奥陶系滩间山群;8.寒武系—奥陶系柴北缘蛇绿混杂岩;9.寒武系阿斯扎群;10.南华系全吉群;11.中元古界万洞沟群;12.中元古界沙柳河岩组;13.古元古界达肯大坂岩群;14.早二叠世花岗质侵入岩;15.早二叠世辉长岩;16.晚泥盆世花岗质侵入岩;17.早志留世花岗质侵入岩;18.晚奥陶世花岗质侵入岩;19.中奥陶世花岗质侵入岩;20.奥陶纪辉长岩;21.榴辉岩;22.地层界线/不整合界线;23.实测断裂/区域性隐伏边界断裂;24.金多金属矿床;25.金红石矿床;26.铅锌多金属矿床;27.整装勘查区范围。

图3-4-12 青龙沟-绿梁山-锡铁山铅锌矿整装勘查区地质矿产简图

在锡铁山幅、嗷唠山幅、锡铁山铅锌矿幅内累计划分沉积建造单元39个、火山岩建造单元9个、侵入岩建造单元25个、变质岩建造单元4个。划分了寒武纪—奥陶纪滩间山群下碎屑岩组砂岩灰岩段碳酸盐岩建造($\in OTa^{2a}$)为锡铁山铅锌矿的含矿建造。通过对锡铁山幅、嗷唠山幅、锡铁山铅锌矿幅内的遥感解译及蚀变信息提取工作,圈定20处遥感异常优选区,其中7处有找矿意义。圈定成矿远景区3

处,其中A类成矿远景区2处,C类成矿远景区1处;优选找矿靶区11处,其中A类找矿靶区3处,B类找矿靶区3处,C类找矿靶区5处。对资源量进行了预测。成功立项省基金项目4项。新发现铜、铜金、金矿点共3处,金、铜、钛矿化线索6处。

5)祁漫塔格地区铁铜矿整装勘查区

2016年中央财政出资设置"青海祁漫塔格地区铁铜矿整装勘查区矿产调查与找矿预测"项目,由中国地质调查局发展中心(原国土资源部矿产勘查技术指导中心)组织管理,由青海省第三地质勘查院(原青海省第三地质矿产勘查院)承担实施,"十三五"期间项目总经费为590万元。

青海祁漫塔格地区铁铜矿整装勘查区位于青海省海西州祁漫塔格地区一带,地理坐标为东经90°31′04″—93°35′54″,北纬36°09′42″—37°57′21″,总面积约24 160 km²(图3-4-13)。

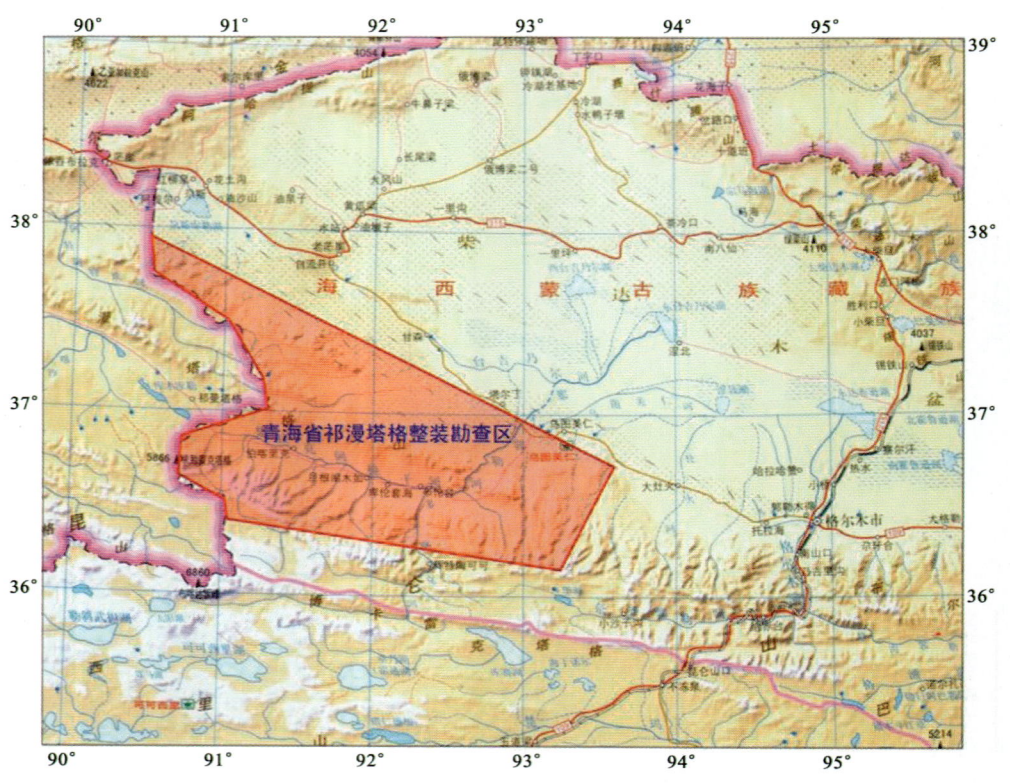

图3-4-13 祁漫塔格整装勘查区交通位置图

系统厘定了祁漫塔格地区主要矿产种类和成矿类型,矿床类型主要有沉积变质型、接触交代矽卡岩型、岩浆熔离型、喷流沉积-热液改造型、热液型、隐爆角砾岩型、斑岩型。首次提出祁漫塔格地区沉积变质型铁-石墨矿床形成于中元古代活动大陆边缘火山-热水沉积盆地,并建立了祁漫塔格地区沉积变质型铁-石墨矿矿床的成矿模式。研究表明,研究区南部是寻找该类型矿床的主要部位,特别是卡尔却卡—那西郭勒一带具有良好的找矿前景。提出祁漫塔格地区接触交代矽卡岩型矿床的矿产种类与岩体时代无直接关系,而主要受岩体岩石组合和围岩的控制。接触交代矽卡岩型、热液型铁多金属矿床与三叠纪花岗岩关系密切。系统总结了祁漫塔格地区矿床时空分布规律,建立了4个成矿系列的典型矿床或各类型矿床成矿模式。

通过开展调查区的资源潜力评价工作,共圈出最小预测区12处,预测沉积变质型石墨矿物量39.04万t,预测多金属资源量72.30万t;共优选出找矿靶区5处,分别为努可图北石墨矿找矿靶区、桃山南多金属矿找矿靶区、口口尔头北东石墨矿找矿靶区、乌兰乌珠尔十字嵩铅锌铁找矿靶区和通沟西铜金矿找矿靶区,其中乌兰乌珠尔十字嵩铅锌铁找矿靶区已成功申请2019年青海省地勘基金新上项目,实现了项目成果转化。

6）沱沱河地区铅锌矿整装勘查区

2016年中央财政出资设置"青海沱沱河地区铅锌矿整装勘查区矿产调查与找矿预测"项目，由中国地质调查局发展中心（原国土资源部矿产勘查技术指导中心）组织管理，由青海省第五地质勘查院（原青海省第五地质矿产勘查院）承担实施，2017年项目结题，"十三五"期间项目总经费为210万元。

沱沱河地区铅锌矿整装勘查区处于三江成矿带北段西延西段，唐古拉山北坡，地理坐标为东经91°00′00″—93°00′00″，北纬33°10′00″—34°40′00″，面积约23 245.5km²（图3-4-14）。

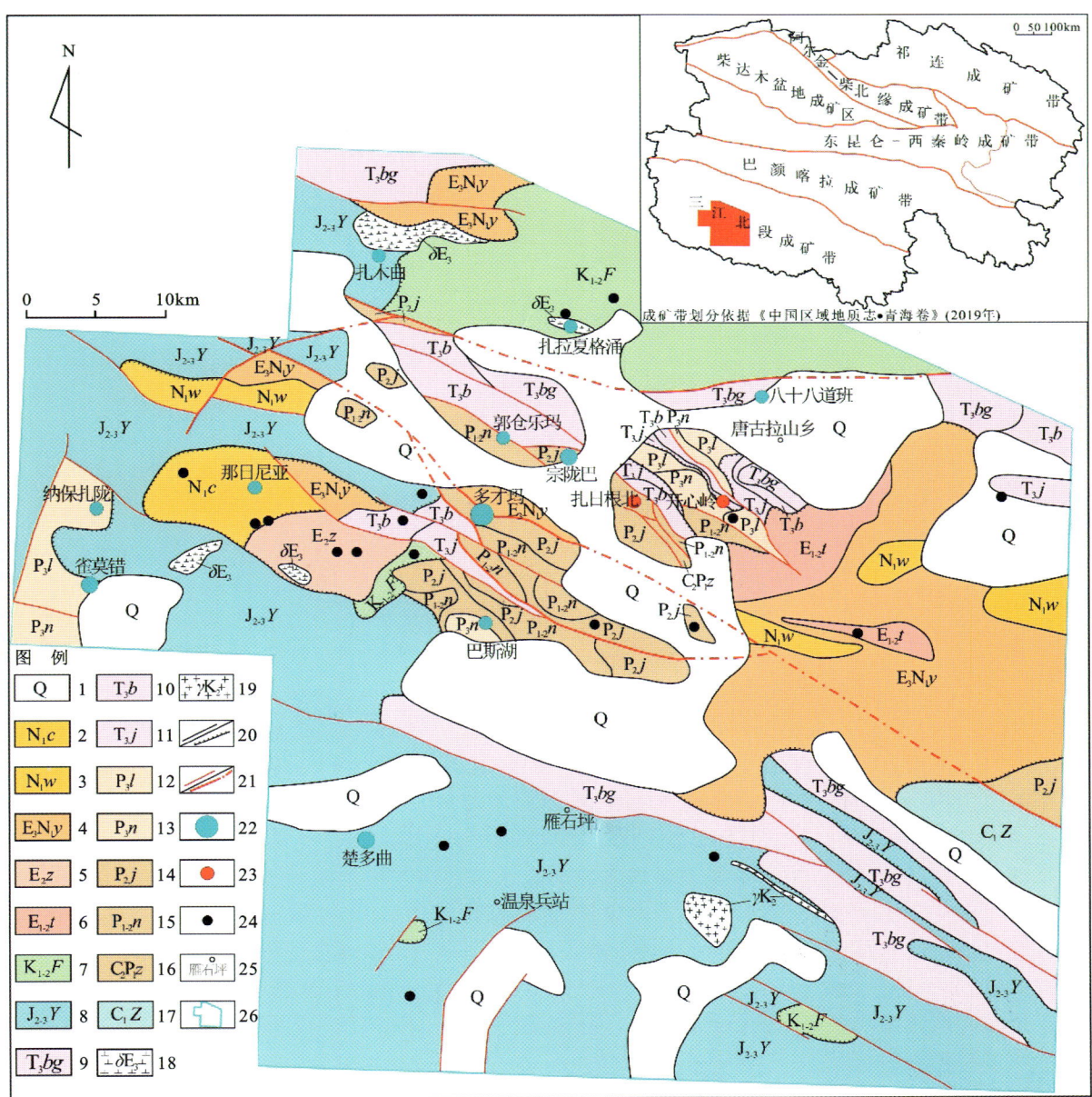

1.第四系；2.早新统查保马组；3.早新统五道梁组；4.渐新统—早新统雅西措组；5.始新统祖尔肯乌拉组 6.古新统—始新统沱沱河组；7.白垩系火山群；8.中—上侏罗统雁石坪群；9.上三叠统巴贡组；10.上三叠统波里拉组；11.上三叠统甲丕拉组；12.上二叠统拉卜杏日组；13.下二叠统那益雄组；14.中二叠统九十道班组；15.上—中二叠统诺日巴尕日保组；16.上石炭统—下二叠统扎日根组；17.下石炭统杂多群；18.始新世闪长岩；19.晚白垩世花岗质侵入岩；20.地层界线/不整合界线；21.断裂构造/区域性边界断裂；22.铅锌多金属矿床；23.铁多金属矿床；24.多金属矿点；25.地理位置；26.整装勘查区范围。

图3-4-14　沱沱河地区铅锌矿整装勘查区地质矿产简图

通过1∶5万矿产地质专项填图工作,结合岩性特征和含矿性特征分析,对中侏罗世布曲组划分了3个岩性段,即下段为灰岩段;中段为灰岩夹砂岩段;上段为灰岩段。在花岗斑岩岩体中获得U-Pb锆石年龄为64.46±0.60Ma,花岗斑岩时代为古近纪古新世。确定龙亚断裂(F1)为区内主含矿构造断裂,其破碎蚀变带发育,且在带内圈出2处矿化点。

通过1∶5万水系沉积物测量工作,对区内2处1∶20万异常进行加密分解和定位,异常重现性较好,浓集中心更加明显,并制作了16种元素原始数据及异常图、地球化学图、组合异常图、综合异常图等地球化学系列图件。以此为基础,全区共圈定水系沉积物综合异常11处,其中乙类异常3处、丙类异常8处。还基本查明了测区元素富集离散特征及地球化学空间分布规律,指出本区主要成矿元素W、Sn、Zn等金属元素在本区更易富集成矿,为下一步地质工作提供了翔实的地球化学资料,为本区的地质研究提供了新的平台,同时为今后开展工作指明了方向。

根据对遥感数据的提取与处理,获得遥感影像图、地质解译图、蚀变信息提取图、遥感异常优选图等图件,并确定了各地质体的影像特征、遥感异常分布特征。发现遥感异常较集中地分布于测区西南部、中部,其中铁染异常分布广泛,且强度较大,而羟基异常相对较差。最终圈划了7处遥感异常区,优选3处作为找矿意义较大的遥感异常区。

通过工作发现沙赛日玛楼铜钨矿化点1处、日龙玛亚楼铅锌矿化点1处。

对区内地、化、遥及矿产等找矿信息进行综合分析和资料的综合整理,综合分析了测区成矿地质背景和找矿标志,编制了地质矿产图及矿产预测图,圈定了7处找矿靶区,其中A级2处、B级1处、C级4处,并总结了区域成矿地质条件和成矿规律,确定找矿标志,优选3处找矿靶区(沙赛日玛楼、日龙玛亚楼、查肖玛)作为下一步重点工作区,并对测区划分的预测区的地质条件作出综合评价。

7)柴达木盆地深层卤水钾盐资源整装勘查区

2016年1月中央财政出资设置"青海省柴达木盆地深层卤水钾盐资源整装勘查区矿产调查与找矿预测"项目,由中国地质调查局发展中心(原国土资源部矿产勘查技术指导中心)组织管理,由青海省柴达木综合地质矿产勘查院承担实施,2016年12月项目结题,"十三五"期间项目总经费为180万元。

柴达木盆地深层卤水钾盐资源整装勘查区处于柴达木盆地成矿带之中,范围涵盖柴达木盆地西、中部,由西到东包括尕斯库勒湖、大浪滩、察汗斯拉图、昆特依、马海盐湖,地理坐标为东经90°32′24″—95°43′49″,北纬36°50′38″—38°59′27″,面积36392.29km^2(图3-4-15)。

通过对大浪滩、察汗斯拉图、昆特依、马海凹地深层卤水分布规律和特点的研究,结合钻探施工成果,初步了解了柴达木盆地深层卤水的储层分布趋势,认为柴达木盆地深层卤水按照储集层和特征的不同可以划分为构造裂隙孔隙卤水型钾盐矿(又称为油田水型钾盐矿)、砂砾孔隙卤水型钾盐矿和盐类晶间卤水型钾盐矿,并建立了液体钾盐矿的空间分布关系(图3-4-16)。

经对石油钻孔地质、测井资料和地震数据的重新处理解释研究,编制了柴达木盆地第四纪晚更新世—全新世岩相古地理略图、大浪滩-黑北凹地早更新世(深层孔隙卤水储层)岩相古地理图、察汗斯拉图第四纪早更新世岩相古地理图等重要图件,初步了解了含卤层的古地理环境,总结了现代盐湖型钾矿区域成矿模式和第三系深层卤水钾盐矿的成矿模式,指出了下一步工作的重点和方向。提出孔隙卤水钾盐矿可作为该区找矿的主攻类型进行勘查,构造裂隙孔隙卤水钾盐矿作为重要类型进行勘查,晶间卤水钾盐矿可暂作为砂砾层孔隙卤水的找矿标志。

研究认为,大浪滩凹地的晶间深层卤水矿层属沉积型卤水,富钾卤水主要赋存于盐岩晶间,部分赋存于湖湘沉积层的孔隙中。后期在上覆地层的巨大重压下,使其具有高承压性质。随着上覆沉积层厚度的逐渐加大,巨大的地层压力使含卤介质的孔隙会越来越小,迫使卤水向压力小的粗颗粒层运移并赋存下来。

为了探索物探方法在深层卤水找钾工作中的有效性,在大浪滩、马海和昆特依凹地进行了大地电磁测深方法的应用试验工作。由于卤水属于强电解质,离子浓度越大,电阻率则越低,故可通过视电阻率的大小来分析判断高矿化卤水层的分布,对马海凹地的钻孔验证,实际钻孔揭露与大地电磁测深结果吻

第三章 新成果与新突破

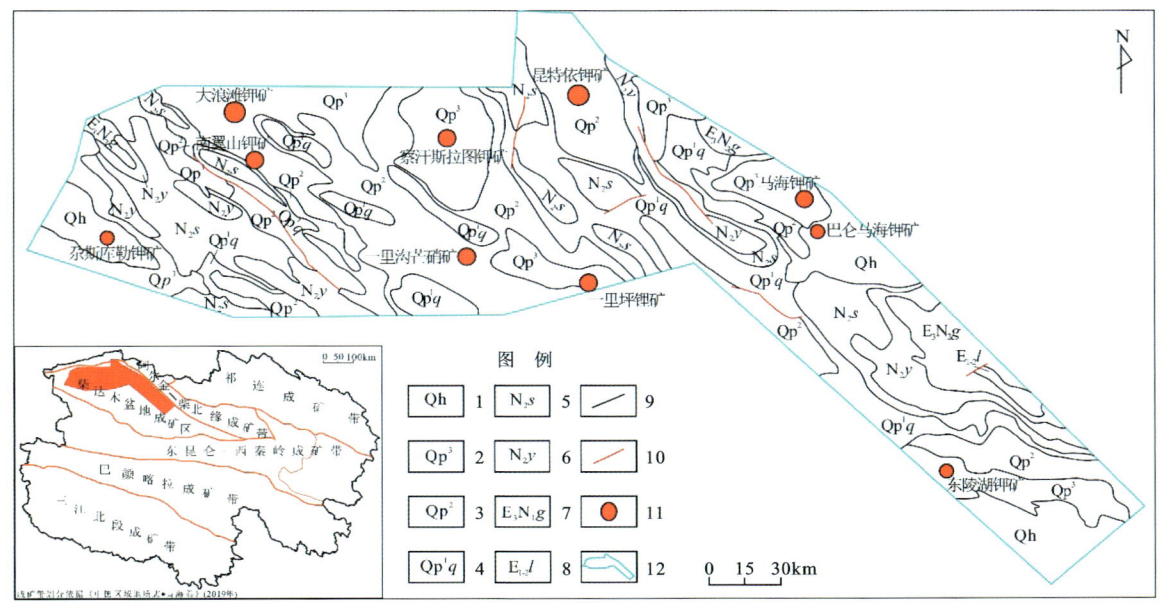

1.第四系全新统；2.第四系上更新统；3.第四系中更新统；4.第四系下更新统七个泉组；5.中新统狮子沟组；6.中新统油砂山组；7.古近系—新近系干柴沟组；8.古近系路乐河组；9.地层界线；10.构造界线；11.矿床点；12.整装勘查区范围。

图 3-4-15　柴达木盆地深层卤水钾盐资源整装勘查区地质矿产简图

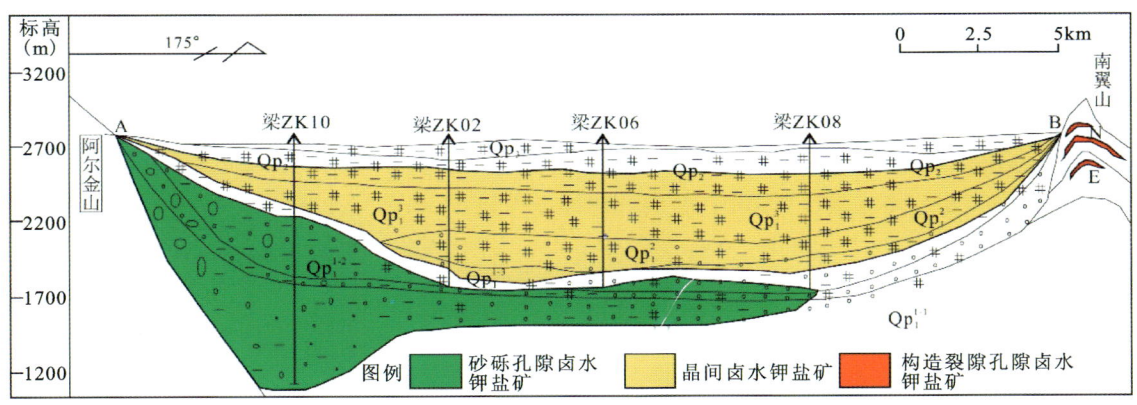

图 3-4-16　液体钾盐矿的空间分布关系图（青海省柴达木综合地质矿产勘查院，2017）

合性较差，这可能与盐岩层的干扰有关。通过对过井地震剖面解译结果与实际钻探资料的对比分析，认为大浪滩-黑北凹地、察汗斯拉图凹地、尕斯库勒凹地和狮子沟背斜构造的地震解译结果大致吻合，马海凹地的地震解译结果吻合性较差，说明地震剖面解译成果对寻找粗颗粒孔隙卤水比较有效，对寻找晶间卤水效果较差。

三、成矿规律与找矿预测研究

（一）重要金属矿产成矿规律研究

1. 柴北缘地区

1）柴北缘稀有稀土金属成矿作用及找矿方向

为梳理制约柴北缘稀有稀土矿找矿的关键疑难问题，为下一步实现找矿突破提供思路，省级地质勘查专项资金于2020年起出资设置该项目,由青海省地质调查院承担实施,"十三五"期间共投资150万元。

结合野外调查、遥感解译、地质编图等工作,梳理出与稀有金属成矿有关的伟晶岩脉2698条,初步划分为斜长石-微斜长石型伟晶岩、微斜长石型伟晶岩、钾长石-钠长石-白云母型伟晶岩、钠长石-锂云母型伟晶岩4个大类;同时证实了阿姆内格、布赫特山、布果特山等地区存在与稀土矿产有关的碱性花岗岩分布的事实,并完成了相应图件的编制。

初步圈定地球化学综合异常193处,所圈定的综合异常和区内前人发现的稀有稀土矿(化)点对应性较好,为进一步工作提供了地球化学依据。初步建立了茶卡地区稀有稀土矿成矿模式,总结了柴北缘稀有稀土矿找矿模型和找矿标志,并对成矿条件、成矿规律进行了总结分析。初步划分找矿远景区11处,圈定找矿靶区42处,其中重点靶区26处。通过野外调查,在石乃亥东、大柴旦湖-孤山、青新界山地区、野马滩南、红岭北、阿斯和塔、纳鄂东地区发现了较好的矿化信息。在本项目引领和支撑下,3个预查项目纳入省级地质勘查专项资金项目库。

2)柴北缘页岩气、铀等能源矿产潜力评价与靶区优选

为分析页岩气、煤层气、铀等能源矿产资源分布特征、赋存状态和规律,开展找矿远景评价,省地勘基金于2016年起出资设置该项目,由青海煤炭地质勘查院承担实施,中国地质大学(北京)提供技术支撑,"十三五"期间共投资160万元。

在柴达木盆地北缘侏罗系划分出9套暗色泥页岩,其中湖西山组分布有3段,以冷湖地区发育最全,小煤沟组分布有3段,以大煤沟地区发育最全,大煤沟组分布有1段,石门沟组分布有2段,在柴北缘全区都有不同程度发育;在柴东缘上石炭统识别出3套暗在泥页岩,石灰沟柴页2井和克鲁克湖南青德地1井在垂向上揭露较全。

在研究区4个坳陷(凹陷)内分别开展了层序地层及岩相古地理研究,建立了地层层序格架,编制了沉积环境对比图,岩相古地理图,对页岩气评价有效的暗色泥岩编制了厚度、埋深、TOC及成熟度等值线图。上石炭统主要发育在德令哈坳陷,共划分出3套暗色泥页岩,其中在柴页2井和青德地1井中揭露较全。建立了柴北缘页岩气评价参数标准,总结了一些陆相页岩气勘查经验。陆相沉积中心迁移快,物源近,暗色泥页岩连续沉积厚度一般不大,有机质类型以Ⅱ2-Ⅲ型为主,所以在陆相盆地勘查页岩气时,对沉积相的分析要到亚相或微相,远景区、有利区优选时成熟度可以略低于海相地层。

统计了柴北缘各煤田煤炭资源量,对各煤田主采煤层进行了对比,根据《煤层气资源勘查技术规范》(GB/T 29119—2023)评价要求,鱼卡煤田M5和M7煤层及团鱼山矿区M7煤层达到了煤层气勘查要求;编制和收集了鱼卡煤田M5和M7煤层厚度、煤类、埋深、含气量等值线图,统计了以往煤炭勘查瓦斯测量数据,采集煤炭样品,对显微煤岩组分及成熟度进行测试,收集了以往煤层气参数井各类测试数据,为煤层气研究评价提供了翔实的基础地质资料。

对以往测井曲线伽马异常孔进行筛选,通过尕秀西段实施的GX1和GX2孔,对FD-3019和煤炭测井自然伽马值进行校正,对各参数进行换算,筛选出放射性异常钻孔。根据放射性异常值及砂体分布、厚度情况,挑选了3个钻孔进行砂岩样品采集,对U、Th、Ra放射性元素进行测试。从大地构造背景、岩相古地理条件、赋矿砂岩的沉积相、古气候条件、水文地质条件、构造条件、铀源条件等方面对砂岩型铀矿的成矿条件进行了研究。

根据泥岩厚度、泥岩埋深、有机碳含量、热演化程度、交通条件等靶区选取标准,优选出页岩气靶区3个,远景区3个;圈定煤层气靶区1个,远景区2个;通过分析航亚、鱼卡、冷湖等地区的铀矿成矿地质条件,圈定砂岩型铀矿找矿靶区2个,远景区2个,为下一步工作提供了重点找矿方向。根据鱼卡煤田煤层气远景区,成功申报2018年度省地勘基金项目"青海省大柴旦行委嗷唠河-羊水河地区煤及煤层气预查"。为下一步页岩气、煤层气、砂岩型铀矿统一规划、勘查部署提供科学依据,具有较强的实效意义。

2. 东昆仑地区

1) 鄂拉山口地区多金属矿成矿规律及找矿预测研究

为加速实现鄂拉山口现有多金属矿床规模再扩大和外围及深部找矿突破，总结成矿规律，指出进一步找矿方向，省地勘基金于 2016 年起出资设置该项目，由中国地质大学（武汉）承担实施，"十三五"期间共投资 60 万元。

重点对区内鄂拉山口铜铅锌银多金属矿床、加木格尔银铅锌铜（铁）多金属矿床、在日沟银铅锌多金属矿床及外围赛什塘、什多龙、白尕湖、索拉沟等典型多金属矿床进行了成矿特征及成矿作用解剖，通过详细的野外综合地质路线调查、典型矿山调研、重点研究地段专项地质填图、岩相学及矿相学工作，基本查明了矿床成矿地质特征，并按照宏观与微观相结合的原则，划分了上述矿床的成矿期次，结合本项目开展的高精度成岩成矿年代学（锆石 U-Pb 年代学）、岩石地球化学（主微量、Sr-Nd-Pb 同位素）、矿床同位素地球化学（H-O-S-Pb 同位素）测试成果，研究认为区内早—中三叠世成岩成矿作用主要形成于后碰撞伸展的构造环境，其间大规模的中酸性侵入岩浆活动为区内成矿提供了大量的成矿流体与成矿物质，区内多金属矿床应属于矽卡岩型、岩浆（次火山）热液型矿床，矽卡岩型与中低温热液脉型多金属成矿作用均在区内同一成矿体系中含矿热液沿构造系统运移过程中形成，但由于不同成矿地质条件导致了成矿类型的多样性，应属于同一成矿系列不同演化阶段的产物，因此，在以已知典型多金属矿床点为中心的矿产勘查过程中，还应注重诸如中酸性侵入岩接触带部位矽卡岩型、角岩型、斑岩型或成矿母岩外围构造热液脉状多金属矿床的找矿研究工作。此外，建议进一步加大对温泉以北地区 240Ma± 的中酸性侵入岩接触带部位铜、铁、铅、锌、银等多金属矿床的找矿勘查工作，同时兼顾侵入接触带外围构造热液脉状中低温热液矿床的寻找。

区内成矿与早、晚三叠世中酸性侵入岩关系密切，成岩成矿时代主要集中于 220Ma±、240Ma±。早、（中）晚三叠世中酸性岩浆活动为区内成矿提供了大量的热源与成矿物质，含矿热液向外围运移过程中在不同的成矿地质条件下形成不同类型的矿床，系同一热液活动体系下完整的成矿系列（主要矿床类型包含斑岩型、矽卡岩型及外围岩浆热液脉型，部分成矿具有多期叠加特征）。区内典型多金属矿床关键控矿因素主要为断裂构造与三叠纪中酸性侵入岩，其次为区内地层岩性与空间展布特征，其中断裂构造是区内重要的导矿、运矿及储矿构造，上述不同含矿断裂构造的形成亦受区内不同岩性地层形态、规模及产状等因素控制，中、晚三叠世岩浆活动为成矿提供了大量的热源与成矿物质。

结合野外地质调查成果及前人研究资料分析，晚二叠世—早三叠世区内主体伴随轻微挤压环境，温泉-瓦洪山断裂开始发生强烈右行走滑作用，在此过程中，引张环境逐渐占主导地位，致使区内网格状Ⅰ、Ⅱ构造体系初见雏形，深大断裂往往作为重要的导岩构造，控制区内侵入岩呈 NW 向成串、NEE 向成行的分布特征，在此背景下，低序次Ⅲ、Ⅳ级断裂构造开始形成，温泉-瓦洪山右行走滑派生的Ⅱ、Ⅲ级 NNE 向、NW 向次级断裂共同控制了区内规模较大的火山机构、岩脉等，Ⅳ级含矿断裂及裂隙脉构造多由区内Ⅲ级构造派生形成。值得注意的是区内火山机构形成时间要早于成矿时代，火山岩喷发时期多伴随大量的火山气液，开始形成了放射状构造，喷发晚期由于火山口坍塌派生了大量的裂隙构造，次火山岩、隐伏岩体沿火山通道及边部构造薄弱带侵位，携带大量的含矿热液，沿早期形成的接触带构造、断裂构造或裂隙充填（或叠加富集）成矿。

认为区内多金属矿床与早、（中）晚三叠世侵入岩浆活动关系密切，在系统提取了区内有利的找矿地质要素，并从成矿特征、条件、物化找矿信息标志、地质找矿标志等方面构建了与岩浆热液成矿系统有关的多金属矿床综合信息找矿模型，并据此开展了已知矿床点深边部及外围成矿预测。找矿靶区总体上分为两个尺度与两个层次，两个尺度主要包括多金属找矿远景区与重点找矿靶区的圈定，两个层次指已知矿带的深边部以及新找矿方向相关的探矿靶区圈定，本次共圈定重点找矿远景区 4 处，优选有利找矿靶区 17 处，其中 A 级靶区 5 处，B 级靶区 9 处，C 级靶区 3 处，其中矽卡岩型找矿靶区 2 处，斑岩型找矿靶区3处。

2）鄂拉山地区大河坝铜多金属典型矿床研究及外围找矿预测

为实现大河坝地区外围及深部突破，自2017年起省地勘基金项目出资设置该项目，由青海省第四地质勘查院（原青海省第四地质矿产勘查院）与中国地质大学（武汉）联合承担实施，"十三五"期间共投资80万元。

通过专项填图、钻孔二次调查及大比例尺物化探资料，基本上查明了大河坝铜金多金属矿床成矿地质条件与成矿地质特征，厘定了关键控矿因素。通过系统的岩相学、成岩成矿年代学、岩石地球化学、矿床地球化学等综合分析，初步认为区内矿床成因类型属于岩浆热液型，成矿作用与中—晚三叠世中酸性侵入岩关系密切。对区内已有大比例尺物化探、遥感资料进行了二次开发，优化有效找矿信息组合，系统总结找矿标志，并构建了矿床地质-物探-化探-遥感综合信息找矿模型，为后续成矿预测工作提供依据。结合本区构造环境、成矿地质背景及成矿特点，将工作区进一步划分为2个成矿亚带，依据2017年度野外工作成果，并结合区内以往矿产勘查成果资料及本项目2017年度任务要求，圈定找矿靶区11处，并在大河坝铜多金属矿区重点找矿靶区（A-1）内设计了3处探矿工程。

3）宗务隆地区金多金属成矿因素研究与靶区优选

为总结宗务隆地区成矿规律和找矿标志，开展找矿预测，实现找矿突破，省地勘基金于2017年起出资设置该项目，由青海省地质调查院承担实施，"十三五"期间共投资200万元。

通过系列编图研究，基本确定研究区含矿地层主要为下志留统巴龙贡嘎尔组（莫合贝雷台铅锌矿床）、石炭纪—中二叠世宗务隆山蛇绿混杂岩（蓄积铅银矿床）和寒武系阿斯扎群（霍德生铁铜矿床）；确定研究区内主要控矿构造为宗务隆山-青海南山断裂、宗务隆山南缘断裂。

通过对前人1∶5万水系沉积物测量数据处理，研究区新圈定了188处综合异常（其中甲类14处，异类129处，丙类45处），总体上自北向南初步划分为两个地球化学分带：北带主要为Pb、Zn、Ag、Au、Cu异常组合，主要分布于宗务隆山蛇绿混杂岩和巴龙贡噶尔组地层中；南带主要为W、Bi、Au、三稀异常，主要分布于达肯大坂岩群与岩体接触部位，或岩体发育地段的围岩中。

通过1∶5万（地）航磁整合编图，初步在研究区圈定磁异常（区）110处（航磁异常69处、地磁异常41处，其中新圈定航磁异常9处），推断断裂22条，推断火山岩地层10处，基性侵入岩7处，中酸性侵入岩16处，划分出3个磁异常区（北部中-弱异常区，中部负磁背景场区，南部强磁异常区）。

通过成矿作用研究，结合典型矿床调研，提出区内总体以与海西期—印支期构造岩浆活动有关的成矿作用类型为主，认为区内主要存在中低温热液型铅锌矿、造山型金矿、矽卡岩型矿3种成矿类型；并提出研究区存在与欧龙布鲁克被动陆缘矽卡岩型矿床，宗务隆山蛇绿混杂岩带中高—中低温热液型矿床，南祁连岩浆弧砾岩改造型金矿床等3种成矿模式。

通过成矿预测靶区优选研究，圈定出14处成矿远景区（其中B级远景区7处，C级7处），按构造单元统计，南祁连带5处，宗务隆带6处，全吉带3处；共圈定找矿靶区29处（其中A类6处，B类7处，C类16处），按构造单元统计，南祁连带有5处，宗务隆带15处，全吉带9处。经过对重点靶区踏勘检查，发现9处较好的找矿线索，其中2处已立省地勘基金项目。

4）那更康切尔沟—哈日扎地区银多金属成矿规律研究与靶区优选

为分析那更康切尔沟—哈日扎地区银多金属矿的控矿因素、找矿标志，总结成矿规律、建立找矿模型，开展找矿预测、实现找矿突破，省地勘基金于2017年起出资设置该项目，由青海省第三地质勘查院（原青海省第三地质矿产勘查院）和吉林大学联合承担实施，"十三五"期间共投资160万元。

通过研编1∶5万地质系列图件，认为银多金属矿成因类型主要有与浅成—超浅成侵入岩有关的热液脉型银多金属矿和与中深成侵入岩有关的银多金属矿（矽卡岩型）两大类，并分别识别了两大成因类型的成矿要素。研究区银多金属矿（化）床（点）受区域大断裂控制，研究区内18处银多金属矿（化）床（点），有8处就产于昆北断裂的两侧（祁漫塔格蛇绿混杂岩带与北昆仑岩浆岩带的结合部位），银多金属找矿的有利部位为岩浆弧的边缘地带和区域性断裂的两侧,成矿时代为晚三叠世。

通过研编化探系列图件,圈出化探综合异常91处,其中甲类异常10处,乙类异常62处,丙类异常19处。对研究区异常分布特征和元素组合特点进行了分析研究,大致归纳以下几点特征:Pb、Zn、Ag异常强度高、规模大,主要与古元古界金水口岩群、上三叠统鄂拉山组,以及晚三叠世中酸性侵入岩关系密切,易形成与浅成—超浅成侵入岩有关的热液脉型银多金属矿和与侵入岩有关的银多金属矿,在矿致异常中,往往伴生有Bi、As、Sn、Cu等异常;Au、Cu异常主要分布在研究区西南侧,往往与Ag、As、Sb、Co伴生,强度高、规模大,主要与古元古界金水口岩群、长城系小庙组、石炭系哈拉郭勒组和三叠纪中酸性侵入岩有关,易形成构造蚀变岩型金矿、热液型和矽卡岩型铜多金属矿;化探异常总体成带状展布,异常总体沿北西-南东向呈串珠状分区密集产出,大致可分为那日马拉黑、加羊、什多龙、枪口、哈日扎、那更康切尔、沟里等7个化探异常密集产出区,但又存在局部差异,什多龙地区化探异常主要呈南北向分布,沟里地区主要呈近东西向展布,显示出不同地区化探异常受该地区区域性大断裂构造控制的特征。

通过1:5万(地)航磁整合编图,圈定地磁异常68处,并对异常进行了初步的定性解释,其中矿致异常2处,推断矿致异常4处,具有找矿意义的异常18处。磁异常主要集中在哈日扎—那更康切尔沟—确沟环形带、什多龙一带、那日马拉黑—老玛日岗一带、瓦勒尔—克合特一带分布,异常多为宽缓的正磁异常,总体呈北西向带状分布,或环形分布,主要是区域断裂构造、岩浆岩或火山岩的反映。

通过遥感解译,确定了构造形态,判别了各级别、不同方向的线形构造的相互关系和生成联系,通过OH—羟基异常和Fe^{3+}铁染异常的提取,对研究区银多金属找矿有一定的指导意义,尤其是对研究区断裂活动等地质现象方面提供了遥感直观依据。

通过对那更康切尔沟银多金属矿床、哈日扎铜多金属矿床、那更康切尔北银多金属矿点和那日马拉黑南铜多金属矿点等典型矿床的分析研究,认为银多金属矿具有多期次构造控矿的特征,确定了区内主要的银多金属矿床成因为与中浅成与浅成—超浅成侵入岩有关的(中)低温热液型矿床,并建立了成矿模式与找矿模型。

在对区域典型矿床进行分析的基础上确定了研究区银多金属成矿预测要素,综合现有地、物、化、遥感资料,研究区内共划分了银多金属找矿远景区5处,圈定找矿靶区29处,筛选了其中13处靶区进行查证,在哈日扎西、那日马拉黑南、哈龙贡玛、枪口、加当根等8处靶区发现了矿化线索,提交立项申请书6份,成功申报"青海省都兰哈日扎西银多金属矿预查""青海省都兰县那日马拉铜多金属矿预查"两项省地勘基金项目。

5)坑得弄舍—苦海地区金多金属矿成矿规律研究与靶区优选

为解剖坑得弄舍—苦海地区金多金属矿典型矿床三维矿化富集规律,指导矿区深部及外围地区实现找矿突破,省地勘基金于2017年起出资设置该项目,由青海省地质调查院承担实施,"十三五"期间共投资90万元。

通过开展1:5万系列编图,划分出即假屋龙蛇绿混杂岩、沟里蛇绿混杂岩、苦海-错扎玛蛇绿混杂岩、下大武-莫格让蛇绿混杂岩等4条蛇绿混杂岩,对混杂带物质组成、变质变形、时代、构造属性等进行了分析总结。明确了苦海-错扎玛混杂带在晚古生代—中生代的3个阶段构造-岩浆-成矿过程:即早石炭世、晚石炭世—早二叠世和晚三叠世,坑得弄舍—苦海地区的金、汞等成矿即与晚三叠世成矿大爆发有关。

通过1:5万物探系列编图,圈定地面磁异常79处,其中甲2类异常3个,乙1类异常5个,乙2类异常2个,乙3类异常11个,丙类异常10个。并对地磁异常进行了初步的定性解释。通过1:5万地磁异常综合分析,在研究区确定具有较好找矿前景的重点地磁异常11处(M3、11、15、19、30、33、40、41、54、64-2、67)。综合各类物探异常的找矿效果,在坑得弄舍已知矿体上方磁异常和激电异常都有一定的显示,特别是激电异常,是发现此类矿床最为有效的物探方法;大地电磁测深法勘探深度大,但费用比较高,建议以大功率激电测深代替;磁法在推断断裂构造方面有一定优势,可作为辅助方法间接找矿。

通过1∶5万化探系列编图,圈定水系沉积物综合异常104处,其中甲类综合异常8处,乙类综合异常85处,丙类综合异常11处。依据综合异常图中异常的集群展布特点,划分了北区和南区地球化学带,北区为Au、Pb、Zn、Cu、Ba为主的有利地段,南区为Au、As、Sb、Hg、Ag、Mn为主的有利地段。

在地质、物化探、遥感等资料综合分析的基础上,圈定了成矿远景区2处,找矿靶区9处,其中A类找矿靶区2处,B类找矿靶区3处,C类找矿靶区4处;在坑得弄舍矿区周边优选出可进一步探索的工作区3处,通过进一步工作,有望取得较大的找矿突破。

6)沟里地区金银成矿规律及找矿突破方向研究

为梳理沟里地区制约金银矿找矿突破的关键问题,建立符合沟里地区未来深部勘查及其所在成矿区(带)矿产资源评价新要求的成矿模式、成矿规律及成矿系列,探讨金银矿的深部找矿潜力,省级地质勘查专项资金于2020年起出资设置该项目,由青海省有色第三地质勘查院承担实施,"十三五"期间共投资150万元。

通过1∶1万高精度遥感解译,解译线性构造100余处。结合重点勘查项目资料,对瓦勒尕、色日、达热尔、迈龙等地区的控矿构造有了宏观认识,为重点勘查区的找矿提供了方向。通过对矿区重点地段的调查,在迈龙、果洛龙洼外围、色日、各玛龙共计新发现构造蚀变带3条、矿化线索3处,圈出金矿体2条。在果洛龙洼矿区发现矿化线索1处,拣块样Au平均品位5.70g/t;在色日AuⅡ、AuⅢ号带之间发现矿化蚀变带1条,宽约1m,拣块样Ag平均品位92g/t;在迈龙地区东北部新发现构造蚀变带2条,带内圈出金矿体2条,Au品位1.02~38.8g/t,在AuⅩⅤ号带东部新发现矽卡岩型铜-铁-钨矿化蚀变带1处;在各玛龙已知矿体北延带发现矿化线索1处。圈定找矿靶区26处,其中瓦勒尕、色日、达热尔矿集区内17处,其他地区9处。

(二)盐湖资源

1. 柴达木盆地锂资源潜力及利用调查评价

为全面总结柴达木盆地成盐地质条件,分析和总结背斜构造深层卤水赋存分布规律,评价背斜构造地区深层卤水锂资源潜力,省级地质勘查专项资金于2017年起出资设置该项目,2017年为科研类项目,2018年经专家论证后转为调查评价类项目。该项目由青海省柴达木综合地质矿产勘查院承担实施,"十三五"期间科研类经费投资98万元,调查评价类经费投资3 809.7万元,总经费3 907.7万元。

通过编制柴达木盆地锂矿成矿要素图等系列图件,建立了新近纪背斜构造区裂隙孔隙卤水成矿模式。通过对鄂博梁Ⅱ号背斜构造、红三旱四号背斜构造等2个典型矿床的研究,建立了典型矿床的成矿模型。针对不同类型的成矿模型,分析了其找矿标志、成矿要素、成矿作用、成矿特征、地层条件等成矿因素,并对柴达木盆地不同类型的成矿条件进行分析,总结了成矿规律。对柴达木盆地新近纪背斜构造中裂隙孔隙水的成因及锂矿的成矿机理及其运移条件和方式进行了研究,对锂矿形成的沉积构造、沉积环境、物质来源、成矿条件、控矿因素、湖盆演化等进行了系统研究和总结。对柴达木盆地浅部锂富集的6个矿区LiCl含量进行了野外调查,了解和掌握了开采的技术条件和方式,开采矿区水位、卤水品位变化情况、企业开采规模、生产工艺、老卤品位及排放、锂资源消耗途径、综合利用等情况。对碱石山、鄂博梁、红三旱四号、鸭湖4个重点调查区,开展了地震解译、广域电磁、石油局录井、油井调查、物探测井、钻探等工作。大致了解和总结了重点调查区深层卤水的地质特征、水层岩性、分布范围、水层分布规律、水质、水量等特征与规律。新发现背斜构造深层卤水锂矿点6处。共提交背斜构造锂矿找矿靶区14处,其中A级优选深层卤水锂矿找矿靶区6处,B级找矿靶区区8处。提交液体LiCl孔隙度潜在矿产资源41.58万t,B_2O_3孔隙度潜在矿产资源563.06万t,Br孔隙度潜在矿产资源93 165万t,I孔隙度潜在矿产资源38 607t。

2. 南翼山地区深层卤水分布规律与潜力评价

为开展南翼山地区深层卤水勘探开发工作,掌握区内深层卤水的埋藏条件、水化学类型、储存特征、富水性、有益组分品位、分布规律及资源前景,为深层卤水的资源量评价工作提供依据,省级地质勘查专项资金于2016年起出资设置该项目,由中国石油天然气股份有限公司青海油田分公司承担实施,"十三五"期间投资经费300万元。

论述了南翼山地区深层卤水矿化度分布规律。研究区深层卤水具有矿化度高,成矿元素种类全、含量高的特点,其中钾含量最高,其次是硼、锂,均超出盐湖工业品位指标3~5倍,具极高的综合利用价值。

明确了南翼山地区深层卤水的形成原因。南翼山深层卤水纵向上目前钻遇的5个层系通过水分析均超过深层卤水标准。通过常、微量元素分析,证实南翼山地区卤水封闭性好、变质程度高,形成于渐新世—上新世,成因具有沉积变质卤水和盐岩溶滤卤水双重性,属于沉积变质卤水。

建立了南翼山地区深层卤水综合识别和评价方法。通过开展南翼山深层卤水岩性、电性、物性、含水性及其四性关系研究,制定了各层位深层卤水的测井解释标准,建立了测井解释模型和分层位,建立了卤水层测井解释图版,N_2^1、N_1和E_3^2层位的孔隙度下限分别是6%、4%和5%,有效识别了卤水层并进行综合评价。

运用算术平均法确定了研究区深层卤水各层位的有效厚度、孔隙度、含水饱和度、卤水密度、体积系数等资源量计算参数,采用油气资源量估算一般方法,估算了南翼山地区N_2^1、N_1、E_3^2层位的深层卤水资源量,总资源量达102.09×10^8 m³(合118.66×10^8 t)(表3-4-7),初步查明了该地区的深层卤水资源潜力。

表3-4-7 南翼山地区深层卤水探明储量计算结果表

区块	层位	计算单元	面积(km²)	厚度(m)	孔隙度 f	含水饱和度 f	体积系数	卤水密度(t/m³)	资源量(10⁴ t)	资源量(10⁴ m³)
南翼山	N_2^1	1	404.92	157.8	0.103	0.878	1.000	1.158	669 139.28	577 840.49
	N_1	1	275.72	126.5	0.068	0.871	1.000	1.161	239 838.05	206 578.85
	E_3^2	1	286.48	99.8	0.101	0.819	1.000	1.174	277 650.35	236 499.44
	合计	3	414.54						1 186 627.68	1 020 918.78

(三)新类型新矿种

1. 柴周缘泥盆纪—三叠纪陆相火山岩成矿作用研究与靶区优选

为实现柴周缘陆相火山岩型铅锌银矿找矿的重大突破,同时也为区域陆相火山岩和与之密切相关的斑岩型矿产的找矿提供科学依据,为柴周缘地区陆相火山岩构造演化研究提供重要的矿产证据,省地勘基金于2016年起出资设置该项目,由青海省第三地质勘查院(原青海省第三地质矿产勘查院)承担实施,合作单位为吉林大学,"十三五"期间投资经费160万元。

通过系列编图,查明了区内断裂构造的控盆、控岩、控矿作用,较系统划分了柴周缘早泥盆世—晚三叠世的陆相火山岩盆地;厘定了各期火山岩岩石组合、时空分布;建立了反映晚泥盆世牦牛山组及晚三叠世鄂拉山组火山喷发韵律柱状图,为区域成矿规律和成矿预测研究提供了基础资料。

通过火山岩岩相和岩石地球化学研究,确定了各期次火山岩岩石系列,提出早泥盆世火山岩形成的大地构造背景为碰撞后阶段,晚泥盆世牦牛山组火山岩形成于板内环境,东昆仑晚三叠世鄂拉山组主要形成于地壳加厚挤压造山带环境,八宝山组火山岩主要形成于陆内造山环境。

通过对达达肯乌拉山、鄂拉山口、阿木尼克等地区典型矿床的实地调研分析,提出已发现的陆相火山岩型矿床主要为火山晚期气化-热液型矿床,成矿期主要在晚三叠世闪长玢岩的岩浆-热液活动成矿,为区域成矿预测研究奠定了基础。

依据系列编图、典型矿床研究、火山岩成矿条件和成矿规律研究成果,结合磁异常、化探异常分布特征,在区内圈出找矿靶区40处,其中"青海省都兰县查查香卡银多金属矿预查"和"青海省乌兰县夏托沟地区铜多金属矿预查"两个项目成功申报省基金项目。

2. 柴周缘"三稀"矿找矿潜力评价与靶区优选

为总结柴周缘地区"三稀"矿种的区域成矿规律,开展潜力评价和找矿预测研究,力争实现找矿突破,省地勘基金于2016年起出资设置该项目,由青海省第五地质勘查院(原青海省第五地质矿产勘查院)承担实施,协作单位为中国地质大学(武汉),"十三五"期间投资经费240万元。

通过开展系列编图工作,圈定"三稀"元素异常266处,重砂异常560处,为今后的资料再次开发构建了平台。

通过对区内交通社西北山铌钽矿床、牛鼻子梁西铌钽矿床、沙柳泉伟晶岩型铌钽矿床和哈图中游稀土矿床等4个典型矿床开展成矿特征研究,基本确定了"三稀"矿成矿要素,初步总结了柴周缘"三稀"矿的找矿标志和成矿类型,初步建立了稀有稀土矿找矿模式。研究认为交通社西北山和牛鼻子梁西属于与碱长花岗岩有关的铌钽矿床,沙柳泉为伟晶岩型和与碱长花岗岩有关的铌钽矿床,哈图中游为与碱长花岗岩相关的轻稀土(Nb,Ta)矿床。

总结了柴周缘"三稀"矿成矿规律,开展了远景资源量预测,预测结果显示柴北缘成矿带稀有金属Be、Nb、Zr成矿潜力大,东昆仑成矿带稀土金属La、Y及稀有金属Li成矿潜力大,为柴周缘各矿带"三稀"矿潜力评价奠定了基础。

将柴周缘地区划分为5个"三稀"成矿区带(图3-4-17):阿尔金地区主要为碱长花岗岩相关型-沉积变质型稀有(Nb)稀土成矿带;柴北缘欧龙布鲁克陆块—乌兰地区为岩浆型稀有(NbLiBe)稀土成矿带;柴北缘赛什腾山-阿尔茨托山为伟晶岩型稀有(NbLiBe)成矿带;东昆仑为岩浆型稀土稀有(NbTa)成矿带;柴达木盆地为盐湖型稀有(LiBeRbSr)成矿带。

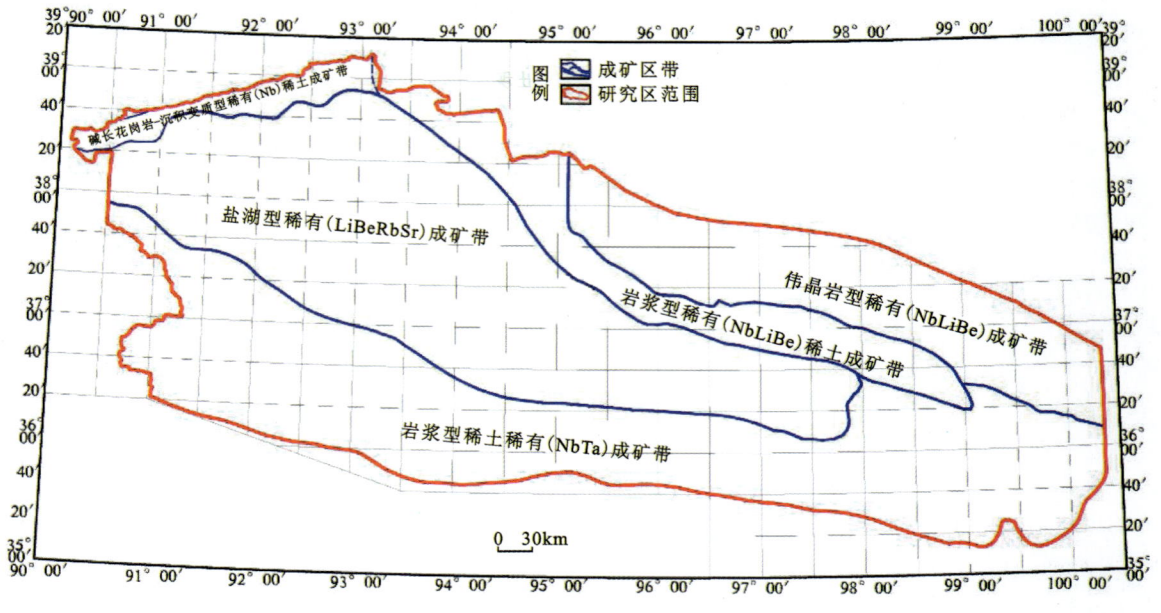

图3-4-17 柴周缘预测成矿类型划分图

依据系列编图、典型矿床研究和成矿规律研究成果,结合化探异常和重砂异常分布特征,在区内划分出找矿远景区38个(其中Ⅰ级远景区11个,Ⅱ级远景区17个,Ⅲ级远景区10个),圈定出1:25万找矿靶区150处(其中A级靶区40处,B级靶区62处,C级靶区48处),优选重点靶区67处,提交可供进一步工作的找矿靶区5处(擦勒特伟晶岩型Rb稀有矿点,德令哈北山Nb多金属矿点,南戈泉地区Nb矿点,都兰县金水口Nb、Ta稀有金属矿点,哈图中游稀土矿点)。

3. 东昆仑成矿带沉积变质型铁锰矿成矿规律研究与靶区优选

为基本弄清东昆仑成矿带沉积变质型铁锰矿主要矿床的成因,建立典型矿床成矿模式和找矿模型,总结成矿规律,为区域铁、锰、石墨矿找矿提供科学依据,进而实现找矿突破,省地勘基金于2015年起出资设置该项目,由青海省第三地质勘查院(原青海省第三地质矿产勘查院)承担实施,协作单位为吉林大学,"十三五"期间投资经费40万元。

通过研究系统总结了东昆仑成矿带沉积变质型铁锰矿和石墨矿的成矿地质背景与矿床特征,基本查明了沉积变质型铁、锰、石墨矿的控矿因素,深化了对成矿规律的认识,建立了那西郭勒式铁、石墨矿成矿模式和洪水河式铁锰矿成矿模式(图3-4-18、图3-4-19)。对东昆仑沉积变质型铁、锰、石墨矿的时间和空间规律有了较为明确的认识,沉积变质型铁、锰、石墨矿受地层控制明显,其中沉积变质型铁、石墨矿主要分布于古元古代金水口岩群中;沉积变质型铁、锰矿主要分布于蓟县纪狼牙山地层中。

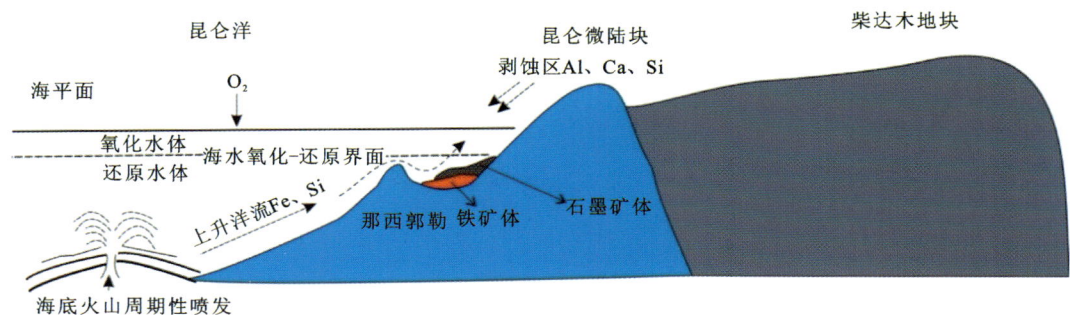

图3-4-18 那西郭勒式沉积变质型铁-石墨矿床成矿模式图(原青海省第三地质矿产勘查院,2018)

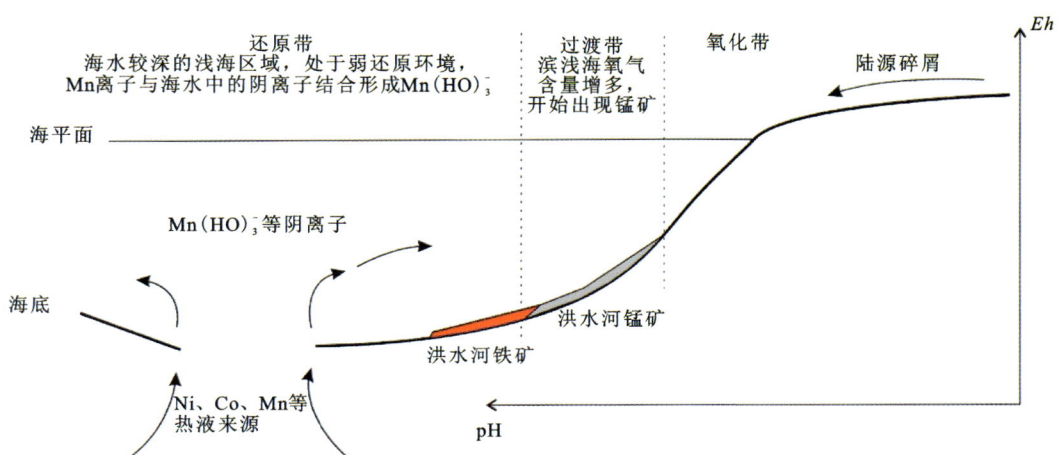

图3-4-19 洪水河沉积变质型铁锰矿床成矿模式图(原青海省第三地质矿产勘查院,2018)

利用LA-ICP-MS锆石U-Pb测年技术确定那西郭勒的成矿时代为古元古代,含矿建造为变质陆源碎屑岩、变质碳酸盐岩及变质基性火山岩,经受了绿片岩相的变质作用。研究认为那西郭勒矿床是在造山带基底环境下形成的一种铁矿类型,属于热水喷流沉积-变质型(沉积变质型)。

通过编制一系列磁法测量图件，对研究区地磁场进行了分区和解释研究，详细了解了异常群（带）的空间分布特征和相互联系，对区内地质构造格架、断裂构造、地层空间分布情况开展了较深入研究，对局部异常进行了定性和定量解释，共圈定航磁异常582处，按找矿意义和地质成因分别进行了初步分类统计；圈定地磁异常647处，甲类异常77处，乙类异常151处，丙类异常157处，丁类异常262处，并对异常进行了解释，其中与古元古代金水口岩群和中元古代狼牙山组地层相关的地磁异常145处，航磁161处。

利用重力资料解释和圈定7处古盆地。在古盆地的分布基础上，根据本次工作所建立的找矿模型，结合古元古代金水口岩群片岩组地层是主要含矿层位，圈定了17处找矿靶区。

在地质、物探、矿产和科研成果综合研究的基础之上，对沉积变质型铁矿和沉积变质型石墨矿建立了一套有效的找矿方法组合，认为磁法测量＋激电测量是沉积变质型铁矿最佳的找矿方法组合。

四、勘查技术方法试验与应用研究

（一）方法组合研究

随着矿产资源的需求量不断增加，找矿难度的不断加大，青海省的地质找矿工作高度重视地质勘查技术方法的提高。"十三五"期间，青海省相继开展了"柴周缘重要矿床类型综合物探技术方法有效性评价与试验研究""柴周缘主要矿集区矿产资源深部勘查方法技术示范研究"项目，积极开展相关方法研究和技术攻关，为青海省的地质勘查和找矿突破提供了技术支撑。

1. 柴周缘重要矿床类型综合物探技术方法有效性评价与试验研究

为针对不同矿床类型的物探勘查方法，总结勘查方法技术经验，梳理存在的问题，开展适用的综合物探勘查技术方法试验研究，探讨不同物探方法组合的有效性。2017—2019年由省地勘基金出资458万元开展了"柴周缘重要矿床类型综合物探技术方法有效性评价与试验研究"项目，由青海省第三地质勘查院（原青海省第三地质矿产勘查院）实施。

该项目从各物探方法在不同矿床的有效性方面，选择研究了12个不同矿床类型典型矿床对成矿地质体或结构面的反映能力和作用，总结了各物探方法在不同矿床类型的有效性。

重力勘探可以用在岩浆熔离型铜镍矿床、矽卡岩型铁多金属矿、斑岩型铜多金属矿、页岩气、深层卤水、煤矿、干热岩的找矿工作中，利用各矿床岩体与围岩的密度差异，在高低重力异常过渡带划分范围及基地状态等，是间接有效的方法。

磁法勘探作为柴周缘开展最多的物探方法，对研究各矿床地质背景、构造划分和岩体圈定均发挥着基础性作用，并且磁法在沉积变质性铁矿床、岩浆熔离型铜镍矿床、构造蚀变岩型金矿、矽卡岩型铁多金属矿、斑岩型铜多金属矿床、干热岩等的大比例尺找矿工作中可发挥作用。通过矿床本身的强度高、梯度大的磁异常或岩体本身与围岩底层之间的高磁化率和剩磁特征圈定岩体，是直接或间接有效的方法。

常规的电阻率法和激电法通常只适合在金属矿床地区开展，在干热岩、深层卤水、页岩气及煤田中不适合开展常规电法工作。在研究的沉积变质型铁、石墨矿床、喷流沉积型矿床、岩浆熔离型铜镍矿床、构造蚀变岩型金矿、陆相火山岩性铅锌矿、矽卡岩型铁多金属矿、斑岩型铜多金属矿、热液型银多金属矿中通过高极化率、低电阻率、高频散率等特征直接或间接确定矿化带是最直接有效的方法。

电磁法是在研究的不同类型矿床上开展了EH4和Aether两种仪器的电磁法、广域电磁法、瞬变电磁法和电磁法深部勘查的工作。在研究区的8种金属矿床和4种非金属矿床的找矿中，除陆相火山岩性铅锌矿电磁测深异常的低阻区和整个破碎带的位置吻合不是太好，矿体的产出部位在电磁测深断面图上无明显规律可循,无法利用其来划分控矿破碎带或者其他地质体外,其余的矿床勘查中均有明显的电性差异,电磁法高低视电阻率过渡带与岩体地层接触带相对应,在找矿过程中是间接或直接有效的找矿方法。

地震勘探在 4 个非金属矿床类型都有开展,这几个矿床类型的地质结构具有沉积稳定、横向变化缓慢、成层性好等特点,适宜开展地震勘探工作,发挥地震在勘查精度、分辨地质体的能力以及勘探范围大(浅、中、深)等方面的优势,是有效的间接寻找资源的方法。但其施工成本较高,而金属矿床大多地质构造条件复杂、地形变化相对剧烈,施工难度大,成本高,不适宜开展地震勘查。

项目通过对研究的 12 个矿床类型运用 30 种典型矿床物探方法有效性的研究,并对典型矿床以往地球物理资料进行了收集,总结了物探方法的有效性和存在的问题,提出了各物探方法的应用条件和有效的组合方法(表 3-4-8)。

表 3-4-8　不同矿床类型有效物探方法及组合一览表(青海省第三地质矿产勘查院,2020)

序号	矿床类型	典型矿床	工作目的和作用	预、普查阶段（工作比例尺 1∶1 万或 1∶5000）	详查阶段（工作比例尺 1∶5000 或 1∶2000）	深部勘查阶段
1	沉积变质型铁、石墨矿床	那西郭勒、查可勒图	寻找磁铁矿和石墨矿,直接	磁法＋激电(自电)	磁法 激电	
2	喷流沉积型矿床	锡铁山、驼骆沟	寻找铅锌矿,直接；划分矿化蚀变带,间接	激电中梯	激电中梯 联剖	TEM
3	岩浆熔离型铜镍矿床	夏日哈木、石头坑德、浪木日、牛鼻子梁	圈定基性—超基性岩体范围,判断岩体含矿性,直接为主	磁法＋激电 重力为辅	磁法 激电	CSAMT AMT
4	构造蚀变岩型金矿床	黑刺沟、青龙沟、五龙沟、果洛龙洼	划分构造蚀变带,间接	航空电磁法 激电	激电	AMT
5	陆相火山岩型铅锌矿床	鄂拉山口	寻找铅锌矿化带,直接	激电 磁法为辅	激电	CSAMT
6	矽卡岩型铁多金属矿床	野马泉、卡而却卡、四角羊、尕林格、白石崖	寻找磁铁矿,直接；划分矽卡岩带,间接	磁法＋重力	磁法	CSAMT WFEM
7	斑岩型铜多金属矿床	卡而却卡 A 区、纳日贡玛	圈定斑岩体,间接	激电＋磁法	激电	WFEM
8	热液型银多金属矿床	那更康切尔、哈日扎	划分构造和岩体,间接	磁法 激电	激电	AMT WFEM
9	页岩气	八宝山、桂中坳陷、湘东南坳陷	储集盆地范围,间接；含气层位,间接	地震,WFEM 为主,重力为辅		

续表 3-4-8

序号	矿床类型	典型矿床	工作目的和作用	预、普查阶段（工作比例尺 1：1 万或 1：5000）	详查阶段（工作比例尺 1：5000 或 1：2000）	深部勘查阶段
10	深层卤水	盆地内	圈定凹地，划分构造裂隙，划分储层，间接	地震、MT、WFEM、重力		
11	煤矿	鱼卡	划分储集层位，间接	地震、CSAMT、AMT、WFEM		
12	干热岩	共和、山东文登、松辽盆地	圈定岩体，间接	区域重磁、AMT、CSAMT、WFEM		

项目也对经常使用的各类地球物理数据资料处理软件，通过其性能及性价比各方面进行了对比分析，为后续的使用等方面提供了参考。

2. 柴周缘主要矿集区矿产资源深部勘查方法技术示范研究

为在深部资源勘查中寻找方法和积累经验，青海省在"十三五"期间，由省地勘基金出资，开展了"柴周缘主要矿集区矿产资源深部勘查方法技术示范研究"项目，由青海省地质调查局承担实施。

通过对省内布设有深部钻孔的代表型矿床的数理统计，确定了我省深部勘查深度空间 研究范围，共包括3个勘查空间，分别是第一勘查空间（500m以浅）、第二勘查空间（500～1000m）、第三勘查空间（1000～2000m）。总体上，我省以第一勘查空间（500m以浅）为主，部分达到第二勘查空间（500～1000m），仅锡铁山铅锌矿床达到第三勘查空间（1000～2000m），故而我省的深部勘查工作程度较低。

通过主要矿集区内6处典型矿床点（青山、铜金山、色日、浪木日、那更康切尔、各玛龙等）深部成矿研究，梳理总结出了以"成矿系统（系列）"理论为统领，以"三位一体"（成矿地质体、成矿构造和成矿结构面、成矿作用特征）研究为抓手，结合地、物、化、遥 各类成矿信息，通过深部成矿规律研究，构建综合勘查模型，预测深部成矿有利部位，择优进行深部钻孔验证的"深部找矿预测方法技术体系"，对指导我省深部勘查工作提供了支撑。根据上述"深部找矿预测方法技术体系"，圈定了15处成矿远景区，并将其划分为4处Ⅰ类（重点预测区）、4处Ⅱ类（一般预测区）和7处Ⅲ类（初级预测区），提出深部矿有利区19处、圈出深部找矿靶区38处。并通过深部找矿示范研究，提出多中心"斑岩-热液"成矿系统的认识，其中的各玛龙矿区已经成功验证，深部找矿相继取得了良好效果。

选定色日-枪口南地区、各玛龙地区为示范区，通过地、物、化、遥等方法技术综合分析研究，建立了色日-枪口南和各玛龙示范区综合找矿勘查模型，并依据模型精确地在示范区圈定了深部成矿远景区，同时提出了一套有效的深部勘查方法技术组合，即地质理论研究＋可控源音频大地电磁测深（CSAMT）＋钻孔原生晕＋深部钻孔验证。

（二）示范研究

为积极响应自然资源部加强基础科研项目安排和实施的要求，有效促进国土资源青海卫星应用中心中平台的建设，利用最新的高精度国产卫星进行自然资源的动态巡查和遥感监测，以更好地适应自然资源厅管理职能的变化，由省地勘基金出资，青海省地质调查院和青海省地质调查局联合承担开展"青海省都兰县自然资源遥感动态巡查及遥感监测示范研究"项目，开发自然资源遥感监测技术体系及国土遥感卫星应用软件平台。

围绕项目的总体目标,充分收集分析和利用了前人的有关调查研究成果。在此基础上,以国产高分数据为基准数据,应用3S技术,采取遥感数据与多源数据相结合、计算机自动提取与人机交互解译相结合、室内综合研究与实地调查相结合的方法,在ArcGIS软件平台支持下,客观地对青海省都兰县及重点区域的自然资源实施调查、监测与巡查工作。其中,2018年为调查本底年,2010年和2019年为前后对比年,通过3个年份的调查对比,形成全县域监测数据。针对重点区开展多期次连续的动态巡查示范工作,对重点区内所涵盖的自然资源变化信息进行快速识别。

通过对都兰县自然资源的调查、监测以及重点区的巡查,摸清了各类资源的分布状况及时空变化特征,在收集前人调查研究成果的基础上,综合分析评价都兰县生态状况,分析总结变化规律及原因,找出生态环境存在问题,聚焦青海省自然资源"两统一"职责,率先创新开展自然资源全要素遥感监测示范工作,完成了都兰县地貌景观、岩石类型、土地资源、矿产资源、地表水资源、湿地资源、地质灾害、自然保护区人类活动等8个主要自然资源要素的解译工作,查明了都兰县自然资源"家底",有效提升了青海省自然资源遥感应用的能力和水平。

创建了不同类型国产卫星数据自然资源遥感解译标志库,有效保障了基于大数据、人工智能样本训练的自然资源图斑识别与提取精度,夯实了遥感信息自动化提取的标志基础。充分利用遥感监测成果,开展综合评价工作,实现遥感监测由"数量"调查到"质量—生态"评价的转变提升,为进一步实现"数量—质量—生态"三位一体精细化监测提供技术保障。探索性构建了青海省自然资源遥感监测监管体系框架,明确了自然资源遥感监测方法及流程,确定了以自然资源监管业务化应用为核心的服务方向,对自然资源遥感监测、监管工作具有示范意义。加速释放项目示范效能,加大项目成果推广,积极推进自然资源遥感监测、监管体系的应用,全面服务省内自然资源监测、监管工作。

(三)新技术新方法的应用

随着地勘工作方法的不断革新,地质勘查逐渐由浅至深的过程中,一些新的地质找矿方法不断涌现,并在相关的试验以及实际工作中取得了较好的效果。

1. 广域电磁法

广域电磁法由中南大学何继善院士团队发明,2018年获国家技术发明一等奖,是一种人工源频率域电磁测深方法,该方法是基于传统的可控源音频大地电磁法(CSAMT)和MELOS方法提出来的一种新的电法勘探方法。在这两种方法的基础上,该方法继承了CSAMT法使用人工场源克服场源随机性的优点,也继承了MELOS方法非远区测量的优势;摒弃了CSAMT法远区信号微弱的劣势,扩展了观测适用范围,同时也摒弃了MELOS方法的校正办法,保留了计算公式中的高次项;既不沿用卡尼亚公式,也不把非远区校正到近区,而是用适合于全域的公式计算视电阻率,有效提高了观测速度、观测深度、观测精度和野外的工作效率。

2009—2018年间,"大深度高精度广域电磁勘探系统"被中国地质调查局、中石化、中石油等国内50余家单位成功应用,2015年起,中国地质调查局将"广域电磁法"作为页岩气调查的标准方法之一,打破了国外电磁方法和仪器在中国市场长期垄断的局面。

"十三五"时期,广域电磁法在青海省得到了广泛试验及应用,青海省在金属矿产、页岩气、鱼卡煤田、地热(干热岩)、盐湖深层卤水等领域29个矿床资源点完成了10 000余物理点,开展广域电磁法生产项目近20项,产值超过2500万元,带动了地勘经济的发展,取得了一系列勘查成果。如在八宝山页岩气勘查中,广域电磁法成果对探测页岩气赋存地层效果显著,满足了八宝山多层系、大面积的页岩气调查评价需要,为后续开展页岩气勘查起到了很好的示范作用;在共和干热岩,广域电磁法剖面对Q、N、花岗岩的层位对应性较好,对花岗岩体顶界面反映清晰;在野马泉铁多金属矿,广域电磁法成果对各地质体深部空间特征反映清晰,岩体界面与勘探线实际界面较为吻合,铁多金属矿体位于高低阻转换区域,实际勘探效果表明广域电磁法在本区能有效地划分岩体与地层边界。广域电磁法的工作原理如图 3-4-20 所示。

共和地热勘探中,由广域电磁法解译划分的地层主要分为 3 层:上部是第四系共和组,厚度变化较大;中部是新近系临夏组、咸水河组,厚度由西到东逐渐变薄;底层为主要储热的花岗岩层,其埋深由西到东也是逐渐变浅,且深度与测井资料吻合。推断出在 GR1 井的东部有较大的低阻断裂响应,并且 GR1 井附近裂隙层发育,地层破碎,推测为控制井附近岩体温度的导热通道。解译的广域剖面图如图 3-4-21、图 3-4-22 所示(何继善等,2019)。

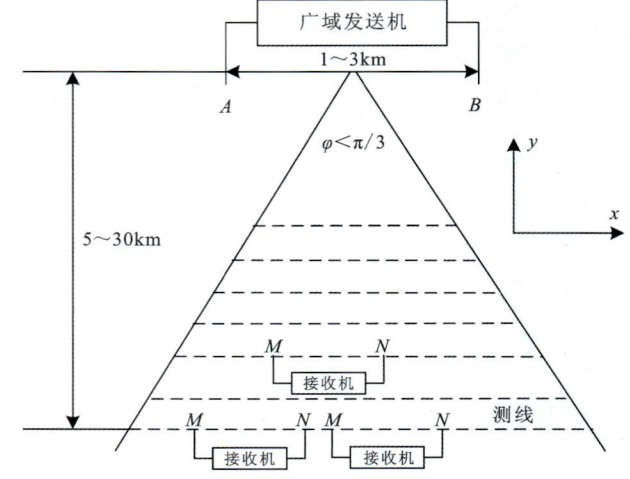

图 3-4-20　广域电磁法工作原理图

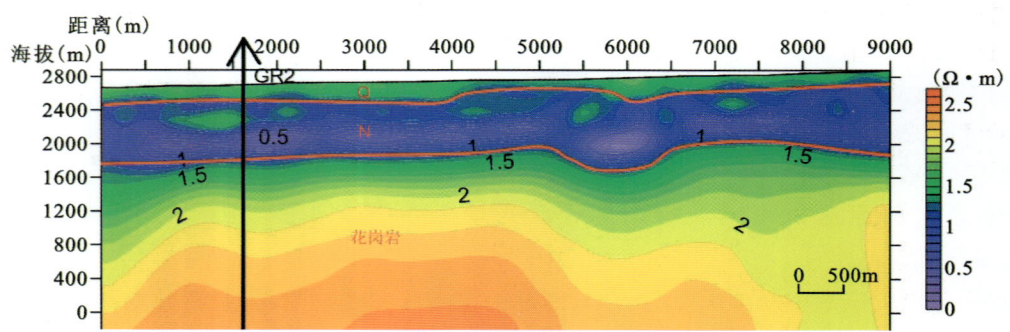

图 3-4-21　共和干热岩 GR2 钻孔广域电磁法视电阻率成果图

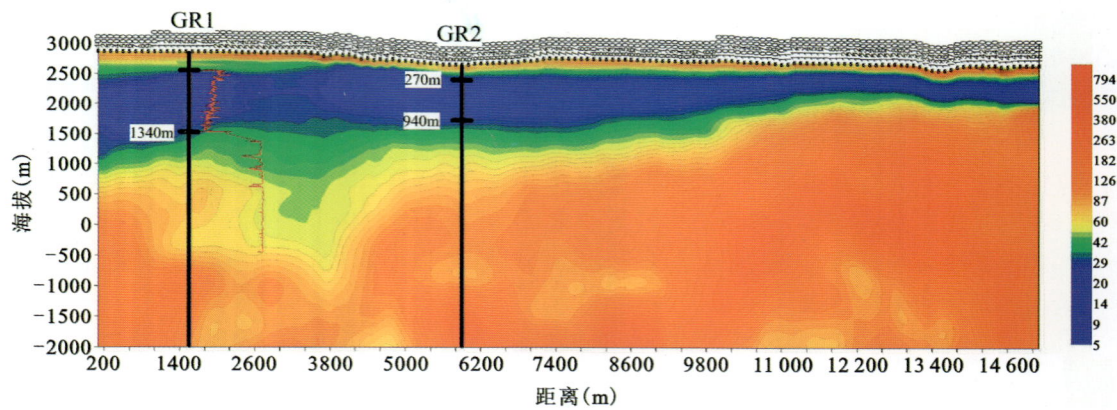

图 3-4-22　共和干热岩 GR1、GR2 钻孔广域电磁法电阻率成果图

通过在野马泉地区的磁异常区开展广域电磁法,得到解译剖面中,高低组分解界面清晰,成果图表现为表层是 50～100m 厚度的第四纪盖层及缔敖苏组地层的互层,高阻区推断花岗闪长岩电阻率为 550～2500Ω·m,低阻区为 80～150Ω·m 的祁漫塔格群地层,推断在高阻区与低阻区交界为推断断裂和矿体带。并就推断断裂打孔验证,得到如图 3-4-23 所示成果图,达到了预期效果。

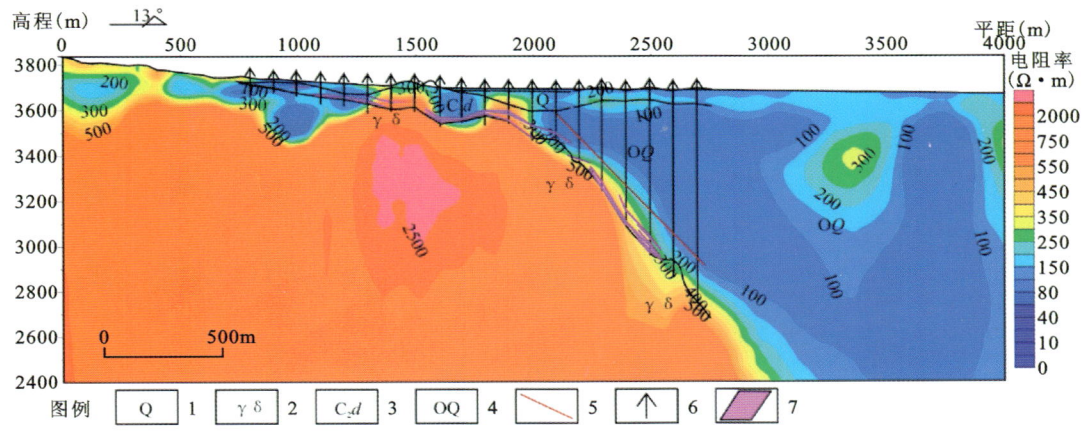

1.第四系;2.花岗闪长岩;3.缔放苏组;4.祁漫塔格群;5.推断断裂;6.钻孔位置及编号;7.矿体。

图 3-4-23 野马泉 M13 磁异常区 52 线广域电磁法成果图

根据已知的钻孔等资料可知,八宝山页岩气主要赋存于区内上三叠统八宝山组(T_3bb)及侏罗系羊曲组($J_{1-2}yq$)中,就广域电磁法在钻孔见气情况较好的 CX8 线八页二井所处的剖面分析,其电阻率变化为中高—中低—中—低—高分布的 5 个电性层位,推断分别对应于羊曲组砂岩、砾岩—八宝山组上段砂岩—八宝山组中段安山岩—八宝山组下段砂岩—洪水川组火山岩。羊曲组上下岩段、闹仓坚沟组和洪水川组地层间,地层电性参数差异不大,电性异常不明显,在视电阻率断面上不能区分开,后期视电阻测井曲线与断面图变化趋势一致,主要目标层位于八宝山组上下段地层,如图 3-4-24 所示,证明了广域电磁法在八宝山页岩气勘探中的有效性及反演结果的可靠性。综合研究区已知钻孔资料和广域电磁法断面图(图 3-4-25)的对比解释,得到了研究区全区低阻异常带,也就是推断的主要含气层八宝山组地层的空间分布规律,并根据各层位深度数据对盆地内部地质格架进行了推断。

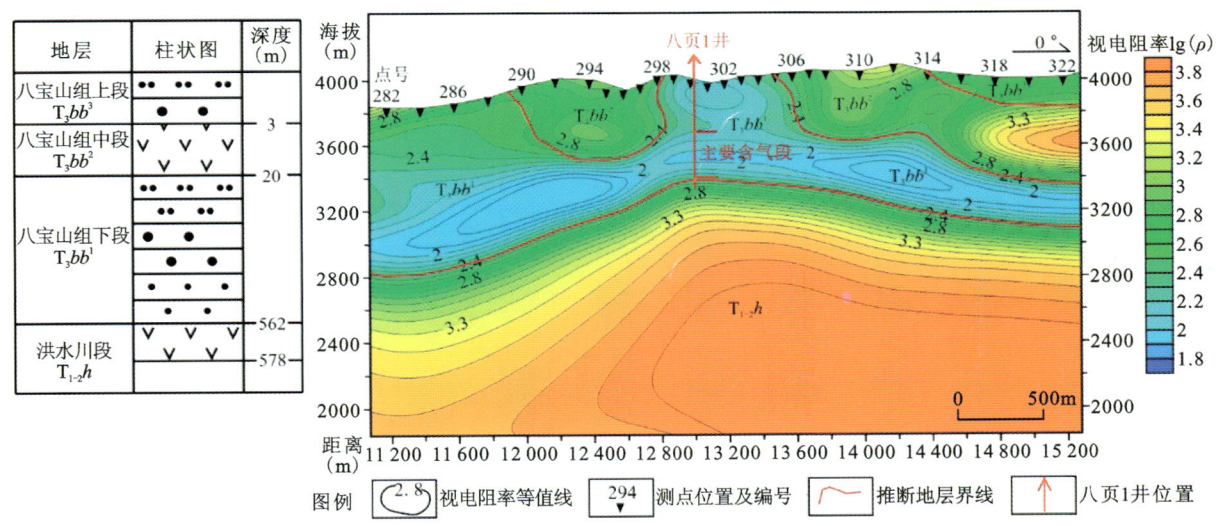

图 3-4-24 八宝山地区 CX8 线八页二井柱状图及广域电磁法成果图

2. 1∶2.5 万地球化学测量

青海省大部分的成矿带及矿区等地都是干旱、半干旱高寒山区及干旱荒漠戈壁残山区,水系沉积物元素异常流长偏短,1∶5 万地球化学普查不能满足地质找矿的需要。结合区域地质勘查工作特点和景观条件,青海省探索开展了以水系沉积物测量为主,土壤测量为辅,采用多点组合采样方法的 1∶2.5 万地球化学测量项目。从 20 世纪 90 年代开始,青海省地勘局陆续在五龙沟、沟里、都兰县巴隆和冰沟等

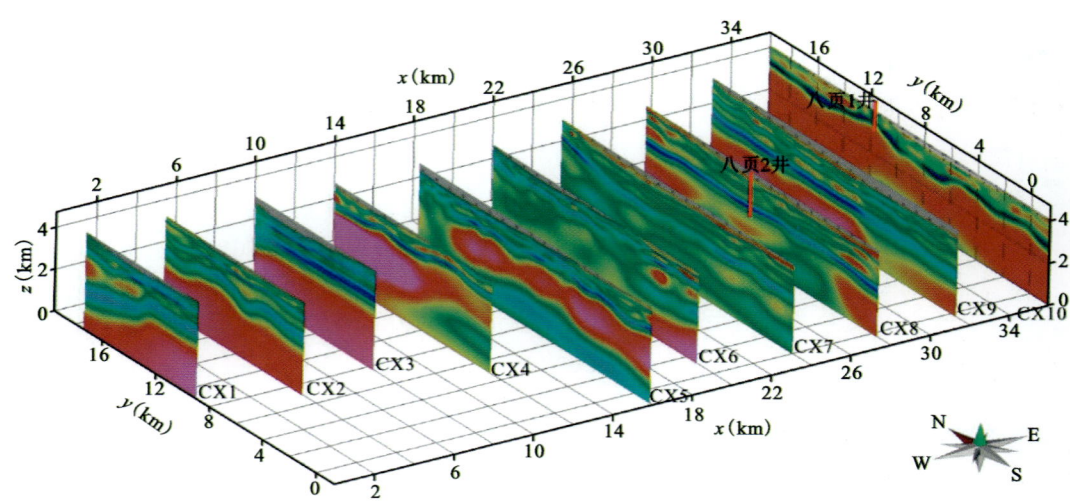

图 3-4-25　八宝山地区广域电磁法 CX1-CX10 剖面视电阻率断面三维展示图

矿区尝试开展了 1∶2.5 万地球化学测量试验项目。通过试验，认为这种方法对 1∶5 万水系沉积物测量综合异常具有较好的分解和重现性，可以新圈出地球化学综合异常，并将这些地区的地球化学详查工作的主要手段和技术方法进行示范与推广。在"十三五"期间，由省地勘基金持续出资 10 655.98 万元开展了 35 项 1∶2.5 万的地球化学测量项目（表 3-4-9、图 3-4-26），总勘查面积达到 19 153 km²。

表 3-4-9　"十三五"全省 1∶2.5 万地球化学项目统计表

序号	项目名称	工作周期	经费（万元）	面积（km²）
1	青海省都兰县冰沟地区 1∶2.5 万地球化学测量	2015 年 3 月—2017 年 3 月	177.68	1030
2	青海省都兰县邱吉东沟地区 1∶2.5 万地球化学测量	2015 年 3 月—2017 年 3 月	130.06	813
3	青海省都兰县巴隆地区 1∶2.5 万地球化学测量	2015 年 3 月—2017 年 3 月	219.31	865
4	青海省都兰县鲁木切西地区 1∶2.5 万地球化学测量	2016 年 4 月—2018 年 4 月	385.46	534
5	青海省都兰县科日南地区 1∶2.5 万地球化学测量	2016 年 4 月—2018 年 4 月	505.47	746
6	青海省都兰县香日德南地区 1∶2.5 万地球化学测量	2016 年 4 月—2018 年 4 月	357.38	468
7	青海省锡铁山地区 1∶2.5 万地球化学测量	2016 年 4 月—2018 年 4 月	195.74	227
8	青海省大柴旦行委滩间山地区 1∶2.5 万地球化学测量	2017 年 3 月—2020 年 3 月	356.47	701
9	青海省大柴旦行委苏干湖南地区 1∶2.5 万地球化学测量	2017 年 3 月—2020 年 3 月	358.8	611
10	青海省大柴旦行委达肯达坂地区 1∶2.5 万地球化学测量	2017 年 3 月—2020 年 3 月	336.44	796
11	青海省大柴旦行委绿梁山地区 1∶2.5 万地球化学测量	2017 年 3 月—2020 年 3 月	340.25	886
12	青海省茫崖行委牛鼻子梁西地区 1∶2.5 万地球化学测量	2017 年 3 月—2020 年 3 月	370.64	854
13	青海省茫崖行委阿卡托山南地区 1∶2.5 万地球化学测量	2017 年 3 月—2020 年 3 月	353.19	436
14	青海省茫崖行委采石沟地区 1∶2.5 万地球化学测量	2017 年 3 月—2020 年 3 月	337.94	542
15	青海省都兰县诺木洪河东地区 1∶2.5 万地球化学测量	2017 年 3 月—2020 年 3 月	347.45	352
16	青海省都兰县德里特地区 1∶2.5 万地球化学测量	2017 年 3 月—2020 年 3 月	520.33	627
17	青海省都兰县埃坑德勒斯地区 1∶2.5 万地球化学测量	2017 年 3 月—2020 年 3 月	399.76	372
18	青海省都兰县雅玛托地区 1∶2.5 万地球化学测量	2017 年 3 月—2020 年 3 月	388.60	447
19	青海省都兰县金水口地区 1∶2.5 万地球化学测量	2017 年 3 月—2020 年 3 月	335.08	517

续表 3-4-9

序号	项目名称	工作周期	经费(万元)	面积(km²)
20	青海省格尔木市夏日哈木西地区 1∶2.5 万地球化学测量	2019 年 3 月—2022 年 3 月	332.37	461
21	青海省格尔木市塔尔北托地区 1∶2.5 万地球化学测量	2019 年 3 月—2022 年 3 月	177.23	526
22	青海省格尔木市喀雅克登塔格地区 1∶2.5 万地球化学测量	2019 年 3 月—2022 年 3 月	268.01	541
23	青海省格尔木市大灶火河地区 1∶2.5 万地球化学测量	2019 年 3 月—2022 年 3 月	254.79	458
24	青海省格尔木市温泉沟地区 1∶2.5 万地球化学测量	2019 年 3 月—2022 年 3 月	230.58	360
25	青海省茫崖市十字沟地区 1∶2.5 万地球化学测量	2019 年 3 月—2022 年 3 月	316.96	529
26	青海省格尔木市大格勒地区 1∶2.5 万地球化学测量	2019 年 3 月—2022 年 3 月	329.94	422
27	青海省都兰县红石山地区 1∶2.5 万地球化学测量	2019 年 3 月—2022 年 3 月	250.30	390
28	青海省都兰县温冷恩地区 1∶2.5 万地球化学测量	2019 年 3 月—2022 年 3 月	288.63	400
29	青海省都兰县哈西哇地区 1∶2.5 万地球化学测量	2019 年 3 月—2022 年 3 月	254.12	388
30	青海省都兰县拉忍地区 1∶2.5 万地球化学测量	2019 年 3 月—2022 年 3 月	326.79	392
31	青海省都兰县巴尔达吾地区 1∶2.5 万地球化学测量	2019 年 3 月—2022 年 3 月	297.31	398
32	青海省乌兰县纳仁地区 1∶2.5 万地球化学测量	2020 年 3 月—2022 年 12 月	248.42	500
33	青海省乌兰县莫合日达乌地区 1∶2.5 万地球化学测量	2020 年 3 月—2022 年 12 月	225.21	467
34	青海省茫崖市大通沟南山地区 1∶2.5 万地球化学测量	2020 年 3 月—2022 年 12 月	253.64	624
35	青海省茫崖市黑狮大山地区 1∶2.5 万地球化学测量	2020 年 3 月—2022 年 12 月	185.63	473
	合计		10 655.98	19 153

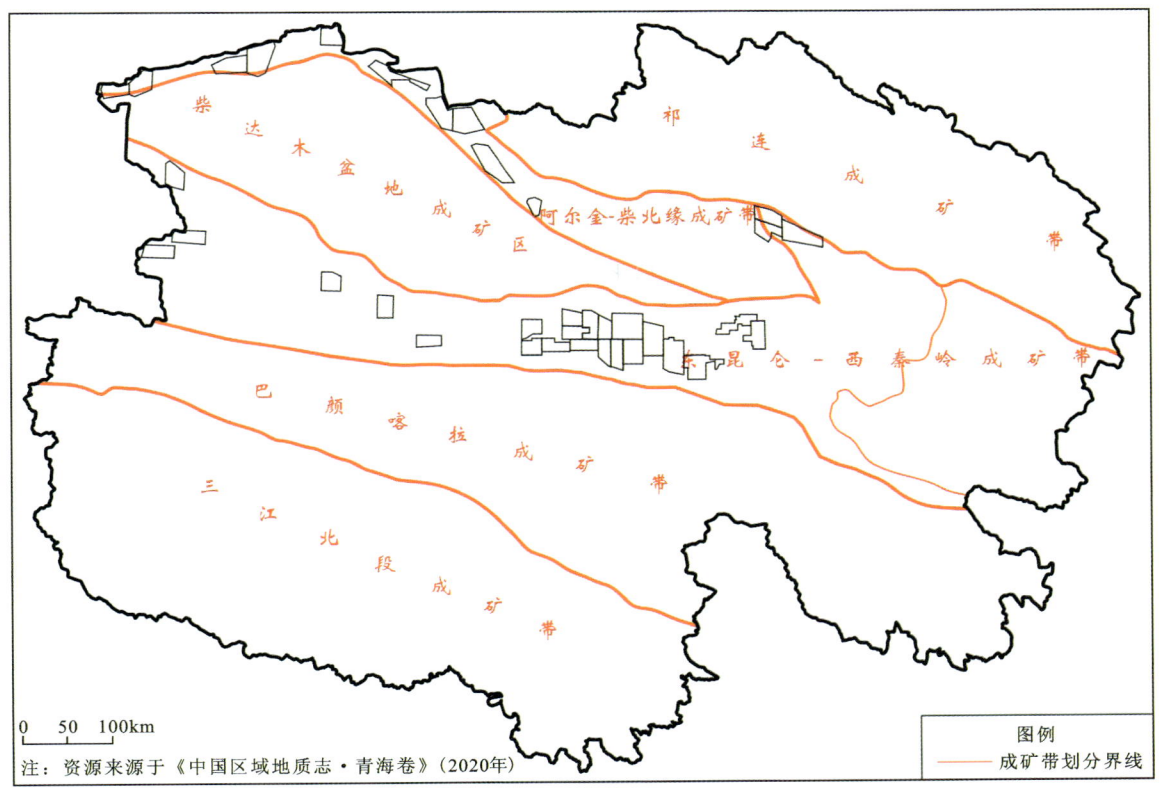

图 3-4-26　1∶2.5 万的地球化学测量项目分布图

通过这些项目的开展实施,明确了1∶2.5万地球化学测量工作圈定的多数异常不仅对1∶5万异常进行了分解与重现,而且在1∶5万比例尺精度无法控制的区域(如残山、沟脑、草皮封沟区、碎石流发育区)圈出了很好的化探异常,取得的异常浓集中心更加清晰、突出,峰值更高,不易漏掉有用信息,便于异常查证及进一步找矿工作的开展;新发现了一批具有找矿意义的新异常,为矿产勘查选区立项工作提供了有效的靶区。

3. 高分辨率遥感解译

近些年来,由自然资源部、中国地质调查局、青海省自然资源厅、青海省科技厅等部门先后出资开展了"青藏高原生态地质环境遥感调查与监测""青海省柴达木北缘地质矿产调查""地质矿产类遥感信息产品研发与应用示范""青海省重点成矿带与矿集区矿产资源开发多目标遥感调查与监测""青海省矿产资源开发环境遥感监测""青海省国土遥感综合调查""黄河上游龙羊峡-寺沟峡大型滑坡遥感调查""青海省共和县地质灾害遥感调查""青海省湟水河沿岸经济带地质灾害遥感动态调查"等项目。通过这些项目的开展,高分辨率遥感数据解译在青海省区域地质、矿产勘查、水文地质、地质灾害、环境地质、矿山监测、土地利用、工程选址、水资源、森林草地、应急监测等领域取得了许多良好的应用效果。同时在"十三五"期间,省地勘基金出资开展"青海省都兰县自然资源遥感动态巡查及示范研究"项目,进行高分辨率遥感解译等方面的研究。

根据相关的配套项目在省内重点成矿区带、重点勘查区和整装勘查区开展了1∶25万~1∶10万尺度的区域遥感地质解译和1∶5万~1∶1万尺度的高分辨率遥感地质解译工作,提取了与矿产相关的含矿岩系、控矿构造、蚀变矿物等信息,圈定了新的远景区、靶区,甚至直接发现了新的矿(化)体,为矿产勘查工作提供了丰富的基础资料。通过开展湟水河流域、共和、贵德等地区典型地质灾害的高分辨率遥感调查,将遥感解译成果与现场验证相结合,同时结合其他非遥感资料,圈定了地质灾害孕育背景、规模及形态特征,并对目标区域内已发生的地质灾害点或隐患点进行了系统全面调查,评价了其可能的影响区域及对象,为地质灾害防治、监测及突发地质灾害救援等相关工作提供了基础资料和决策依据。

利用2010年、2018年、2019年3期的国产高分辨率遥感数据在都兰县开展了自然资源遥感调查与监测,完成了地貌景观、岩石类型、土地资源、矿产资源、地表水资源、湿地资源、地质灾害、自然保护区人类活动等8个主要自然资源要素的解译工作,开辟了自然资源全要素遥感动态监测的先河。通过野外验证工作的开展,实地复核了遥感解译数据,修改完善了解译成果,保障了成果质量的同时经实地观察与影像对照,梳理、细化了遥感解译标志,总结建立了青海省都兰县自然资源国产卫星遥感解译标志库。在此基础上,以立体空间位置作为组织和联系所有自然资源体的纽带,创建了都兰县自然资源遥感空间分析模型,分析了各类资源在空间上与地貌景观、岩石类型的对应关系,探寻了自然资源的分布特征与展布规律。依托国土资源青海卫星应用技术中心建设成果,根据以往遥感监测工作经验,结合遥感技术未来发展趋势,以本次研究成果为示范,充分利用现代遥感技术、信息网络、计算机科学等手段,初步总结、搭建了青海省自然资源遥感监测监管体系框架,全面服务于土地、矿产、地表水、湿地、地质灾害等自然资源全要素的监管工作,为青海省在利用高分辨遥感解译技术帮助地质勘查等方面总结积累了经验,提供了相应的技术支撑。

4. 复杂地层中的钻探技术研究

随着"深地"战略提出向深部进军的要求,青海省地勘工作面临越来越多深部勘探的问题。尤其是深部钻探的技术和工艺更是面临着重大挑战的难题。越往深部就越出现各种复杂的和未知的地层,所以对深部复杂地层中钻探的安全钻进、高效完成钻探探矿任务并且保证钻孔的质量产生了很大的阻碍。早在"十二五"期间,青海省就从长远的角度考虑,提前筹措,由省地勘基金出资,开展相关的"青海省地质找矿复杂地层中的钻探技术研究"工作,该项目由青海省第二地质矿产勘查院和中国地质大学(武汉)

联合成立课题攻关组,目的是采用更加符合实际的理论研究方法进行科学实验,提高野马泉矿区的钻探在钻进时遇到复杂地层后面对遇到问题的应对的能力和解决方法,并总结相关的经验,为青海省以后在复杂地层中开展钻探施工提供经验和技术支撑。

该项目组通过广泛深入调研和室内研究制定方案,紧密结合施工现场实际情况进行了一系列实验研究。通过在30多个钻孔中累计钻进1.8万m左右工作量的试验,针对不同类型的复杂地层,研制多达15种以上的冲洗液配方,其中针对不同地层类型及经济普适性钻井液共5套,实际应用效果明显;开发的孔内可视化软件可操作性强,适于野外应用;建立的计算排屑效果、循环阻力计算公式,为科学合理布置复杂地层中的冲洗液类型提供理论依据,为日后推广应用打下了坚实的基础。

"十三五"期间,青海省的地质钻探工作在此项研究成果的基础上不断地改进方法和技术,完善相关的钻探工艺,推广应用于复杂地层中的钻探技术,有效地提高了钻进工作中的安全保障以及工作效率等。

五、地学数据库建设及地质资料开发利用

(一)地学数据库建设

地学数据库的建设既是实现地质调查信息化的基础,又是提高已有地质工作成果资料利用率的重要途径,更是地质工作社会服务功能的重要体现。地学数据库以专业地学空间为基础,采用现代计算机技术、大型数据库管理技术、大型地理信息系统和多源一体化信息整合技术,按照不同的应用目标,建立针对不同服务对象的地学数据库和管理维护体系,形成数字化的地学信息综合成果。青海省一直注重地学数据库的建设,在"十三五"期间,由省地勘基金出资开展相应的项目,先后完成了如下数据库的建设工作。

1. 青海省矿产地数据库更新与维护

"十三五"期间,为能够更合理地管理青海省矿产地信息,补充完善青海省的矿产地数据库和矿产地信息,2018—2020年由省地勘基金出资,下达了"青海省矿产地数据库更新与维护设计"项目,由青海省国土资源规划研究院承担实施。

该项目以原有的矿产地数据库为基础,全面系统地收集2014年以来青海省的矿产地资料数据,补充完善原有的矿产地数据库,增强管理系统软件的各项功能,加强软件运行的稳定性、可靠性及易操作性的研究开发,为相关政府单位的决策提供服务。

通过广泛收集资料,并对前期矿产地卡片进行了增补更新,对新发现和评价的矿产地进行了卡片建设,更新完善了矿产地数据库信息,创建了"青海省矿产地登记表""青海省矿产地目录",编制完成了青海省探矿权、采矿权分布图件以及青海省矿产资源产地信息系统说明书。对前期的数据库软件从界面的直观性和软件的易操作性上做了大量的改进和完善。

通过该项目的实施,进一步完善了已有矿产资源数据库及相关信息,增强了管理系统软件的各项功能,加强了软件运行的稳定性、可靠性及易操作性,提高了矿产地质资料利用程度和使用价值,为政府决策和社会合理需求提供了资料支撑。

2. 青海省同位素数据库的建设及应用研究

为了使同位素资料得到更好的分类、保存,提升同位素数据利用效率,实现地质调查中同位素新成果的资源共享,2015年省地勘基金出资设置"青海省同位素数据库的建设及应用研究"项目,由青海省

地质调查院和青海省地质调查局承担实施。

项目组人员在原有的数据库基础上收集了全省的1∶25万区调资料51幅、1∶5万区调资料532幅,科研项目资料86项,矿产勘查项目资料86项,收集到有关青海省同位素数据的1117篇中、外论文,共获得了同位素样品数据7264件(其中,同位素测年样品4278件,稳定同位素样品2986件),并对各同位素样品数据进行了分析筛选。同时为更好地管理和利用已有的同位素数据资料以及补充更新同位素数据提供便利条件,建立了同位素原始数据库。

该同位素数据库数据来源包括了青海省51幅1∶25万区调图幅资料中的同位素数据1413件;青海省532幅1∶5万区域地质调查图幅资料中的同位素数据1573件;青海省典型矿床相关的同位素数据1939件;与青海省同位素研究相关的1117篇中、外同位素论文和126篇硕博论文、专著中相关同位素数据1138件;青海省2000年前的同位素数据1201件。另外,以《同位素地质测年数据库工作指南》为依据,对各同位素样品数据情况进行了分析,认为6291件同位素数据应用可信度高,制作了1∶50万青海省同位素测试数据点位分布图,并建立了青海省同位素应用数据库。该数据库共包含同位素数据6291件(其中,年代同位素数据3300件,稳定同位素数据2991件)。为更好地管理、利用和补充同位素数据,建立了同位素数据库管理系统。该系统具有同位素数据的查询、筛选、统计等功能,同时具有数据补充、更新的功能,可以更好地保存青海省同位素数据。

该项目通过整理收集到的东昆仑地区同位素数据,在前人研究成果的基础上开展了"东昆仑地区岩浆作用的时空格架"专题研究,对3个不同时期(中元古代—新元古代、寒武纪—泥盆纪、石炭纪—侏罗纪)构造岩浆旋回的时限进行了重新厘定,较精细地还原了东昆仑造山带岩浆构造演化过程,说明了不同时空岩浆岩所代表的大地构造环境,细化了该区岩浆作用的时空格架,并对东昆仑地区火成岩有了一些新的认识。全面收集了地质矿产调查、矿床研究工作中的同位素地质数据资料等相关的科研项目和期刊论文,按统一标准及要求,建设完成了青海省同位素原始数据库,该同位素数据库的建立对深入研究青海省基础地质工作起到了重要的作用,并提交了相关研究报告,供今后相关地勘工作做参考。

3. 青海省地质工作项目管理信息系统数据库更新与维护

"青海省地质工作项目管理信息系统更新与维护"是在"青海省地质工作项目管理信息系统研发"项目基础上,为对已研发完成的"地质工作项目管理信息系统"进行持续的更新与维护,完善系统内的数据库和升级系统,实现地勘项目管理信息化,提高管理效率而设置。由青海省地质调查局承担实施,青海省第三地质勘查院协作实施,"十三五"期间共投资120万元。

通过三年的系统更新维护工作,在前期项目基础上,以省级地勘专项资金项目管理发展新需求为导向,该项目以"互联网+项目管理"的方式,在省级地勘资金项目实际管理工作的基础上,突破传统项目管理模式,建成全新"青海省地质工作项目管理信息系统V2.0"版,为省级地勘资金项目全过程网络化管理提供良好平台,实现地质勘查专项资金项目信息在线查询、数据统计、在线监管等功能,为省级地勘资金项目管理提供信息化平台。

以《青海省省级地勘资金项目管理办法》为基础,建立相应的属性数据库,对项目全过程管理信息及时准确入库,形成项目全过程管理数据库。在数据库完善基础上,健全完善数据统计、分析功能,技术报告(月、季、年报)、中期/年终验收意见及各类评分表等实现计算机自动生成+人工修改完善的新模式,提高工作效率及数据质量,并对已建成的省地勘资金项目信息数据库,持续更新维护,不断完善项目信息数据库建设,形成项目信息横向纵深管理数据。在此基础上,进行方便、直观、科学的统计分析,从而为省级地勘资金项目管理决策、部署提供数据支撑。

以"青海省地质工作项目管理信息系统"数据结构为基础,省级地勘资金项目为导向,首次研发省地勘项目管理移动APP,为项目管理人员及项目承担人员提供随时随地的项目信息查询服务,增强了系统使用的便携性及友好性。

4. 青海省典型地质标本调查与采集

"青海省典型地质标本调查与采集"项目是青海省自然资源厅在"十三五"期间安排给青海省自然资源博物馆承担实施的省级地勘基金项目。目的是对青海省已发现的矿种、重要矿产地、古生物化石产地、典型地质剖面和特殊岩石类型及分布状况进行梳理总结,选择代表性矿种、典型矿产地、古生物化石产地、地质剖面和岩石进行系统典型标本采集;以产地和个体为单位提交岩矿石、古生物化石鉴定和研究成果以及地学意义说明;针对性补充采集重要矿产、古生物化石和特殊类型岩石的高质量标本和巨型标本,选择典型矿产地系统完善钨等 10 个矿种的典型标本采集,以大类划分为基础采集 13 种青海省代表性土壤标本;提交岩(矿)石和古生物化石鉴定和研究成果;建立实物、影像数据采集信息库,为青海省自然资源博物馆新馆建设提供实物标本和具体地学意义的说明书;编制重要岩石和化石标本资源分布图(比例尺 1∶100 万),为全省重要矿物岩石和化石资源开发保护提供依据。

该项目取得的成果主要是以青海省潜力评价、49 幅 1∶25 万区调和 100 幅 1∶5 万区(矿)调资料分析为基础,通过对相关基础地质文献资料的收集、梳理及综合研究,划分出八大类青海省地质标本类型,并圈定出标本产地分布区域,相应地编制了青海省典型标本分布图。依据矿种、矿床成因、成矿时代、矿床规模、成矿区带及地学意义等参数,划分出四大类青海省代表性重要矿产标本,并编制完成青海省代表性矿产标本类型分布图,形成文献资料库。完成了青海省各构造带典型岩石、古生物化石、典型剖面、特殊岩石及矿产标本采集地信息的总结,筛选了 10 处具有成因研究意义的典型矿床;厘定了 34 处特殊地质意义岩石标本产出地和 6 处巨型标本采集点,建立了 1 条南北向贯穿青海省典型地质剖面标本分布构架。完成了青海省秦祁昆地层大区 9 个地层区、西藏—三江地层大区 3 个地层区的 32 个地层分区、11 个构造岩浆带、19 个构造带的典型岩石及古生物化石野外标本、照片及视频影像资料等要素的采集(全省设置了 13 个标本调查与采集基站)。完成了青海省全域 4 种能源矿产(煤、石油等)、16 种金属矿产(铁、锰、铬、铜、铅锌、镍、锑、金、钾等)、23 种非金属矿产(石棉、天青石、玻璃用石英岩等)及 1 种水汽矿产(矿泉水)标本的调查采集、照片及视频采集,涵盖了青海省正在开采利用的所有矿种(非金属矿产除外),完成了从北向南以青海省构造单元划分为基础的典型岩石系列标本的调查采集、照片及视频采集。

通过对全省 116 余处矿床(点)现场调研,查明了典型矿产标本的分布与自然保护区分布的相互空间关系,初步划定了矿产标本资源分布地域与自然保护区之间的大致地理界线,以昆仑山—巴彦喀拉山为其南界。系统完成了青海省农业耕作土壤和自然土壤典型标本的采集,为科普青海省土地资源现状提供了实物标本支撑。基于文献资料梳理认识和野外典型地质标本调查与实物标本采集实践经验,针对博物馆展陈、收藏为主要目的的典型地质标本调查与采集类工作,尝试探索出了一套"资料梳理归纳—标本分类选址—典型地质矿产标本系统采集—综合整理建库"的技术流程和方法,其中对实物标本的典型性、代表性、特殊性、科学性和观赏性明确了较为具体的质量指标,经野外实际标本采集应用与质量检验,取得了较好的效果,同时也完成了青海省典型地质矿产标本数据库建设,实现了青海省地质标本资源的信息集成、整合与数字化管理,为行业地质研究、社会公众科普提供了技术平台。

(二)多元信息集成与资料二次开发

1. 多元信息集成

能够使现有的 1∶5 万矿调、地质、物探、化探、遥感等新的地质资料得到充分利用,并能够用于较深层次地挖掘相关地质信息。加强关键基础地质问题和成矿规律研究,总结成矿规律,圈定找矿靶区,"十三五"期间,由省地勘基金出资 1324 万元在阿拉克湖—小河坝、昆仑河、大柴旦、宗务隆山地区开展了

1∶5万多元信息集成与找矿预测项目,项目开展区总面积达43 193km²(表3-4-10、图3-4-27)。

表3-4-10 "十三五"期间青海省1∶5万矿调多元地质信息集成与找矿预测项目开展情况

序号	项目名称	项目周期	经费(万元)	项目面积(km²)	提交靶区数	成功立项数
1	青海省大柴旦地区1∶5万矿调多元地质信息集成与找矿预测	2016年5月—2018年12月	340	10 800	16	0
2	青海省阿拉克湖-小河坝地区1∶5万矿调多元地质信息集成与找矿预测	2016年5月—2018年12月	317	10 378	26	3
3	青海省宗务隆山地区1∶5万矿调多元地质信息集成与找矿预测	2016年5月—2018年12月	302	9960	20	3
4	青海省昆仑河地区1∶5万矿调多元地质信息集成与找矿预测	2016年5月—2018年12月	365	12 055	62	3
	合计		1324	43 193	124	9

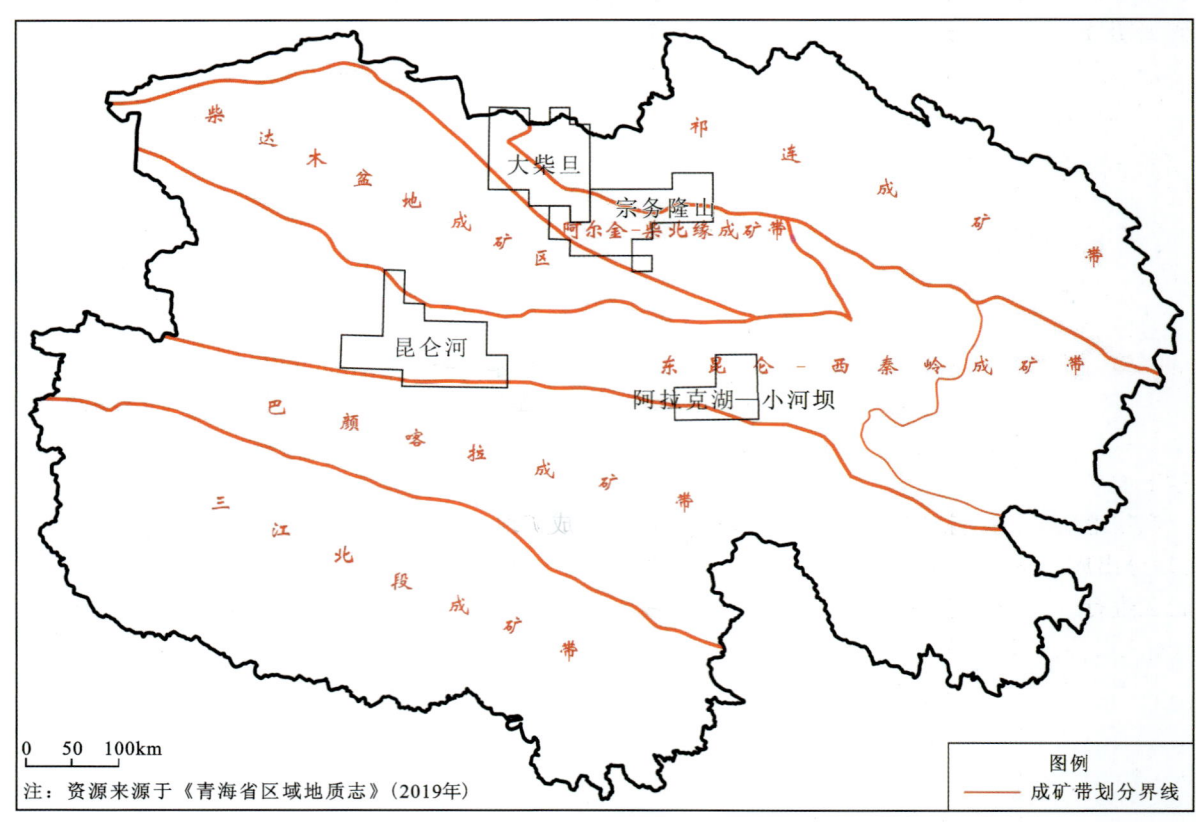

注：资源来源于《青海省区域地质志》(2019年)

图3-4-27 "十三五"期间青海省1∶5万矿调多元地质信息集成与找矿预测项目分布图

通过开展野外重点调查和室内研究,建立了测区地质构造格架、地层单位系统,对一些划分与归属存在问题的地层单位作了进一步分析厘定;在地区成矿类型、矿床成因、优势矿种综合分析的基础上,总结了成矿规律,编制了整个研究区的系列图件,划分了成矿远景区,为选区立项提供了依据。

1)青海省阿拉克湖—小河坝地区1∶5万矿调多元地质信息集成与找矿预测

该项目在"十三五"期间由省地勘资金出资开展,青海省有色地质矿产勘查局承担实施。作为对现有资料信息集成项目,重新编制了研究区25幅1∶5万地质矿产图,厘定了岩石地层单位,建立了构造格架及岩浆演化序列;编制了研究区25幅1∶5万高精度磁测系列成果图件,圈定地磁异常122处,推断解释断裂构造42条,推断岩体82个;编制了研究区25幅1∶5万水系沉积物测量系列成果图件,圈定综合异常208处,对研究区地球化学特征进行了总结;编制了研究区25个1∶5万图幅遥感地质构造解译图和蚀变信息提取图;通过对研究区12处典型矿床综合研究,提取了构造蚀变岩型金矿床等8类矿床预测要素,初步建立了找矿模型;编制了研究区成矿规律及成矿预测图等图件,结合异常查证圈定找矿靶区26处,新发现矿化点3处、矿化线索2处;成功立项"青海省都兰县托克妥金银多金属矿预查""青海省兴海县河卡山地区金银矿预查""青海省兴海县直亥沟地区金矿预查"3个项目。

2)青海省昆仑河地区1∶5万矿调多元地质信息集成与找矿预测

该项目在"十三五"期间由省地勘资金出资开展,青海省地质调查局基础地质调查院承担实施。项目系统收集了研究区29幅1∶5万区调、化探、地(航)磁、遥感、矿产资料;通过数据处理、综合研究,编制了地质矿产、地球化学、地(航)磁、遥感、成矿规律、成矿预测等系列图件,研究思路清晰、编图方法正确;通过区域对比研究,将原晚泥盆世牦牛山组厘定为早泥盆世契盖苏组,晚泥盆世碎屑岩组厘定为早泥盆世雪水河组,黑刺沟北一带出露的沱沱河组修正为浩特洛哇组,纳赤台群修订为纳赤台蛇绿混杂岩,马尔争组修订为马尔争蛇绿混杂岩;综合研究表明金水口岩群、纳赤台蛇绿混杂岩、万宝沟群是主要含矿地层,印支期中酸性侵入岩与成矿关系最为密切,北西向韧、脆性断裂为主要控矿构造,主要成矿期为印支、加里东期。通过成矿地质背景研究,对研究区地层、侵入体、构造单元构造形迹等进行了清理及厘定,建立了研究区地层、构造格架,共厘定出4个群级、30个组级地层单位及16个不同时代的61种侵入岩岩石类型,总结了地层、构造、岩石与成矿之间的关系。

圈定了1∶5万地磁异常77处、航磁异常121处。划分出6个地磁异常带、8个航磁高磁场区,推断断裂构造44条、地层2处、岩体76处、蚀变带2条,对典型磁异常及推断的重要地质体、断裂构造开展了全面剖析。圈定1∶5万水系沉积物综合异常271处,划分出4个地球化学异常带,其中主要异常带为开木棋陡里格-驼路沟异常带,异常元素为Au、Co、Cu,并发现了相应的矿床,具有一定的找矿潜力。通过对区内主要成矿元素原始数据高值分布特征的研究,确定了区内主要成矿地质体。

建立了遥感地质解译标志,圈定出遥感蚀变异常31处,总结了异常分布特征,清理出研究区内已有成矿事实240处,并从中选取不同成因类型的5处区内典型矿床及1处区域典型矿床进行了重点研究。结合最新科研资料及编图成果,对3个区内典型矿床地质背景、成矿时代、成因类型等进行了重新厘定,总结了控矿要素及找矿标志,从地物化遥矿等方面提取了成矿要素。

利用地物化遥矿综合信息按主要成矿区带进行了成矿地质条件分析,对研究区成矿规律进行了总结,划分出成矿远景区17处,圈定找矿靶区62处。对地质疑难问题进行了野外调查,对优选的部分找矿靶区进行了查证,提交矿产勘查立项建议12项,其中3个找矿靶区成功立项"青海省农场南山—红石山北钴多金属矿调查评价"1个矿产勘查项目。

3)青海省大柴旦地区1∶5万矿调多元地质信息集成及找矿预测

该项目在"十三五"期间由省地勘资金出资开展,青海省第一地质勘查院(原青海省第一地质矿产勘查院)承担实施。项目系统收集了研究区27个1∶5万图幅的地质矿产、物化探及遥感资料,收集了涉及研究区的部分矿产勘查资料以及"三稀"资源综合研究评价资料;编制了研究区27幅1∶5万地质矿产图,厘定了岩石地层单位,建立了构造格架及岩浆岩演化序列;编制了研究区26幅1∶5万高精度磁法测量系列成果图件,圈定磁异常195处,其中甲类1处,乙类43处,丙类47处,丁类104处;推断断裂构造29条;编制了研究区26幅1∶5万水系沉积物测量系列成果图件,圈定化探综合异常312处,其中甲类5处,乙类273处,丙类25处。通过遥感蚀变信息提取,圈定5处羟基及铁染异常,对区内主要地质体及线、环形影像特征进行了遥感地质解译,总结了研究区矿产分布特点,选取5处典型矿床进行了研究,提取了典型矿床成矿要素。编制了研究区成矿规律及成矿预测等图件,在信息集成和成矿预测的基础上,划分成矿远景区6处,圈定找矿靶区16处。

4)青海省宗务隆山地区1∶5万矿调多元地质信息集成与找矿预测

该项目在"十三五"期间由省地勘资金出资开展,青海省地质矿产勘查开发局承担实施。项目编制了研究区的1∶5万地质矿产图,基本厘定了岩石地层单位,划分了构造岩浆岩带和大地构造单元;编制了研究区的1∶5万高精度磁测系列基础和成果图件,划分出了磁异常带6个,圈定地磁异常84处,推断解译断裂构造24条,推断地质体41个;编制了研究区的1∶5万水系沉积物测量系列基础和成果图件,圈定综合异常384处,其中甲类异常1处,乙类异常226处,并对研究区的地球化学特征进行了总结。利用ETM图像编制了研究区的1∶5万图幅遥感地质构造解译图和蚀变信息提取图,划分了23个遥感异常,推荐11处优先查证异常区;编制了研究区成矿规律及成矿预测图,在此基础上初步总结了成矿规律,划分成矿远景区12个,结合异常查证圈定找矿靶区20处。提交立项建议5项,成功立项"青海省德令哈市石底泉地区金多金属矿预查""青海省德令哈市呼勒斯特地区金多金属矿预查""青海省德令哈市罗根郭勒地区多金属矿预查"3个矿产预查项目。

2. 资料二次开发与成果转化

为充分地利用现有的地质资料,并用于较深层次的相关地质信息挖掘和资料的二次开发与成果转化,"十三五"期间青海省实施以下项目,全面梳理青海省矿产资源调查成果综合集成与服务产品开发项目工作成果,全面总结青海省矿产全貌及重要成矿规律,提升矿产地质研究的科学水平,为新时期找矿工作提供科学理论支撑,为政府部门提供矿产资源领域决策。

1)柴达木盆地周缘1∶5万水系沉积物样品二次开发利用——稀有稀土元素优选测试及成矿预测

该项目由省地勘基金出资,青海省地质调查局承担。工作期间共完成了40个1∶5万标准图幅水系沉积物副样La、Y、Li、Nb等稀有稀土元素测试,在对测试数据进行处理的基础上,圈定1∶5万稀有稀土地球化学异常,结合地质背景、控矿要素及区域异常等成矿条件,优选出查证异常;2017年完成剩余25个1∶5万标准图幅水系沉积物副样稀有稀土元素测试,并对优选的异常进行野外查证,在异常查证和综合研究的基础上,圈定找矿靶区,对研究区稀有稀土元素的找矿潜力作出评价。

该项目修编了研究区50个1∶5万图幅地质矿产图,编制了研究区50个1∶5万图幅7种稀有稀土元素单元素原始数据及异常图、单元素地球化学图、稀有稀土组合异常图、综合异常图及找矿预测图等系列图件。基本查明了稀有稀土元素地球化学分布、分配及富集特征。圈定稀有稀土组合异常710处,其中甲类异常1处,乙类异常339处,丙类异常370处。利用异常评序参数,对各类稀有稀土组合异常进行了排序;在对主要稀有稀土组合异常进行解释推断的基础上,通过综合研究,划分了15处找矿远景区和113处找矿靶区,并对14处稀有稀土组合异常采用1∶1万地化剖面进行了查证,发现了高含量段,进一步明确了异常区的找矿前景和方向。

根据1∶5万水系沉积物副样测试图幅涉及的7个Ⅲ级成矿带已有的稀有稀土成矿事实,对柴周缘稀有稀土成矿规律进行了研究,认为柴达木盆地周缘稀有稀土金属矿产主要分布在柴北缘成矿带和东昆仑成矿带。柴北缘成矿带主要分布伟晶岩型和碱性花岗岩型稀有金属和轻稀土矿产,东昆仑成矿带主要分布热液型和伟晶岩型重稀土矿产,西秦岭成矿带主要分布伟晶岩型稀有金属矿产,南巴颜喀拉成矿带主要分布沉积型稀有金属矿产。柴达木盆地周缘稀有稀土金属矿产从加里东期—海西期—印支期—燕山期—喜马拉雅期均有成矿,以海西期和印支期为主成矿期。柴北缘成矿带稀有稀土金属矿产以加里东期、海西期为主成矿期,东昆仑成矿带以海西期、印支期为主成矿期,西秦岭成矿带以印支期为主成矿期,南巴颜喀拉成矿带仅在喜马拉雅期成矿。

对1∶5万水系沉积物副样测试图幅涉及的7个Ⅲ级成矿带稀有稀土找矿潜力进行了评价。认为南祁连成矿带具有形成花岗岩型、伟晶岩型铍等稀有矿的潜力;柴达木北缘成矿带具有形成热液型、碱性(长)花岗岩型、伟晶岩型铌钽锂铍镧铈稀有稀土矿的潜力,具有一定的寻找碱性(长)花岗岩型钇、镱稀土矿的潜力；东昆仑成矿带具有形成花岗岩型、热液型、碱性花岗岩型镧、钇稀土矿的潜力，具有一定的形成伟晶岩型铍、铌钽、钇、镧、铈稀有稀土矿、热液型铯、铍、铌稀有矿的潜力；西秦岭成矿带具有形成伟晶岩型铌钽稀有矿的潜力，具有一定的形成伟晶岩型锂铍稀有矿的潜力；阿尼玛卿成矿带具有形成伟晶岩型铍等稀有稀土矿的潜力；推测北巴颜喀拉成矿带具有一定的寻找 Be、Nb 稀有矿的潜力；南巴颜喀拉成矿带具有形成沉积型锂稀有矿的潜力，具有一定的形成伟晶岩型铌钽锂铍稀有矿的潜力。

对 7 个片区稀有稀土找矿潜力进行了评价，认为俄博梁片区具有形成碱性（长）花岗岩型、热液型、伟晶岩型 NbTaYLaBe 稀有稀土矿的潜力，宗务隆山片区具有形成伟晶岩型、花岗岩型、构造蚀变岩型 LaYRbLiBeNb 稀有稀土矿的潜力，景忍片区具有形成花岗岩型、热液型 YLaNbRbLiBe 稀有、稀土矿的潜力，昆仑河片区具有形成花岗岩型、伟晶岩型 BeLiLaY 稀有稀土矿的潜力，布尔汗布达山片区具有形成热液型、花岗岩型 YLaNbBeZrRbLi 稀有、稀土矿的潜力，诺尔扎尕玛-扎陵湖片区具有形成伟晶岩型锂稀有矿的潜力，南戈泉片区具有形成花岗岩型、热液型 LaNbLiY 稀有稀土矿的潜力。

"十三五"期间，提交的"青海省茫崖行委双石峡西稀有稀土矿预查""青海省茫崖行委哈得尔甘地区稀有稀土矿预查""青海省茫崖行委巴音格勒焖可稀有稀土矿预查""青海省大柴旦行委热水沟东地区稀有稀土矿预查""青海省格尔木市大格勒东沟地区稀有稀土矿预查"等项目成功立项或入选备选项目。

2）青海省新一轮地质志修编

为更新编写《中国区域地质志·青海志》，对青海省区域地质调查新资料和新的地学研究新成果进行全面的梳理，总结近 20 多年来青海省区域地质调查专题研究所取得的成果，特别是地质大调查实施以来 1∶5 万、1∶25 万区域地质调查的新资料、新进展；应用地质编图制图新技术、新方法编制地质系列图件，建立空间数据库。针对全省性、区域性重大地质问题，开展野外调查和专题研究工作，对青海省区域地质特征进行全面系统的总结和研究。中国地质调查局下达给青海省地质调查院和青海省地质调查局联合承担实施"青海省区域地质调查与片区总结"的配套项目"青海省新一轮地质志修编"项目。该项目按照中央基金和省地勘基金 1∶1 的方式出资。

项目开展以来，按照有关国家标准、行业标准的技术要求，通过对资料的整理收集，对岩石地层单位、侵入体、重大断裂构造、同位素及其他地质信息进行了系统的采集，编制完成了区域地层、沉积岩、火山岩、侵入岩、蛇绿岩、变质地质、地质构造、第四纪地质及地貌、岩石圈结构构造、区域地质与矿产等 10 篇专志稿。编制了青海省 1∶100 万地质图、地质构造图、变质地质图、岩浆岩地质图、第四纪地质及地貌图、地球物理场、地球化学场特征，全面系统收集了最新基础地质资料，重新梳理了地层序列、岩浆岩岩石序列、构造单元、岩石圈结构构造，充分反映了青海省地质调查研究现状，极大地丰富了《中国区域地质志·青海志》内容。

根据青海省地层分布特征，划分出新太古代至新生代 6 个区划阶段，2 个地层大区，7 个地层区，18 个地层分区。通过修订、补充、审定工作，新建正式组级单位 4 个，恢复岩石地层单位 6 个，正式组级岩石地层单位达到 177 个；新建非常规组级岩石地层单位 73 个。以洋板块地质理论为指导，全面解体了青海省 14 条蛇绿混杂岩带，较好地解决了混杂岩区地层系统的建立与地质图的图面表达问题，首次按 5 个阶段编制了青海省岩相古地理图，基本恢复了 5 个地质时期的岩相古地理面貌。利用锆石 U-Pb 同位素数据和统一的岩石地球化学平台，重新建立了岩浆岩时空格架，重点论述了洋陆转换阶段侵入岩和火山岩岩浆作用特点，划分了 4 个主要构造岩浆阶段，讨论了岩浆作用与成矿的关系。对青海省蛇绿岩进行了全面系统总结，划分出 3 期 3 类 15 条蛇绿岩，为构造单元划分和时空演化提供了重要依据。全面论述了青海省变质岩研究现状，新建新太古代—古元古代德令哈杂岩，厘定出 4 条高压榴辉岩带、3 条蓝闪石片岩带、4 个主要的变质期次。

系统全面收集整理了涉及青海省的地学断面、航磁、重力、地球化学等最新成果资料，对省内地球物理场、地球化学场特征、岩石圈结构构造、深部地质作用等进行了深入研究，为青海省大地构造单元、构造块体、深大断裂带等划分提供了深部地球物理依据。青海省内共划分出Ⅰ级构造单元 3 个、Ⅱ级构造单元11个、Ⅲ级构造单元34个,构造演化阶段划分为前南华纪、南华纪—三叠纪、侏罗纪—新近纪3个阶段,对南华纪—泥盆纪、石炭纪—三叠纪两个构造阶段的洋陆转换过程进行了详细的分析研究,精细地刻画了俯冲造山、碰撞造山的过程,确定了造山带的主要边界断裂,探讨了主要造山带的三维结构,并详细研究了青海省第四纪地质特征,利用遥感及DEM数字高程图像划分了青海省地貌分区,阐述了新构造运动及青藏高原的隆升问题。新一轮区域地质志的编写成果为全省地质矿产成矿因素的研究、全省地质构造的研究、全省地质环境的研究提供了扎实的基础地质资料。

3)青海省矿产地质志编制

"青海省矿产地质志编制"项目是"青海省矿产资源调查成果综合集成与服务产品开发"项目的配套项目,"十三五"期间列入青海省地质勘查基金项目计划中,每年1∶1配套,由青海省地质矿产勘查开发局承担实施。截至2020年,由省地勘基金投资970万元,旨在全面梳理青海省矿产资源调查成果综合集成与服务产品开发项目前期工作成果基础上,全面展开矿产地质志的各项工作,开展青海省所有矿种和两个Ⅲ级成矿带及其重要Ⅳ级矿带志稿编写和矿产地质图、成矿规律图系列图件编制及数据库建设工作。全面总结青海省矿产全貌及重要成矿规律,提升矿产地质研究的科学水平,为新时期找矿工作提供科学理论支撑,为政府部门提供矿产资源领域决策的参考资料,为地质工作者提供工具书,为国民提供权威性的普及读物。

截至2020年,志书较全面地总结梳理了2014—2019年研编工作进展、取得的主要成果和存在的问题,通过开展单矿种志稿、区域成矿地质条件、三级成矿带、矿产志普及本等研编工作,为《中国矿产地质志·青海卷》成果的提交奠定了基础。依据青海省矿床的时空分布规律及成矿作用多期性、多旋回成矿特点,紧密结合新一轮《中国区域地质志·青海志》,系统划分了成矿带及成矿亚带,并按5个Ⅱ级成矿带、5个成矿阶段建立全省19个成矿系列组、64个矿床成矿系列,较符合青海省的成矿事实,进一步深化了对成矿规律的认识。

志书首次系统收集了青海省1949年以来地质调查、矿产勘查、物化遥及科学研究等巨量资料,在研编资料的基础上,全面记述了青海省远古至今的地质调查与矿产勘查历史,对青海省沉积、岩浆、变质成矿作用、构造控矿作用以及地球物理地球化学成矿条件作了较全面深入的分析与研究,并编制了最新的矿产地质图和成矿规律图。志书内容翔实追新,全面反映了青海省矿产资源现状和前景。志书在已有成果基础上有所创新,在总结区域成矿特征与成矿规律方面取得了新的进展和认识。

青海省已经发现的137种矿产资源,《中国矿产地质志·青海卷》重点记述了89个矿种(组),129个典型矿床,重新厘定了青海省矿床类型划分方案,确定了青海省沉积、变质、岩浆、流体、表生五大成矿作用的矿床类型;系统总结了青海省矿产资源特征及开发利用情况和矿业发展现状;分矿种、分类型系统论述了典型矿床的发现和勘查简史、区域地质背景、矿床地质特征、矿床成矿机理、成矿模式和找矿模型,典型矿床选择合理,成矿特征论述特色鲜明,展示出最新的找矿成果和认识,对今后找矿工作具有现实的指导意义。在系统梳理大量同位素年龄、分析成矿地质背景的基础上,确立了青海省具有独特成矿意义的志留纪—泥盆纪伸展构造背景的镁铁—超镁铁质杂岩体、三叠纪—侏罗纪俯冲碰撞构造背景的中—酸性岩浆岩两大构造-岩浆成矿事件及侏罗纪—第四纪构造-沉积-成矿事件,进一步明确了找矿方向。全省划分了74个成矿远景区、56矿集区,系统论述了各成矿带矿集区及成矿远景区的成矿特征、找矿潜力,提出了进一步工作建议,为后续工作提供了科学依据。

4)湟水流域1∶5万水工环地质成果转化与社会化服务示范

为采用绿色勘查的技术方法和手段,在收集流域内水工环地质、矿山环境地质、地质遗迹、多目标地球化学等相关报告图件,以及各类钻孔及原始资料的基础上,按流域和县域系梳理集成湟水流域水工环地质成果,并为地方政府提出流域水文环境与地质资源分布特征及其对城市可持续发展影响等方面的建议,建设湟水流域地质信息系统。2020年由省地勘基金出资,将"青海省湟水流域1∶5万水工环地质成果转化与社会化服务示范"项目下达给青海省水文地质工程地质环境地质调查院承担实施。

项目主要是通过收集 2020 年以前研究区气象、水文、地质、遥感、水文地质、工程地质、环境地质、矿山环境、地质遗迹、多目标地球化学等相关成果报告、图件及原始资料以及研究区内社会经济资料,在充分分析流域内水文地质条件的基础上,指出具有开发前景的富水地段,分析评价已有供水水源地的开采潜力,提出水源地合理化运行的建议,按流域和县(市)域进行地下水资源复核评价,对已勘查评价天然饮用矿泉水水源地的形成原因进行分析研究,总结流域内天然矿泉水的分布规律,为流域内天然饮用矿泉水的勘查评价提出建议,为城镇供水后备水源地和政府部门决策提供依据。

项目组通过对湟水流域内地热田和浅层地温能的资源状况进行分析研究,提出可供开发利用的地热资源靶区及开发建议,采用比拟法分析流域内其他适合水源热泵及地源热泵的适宜区,为浅层地温能在流域内的推广和开发提供依据;指出流域内各岩土体岩性、成因类型、地质时代、空间分布规律以及工程地质特征,划分岩土体工程地质类型,对地基稳定性进行评价;根据地质构造特征,特别是对流域的活动断裂及地震活动进行分析研究,对区域地壳稳定性作出评价,提出由于自然地质及人类工程活动所引起的环境地质问题,进行综合分析评价。全面分析流域内环境地质工作研究程度和取得的主要成果,总结环境地质主要问题,提出防治建议;论证地质资源概况,研究开发利用途径;收集青海省湟水流域内的土地质量调查数据,建立多目标区域地球化学调查数据库,以实现土地质量地球化学评价;建立水工环地质资料数据库。

六、矿产资源开发利用研究

(一)矿产资源可利用性研究

1. 深层卤水钾盐矿工业指标论证及勘查规范研究

为开展深层卤水钾盐矿工业指标论证和深层卤水钾盐矿的地质勘查规范研究,省地勘基金于 2015 年起出资设置该项目,由青海省柴达木综合地质矿产勘查院和中国地质科学院盐湖与热水资源研究发展中心联合承担实施,协作单位为中国石油青海油田公司,"十三五"期间投资经费 110 万元。由于深层卤水钾矿目前尚未开发,地质勘查程度普遍较低,绝大部分为预查,只有个别项目(大浪滩—黑北凹地)正在开展普查工作,深层卤水钾矿地质勘查规范研究存在困难,自 2016 年开始,项目的研究方向调整为深层卤水工业指标及勘查技术方法研究。

通过室内、外蒸发试验,盐田蒸发试验,认为柴达木盆地黑北凹地深层卤水钾矿自然蒸发过程中盐类结晶序列为石盐结晶段、光卤石结晶段和水氯镁石结晶段,蒸发过程中无钾石盐阶段。结合室内蒸发实验结果,卤水密度大于 1.29 后即进入光卤石结晶阶段,卤水密度一般大于 1.38 后即进入水氯镁石结晶阶段。与正在开发的同水化学类型的盐湖矿山结晶序列基本相同,可用于盐田开发。研究认为,在深层卤水钾矿勘查程度普遍低,目前尚无开发的条件下,深层卤水钾矿预、普查阶段采用现行一般工业指标,即边界品位 0.3%,最低工业品位 0.5% 较为适宜。详查、勘探及开发阶段,具体矿床应进行扩大盐田试验,在可行性论证基础上确定工业指标。

通过方法对比研究,认为目前采用的钻探、成井、抽水、采样等工艺和方法较合理、有效,可推广使用。

2. 柴周缘晶质石墨矿可利用性评价与靶区优选

为加速实现柴周缘地区石墨矿床(点)成矿地质条件研究和找矿靶区预测,指出进一步找矿方向,省地勘基金于 2015 年起出资设置该项目,由青海省核工业地质局承担实施,协作单位为中国地质大学(武汉),"十三五"期间投资经费 60 万元。

初步总结了柴周缘晶质石墨矿床(点)的空间分布规律、矿(化)体的赋存规律及矿(化)体的富集(改造)规律等方面成矿规律。综合分析了柴周缘晶质石墨成矿地质条件、控矿因素、找矿信息及成矿规律，构建了地质-遥感-地球物理综合找矿模型，并以此为依据指导找矿预测工作。在柴周缘地区圈定已知矿区外围靶区4个、重点成矿区内靶区9个，对重点找矿区内靶区进行了评价和优选，筛选出6处具有较大找矿潜力的勘查区，建议开展后续晶质石墨矿的预查和综合研究工作；成功立项省基金项目"努可图郭勒东晶质石墨矿预查""海西州基金斑红山晶质石墨矿预查"。

大通沟南山石墨矿床选矿实验最终闭路试验结果显示：最终精矿产率11.38%，精矿固定碳品位83.34%，回收率78.90%，所选出的精矿达到鳞片石墨产品分类中的中碳石墨的质量要求。黄矿山石墨矿床选矿实验最终闭路试验结果显示：最终精矿产率21.33%，精矿固定碳品位83.27%，回收率95.81%，所选出的精矿达到鳞片石墨产品分类中的中碳石墨的质量要求。

(二) 生态影响因素研究

1. 青海省地质勘查活动对生态环境影响因素分析及评估

为研究分析各类地质勘查活动对生态环境的影响因素，在此基础上对生态影响进行评估，提出地质勘查活动对生态环境的保护对策。省地勘基金于2019年起出资设置该项目，由青海省地质调查局牵头，青海省环境科学研究设计院有限公司和北京矿产地质研究院有限责任公司联合承担实施，"十三五"期间共投资300万元。

对15处代表性勘查区开展了地质勘查活动前(中)后两(三)期对比解译分析，统计了影响范围，分析了影响程度，建立了典型地质勘查活动及辅助工程遥感解译标志。利用全省遥感监测数据，提取生物丰度、植被覆盖、水网密度、土地胁迫4项生态环境状况指数，对青海省2015年度生态环境状况进行了评价。结合野外调查和资料分析研究，梳理总结出青海省地质勘查活动对生态环境的影响因素为野生植物、野外动物、土壤环境、水环境、大气环境、声环境、地质环境7类，并对地质勘查活动对各类影响因素的影响程度和时效进行了识别；采用层次分析法对6处代表性勘查区内地质勘查活动对生态环境的影响进行了评估，评估结果为轻微-较轻微；采用层次分析-信息量法进行了青海省各生态亚区内地质勘查活动对生态环境影响评估。

2. 青海省自然保护区矿业权勘查开发活动现状调查

为做好青海省6个国家级(省级)自然保护区85宗矿业权勘查开发活动情况的摸底调查，2018年省地勘基金出资设置该项目，由青海省地质调查局承担实施，"十三五"期间共投资198.5万元。开展了85宗矿业权(10宗采矿权，75宗探矿权)勘查开发活动的调查工作，其中，核实采矿权恢复治理情况10宗，实地调查探矿权43宗(其中，无人机航拍矿业权26宗)，遥感调查探矿权32宗，矿业权影像核实85宗。

通过开展相关工作，对下步工作提出了明确可行的建议。建议10宗采矿权须制定"一矿一策"的实施方案，开展后续工作。75宗探矿权中，青海省玉树市章卜铁铜铅锌银矿普查等21宗未开展实地勘查工作的探矿权，应补充相关资料；青海省瓦勒根金矿普查等30宗已开展治理的探矿权，应结合实际采取进一步工作加强治理措施，达到验收要求的尽快进行验收；24宗未开展治理的探矿权中，青海省杂多县陆日格地区铜钼矿普查等15宗探矿权应开展评估工作，进行景观修复，青海省杂多县旦荣外围扎查琼多金属矿普查等9宗探矿权，应逐一编制专项治理方案，开展生态修复工作。

对矿业权生态修复提出了初步治理方案，并进行了工程量和资金估算，可作为下一步工作参考。结合恢复治理判研原则，75宗探矿权中，判定拟恢复治理的探矿权9宗，恢复治理工程量为：槽探工程土

体整平方量约为 $11.8×10^4 m^2$；硐探工程硐口封堵回填方量约为 $5975m^2$；钻探工程场地平整方量约为 $7150m^2$；浅井工程场地平整方量约为 $7043m^2$；植被恢复面积约为 $24.89km^2$，拟恢复治理经费约为712.9万元。

(三)地热资源开发利用技术研究

"十三五"期间，青海省共开展地热资源开发利用研究类项目2个，合计投入资金约627.29万元。共和干热岩科研项目共完成资料收集60份，综合研究16人·年，野外调研90人次，岩心编录6孔，样品测试126件，室内实验4 343.44h/26组；西宁高矿化度研究项目共完成定深取心46.84m/15组，地球物理测井1590m/孔，抽水实验60台班，回灌实验147台班，样品采集测试33组，热水防腐实验1项，结盐除垢技术实验1项。

1. 西宁市高矿化度地下热水开发利用技术研究

该项目利用麒麟名都DR2018号地热井开展地热采-灌全流程腐蚀结垢以及堵塞的专题技术研究工作，DR2018井深1605m，出水量 $2 186.4m^3/d$，水温 $62.5℃$，矿化度高达 $34g/L$。项目初步分析了西宁高矿化地下热水对储层的堵塞机制，提出了阻垢抑垢、结晶析盐和防腐处理的关键技术，认为西宁盆地高矿化度地下热水腐蚀结垢风险可控，提出可采取系统增压＋管材防腐＋同层注采＋定期维护的开发利用方式。

通过垢样测试分析，室内实验确定西宁市地热水结构物成分以碳酸钙垢为主，主要受温度、压力变化及混合水不配伍性影响，在生产井井口(距井口10m以下出水管)受低压的影响结垢，在回灌井井底受高温影响结垢；在低温条件下产生少量硫酸锶垢，主要受降温影响，发生在换热后的尾水管部位。结垢速率主要受地热水结垢量和流速的双重影响，高流量下结垢附着比例会大大降低(图3-4-28)。提出系统增压法防碳酸钙垢为主＋控制尾水温度防硫酸锶垢沉淀＋不定期化学清洗为辅的除垢措施。

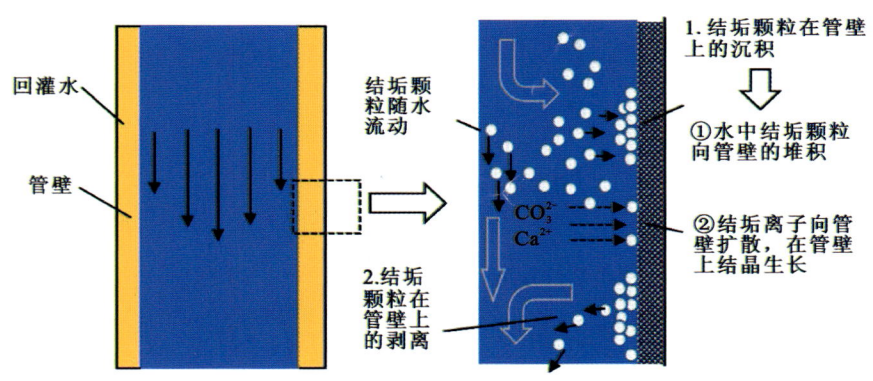

图3-4-28 西宁市高矿化度地下热水回灌井井筒结垢机理

西宁地下热水水中主要腐蚀成分有 CO_2、H_2S、混入系统的 O_2，以及水中溶解的 Cl^-、SO_4^{2-}、H^+ 离子。主要腐蚀类型为 CO_2-H_2S 腐蚀(封闭环境)和溶解氧腐蚀(开放环境)，主要腐蚀产物分别为 $FeCO_3$、FeS 及 $FeO(OH)$ 和 Fe_3O_4，腐蚀破坏形式主要为均匀腐蚀和少量局部腐蚀。生产井筒受 CO_2-H_2S 腐蚀，流量 $>935m^3/d$ 时，腐蚀速率超过行标；回灌井筒在封闭条件下仍受 CO_2-H_2S 腐蚀，但腐蚀速率可保持在行标以下，开放条件主要受溶解 O_2 腐蚀，只有当流量 $>1500m^3/d$ 时，腐蚀速率才能控制在行标以下，否则800m以下井筒将面临较大腐蚀风险；Cl^-、SO_4^{2-} 等离子会加速电子传质过程而加快腐蚀反应速率，但自身不会产生电子而直接参与反应。

项目首次在西宁市高矿化度承压自流水回灌取得突破性进展。加压 0.91MPa 的条件下,经过 4 小时 32 分后,回灌量仍可达 28.4m³/h,回灌潜力较大,充分说明可以采用回灌技术开发利用西宁市地下热水资源。影响回灌量的主要因素为加压压强、回灌水源、地下热水水头、回灌水水质、地层的渗透率、长期回灌地层堵塞。固相颗粒运移沉积是地层堵塞的主导作用,当回灌压力高于 0.5MPa 则可避免结垢物堵塞地层,通过现有的两级过滤系统可有效避免悬浮物进入地层。回灌速度在 200～1000m³/d 时,在 47 天即进行回扬以避免回灌量的下降,同时可采用 15%盐酸(pH＝2～3)溶释井底及近井地层结垢物及腐蚀产物进行解堵。

通过回灌试验和专题研究,西宁市南川和西川水头较低的地区为回灌技术的适宜区,考虑到效益、管理、运行成本及回灌能力,提出西宁市高矿化度地下热水采用以"一采一灌"或"一采多灌"取热不取水为主的循环利用方式,可实现地热资源循环利用(图 3-4-29)。

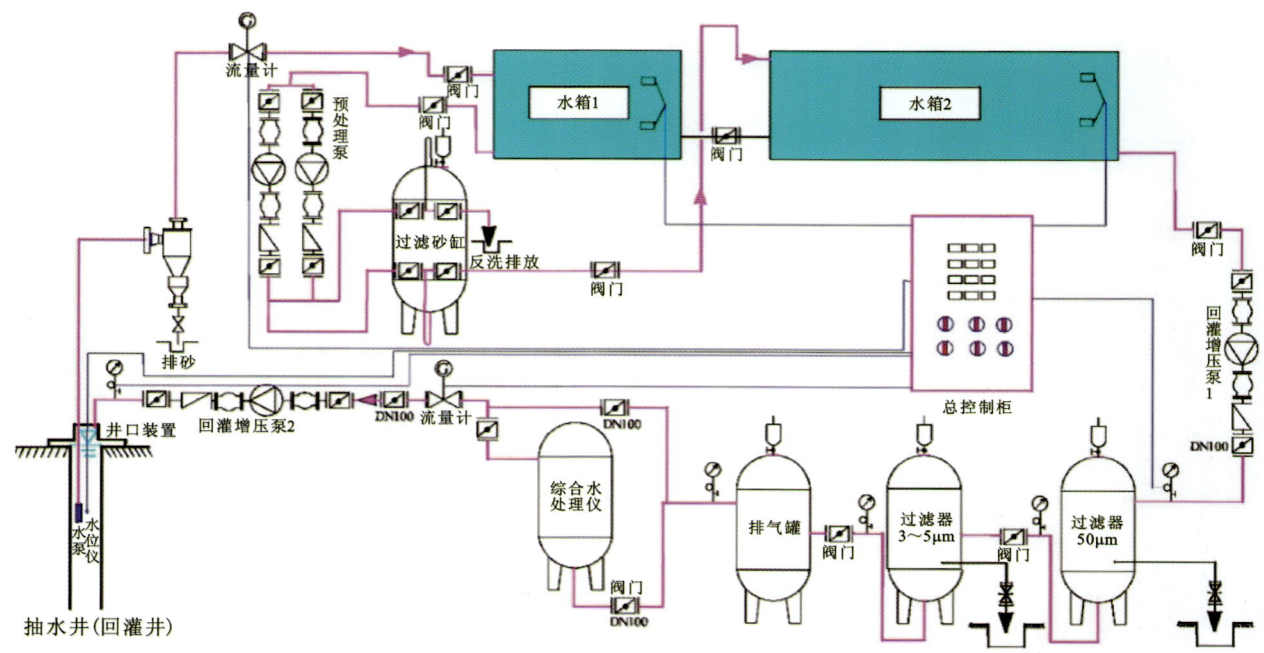

图 3-4-29　西宁市高矿化度地下热水回灌试验设备及流程

2. 青海共和盆地干热岩形成机理及勘查开发利用技术研究

项目组通过岩石化学、同位素定年等方法,结合近年来国内外干热岩勘查及开发成果资料,初步分析了共和盆地干热岩的形成机理。项目组研究认为整个共和盆地底部均为花岗岩分布的可能性较大,其中在共和盆地东部有 14 处干热岩靶区分布。现已控制的恰卜镇附近的干热岩分布面积为 230km²。认为共和盆地干热岩是以印支期—燕山期形成的混合岩浆囊为主要供热源,在花岗岩介质中通过以热传导为主,区域性深大断裂导热和密集发育的节理构造散热为辅的方式,在以新近纪湖相细碎屑岩建造为盖层的密闭盆状环境中,形成中生代—新生代多期次的花岗岩为储热层的干热岩矿产。

本项目首次完成了国内室内模拟干热岩单孔取热的研究工作,研发了实验室级别的干热岩单孔取热实验设备,包括加热设备、取热设备、监测设备组合,为后续的野外现场实验提供了技术借鉴。项目通过室内水汽相变实验、天然场取热实验和热流畅叠加能量获取实验等,探索了干热岩换热、取热的途径,提出了热流场叠加干热岩开采模式及资源量评价方法(图 3-4-30),为干热岩的开发利用提供了一种新的思路;项目提出了相应的干热岩可利用资源评价方法,该方法基于热力学原理,采用单工程评价与区域工程评价相结合的解析法较精确地评价了区域干热岩可利用资源量,为后续干热岩资源精准评价及开发利用提供技术借鉴。

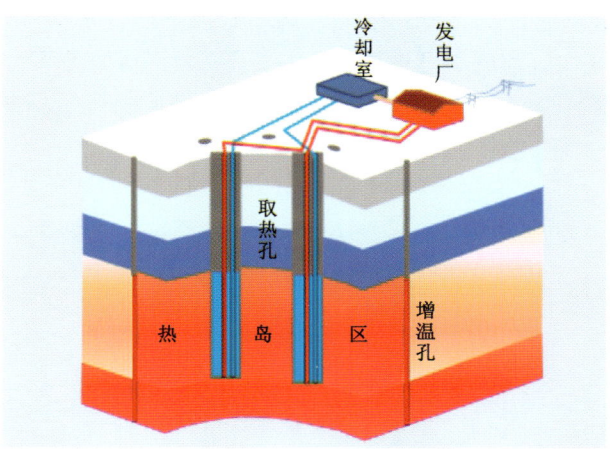

图 3-4-30　干热岩热流场叠加取热系统原理示意图

第四章 "十三五"主要矿产地

第一节 能源矿产

"十三五"期间新发现的能源矿产主要有天峻县聚乎更南部煤矿、天峻县江仓南部煤矿和大柴旦行委鱼卡煤田九龙山北煤及煤层气3处。

一、天峻县聚乎更南部煤矿

（一）概况

天峻县聚乎更南煤矿矿区位于天峻县东北部，隶属青海省天峻县木里镇管辖，地处青海省东北部大通河流域上游，位于木里煤田聚乎更煤矿区哆嗦公玛矿区南部。行政区划属青海省天峻县木里镇管辖，距天峻县城150km，距西宁市531km，中心坐标为东经99°06′07″，北纬38°06′27″。2004年投资建设的天峻到木里二级公路现已通车；2006年开工建设的柴达尔到木里的地方铁路已建成通车，交通较便利。

（二）地质特征

大地构造位于北祁连弧盆系（Ⅳ-1）北祁连蛇绿混杂岩带（Ⅳ-1-3）。地层由老至新为上三叠统（T_3）、中侏罗统（J_2）、第四系（Q）。其中含煤岩系为中侏罗统（J_2），在预查区内深部广泛分布，预查区内无出露。根据含煤性分为上、下两个含煤组（图4-1-1）。

聚乎更煤矿区南部位于聚乎更煤矿区南向斜的南部，在预查区北部的三露天和六号井之间被F1断层后期改造呈现向南倾斜的似向斜构造形态，而在预查区北部的四井田和哆嗦公玛之间被F1断层后期改造呈现向南倾斜的单斜构造形态。煤层倾角变化较大，总的趋势是由浅部倾角较大向深部变缓，并伴有波状起伏及小断层发育。由于受矿区普遍发育的南北两侧推覆逆冲断裂向预查区内的水平推挤作用影响，形成煤系的不稳定褶皱和断裂。

（三）煤层与煤质特征

矿区内含煤地层为中侏罗统（J_2），分为江仓组（J_2j）和木里组（J_2m）上、下两个含煤组。据岩性两个组又可分为4个层段，分别为江仓组上段（J_2j^2）、江仓组下段（J_2j^1）、木里组上段（J_2m^2）和木里组下段（J_2m^1）。煤层赋存在江仓组下段和木里组上段（图4-1-2）。由于含煤地层及煤层受多期沉降运动及构

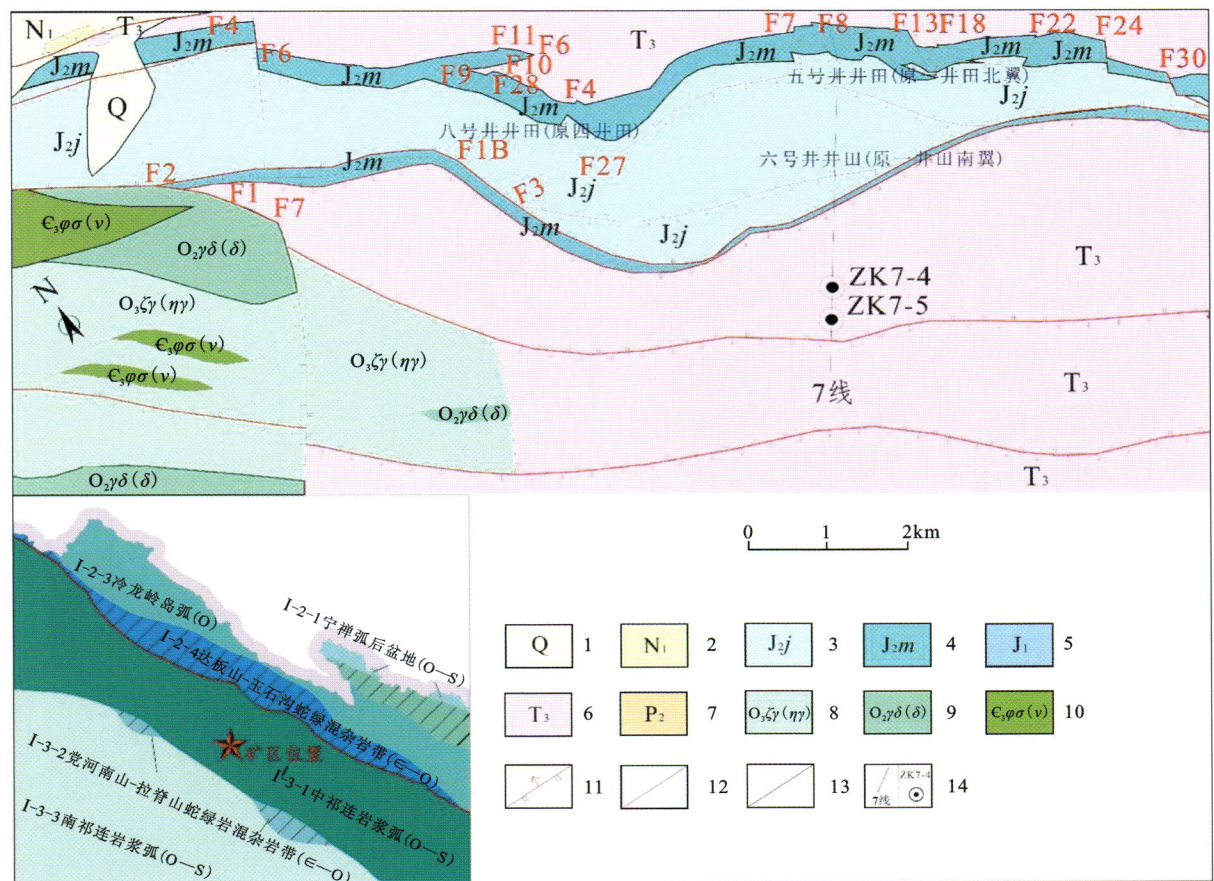

1.第四系；2.中新统；3.中侏罗统江仓组；4.中侏罗世木里组；5.下侏罗统；6.上三叠统；7.中二叠统；8.晚奥陶世正长花岗岩、二长花岗岩；9.中奥陶世花岗闪长岩、闪长岩；10.晚寒武世辉橄岩、辉长岩；11.逆断层；12.性质不明断层；13.地质界线；14.勘探线及编号/钻孔位置及编号。

图 4-1-1 聚乎更南部煤矿区地质简图

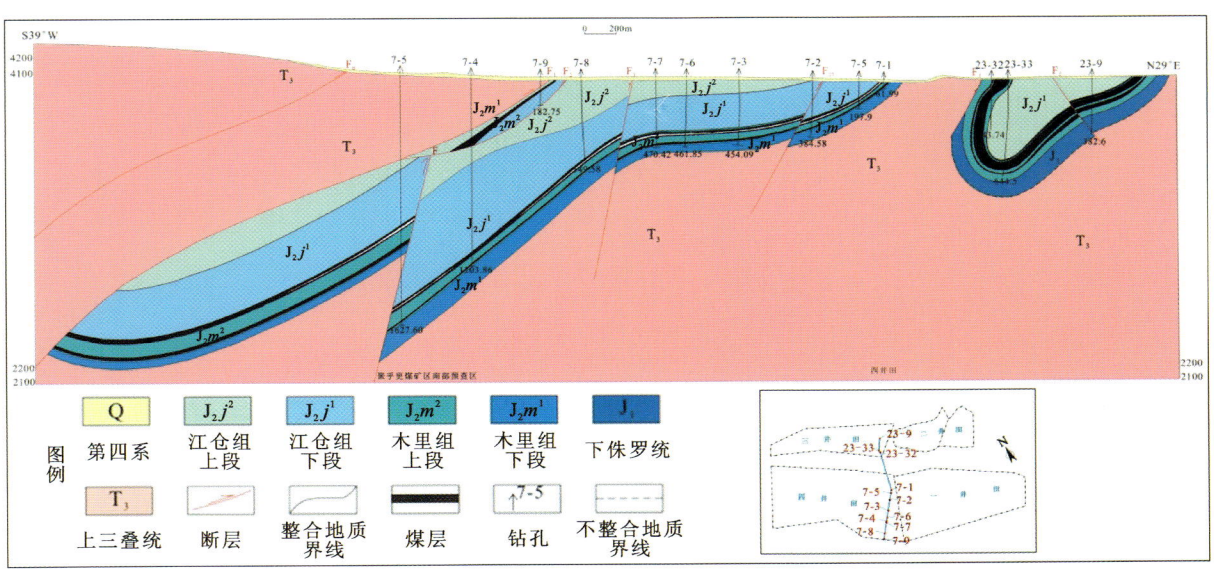

图 4-1-2 四井田 7 线—三井田 23 线构造断面图

(据青海煤炭地质一〇五勘探队，2020)

造的切割影响,局部含煤地层保存不完整。

江仓组下段含煤层14层,分别为上1、……、上14煤层,其中上1~上12煤层为不可采煤层,上13、上14煤层为零星、局部可采煤层,煤层厚度变化大,0.27~2.67m。

木里组上段含煤3层,分别为下1、下中和下2煤层,其中下1、下2煤层为全区主要可采煤。下1煤层厚度为0.61~38.32m,平均12.27m。煤层含夹矸0~4层,夹矸岩性为深灰—黑色碳质泥岩、泥岩、粉砂岩。属简单—较简单结构煤层,该煤层层位较稳定,属较稳定煤层。灰分5.28%~33.32%,平均13.71%;挥发分21.01%~32.05%,平均27.73%;硫分0.092%~0.40%,平均0.186%;发热量22.49~32.56MJ/kg,平均28.76MJ/kg。属特低—低灰、中高挥发分、特低硫、特高热值煤。煤类为弱黏煤、1/2中黏煤、1/3焦煤、焦煤,以弱黏煤为主。

下2煤层总厚度最小1.91m,最大16.92m,平均7.78m。煤层含夹矸0~3层,夹矸岩性为深灰—黑色碳质泥岩、泥岩、粉砂岩。属简单—较简单结构煤层。该煤层层位较稳定,属较稳定煤层。灰分4.90%~22.45%,平均11.46%;挥发分28.47%~30.87%,平均29.47%;硫分0.069%~0.36%,平均0.162%;发热量25.19~32.04MJ/kg,平均30.28MJ/kg。属特低—低灰、中高挥发分、特低硫、特高热值煤。煤类为1/3焦煤、焦煤、气煤,以1/3焦煤为主。

(四)资源储量

通过勘查工作,区内6—8勘探线之间估算了潜在煤炭资源49 984.7万t,其中1500m以浅估算资源量40 153.1万t;1500m以深估算资源量9 831.6万t。矿床成因类型为陆相沉积型,煤的用途为炼焦用煤。

(五)发现与勘查

1955年,青海省重工业厅探矿队在聚乎更煤矿区进行地质踏勘的过程中发现煤层。次年,西北地质局六三七队又在该区进行了普查工作,认为煤炭储量大、煤质好,具有一定的找矿远景。

1956年,青海省地质局木里地质队对聚乎更煤矿区进行勘查,采用钻探、井探、槽探等手段,主要对三井田、四井田和二露天开展了工作。经勘查将矿区划分为7个井田,其中3个具备露天开采的条件。

1965—1966年,西北煤田地质局青海地质大队在木里—江仓地区进行煤田地质测量工作,对含煤地层的划分提出了新见解,扩大了矿区远景。

1968—1971年,西北煤田地质局一〇五勘探队对一露天、一井田、二井田、三露天进行了勘探,以钻探为主要手段,对煤层进行控制。在此期间,为解决煤层赋存与构造的关系及其分布范围,西北煤田地质局物测队电法分队结合地质工作进行了地面电法测量,圈定煤系分布范围,确定了含煤盆地的构造形态。

2004—2015年,青海煤炭地质一〇五勘探队对聚乎更煤矿区进行了详查和勘探工作,提高了各井田地质勘查工作程度。根据矿区南部油气地质勘探关于F1逆冲推覆构造下盘深部有中侏罗世含煤地层及煤层赋存的信息,施工了JN14-2号钻孔,揭露到可采煤层5层,煤层厚度达39.58m,从而开展了以钻探为主要勘查手段的找煤工作,矿区煤炭总资源量大幅增加,成为自"358地质勘查工程"实施以来找煤工作取得重要成果的项目之一。2013—2014年,该队在区内实施的第一个找煤钻孔ZK14-2,探获了F1逆冲推覆构造下盘深部赋存4层可采煤层,煤层总厚度40.90m,取得了地质找矿重大发现。

2016—2019年,青海煤炭地质105勘探队在聚乎更煤矿区南部开展煤炭预查工作,发现了矿区西部和中部区外逆冲推覆构造体下隐伏有潜在的煤系和煤层,通过对矿区中东部施工的ZK14-2、ZK5-3、ZK7-4、ZK8-1、ZK7-5和ZK6-6号钻孔成果,认为矿区中部的六号井南部和四井田南部含煤地层及煤层赋存较好,相对于东西两端含煤面积范围较宽,基本分布于矿区中部的六号井南部和四井田南部一带。对ZK7-5号钻孔全烃气测录井和煤层含气量的测定,下1和下2煤层全烃气测值分别为0.01%~13.10%和0.01%~10.60%。测得下1煤层含气量6.83~14.32m³/t,平均11.54m³/t,下2煤层含气量4.89~12.76m³/t,平均10.07m³/t,远远超过了煤层气成藏的含气量下限。

二、天峻县江仓南部煤矿

(一)概况

天峻县江仓南部煤矿隶属青海省天峻县木里镇管辖,位于江仓矿区以南,曲夏尼日预查区以北,雷尼克勘探区以东,中心坐标为东经99°28′40″,北纬38°01′25″。距天峻县城190km,东距热水约100km,距西宁约335km,热水—木里间的地方铁路已建成通车,从煤矿南侧通过。区内简易公路纵横交错,交通方便。

(二)地质矿产特征

该区大地构造位置处于北祁连弧盆系(Ⅳ-1)北祁连蛇绿混杂岩带(Ⅳ-1-3)。矿区位于江仓向斜的南翼,被F8断层后期改造呈向北倾斜的单斜构造。地层由老至新为三叠系(T)、侏罗系(J)、古近系(E)、新近系(N)及第四系(Q)。其中侏罗系(J)分为下侏罗统(J_1)和下—中侏罗统窑街组($J_{1-2}y$)。下—中侏罗统窑街组亦为本区含煤地层,该套地层依据含煤性、岩性岩相组合、古生物特征等分为3个段,窑街组上段($J_{1-2}y^3$)、窑街组中段($J_{1-2}y^2$,次要含煤层段)和窑街组下段($J_{1-2}y^1$,主要含煤层段)(图4-1-3)。

窑街组中段($J_{1-2}y^2$,次要含煤层段):由上而下含1煤~10煤层(组),依据江仓矿区以往地质资料,结合本次找矿工作,1煤、5煤为不可采;2煤、3煤、6煤、9煤为局部可采;4煤、7煤、8煤为大部分可采;10煤为中厚煤层,全区可采;地层平均总厚度350.21m,煤层平均总厚度11.57m,煤层平均有益总厚度9.73m,含煤系数为2.79%。

窑街组下段(J_2y^1,主要含煤层段):该段地层预查区发育较稳定,由上向下含11煤~20煤层(缺失19煤),其中11煤、14煤、15煤、17煤、18煤为不可采;12煤、13煤、16煤、20煤为全区可采煤层,是最主要的可采煤层。该段地层地层平均总厚度283.74m,煤层平均总厚度35.42m,煤层平均有益总厚度33.52m,含煤系数为11.81%。本次工作施工的17-2孔、28-4孔和28-5钻孔控制了该段地层(图4-1-4)。

(三)煤层与煤质特征

矿区共含煤20层(组),由上至下依次编号为1煤~20煤(缺失19煤)。其中1煤、5煤、9煤、11煤、14煤、15煤、17煤、18煤为不可采,2煤、3煤、6煤为局部可采,4煤、7煤、8煤为大部可采,10煤、12煤、13煤、16煤、20煤为全区可采(图4-1-5)。

10煤结构简单,夹矸0~3层,厚度2.66~12.12m,平均5.32m;灰分1.73%~4.62%,平均3.31%;挥发分22.21%~29.47%,平均25.44%;硫分0.62%~0.85%,平均0.70;发热量27.97~33.49MJ/kg,平均30.26MJ/kg。属低灰、中挥发份、低硫、高热值煤。煤类为焦煤。

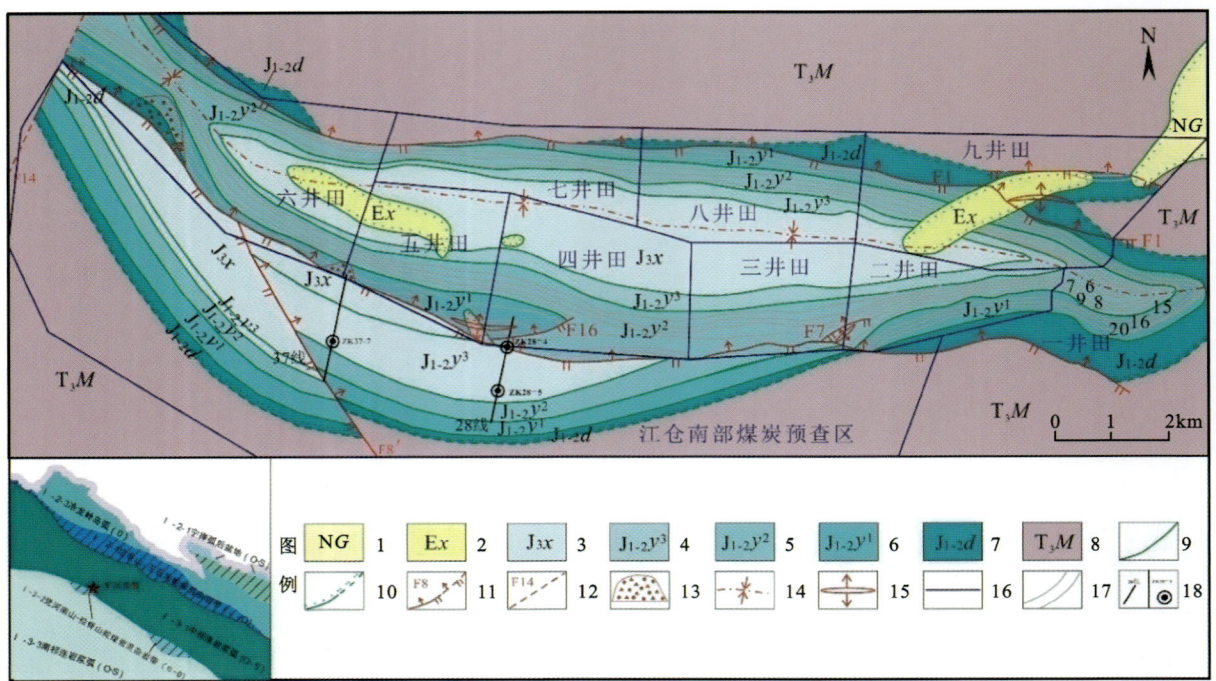

1.新近系贵德群;2.古近系西宁组;3.上侏罗统享堂组;4.下—中侏罗统窑街组上岩段;5.下—中侏罗统窑街组中岩段;6.下—中侏罗世窑街组下岩段;7.下—中侏罗统大西沟组;8.上三叠统默勒群;9.地质界线;10.实测及推测不整合界线;11.实测及推测断层位置及编号;12.推测平移断层;13.构造挤压破碎带;14.向斜轴部位置;15.背斜轴部位置;16.井田划分界线;17.煤层位置;18.勘探线剖面及编号/钻孔位置及编号。

图 4-1-3　江仓南部煤矿区地质简图(据青海省地质调查院,2004;青海煤炭地质一〇五勘探队,2017)

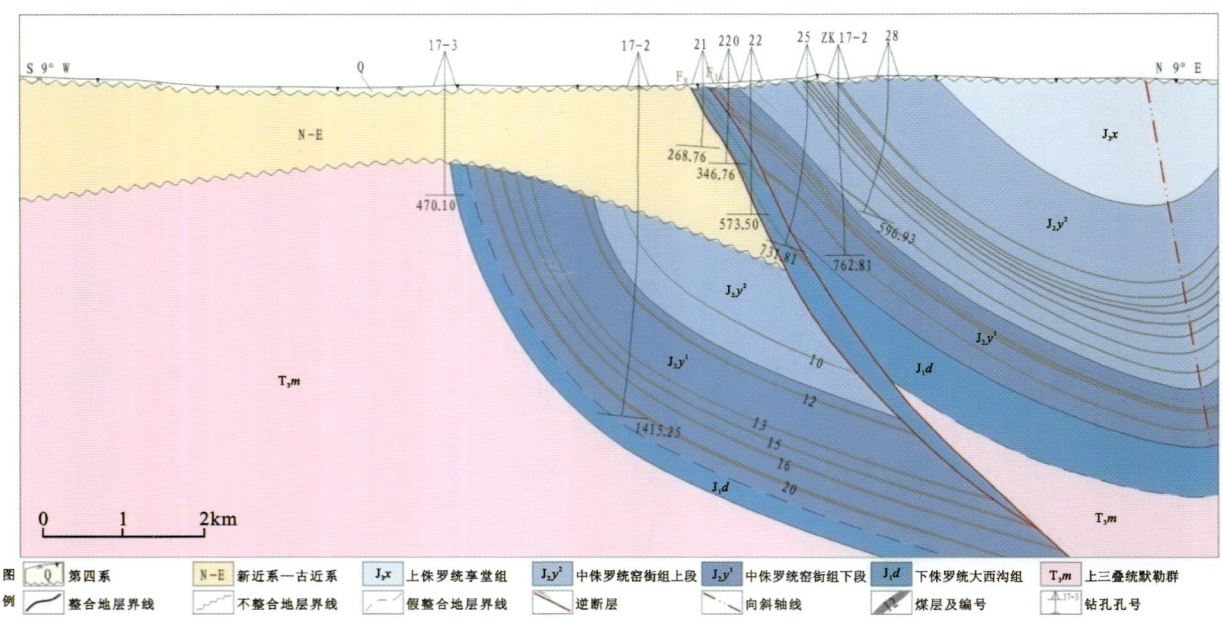

图 4-1-4　江仓南部矿区第17勘探线剖面图(据青海煤炭地质一〇五勘探队,2015)

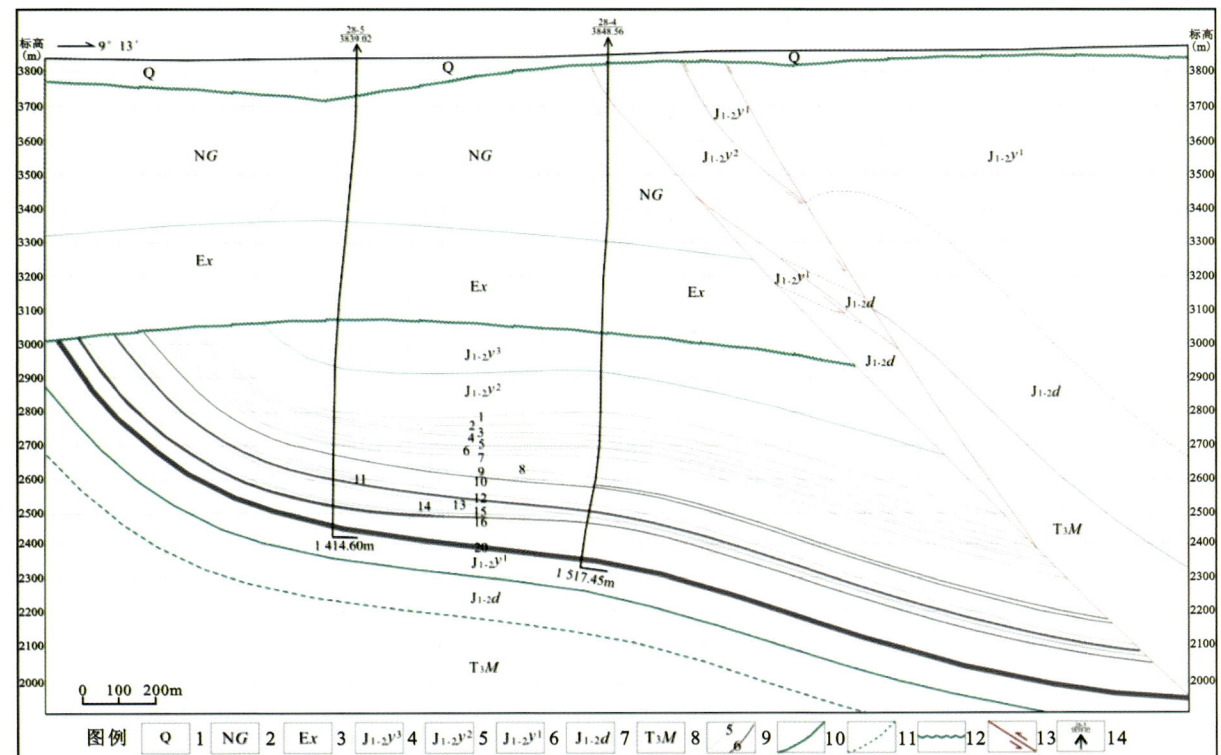

1.更新世—全新世冲积层;2.新近系贵德群;3.古近系西宁组;4.早—中侏罗统窑街组上岩段;5.下—中侏罗统窑街组中岩段;6.早—中侏罗统窑街组下岩段;7.早—中侏罗世大西沟组;8.上三叠统默勒群;9.煤层位置及编号;10.地质界线;11.平行不整合界线;12.角度不整合界线;13.推测逆断层及编号;14.钻孔位置及编号。

图 4-1-5　江仓南部煤矿区 28 勘探线剖面图(据青海煤炭地质一〇五勘探队,2017,略作修改)

12 煤结构较简单,夹矸 0~4 层,厚度 3.64~13.52m,平均 7.68m;灰分 2.45%~5.41%,平均为 3.54%;挥发分 22.90%~30.20%,平均 27.46%;硫分 0.67%~1.87%,平均 1.15%;发热量 27.36~31.94MJ/kg,平均 30.04MJ/kg。属低灰、中高挥发分、低硫分、高热值煤。煤类为焦煤。

13 煤结构较简单,夹矸 0~3 层,厚度 0.34~10.34m,平均值 4.02m;灰分 3.51%~5.12%,平均为 4.07%;挥发分 25.08%~30.79%,平均 27.59%;硫分 0.53%~1.00%,平均 0.74%;发热量 23.92~30.77MJ/kg,平均 27.43MJ/kg。属特低灰、中挥发分、中硫分、高热值煤。煤类为焦煤。

16 煤结构较简单,夹矸 0~3 层,厚度 2.27~8.47m,平均值 5.83m;灰分 2.64%~5.98%,平均为 3.81%;挥发分 26.12%~32.18%,平均 29.60%;硫分 0.55%~1.39%,平均 0.92%;发热量 26.72~32.62MJ/kg,平均 29.16MJ/kg。属特低灰、中高挥发分、中硫分、高热值煤。煤类为气煤。

20 煤结构简单,无夹矸,厚度 15.78~18.01m,平均值 16.83m;灰分 2.86%~6.49%,平均为 4.33%;挥发分 25.83%~35.88%,平均 31.00%;硫分 0.76%~1.41%,平均 1.01%;发热量 27.87~32.21MJ/kg,平均 29.58MJ/kg。属特低灰、中挥发分、中高硫分、特高热值煤。煤类为焦煤。

(四)资源储量

勘查区资源量估算分 1200m(2600 等高线)以浅和 1200m 至勘查区边界两个部分进行,区内预测潜在煤炭资源 25 553.6 万 t,其中 1200m 以浅的预测资源量为 17 229.1 万 t,1200m 以深至勘查区边界的预测资源量为 8 324.5 万 t。矿床成因类型为陆相沉积型,煤的用途为炼焦用煤。

（五）发现与勘查

1956—1974年，不同勘查单位在该区利用地表、物探、钻探等工作手段，开展了找煤工作，发现了区内存在煤系及煤层，并对区内煤系及煤层特征进行了控制，对资源前景进行了评价，为后期找矿工作奠定了基础。

2004—2008年，青海省地质调查院在综合分析研究以往青海煤田地质一〇五勘探队详查工作成果资料的基础上，对江仓矿区进行了补充详查工作，进一步查明了矿区构造形态、煤层、煤质及开采技术条件；引入商业资金，对江仓矿区二井田（青海焦煤集团出资）、三井田（西钢集团出资）、四井田（西钢集团出资）、五井田（圣雄矿业出资）和六号井（中国五矿出资）开展了勘探工作。

2009—2010年，由中国五矿出资，青海省第四地质矿产勘查院对江仓矿区六号井37勘探线以西地区开展了补充勘探工作，为矿山建设提供了地质依据。

2011—2017年，青海煤炭地质一〇五勘探队开展了天峻县江仓南部煤矿预查工作，采用物探、钻探、测量及可控源音频大地电磁测深等方法技术手段，证实了F8断层是侏罗纪含煤沉积盆地后期形成断层，初步认为F8断层很可能将江仓含煤地层向斜南翼逆冲切割。大致确定了矿区被F8断层后期改造呈向北倾斜的单斜构造形态，煤层倾角浅部较大，深部变缓，断距在2000m，东部含煤地层赋存较浅，西部赋存较深的格局。截至2017年底，矿区共求得煤资源量2.56×10^8t，规模为中型，矿床成因类型为陆相沉积型，煤的用途为炼焦用煤，是"十三五"期间取得新进展矿床。

三、大柴旦行委鱼卡煤田九龙山北煤及煤层气

（一）概况

矿区位于海西州大柴旦镇以西50km，行政区划隶属于大柴旦行委管辖。柳（柳园）-格（格尔木）高速（G3011线）从普查区北部通过，青（青海）-新（新疆）公路（S314线）从矿区南部通过。南距格尔木市245km，东距大柴旦镇50km、德令哈市240km，西距冷湖镇220km；距青藏铁路锡铁山火车站125km，距青海省省会西宁市约850km。

（二）矿区地质特征

通过区域以往工作及前期预查成果认识，九龙山北普查区整体位于滩间山北-鱼北向斜（断陷）带中段。构造形态为一受一系列不同期次逆断层影响形成的断块构造。主要构造线呈近东西向，发育F10、F5、ZF1、ZF2、F12及F9等逆断层，为后期北东向DF2等断层切割。含煤地层总体呈北倾单斜赋存。其中F10、F5、ZF1断层带内根据预查阶段实施的JLSZK1、JLSZK2号钻孔的钻遇情况，含煤地层埋深在1500m以浅，自东向西煤层埋深较稳定，倾向上由南向北逐渐变深，倾角自浅至深逐渐变缓；ZF1、F12断层带内，根据龙4号钻孔和JLSZK3号钻孔钻遇情况，该条带内含煤地层埋深超过2500m；F12、F9条带内根据以往实施的ZK4号钻孔，基底地层抬升，只在该条带南部残留有含煤地层，埋深不超过1000m（图4-1-6）。

区内发育的地层由老至新有古元古界达肯达坂群（Pt_1dk），上奥陶统滩间山群（O_3tj），下—中侏罗统大煤沟组（$J_{1-2}d$）、中侏罗统采石岭组（J_2c）、上侏罗统石门沟组（J_3s）和红水沟组（J_3h），古近系（E），新近系（N），第四系（Q）。其中含煤地层为大煤沟组和石门沟组，大煤沟组分砂砾岩段（$J_{1-2}d^1$）和含煤段（$J_{1-2}d^2$），石门沟组分含煤段（J_2s^1）和页岩段（J_2s^2）。

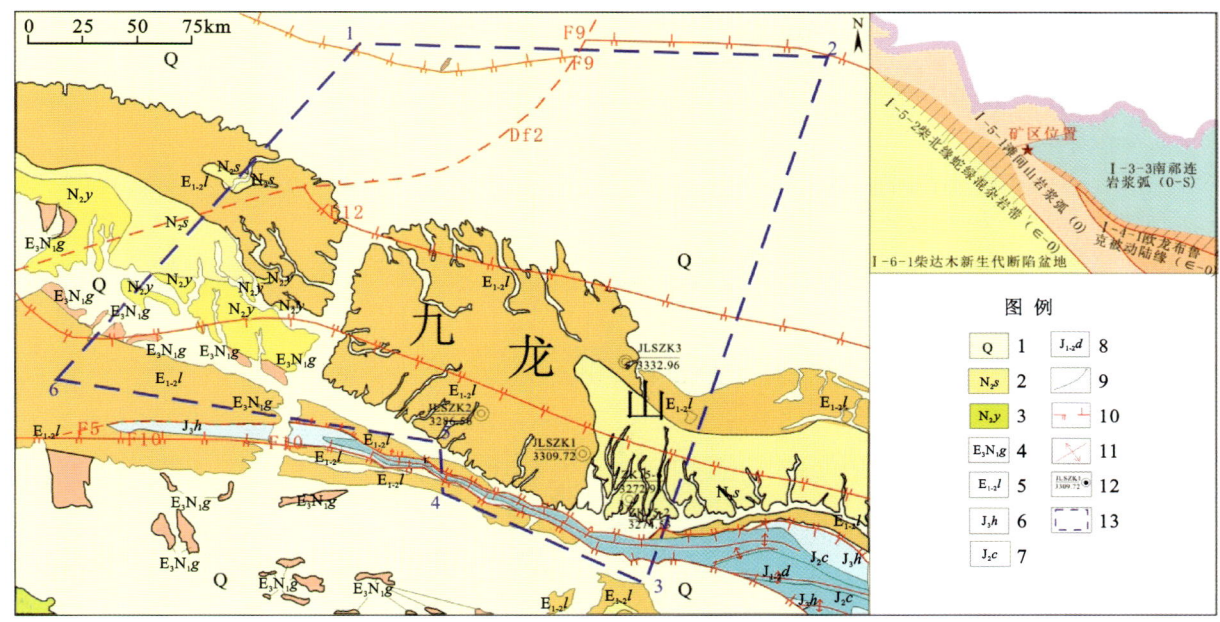

1.第四系;2.上新统狮子沟组;3.上新统油沙山组;4.渐—中新统干柴沟组;5.古—始新统路乐河组;6.上侏罗统红水沟组;7.中侏罗统采石岭组;8.下—中侏罗统大煤沟组;9.地质界线;10.工程控制推断逆断层;11.背斜;12.已施工的钻孔;13.矿区范围。

图 4-1-6　鱼卡煤田九龙山北煤及煤层气矿区地质图(据青海煤炭地质勘查院,2020)

(三)煤层与煤质特征

通过区内钻孔施工成果,工作区共含煤 8 层。其中 M1 厚 0.60m,M2 厚 2.48m,M3 上厚 2.34m,M3 下厚 1.51m,M4 厚 3.02m,M5 厚 15.03m,M7 厚 48.41m,M 末 1.11m。区内石门沟组 M5 煤层和大煤沟组 M7 煤层为全区主采煤层(图 4-1-7)。

M5 煤层位于石门沟组含煤段底部,距下部 M7 煤层 16.80～143.09m,平均距离为 61.31m。厚度为 1.87～15.03m,平均为 6.39m,见煤点 3 个,可采点 3 个,煤层结构简单,无夹矸。顶板多为泥质粉砂岩,底板为粉砂质泥岩、粗粒砂岩及含砾粗砂岩。M5 煤层灰分 4.97%～32.04%,平均 17.17%;挥发分 29.14%～44.43%,平均 38.96%;硫分 0.33%～0.96%,平均 0.57%;发热量 17.43～30.61MJ/kg,区内平均为 24.79MJ/kg。属低中—低灰、中高挥发分、低硫分、中发热值煤。煤类为长焰煤。

M7 煤层属全区可采煤层,该煤层位于大煤沟组含煤段底部,厚度为 14.01～48.41m,平均 31.21m,自西向东逐渐变厚,结构复杂含多层夹矸,夹矸岩性主要以碳质泥岩和泥岩为主,还有少量粉砂岩。煤层顶板以粉砂质泥岩为主,少量碳质泥岩,底板为灰黑色含砾泥岩、泥质粉砂岩及粉砂岩。M7 煤层灰分 6.29%～35.68%,平均 16.10%;挥发分 29.42%～40.76%,平均 36.43%;硫分 0.21%～1.04%,平均 0.48%;发热量 21.04～29.13MJ/kg,区内平均为 26.46MJ/kg。属低灰—中灰、中高挥发分、特低硫分、中高发热值煤。煤类为不黏煤。

(四)资源储量

通过勘查工作,区内 1500m 以浅对 M3 上、M3 下、M4、M5、M7 煤层资源量进行了估算,预测潜在煤炭资源 26 100 万 t。

规模为大型,矿床成因类型为陆相沉积型,煤的用途为动力用煤。

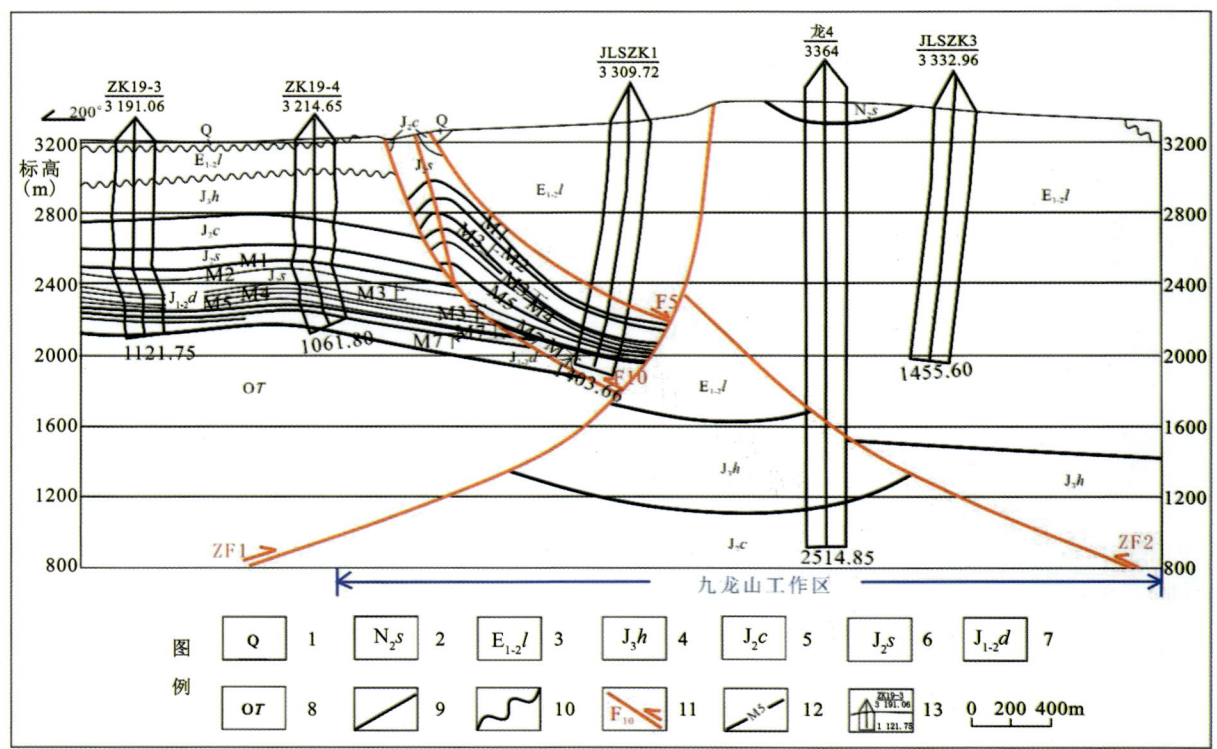

1.第四系;2.上新统狮子沟组;3.古—始新统路乐河组;4.上侏罗统红水沟组;5.中侏罗统采石岭组;6.中侏罗统石门沟组;7.下—中侏罗统大煤沟组;8.奥陶系滩间山群;9.地层界线;10.角度不整合界线;11.断层及编号;12.煤层及编号;13.已施工钻孔编号及孔深。

图 4-1-7　鱼卡煤田九龙山北煤及煤层气矿区 19 勘探线剖面图

（五）发现与勘查

1982—1996 年,不同勘查单位对包括九龙山北地区的鱼卡地区开展了大量的物探工作,对区内含煤地层进行了解译和评价,同时对区内煤矿瓦斯进行了调查,为后期九龙山北地区找煤工作提供了基础资料。

2014—2015 年,青海煤炭地质一〇五勘探队实施了"柴达木盆地北缘富煤区侏罗纪煤层气、页岩气资源远景调查"项目,建立了实测参数与测井数据的拟合模型,计算了煤层气/页岩气地质资源量,优选了煤层气有利区和目标区、页岩气远景区和有利区。

2017—2020 年,青海煤炭地质勘查院开展了青海省鱼卡煤田九龙山北煤及煤层气预查工作,收集并充分研究了周边以往物探、钻探等工作手段资料,在 F10—ZF1 断块内施工的 JLSZK1 号孔钻遇可采煤层 M5 厚 15.70m,M7 厚 46.52m。M5、M7 煤层分布受 ZF1 断层控制明显,其中西部煤层厚度相对较小,东部煤层厚度相对较大,M5 煤层与南侧羊水河 M5 煤层连续分布,M7 煤层具有由西向东变厚的趋势。在 F10—ZF1 块段内总含煤面积约 13km^2,煤层埋藏深度为 1100~1500m,相对较有利。通过估算,M5、M7 两套煤层资源量约为 $4.04×10^8$m^3,具有一定的煤层气资源前景。参照鱼卡地区实施的 YQ1、YQ2 参数井,煤层孔隙度为 14.87%,渗透率在 $(0.35~5.11)×10^{-3}\mu m^2$ 之间,均达到煤层气评价有利标准,具有良好的煤层气资源前景。

2020 年之后由青海煤炭地质勘查院继续开展普查工作。

第二节　黑色金属矿产

本书编入的黑色金属矿床有都兰县三通沟北锰矿、格尔木市大干沟口钒矿、大柴旦行委鱼卡金红石钛矿、乌兰县丁叉叉山南坡钛矿 4 处。

一、都兰县三通沟北锰矿

（一）概况

矿区行政区划隶属海西州都兰县宗加镇管辖，位于诺木洪镇以南，109 国道和 G6 京藏高速通过矿区北部，交通较为便利。中心点坐标为东经 96°27′52″，北纬 35°55′34″。该矿床是青海省首例新发现的海相沉积型矿床。

（二）矿区地质特征

矿区内出露的地层为奥陶系纳赤台群和八宝山组火山岩段、砂砾岩段。纳赤台群四周均为八宝山组所覆盖，岩性以黑色粉砂岩、硅质岩、白云岩、长石砂岩、岩屑长石砂岩等组合为主，局部含有黑色有机质、黄铁矿等，南部局部地段和深部被辉长岩体侵入破坏。八宝山组火山岩段岩性主要有紫红色、灰绿色玄武岩、安山岩、英安岩、流纹岩夹角砾状火山熔岩及粉砂岩；砂砾岩段岩性以灰绿色、紫红色复成分砾岩为主，局部见少量泥质粉砂岩、凝灰质砂岩、岩屑长石砂岩、含砾粗粉砂岩（图 4-2-1）。

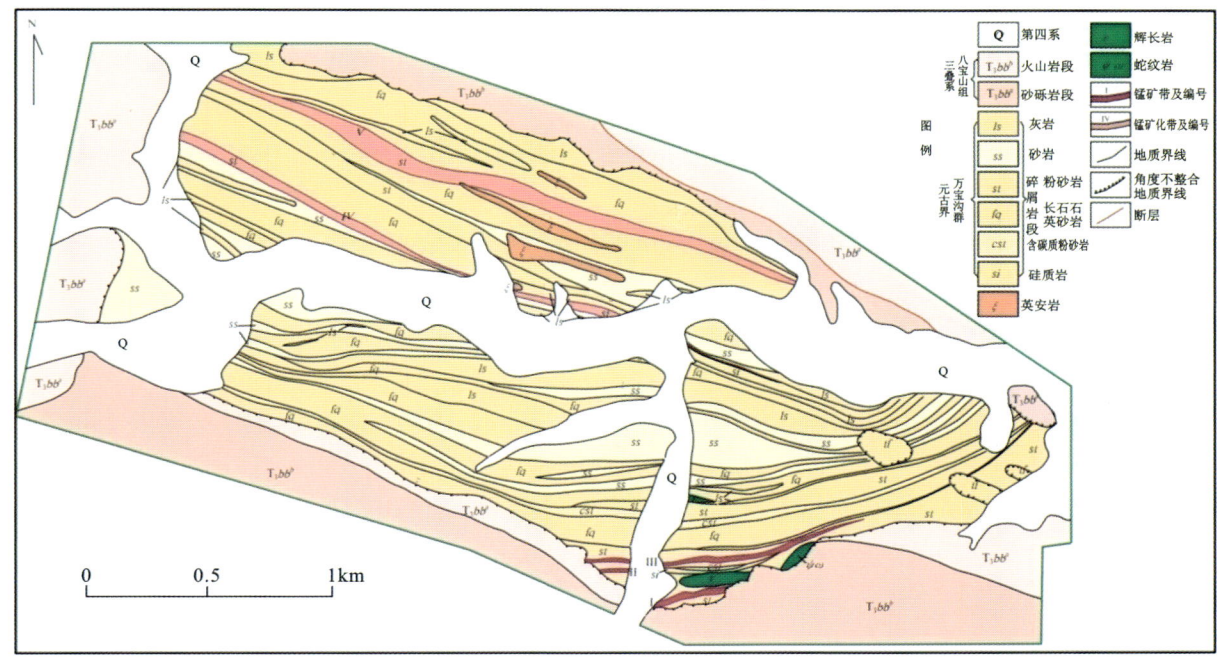

图 4-2-1　三通沟北锰矿矿区地质图（据青海省第三地质勘查院，2020）

区内地层总体呈向南倾,地层单元内部次级褶皱相对较为发育,多见揉皱和挠曲构造。纳赤台群中褶皱构造以轴向近东西向、北西西向,短轴紧闭小型叠加褶皱为主,以顺片理为主变形面,轴面劈理一般不发育,在一些能干性较强砂岩、硅质岩中,形成尖棱褶皱。矿区南部兼有一背斜构造发育,由万宝沟群碎屑岩组构成,长约2km,宽约800m,南翼产状170°～190°∠55°～75°,南翼多已被剥蚀,且被八宝山组火山所覆盖,两翼相对对称性较好,北翼产状340°～20°∠60°～85°,轴面劈理不发育。背斜核部为一套辉长体所侵入破坏,局部地表仅见少量纳赤台群碎屑岩的薄层残留,该背形构造向北侧多为第四系覆盖,根据该背形南北翼出露地层,推测向北侧深部逐渐变为向斜构造。目前所发现的Ⅰ、Ⅲ号锰矿带赋存在该背斜的两翼,矿体产状、形态受褶皱构造控制,因此褶皱构造具明显的控矿作用,对成矿起富集作用。

矿区岩浆活动强烈,岩浆岩以基性—超基性岩为主,主要分布于矿区南部,岩性分别为辉长岩和蛇纹岩,两者侵入于纳赤台群碎屑岩组内。其中辉长岩地表出露面积较小,深部经钻探验证结合物探磁法推断,该岩体总体呈北东东向展布,且向深部有一定的规模,与纳赤台群碎屑岩呈侵入接触关系,岩石呈辉长结构,因受构造应力作用的影响,多发生脆性变形,具碎裂结构,碎块成分为辉长岩,碎基展布无序,无定向产出。粒径大于2.00mm,碎块间没有明显相对位移,呈棱角状,大小不等,杂乱排列。

（三）矿体特征

矿区内共圈出3条锰矿带,整体呈东西方向展布,东西长0.3～1km,宽10～40m。带内圈定18条锰矿体,矿体主要赋存于泥钙质粉砂岩或硅质粉砂岩中,呈似层状、透镜状、不规则脉状,分支复合,产状与地层产状基本一致。Ⅰ矿带倾向176°～185°,倾角61°～67°。矿体长200～300m,厚1.01～12.6m,倾向延伸100～205m。Ⅱ矿带倾向185°,倾角60°。矿体长200m,厚1.37m,倾向延伸100m。Ⅲ矿带倾向353°～11°,倾角65°～85°。矿体长200～1000m,厚0.55～3.53m,倾向延伸50～590m;锰矿石的品位Mn10.05%～24.02%,平均品位Mn16.08%(图4-2-2)。

（四）矿石特征

区内锰矿矿石成分简单,主要为菱锰矿矿石及菱锰矿-褐锰矿矿石。矿石结构有粉砂结构、泥晶结构、碎裂结构;矿石构造主要有块状构造、条带状构造及角砾状构造。金属矿物从早到晚生成顺序为菱锰矿—褐锰矿、褐铁矿。

按锰矿石氧化程度大致可分为混合带、原生带。地表至地下约4m为混合带,主要是原生锰矿物以及后期的氧化的锰矿物,多为菱锰矿和褐锰矿的结合体。其中菱锰矿以微晶状集合形式产出,褐锰矿多以角砾状分布或沿裂隙面呈膜状分布。一般4m下为原生带,原生带内矿石主要为菱锰矿矿石。区内矿体绝大多数为原生的菱锰矿。锰矿石工业类型主要为碳酸锰矿石,根据分析,主要为贫锰矿石,属于冶金用锰矿石。

（五）资源储量

初步估算潜在锰矿石量383.6万t,矿床平均品位15.9%,矿床规模达到中型。

（六）控矿因素

地层、岩性:矿区所发现的锰矿产于万宝沟群碎屑岩组内,含锰岩系为一套以浅海相沉积的碎屑岩

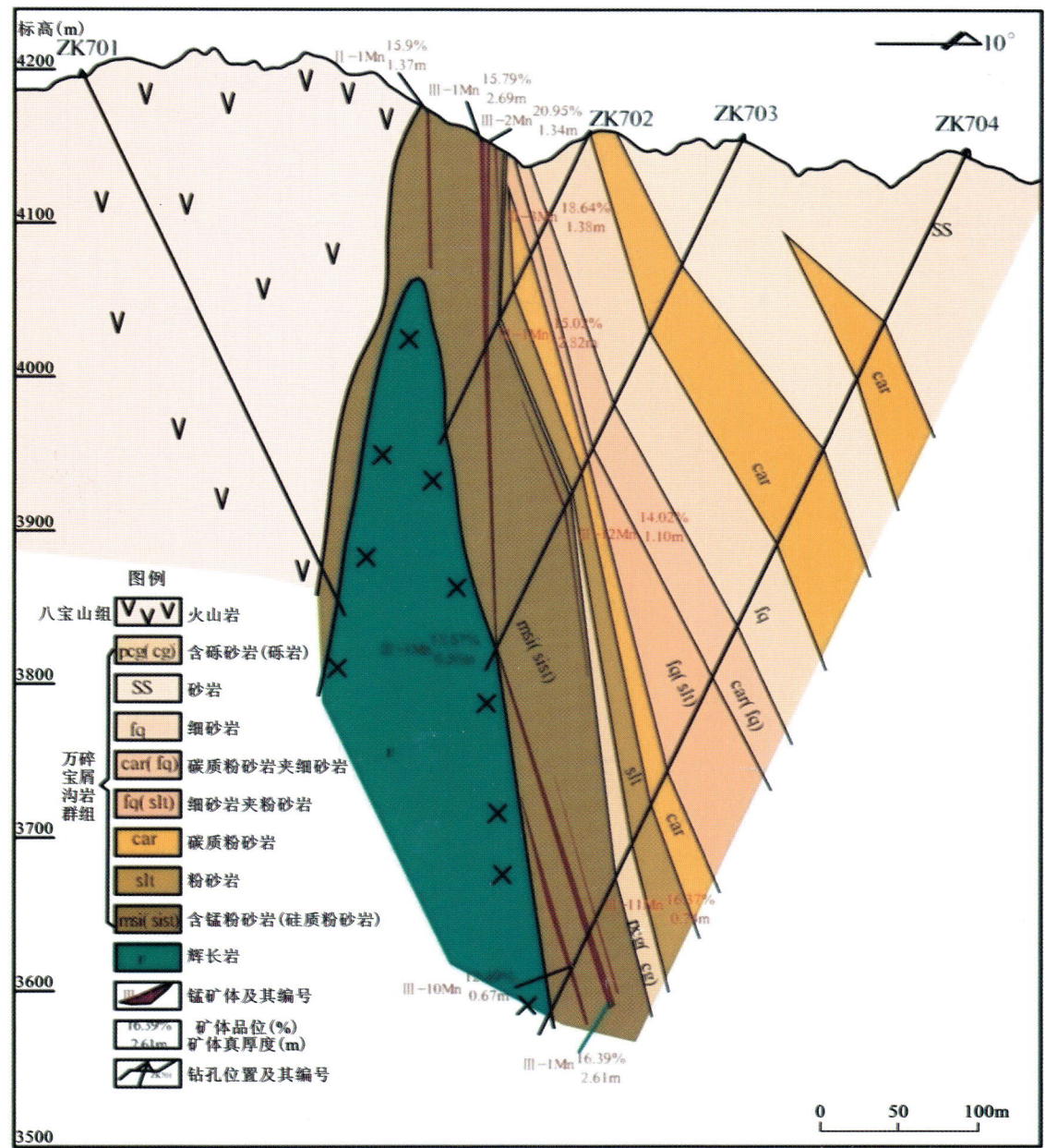

图 4-2-2　三通沟北锰矿区 7 勘探线剖面简图（据青海省第三地质勘查院，2020）

为主的建造，层位稳定。锰矿体主要赋存于粉砂岩段中，粉砂岩中锰含量明显超过克拉克值。因此，万宝沟群碎屑岩组中的粉砂岩层位是找矿的目标层位。

构造：区内构造活动强烈，受后期构造影响，区内断裂及褶皱构造发育。目前所发现的Ⅰ、Ⅲ矿带赋存在背斜的两翼，矿体产状、形态受褶皱构造控制，因此褶皱构造具明显的控矿作用，对成矿起富集作用。断裂构造多形成于成矿后，钻孔及地表的断层对矿带及矿体多有切割，因此断裂构造对矿体起破坏作用。

岩体：区内岩体侵入均在成矿后，后期侵入岩岩浆活动对已形成的矿体形态进一步改变或"吞噬"，因此岩浆活动对矿体具有破坏作用。

(七) 找矿标志

化探异常标志：区内1∶2.5万地球化学测量及重点异常的岩石剖面测量工作，已圈定了多处较好的化探异常，对部分异常进行检查已发现了锰、金等矿体，说明区内化探异常具有较好的指导意义。

地层岩性标志：万宝沟群碎屑岩组地层是锰矿产出的唯一层位，而该套地层中的泥钙质粉砂岩是最重要的含矿岩性。锰矿体受风化作用在地表呈黑色条带，岩石相对密度明显高于围岩，且地表锰矿氧化后具有非常好识别的淡蓝色锖色，可作为重要的露头标志。

构造标志：褶皱构造具有明显的控矿作用，已发现的矿体产于背斜两翼，褶皱构造是寻找沉积型锰矿的重要标志。

(八) 矿床类型

区内赋矿地层岩性均以硅质岩、碳质泥岩、硅质泥岩为主，含矿岩系特征可归为硅质岩—泥岩沉积型锰矿。锰矿石矿物类型主要为钙菱锰矿，构造主要显示条带状纹层构造，矿石结构主要有泥晶-细晶结构、显微凝块结构、砂屑泥晶结构。锰矿石本身具有较低的 $Al/(Al+Fe+Mn)$、Y/Ho、Co/Ni 比值等特征，说明成矿物质来源于海底热水活动。锰矿石的具有较高的 Th/U 值，较低的 Fe/Mn、V/Cr、$V/(V+Ni)$ 等比值，Ce 正异常以及菱锰矿层伴生的草莓状黄铁矿粒度特征，指示锰矿石形成时水体处于氧化—次氧化环境，以氧化物或氢氧化物形式沉积富集。锰矿石 $\delta^{13}C$ 范围为 $-5.2‰ \sim -19.92‰$，均值为 $-11.08‰$，强烈的负偏表明锰矿经历了先成锰氧化物或氢氧化物，再被还原转化成菱锰矿的过程，强烈的有机质还原作用是富锰矿形成的决定性因素。纳赤台群主要沉积一套浅海陆棚相和深水盆地相的组合，夹部分斜坡相砂质沉积，Ⅰ、Ⅱ、Ⅲ锰矿带沉积于盆地相内。综上所述锰矿床类型属海相沉积型锰矿。

(九) 发现与勘查

2017年以前区内及周边开展过大量的地质勘查工作，大致了解了普查区及周边的地层、构造、岩浆岩的地质特征及成矿地质条件，并发现了多处以金多金属矿为主的矿床(矿点)等。但对区内锰矿成矿认识不足，未引起足够重视，对于锰矿找矿的勘查工作较少涉及。2017—2018年，青海省第三地质矿产勘查院在埃坑德勒斯特地区开展了1∶2.5万地球化学测量工作。在区内圈定多处以锰元素为主的化探异常，其中GA32乙2Mn异常，异常规模大，具三级浓度分带，通过查证工作在异常区发现了锰矿(化)体，为本区开展工作提供了化探依据。2019—2020年，青海省第三地质勘查院通过省地勘基金立项申请并承担实施了青海省都兰县三通沟北地区锰多金属矿预查项目，对区内圈定的12处1∶2.5万地球化学异常开展了查证工作，在GA32异常内圈出了3条锰矿带，18条锰矿体。通过2020年的工作，对主矿带沉积相进行了研究，结合剖面测量和钻探对比研究，基本确定主矿带的沉积相模式属于海底扇推进相模式；结合物探成果经钻探验证，对锰矿体进行了较系统控制，基本了解了主矿区的找矿前景，初步认为锰矿带受褶皱构造控制，具备大型海相沉积型锰矿的成矿潜力，有望成为省内首个大型海相沉积型锰矿床。该套含锰黑色岩系地层的发现也将改变青海省无中型以上规模锰矿的现状，将带动青海省东昆仑地区锰矿的勘查和研究工作，为青海省寻找同类型海相沉积型锰矿床提供了新的找矿方向。2020年之后由青海省第三地质勘查院继续开展普查工作。

二、格尔木市大干沟口钒矿

(一) 概况

大干沟口钒矿床位于格尔木市郭勒木德镇大干沟地区,隶属格尔木市管辖,距 109 国道约 10km,有简易砂石路通过矿区。"十三五"之前青海省第五地质矿产勘查院在该地区发现了钒钼矿化线索,并开展了预查工作。"十三五"以来在预查工作的基础上,青海省地质矿产勘查开发局和青海省第五地质勘查院联合勘查开展了普查、详查工作,在钒矿找矿工作方面有了重大突破,矿床规模已达中型。

(二) 矿区地质特征

矿区出露地层主要有奥陶系—志留系纳赤台群哈拉巴依沟组及元古宇万宝沟群。其中万宝沟群岩性主要为微晶大理岩及变砂岩;哈拉巴依沟组为矿区内的主要地层(图 4-2-3),该套地层自下而上分为 3 个岩性段。其中,下岩段岩性主要为浅灰色灰岩;中岩段下部为黄褐—灰黑色泥钙质板岩,上部为薄层状黑色碳质板岩与薄层浅灰色硅质岩互层,局部见薄层灰岩夹层,该岩性段为主要含矿地层;上岩段主要为泥钙质板岩与灰岩互层,岩段中部见有薄层砂岩出露。

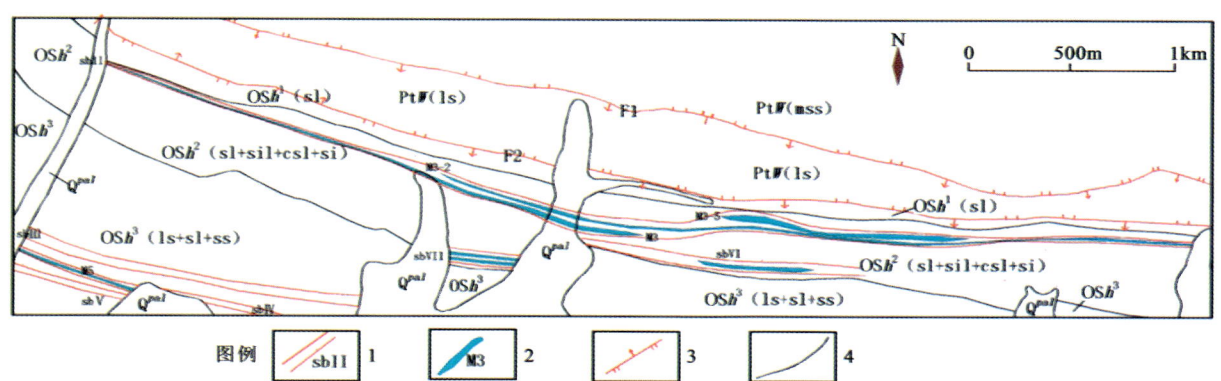

Q^{pal}-第四系洪冲积;OSh^1(sl)-哈拉巴依沟组下岩段;OSh^2(sl+sil+csl+si)-哈拉巴依沟组中岩段;OSh^3(ls+sl+ss).哈拉巴依沟组上岩段;PtW(ls).元古宇万宝沟群灰岩;PtW(mss).元古宇万宝沟群变砂岩;1.蚀变带及编号;2.钒矿体及编号;3.断层界线及编号;4.地层界线。

图 4-2-3 大干沟口地区矿区地质简图(据青海省第五地质勘查院,2020)

(三) 矿体特征

矿区内共圈出钒矿化蚀变带 6 条,总体走向北西向,倾向南,倾角 60°~80°,长度 0.4~6.2km,宽度 50~500m,矿化原岩以碳质板岩、碳质硅质板岩为主。通过槽探及深部钻探工程揭露,共圈出 20 条钒矿体,矿体长度在 200~3600m 之间,厚度在 0.82~12.05m 之间,控制斜深 50~480m,V_2O_5 的品位在 0.51%~2.92% 之间,Mo 的品位在 0.011%~0.1% 之间,矿体形态简单,以层状为主,沿走向和倾向上厚度和品位的变化较稳定,具有膨大缩小、分支复合的特点。其中 sbⅢ号钒矿化蚀变带中的 M3、M3-2、M3-5 及 sbⅣ矿化蚀变带中的 M5 矿体规模均较大(图 4-2-4),特征如下。

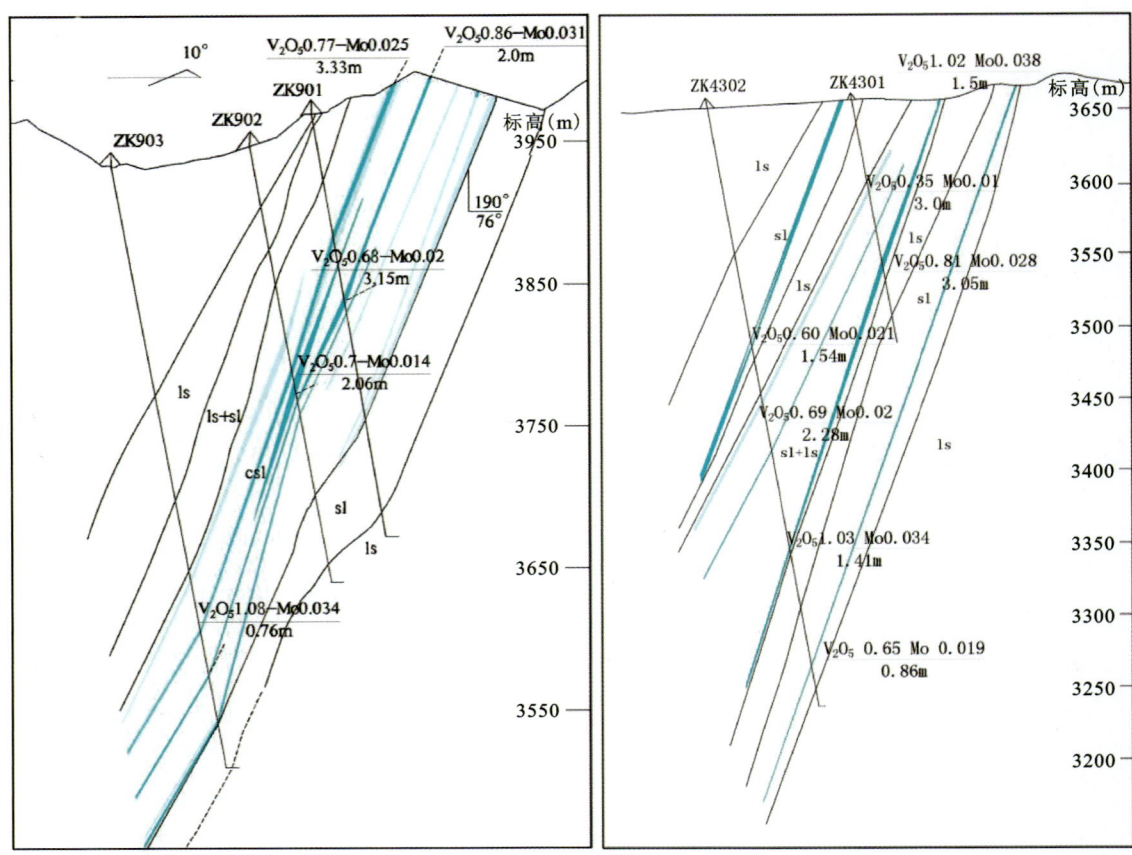

图 4-2-4　大干沟口矿区 09、43 勘探线剖面图（据青海省第五地质勘查院，2020）

M3 钒矿体长 2800m，控制斜深 98~423m，厚度 0.82~3.05m，平均厚度 1.59m，V_2O_5 品位 0.51%~2.92%，平均品位 0.83%，Mo 品位 0.014%~0.038%，平均品位 0.025%，Pd 品位 20.7~224ng/g，平均品位 42.4ng/g。矿体走向 108°，倾向南，倾角 66°，矿体向深部厚度有变薄的趋势。

M3-2 钒矿体长 3600m，控制斜深 60~423m，厚度 0.76~5.00m，平均厚度 2.02m，矿体走向 118°，倾向南，倾角 70°。V_2O_5 品位 0.52%~1.44%，平均品位 0.77%，Mo 品位 0.01%~0.031%，平均品位 0.024%，Pd 品位 20.7~224ng/g，平均品位 88.2ng/g。

M3-5 钒矿体长 1370m，厚度 0.86~12.05m，平均厚度 3.15m，走向 120°，倾向南，倾角 75°。V_2O_5 品位 0.5%~1.20%，平均品位 0.74%；Mo：0.011%~0.048%，平均品位 0.023%，Pd 品味 23.1~110.0ng/g，平均品位 35.1ng/g。

M5 钒矿体位于 sbⅣ 矿化蚀变带内，长度约 1020m，矿体厚度 1.17~2.38m，平均厚度 1.66m，矿体产状 190°~195°∠72°~75°。V_2O_5 品位 0.5%~0.93%，平均品位 1.01%，Mo 品位 0.034%~0.07%，平均品位 0.042%。

（四）矿石特征

钒矿石的矿物成分以非金属矿物为主，金属矿物较少。金属矿物主要有褐铁矿、黄铁矿、黄铜矿、铜蓝，非金属矿物以石英、碳质粉末、黏土矿物为主，次为方解石等。

钒矿矿石结构主要为隐晶-微晶结构、鳞片变晶结构，次为粒状、胶状、假晶结构；矿石构造主要有显微平行-纹层状、互层状、板状构造等。

（五）围岩蚀变

含矿岩性主要为碎裂岩化碳质板岩、碳质硅质板岩，围岩主要有灰岩、泥钙质板岩、硅质岩等，岩石蚀变较强烈，普遍较破碎。围岩蚀变的类型主要有黄铁矿化、褐铁矿化、黄钾铁矾化、硅化、碳酸盐化；碳质板岩见有极强的黄钾铁矾化、褐铁矿化等现象，局部见有黄铁矿化现象。

（六）资源储量

累计提交 V_2O_5 化合物量 10.87 万 t，V_2O_5 平均品位 0.75%；伴生钼金属量 3 173.6 t，P_2O_5 金属量 156 144 t，Ga 金属量 1 035.9 t，Se 金属量 244.4 t，Ag 金属量 29.7 t，Pt＋Pd 金属量 325.9 kg。矿床规模达到中型。

（七）控矿因素

钒矿的富集地层主要为一套黑色碳质板岩、碳质硅质板岩，地表岩石较破碎，氧化呈鲜艳的黄绿色、砖红色，局部呈黑色碳质粉末，但通过钻孔中的见矿地层发现其主要为一套沉积的碳质板岩，碳质含量越高，含矿性越好。

矿区位于雪山峰-布尔汉布达造山亚带上，在造山期构造层主导的背景环境下，包容了由断裂控制边界的前造山期古陆块体。区内地层为陆表海环境下的碎屑岩和碳酸盐岩沉积；早古生代东昆仑地区经历了一个从陆块裂开到闭合的完整过程，在裂谷伸展作用环境下，次深海——深海陆源物质、火山碎屑相对匮乏，长时间的饥饿沉积、缺氧导致大量生物死亡，形成了高含量有机质的黑色岩系，在有机质的强烈吸附下，形成了富含金属元素的原始沉积层；经造山运动、区域变质、变形，加之不同规模、不同层次的逆冲剪切构造作用改造，为原始矿源层提供了很好的动热条件和大量成矿流体、挥发组分及活动空间，使高背景矿源层金属元素再度活化富集，最终富集成矿。

初步分析钒矿的控矿因素主要为地层控矿，含矿地层为奥陶系—志留系纳赤台群哈拉巴依沟组的碳质板岩段，该套地层为陆表海环境下的碎屑岩沉积，后期构造改造主要为一些韧-脆性剪切构造作用的叠加与改造。

（八）找矿标志

地球化学标志：1∶5 万水系沉积物异常 AS18-3、AS18-4 号异常以 Mo 为主元素，1∶1 万土壤异常整体呈现出 2 个大的趋势，矿区东部多以 Mo 为主元素，西部多以 Au、Ag、Cu、Sb 为主元素，与水系异常具有很好的吻合性。1∶5 万水系及 1∶1 万土壤异常中虽未对 V、Pd 等元素进行测试分析，但通过对 1∶5 万水系异常及部分土壤异常的浓集中心进行踏勘检查及槽探工程揭露，发现多处矿（化）体和矿化线索，且发现 V、Mo、Pd 具有明显的伴生共生关系，因此 Mo 的异常也可以作为寻找 V、Pd 的异常标志，同时也说明水系异常和土壤异常是该区的主要找矿标志之一。

地层标志：区内的主要含矿层位为一套碳质板岩，次为碳质硅质板岩（一般黄铁矿化比较发育）。含矿碳质板岩在地表表现为呈黑色粉末状，局部发育较强的黄钾铁矾化，钻孔中岩性相对比较完整，局部呈松散粉末状，呈深黑色，裂隙面呈明亮的浅灰色，质软，具滑腻感，污手现象十分明显，局部地段可见细脉状黄铁矿顺板理面断续发育。

构造标志：目前发现的矿体均位于蚀变破碎带中，破碎带的原岩为灰岩、碳质板岩、粉砂质板岩等，破碎带具有较强的硅化、褐铁矿化、黄铁矿化等现象，岩石越破碎，其中的矿化体品位越高，尤其破碎碳质板岩有机质越多，钒的品位就越高，因此矿区蚀变破碎带是找矿的主要标志之一。

地表氧化带标志：钒矿化的碳质板岩，其地表呈鲜艳的黄绿色、砖红色甚至黑色粉末状，并伴有强烈的褐铁矿化、黄钾铁矾化等。

热液蚀变标志：钒矿体原生矿石中可见星点状甚至细脉状的黄铁矿发育，并发育弱的硅化。矿体顶底板中还见有多层硅质岩发育，硅质岩代表的是一个热水沉积或火山活动，而细脉状他形黄铁矿更有可能是由于后期热液活动侵入形成。

（九）矿床类型

矿床成因为沉积型，形成环境为半深海—浅海相，岩性组合为一套碳质硅质板岩、碳质板岩、细碎屑岩及碳酸盐岩，含矿岩性为碳质板岩。

在钒矿体的主要含矿地段见有薄层的硅质岩以夹层或透镜体的形式发育，岩石局部可见薄膜状的重晶石化发育，反映出矿体有热水沉积作用的特征。含矿岩性内部可见黄铁矿-石英呈微细脉-浸染状分布，碳质硅质板岩中见有碳质条带与硅质条带相间发育所形成的韧脆性剪切构造发育，显示出矿体经受了后期构造的叠加改造作用。

奥陶纪—志留纪时期东昆仑地区经历了东昆中洋向西域板块（塔里木地块）俯冲消减的过程，浅海浮游生物大量繁殖，并对 V 等元素进行富集，随着海底洋流的作用将这些生物带到半深海环境的贫氧层中，藻类浮游生物死亡并逐渐沉淀下来，同时期海底热水活动也带上来大量其他成矿元素，在成岩阶段，泥质黏土矿物对元素进行进一步的吸附富集，后期昆仑造山构造运动中发生不同程度的区域变质作用，经区域地质变形和后期强烈韧-脆性剪切构造作用叠加与改造，黏土矿物中的金属元素再度活化富集，最终富集成矿，因此初步分析研究认为区内的钒矿成因为沉积型。

（十）发现与勘查

2001—2002 年，青海省地质调查院开展了 I46E002020（黑刺沟幅）、I41E001020（水泥厂幅）、I46E002019（忠阳山幅）1∶5 万区域地质调查。其中 I41E001020（水泥厂幅）涉及矿区范围，为区内地质研究及成矿规律分析提供了重要的基础地质资料。2011 年由青海省第五地质矿产勘查院开展了青海不冻泉—卡巴纽尔多地区 1∶25 万区域化探的工作，圈定以 Cu、Pb、Zn、Ag、Sb、Ba、W、Sn、Mo、Au 为主的综合异常 93 处，其中甲类异常 20 处，乙类异常 27 处，丙类异常 46 处，矿区涉及大干沟口 AS Au（MoBaCdCuSb）异常。2005 年 12 月由中国地质大学（武汉）完成了不冻泉幅 1∶25 万区域地质调查工作，并编制了成果报告和图件，为区内地质研究提供了重要的基础地质资料。2012 年针对 AS18 号 1∶25 万化探异常进行查证工作，圈出了 AS18-1、AS18-2、AS18-3、AS18-4、AS18-5 等 5 处 1∶5 万水系综合异常，对部分土壤异常高值点通过踏勘和探槽揭露发现了 5 处金矿化线索。2013—2015 青海省第五地质矿产勘查院开展了预查工作，圈定了 11 条构造破碎蚀变带，对构造破碎蚀变带的矿化特征及围岩蚀变特征进行了大致的了解，为后续的地质工作提供了基础地质资料。2016 年编制了《青海省格尔木市大干沟口金矿预查报告》。2017—2019 年青海省第五地质矿产勘查院开展普查工作。

三、大柴旦行委鱼卡金红石钛矿

（一）概况

矿区位于大柴旦镇西约100km，鱼卡煤矿附近，隶属青海省海西蒙古族藏族自治州大柴旦行政委员会管辖，交通便利。2016—2017年中国地质大学地质调查研究院继续开展了青海省大柴旦行委鱼卡-铁石观金红石矿普查工作。"十三五"期间新增TiO_2潜在资源56.53万t，共生石榴子石563.97万t。通过对金红石矿体混合样和4-1金红石矿体开展的工艺矿物学和钛回收选矿工艺研究，全矿区混合样选矿结果相对较差，目前尚无法开发利用。

（二）矿区地质特征

矿区内出露的地层有中新元古界鱼卡河岩群超高压变质岩系，新近系狮子沟组河湖相碎屑岩系，其中中新元古界鱼卡河岩群变碎屑岩组是区内出露的最主要地层，也是金红石矿床主要赋矿地层（图4-2-5），主要由白云母石英片岩、二云母片岩等组成，并夹有厚度不等的榴辉岩、大理岩等，部分地段榴辉岩构成矿层，榴辉岩呈透镜状或条带状及似层状产于石英片岩及云母片岩中，区内变质作用较为明显，石榴子石集合体定向构成条带状构造，峰期变质作用是金红石形成的主要阶段，是成矿的主要时期。区内的断裂构造可分为与成矿活动同时的弥漫性的韧性剪切构造、成矿后的韧-脆性断裂和脆性断裂构造3类，其中同成矿阶段断层对榴辉岩形态具有控制作用，成矿后断层影响较小。区内主要分布有新元古代岩浆岩、古生代大石台超基性杂岩，岩脉有英云闪长质伟晶岩脉和石英脉。

（三）矿体特征

区内圈出榴辉岩型金红石矿体（群）18个以上，共计圈出矿体70个，金红石矿体TiO_2品位一般变化在1.65%~3.69%之间，其中工业矿体32个。单个矿体控制长124~1100m，真厚度2~36.91m不等，呈北西向似层状或透镜状产出，矿体倾向北东，倾角多变化在65°~75°之间。多个矿体沿走向断续相连，显示了层控和韧性变形改造叠加的特点。其中最重要的矿体为4、5号矿体群，4-1和5-1为最重要的工业矿体。

4-1矿体属似层状矿体，控制长度1125m，平均真厚度14.57m，最大斜深394m，矿体平均TiO_2品位2.83%。矿体走向北西向，倾向北东63°，倾角64°。矿体整体可分为工业品位矿块和低品位矿块两部分，其中工业品位矿块呈似层状，控制长度1125m，控制倾向延深100~394m，平均真厚度22.32m，平均TiO_2品位2.89%，呈板状体或不明显的向下变窄的楔状体产出。低品位矿块见于矿体北西边缘26线，控制长度150m，控制最大斜深300m，平均真厚度15.04m，平均TiO_2品位2.23%。矿体品位稳定，厚度稳定—较稳定（图4-2-6）。

5-1矿体属似层状矿体，地表控制长度约910m，平均真厚度20.40m，控制最大延深300m，平均TiO_2品位2.46%。矿体走向北西向，倾向北东60°，倾角55°，由中部工业矿块和两侧低品位矿块构成。工业矿块控制长712m，控制倾向延深100~220m，平均真厚度16.24m，平均TiO_2品位2.71%，呈向下变窄的楔状体产出。矿体北西缘低品位矿块分布于26勘探线及两侧，控制长度约230m，控制倾向深300m，平均真厚度27.56m，平均TiO_2品位2.31%；矿体南东缘低品位矿块分布于18线深部及该线南

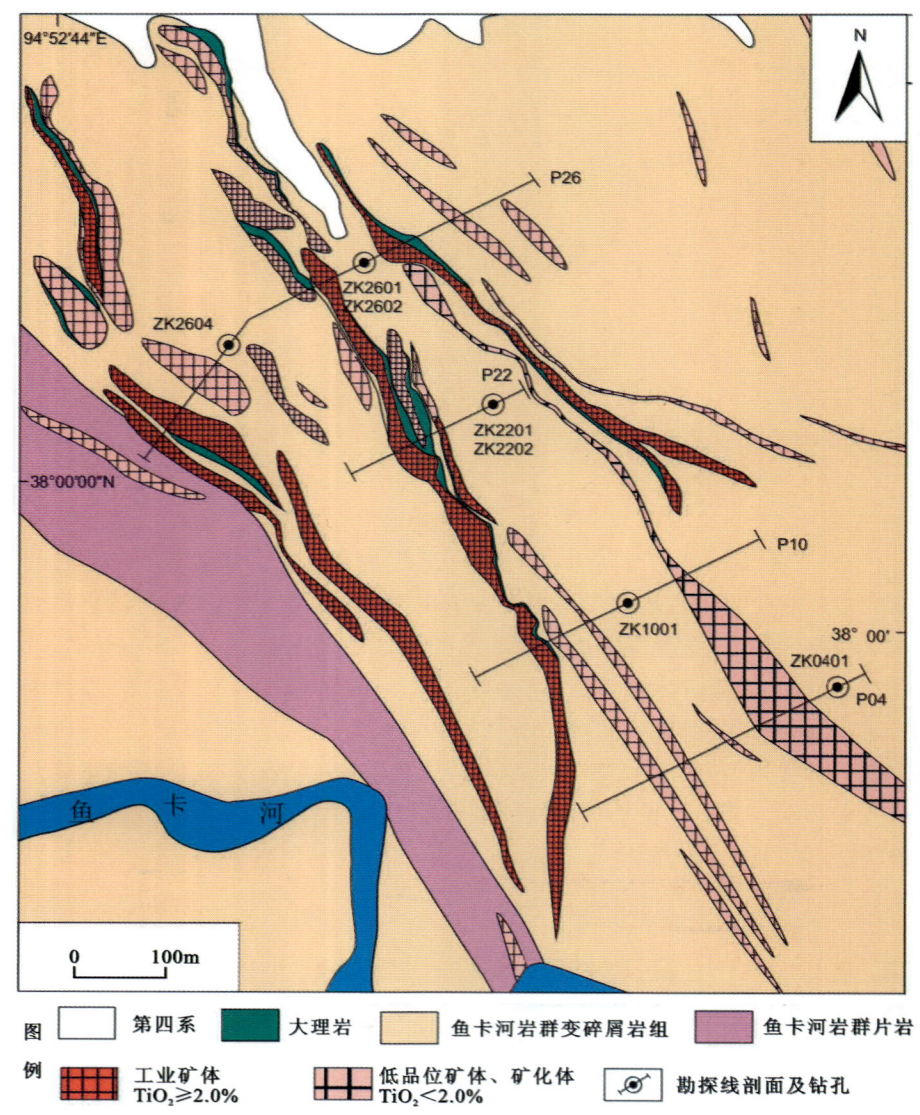

图 4-2-5　鱼卡金红石矿区地质简图（据陈鑫，2018）

东一带,控制长度约 300m,控制倾向延深 100～300m,平均真厚度 19.49m,平均 TiO_2 品位 2.24%。矿体厚度较稳定,品位稳定。

（四）矿石特征

鱼卡地区的榴辉岩区分为高品位矿石和低品位矿石两类,大致对应于黄建平等（2003）的块状榴辉岩型金红石矿和片麻状榴辉岩型金红石矿两种类型。高品位矿石呈中—粗粒粒柱状变晶结构,块状构造,主要以石榴子石和绿辉石为主,另可见少量的石英、角闪石、白云母和金红石。低品位矿石呈中—粗粒鳞片粒柱状变晶结构,片麻状构造,主要矿物为石榴子石和绿辉石,次要矿物为角闪石、绿帘石、白云母、黑云母和石英。

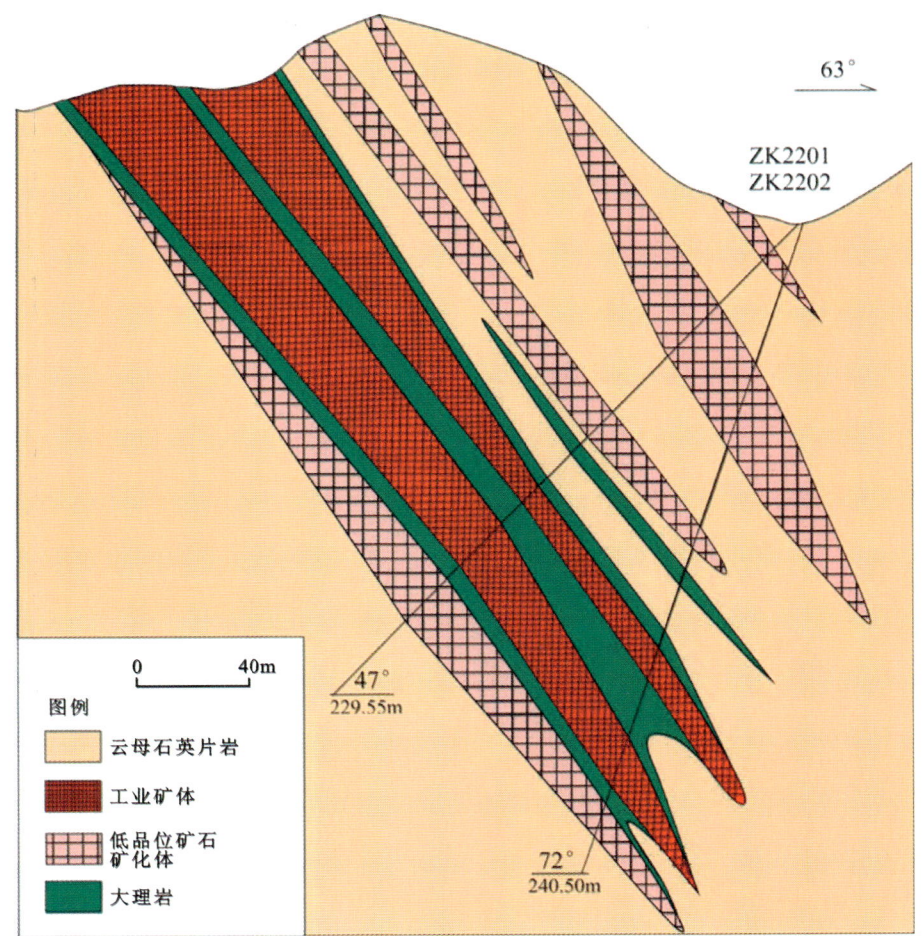

图 4-2-6　鱼卡金红石矿床 22 号勘探线剖面图(据陈鑫,2018)

(五)资源储量

全区估算 TiO_2 潜在资源 106.94 万 t,共生石榴子石潜在资源 1 270.1 万 t。"十三五"期间新增 TiO_2 潜在资源 56.53 万 t,共生石榴子石 563.97 万 t,为大型矿床。

(六)控矿因素

榴辉岩 TiO_2 含量能否构成矿体与元古宙大陆裂谷火山活动强度有关。榴辉岩是大陆基性火山岩变质的产物,其成矿首先受控于地幔部分熔融程度,地幔熔融程度高,则当时火山活动的强度大,形成的榴辉岩厚度增加,相应形成金红石矿的几率更高;

后期榴辉岩退变质程度对是否构成矿体有影响,主要影响因素有 3 个,即折返速度、后期脆-韧性剪切变形、加里东期岩体侵入。快速折返的地段如鱼卡地区,榴辉岩退变最弱;脆-韧性剪切变形过程中变质变形不仅影响矿体形态,而且可发生矿物相转变,导致矿体变为非矿体或贫矿体;加里东期岩体大量侵入的地段,金红石向钛铁矿转化强烈。

(七)找矿标志

区内最主要的找矿标志为榴辉岩,尤其是规模较大的榴辉岩是重点,呈深褐色者一般具有较高的钛品位;赋存于片岩中的榴辉岩较赋存于片麻岩中的连续性更好。

(八)矿床类型

与超高压变质作用有关的榴辉岩型金红石矿床。榴辉岩型金红石矿床是变成矿床,是富钛的大陆溢流玄武岩经变质,钛物质相组分发生转变形成的。已有资料显示的超高压变质岩形成过程简要表述如下:鱼卡河岩群中的片岩系中新元古界陆源碎屑沉积夹大陆溢流玄武岩,在Rodinia裂解和造山过程中有就地重熔形成的酸性岩体侵入(片麻岩原岩)并可能发生了低绿片岩相变质作用;古生代祁连洋拉开并最终闭合过程中,测区内的鱼卡河岩群原组分随柴达木古陆着向深部俯冲,而在2.5～3.5GPa条件下先发生了超高压变质,形成榴辉岩和超高压变质相系的片岩和片麻岩,在此过程中榴辉岩中钛物相发生变化,并很可能还有铁质带出作用等,从而导致钛矿床的形成;局部形成麻粒岩,之后快速折返,并因压力递减而发生退变质。鱼卡榴辉岩中石榴石经历了多期生长阶段,且石榴子石的峰期变质温度和压力不是同时到达的,温度的峰值晚于压力的峰值。结合岩相学和石榴子石环带证据,鱼卡地区超高压榴辉岩在434Ma经历变质作用,与此同时开启大陆深俯冲时代,经历了相对快速的俯冲和折返历史,导致鱼卡地区形成了一个大型以上的金红石矿床。

(九)发现与勘查

2010—2012年,中国地质大学地质调查研究院在鱼卡—铁石观之间开展的"青海省绿绿梁山—双口山一带1∶5万矿产远景调查"工作,完成了对该范围内1600km^{2}的1∶5万分散流测量、1∶5万高磁测量,完成了对工区几乎所有基岩区的1∶5万矿产地质填图;并针对地物化异常采用1∶1万地质填图、大比例尺地质地化剖面、地质地球物理剖面、采样线短剖面、人工重砂、槽探等不同手段进行了概略地质检查,之后针对新发现的鱼卡金矿点、双口山东南银铅矿点等进行了重点查证。通过调查,圈定出1∶5万高磁异常12处,1∶5万水系沉积物异常52处;圈定出金、银、铜、铅、锌、铬、镍、钛各类找矿靶区25个;新发现鱼卡铜金矿、双口山东南银铅金矿、鱼卡金红石矿、铁石观金红石矿、鱼卡镍矿化点、开屏沟镍矿化点等一批有潜力的矿床点,其中鱼卡金矿和双口山东南银铅金矿通过进一步工作有望提交矿产地。2014—2015年在鱼卡和铁石观西两处榴辉岩型靶区开展预查工作。

四、乌兰县丁叉叉山南坡钛矿

(一)概况

矿区行政区划隶属海西州乌兰县柯柯镇管辖,从省会西宁沿109国道(青藏公路)至沙柳河350km,从沙柳河向西北方向沿简易便道行20km可达矿区,交通便利。

(二)矿区地质特征

矿区大地构造位置位于柴北缘蛇绿混杂岩带,属柴达木北缘 Pb-Zn-Mn-Cr-Au-云母成矿带。矿区主要出露地层为古元古代金水口岩群($Pt_1J.$)片岩组片岩夹片麻岩段和片岩、片麻岩互层段及少量第四系(Q)(图 4-2-7)。区内总体构造线呈近东西向展布。矿区断裂构造发育,岩浆活动强烈,印支期—燕山期岩浆岩呈环带状分布。奥陶系滩间山群为矿区主要地层,该地层与加里东晚期变质岩榴辉岩、榴闪岩、灰绿色含石榴子石闪长岩、石英闪长岩、强蛇纹石化橄辉岩呈侵入接触关系。岩浆岩主要为基性及超基性岩,岩石类型有变质纯橄榄岩、蛇纹石化橄榄岩、含石榴子石辉长岩等。

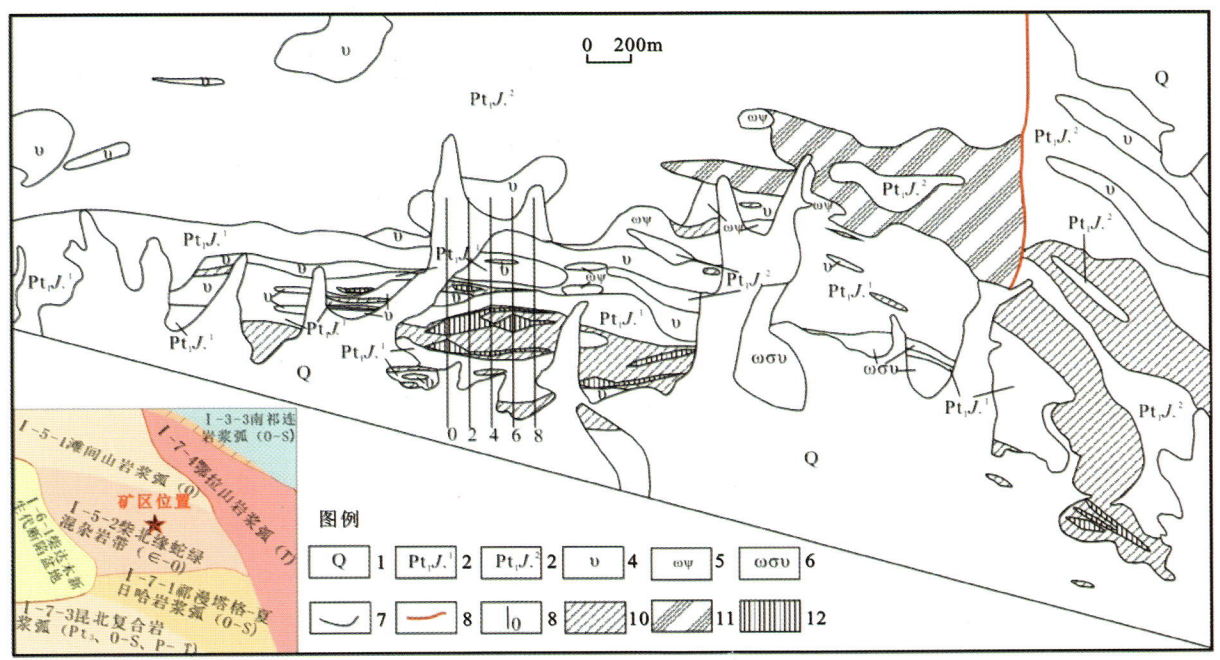

1.第四系;2.古元古代金水口岩群片岩组片岩夹片麻岩段;3.古元古代金水口岩群片岩组片岩、片麻岩互层段;4.灰绿色含石榴子石辉长岩;5.蛇纹石化纯橄榄岩;6.蛇纹石化橄辉岩;7.地质界线;8.断裂;9.勘探线位置及编号;10.榴辉岩;11.榴闪岩;12.金红石矿体。

图 4-2-7　丁叉叉山南坡矿区地质简图(据罗长海等,2018,略作修改)

(三)矿体特征

矿区Ⅰ、Ⅱ、Ⅲ号岩体为主要的含矿岩体,Ⅰ号含矿岩体呈长条状,长约 600m,宽 50~120m,出露面积约 700m²,围岩为绢云石英片岩,圈定金红石型 TiO_2 及石榴子石矿体 1 条;Ⅱ号含矿岩体呈方形状,出露面积约 1080m²,圈定金红石矿体及石榴子石矿体 4 条;Ⅲ号含矿岩体呈不规则状,长约 1500m,宽 100~300m,出露面积约 3540m²。矿区共圈定钛矿体 20 条,矿体长 200~603m,真厚度 9.98~47.84m,TiO_2 品位 1.09%~1.81%。

(四)矿石特征

矿石矿物以石榴子石、绿辉石、金红石为主,次为角闪石、绿泥石、长石、磷灰石及少量的磁铁矿、钛铁矿等。矿石结构为榴辉结构、包含结构、交代结构、自形—半自形结构、他形粒状结构。矿石构造为块状构造、浸染状构造。

（五）资源储量

累计提交 TiO_2 资源储量 $87.70×10^4 t$，TiO_2 平均品位 1.38%，为大型规模。

（六）找矿标志

矿体严格受榴辉岩及退变榴辉岩控制，含金红石榴辉岩是最直接的地表找矿标志，在榴辉岩中，石榴子石、绿辉石含量越高，金红石含量亦越高。榴辉岩与地层走向一致，呈东西向展布。

（七）矿床类型

金红石（TiO_2）矿体赋矿岩性为榴辉岩，石榴子石（伴生金红石）矿体赋矿岩性为退变榴辉岩。含钛（金红石）、石榴石、绿辉石的榴辉岩为高压—超高压变质岩，与绢云石英片岩及二云二长片麻岩产状基本一致，钛矿（化）体均分布于榴辉岩中，完全受榴辉岩（高压—超高压变质带）控制。故矿床类型为变成型。

（八）发现与勘查

1966 年，青海省地质局第五地质队对南林陀乌里（丁叉叉山南坡）超基性岩体群进行了地表找矿检查，对区内超基性岩体的分布及其含铬性作了初步了解。1975 年，青海省地矿局第八地质队对该区开展 1∶5 万地质综合找矿工作，并对区内南林陀乌里超基性岩体进行地表检查，发现金红石、石榴子石矿化点，认为含矿岩体分布集中，规模较大，金红石（TiO_2）含量多数达 $1\%~3\%$，为本区开展找矿工作提供了依据。2011 年，青海建立矿业有限公司在查阅黑色金属矿（化）点卡片时发现该矿化点，并对金红石、石榴子石矿化点进行资料分析和野外踏勘，采样进行化学与钛物相分析，认为钛物以金红石为主，含量占 80% 以上，普遍达到边界品位，有进一步工作价值。2012—2013 年，青海聚能钛业有限公司取得探矿权，委托青海建立矿业有限公司对乌兰县丁叉叉山南坡钛矿进行预查工作，探索圈定了最初的矿体（带），发现含钛岩体（脉）为榴辉岩、榴闪岩，在矿区圈定钛矿体 20 条。2013 年考虑到榴辉岩钛矿及石榴子石矿的特性，暂停野外勘查工作，主要开展该类型矿床及可选性试验研究的市场调研工作。2014 年，青海建立矿业有限公司对乌兰县丁叉叉山南坡钛矿进行了普查工作，共圈定钛矿体 11 条，TiO_2 平均品位 1.43%，石榴子石平均品位 37.05%，经初步估算金红石型 TiO_2 矿资源量及石榴子石矿物量达到大型矿床规模。2014—2015 年由郑州矿产综合利用研究所对该矿区开展了实验室流程试验研究工作，选矿指标为钛精矿 TiO_2 含量 92.44%，金红石回收率 56%；石榴子石含量 94%，回收率 90%；绿辉石含量 94.5%，回收率 73%。2015—2016 年，该公司进行了详查工作，圈定矿体 24 条，经详查对该区 24 条矿体进行资源量估算，确定该矿为大型榴辉岩型金红石、石榴子石、绿辉石矿床。2017—2018 年，青海聚能钛业股份有限公司委托江西省地质矿产勘查开发局九〇一地质大队及青海建立矿业有限公司进行了勘探工作，通过勘探工作圈定 25 条矿体，认为该矿为一共伴生有石榴子石、绿辉石矿的榴辉岩型大型石榴子石矿床、大型低品位金红石型 TiO_2 矿床（图 4-2-8）。2019 年勘探工作结束。

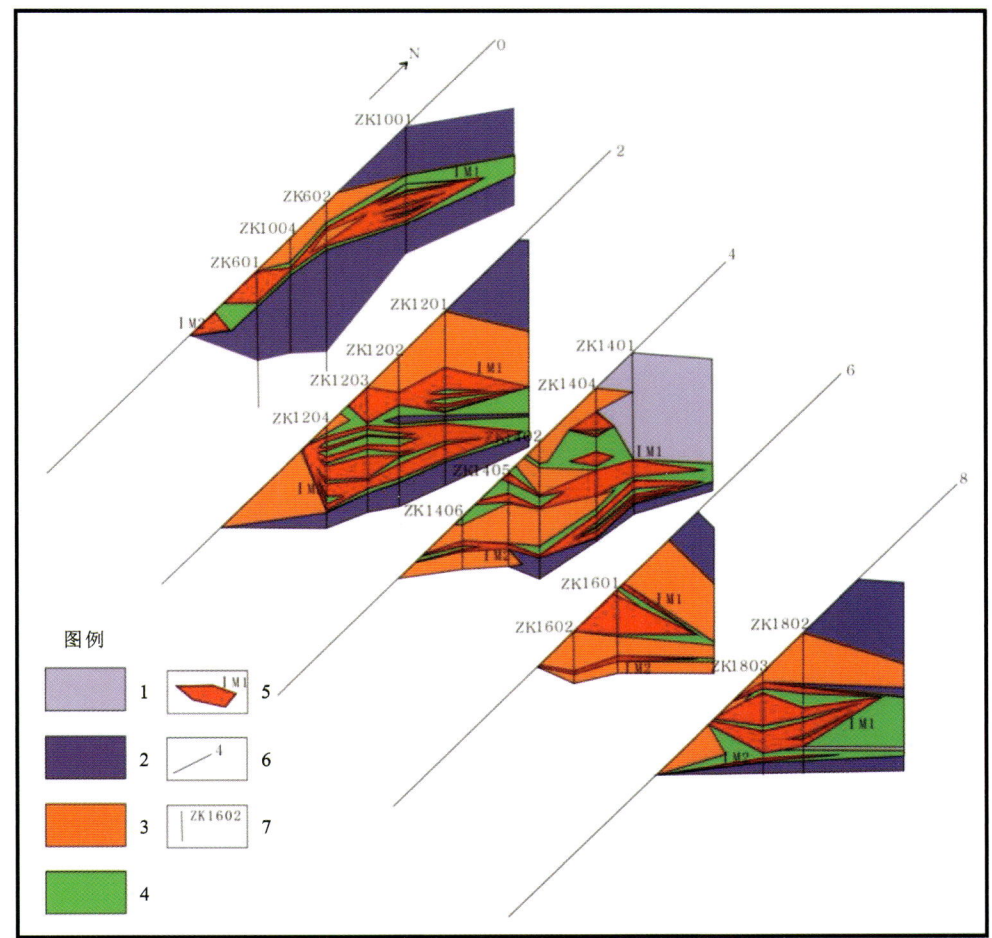

1.含石榴子石辉长岩；2.蛇纹石化纯橄岩；3.二云二长片麻岩、绢云石英片岩；4.榴辉岩体；5.金红石矿体；6.勘探线位置及编号；7.钻孔位置及编号。

图 4-2-8　丁叉叉山南坡矿区ⅠM1、ⅠM2 矿体 0—8 勘探线联合剖面图（据罗长海，2018，略作修改）

第三节　有色金属矿产

本书编入的铜、镍、钴、钨、锡等有色金属矿床 8 处，均属"十三五"期间新发现或取得重要进展的矿床。

一、格尔木卡而却卡Ⅵ矿带多金属矿

（一）概况

卡而却卡铜矿区位于格尔木市西，东距格尔木市直线距离约 380km，柴达木盆地西南缘那陵格勒河上游南岸，行政区划隶属格尔木市乌图美仁乡管辖。卡而却卡铜多金属矿床是祁漫塔格成矿带最重要的一个矿床，该矿床分为 A、B、C 共 3 个矿区，成矿以铜、铅、锌为主，伴有铁、钼、金、银等矿化，其中卡而却卡Ⅵ矿带位于 C 区。

(二)矿区地质特征

卡而却卡铜矿区位于柴达木盆地西南缘,大地构造位置属于秦祁昆造山系东昆仑弧盆系北昆仑岩浆弧,地层区划属秦祁昆地层大区东昆仑地层区之北昆仑地层分区,成矿带位于伯喀里克-香日德Au-Pb-Zn-Mo-石墨-萤石(Cu、稀有、稀土)成矿亚带的最西端。

区内出露地层主要为奥陶纪祁漫塔格群碳酸盐岩组,根据岩性组合特征进一步划分为大理岩段、变砂岩角岩段、绢云石英片岩段等,Ⅵ矿带内仅出露有大理岩段,深灰色、灰白色厚层条带状大理岩是含矿地层,北端受构造影响,与岩体呈断层接触,其接触部位形成的矽卡岩及矽卡岩化大理岩是区内最主要的含矿层位,目前所发现的铅锌矿体多位于该套地层中(图4-3-1)。

区内北侧发育一组北东东向断裂,发育在中三叠世花岗闪长岩中,南段局部切割奥陶纪祁漫塔格群碳酸盐岩组地层,西段与中三叠世似斑状二长花岗岩接触,东段为第四系覆盖。断裂带呈北东东向展布。断裂带中岩性主要为碎裂大理岩、碎裂似斑状二长花岗岩、碎裂花岗闪长岩。岩浆活动十分强烈,岩浆岩分布广泛,主要表现为中酸性侵入岩,其中分布面积最大的为中三叠世花岗闪长岩,其次为中三叠世似斑状二长花岗岩。

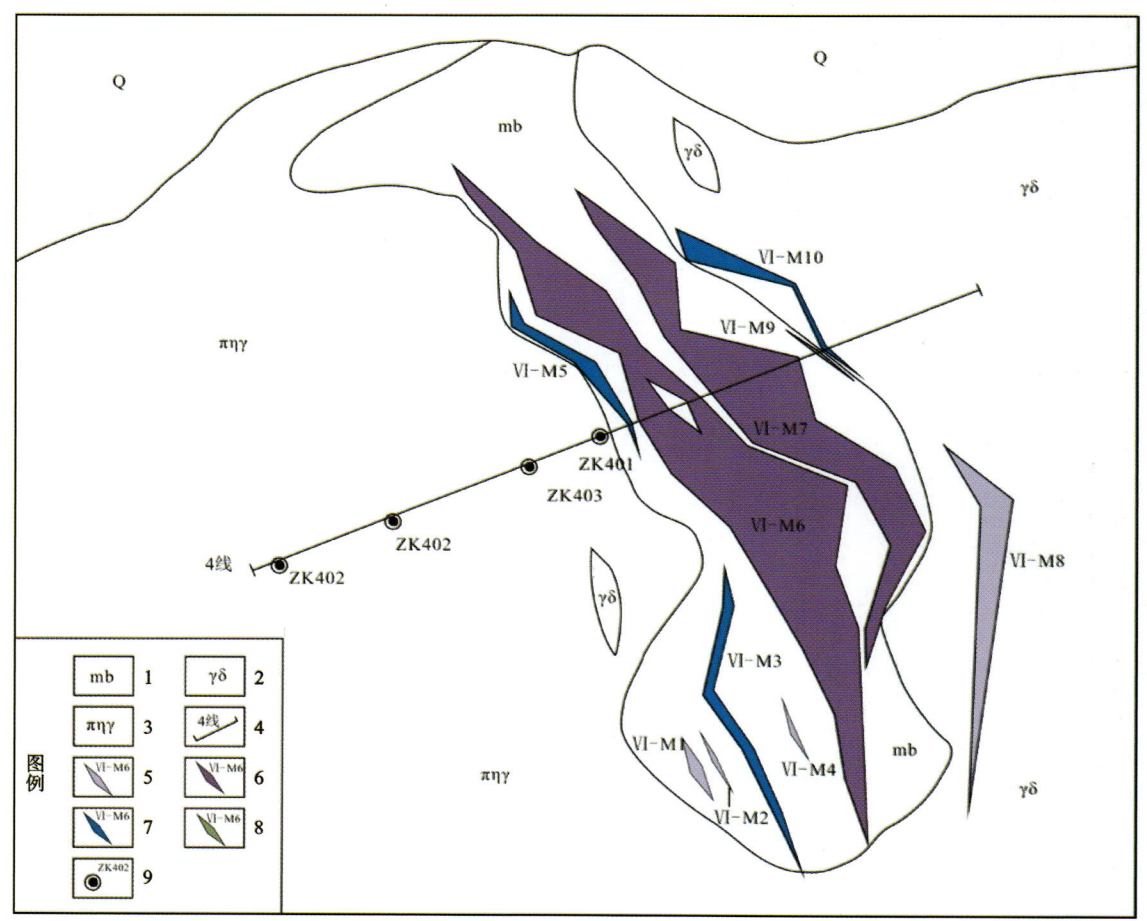

1.大理岩;2.花岗闪长岩;3.似斑状二长花岗岩;4.勘探线;5.低品位锌矿体;6.金铅锌矿体;7.铅锌矿体;8.铅金银矿体;9.钻孔位置及其编号。

图4-3-1 卡而却卡Ⅵ矿带多金属矿矿区地质简图(据青海省第三地质勘查院,2020,略作修改)

(三)矿体特征

Ⅵ矿带(矽卡岩化大理岩带)产于中三叠世花岗闪长岩、似斑状二长花岗岩与奥陶纪祁漫塔格群碳酸盐岩组地层(OQ3)的接触部位,其东、南侧均与中三叠世花岗闪长岩呈侵入接触,西侧与中三叠世似斑状二长花岗岩呈侵入接触,北侧则与Ⅴ号断裂带呈断层接触。该矿带呈带状分布,长度约310m,宽47～95m,沿倾向目前控制最大深度460m。

2016—2017年针对Ⅵ矿带开展了详查工作,共圈定29条多金属矿体,多为透镜状、条带状,规模不等,以矿石类型划分主要为锌矿体、金矿体及锌铅银复合矿体。矿体的长度、厚度和延伸变化均较大,一般长25～200m,最长287.5m(Ⅵ-M6矿体);目前控制延深一般25～160m,最大305m(Ⅵ-M7矿体);平均厚度在1.35～17.27m之间,矿体Zn平均品位0.58%～7.10%,Pb平均品位0.26%～1.68%,Au平均品位0.46～4.17g/t,Ag平均品位15.78～427.50g/t(图4-3-2)。

该矽卡岩化大理岩带在地表及深部延伸均较为稳定,铅、锌矿体主要赋存在该矽卡岩带(矽卡岩化大理岩带)中,具有中部厚、两端薄的特征,金矿体则多为低品位矿,主要赋存在大理岩与岩体接触形成的内接触带中。Ⅵ矿带内矿种以Zn为主,共(伴)生矿种以Pb、Au、Ag为主。空间上具有一定分带性:单独的金矿体往往产出在最下部的岩体边部及其与地层接触形成的内矽卡岩中。金铅锌复合矿体主要在接触带中下部相对富集。铅锌复合矿体则在接触带的中部及上部相对富集,接触带上部则往往形成单独的锌矿体及少量单独的铅矿体。同时,从矽卡岩到大理岩也存在较清晰的分带现象:中粗粒钙铁榴石矽卡岩→浸染状硫化物(闪锌矿为主)矿化中细粒钙铁榴石矽卡岩→斑杂状硫化物(铅锌矿为主)透辉石钙铁榴石矽卡岩→细粒硫化物(方铅矿为主)透辉石矽卡岩化大理岩→碎裂大理岩。

结合矿床围岩蚀变特征及其矿化体的特征,矿床内目前所控制的矿(化)体围绕岩体大致具有如下特征。

平面上:花岗闪长岩岩体(金、锌矿化)→接触带(金铅锌矿化)→围岩(铅锌矿化)。

垂向上围绕岩体自上而下表现为:锌矿化→铅锌矿化→金铅锌矿化→金矿化。

区内除部分金矿体产于围岩及中三叠世花岗闪长岩与地层接触交代的内接触带及岩体边部外,其余矿体均产于二者接触交代所形成的矽卡岩带或大理岩中,严格受矽卡岩带展布方向控制,矿体形态亦随接触面变化而变化。

(四)矿石特征

Ⅵ矿带成矿类型为矽卡岩型铅锌复合矿床,矿石工业类型较为复杂,可以划分为闪锌矿矿石(Zn)、方铅闪锌矿石(PbZn)、低品位金矿石(Au)及金多金属矿石(AuZn、AuPb、AuPbZn等),单独的方铅矿石较为少见。

矿石的结构主要有碎裂结构、包含结构、固溶体分离结构、共结边结构、交代结构、自形—半自形结构、他形粒状结构。矿石呈灰色、灰白色、灰黑色,发育致密块状构造、团块状构造、浸染状构造、星点状构造和脉状构造等。

(五)围岩蚀变

Ⅵ矿带内所有矿化均产于矽卡岩蚀变带内,主要为黄铜矿化、辉铜矿化、斑铜矿化、黄铁矿化等,带内围岩蚀变除矽卡岩化外,还可见绿泥石化、绿帘石化、硅化等。地表可见的蚀变带中矿化类型有铅锌矿化(主)、赤铁矿化、褐铁矿化、黄铁矿化,主要蚀变类型为高岭土化。

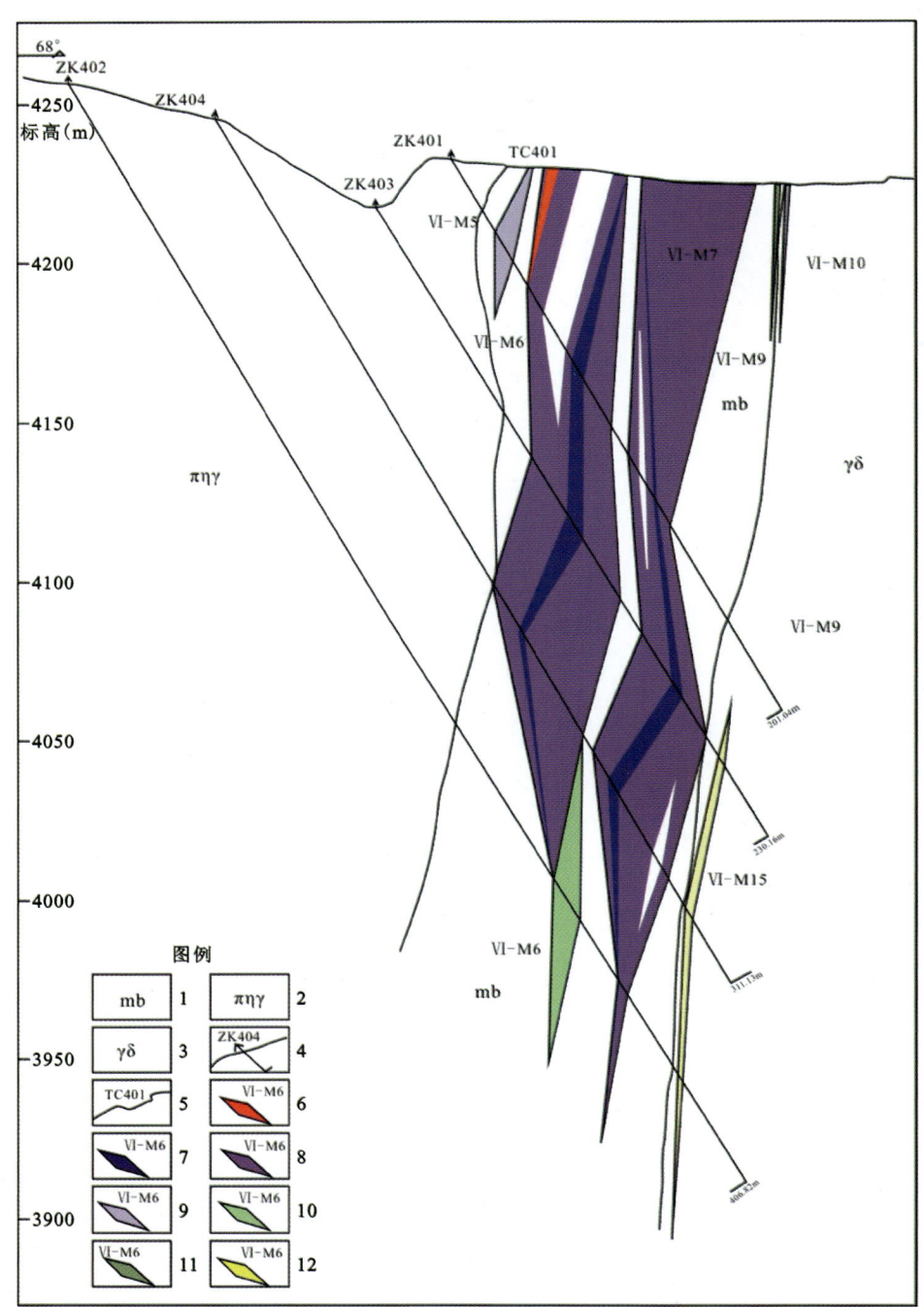

1.大理岩;2.似斑状二长花岗岩;3.花岗闪长岩;4.钻孔位置及其编号;5.槽探位置及其编号;6.富铅工业品位银锌矿体;7.富锌矿体;8.工业品位锌矿体;9.低品位锌矿体;10.工业品位锌低品位金矿体;11.工业品位铅低品位银矿体;12.低品位金矿体。

图4-3-2 卡而却卡Ⅵ矿带多金属矿矿区4号勘探线剖面图(据青海省第三地质勘查院,2020,略作修改)

(六)成矿时代

2010—2012年在卡而却卡矿区对与成矿有关的岩体进行了同位素测年分析,系统厘定出与成矿有关的岩体成岩年龄为244～237Ma,对辉钼矿矿石进行了Re-Os同位素测年分析,成矿时代为238.8±1.3Ma,说明卡而却卡矿床形成于中三叠世,印支期是最重要的成矿时期,其中中三叠世似斑状二长花岗岩及花岗闪长岩与成矿关系密切。

(七)资源储量

提交控制＋推断的铅锌总金属量30.31万t,银金属量168.26t,金金属量0.5t。"十三五"期间卡而却卡Ⅵ矿带详查区新增铅锌多金属资源量13.91万t,新增银资源量168.26t(未评审)。

(八)控矿因素

中三叠世似斑状二长花岗岩及花岗闪长岩与奥陶纪祁漫塔格群碳酸盐岩组接触带属产生矽卡岩型矿床的必要构造条件;区内各类中酸性岩浆活动在矽卡岩成矿期间发挥出了非常重要的作用,且岩体分布受区域断裂构造控制,并以岩基形式产出,断裂、破碎、接触带是特别重要的导矿因素。

(九)找矿标志

地质标志:矽卡岩型矿体控矿构造是岩体与奥陶纪祁漫塔格群碳酸盐岩组形成的接触带;热液脉型矿体控矿构造主要是北西西向、近东西向断裂以及斑岩侵位过程中形成的裂隙;似斑状二长花岗岩、花岗闪长岩、花岗斑岩等岩体接触带附近主要发育矽卡岩化、硅化、钾化、角岩化、绿帘石化、绿泥石化、碳酸盐化等;花岗(斑)岩蚀变带内主要发育硅化、绢英岩化、绿泥石化、碳酸盐化、高岭土化;矿床形成经历了与中三叠世花岗岩有关的矽卡岩阶段、石英硫化物阶段,与花岗斑岩活动有关的热液阶段。

地球化学标志:Cu、Pb、Zn、Au、Ag、Bi、Hg、W、Sn、Mo、As、Sb等元素组合异常。

地球物理标志:正极值大于3300nT正负伴生强磁异常、高重力局部异常(0.2～1mGal)且对应η_s>4%的视极化率异常及低阻异常组合,是卡而却卡矿区的重要找矿地球物理标志。

(十)矿床类型

该区铅锌矿床的产出部位严格受地层(奥陶纪祁漫塔格群大理岩)和岩浆岩(中三叠世花岗闪长岩)控制。矿床产于花岗闪长岩岩体接触带及外接触带的大理岩中,绝大多数矿体呈透镜状、板状赋存于二者接触交代所形成的矽卡岩中,与矽卡岩矿物紧密伴生,矽卡岩和硫化物交代大理岩和花岗岩等现象到处可见。

矿石类型对被交代围岩岩性具明显的依赖性,其与富钙贫镁的大理岩接触交代时往往形成以钙矽卡岩矿物组合的铅锌矿石。成矿作用与花岗闪长岩岩浆侵入活动关系密切,经历了早期钙矽卡岩阶段→矽卡岩期后退化热液阶段→晚期黄铁绢云岩化硫化物阶段。矿床内各类交代结构非常发育,显示出钙矽卡岩矿床典型矿物共生组合和各类交代建造的时空演化关系,蚀变和矿化分带明显。

综上,卡而却卡Ⅵ矿带是与印支期中三叠世中酸性岩浆侵入活动有关的矽卡岩型铅锌矿床。

(十一)发现与勘查

矿床最早于1978—1980年由青海省地质一队在开展J-46-[26]、J-46-[27]、J-46-[28]三幅1∶20万区域地质调查联测时,在索拉吉尔发现铜矿化线索,通过检查圈出铜矿体8条,成因类型为矽卡岩型。

但由于交通条件差,直至 2003 年区内未开展任何矿产地质工作。2003 年青海省地质调查院对索拉吉尔铜矿开展预查找矿工作,在野拉赛以西(即 A 区)发现 3 条含铜破碎蚀变带及多处铜矿化线索,并认为该区具有巨大的找矿前景,随后对工作部署进行了调整,预查区面积扩大至野拉赛以西,并针对区域内分布的 1∶20 万 AS33 乙 3 和 AS34 乙 3 两个水系沉积物异常开展了 1∶5 万水系沉积物加密测量,重新圈出 1∶5 万综合异常 5 处,缩小了找矿靶区,为后续找矿工作提供了依据。2004—2005 年,针对发现的金锌矿体及土壤异常进行了地表槽探揭露控制,圈出金锌矿体 2 条;同时,通过物探磁法和电法测量,圈出与化探异常及已知矿体吻合的磁电异常多处,深部经钻探工程验证,深部发现热液型铅锌矿体,并共伴生有金。2006—2007 年,加大了 C 区勘查力度,通过地表系统取样,圈定了Ⅵ矿带,后续通过槽探及钻探工程系统控制,完成了Ⅵ矿带普查。Ⅵ矿带共圈出铅锌金矿体 17 条。2017 年,格尔木胜华矿业有限责任公司委托青海省第三地质勘查院对 C 区Ⅵ矿带开展了详查工作,主要对Ⅵ矿带主矿体 3950m 高程以上区段按基本工程间距进行了系统控制。本次工作基本查明了主要工业矿体的数量、赋存部位、分布范围,水工环地质特征,以及矿床氧化带特点、发育程度、范围、深度、矿物组合等,共圈出金铅锌多金属矿体 29 条,为矿山勘探及开发提供了可靠依据。

二、格尔木市夏日哈木外围铅锌矿

(一)概况

夏日哈木铅锌矿床位于青海省东昆仑西段,柴达木盆地南缘。行政区划隶属于青海省格尔木市乌图美仁乡管辖,矿区距格尔木市约 161km。夏日哈木铅锌矿为构造热液型(矽卡岩型),位于详查区 HS31 号异常区,属于青海省国土资源厅 2012 年新确定的省级整装勘查区"青海省格尔木市拉陵灶火地区铜多金属矿整装勘查"工作项目之一。

(二)矿区地质特征

该矿床位于东昆仑西段祁漫塔格地区,属于伯喀里克-香日德晚古生代金、铅、锌、铜、镍成矿带。区内出露地层有古元古代金水口群白沙河组,主要有黑云母斜长片麻岩、云母片岩、斜长角闪岩、大理岩等。工作区主要有东西向、北西向、北东向、北北东向 4 组构造,其中北北东向和北东向为主要的含矿构造,北北东向构造为主要控矿构造,东西向、北西向构造对矿体有破坏作用(图 4-3-3);共确定北北东向含矿构造 18 条,长度 300~1500m,宽度 1.5~20m,走向 30°~50°,其中 SB27、SB28、SB29、SB30、SB32 矿化蚀变带规模较大,圈定铅锌矿化体,其余矿化蚀变带中均见高岭土化、铁锰结核,星点状方铅矿化。

区内岩浆活动频繁且强烈,主要有晚志留世—早泥盆世基性—超基性岩体和正长花岗岩、晚三叠世中酸性岩体,其中基性—超基性岩体形成岩浆熔离型铜镍硫化物矿床,而晚三叠世中酸性岩体与白沙河岩组大理岩接触带形成了矽卡岩型多金属矿。

区内脉岩较发育,分布广泛,种类较多。脉岩产出明显受构造的控制,岩脉基本呈东西向、北东向侵入古元古代金水口群白沙河组中。根据脉岩的特征,脉岩主要为中性脉岩和酸性脉岩。

(三)矿体特征

区内 HS31 号异常区发育与构造热液相关的铜铅锌矿(化)体,区内共圈出了铅锌多金属矿体 24 条,其中 M2、M4、M8、M12、M13-1 和 M20 共 6 条矿体规模相对较大,特征如下。

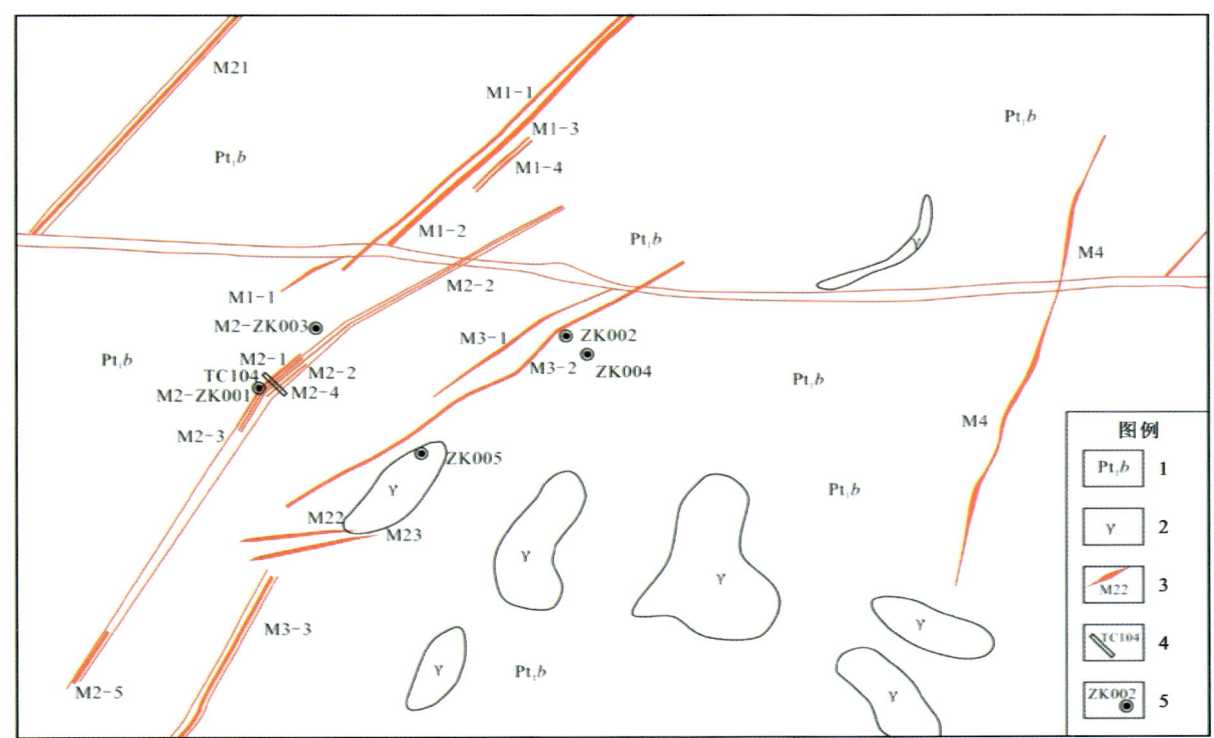

1.黑云斜长片麻岩;2.工业铅锌复合矿体;3.低品位铅锌矿体;4.探槽位置及其编号;5.钻孔位置及其编号。

图 4-3-3　夏日哈木外围铅锌矿地质简图(据青海省第五地质勘查院,2020,略作修改)

M2 矿体:矿体产于 SB27 构造蚀变带中,长度 1400m,厚度 2.04～6.76m,倾向 330°,倾角 75°,形态为似层状,平均厚度 3.52m(图 4-3-4),Pb 最高品位 8.68×10^{-2};平均品位 1.29×10^{-2},Zn 最高品位 6.92×10^{-2};平均品位 1.76×10^{-2}。含矿岩性为蚀变大理岩、构造蚀变岩、矽卡岩。

M4 矿体:矿体产于 SB29 构造蚀变带中,矿体在地表呈长条状,长度 350m,斜深 205m,矿体平均厚度 1.99m,走向 17°,呈东倾,倾角 75°。Cu 平均品位 0.29×10^{-2},最高品位 1.16×10^{-2};Pb 平均品位 1.56×10^{-2},最高品位 11.78×10^{-2};Zn 平均品位 2.20×10^{-2},最高品位 14.05×10^{-2};伴生 Au 平均品位 0.94×10^{-6},最高品位 15.0×10^{-6},共伴生 Ag 平均品位 69.78×10^{-6},最高品位 279×10^{-6},矿体从地表向深部厚度变大,从北侧向南侧呈分支状。含矿岩性为构造蚀变岩、构造角砾岩,从地表向深部均发育空洞空隙。

M8 矿体:顺大理岩裂隙面发育,矿体在地表呈长条状,控制长度 460m,斜深 230m,平均厚度 1.97m,走向 132°,呈北倾,倾角 66°,Cu 平均品位 0.22×10^{-2},最高品位 2.99×10^{-2};Pb 平均品位 1.35×10^{-2},最高品位 5.56×10^{-2};Zn 平均品位 4.11×10^{-2},最高品位 19.29×10^{-2};伴生 Au 平均品位 0.13×10^{-6},最高品位 1.49×10^{-6},Ag 平均品位 14.22×10^{-6},最高品位 548×10^{-6};赋矿岩性为蚀变大理岩。

M12 矿体:产于 SB23 构造蚀变带中,长度 80m,斜深 67m,平均厚度 2.07m,走向 68°,呈南倾,倾角 65°,Zn 平均品位 3.40×10^{-2};含矿岩性为构造蚀变岩、构造角砾岩。

M13-1 矿体:产于 SB18 构造蚀变带中,矿体在地表呈长条状,长度 345m,平均厚度 3.02m,走向 103°,呈南倾,倾角 44°,Cu 平均品位 0.45×10^{-2};Pb 平均品位 0.72×10^{-2};Zn 平均品位 1.38×10^{-2};伴生的 Au 平均品位 0.13×10^{-6},Ag 平均品位 10.0×10^{-6};含矿岩性为构造蚀变岩、构造碎裂岩。

M20 矿体:为盲矿体,矿体产于 SB20 构造蚀变带中,长度 80m,斜深 230m,矿体平均厚度 3.4m,走向 103°,呈南倾,倾角 27°,Pb 平均品位 0.35×10^{-2};含矿岩性为构造蚀变岩、构造角砾岩。

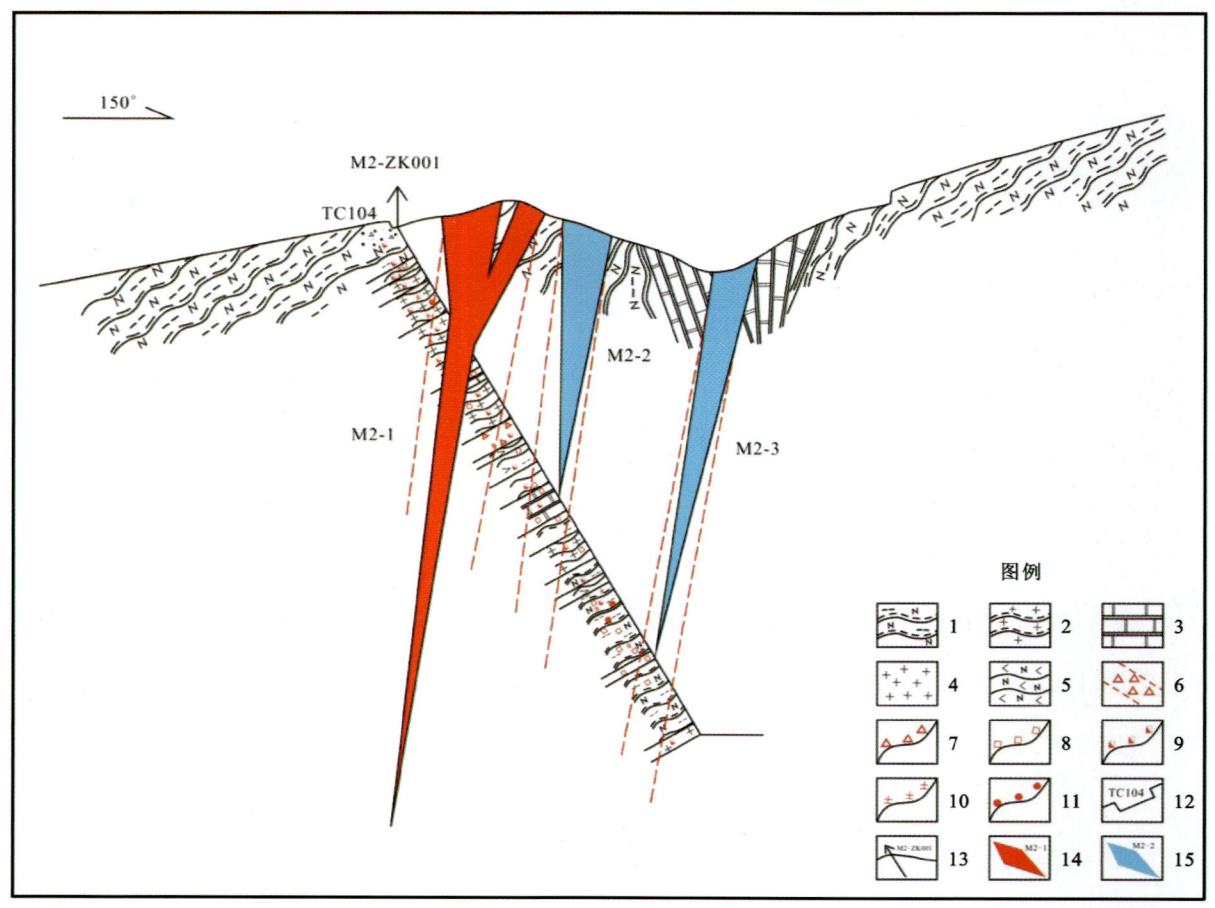

1.黑云斜长片麻岩;2.花岗片麻岩;3.大理岩;4.花岗岩;5.斜长角闪岩;6.构造蚀变带;7.碎裂岩化;8.黄铁矿化;9.褐铁矿化;
10.高岭土化;11.黄铜矿化;12.探槽位置及其编号;13.钻孔位置及其编号;14.工业铅锌复合矿体;15.低品位铅锌矿体。

图 4-3-4　夏日哈木东外围铅锌矿 0 线勘探线剖面图(据青海省第五地质勘查院,2020,略作修改)

（四）矿石特征

铅矿石及锌矿石中矿石矿物主要为褐铁矿、黄铁矿、磁铁矿、铜蓝、黄铜矿、斑铜矿、辉铜矿、石墨、方铅矿、闪锌矿、毒砂等;脉石矿物主要为橄榄石、斜方辉石、单斜辉石、角闪石、斜长石、金云母、蛇纹石、滑石、透闪石等,另见有少量方解石、石英等。

矿石结构主要有他形—半自形晶粒状结构、他形晶粒状结构、乳滴状结构。

矿石构造主要有星点状构造,脉状、网脉状构造,块状构造等。

（五）围岩蚀变

夏日哈木 HS31 号异常区矽卡岩带产于古元古代金水口群大理岩、片麻岩及榴辉岩的接触部位,矽卡岩带内蚀变主要为石榴子石、透闪石、绿泥石、绿帘石、硅化、孔雀石化、铅矾、黄钾铁矾等,围岩主要为黑云斜长片麻岩、斜长角闪岩及榴辉岩。地表蚀变以铅矾、黄钾铁矾为主,其中铅矾呈褐黄色、蜂窝状分布在碳酸盐缝隙中;黄钾铁矾呈褐黄色粉末状分布在岩石裂隙面。

(六)资源储量

全区累计推断资源量金属量 Pb+Zn 10.6 万 t,其中 Pb 4.82 万 t,Zn 5.34 万 t,共伴生 Cu 0.20 万 t,伴生 Au 316.195kg,Ag 25 772.358kg。矿床平均品位为 Pb 1.29×10^{-2},Zn 2.46×10^{-2},Cu 0.27×10^{-2},Au 0.48×10^{-6},Ag 32.36×10^{-6}。其中铜铅锌 333 总金属量为 1.44 万 t,占全区资源量的 38%。

(七)控矿因素

区内大理岩层面共圈出了 8 条铅锌多金属矿体,矿体赋存于大理岩与北东向构造交汇部位或附近,构造热液沿北东向构造灌入时,形成的矿(化)体有选择性地在地层(大理岩)裂隙面及近北东向构造中富集,近东西向构造中次之。北东向构造为重要的导矿、容矿、控矿构造。

(八)找矿标志

地质标志:区内主要的含矿构造为北北东向和北东向构造,所以北北东向和北东向构造为主要的找矿标志。

矿化蚀变标志:黄钾铁矾、高岭土化、碳酸盐化、褐铁矿化、孔雀石化、方铅矿、闪锌矿、黄铁矿、黄铜矿等矿化蚀变是直接找矿标志。

地球化学标志:区内 1∶5 万水系异常为 Cu、Pb、Zn、As、Ni 组合异常,1∶1 万土壤异常为 Cu、Pb、Zn、Mo(Au)组合异常,Cu、Pb、Zn 元素重现性较好。通过槽探工程验证,金异常大于 30×10^{-9},铜异常大于 200×10^{-6},铅异常大于 180×10^{-6},锌异常大于 400×10^{-6},异常地段均发现了矿体。因此,Cu、Pb、Zn 化探异常是重要直接找矿标志。

地球物理标志:区内圈定 1∶5000 激电异常 9 处,极化率峰值 3.6%~5.7%,其中 DJH-M1~DJH-M4 共 4 处激电异常,对应岩性为黑云斜长片麻岩、大理岩以及花岗岩,低阻高极化异常带基本与已知矿化蚀变带相对应。因此,低阻高极化物探异常是重要的间接找矿标志。

(九)矿床类型

该区成矿类型以构造热液型铅锌矿为主,存在热液交代矽卡岩型铅锌矿。从整体来看,东部 M4 矿体形成了构造热液型-弱矽卡岩化→M3、M1、M2 热液交代、矽卡岩型的成矿模式,认为 HS31 号铅锌矿与岩体关系密切。

(十)发现与勘查

2010—2013 年在矿区范围内开展了预查工作,主要针对 HS26 号异常开展了以铜镍硫化物为主的勘查工作。在 HS25、HS27、HS28 号异常发现了规模大小不一的含铜镍矿化线索的超基性岩体;HS31 号异常开展了以矽卡岩型多金属矿为主的勘查工作,针对 M4 磁异常及土壤异常开展了查证工作,在区内圈出了矽卡岩矿化带 1 条和破碎蚀变带 1 条,利用槽探加少量钻探工程进行了揭露控制。区内共圈定了铅锌矿体 4 条。2014—2019 年开展了普查工作,其中 2014—2016 年工作重心仍是 HS26 号异常区,相继完成了详查、勘探工作,在 HS31 号异常仅 2014 年开展了 1∶5000 大功率激电剖面工作及 1∶1 万地化剖面测量工作,同时施工了少量槽探和钻孔(2 个)进行了揭露验证。2017 年因 HS26 号异常探采分离,工作重心逐步转向 HS31 号异常,通过揭露土壤异常及追索矽卡岩带及矿(化)体,共圈定了 12 条构造蚀变带(矽卡岩带),共圈出了矿体 24 条。2020 年勘查阶段升级为详查,对 HS31 号异常区东开展了 1∶1 万地质草测、1∶5000 激电中梯剖面工作,共发现矿化蚀变带 22 条,通过槽探系统揭露控制,主要矿化蚀变带走向规模变大,主矿体 M1、M2、M3、M4 规模均有所增大,找矿成果显著。

三、沱沱河地区多才玛铅锌矿

(一)概况

多才玛铅锌矿床位于唐古拉山北坡沱沱河地区整装勘查区内,行政区划隶属西藏那曲地区安多县管辖,是沱沱河地区规模最大、品位较高的典型矿床之一,2014 年底已经控制铅锌资源量约 635 万 t,达超大型规模。

(二)矿区地质特征

区内出露地层较为单一,主要为二叠系九十道班组、侏罗系夏里组、古近系沱沱河组、雅西措组、五道梁组及第四系(图 4-3-5)。主要的赋矿围岩为九十道班组下岩段浅灰白色块层状结晶灰岩,呈近东西向展布,目前圈定的具规模的铅锌矿体大多产于该岩性段,从目前控制程度来看,该层岩石厚度大约在 800m 以上,分布范围较广,在茶曲怕查矿段和多才玛矿段主要分布在古近纪沱沱河组紫红色砂砾岩以下,两者呈断层接触。在孔莫陇矿段 K40—K88 勘探线间有变窄的趋势。

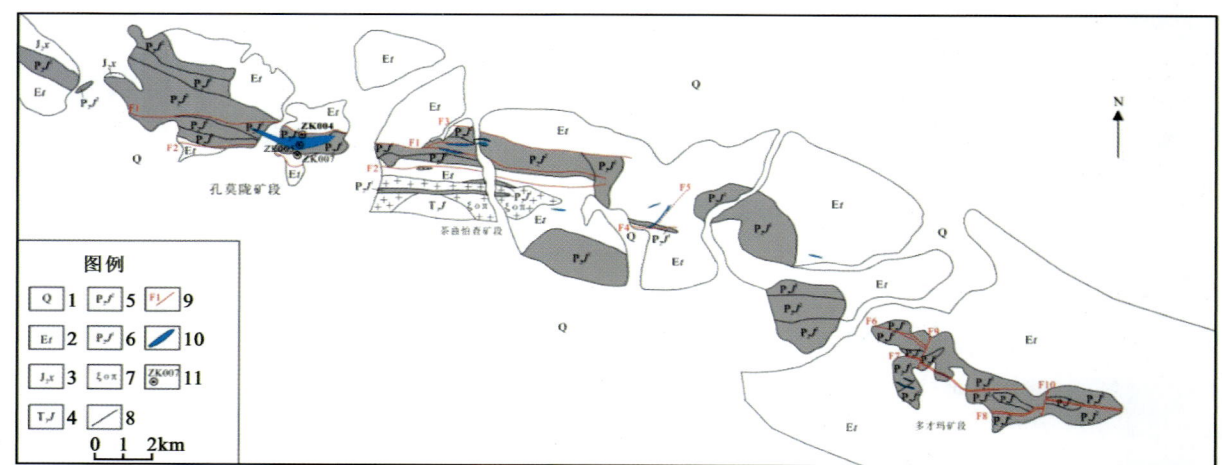

1.第四系;2.古近系沱沱河组;3.侏罗系夏里组;4.上三叠统结扎群;5.二叠系九十道班组下岩段;6.二叠系九十道班组上岩段;
7.石英正长斑岩;8.地质界线;9.断层;10.矿体;11.钻孔位置及其编号。

图 4-3-5 多才玛铅锌矿区地质图(据青海省第五地质勘查院,2020,略作修改)

区构造比较发育,总体以褶皱和断裂为表现形式,褶皱以背斜形式出现,贯穿于整个详查区。断裂构造主要有北西西-南东东向、近东西向和近南北向 3 组断裂。其中以北西西-南东东向和近南北向断裂和矿体关系较大。

区内岩浆活动方式以侵入为主,活动微弱,只在孔莫陇矿段东南一带呈岩株状零星分布,面积约 0.02km²,产于断裂带附近,受构造控制明显。岩性主要为浅肉红色石英正长斑岩。1∶25 万沱沱河幅通过岩性对比将其划分为渐新世,最新的锆石 U-Pb 定年表明其年龄为 253.9±4.3Ma(ICP-MS,李政),置信度为95%,该年龄反映岩体与成矿无直接关系。

(三)矿体特征

多才玛铅锌矿区目前根据赋矿岩性、矿化特征等不同,共划分为3个成矿地段,从西向东分别为孔莫陇矿段、茶曲怕查矿段和多才玛矿段。3个矿段共圈定出铅锌矿体97条,其中孔莫陇矿段圈定出铅锌矿体86条,茶曲怕查矿段圈定出铅锌矿体7条,多才玛矿段圈定出铅锌矿体4条。

1. 孔莫陇矿段

孔莫陇矿段圈出铅锌矿体86条,其中大型矿体14条(KM1—KM6、KM9—KM11、KM17—KM18、KM22—KM23、KM27),矿体总体呈近东西向展布,主要以北倾的形式产出,少部分矿体在南端受F2断裂牵引变形,呈背斜的形式产出,矿体形态主要呈板状、层状。各矿体在走向及倾向上具有分支复合现象(图4-3-6),矿体分布范围从最西面的K25勘探线至最东端的K128勘探线,长度约14km。矿体长50～2800m,厚1.5～54.67m,铅锌品位在$(1.5～36.83)×10^{-2}$之间,厚度、品位变化较大。矿体品位在K7—K36勘探线间普遍较高,向东西两侧逐渐变贫,厚度在倾向上由南向北有变薄的趋势,南边铅锌矿体的厚度一般较大,品位较高,同时出现银矿体品位变高的趋势,往北铅锌矿体厚度普遍变薄,银矿体品位变低甚至尖灭的现象。

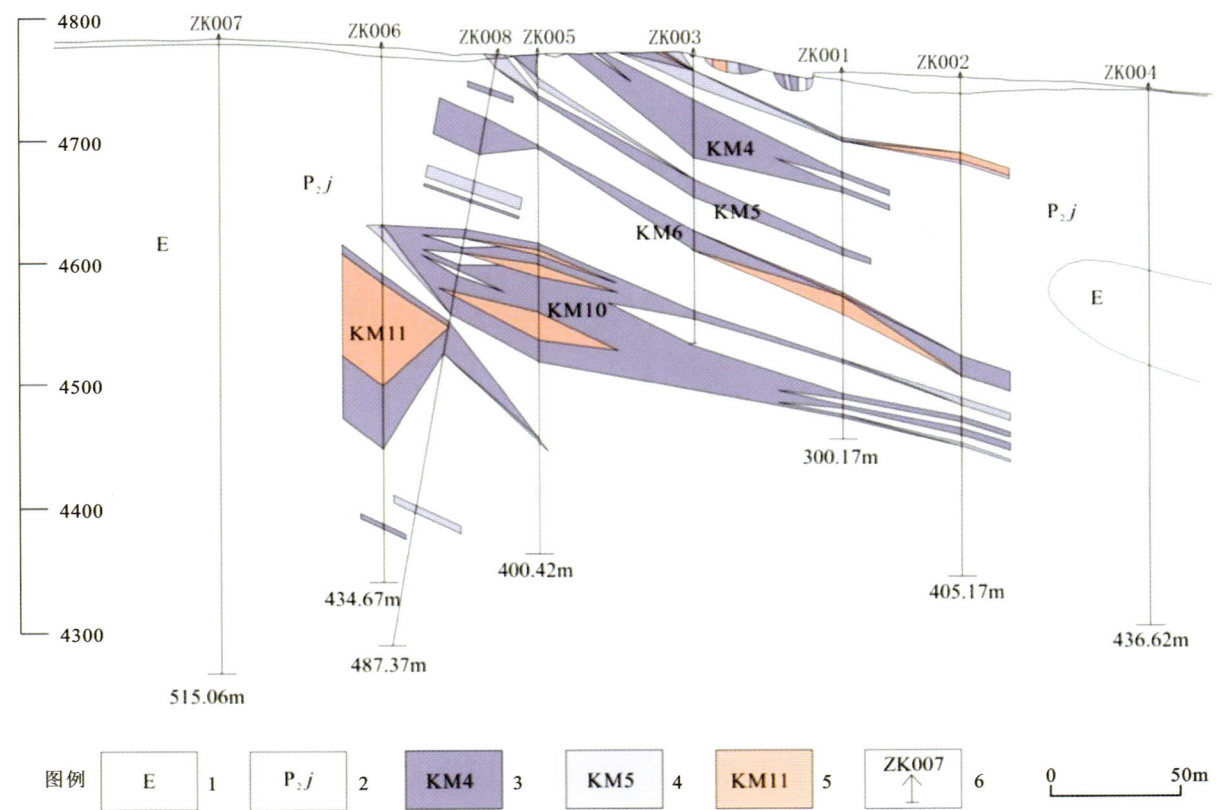

图例 E 1 P_2j 2 KM4 3 KM5 4 KM11 5 ZK007 6 0 50m

1.始新统—渐新统沱沱河组;2.上二叠统九十道班组;3.工业铅矿体;4.低品位铅矿体;5.铅锌矿体;6.钻孔位置及其编号。

图4-3-6 多才玛铅锌矿孔莫陇矿段K0线勘探线剖面图(据青海省第五地质勘查院,2020,略作修改)

2. 茶曲怕查矿段

茶曲怕查矿段圈出铅锌矿体7条,矿体编号为CM1—CM7,由于该段本次详查没有开展任何工作,各矿体控制程度较低,加之矿体规模不大,7条铅锌矿体大多都产出于地表,矿石类型全部为氧化矿,矿体长度在100～440m之间,延伸24～80m,厚度2.05～34.26m,铅锌平均品位在$(1.41～10.01)×10^{-2}$之间,矿体形态呈似层状、透镜状,赋存标高4339～4785m,埋深0～431m。含矿岩性均为复成分砾岩和浅紫红色—黄褐色褐铁矿化泥晶灰岩,黄褐色褐铁矿化泥晶灰岩。

3. 多才玛矿段

多才玛矿段圈出铅锌矿体4条,矿体编号为DM1—DM4,矿石类型全部为氧化矿。DM1锌矿体长100m,厚度5.25m,平均品位$3.83×10^{-2}$,控制矿体斜深40m,赋存标高4733～4756m,埋藏深度0～23m,含矿岩性为钙质粉砂岩;DM2-1铅矿体长100m,厚度3.90m,平均品位$0.76×10^{-2}$,控制矿体斜深40m,赋存标高4772～4805m,埋藏深度0～33m,含矿岩性为碎裂结晶灰岩;DM2-2锌矿体长100m,厚度0.43m,平均品位$2.62×10^{-2}$,控制矿体斜深40m,赋存标高4780～4813m,埋藏深度0～30m,含矿岩性为碎裂结晶灰岩;DM3铅锌矿体厚度5.00m,铅锌矿体长220m,控制矿体斜深90m,平均品位$5.68×10^{-2}$,赋存标高4737～4791m,埋藏深度0～54m,含矿岩性为碎裂灰岩。

(四)矿石特征

含矿岩性主要为碎裂岩化硅化泥晶含生物屑砂屑灰岩、碎裂岩化白云石化硅化含生物屑泥晶灰岩,方解石脉发育。矿石矿物主要有黄铁矿、方铅矿和闪锌矿等,脉石矿物主要为方解石、白云石以及少量的石英等矿物。矿石的结构主要有包含结构、胶状结构、海绵陨铁结构、自形半自形结构、他形粒状结构。矿石构造主要有块状构造、脉状构造、团窝状构造和浸染状构造。

从铅的物相分析结果可以看出,矿石中铅主要以硫化物方铅矿的形式存在,占总铅量的84.18%,其次以氧化物白铅矿和硫酸铅所占的比例较高,二者之和占到总铅量的13.70%,其他形态的铅之和,占总铅量的2.03%。

从锌的物相分析结果可以看出,矿石中锌主要以硫化物闪锌矿的形式存在,占总锌量的80.22%;其次为氧化锌,占总锌量的19.03%;其他形态的锌,占总锌量的0.75%。

勘查区矿石工业类型主要分为铅矿、锌矿石和铅锌矿石,其中主要以铅矿石和铅锌矿石为主,两者之和达到90%,锌矿石含量较低。

(五)围岩蚀变

围岩蚀变类型主要有碳酸盐化(包括白云岩化)、硅化、泥化。其中与矿化关系较密切的主要为硅化、碳酸盐化,常以石英细脉的形式产出。蚀变主要分布于断裂构造F1和F2之间,呈近东西向展布,蚀变于矿化关系极为密切,蚀变越强,矿化越富。

常见矿化主要为方铅矿化、闪锌矿化、白铅矿化、菱铁矿化、菱锌矿化等。方铅矿、闪锌矿主要以细脉形式产出;白铅矿化、菱铁矿化、菱锌矿化主要以次生富集的形式沿岩石的层理、节理面或裂隙面产出。矿化强弱与裂隙发育程度有关,裂隙密集且宽时,形成矿脉较多,含矿品位亦较高。

(六)成矿物理化学条件

1.流体包裹体研究

刘长征等(2015)对脉石矿物进行了显微观察及包裹体测温研究,结果表明:矿石中方解石和石英中所捕获的原生流体包裹体有气液两相包裹体、富气体气液两相包裹体、纯气体包裹体 3 种类型,邻近分布,其均一温度相近;脉石矿物的流体包裹体主要以气液相包裹体居多,其他两类次之;包裹体测温结果显示成矿流体冰点温度为 19.3~0.5℃,均一温度变化范围为 97~497℃,峰值范围为 120~180℃;流体包裹体显示盐度变化于 0.9%~21.9%NaCleq 范围内,与铅锌矿化有关的盐度集中在 8.8%~13.3% NaCleq 之间,具有中低盐度特点;成矿温度大多数集中在 120~180℃之间,属低温型成矿流体;流体密度介于 0.90~1.00g/cm^3 之间,为中低密度;成矿压力范围介于 5~10MPa 之间,最小成矿深度为 0.5~1km,矿床形成深度较浅。多才玛铅锌矿床成矿流体具有低温、中低盐度、中低密度、低压、浅成相的矿床成矿环境特征。

2.矿床同位素组成及特征

1)S 同位素

刘长征(2015)、李政等(2009)对多才玛铅锌矿床中金属硫化物进行了 S 同位素分析,结果显示:多才玛铅锌矿床中方铅矿具有最高的 δ^{34}S 分布范围(−26.72‰~30.1‰),黄铁矿的 δ^{34}S 在−29.5‰~−14.7‰范围内,单矿物 δ^{34}S 变化范围大,而且,方铅矿的 δ^{34}S 最高值大于黄铁矿的相应值,显示出该矿床硫化 δ^{34}S 的富集顺序与正常的平衡交换顺序不尽一致,说明硫化物不是在硫同位素平衡交换条件下形成的,而是可能形成于不同的成矿阶段,矿床含矿流体在成矿过程中未达到硫同位素分馏平衡,可能是较低成矿温度所致。推测硫的主要来源是矿区古新近纪盆地卤水中的硫酸盐,但并不排除矿区及区域灰岩地层中的蒸发海水也发挥了作用。

2)Pb 同位素

宋玉财(2009)、刘长征(2015)对多才玛铅锌矿床中方铅矿进行了 Pb 同位素进行了分析,结果显示:方铅矿原位 Pb 同位素结果为 ^{208}Pb/^{204}Pb=38.985~39.253,均值为 39.08,^{207}Pb/^{204}Pb 为 15.647~15.72,均值 15.69,^{206}Pb/^{204}Pb 为 18.825~18.918,均值 18.86。3 种 Pb 同位素比值变化范围小,组成相对稳定。区内矿石铅来源复杂多样,成矿金属物质不仅来自上地壳和造山带,还来自壳幔混合的俯冲带铅,预示着深部幔源物质可能参与了成矿作用。

3)C、O 同位素

李政(2009)、刘长征等(2015)对区内碳酸盐脉及方解石进行了 C、O 同位素测定,结果表明,δ^{13}C V-PDB 范围为 1.2‰~6.7‰,而 δ^{18}O V-SMOW 分布于 16.4‰~23.4‰之间。认为碳主要来源于海相碳酸盐岩,成矿过程中伴随有碳酸盐岩的溶解作用。反映了矿床的热液流体主要是在与灰岩地层发生强烈水岩反应中沉淀金属的,成矿流体具盆地卤水+大气降水的特点,与幔源物质无关。

(七)成矿时代

沱沱河地区受大陆碰撞的影响,发生大规模逆冲及走滑断裂活动,形成一系列北西西走向的逆冲断层和褶皱组成的新生代逆冲推覆构造带。岩浆沿深大断裂和大型伸展断裂构造上涌,形成大范围富钾火山岩和同源浅成—超浅成侵入岩,岩浆演化至晚期阶段在浅部由于减压作用释放出成矿流体,流体经过相分离、与大气水混合、与围岩发生物质交换等过程,向浅部迁移并发生多次矿质沉淀。含矿流体沿深大断裂上升至更浅部,沿切层的主断裂和层间破碎带发生脉状矿化,形成多才玛等中低温热液脉型铅锌矿床。

多才玛铅锌矿的围岩主要是中二叠统九十道班组碎裂岩化硅化泥晶含生物屑砂屑灰岩、碎裂岩化白云石化硅化含生物屑泥晶灰岩,古近系沱沱河组紫红色砾岩、复成分砾岩夹泥钙质粉砂岩也发生了较弱的矿化,说明成矿作用晚于沱沱河组的形成时间,最新的磁性地层及生物地层研究表明,沱沱河组的地质年代为 $59.8\sim52.6Ma$(李乐意,2015)。多才玛铅锌矿床成矿时期为 $65\sim20Ma$。大规模的热液成矿作用发生后,近南北向陆内挤压推覆作用下形成推覆构造,时间上晚于被推覆的地层新近系五道梁组,为叠加另一期陆内造山活动。这期推覆活动造成多才玛一组近平行的近南东向成矿后张性断裂形成。

(八)资源储量

矿区累计估算控制的+推断的铅锌矿石量 28 464.90 万 t,铅锌金属量 845.02 万 t,其中控制资源量约 480.58 万 t,推断资源量约 364.44 万 t,铅锌平均品位 2.97%。伴生银 3 321.78t,伴生银平均品位 13.44g/t;伴生镉 2 984.69t,伴生镉平均品位 0.018 9%;伴生硒 1 526.15t,伴生硒平均品位 0.001 89%;伴生铊 4 164.24t,伴生铊平均品位 0.004 66%。

(九)控矿因素

构造控矿:区内已发现矿化体主要沿二叠纪灰岩内的近北西西向的 F2 断裂发育,F2 断裂为区域性大的断裂构造,总体表现为高角度的逆断层,倾向北,是矿区内主要的导矿构造,控制了矿体的展布方向。

岩性控矿:矿化体大多产于早二叠世九十道班组下岩段碎裂岩化灰岩及结晶灰岩中。总体表现了矿化与碎裂灰岩和结晶灰岩的密切关系。

后期热液改造:方铅矿、闪锌矿大多沿裂隙构造呈细脉状产出,表现了热液成矿的主要特征,且具开放空间充填特点,属后生成矿;金属矿物组合主要为方铅矿+闪锌矿+黄铁矿。

(十)找矿标志

通过对本区茶曲怕查、孔莫陇铅锌(银)多金属矿床特征和多才玛多金属矿化点的成矿环境、矿床地质特征及其地球物理、地球化学特征的初步分析总结,初步认为本区找矿标志有如下几点。

地球化学标志:区内以铅锌为主的水系异常,具有一定的规模和强度,形态完整、浓度梯度变化明显,是本区寻找铅锌矿的地球化学标志。

地球物理标志:本区含矿岩性与非矿岩性的激电性差异较为显著,物探相位激电测量出现"相对高阻高相位"异常带,与土壤异常带相吻合,指示深部可能有矿化体存在。

构造指示标志:矿区内近东西向主构造带与矿化关系密切,断裂带北侧常出现激电、土壤异常。当三者套合时极有可能发现多金属矿化体。

地表氧化标志:由于铅锌矿化带中含有菱锌矿、白铅矿、毒砂等金属矿物,氧化后呈现红、褐、灰绿等多种氧化色,在地表形成杂色条带,是本区铅锌矿存在的重要露头标志。

(十一)矿床类型

多才玛超大型铅锌矿床不仅具有有利的成矿地质背景,而且具有独特的地质特征,尤其是单个矿体规模大(KM5、KM6单个矿体金属量达到130万t)。

多才玛铅锌矿与岩浆活动(南部查保马组火山岩)存在间接联系,岩浆热液沿逆冲推覆构造F1往上运移,同时萃取流经地壳岩石的金属形成富铅锌成矿流体,在接近地表时,F1逆冲构造的反向张性构造诱发成矿流体垂向排泄,沿切层的主断裂和层间破碎带发生脉状矿化,近北倾断裂输导流体灌入有利的构造-岩性容矿空间,形成多才玛中低温热液脉型铅锌矿床(图4-3-7)。

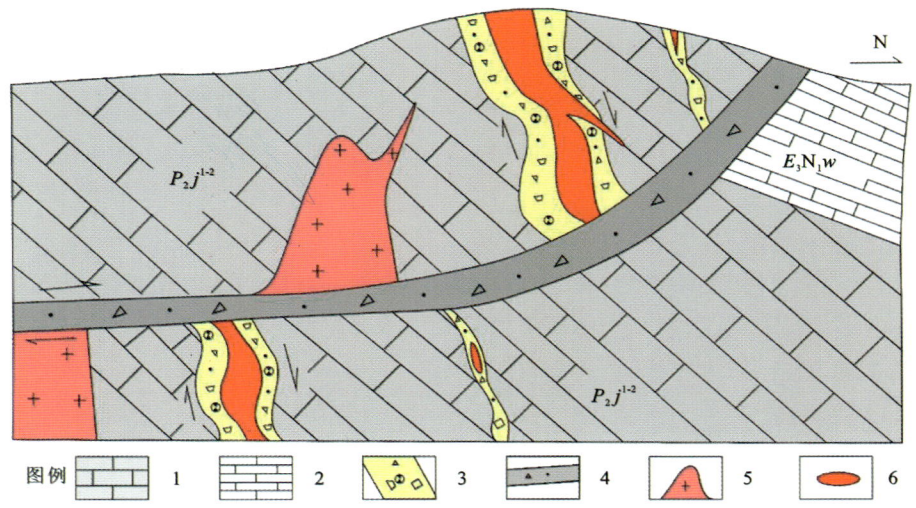

1.中二叠统九十九道班组生物碎屑灰岩;2.新近系五道梁组泥灰岩、泥晶灰岩;3.含矿蚀变带;
4.成矿后推覆断裂;5.隐伏花岗质岩体;6.铅锌矿体。

图4-3-7 多才玛地区中低温热液脉型铅锌矿成矿模式图(据青海省第五地质勘查院,2016)

(十二)发现与勘查

"西藏那曲安多县多才玛多金属矿普查"项目是为了响应国家加快青藏铁路沿线矿产资源勘查开发从而带动区域经济发展的号召,由青海省地质矿产勘查开发局率先投资勘查,之后社会资金和省勘查基金投资勘查。多才玛铅锌矿床是青海省地质调查院2002—2004年在沱沱河地区开展的1∶20万化探扫面工作的基础上发现的综合异常,随后在2005—2008年青海省地质调查院在该区开展了1∶5万矿产远景调查及少量预查项目,对已经圈定的化探异常进行了查证及初步评价,圈定出多才玛、茶曲帕查、孔莫陇等多个矿点。2008年底由于机制改革,多才玛矿床探矿权一并转移至青海省第五地质矿产勘查院(从青海省地质调查院新分配出来的单位),2009—2015年随着青藏专项、省财政基金及社会资金的大量投入,多才玛矿床初步完成了初步的预查、普查阶段,取得了较好的找矿成果,其中孔莫陇矿段基本达到普查程度,茶曲帕查和多才玛矿段处于预查—普查阶段,全区共圈定铅锌矿体26条,累计求得铅锌金属资源量620余万吨,伴生银2440余吨。

2016年为加快地质勘查进程,青海省地质矿产勘查开发局与青海省国有资产管理有限公司签订战略合作协议确定"西藏那曲安多县多才玛铅锌矿详查"为联合勘查项目,由青海省第五地质勘查院与青海省国有资产管理有限公司下属的青海国投矿业有限公司联合勘查,青海省国有资产管理有限公司全额投资,经过5年的详查工作,全区资源总量大幅增加,资源量级别大幅提升,发现的大规模的铅锌银富矿体,取得了重大地质找矿突破。

四、都兰县石头坑德铜镍矿

(一)概况

矿区行政区划隶属海西州都兰县宗加镇管辖,北距109国道78km,交通便利。矿床规模为大型,矿床成因类型为岩浆熔离型。

(二)矿区地质特征

矿区位于昆中断裂带上,属于伯喀克里-香日德印支期金铅锌成矿带东段五龙沟金矿田的南东端。区内出露为古元古代金水口群白沙河组和万保沟群(图4-3-8);断裂构造十分发育,分布有东西向、南北向、北西向和北东向4组断裂,其中东西向断裂规模最大贯穿整个矿区,以压性逆断层为主;北西向和北东断裂晚于东西向断裂,以挤压性逆断层和右行平移断层为主;南北向断裂形成最晚,造成不同断块之间的差异性抬升;岩浆侵入活动主要有加里东期石英闪长岩类,加里东晚期—海西早期镁铁质—超镁铁质岩及印支期钾长花岗岩,区内侵入体呈岩株状产出,出露面积0.16~5.7km²。

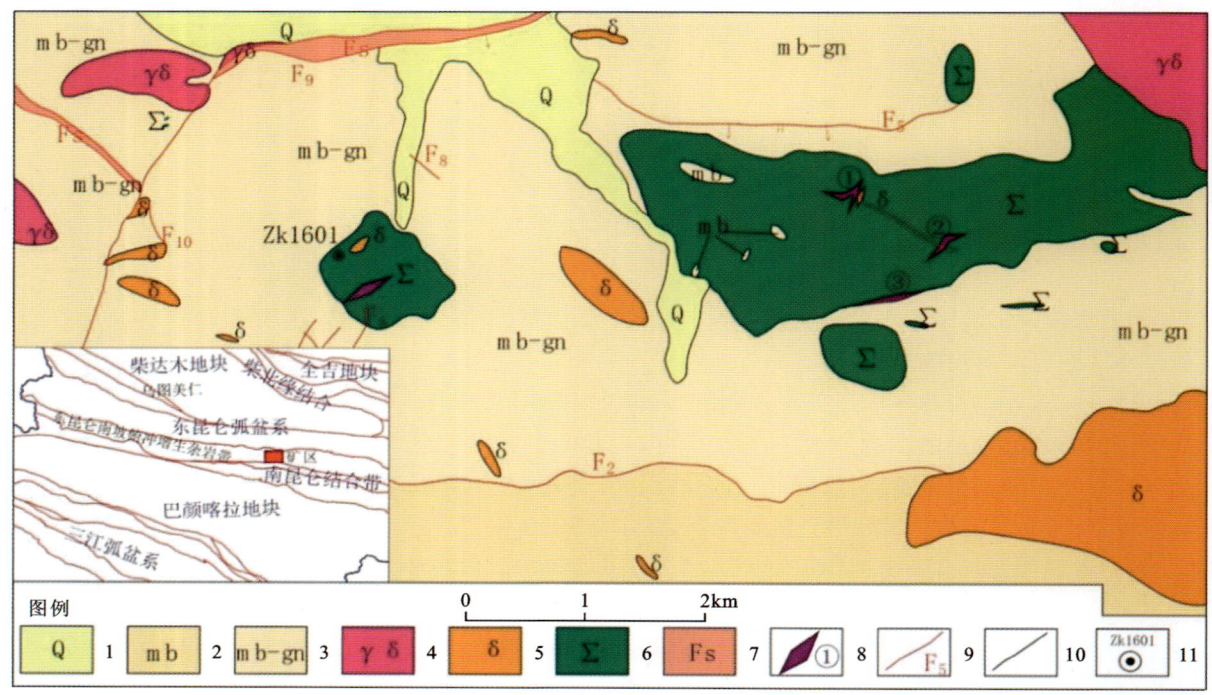

1.残坡积物;2.大理岩;3.片麻岩夹大理岩;4.花岗闪长岩;5.闪长岩、石英闪长岩;6.超基性岩;7.蚀变带;8.矿体位置及其编号;9.实测及推测断层;10.实测及推测地质界线;11.钻孔位置及编号。

图4-3-8 石头坑德地区地质简图(据四川地矿局108队修编,2018)

矿区发现了3个含铜镍矿的镁铁质—超镁铁质杂岩体,岩石类型主要为橄榄岩类、辉石岩类和辉长岩,三者为同一岩浆分异的产物。Ⅰ、Ⅱ号杂号岩体侵位于金水口群的白沙河岩组中,其中Ⅰ号杂岩体中见矿最好,Ⅱ杂号岩体圈出了规模较小的3条铜镍矿(化)体。Ⅲ号杂岩体侵位于万保沟群中,已发现矿化线索。

Ⅰ号杂岩体：呈带状，长轴方向近东西向展布，南西较宽，北东较窄，杂岩体出露面积5.7km²，超基性岩体呈不规则状分布于辉长岩体中，镁铁质-超镁铁质岩出露面积3.3km²，超基性岩延深方向呈"漏斗"状，北部以橄榄岩相为主，在橄榄岩相中发育厚大贫矿体；南部以辉石岩相为主，在辉石岩的细小构造裂隙中多发育贯入式矿体。整个杂岩体岩性分异较好，初步确定岩性关系（由早到晚）：辉长岩→橄榄岩→辉石岩→分异型辉长岩→闪长岩、辉长岩脉体。

Ⅱ号杂岩体：出露于Ⅰ岩体的西侧约1.5km处，岩体呈囊状，东西方向长1.1km，南北方向宽约1.0km，面积约0.7km²，主要由橄榄岩和辉石岩以及辉长岩构成，由西向东有由基性向超基性过渡的趋势，地表岩石褐铁矿矿化强烈，局部见明显镍华及孔雀石化，主要金属硫化物为磁黄铁矿和黄铜矿。

Ⅲ号超基性岩体：出露于Ⅰ号杂岩体南东约3.9km处，岩体呈不规则"椭圆状"，东西方向长0.5km，南北方向宽约0.4km，约0.16km²，岩性为辉石岩，地表发现铜矿化转石，岩体中黄铁矿、磁黄铁矿化较强。

（三）矿体特征

通过对以上3个杂岩体的工作，共发现铜镍矿体8条，其中Ⅰ号岩体M1、M4为主矿体，矿体类型为就地熔离分异型矿体、熔离贯入式矿体、热液改造叠加型矿体等。

M1矿体：位于Ⅰ号岩体北西部，为岩浆深部熔离后，矿浆沿近东西向断裂贯入的贯入式矿，后期被多条辉长岩、闪长岩脉穿插、破坏。矿体长约150m，厚6～10m，控制斜深约120m，镍品位0.2%～3.14%，平均0.98%；矿体近东西走向，倾向南西，倾角25°，含矿岩性为中—粗粒辉石岩以及少量含长含辉橄榄岩。该矿体基本达到普查控制程度。

M4矿体：产出于橄榄岩与辉长岩的接触部位，属于就地分异后期热液叠加改造的复式矿体，在局部接触凹陷部位膨大富集，向两侧分支逐渐尖灭。矿体走向北西-南东向，约290°，长1000m，矿体呈分支状，矿体厚20～300m，两翼宽度120～200m，矿体北部镍品位较低，平均0.25%，南部镍相对较富集，平均0.33%，含矿岩性主要为橄榄岩，另含少量辉石岩，两侧围岩为辉长岩、橄榄岩。矿体北西走向已圈边控制，11～30线已基本达到普查程度，南东方向尚未圈边，仍具有一定的找矿潜力（图4-3-9）。

（四）矿石特征

石头坑德铜镍矿石属于高镁硫化镍矿石，矿石矿物为镍黄铁矿、黄铜矿、磁黄铁矿、少量和微量的黄铁矿，铁氧化物主要为磁铁矿、微量钛铁矿、褐铁矿、铬铁矿。矿石氧化现象轻微，表现为部分交代镍黄铁矿、磁铁矿细脉现象。脉石矿物有橄榄石、辉石、斜长石、透闪石等。岩矿鉴定成果显示，矿石结构有自形—半自形粒状结构、他形粒状结构、交代结构、交代残余结构、不等粒结构、网脉状浸染结构、晶陷结构、海绵陨铁状结构；矿石构造有半海绵晶铁构造、浸染状构造、星点状构造、斑杂状构造、块状构造等。

（五）围岩蚀变

围岩蚀变主要有硅化、褐铁矿化，其次为黄铁矿化、黏土化（泥化）、碳酸盐化、毒砂矿化等。

（六）成矿物理化学条件及矿床类型

S同位素显示石头坑德磁黄铁矿的$\delta^{34}S$值为1.9‰～4.3‰，变化范围较大，大部分落入地幔流范

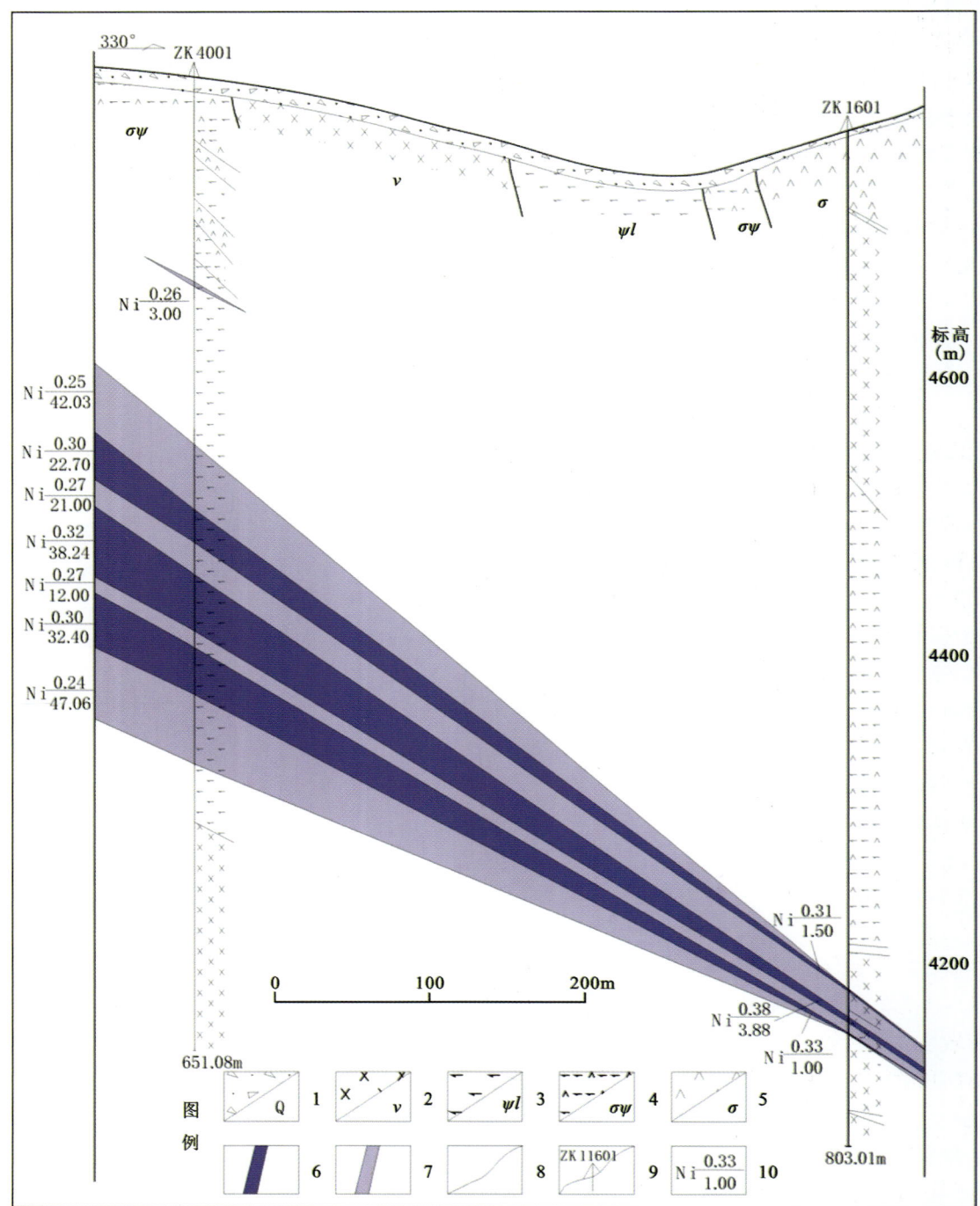

1.第四系;2.辉长岩;3.辉石岩;4.橄榄二辉岩;5.橄榄岩;6.工业富矿体;7.工业矿体;8.地质界线;9.钻孔位置及其编号;10.矿体平均品位/真厚度。

图4-3-9 石头坑德矿区P16勘探线剖面图(据四川地矿局108队修编,2018)

围之外,表明石头坑德成矿过程中岩浆受到了较大程度地壳物质的混染作用,显著提高了硫化物的$\delta^{34}S$值,是岩浆发生硫饱和的关键因素。

Pb同位素显示石头坑德成矿岩体的$(^{206}Pb/^{204}Pb)i=18.176\sim18.508$,$(^{207}Pb/^{204}Pb)i=15.384\sim15.631$,$(^{208}Pb/^{204}Pb)i=37.281\sim38.290$,表明成矿过程中岩浆受到了强烈的地壳混染作用。

Sr-Nd 同位素显示石头坑德岩体的含矿橄榄辉石岩与无矿辉长岩具有相似的 Sr-Nd 同位素组成，2 件橄榄辉石岩 εNd(t) 值为 −9.93～−7.17，$(^{87}Sr/^{86}Sr)i$ 值为 0.708 710～0.713 960，3 件辉长岩 εNd(t) 值为 −9.77～−6.72，$(^{87}Sr/^{86}Sr)i$ 值为 0.714 290～0.718 040，变化范围大区，表明岩浆演化过程中受到了地壳物质的混染。

石头坑德铜镍矿特征与我国的一批岩浆熔离型铜镍硫化物矿床极为相似，如夏日哈木铜镍矿等，其主要表现在镁铁质—超镁铁质杂岩体均侵入于古元古代变质岩中，矿体基本赋存于镁铁质—超镁铁质杂岩中，矿体呈透镜状、似层状。矿石具有他形粒状、半自形—自形粒状和海绵陨铁结构，块状、海绵陨铁状、浸染状、斑杂状构造。矿石矿物主要有镍黄铁矿、黄铁矿、黄铜矿、磁铁矿和磁黄铁矿。这些特征表明矿床属典型的岩浆熔离型硫化物矿床。

（七）资源储量

全区估算推断的镍资源量为 201 947t（工业矿 36 106t，占总资源量 17.87%），共（伴）生铜 16 360t、伴生钴 11 479t，工业矿体镍平均品位 0.422%，低品位矿镍平均品位 0.237%（资源量未评审）。

（八）控矿因素

（1）镁铁质—超镁铁质杂岩体是矿床的最主要控制因素，岩体的规模、分异程度、产状直接影响矿体规模、品位等。

（2）岩浆是矿床成矿物质主要提供者，岩浆中有用组分含量的多少对能否形成矿床有重要作用，不同成分的岩浆含有用组分的种类和数量不同，铁镁质岩浆中的 Co、Ni、Cr 等含量远高于中酸性岩浆。

（3）断裂构造也是重要的成矿控制因素。它是矿物质运移的通道，同时为热液和矿质活动、沉淀提供了有利的存储空间。

（九）找矿标志

地质标志：从镁铁—超镁铁质岩体的分布来看，它们严格受深大断裂控制。东昆仑造山带既是岩浆铜镍成矿带，又是蛇绿岩和榴闪岩—榴辉岩带。石头坑德地区岩体侵位于古元古代金水口群变质岩中，与片麻岩呈侵入接触，受断层控制。

地球化学标志：在 1∶5 万或更大比例尺的化探异常图中，出现 Cr、Ni、Cu、Co 等多元素的异常组合。

地球物理标志：出现"三高一低"的物探异常，即高密度、高磁性、高极化率、低电阻率是找矿的有利标志。而地面高精度磁异常是寻找与铜镍硫化物矿床有关的镁铁—超镁铁质岩体的直接标志。

地貌标志：当镁铁—超镁铁质岩体被剥离出地表，经常出现在地势较高部位，颜色为深灰—黑色，且地表岩石破碎严重，沿山沟经常出现大量砖石。

岩石学标志：具有一定分异的镁铁—超镁铁质岩体存在，岩石类型丰富，种类齐全，岩相带清楚有利成矿，岩性单调则不易成矿，中粗粒辉石岩或二辉岩与成矿关系密切。

矿物标志：可进一步分为次生矿物标志和原生矿物标志两类。次生矿物为一系列氧化物，出现在地表、近地表的岩石露头，发育褐铁矿化铁帽、孔雀石化、镍华、蓝矾、黄钾铁矾等，具褐、绿、蓝、黄等鲜艳色彩，颜色特异。原生矿物包括斜方辉石、橄榄石等硅酸盐矿物和磁黄铁矿、镍黄铁矿、黄铜矿等硫化物矿物组合。

（十）发现与勘查

2006—2009 年，河南省航空物探遥感中心开展了五龙沟地区 J46E023024 等 11 幅 1∶5 万水系沉积物地球化学及地面高精度磁法测量工作，其中圈定的 HS56 丙 Co(NiPbZnAuAsWMo)地球化学综合异常和 2 处地面高精度磁测异常(C-37-8、C-37-9)，为后续找矿工作提供了依据。2013 年，青海省地质调查局通过资料二次开发，优选出了石头坑德找矿靶区。四川省地质矿产勘查开发局一〇八地质队通过省地勘基金立项承担了青海省都兰县石头坑德金多金属矿预查项目。项目最初以寻找"五龙沟式"构造蚀变岩型金矿为主要目标，在项目实施过程中，通过异常检查发现了镁铁质—超镁铁质杂岩体与 HS56 丙异常内 Co、Ni 异常吻合。随后在超镁铁质杂岩体中发现了矿化露头，经槽探揭露，圈定了厚度大、品位高的铜钴镍硫化物矿体，并初步圈定出Ⅰ号超镁铁质杂岩体形态，确认矿床成因属岩浆熔离型铜镍硫化物矿床，故将重点勘查矿种由金转为铜镍矿。2013—2016 年，陕西省地矿局第二综合物探大队通过"青海省祁漫塔格成矿带金属矿地质矿产调查"项目在石头坑德地区开展物探综合方法示范工作，对石头坑德地区岩浆岩成矿进行找矿方法研究，进一步扩大找矿范围。利用 1∶1 万地面高精度磁法测量、1∶1 万激电测量、1∶1 万重力测量等工作，圈定出磁异常 9 处，重力异常 1 处，激电异常 3 处，为区内寻找铜镍钴硫化物矿提供了靶区。2015 年初，核工业航测遥感中心承担"青海省石头坑德—五龙沟地区 1∶1 万航空磁法测量"项目，通过开展大比例尺、高精度航空物探工作，获取了我国高海拔地区首套 1∶1 万航空电磁法数据，在石头坑德地区优选重点航电异常 28 处，圈定找矿靶区 9 处，为区内寻找岩浆熔离型铜镍矿提供了方法示范。2014—2020 年，四川省地质矿产勘查开发局一〇八地质队开展了青海省都兰县石头坑德铜镍矿普查工作，发现 2 个含矿基性—超基性杂岩体。2019—2020 年，以 M1、M4 号矿体为中心，采用钻探、探槽等工程进行验证，进一步控制其矿体形态。2020 年之后由四川省地质矿产勘查开发局一〇八地质队继续开展普查工作。

五、都兰县浪木日镍多金属矿

（一）概况

矿区行政区划隶属海西州都兰县热水乡管辖，距都兰县城 100km，交通较为方便。截至 2020 年底，矿区共求得镍铜钴金属量为 5.22×10^4 t，矿床规模为中型，矿床成因类型为岩浆熔离型。

（二）矿区地质特征

矿区发育 21 条规模不等的断裂构造(F1～F21)，其中 F11～F17 为区域性较大规模断裂，由遥感解译发现，呈北东—北东东向，总体具张扭性断裂性质，规模不等，主要表现为构造应力强弱不一、矿化蚀变不均匀，破碎带中岩性以构造角砾岩、碎粒岩、碎粉岩、糜棱岩等构造岩为主，出露宽度在 3～50m 之间；其他北西向、北东向次级构造也较发育，与本区岩浆岩侵入及超基性岩浆成矿关系密切，构造破碎带中热液蚀变、矿化现象明显，破碎带中部的矿化、蚀变程度较边部强，硫化物以黄铁矿为主，同时褐铁矿化较普遍。

矿区岩浆岩较发育，主要分布于矿区东北和西北区域，主要为加里东晚期—海西早期镁铁质—超镁铁质岩和加里东期—印支期的中酸性岩浆岩，其中镁铁质—超镁铁质岩为该矿床的成矿岩体，海西期—印支期中酸性岩属于成矿后岩浆活动(图 4-3-10)。

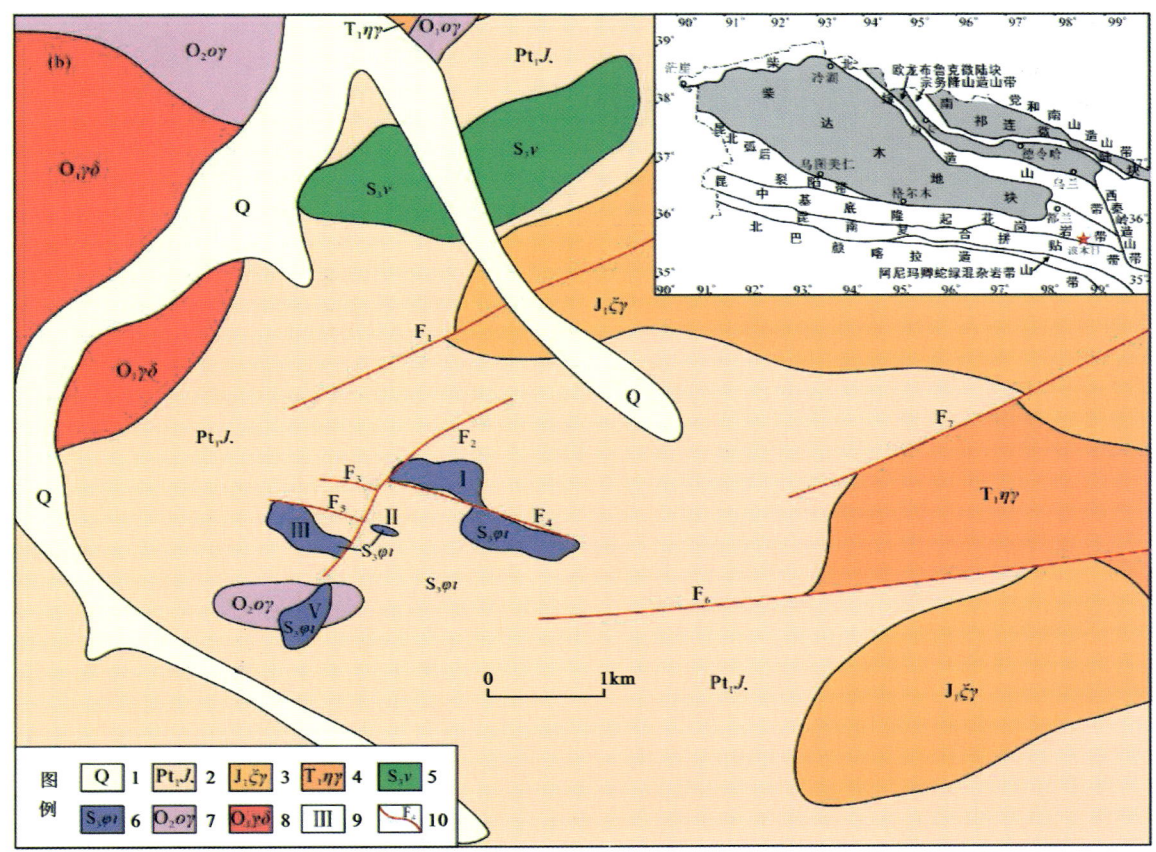

1.第四系；2.古元古界金水口群；3.早侏罗世正长花岗岩；4.早三叠世二长花岗岩；5.晚志留世辉长岩；6.晚志留世辉石岩；7.中奥陶世花岗闪长岩；8.早奥陶世花岗闪长岩；9.辉石岩体及编号；10.断裂。

图 4-3-10　浪木日铜镍矿区地质图（据青海省有色第三地质勘查院，2017，修改）

（三）矿体特征

1. 杂岩体特征

区内通过异常查证发现基性超基性岩体 17 处，含矿辉橄岩体 6 处，另有一些很小的透镜体或脉体分布，主要以规模大产状较陡的岩墙状侵入于古元古代金水口群白沙河组中，岩石类型主要有辉长岩、橄榄辉石岩、辉石橄榄岩和辉石岩，其中辉石橄榄岩是最主要的含矿岩石。矿区从北向南跨度较大，岩相变化较为清晰，北部主要岩相为基性辉长岩（Σ1），岩体出露完整面积较大，约 1.1km²。中部为 Σ2～Σ8 超基性橄辉岩体，呈岩体群形态产出，总体出露范围长 4km，宽 1km，总体侵入于片麻岩中，中间未见辉长岩、辉石岩出露，是本区成矿最有利区域。南部的 Σ9～Σ15 岩体均为由辉长岩组成的镁铁质岩体，极少有超基性岩体，出露规模较大，深部岩性有向辉石岩转变趋势。以上就构成本区从南至北由边缘相—中心相—边缘相过渡的趋势。

Σ2 岩体地表覆盖较厚，仅出露长约 150m，宽约 110m，岩体呈椭圆状近东西向展布，隐伏于白沙河岩组片麻岩中，岩体深部厚度 150m，岩体南倾，倾角 45°～50°。Σ2 岩体地表为辉橄岩，中粒结构，岩石颗粒较大，矿物粒径一般在 3～5mm 之间，岩石结晶分异程度较好，岩石具强的金云母化、蛇纹石化、磁黄铁矿化、镍黄铁矿化。

Σ3 岩体地表覆盖较厚，仅有零星出露，不成规模，岩性为辉橄岩，岩体隐伏于白沙河岩组片麻岩中，经钻孔验证，埋深保存完好，厚度达到 200m，深部表现为辉石岩相中间包容辉橄岩相，岩石普遍具有金云母化、蛇纹石化、磁黄铁矿化、镍铁矿化。

Σ4岩体第四系覆盖较厚,岩性为辉橄岩,长约1050km,宽30~100m,岩体呈长条状近北西向展布,整体隐伏于白沙河岩组片麻岩中,岩体向南东倾斜,产状40°~50°。Σ4岩体边部为辉石岩相,中心部位分异为橄榄岩相,蚀变以蛇纹石化、透闪石化和黑云母化为主;地表可见强的孔雀石和镍华,新鲜面见有星点状分布的黄铜矿、黄铁矿、磁黄铁矿以及钛铁矿等。

2. 矿体特征

全区主要对25处磁异常进行查证,其中11处(C1~C5、C7、C8、C10、C13~C15)磁异常已利用钻孔进行深部验证(图4-3-11),共圈定矿体34条(其中,镍矿体24条,镍铜钴矿体8条,镍铜铂矿体2条),目前工作程度较高的是C2—C4磁异常,含矿岩体及矿体基本控制在63—24线之间,总体长1700m,其中C2磁异常的Σ2岩体圈定18条(M2-1~M2-18),控制在63~49线之间,矿体长450m,厚1.11~13.4m,镍品位0.21%~0.46%,伴生的钴品位0.011%左右,铜品位0.12%。

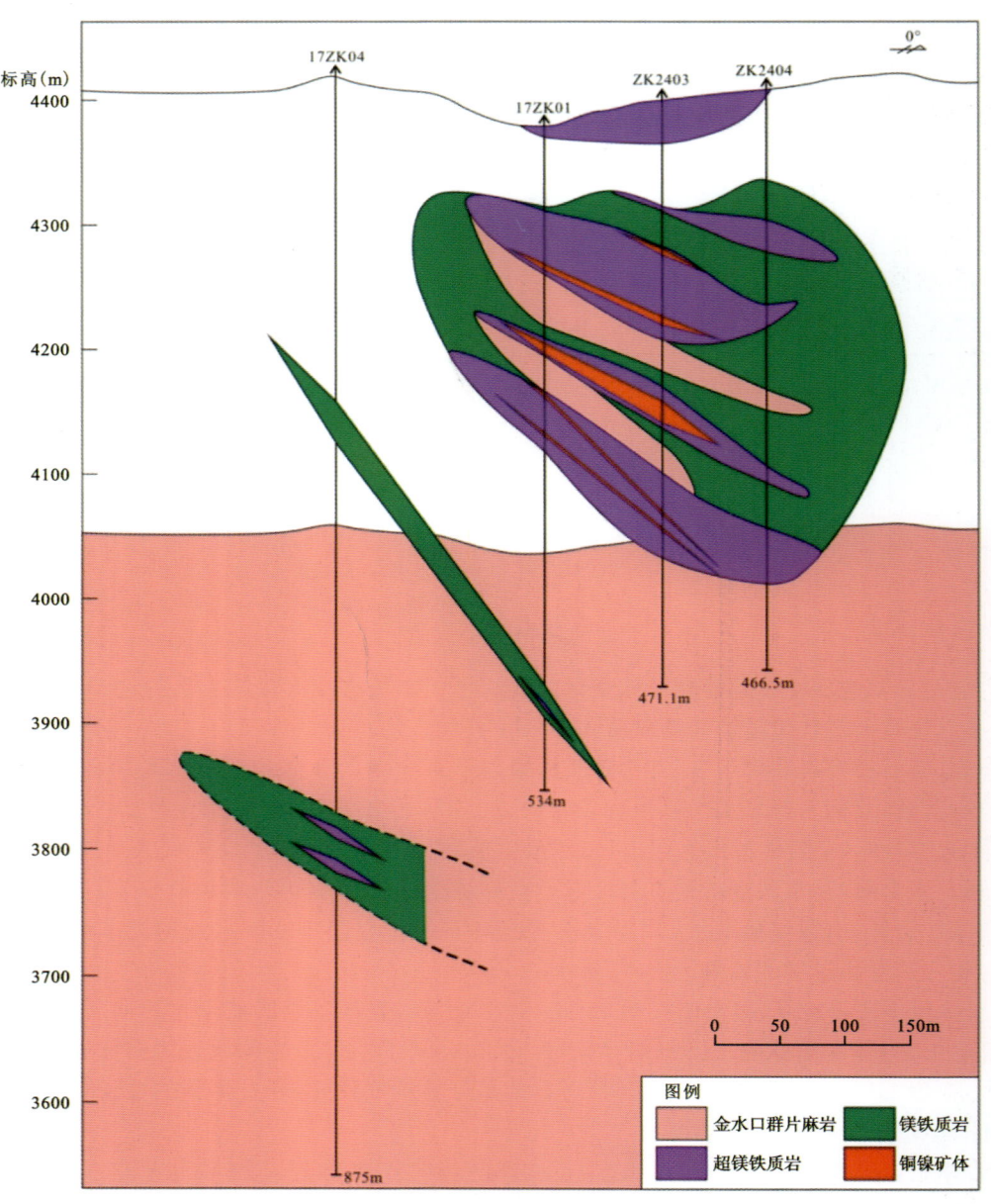

图4-3-11 浪木日矿区24勘探线剖面图(据青海省有色地质矿产勘查局八队,2017)

C3磁异常的Σ3岩体深部圈定1条(M3-1),为工业矿业矿体,M3-1矿体长160m,厚6.06m,镍平均品位0.63%,最高1.79%,钴平均品位0.029%,最高0.076%,矿体上盘位置圈定高品位富矿体1条,宽3m,镍平均品位1.5%,钴平均品位0.06%。

C4磁异常的Σ4岩体圈定14条(M4-1—M4-14),矿体控制在8—40线之间,矿体总体长700m,厚1.0~7.0m,其中M4-7规模最大,长500~700m,M4-7矿体镍平均品位0.41%,最高1.46%,铜平均品位0.43%,钴平均品位0.008%,各别工程中圈定镍富矿体,镍品位达到1.52%,伴生铂钯品位在0.7~3.0g/t之间。M4-8矿体长镍平均品位0.56%,最高1.72%,钴平均品位0.058%,最高0.11%,铜平均品位0.28%,最高0.38%。铂钯矿体厚2.0m,品位0.3~0.67g/t。

在全区圈定铂钯共半生及独立矿体19条,其中与铜镍共生8条,伴生9条,独立矿体3条,铂钯矿体长度在160~200m之间,厚度在0.55~9.45m之间,倾向延伸在80~160m之间,最深达到600m。

（四）矿石特征

浪木日镍钴矿矿石的自然类型主要属于硫化镍矿石,矿石矿物主要由磁黄铁矿、镍黄铁矿、黄铜矿、磁铁矿组成(图4-3-12);该矿石氧化现象轻微,矿石中镍主要赋存在镍黄铁矿和磁黄铁矿等硫化物矿物中,钴主要以类质同象形式赋存在镍黄铁矿等矿物中。

浪木日铜镍矿床的脉石矿物主要有橄榄石、辉石、斜长石、黑云母、透闪石、滑石、蛇纹石、金云母、石英和碳酸盐矿物等;其中橄榄石、辉石和斜长石为原生硅酸盐矿物,而其他大部分矿物则为原生硅酸盐矿物发生自变质作用而形成的,表现出了岩体顶部的特征。

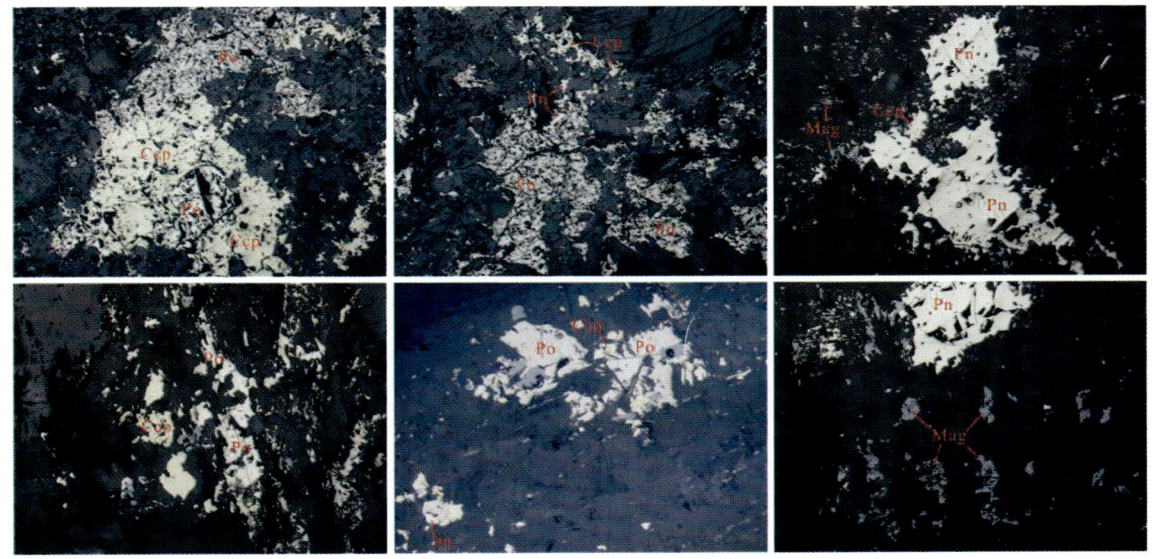

Po.磁黄铁矿;Ccp.黄铜矿;Pn.镍黄铁矿;Mag.磁铁矿。
图4-3-12 浪木日铜镍矿床金属矿物显微镜下照片(单偏光)

矿石类型按成岩类型主要有浸染状矿石,主要发育在浅部,深部已发现稠密浸染状、海绵陨铁状和块状矿石。此外,地表可见到以镍华、孔雀石为主的氧化物矿石。金属矿物主要有镍黄铁矿、磁黄铁矿、黄铜矿、黄铁矿,以及少量的磁铁矿、镍华、孔雀石和褐铁矿等,其中镍黄铁矿为该矿床最主要的含镍矿物。镍黄铁矿、磁黄铁矿与黄铜矿三者往往一起共生,常见镍黄铁矿呈他形粒状分布在磁黄铁矿的边缘。

矿石结构有自形—半自形粒状结构、他形粒状结构、不等粒结构、交代结构、包含结构以及海绵陨铁结构和固溶体分离结构等。矿石构造主要有浸染状构造、斑杂状构造和块状构造等。

（五）成矿条件及成矿时代

在浪木日矿区，可见部分镁铁质—超镁铁质岩石中出现黑云母斜长片麻岩等金水口群捕虏体，岩石结构构造变化较大、成分不均匀。还可见少量的石榴子石存在，蚀变及矿化出现榍石化、绿帘石化和磁铁矿化等。对橄榄辉石岩进行 U-Pb 年代学分析，其中还可见中、新元古代的锆石。另外，S 同位素分析显示矿床中硫化物的 $\delta^{34}S=3.72‰\sim5.71‰$，高于幔源硫的 $\delta^{34}S=0\pm2‰$，矿石 Se/S 值为 $4181\sim9553$，均大于前人认为的地幔平均值。因此，这表明幔源岩浆在向上侵位运移的过程中，有壳源 S 的加入，即同化了围岩，并与其中的 S 发生了混染，导致了 S 的含量增加。结合上述现象及分析结果，可知原始岩浆与地壳发生了同化混染，导致岩浆中 S 的浓度升高，并降低了硫化物在岩浆中的溶解度，硫开始饱和至过饱和，进而金属硫化物发生熔离并富集成矿（孟庆鹏，2019）。

浪木日含矿橄榄辉石岩锆石的 $^{206}Pb/^{238}U$ 年龄 $438.8\pm2.6Ma$（孟庆鹏，2019），属于早志留世。此外，还存在中、新元古代的捕获年龄，指示了地壳物质对该岩浆的同化混染作用。浪木日辉长岩锆石的 $^{206}Pb/^{238}U$ 年龄为 $439.5\pm2.0Ma$（孟庆鹏，2019），属于早志留世，代表了岩浆的冷却结晶年龄。由此可知，浪木日矿床形成于早志留世（440～438Ma），时间稍早于区域上的铜镍成矿事件，如夏日哈木（431～393Ma）、石头坑德（426～422Ma）和阿克楚克塞（416Ma）等，代表了早志留世东昆仑地区已经进入了造山后的强烈伸展环境。

浪木日镁铁质—超镁铁质岩浆的演化过程中存在着橄榄石、斜方辉石、单斜辉石以及斜长石的分离结晶作用；微量元素分析表明，原始岩浆来源于软流圈上地幔，并在上升侵位的过程中接受了地壳物质的加入；加里东晚期万宝沟大洋玄武岩高原向北拼合，拼合后由于其浮力及其自身巨大厚度的影响，导致玄武岩高原难以继续进行俯冲，而其深部的洋壳由于自身的惯性继续向下俯冲，导致洋壳板片被拉断，形成"板片窗"，因此构造环境由强烈的挤压造山转变为伸展背景，软流圈地幔物质大量上涌，经减压熔融，形成大规模的镁铁质—超镁铁质岩浆，并由于幔源岩浆深部发生熔离、上升、侵位，最终形成了岩浆熔离型的铜镍硫化物矿床。

（六）资源储量

全区累计探获镍潜在矿产资源 0.892×10^4t，平均品位 0.36%，其中镍工业矿体潜在矿产资源 0.589×10^4t，平均品位 0.47%，其中镍低品位潜在矿产资源 0.302×10^4t，平均品位 0.24%；铜潜在矿产资源 0.13×10^4t，平均品位 0.23%，铜伴生潜在矿产资源 0.157×10^4t；钴潜在矿产资源 $119.33t$，平均品位 0.02%，钴伴生潜在矿产资源 $252.3t$；镍铜钴潜在矿产资源总金属量 1.21×10^4t。累计探获铂潜在矿产资源金属量 $340.32kg$，平均品位 $0.47g/t$，其中工业品级铂潜在矿产资源金属量 $319.68kg$，平均品位 $0.10g/t$，伴生钯金属量 $300.56kg$，铂钯总金属量 $770.66kg$。

（七）控矿因素

大地构造对岩浆矿床的类型、分布等有重要影响，早志留世整个东昆仑西段表现为持续性的伸展环境，岩浆活动强烈，该岩体就在此条件形成，因此断裂构造控制着岩体的分布，断裂构造也是重要的成矿控制因素。它是矿物质运移的通道，同时为热液和矿质活动、沉淀提供了有利的存储空间。

岩浆是岩浆矿床成矿物质的主要提供者和携带成矿物质的介质，岩浆中有用组分的含量对形成岩浆矿床有重要影响，镁铁质—超镁铁质岩石中 Ni、Co 元素的含量高，另外这些元素的化学性质是形成该矿床的主要因素。

镁铁质—超镁铁质杂岩体是矿床的最主要控制因素,岩体的规模、分异程度、产状直接影响矿体规模、品位等。

含矿岩体是由多种岩石类型组合而成的岩浆杂岩体,岩性从橄榄岩—辉长岩,这种岩石组合成的岩体主要与铜、镍有关。

(八)找矿标志

矿化体严格受镁铁质—超镁铁质杂岩体控制,主要矿化为孔雀石化、镍华、镍黄铁矿化、黄铜矿化、黄铁矿化,风化后往往形成氧化带,其氧化带颜色为褐色、砖红色、孔雀绿、翠绿色(镍华)等,是该区寻找铜镍硫化物矿的主要风化露头标准。

以 Cu、Co、Ni、Cr 为组合的 1∶2.5 万水系沉积物测量所圈定的异常面积大,峰值高,浓度分带梯度大,浓集中心明显,分带规律性强,找矿意义较大。

区内通过物探方法试验认为,磁法测量基本能反映岩体的形态及赋存位置,而高阻率低激化的激电异常基本能反映矿体的形态,因此,岩体、磁异常及激电异常套合好的地段是寻找矿体的有利部位。

(九)成矿模式

浪木日铜镍矿床形成于早志留世(440～438Ma),构造旋回属于加里东晚期。加里东晚期,随着大洋板块的快速俯冲,柴达木南缘的万宝沟玄武岩高原快速向柴达木地块靠拢,原特提斯洋逐渐关闭、消失,并于早—中志留世与柴达木地块相碰撞。但万宝沟玄武岩高原由于其自身的特殊性表现为"相对温和"地拼贴到柴达木地块的南缘,形成了洋壳型榴辉岩。中志留世,万宝沟玄武岩高原拼贴到柴达木地块之上后,其自身巨大厚度和浮力的影响,使得玄武岩高原的俯冲作用很难进行,高原的浅部无法向下俯冲,而深部的洋壳由于惯性仍继续向下俯冲,最终导致俯冲板片在岩石圈地幔位置被"拉断",形成板片窗,软流圈物质发生大规模上涌,整个东昆仑地区的构造体制由拼贴造山的挤压转变为拼贴后强烈的伸展体制。同时,榴辉岩峰期变质年龄与镁铁质—超镁铁质岩侵位年龄总体均具有"东早西晚"的特征,可能指示了俯冲板片撕裂方向也为自东向西(图 4-3-13)。

根据区域构造演化特征,浪木日镍钴矿床形成的可能深部动力学过程大致如下:加里东晚期,原特提斯洋闭合,万宝沟大洋玄武岩高原与柴达木地块发生"软碰撞"而拼贴到柴达木地块的南缘,使之前位于水下的万宝沟大洋玄武岩高原发生抬升而变成陆地(现今昆南带)。但万宝沟玄武岩高原的地壳厚度要远远大于典型的洋壳厚度,在拼贴过程中由于玄武岩高原巨大厚度和浮力的影响,玄武岩高原的俯冲作用很难进行,高原的浅部无法向下俯冲,而是逐步拼贴增生到柴达木地块之上;而深部的洋壳仍继续向下俯冲,于是产生了应力的不平衡,最终导致俯冲板片被"拉断"而发生断离,形成板片窗,并引发了大规模因减压熔融而形成的幔源岩浆活动。原生岩浆在深部发生"深入熔离-贯入作用",该作用是浪木日成矿的关键地质作用,原生岩浆在深部岩浆房经历了显著地壳物质的混染(金水口群大理岩可能也发挥了比较重要的作用),使岩浆中的硫达到过饱和,硫化物从岩浆中熔离出来而形成了无矿岩浆、含矿岩浆、富矿岩浆和矿浆等含矿程度不同的岩浆。最终,这些含矿程度不同的岩浆沿深大断裂或构造薄弱部位脉动式上侵或贯入至地壳中,最终形成镁铁质—超镁铁质岩体及浪木日铜镍硫化物矿床。

(十)发现与勘查

1972 年,青海省区域地质测量队完成了 1∶20 万加鲁河幅区域地质调查,在区内圈出一处独居石、

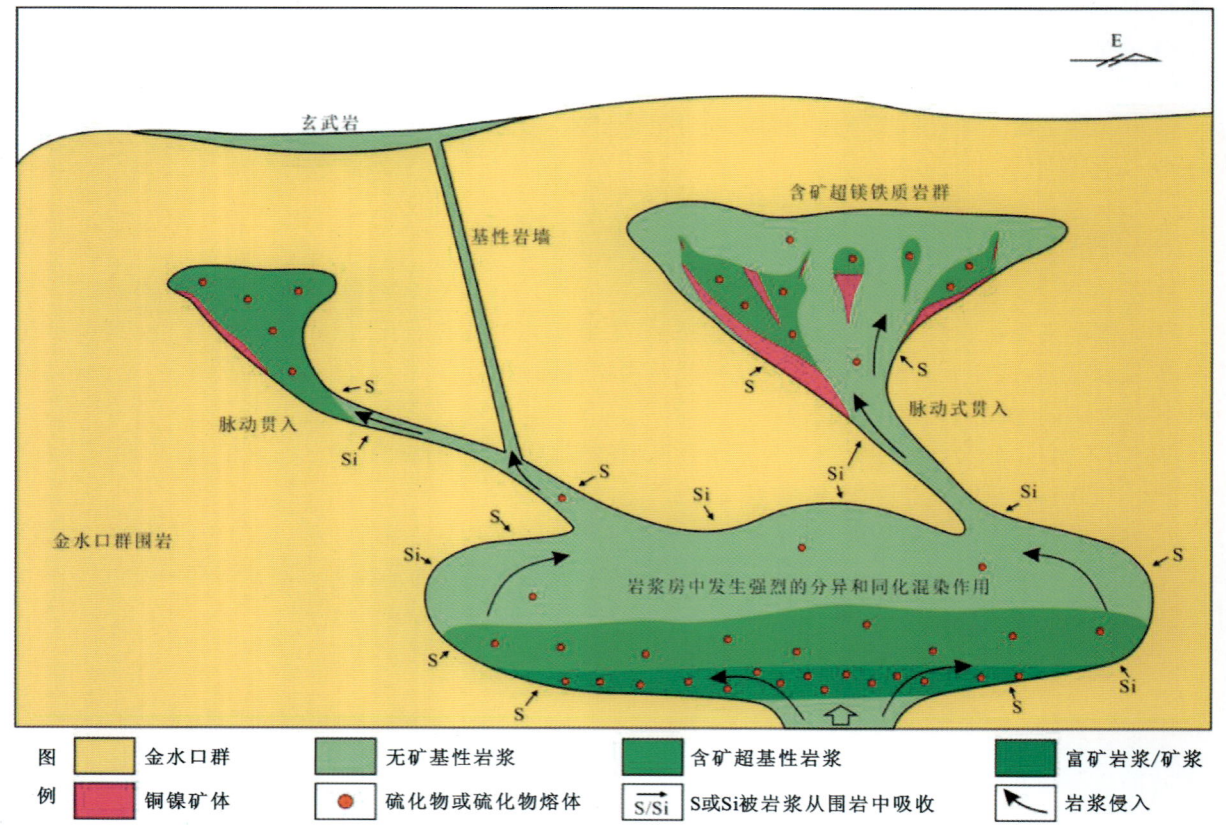

图 4-3-13　浪木日镍钴矿成矿模式示意图（据孙丰月，2012；李世金，2012；王冠，2014）

金红石重砂异常,面积约 4km²,异常区出露古元古代白沙河岩组变质岩及海西期—印支期中酸性侵入岩。

2014—2015 年,青海省有色地质矿产勘查局八队通过开展"青海省都兰县沟里地区 1∶2.5 地球化学测量"工作,圈定以 Cu、Co、Ni 为主要元素组合的综合异常 14 处,其中较具规模的为 HS71 乙 3Ni(CuCoAgAu)和 HS73 乙 2Ni(CuCoAuAg)2 处综合异常。

2016 年,青海省有色地质矿产勘查局八队通过对水系异常进行查证,在浪木日地区 HS73 乙 2Ni(CuCoAuAg)综合异常区圈定了 2 处超基性岩体(Σ1、Σ2),均有较强蚀变和矿化,Cu、Co、Ni 等品位均达到了工业品位以上,表明该区具有寻找类似于夏日哈木岩浆熔离型铜镍硫化物矿床的前景(李世金等,2012)。

2017—2020 年,青海省有色地质矿产勘查局八队在浪木日地区开展镍多金属矿预查工作。利用 1∶1 万磁法测量工作,圈定磁异常 25 处(C1—C25),北部 C1—C17 磁异常基本与基性、超基性岩体出露关系密切,其中矿致异常 7 处,均由含矿辉橄岩引起。在磁异常基础上根据地质草测等工作在矿区北部发现 17 处基性—超基性岩体,在预查区南部发现锰矿带 2 条。区内共圈定铜镍矿体 33 条,铂钯矿体 7 条。通过对浪木日矿区和夏日哈木矿区的对比分析,本区地处东昆仑东段,剥蚀程度较低,成矿岩体基本保存完好,区内岩体含水矿物富集,表明岩体近地表浅部低温区特征明显,夏日哈木成矿基本为大的岩盆形态,本区找矿阶段处于浅部岩枝岩脉位置,深部是否存在大规模含矿岩枝或岩盆还需探索验证。2020 年之后由青海省有色第三地质勘查院在本区继续开展普查工作。

六、都兰县龙什更铁钴矿

(一)概况

龙什更矿区地处都兰县东南方向,西距香日德镇80km,隶属于都兰县沟里乡管辖。区内地形复杂,自然地理条件较差。德马高速公路从矿区东侧10km处通过,乡村公路、便道与矿区连通,交通较为便利。

(二)矿区地质特征

矿区出露地层主要有古元古界金水口群、中—新元古界万宝沟群、下石炭统哈拉郭勒组、上石炭统—下二叠统浩特洛哇组。金水口群在矿区北部,主要由黑云斜长片麻岩、斜长角闪片麻岩、混合片麻岩和斜长角闪片岩组成;万宝沟群在矿区南部,主要由千枚岩、灰岩、变质玄武岩组成,是铁钴矿的主要赋矿层位;哈拉郭勒组以片理化凝灰岩、变杂砂岩、板岩为主;浩特洛哇组以砂砾岩为主。区内断裂构造发育,主要有近东西向、北西西向和北西向3组。

(三)矿体特征

目前全区共发现有9条含矿带,其中FeCoⅠ含矿带规模最大,地表控制长约6600m,宽5～20m,带内共圈出13个矿体,单个矿体长100～1300m。区内共圈出29个矿体,其中铁钴矿体7条、钴矿体6条、金矿体1条、金铜矿1条、银铜矿体1条、铜矿体13条。

FeCoⅠ-1矿体控制长400m,最大倾向延伸40m,平均真厚度2.81m,Fe平均品位34.62%,Co平均品位0.048%,最高0.086%。矿体发育于灰岩与千枚岩接触带中,沿倾向规模变大,矿体蚀变主要以赤铁矿化、硅化为主,次之为褐铁矿化。

CoⅠ-2矿体控制长1250m,最大倾向延伸158m,平均厚度4.65m。Co平均品位0.039%,最高0.086%。矿体产于灰岩中,蚀变主要以褐铁矿化、赤铁矿化、硅化为主。

CoⅠ-5矿体控制长1300m,平均真厚度1.69m,最大倾向延伸60m,Co平均品位0.076%,最高0.19%。矿体产于灰岩与千枚岩断层接触带中,为区内主矿体,蚀变以褐铁矿化、赤铁矿化、硅化、绢云母化为主。

(四)矿石特征

矿石结构主要有半自形晶粒状结构、交代结构、交代残余结构、假象结构。矿石构造主要有蜂窝状构造、多孔状构造、块状构造、网脉状构造、鲕状构造。其中,蜂窝状构造和多孔状构造的矿石钴品位较高。

矿石类型以氧化型矿石为主,由各种铁的氧化物组成。矿石矿物主要由褐铁矿、赤铁矿、菱铁矿、针铁矿、纤铁矿组成,见少量黄铁矿,脉石矿物以方解石为主,其次有长石、绢云母、绿泥石、绿帘石等。

(五)围岩蚀变

蚀变以高岭土化、绿泥石化、硅化、黄铁矿、孔雀石化、褐铁矿化、硅化为主。

(六)成矿物理化学条件

成矿流体特征研究在一定程度上反映了成矿环境的稳定性,为进一步确定矿床成因类型提供了必要的资料。确定各成矿阶段具有典型性的脉石矿物石英,在流体包裹体测相学的指导下,通过先进且成熟的显微测温技术对该矿床展开系统全面的流体包裹体分析,明确包裹体的类别、形状及形成期次,同时对 H_2O 包裹体的盐度、平均温度、H_2O 包裹体的 CO_2 固相初熔温度等重要参数进行逐一测定,以此充分明确成矿流体的具体构成情况(图 4-3-14)。

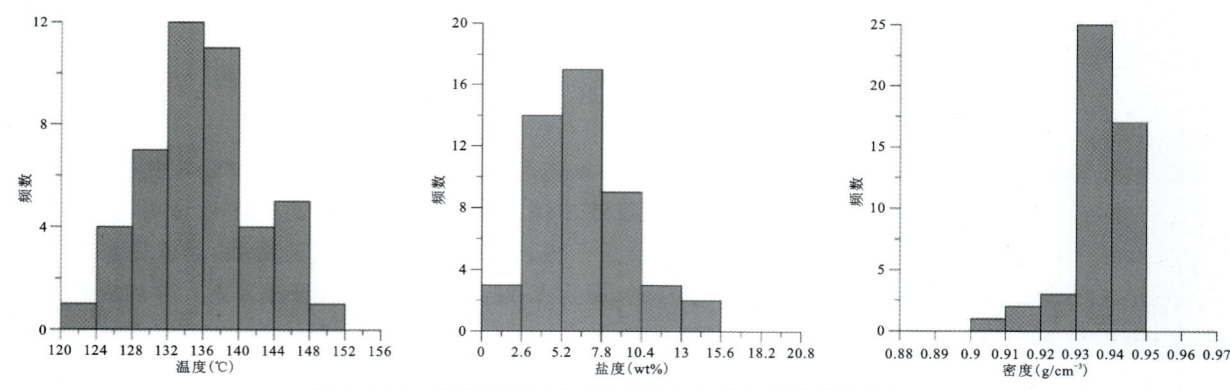

图 4-3-14 龙什更矿区成矿阶段流体包裹体测温结果直方图

本次实验在之前的研究成果上增添了新的样本,以进一步佐证研究结果。主阶段气液两相包裹体盐度峰值介于 2.6~7.8wt.‰ NaCl 之间。包裹体密度主要介于 0.93~0.95g/cm³ 之间。均一温度主峰值介于 132.0~140.0℃ 之间。这表明成矿流体为低温低盐度低密度流体。本区成矿压力范围为 9.3~16.58MPa,由此可得成矿深度范围为 0.93~1.7km。

(七)控矿因素

矿带赋存的主要地层为万保沟群灰岩,与(碳质)千枚岩接触。FeCo-Ⅰ矿带赋存于背斜东南翼部、两套地层接触带中。此外在背斜北东翼部灰岩与千枚岩接触带中还发现了 Fe-Ⅸ 矿带,其产状受地层褶皱控制明显。目前在倒转背斜两翼部均有铁(钴)矿发育,翼部与转折段矿体富集规律不清,转折段可能存在品位较高、厚度较大的矿体。由此可见在万保沟群灰岩与千枚岩接触带中是矿体的赋存部位,而褶皱中转折段部位可能是流体活动膨大、富集的有利区段。

(八)找矿标志

目前已知矿带均位于背斜两翼部的地层接触带中,矿化较好的 FeCo-Ⅰ 矿带位于背斜南东翼部(向斜北西翼部)临近向斜转折段一侧,故有利于矿体赋存,而 Fe-Ⅸ 矿带虽位于背斜北西翼部,却远离褶皱转折段,整体矿化蚀变较弱,不利于矿体赋存,因此褶皱的转折段可能是影响矿化富集的一个重要因素。

激电异常高(低)电阻率与高(低)极化率相交部位是矿化产出的可能部位,同时褶皱构造发育,影响矿体的赋存形态及矿化规模。

已知矿体均与硅化、绢云母化、绿泥石化、白云岩化、褐铁矿化、赤铁矿化蚀变密切相关,所有矿体的赋存部位均可见到程度不同的褐铁矿化、赤铁矿化,尤以赤铁矿化最甚。

(九)矿床类型

龙什更铁钴矿作为近年来新发现的氧化物型钴矿床具有其特征性矿物组合:赤铁矿、褐铁矿及水钴矿。灰岩中发育热水上涌、海水渗流的细网脉状通道,FeCo-Ⅰ带热水沉积岩为不纯硅质岩,其中碳酸盐含量较高。由此看来,碳酸钙作为围岩,热水上涌后淋滤出少量硅质成分。矿床中硫化物相主要为褐铁矿,氧化物相主要为赤铁矿,生物相为含碳质层。矿体主要为硫化铁(黄铁矿)经过后期氧化作用,形成含水的褐铁矿。当热水活动进一步发展,逐渐消失后,生物大量死亡,形成含碳质层,含碳层表明了热水活动的发生。

该矿床受同生断裂控制,形成上陡下缓的铲状同生断层,断裂处是热水活动中心。一侧快速下降沉积,同沉积角砾岩及矿质沉积于上盘,离同生构造近的地段矿体较厚。氧化带的矿层顺层产出,与上盘的绿泥绢英千枚岩、下盘的灰岩有同沉积的特征。

镜下观察到的针铁矿呈现黄铁矿晶形,推测在氧化带中铁的硫化物被氧化为硫酸亚铁,而硫酸亚铁不稳定,发生水解后形成硫酸铁,硫酸铁与水反应形成$Fe(OH)_3$,$Fe(OH)_3$是一种难溶的胶体化合物,在原地沉淀形成凝胶物质,脱水后变成氧化铁的混合物,也就是褐铁矿。可推断该矿床后期发生了表生氧化作用,氧化亚带存在于氧化带最上部,以铁的氢氧化物和铁的氧化物占绝对优势,呈褐色至棕红色,具有松散和多孔状、蜂窝状构造。

在古地理环境中,海底热水流体活动区的微生物(细菌、藻类、真菌及一些原生生物等)繁盛,海底热水流体恰可以为这些生物活动提供生命活动所需的N、P、K、C、S等元素,并且为其生命活动提供能量。微生物能从热水中摄取P、Cu、Zn、Co、Ni、V、等微量元素并使其富集。还原、酸性的热水流体进入到海底,使得海底由一个强氧化环境变为缺氧的还原环境,这一过程有利于生物死亡后的保存。强氧化环境中Fe元素原本以Fe_2O_3(赤铁矿)的形式存在,氧化为含水的$FeOOH$(针铁矿)、$FeO(OH)$(纤铁矿)等,针铁矿和纤铁矿是构成褐铁矿的主要矿物成分。热水活动结束后,大量微生物死亡,生物作用将氧化环境中S^{6+}还原为S^{2-},最终导致海底热水流体活动区沉积物中的有机质出现富集,Co元素也在这一过程发生了沉淀和集中。

微生物死亡后在埋藏及成岩环境中形成一套黑色含碳岩系。黑色岩系反映了其形成时的环境为缺氧环境,这种缺氧环境往往与海底喷流存在密切的关系,研究表明喷流流体常含有一定量的Fe^{2+},Fe^{2+}的出现很快会把喷流口附近的游离氧消耗掉。喷流热水中经常喷出有利于生物生长的营养物质,使生物在喷流口附近繁盛,此外还存在大量的显微动物群包括大量喜高温的细菌,热水喷流引起的大量生物活动,又会反过来促进黑色岩系的形成(孙丰月,2009)。流体从地下深处携带大量的热量和丰富的物质,证明热水活动对沉积地层产生了巨大影响。

叠层石为前寒武纪未变质的碳酸盐沉积中常见的"准化石",是原核生物所建造的有机沉积结构,是由于微生物生命活动所引起的周期性矿物沉淀、沉积物的捕获和胶结作用,而形成的叠层状生物沉积构造。元古宙时期,地球海洋里有大量的铁元素,叠层石也就是蓝藻靠着光合作用自养,从而产生大量氧气,铁元素被氧化后从水中分离沉积在海底,最终富集形成铁矿。

龙什更地区的铁钴矿主要赋存在元古宙万宝沟群灰岩与绿泥绢英千枚岩的接触带中,矿体上盘常有1~2层热水沉积建造的不纯硅质岩,再往顶部出现有薄层黑色含碳岩系。他们是典型的海底热水喷流和沉积的建造。这两种标志性岩层(典型热水喷流岩+含碳黑色岩系)是热水沉积矿床中普遍存在的一种岩石组合,将其称为"热水喷流矿床的双岩石组合"或"热水喷流矿床的双建造模式"。例如东昆仑的驼路沟钴金矿,根据孙丰月等《东昆仑成矿带重大找矿疑难问题研究报告》(2005)的研究认为,驼路沟钴金矿是一个典型热水喷流矿床,其中的喷流岩-硅质-钠长质岩-碳酸盐岩石和其上部的黑色岩系——碳质千枚岩共同组成了"双岩石组合"。黑色岩系碳质的存在,使得岩石在成岩过程中,扩大了金属离子在溶液中的稳定范围,不能共生的矿物在新的条件下达到共生,其中Co元素就是可以达到共生的金属元素,尤其是在铁、碳质存在的还原条件下,可促使钴与金属硫化物形成共结晶(孙丰月,2009)。因此,基于以上特征,龙什更矿床为热水沉积型矿床。

(十)发现与勘查

1969—1973年,青海省地质局区测队完成了I-47-Ⅲ(加鲁河幅)1∶20万区域地质调查,基本上查明了区内的地质构造特征、矿产分布规律,分析了成矿地质条件,发现了一批矿产资源和找矿信息,为进一步开展地质找矿提供了基础资料。2007—2008年,青海省有色地质矿产勘查局地质矿产勘查院开展了青海省苦海—那更地区 I47E002011、I47E002012、I47E002013、I47E003011、I47E003012、I47E003013、I47E004009、I47E004010、I47E004011、I47E004012、I47E004013、I47E005013共12幅1∶5万水系沉积物和地面磁法测量工作,圈定各类化探异常93处,物探磁法异常55处,为进一步开展矿产勘查工作提供了资料依据和找矿靶区。矿区所在的I47E002011巴加别里赤尔幅内圈出多处较好的物化探异常,预查区内有4处显示较好的磁异常,其中C1、C5-2异常显示突出。2014年青海省有色地质矿产勘查局八队在沟里地区开展1∶2.5万水系沉积物测量工作,其中预查区内共圈出综合异常14处,其中乙类异常5处,丙类9处,该成果为本次预查提供了基础依据。2016年青海省有色地质矿产勘查局八队和中国地质大学(武汉)联合开展了青海省都兰沟里金矿整装勘查区矿产调查与找矿预测项目,建立巴加别里赤尔幅(I47E002011)1∶5万矿产地质调查原始资料数据库、成果资料数据库,调查与成矿相关的地质体、构造、矿化蚀变、矿床、矿化点的空间分布及其相互关系,圈定并评价物化探异常。项目组在图幅中北部浪木日地区HS73号异常区内圈定了2条超基性岩脉(Σ1、Σ2),均有较强蚀变和矿化,Cu、Co、Ni等品位均达到了工业品位以上,表明该地有寻找铜镍硫化物矿床的前景。2017—2020年青海省有色第三地质勘查院在该区开展预查工作。

七、格尔木市二道沟钨钼矿

(一)概况

矿区行政区划隶属海西州格尔木市管辖,距格尔木市区150km左右,国道109线(青藏公路)及青藏铁路从矿区东侧穿过,交通较为方便。截至2018年底,矿区共探获资源量钨(WO_3)1.09×10^4t、钼160.74t,规模为中型,矿床成因类型为中高温石英脉型钨矿床,是"十三五"期间取得新进展的矿床。

(二)矿区地质特征

矿区大地构造位置位于纳赤台蛇绿混杂岩带,属东昆仑Fe-Pb-Zn-Cu-Co-Au-W-Sn-石棉成矿带。区内出露地层主要为中—晚奥陶世纳赤台群哈拉巴依组和第四系(图4-3-15),哈拉巴依组粉砂质板岩夹千枚岩是本区的主要含矿围岩。区内断裂构造较为发育,主要断裂依次编号为F1—F11,断裂构造主体方向为北西-南东向,与地层的走向基本一致。岩浆岩以加里东期、印支期岩浆活动最为频繁,主要分布在矿区南部,晚志留世英云闪长岩以岩脉形式出露。

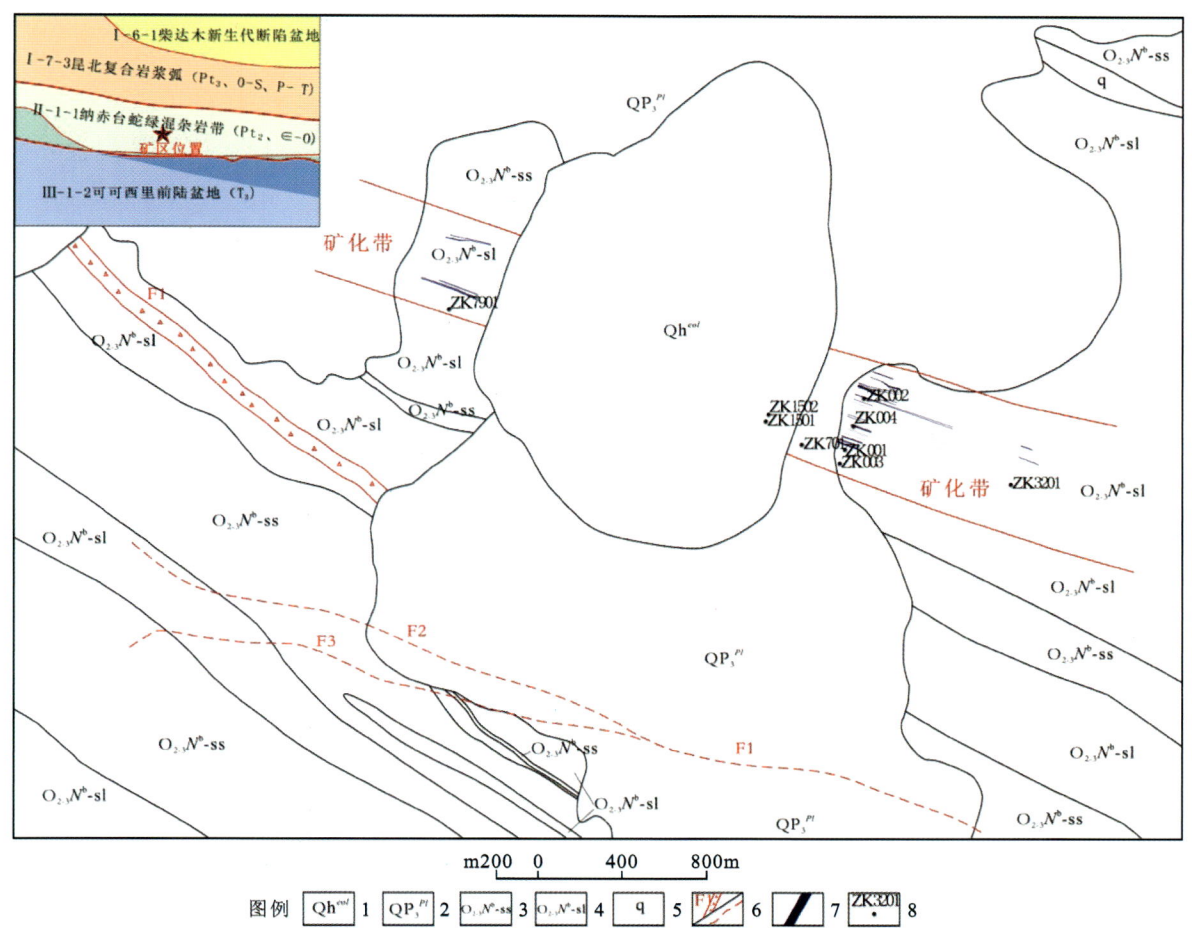

1.第四系风积物;2.第四系残坡积;3.纳赤台群长石石英砂岩;4.纳赤台群粉砂质板岩;5.石英脉;6.断层、破碎带及编号;7.白钨矿体;8.钻孔位置及编号。

图 4-3-15　二道沟矿区地质构造简图（据王泰山等，2016）

（三）矿体特征

区内共圈定石英脉型白钨矿化带 1 条，带内圈定白钨矿群 8 个，白钨矿体 51 条。白钨矿化带长约 3.2km，宽约 550m。矿化带内石英脉密集分布，脉宽一般为 0.5～2cm，有的可达 10～50cm。MⅡ、MⅣ、MⅤ、MⅥ、MⅦ矿群为主矿群。MⅡ矿群由地表槽探及深部钻探工程控制，长 200m，控制斜深 200～250m，总体展布稳定，由 17 条单矿体组成，单矿体厚度 0.52～8.81m，累积厚度 41.65m，WO_3 品位 0.054%～1.24%，最高品位 1.24%，平均品位 0.20%。MⅣ矿群由深部钻探工程控制，长 200m 左右，控制斜深 440m 左右，为隐伏矿群，由 6 条单矿体组成，单矿体厚度 1.72～7.89m，累积厚度 23.39m，WO_3 品位 0.07%～0.22%，最高品位 0.22%，平均品位 0.11%。MⅤ矿群由地表槽探及深部钻探工程控制，长 2.5～3km，宽为 40m，控制斜深 100～250m，由 7 条单矿体组成，单矿体厚度 1～14.6m，累积厚度 42.55m，WO_3 品位 0.07%～4.05%，最高品位 4.05%，平均品位 0.11%。MⅥ矿群由地表槽探及深部钻探工程控制，长 400m，控制斜深 80～300m，由 3 条单矿体组成，单矿体厚度 0.6～10.11m，累积厚度 14.21m，WO_3 品位 0.084%～1.25%，最高品位 1.25%，平均品位 0.12%。MⅦ矿群由地表槽探及深部钻探工程控制，长 400m 左右，控制斜深 80～440m，由 10 条单矿体组成，单矿体厚度 0.5～11.6m，累积厚度 31.45m，WO_3 品位 0.074%～0.33%，最高品位 0.33%，平均品位 0.10%（图 4-3-16）。

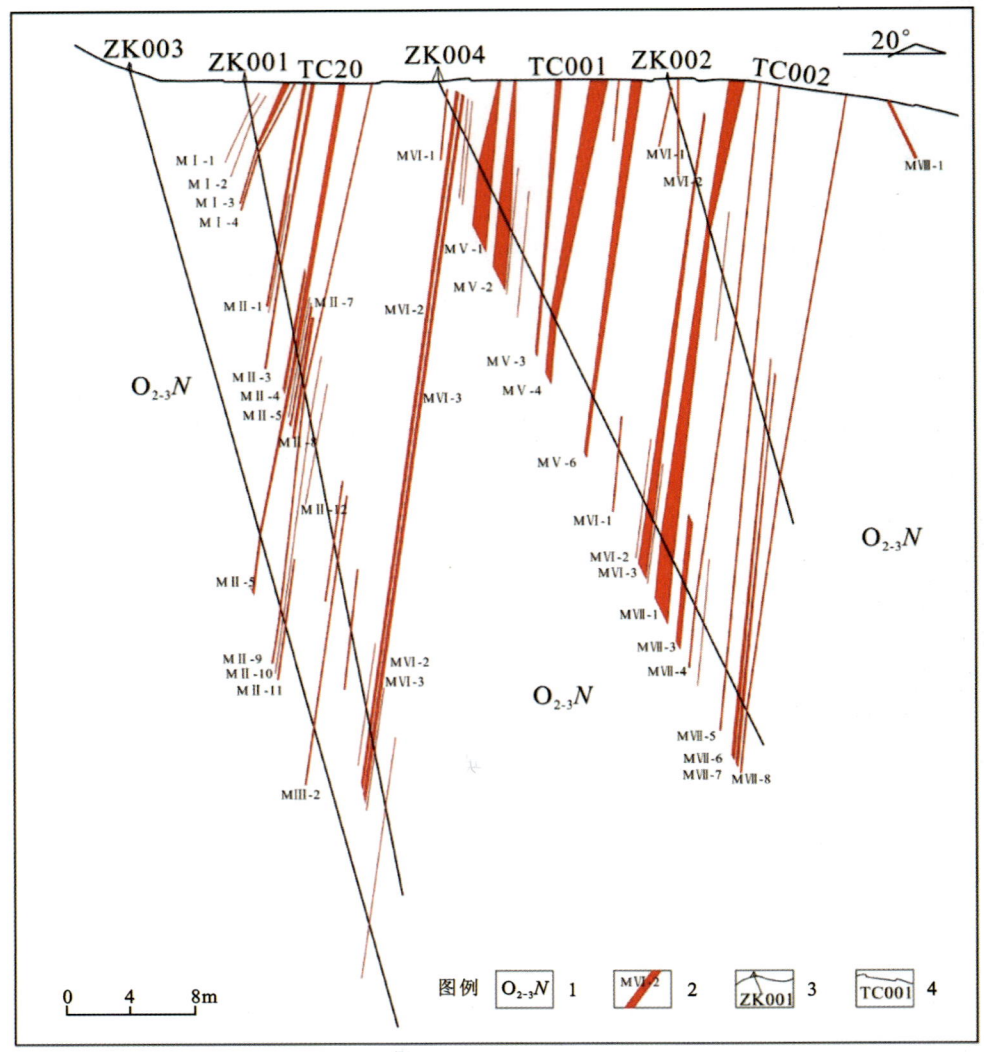

1.中上奥陶统纳赤台群；2.白钨矿体及编号；3.钻孔及编号；4.槽探及编号。

图 4-3-16　二道沟矿区 0 勘探线剖面图（据王泰山等，2016）

（四）矿石特征

矿石矿物主要有白钨矿、黄铁矿及少量黑钨矿、黄铜矿、辉铋矿等。脉石矿物主要有石英、长石、白云母、黑云母、绢云母、绿泥石。矿石结构以糜棱结构、粒状鳞片变晶结构、半自形粒状结构及他形—半自形粒状结构为主。矿石构造主要为块状构造。

（五）围岩蚀变

矿区围岩蚀变主要有白云母化、绢云母化、绿泥石化、高岭土化、硅化及少量的云英岩化。矿区北部成矿地质背景有利、构造活动强烈、矿化线索较多，是寻找与岩体有关的钨钼铜矿的有利地段。

（六）资源储量

获得 WO_3 潜在资源 10 877.62t，Mo 160.74t。

（七）控矿因素

区内圈定的钨钼矿化带整体赋存于粉砂质板岩中，其产状陡立，板岩倾角 70°～90°，同时区内发育大量褶皱，总体自北向南背行、向行相间排列，加之板岩自身多发育板劈理等塑性构造，致使矿带整体具备良好的成矿通道，为含矿热液自下而上涌出提供了良好的空间条件。

本区成矿皆赋存于石英脉中，石英脉为该区成矿物质载体，脉体承载含矿热液在板岩塑性通道中自下而上，呈扇状扩散式上涌，继而成矿，因本区成矿期后未有大规模破坏性构造运动，最终使得矿带在数千米范围内得以延续。

（八）找矿标志

地层标志：纳赤台群粉砂质板岩为主要的含矿地层，白钨矿集中于该地层中、浅部石英细脉中发育，辉钼矿、黄铜矿等多金属矿主要集中于深部厚大石英脉中。

矿化蚀变标志：地表绿泥石化、绢云母化、高岭土化发育程度较高并伴有黄铁矿化、褐铁矿化发育的地段，常发育有含白钨矿石英脉；钻孔内云英岩化、绢英岩化及深部强硅化地段常伴有辉钼矿、黄铜矿、辉铋矿发育。

化探异常标志：W、Bi 等元素浓集中心。

（九）矿床类型

总体而言，白钨矿化带内成矿与侵入岩热液关系密切，热源以 23 线附近为中心，呈扇状沿地层由深部向两侧扩散分布，最终成矿。依据近几年的勘查成果，初步认为隐伏岩体可能位于矿带靠西风成沙覆盖地带，且不同的矿化、蚀变特征进一步显示区内成果主要分为两期，白钨矿产出层位较铜钼较浅，故认为早期岩体主要含钨，形成与热液有关的石英脉型钨矿；另一类以铜钼为主，形成时间较晚，推测可能形成斑岩型铜钼矿床。

（十）发现与勘查

2010—2012 年，中国航遥总局、青海省第三地质矿产勘查院完成东昆仑地区 1∶5 万航空磁测工作，在区内共圈定找矿靶区 11 处，新发现矿点 9 处、矿化点 10 处、矿化线索 85 处。2012 年，青海省地质调查院开展了昆仑河地区矿产远景调查工作，在二道沟白钨矿床东西两侧分别发现了铜金山白钨矿点及巴拉大才钨锡矿点，并在二道沟地区圈定了多处以 W 为主元素的水系沉积物地球化学异常。2013—2018 年，青海省地质调查院开展了青海省二道沟地区金钨矿预查工作，对 HS115、HS117、HS118、HS131 等 13 处 1∶5 万水系沉积物综合异常进行查证，通过与樟东坑等国内典型矿床对比，认为本区"上钨下钼"的成矿模式、成矿事实明显，矿体垂向上富集厚度大，走向延伸长，倾向较陡偏直立，加之矿带内特有的地貌特征，具有一定向深部找矿的潜力。2019 年，鉴于矿体总体分布较零星、规模较小、勘查深度大等原因,未开展进一步勘查工作。

八、茫崖市乌兰乌珠尔 4041 高地钨锡铜多金属矿

(一)概况

矿区行政区划属海西州茫崖市管辖,东距格(尔木)茫(崖)公路约 70km,有简易公路与之相连,交通较为便利。截至 2020 年底,矿床规模已达中型,矿床成因类型属中高温岩浆热液矿床,是"十三五"期间取得新进展的矿床。

(二)矿区地质特征

矿区大地构造位置位于祁漫塔格-夏日哈岩浆弧,属东昆仑 Fe-Pb-Zn-Cu-Co-Au-W-Sn-石棉成矿带。矿区主要出露古元古代金水口岩群($Pt_1J.$)和第四系(Q)(图 4-3-17),岩浆岩以早泥盆世中酸性侵入岩为主,断裂构造主要为北西西向、近东西向韧性剪切带,多发生相交、分支复合,复合相交部位破碎带明显变宽,各断裂形成的蚀变带是主要的赋矿部位。

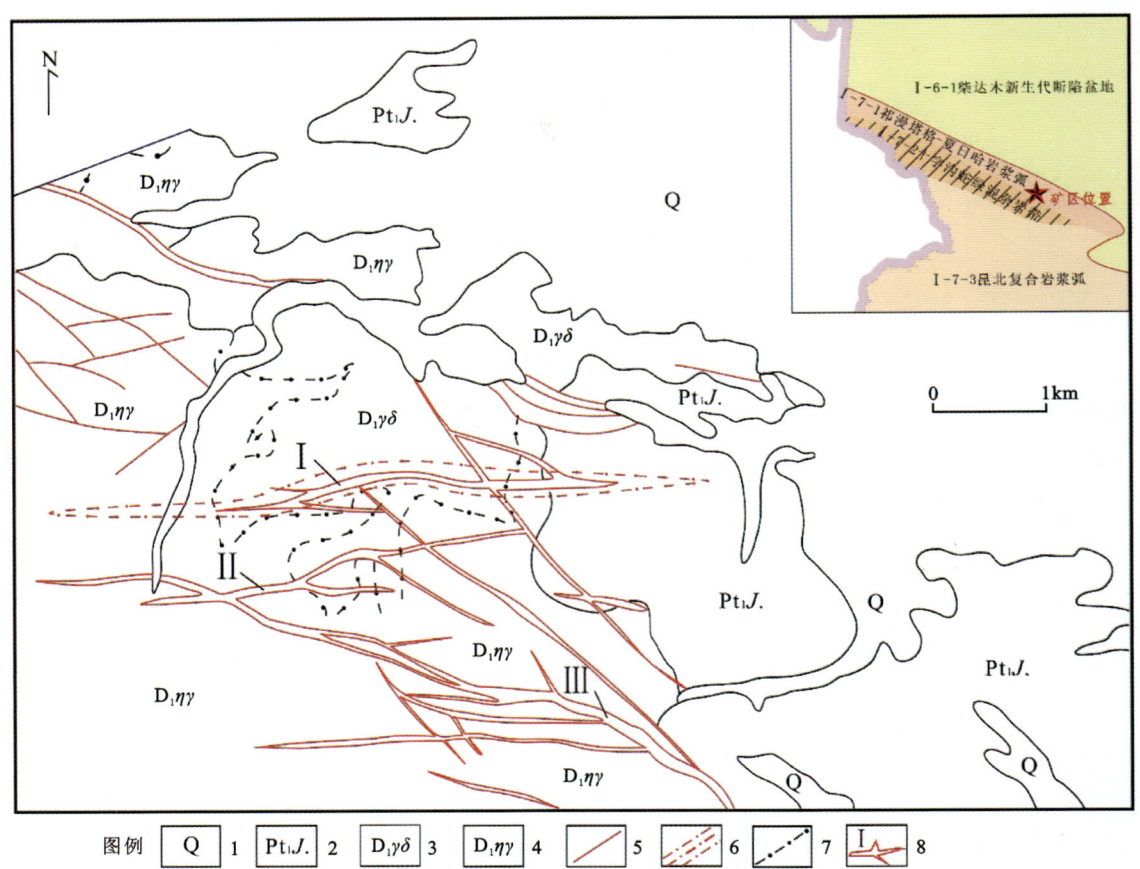

1.第四系;2.古元古代金水口岩群;3.早泥盆世花岗闪长岩;4.早泥盆世黑云二长花岗岩;5.断层;6.韧性剪切带;7.脉动侵入界限;8.含矿蚀变带及编号。

图 4-3-17 乌兰乌珠尔 4041 高地矿区地质简图(据湖北省地质调查院,2016)

（三）矿体特征

矿区圈定含矿蚀变带3条，Ⅰ号蚀变带长约4.5km，宽20～50m；Ⅱ号蚀变带长4.0km，宽10～50m；Ⅲ号蚀变带产于矿区南断裂（F4）内，长5.5km，宽20～70m。圈定矿体8条，包括钨锡矿体2条、锡矿体1条、铜矿体5条，主矿体为Ⅰ-1WSn和Ⅰ-2WSn钨锡矿体，长1800～2200m，平均厚度1.36～1.94m，最大控制斜深450m，平均品位WO_3 0.15%～0.26%、Sn 0.20%～0.21%（图4-3-18）。矿区主矿体深部有望大幅度增加钨锡资源量。一方面两条主矿体在走向上的长度已达1800～2200m，在倾向上往深部加厚变富的趋势明显，另一方面主成矿元素垂向上由钨锡铜转变为钨锡，成矿指示性蚀变局部由（黄铁）绢英岩向更有利的云英岩化过渡。以上表明矿床剥蚀程度非常低，深部存在厚大高品位矿体，通过加大斜深对主矿体进行系统验证和控制，有望成倍增加钨锡资源量。矿区可能存在的隐伏成矿岩体及其内外接触带的找矿潜力不容忽视。一方面，隐伏岩体可发生自交代作用，有利于形成与蚀变花岗岩有关的钠长岩化稀有稀土矿和云英岩化钨锡矿，另一方面，与早泥盆世花岗岩和古元古代金水口岩群形成的内外接触带，是寻找W、Sn、Mo等高温热液矿产的有利部位。

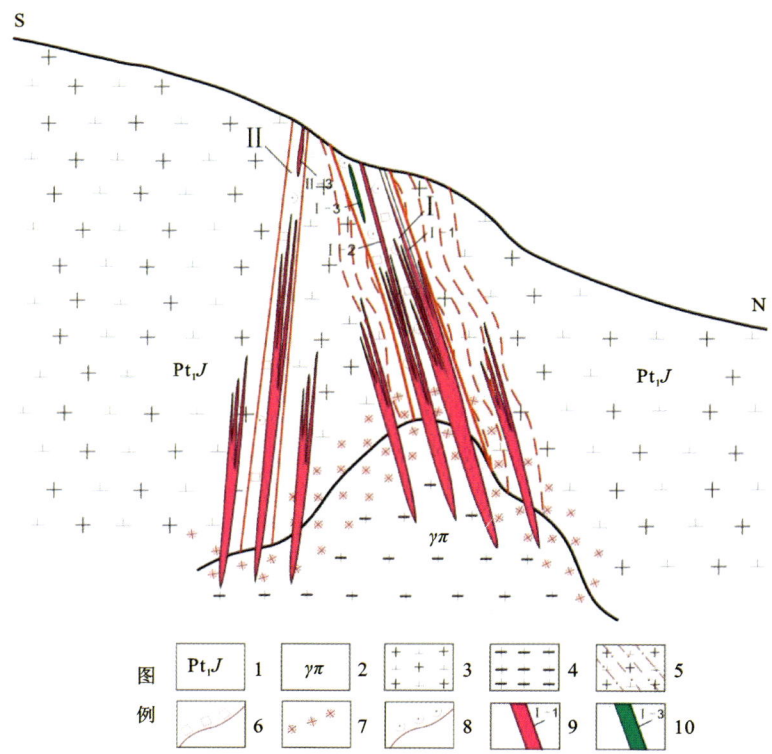

1.古元古代金水口岩群；2.早泥盆世花岗闪长岩；3.隐伏花岗岩；4.中细粒花岗闪长岩；5.花岗岩；6.糜棱岩化花岗闪长岩；7.绢云母化；8.绢英岩化；9.云英岩化；10.黄铁矿化；11.钨锡矿体位置及编号；12.铜矿体位置及编号；13.推测矿体。

图4-3-18 乌兰乌珠尔4041高地矿床成矿模式图（据湖北省地质调查院，2016）

（四）矿石特征

矿石矿物以蓝铜矿、白钨矿、锡石为主，含少量黄铜矿、黄铁矿。脉石矿物主要有白云母、黑云母、绢云母、绿泥石。矿石结构以半自形晶粒结构为主。矿石构造为稀疏浸染状构造、细脉（网脉）状构造。

(五)围岩蚀变

矿体围岩主要为(碎裂)糜棱岩化花岗闪长岩、(碎裂)糜棱岩化黑云二长花岗岩、(碎裂)糜棱岩、(碎裂)千糜岩等,围岩蚀变主要有硅化、黄铁绢英岩化,局部碳酸盐化、高岭土化、绿泥石化较强。矿体与围岩之间呈渐变接触关系。

(六)资源储量

矿区共探获资源量钨(WO_3)资源量 5 126.70t、锡金属量 5 228.66t、铜金属量 1 826.02t,规模为中型。

(七)控矿因素

1. 构造控矿因素

区内矿(化)体严格受断裂构造的控制,说明本区的成矿作用与断裂构造的关系极为密切。首先,小狼牙山东南隐伏断裂为区域上祁漫塔格大断裂的东南部分,该断裂为一条控岩控矿断裂,往南控制了海西期—印支期侵入岩、前寒武纪地层及钨锡铜等矿产的分布,往北控制了加里东期侵入岩、古生代—新生代地层及铜铅锌等矿产的分布。其次,早泥盆世花岗岩体边部及其与古元古代金水口岩群的接触带为构造薄弱部位,形成了一定规模的近东西向与北西西向网状剪裂带,其中4041高地北断裂(F1)、4041高地断裂(F2)、4041高地南断裂(F3)、矿区南断裂(F4)等为后期岩浆活动提供了场所,在提供含矿热液运移通道的同时,为成矿作用的发生、矿产的储存提供了介质及空间。

2. 岩浆岩条件

本矿区虽未发现与矿化有直接成因关系的岩浆岩,但矿化蚀变特征明显与中高温岩浆热液作用有关。首先,矿区及周边属构造-岩浆活动带,乌兰乌珠尔海西期岩基发生了连续演化,形成了期后岩浆热液以及丰富的成矿物质。其次,矿区较多的伟晶岩脉、细晶岩脉等酸性脉岩的出现,说明矿区是期后岩浆活动的重要地段之一,结合紧邻的乌兰乌珠尔铜锡矿与晚海西期—印支期花岗斑岩脉(体)有关,推断区内成矿是同期岩浆活动的产物。

3. 成矿物质来源

一方面,随着乌兰乌珠尔地区海西期—印支期深部岩浆房的不断演化,钨、锡、铜等主成矿元素富集于岩浆热液中;另一方面,古元古代金水口岩群、早泥盆世花岗岩是钨、锡、银、铜、铅、锌、砷等元素的高背景地质体,随着期后岩浆活动的发生发展,含矿岩浆热液沿发育于这些地质体的断裂运移,交代、萃取了围岩中的成矿元素,使岩浆热液中成矿元素更加富集。总体认为本区成矿物质应主要来源于深部岩浆房,古元古代金水口岩群、早泥盆世花岗岩作了一定的补给。

(八)找矿标志

蚀变破碎带标志:北西向、近东西向展布的构造破碎带属构造薄弱带,有利于含矿热液运移并发生物质交换和沉淀,形成的蚀变破碎带较易识别,特征性的蚀变标志为(黄铁)绢英岩化。

矿化标志：一方面黑钨矿、黄铜矿、孔雀石、蓝铜矿易于识别，另一方面白钨矿在紫外光照射下会发出蓝白色荧光，同样识别难度不大，这些是较为直接的找矿标志。另外，含矿蚀变带内褐铁矿普遍发育，局部发育毒砂矿矿脉、闪锌方铅矿矿脉，均可间接找矿。

脉体标志：石英脉、花岗细晶岩脉、花岗伟晶岩脉等集中发育地段，代表了构造薄弱部位以及期后岩浆活动强烈带，有利于矿产的形成。

地球化学标志：由于岩浆热液矿床成矿方式往往为交代作用成矿或充填作用成矿，所以与围岩相比，成矿元素在含矿地质体中往往成百上千倍富集，所以钨、锡、铜、银、铅、锌、砷等成矿元素出现高含量值的地段易于发现矿（化）体。

地球物理标志：区内成矿类型属中高温岩浆热液矿床，在成矿过程中形成了较多黄铁矿、黄铜矿、方铅矿、闪锌矿、白铁矿、毒砂等金属硫化物，它们能引起激电高极化率异常，与围岩引起的低极化背景区别明显，故在激电高极化率异常的地段易于发现矿（化）体。

（九）矿床类型

区内成矿与中高温岩浆热液作用有关，钨锡铜矿化均产于蚀变花岗岩中，含矿岩石以（黄铁）绢英岩为主，围岩与矿石呈渐变关系，符合岩浆热液矿床的岩相学特征。矿床围岩蚀变主要以（黄铁）绢英岩化为主，局部见碳酸盐化、高岭土化，孔内还可见云英岩化、黑云母化等。蚀变无明显的分带性，由浅表到深部，（黄铁）绢英岩化无明显变化，碳酸盐化、高岭土化明显减弱。矿床的有用组分主要为 W、Sn、Cu。矿化主要在（黄铁）绢英岩中发育，金属矿物组合主要为白钨矿、黑钨矿、锡石＋黄铁矿、黄铜矿＋方铅矿、闪锌矿、毒砂，它们呈稀疏浸染状、细脉（网脉）状产出，符合中高温岩浆热液矿床的矿化特征。

综上所述，区内钨锡铜矿床类型属于中高温岩浆热液矿床。早泥盆世花岗岩体边部及其与古元古代金水口岩群的接触带为构造薄弱部位，形成了一定规模的近东西向与北西西向网状剪裂带，这有利于晚海西期—印支期岩浆侵位，侵入体在与围岩发生接触交代作用的同时，带来的中高温含矿热液沿剪裂带运移，交代、萃取围岩中的成矿元素，使热液中成矿元素进一步富集，最后在一定的物化条件下沉淀形成本矿床。

（十）发现与勘查

2011—2013 年，湖北省地质调查院通过开展"青海省茫崖行委乌兰乌珠尔地区 J46E016008、J46E017008 两幅 1∶5 万区域地质矿产调查"项目，在乌兰乌珠尔北坡圈定 HS15 乙 3SnW（BiAg）、HS17 乙 3SnW（BiPb）、HS20 甲 2SnWCu（CdAgBiAs）、HS21 乙 2SnW（AsBi）等 1∶5 万水系沉积物综合异常，其中 HS20 甲 2SnWCu（CdAgBiAs）综合异常北部 4041 高地附近发现 1 条含矿构造蚀变带（Ⅰ号蚀变带），圈定钨锡铜矿（化）体 5 条，结合青海省地质调查院在 HS20 甲 2SnWCu（CdAgBiAs）综合异常南部开展的"青海省茫崖镇乌兰乌珠尔铜矿普查"工作成果，认为该区具有寻找斑岩型钨锡铜矿床的潜力。2014 年，湖北省地质调查院开展了青海省茫崖行委乌兰乌珠尔 4041 高地钨锡铜多金属矿预查工作，对区内 4 处 1∶5 万水系沉积物异常 HS15、HS17、HS20、HS21 进行查证并对发现的钨锡矿（化）体进行追索控制，圈出含矿蚀变带 3 条，钨锡铜矿体 6 条。2015—2016 年，湖北省地质调查院开展了青海省茫崖行委乌兰乌珠尔 4041 高地钨锡铜多金属矿普查工作，圈定主矿体 2 条，新发现锡矿体 1 条、铜矿体 5 条。2017 年普查工作结束。

第四节 贵金属矿产

本书编入的贵金属矿床有都兰县鑫拓金多金属矿、都兰县色日-迈龙-达热尔金矿、都兰县洪水河口金矿、大柴旦行委青山金矿、都兰县那更康切尔沟银多金属矿5处。

一、都兰县鑫拓金多金属矿

（一）概况

矿区行政区划隶属海西州都兰县诺木洪乡管辖，西距格尔木市区130km，东距都兰县城300km，交通方便。中心点坐标为东经96°04′19″，北纬36°05′13″。矿区大地构造位置位于昆北复合岩浆弧（图4-4-1），属东昆仑Fe-Pb-Zn-Cu-Co-Au-W-Sn-石棉成矿带，截至2020年底，矿区共探获金属量金4.87t、银20.42×10^4t、铅锌16.83×10^4t，规模为中型，是"十三五"期间取得新进展的矿床。

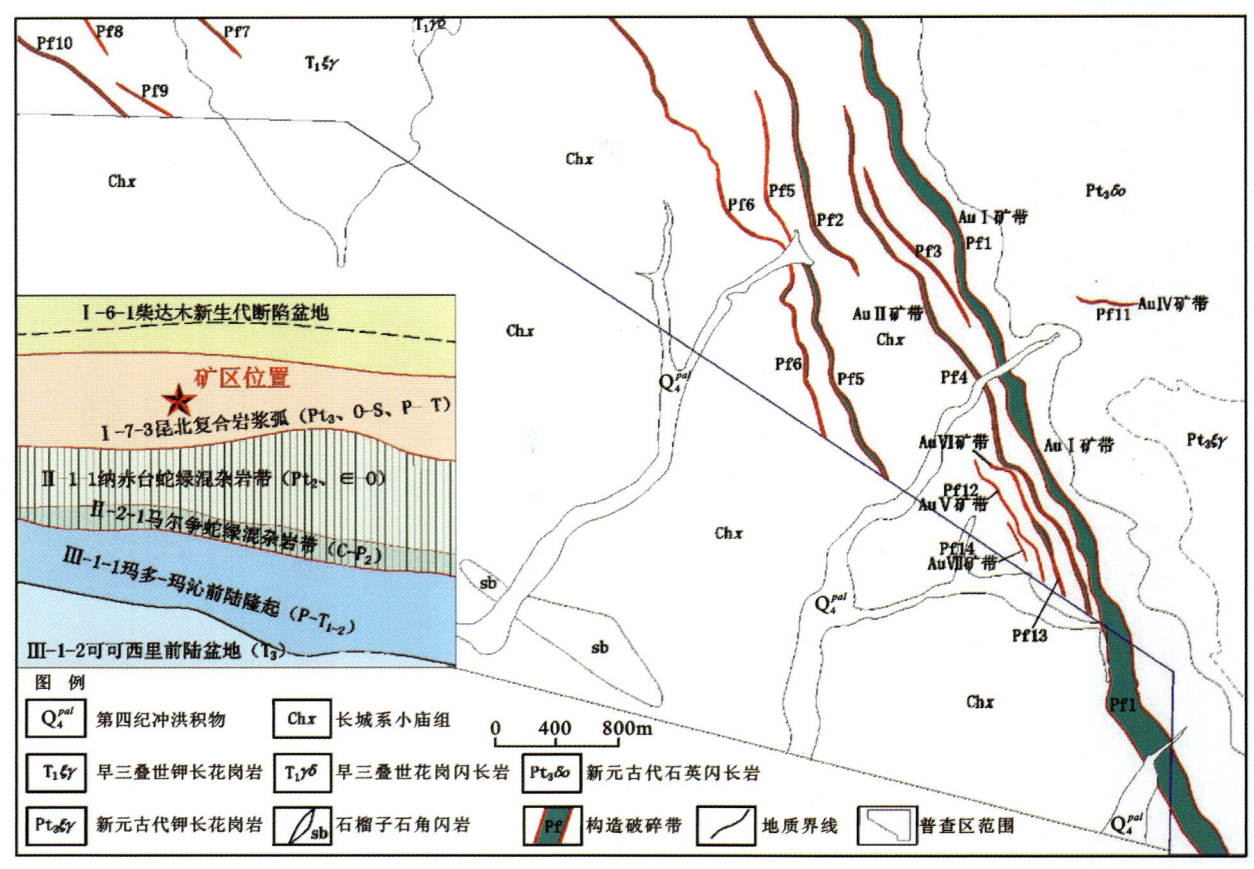

图4-4-1 鑫拓金矿区地质简图（据青海省有色第三地质矿产勘查院，2019）

(二) 矿区地质特征

区内地层分布较单一,主要为中元古代长城纪小庙组和第四系。中元古代长城纪小庙组在矿区中西部及外围呈北西向展布,为区内主要含矿地层,出露岩性分上、下两个岩段。上段主要为一套中深变质的斜长片麻岩,次为绢云母石英片岩夹大理岩、砂质板岩透镜体;下段主要为一套中深变质的绢云母石英片岩、片麻岩,次为细晶灰岩夹大理岩透镜体组成。区内脆韧性剪切带和断裂构造发育,其中萤石沟-红旗沟-鑫拓脆韧性剪切带延展长度大于30km,宽100~300m,总体走向为北西-南东向,倾向北—北东(图4-4-2)。剪切带内常见挤压变形作用形成的石香肠构造、片理构造,拖拉褶曲及石英拉长等现象,形成了一系列片理化及糜棱岩化岩石、糜棱岩的条带。五龙沟地区由于多旋回构造运动和岩浆活动叠加,断裂构造极为发育,总体构造线呈北西-南东向展布,本区断裂呈北西向、北北西向,呈近平行的带状分布,总体上形成宽1~2km的断裂密集区或断裂束,其中北北西向断裂构造与成矿关系密切。矿区内岩浆活动频发,侵入岩从中酸性—基性岩均有出露,时代以元古宙和三叠纪为主,元古宙侵入岩以灰白色中粒片麻状花岗岩及灰色中细粒二长花岗岩为主,三叠纪侵入岩主要分布于普查区西部,多以规模巨大的岩基产出,以肉红色中细粒钾长花岗岩为主。区内脉岩发育,以花岗岩脉和辉长岩脉为主。

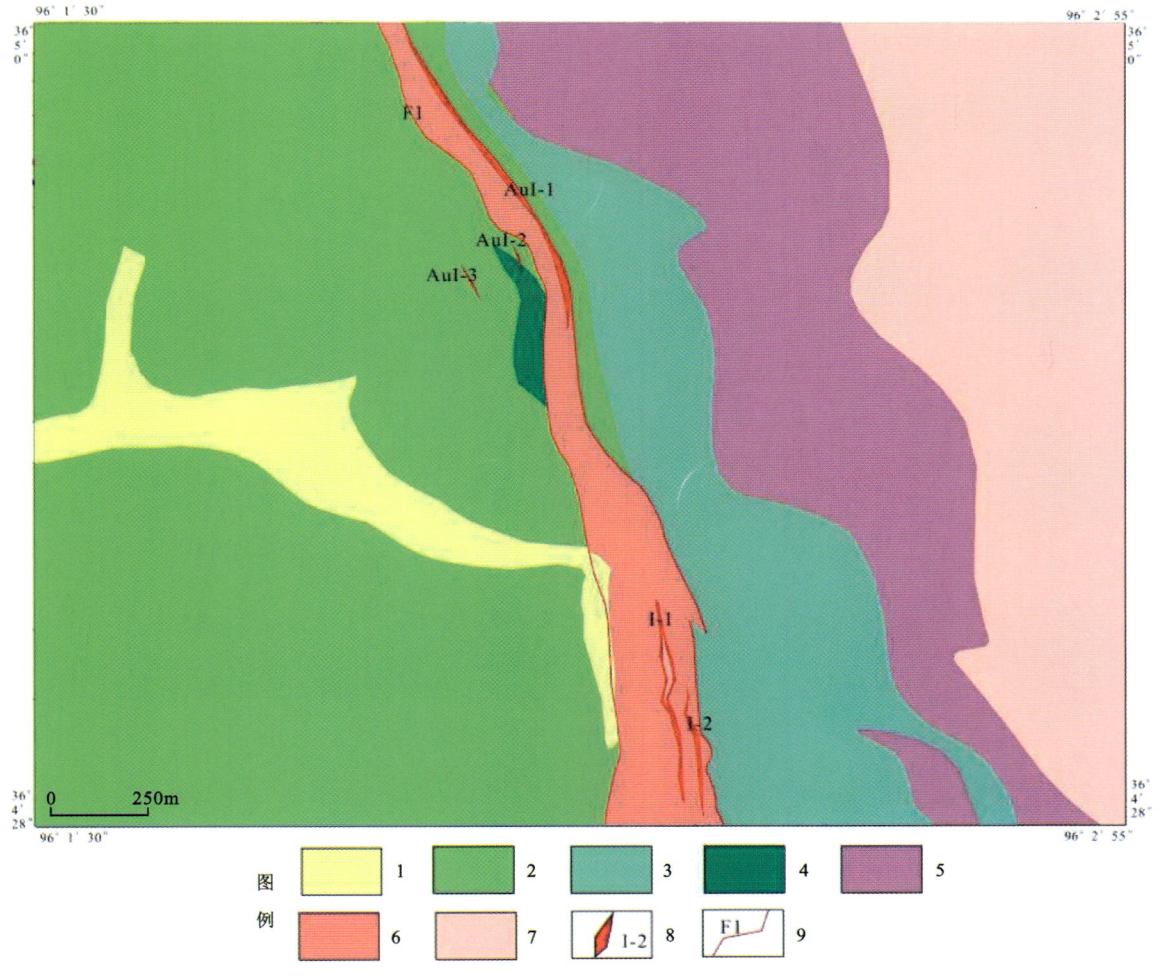

1.第四纪冲积物;2.长城纪小庙组上段:浅灰色片麻岩;3.长城纪小庙组下段:浅灰色片麻岩与绢云母石英片岩互层;4.长城纪小庙组下段:浅白色大理岩;5.元古代:片麻状花岗岩;6.元古宙:钾长花岗岩;7.元古宙:黑云角闪岩;8.矿体;9.断层。

图 4-4-2　鑫拓金矿矿区地质简图(据青海省有色第三地质勘查院,2018)

(三)矿体特征

区内共发现含矿构造破碎带 3 条,含矿化构造破碎带 4 条,圈出 22 条矿体,其中 AuⅠ矿带圈出 15 条矿体,AuⅡ矿带圈出 5 条金矿体,AuⅤ矿带圈出 2 条。主要矿体Ⅰ-1、Ⅰ-5、Ⅰ-6 特征分述如下。

Ⅰ-1 矿体:为金银铅锌复合矿体,形态为条带状,控制长度 375m,控制斜深 232m,平均真厚度 1.35m,矿体地表以金为主,平均品位 2.28g/t,深部以铅锌银为主,伴生金,银、铅、锌平均品位分别为 339.88g/t、7.72%、4.94%。矿体的产出明显受破碎带控制,沿破碎带走向展布,走向和倾向上具有膨大狭缩的特征。

Ⅰ-5 矿体:为金银铅锌复合矿体,形态呈条带状,控制长度 480m,控制斜深 589m,平均真厚度 3.51m,金、银、铅、锌平均品位分别为 1.47g/t、44.69g/t、1.58%、2.88%。从地表向深部矿体呈北西向侧伏,侧伏角约 60°,沿北西向具膨大缩小现象,品位厚度由高变低,矿化蚀变由强变弱。

Ⅰ-6 矿体:金银铅锌复合矿体,形态呈条带状,走向北西-南东,控制长度 320m,控制斜深 618m,平均真厚度 5.84m。金、银、铅、锌平均品位分别为 1.31g/t、52.50g/t、1.87%、2.24%。从地表向深部矿体呈北西向侧伏,侧伏角约 60°,沿北西向具膨大缩小现象、品位厚度由高到低。

(四)矿石特征

矿区矿石矿物主要为闪锌矿、方铅矿、黄铁矿、褐铁矿、毒砂、臭葱石,其次有菱锌矿、磁黄铁矿、黄铜矿、黝铜矿、银黝铜矿等,贵金属矿物为银金矿、辉银矿等,矿石矿物组合比较复杂。脉石矿物主要为石英、白云石、方解石、石膏、绢云母、白云母、钠铁矾、石墨等。矿石结构主要有自形—半自形结构、碎裂结构、交代残余结构、交代假象结构等,构造主要为浸染状、细脉浸染状、脉状、网脉状、团块状、块状、疏松土状等构造。

本区金的矿物为银金矿,赋存状态为包裹金、粒间金和分散金。其中包裹金是金的主要赋存状态,主要包裹于黄铁矿中,少量包裹于毒砂中,大多呈单独的银金矿包裹于黄铁矿中。粒间金较少,位于黄铁矿与非金属矿物粒间。此外在黝铜矿、银黝铜矿、方铅矿、闪锌矿、辉银矿、褐铁矿、黄铁矿、毒砂、臭葱石中都含有少量分散金。

(五)围岩蚀变

矿区赋矿围岩主要为构造角砾岩、碎裂岩,这些岩性既为赋矿岩性,又为矿体的顶、底板围岩。靠近矿体部位围岩蚀变强烈。围岩矿化蚀变主要有硅化、绢云母化、黄铁矿化、碳酸盐化、高岭土化等,其中与成矿关系密切的是硅化、绢云母化、黄铁矿化。

(六)资源储量

全区累计估算推断金金属量 0.957t,铅金属量 2.01 万 t,锌金属量 3.32 万 t。潜在金 3.21t;银 204t,铅 4.95 万 t,锌 6.55 万 t。

(七)控矿因素

地层:区内出露的地层中,古元古代金水口岩群平均含金量为 $5.78×10^{-9}$、中元古代长城纪小庙组

平均含金量为 0.75×10^{-9},地层金含量远远大于地壳克拉克值,并高出许多倍,为金矿集中区的形成提供了重要的物质来源。

构造:金矿(化)体的形成,与构造破碎带关系密切。早期的剪切作用使围岩金矿质得以活化转移,提供矿质来源,而且随构造演化,地壳伸展变薄引起深部岩浆-热液活动,为成矿提供极丰富的矿质来源和成矿所需热能源。

侵入岩:区内已发现矿体附近有众多的岩脉和大面积的中酸性岩浆岩出露,与金成矿关系密切。长时间、多期次的岩浆活动为金成矿提供了持续的热动力条件和流体,促进了金的活化迁移、富集,为金矿体的形成提供了重要的深部矿质来源。

(八)找矿标志

鑫拓金矿分布既受构造控制,也受地层制约。金矿主要在小庙组中产出,在断裂构造和韧性剪切带中分布,矿体内矿化不均匀,矿体形态稳定。

(1)含有黄铁矿、方铅矿、闪锌矿的构造蚀变岩是金的主要载体,所以地表寻找含硫化物的碎裂岩及构造角砾岩是最直接的找矿方法。

(2)早期的岩体对于成矿作用可能没有直接的关系,但作为成矿热液的隔挡层,其接触带,尤其是超覆接触带是重要的容矿空间。同时,不能忽视平行构造带,由于构造压影域是构造相对舒张的地带,也是有利的找矿空间,应应当予以重视。

(3)矿体有从地表向深部北西向侧伏的规律,按照这一规律,矿体在走向深部有继续延伸的趋势,而且向深部规模变大、品位变高趋势明显,表明普查区深部仍然具有良好的成矿远景和找矿潜力。

(4)矿体受构造的明显控制,往往控制着矿体的展布,尤其是构造转折部位(即走向变为近南北向时)往往为富矿地段。

(5)构造破碎带氧化后产生黄褐色、褐红色、黑色及杂色与地层相区别,一般呈线型构造,在地貌上表现为冲蚀沟、山脊区鞍部及负地形地貌特征。地貌上破碎蚀变带分支复合和转弯地区也是赋存矿体的重要部位。

(6)区内各类化探异常是最有效的找矿标志,特别是水系浓集区所处的沟源坡脊区为最好找矿地段。金矿体往往造成次生堆积物中的金和相关元素的异常,Au化探异常的浓集中心部位,尤其是Au与As、Ag等元素异常套合好,或异常结构清楚者是找矿的重要地段。

(九)矿床类型

鑫拓普查区内所发现的矿(化)体,产于XI号含矿带的东南延伸段,与已发现的百吨沟金矿床、红旗沟金矿床、深水潭金矿床、哈西哇金多金属矿床产于同一条矿化蚀变带中,因此,鑫拓地区的矿床成因与百吨沟金矿床、红旗沟金矿床、深水潭金矿床、哈西哇金多金属矿床有很多相似或相同之处,矿床成因均为构造蚀变岩型金矿。主要原因如下:

(1)鑫拓金多金属矿的最主要的一类矿石就是黄铁矿化-方铅矿化-闪锌矿化蚀变岩型。富矿主要集中在热液形成的充填于张性裂隙中的黄铁矿、方铅矿、闪锌矿中。

(2)矿区内围岩矿化蚀变主要有硅化、绢云母化、黄铁矿化、绿泥石化、碳酸盐化、高岭土化等,其中与矿体关系密切的是硅化、绢云母化、绿泥石化和黄铁矿化。一般蚀变沿裂隙比较发育,近矿围岩蚀变分带明显,矿体中心或其近侧表现为硅化,伴随有黄铁矿化,硅化强的地方矿化亦较强;再向外侧则主要表现为绢云母化、绿泥石化。

(3)从成矿方式来看,矿区内的金矿体产于断裂构造带中,赋矿岩性为构造角砾岩、碎裂岩等。

综上所述，鑫拓金矿成因是与韧性剪切带有关的构造蚀变岩型金矿。

(十)发现与勘查

20世纪80—90年代在区内进行区域地质调查及物化探扫面时圈定出五龙沟以Au元素为主化探异常，同时开展了区域地质调查，为本区提供了较为系统的基础地质资料。2008—2010年，河南省航空物探遥感中心开展了"青海省都兰县五龙沟地区J46E023024等11幅1∶5万水系沉积物地球化学及地面高精度磁法测量"项目，在哈西哇—鑫拓矿区圈定HS22甲3MoCuZnPb(Au)和HS26甲3PbZn(CuMo)2处甲类综合异常。2012年，青海省有色地质矿产勘查局八队发现哈西哇Ⅰ号含矿带。带内发现了3条金矿体，从而拉开了鑫拓地区找矿的序幕。2013—2020年，青海省有色地质矿产勘查局八队开展了普查工作，采用1∶2.5万水系沉积物测量圈定了5处综合异常，在鑫拓地区先后发现10条构造破碎带，其中含矿构造破碎带3条，根据钻探工程中的见矿情况，确定鑫拓Ⅰ-5、Ⅰ-6矿体为哈西哇金多金属矿主矿体的深部侧伏北延。在24勘探线矿体厚度较厚、品位较高，深部延伸达到600m，在8勘探线厚度变薄、品位变低；沿倾向，16勘探线(图4-4-3)矿体的品位、厚度、矿化蚀变由弱逐渐变强，再逐渐变弱，总体矿体向深部延伸稳定。

二、都兰县色日-迈龙-达热尔金矿

(一)概况

矿区地处青海省都兰县沟里乡境内，行政区划隶属沟里乡管辖，3个矿区位于同一大的构造带上，具有相似的成矿地质背景、成矿环境、控矿因素、成因类型等，具有较大的找矿前景，矿床成因类型为构造蚀变岩型，是"十三五"期间取得新进展的矿床。

(二)矿区地质特征

该区大地构造位置位于东昆仑前峰弧南侧复合拼贴带东段的北部，雪山峰-布尔汗布达造山亚带中的雪山峰-布尔汗布达海西期—印支期钴、金、铜、玉石(稀有、稀土)成矿带东段。区内出露地层主要为古元古代金水口岩群白沙河岩组，出露面积较小，主要以捕虏体形式赋存于岩体之中，岩性主要有片麻岩和斜长角闪片岩，其次为大理岩和少量黑云石英片岩。矿区断裂构造十分发育，以压性或压扭性断裂为主，构成主干构造，张性和扭性断裂居从属地位。断裂构造从其展布方向可分为4组：即近东西向、北北东向、北东向、北西西—北西向，具多期活动的特点。区内岩浆活动强烈，以中酸性岩体为主，多呈岩株、岩脉产出，侵入时代以加里东期、海西期、印支期为主。加里东期主要以灰—灰白色片麻状斜长花岗岩为主，海西期出露斜长花岗岩、花岗闪长岩和石英闪长岩。矿区内脉岩种类较多，分布广泛，主要有闪长岩、石英脉。

(三)矿体特征

矿区矿体主要分色日、迈龙和达热尔3个矿段产出。色日矿段共圈出含矿构造蚀变带11条，圈出金多金属矿体9条，其中金矿体6条，银矿体3条。矿带长1800～3400m，宽1～15m，走向北东，倾向北西。矿体长80～2100m，厚0.76～1.32m，金品位1.12～7.46g/t，银品位22.91～260.76g/t。

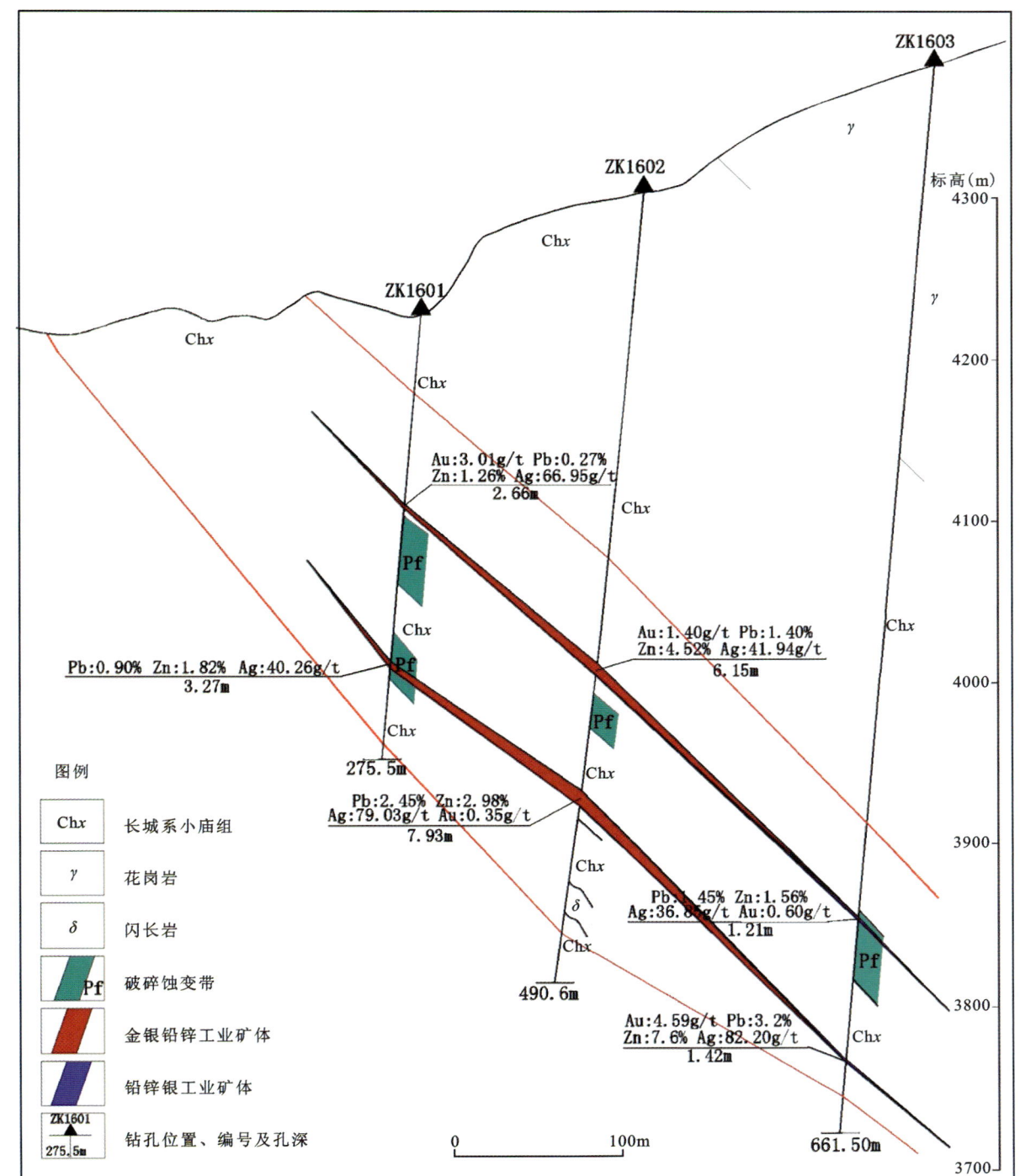

图 4-4-3 鑫拓金多金属矿 AuⅠ矿带 16 勘探线剖面图(据青海省有色第三地质矿产勘查院,2019)

迈龙矿段共发现 15 条含矿构造蚀变带,带内圈定 26 条矿(化)体,其中金矿体 15 条,金矿化体 5 条,金银铜矿体 2 条,银铜矿体 3 条,银铜矿化体 1 条。金矿体严格受蚀变带控制,矿化程度不均匀。金矿体控制长度 80~870m,厚 0.9~2.32m,金品位 1.96~99.8g/t。

达热尔矿段共发现 10 条含金矿化蚀变带,带内圈定矿体 19 条,其中,金矿体 7 条,金银矿体 8 条,银矿体 1 条,铜矿体 1 条,铅锌矿体 2 条。其中Ⅱ、Ⅲ主矿带长 2.2~2.3km,宽 2~9m,带内圈出的金矿体长876~1500m,厚0.9~2.0m,金品位1.02~27g/t,平均品位6.58~11.7g/t,最高30g/t。

(四)矿石特征

矿石矿物有褐铁矿、黄铁矿、黄铜矿、方铅矿、闪锌矿、磁黄铁矿等。脉石矿物为石英、长石、绢云母、方解石、绿泥石等。经显微镜下观察,金矿石的矿石矿物以黄铁矿为主,其次是黄铜矿、毒砂、方铅矿等,金矿化与金属矿物的含量呈正相关关系。

矿石结构为粒状变晶结构、碎裂结构、块状结构、胶状构造、自形—半自形粒状结构、交代结构、浸染状、脉状构造。矿石构造为蜂窝状、角砾状、块状构造,局部条带状。

(五)围岩蚀变

由于多期次岩浆及岩浆期后热液,加上各种成因的变质热液对本区岩石的作用,形成了一系列的热液蚀变岩,主要分布于花岗闪长岩中的后期构造破碎带中,蚀变主要有硅化、绢云母化、黄铁矿化、绿泥石化、碳酸岩化、黄铜矿化、高岭土化等,靠近矿体的围岩蚀变较强,围岩与矿体界限较明显,蚀变现象在空间上从蚀变带向两侧逐渐变弱,为渐变过渡关系。

硅化主要分布在构造破碎带中,分布比较普遍,常呈脉状产出,主要以充填作用为主,常与其他硫化物一起形成含金硫化物石英脉和硅化岩带。

黄铁矿化是区内分布最广的一种矿化蚀变类型,呈星点状、稀疏浸染状、细脉状和条带状分布于岩石中;有细粒和粗粒两种,具自形—半自形晶结构、他形晶结构。细粒他形黄铁矿化与硅化一起构成含矿主体。

(六)资源储量

通过工作,目前估算潜在金资源12.26t,其中色日矿段5.78t,迈龙4.19t,达热尔2.29t。

(七)控矿因素

构造:区内矿体分布于昆中断裂与昆北断裂之间,区内所圈定的矿体、矿化体均产于构造破碎带中,构造破碎带不但是矿液运移的通道,而且也是矿质沉淀的场所。矿体的分布受到北西向和北北东向构造的控制。北西向断裂可能属于昆中大断裂的次级断裂,北北东向可能是北西向断裂的更次一级断裂,是不同时期由不同的区域构造应力场派生出来的脆性断裂。构造在本区起到了重要的控岩、控矿作用,是区域性的导矿构造。矿床和矿点均位于这些次级大断裂的旁侧,其分布受断裂的明显控制。

侵入岩:达热尔、色日、迈龙区内圈出的Au矿带内均发育灰绿色闪长岩。闪长岩沿构造带分布,与其他岩性界线明显。矿体产在闪长岩与花岗岩、花岗闪长岩及片麻岩接触部位或闪长岩内,矿石为后期充填的矿化硅化脉,闪长岩一般不是矿石,但与成矿的作用关系是十分密切的,可能为矿产的形成带来物源,同时亦为成矿作用提供热源。

(八)找矿标志

区域标志:中酸性侵入岩大面积分布,构造发育,有零星金元素异常也是主要的找矿标志。
异常标志:金的高异常区是找金的有利地区。多元素异常套合好,异常强度高,浓集中心明显的化探异常,是找金的有效标志。

蚀变标志:地表强氧化带发育,且具强褐铁矿化、硅化和绢云母化是直接找矿标志。

构造标志:北西向、北东向构造及其派生的次级构造蚀变破碎带是矿体的良好储矿空间,寻找该类断裂构造是找矿重要的间接标志。

构造蚀变带的规模变化标志:构造的交切、开启和产状变化部位是金矿富集的主要地段,构造破碎带产状的变化对矿体的富集和厚度变化有重要的制约作用,往往造成矿体膨大、富化或矿体的尖灭、再现。

(九)矿床类型

总体来讲,矿区综合研究程度相对较低,目前对矿床的成因主要有以下几个方面的认识:

矿区金矿最主要的矿石为黄铁矿化构造蚀变岩,根据对含金蚀变岩体的产状、相互穿插关系及空间位置的观察,含金蚀变岩型矿体是不同来源的流体叠加成矿,矿体均产在多次活动的区域性含金构造构造破碎带中。构造不但为成矿流体的流动渗透提供通道,也为矿体就位提供有利的空间,而且构造变动的构造热也是成矿作用的热源之一。

从围岩蚀变来看,矿区内围岩蚀变主要有硅化、黄铁矿化、绿泥石化、绢云母化、碳酸盐化、高岭土化等,其中与成矿关系密切的是硅化、绢云母化、绿泥石化、黄铁矿化。一般蚀变沿裂隙比较发育,近矿围岩蚀变分带明显,矿体中心或其近侧表现为硅化,伴随有黄铁矿化,硅化强烈的地方矿化亦较强;再向外侧则主要表现为绢云母化、绿泥石化。

岩浆活动与成矿关系密切。区内岩浆活动强烈,主要为海西期的中酸性侵入岩,矿体均产于海西期花岗岩、花岗闪长岩体中的构造蚀变带中。资料显示区内花岗岩类 Au 丰度值较高,花岗闪长岩为 $(5\sim 19)\times 10^{-9}$,斜长花岗岩为 8×10^{-9},是地壳平均值的 $2\sim 5$ 倍,它们为成矿提供了流体和部分物质来源。这些岩体在地表出露面积大,且在空间上与含金构造破碎带形影相伴。一部分闪长岩脉、斜长花岗岩脉等黄铁矿化较强,金含量明显偏高,推断与其相关的隐伏岩体可能是成矿的重要热源和转生矿源体。

综上所述,区内构造破碎带均产于海西期中酸性岩体中,金矿体产于构造蚀变带中,矿体的形态、产状及分布均受断裂控制,矿床成因类型应为构造蚀变岩型矿床。

(十)发现与勘查

20 世纪 70 年代省区调队在工作区开展了 1∶20 万(加鲁河幅)区域地质测量工作,发现了哈图铜矿点、达瓦特铁矿点等大量矿产信息,为本区以后的地质找矿工作提供了较全面系统的基础资料。1989—1991 年,青海省化探队在区内开展了 1∶50 万区域化探扫面工作,在北起色日德、南至德龙一带圈定了 6 处多金属异常,其中包括本区的 AS110 乙 3(色日德)Au 异常,通过对异常的检查相继发现了五龙沟、开荒北等金矿。2005—2007 年,青海省地质调查院通过开展"青海省都兰县察汗乌苏河地区 J47E023010 等 6 幅 1∶5 万区域矿产地质、水系沉积物地球化学及磁法测量综合调查"项目,共圈定地球化学综合异常 69 处,多处以 Au、Ag 为主的综合异常位于本区。2012 年,青海省有色地质矿产勘查局八队在三岔口—色日地区开展了 1∶2.5 万水系沉积物测量,圈定金及多元素综合异常 10 处,涉及本区的有 3 处。2013 年通过异常查证在矿区内发现 1 条含金蚀变带。2014—2020 年,青海省有色地质矿产勘查局八队(现青海省有色第三地质勘查院)和青海省有色第二地质勘查院(原青海省有色地质矿产勘查局七队)分别在色日、迈龙和达热尔地区金矿开展了普查工作,利用 1∶5000 岩石地化剖面对区内 1∶2.5 万综合异常进行查证,通过工程控制,已知矿带规模进一步扩大,深部矿体延深稳定。

三、都兰县洪水河口金矿

（一）概况

矿区位于青海省东昆仑地区，行政区划隶属青海省海西州都兰县宗加乡管辖，交通较为方便。该金矿为"十三五"期间新发现的矿点，2017 年至今，青海省第五地质勘查院持续在该区开展找矿工作，取得了一定的找矿成果，矿床规模达到了小型，经综合分析显示该区具有良好的找矿前景。

（二）矿区地质特征

洪水河口金矿位于东昆中断裂以北，大地构造位置属于柴达木盆地南缘、东昆仑中部基底隆起及花岗岩带（孙丰月，2003，图 4-4-4b），区域构造主要以北西向、近东西向断裂构造为主，对区内地层发育、岩浆岩侵入及矿体运移及其空间展布有明显的控制作用。区内不完整出露古元古代金水口群，中—新元古代小庙组、狼牙山组，侏罗纪大煤沟组和第四纪。岩浆活动频繁，印支期—海西期不同期次、规模的侵入岩体大面积出露，岩性主要为花岗闪长岩、二长花岗岩、石英闪长岩、正长花岗岩等（图 4-4-4）。

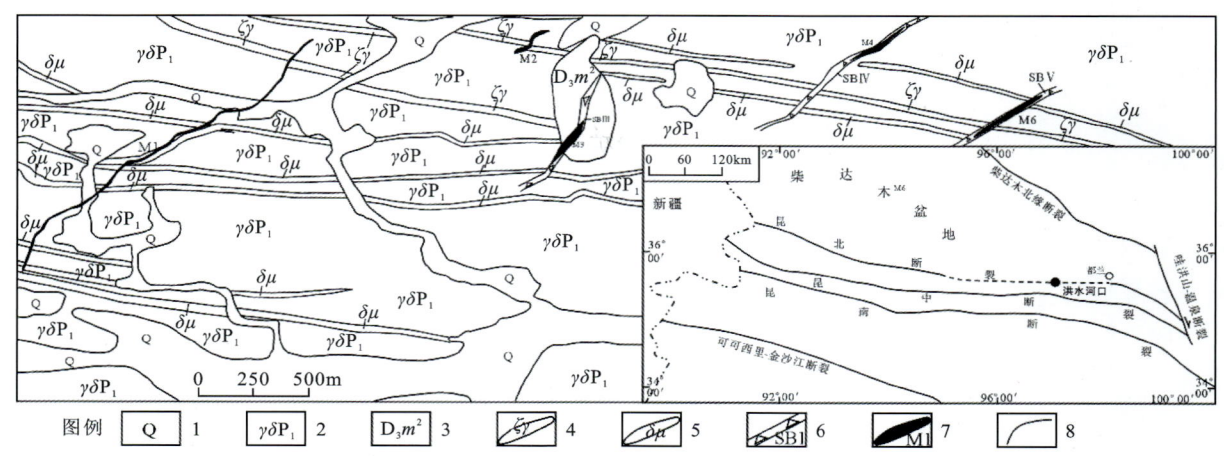

1.第四系；2.二叠纪花岗闪长岩；3.晚泥盆世火山集块岩；4.正常花岗岩脉；5.闪长玢岩脉；6.蚀变带及编号；7.矿体及编号；8.地质界线。

图 4-4-4　都兰县洪水河口地区区域地质图

矿区出露地层比较简单，主要有晚泥盆世牦牛山组及第四纪冲洪积物。其中牦牛山组岩性主要为火山集块岩，集块体主要由含角砾的熔结凝灰岩组成，胶结物主要为火山灰、火山角砾、岩屑等。区内断裂构造发育，不同期次的构造运动所形成的断裂具有不同的性质和分布规律，同一构造运动所形成的断裂在空间排列上亦具有一定的规律。按断裂展布方向可分为北东向、近南北向和近东西向 3 组，其中北东向断裂是主要控矿断裂，控制着区内金矿（化）体展布和空间分布。矿区内岩浆岩发育，出露面积较大，主要为早二叠世中粗粒花岗闪长岩，次为晚三叠世花岗闪长岩。受构造应力作用，岩体内节理裂隙极为发育，沿裂隙发育有闪长玢岩脉、正长花岗岩脉及石英脉，其中闪长玢岩脉在区内密集发育，多以岩墙形式产出于花岗闪长岩体中，产状近直立，以近东西向为主。

（三）矿体特征

矿区内共圈出9条矿化蚀变带，带长90～1820m，宽2～17m，矿化蚀变带主要为碎裂花岗闪长岩，发育强的褐铁矿化、硅化、毒砂、高岭土化、黄铁绢英岩化、黄铁钾矾及绿泥石化等矿化蚀变。通过槽探、钻探工程控制，在矿化蚀变带内圈定金矿（化）体13条，矿（化）体长80～1680m，厚0.65～5.87m，金品位1.01～14.56g/t，矿体主体走向为北东-南西向，倾向东，局部地段产状略有变化，含矿岩性为碎裂岩化花岗闪长岩、碎裂岩化闪长玢岩，其中Ⅰ-1金矿体为区内规模最大、控制程度最高的金矿体，地表由12条探槽控制，深部由8个钻孔控制。矿体长约1.68km，厚0.82～4.48m，平均厚度1.76m，最大控制斜深410m，平均品位3.55g/t。含矿岩性为碎裂岩化花岗闪长岩和碎裂岩化闪长玢岩。矿体在走向和倾向上，矿化分段富集特点较明显，具膨胀狭缩、尖灭再现等现象。

（四）矿石特征

根据目前工作程度来看，金的含矿岩性主要为发育毒砂、硅化、褐铁矿化、黄铁矿化的碎裂岩，岩石极为破碎，蚀变强烈，原岩成分主要为花岗闪长岩和闪长玢岩。

矿石矿物以毒砂、黄铁矿、自然金为主，同时见褐铁矿、蓝铜矿、孔雀石等次生硫化物矿石。毒砂呈条带状、致密浸染状，黄铁矿呈星点状、脉状，自然金呈星点状，褐铁矿呈薄膜状、团块状，蓝铜矿、孔雀石多呈薄膜状。脉石矿物主要为石英、斜长石、角闪石、黑云母。

矿石结构为碎裂、碎斑结构，矿石构造为微—细脉状、稀疏浸染状、块状构造。

矿石主要为浸染状矿石、致密块状矿石、角砾状矿石等。

（五）围岩蚀变

区内矿体围岩主要为早二叠世中粗粒花岗闪长岩，其中夹闪长玢岩脉和正长花岗岩脉。蚀变以硅化、钾长石化、高岭土化为主，次为绢云母化、绿泥石化、青磐岩化等。自矿体中心向蚀变带两侧，蚀变具一定的分带性：强硅化、毒砂矿化、黄铁矿化→绢云母化、钾长石化→绿泥石化、青磐岩化、高岭土化。

（六）资源储量

初步估算金潜在资源4.88t。

（七）控矿因素

区内目前所发现的金矿（化）体均分布于北东向构造破碎蚀变带中，对岩性的选择性不明显，说明区内的北东向构造与成矿关系密切，是区内主要的控矿因素。

（八）找矿标志

地球化学标志：通过对Au异常的初步检查，在异常浓集中心发现多条金矿（化）体及多处矿化线索，说明水系异常是本区寻找金矿化体的直接找矿标志。

地球物理标志：本区含矿岩性与非矿岩性的激电性差异较为显著，物探激电中梯测量出现"低阻高极化"异常带,且与构造蚀变带相吻合时,指示可能有矿化体存在。

岩石、构造标志:目前发现的金矿化体均分布于蚀变破碎带中,破碎带具有较强的硅化、褐铁矿化等现象,含矿岩石主要为破碎带内的碎裂岩,因此蚀变破碎带及带内的碎裂岩为本区寻找金矿化体的重要标志和线索。

矿化蚀变标志:预查区内含金矿化的矿石中常发育毒砂、褐铁矿化、硅化、黄铁矿化等多种蚀变矿物,在野外踏勘及工程编录过程中,这些蚀变矿物可作为寻找金矿化体的重要标志。

地表氧化带标志:区内发育金矿化的蚀变破碎带一般发育较强的褐铁矿化、黄铁矿化、高岭土化、毒砂、黄钾铁矾等,在地表会形成杂色条带,是本区寻找金矿化体的重要露头标志。

(九)矿床类型

目前发现的金矿化体主要赋存在构造破碎蚀变带中,破碎带具有较强的硅化、褐铁矿化、黄铁矿化、毒砂矿化等现象。从已发现的矿化事实来看,金矿化体的形成与构造活动密不可分,能够达到边界品位的均处于构造破碎带内的碎裂岩中,因此初步认为该区是构造蚀变岩型金矿。

(十)发现与勘查

2014年,青海省第五地质矿产勘查院开展了"青海诺木洪—都兰地区1∶25万基础地质调查修测",涉及本区的有诺木洪幅,圈定了多处以Cu、Pb、Zn、Ag、Au等元素为主的综合异常,为本次工作的开展提供了宝贵的基础资料。2015—2016年,青海省第五地质矿产勘查院在区内开展了"青海都兰县冰沟地区1∶2.5地球化学测量",在区内圈定多处综合异常。通过对洪水河口Au异常的初步查证,发现了3条矿化蚀变带和2条金矿化体,证实为矿致异常,显示出本区良好的找矿前景。2017—2020年青海省第五地质矿产勘查院在区内开展预查工作,共圈出矿化蚀变带9条,金矿(化)体13条。2021—2022年开展普查工作。

四、大柴旦行委青山金矿

(一)概况

矿区位于青海省柴达木盆地北缘地区,赛什腾山中段南坡,矿区行政区划隶属海西州大柴旦行委管辖,距大柴旦镇约80km。该矿床规模为中型,是"十三五"期间新发现的矿床。

(二)矿区地质特征

大地构造位置位于欧龙布鲁克地块和柴北缘造山带的过渡带,属于赛什腾山—阿尔茨托山加里东期成矿带的一部分。区内出露地层主要为古元古界达肯大坂群、蓟县系万洞沟群、三叠系隆务河组以及第四系(图4-4-5)。矿区位于丁字口-乌兰断裂和柴北缘断裂两条近乎平行的北西向的区域性大断裂之间,在两大断裂的影响下本区密集发育北西-南东向次级断裂,呈斜列式分布,与区域构造总体方向一致。断裂构造的发育使岩石发生韧性变形,局部发育较强的糜棱岩化,形成较大规模的裂隙或构造岩带。

区内岩浆活动较强,侵入岩主要有石英闪长岩和二长花岗岩,呈岩株状、脉状产出。火山岩在区内分布较少,三叠系中零星出露,岩性主要有晶屑凝灰岩、蚀变岩屑晶屑凝灰岩、强碳酸盐化硅化的中酸性火山岩、强碳酸盐化的安山岩。区内岩脉较为发育,主要以中—酸性岩脉为主。岩脉大多分布于断裂带内及其两侧,少数平行断裂呈现,大多与断裂斜交或错断。岩脉具有强绢英岩化蚀变,与金矿化关系密切。

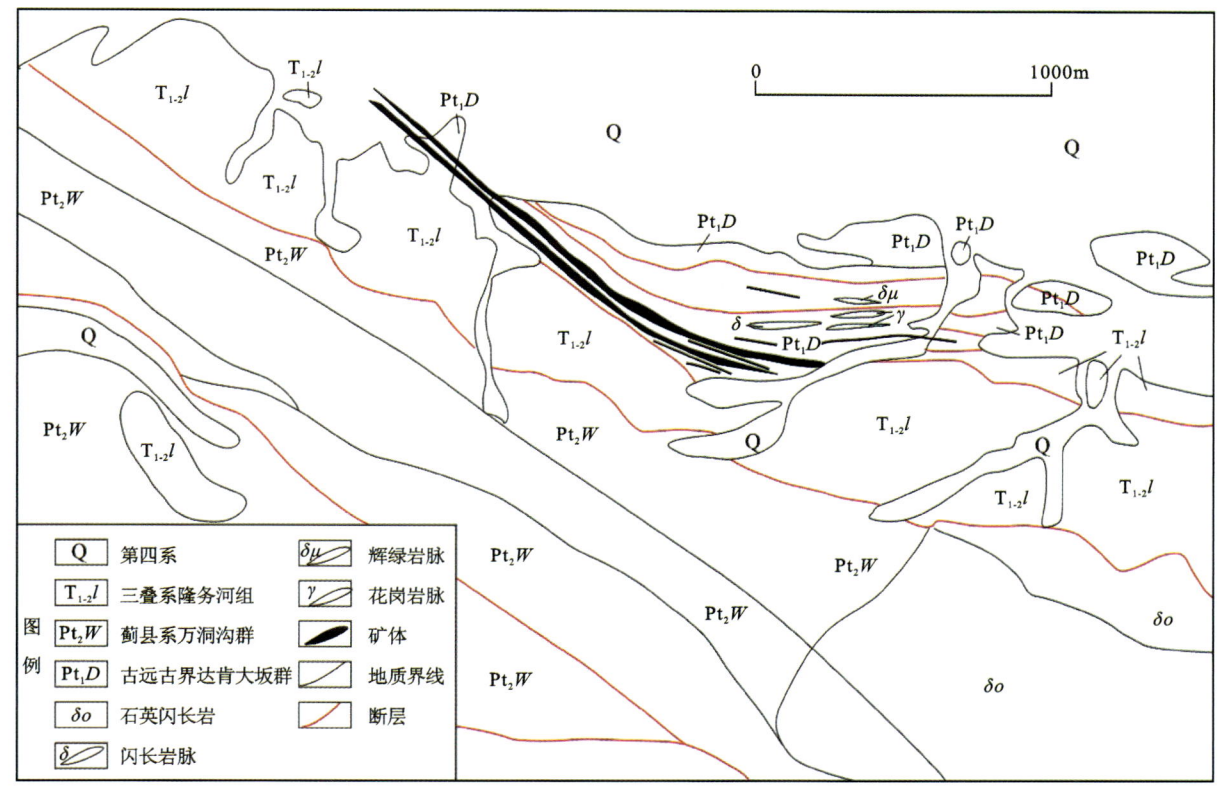

图 4-4-5　青山金矿区地质图(据青海省第五地质勘查院修改,2018)

(三)矿体特征

区内共圈出 5 条破碎蚀变带,其中 4 条为矿化蚀变带,破碎带总体走向 95°～110°,倾向为北倾,长度 300～920m。带内岩石破碎程度较高,岩性复杂,蚀变程度较高,岩性主要有构造碎裂岩、构造角砾岩、褐铁矿化黄铁绢英岩、板岩等。带内圈定 56 条矿体(Ⅱ矿带 2 条、Ⅲ矿带 10 条矿体、Ⅳ矿带 9 条、Ⅴ矿带 35 条),其中金铅锌矿体 5 条、金铅矿体 13 条、金矿体 2 条、铅锌矿体 4 条、铅矿体 32 条,各矿体之间近似平行分布。矿体多呈脉状、透镜状产出,Ⅱ号～Ⅳ号矿带中的矿体走向为近东西向,Ⅴ号矿带中的矿体为北西向展布。主矿体Ⅴ-1、Ⅴ-2、Ⅴ-3、Ⅴ-5 特征如下。

Ⅴ-1 金铅锌矿体:矿体呈脉状,总长 824m,厚度 0.91～17.94m,控制斜深 21～250m,金平均品位 2.15g/t,铅平均品位 1.49%,锌平均品位 1.11%。矿体东段深部以铅为主伴生金,45—85 线为金铅复合,且西段矿体品位较富、厚度大,东段品位低、厚度较小,倾向厚度、品位变小、变贫。

Ⅴ-2 金铅矿体:矿体呈脉状,总长 1122m,真厚度 1.00～15.00m,Au 品位 1.09～4.14g/t,平均品位 1.86g/t;铅品位 0.41%～4.31%,平均品位 1.15%。东段深部以铅为主伴生金,45—85 线为金铅复合,矿体有膨大缩小,局部有分支复合的现象。矿体走向厚度、品位变化较小,倾向厚度、品位变化较大,工业矿分布在 49—85 线,低品位矿分布在 37—69 线深部。

Ⅴ-3 铅矿体:矿体呈脉状,长 958m,真厚度 0.68～16.04m,平均厚度 3.69m,控制斜深 80～293m,铅品位 0.39%～1.68%,平均品位 0.72%,矿体走向延伸稳定,品位西段较富、东段较低,厚度地表至深部变化较为稳定,工业矿分布在 37—73 线,低品位矿分布在 61—73 线以及 37 线深部。

Ⅴ-5金铅矿体:矿体长860m,真厚度1.00～6.31m,其中铅矿体长860m,平均厚度2.42m,铅品位0.30%～5.86%,平均品位0.45%;金矿体长284m,平均真厚度1.21m,金品位1.12～3.93g/t,平均品位2.36g/t。总体以铅矿体为主,局部金铅复合,矿体走向厚度、品位变化较小,倾向变化较大,有膨大缩小现象。

(四)矿石特征

矿石中金属矿物主要为方铅矿、黄铁矿、褐铁矿,其次为赤铁矿、针铁矿、磁铁矿、黄铜矿,偶见铌铁矿等;贵金属矿物主要为金银矿物。脉石矿物主要为石英、方解石、铁白云石、绢云母、绿帘石、绿泥石、少量的磷灰石。

矿石结构主要有他形粒状、半自形—自形粒状、半自形—他形粒状、半自形粒状、鳞片状粒状变晶结构,变余砾状结构、碎斑、碎裂结构,交代结构,交代假象结构。矿石构造主要有稀疏浸染状构造、块状构造、片状构造、脉状构造。

(五)围岩蚀变

发现的矿体与围岩没有明显的界线,界线不清。蚀变主要有褐铁矿化、绢云母化、硅化、碳酸盐化、黄铁矿化等,这些蚀变与矿化关系密切。

(六)资源储量

获得推断金资源量6t,铅锌资源量9.59万t,银107t,5年新增金5.7t,铅锌9万t。

(七)控矿因素

地层:矿体赋存于万洞沟群中,矿体为褐铁矿化方解绢英岩、绢云母片岩、石英绿泥石片岩、粉砂质板岩等,该地层为本地区金成矿的原始矿源层。

岩浆岩:区内岩浆岩活动频繁且强烈,并形成空间上呈北西向展布的构造岩浆岩带。侵入体普遍具有较高的金含量。蚀变闪长玢岩和蚀变闪长岩为区内含金矿石,沿断裂及其附近侵入有大量的闪长玢岩、闪长岩脉,所以区内岩浆活动不仅为成矿作用提供了热能,使岩石中金进一步活化、迁移、富集,而且还为区内的金形成提供了重要的热动力条件。

构造:区内的金矿(化)体主要产于近东西向的断层破碎蚀变带中,矿体与之有紧密关系。脉型金矿沿构造破碎带展布,多被压碎或形成挤压透镜体,表明区内断裂活动具多期性,断裂活动的多期性导致在有利的构造部位多期的成矿作用和叠加富集的成矿作用,并决定了矿区中矿体形态的复杂性。故近东西向的断层破碎带是区内的控矿构造,也在金成矿过程中起着主导作用。

(八)找矿标志

1.地表氧化带

地表呈褐黄色的褐铁矿化、黄铁矿化带,是矿体中黄铁矿的氧化产物,因此可以作为寻找原生金矿的直接找矿标志。

2. 破碎蚀变带

该区金矿（化）体、铅锌矿（化）体均受构造蚀变破碎带控制，且 5 条破碎蚀变带呈近东西向平行分布，破碎带中发育的绢英岩化、褐铁矿化、碎裂岩化等与金矿化关系密切，该类破碎带是本区找矿的直接标志。

3. 土壤异常

区内金、铅、锌 3 种元素套合较好，强度高，Au 最大值 $1651×10^{-9}$，Pb 最大值 $5976×10^{-6}$，Zn 最大值 $8630×10^{-6}$。区内强度大、规模较大、浓度分带好的金、铅、锌土壤异常可作为该区最直接的找矿标志。

4. 围岩蚀变

围岩矿化蚀变主要有褐铁矿化、绢云母化、硅化、碳酸盐化、黄铁矿化等，这些蚀变与矿化关系密切，故蚀变是该区找矿的又一间接标志。其中绢云母化、硅化与成矿关系密切。

（九）矿床类型

区内发现的矿化线索及物化探异常均位于万洞沟群中，是主要的矿源层。金矿体分布于区域性断裂及其次级断裂构造蚀变带中，后期的构造运动为金矿化富集提供了热源，直接容矿岩石有褐铁矿化黄铁绢英岩、蚀变闪长玢岩、蚀变闪长岩、构造碎裂岩，后期穿插的中酸性岩脉、石英脉对金矿化进一步富集起到了关键作用。矿区的围岩蚀变表现为热液在运移过程中对两侧围岩所发生的广泛而强烈的交代、重结晶蚀变作用所形成的一套蚀变岩组合。矿化富集地段蚀变主要为硅化，少量绢云母化、碳酸盐化，次生石英、方解石及铁质（铁白云石）填充于岩石细微裂隙中，呈宽窄不一的脉状产出，外围蚀变以绿泥石化为主，矿化地段伴有较强的褐铁矿化、黄铁矿化、方铅矿化，金与铅共生出现较多。其中黄铁矿化存在多期性，后期形成的脉状硅化中发育较强黄铁矿化与金成矿密切相关，沿岩石节理、片理面发育的黄铁矿为早期受变形变质作用挤压形成，与金成矿关系较弱。硅化和黄铁矿化富集地段位于次级断裂带矿化富集中心。综上所述，矿区金矿成因为构造蚀变岩型金矿。

铅锌矿体主要产于构造内及其围岩裂隙中，含矿岩石有黄铁绢英岩、蚀变闪长岩等，沿构造裂隙呈脉状产出，属于热液裂隙充填型铅锌矿。

（十）发现与勘查

1993—1995 年，青海省地球化学勘查院开展了"青海省柴北缘 1∶20 万区域化探"项目，在矿区圈定滩间山金矿区 AS44 甲 2AuAsMoSbCdWCoCu(Ag) 综合异常 1 处。同时，青海省第一地质矿产勘查大队在矿区开展了 1∶1 万地质草测，发现了细晶沟小型金矿床、青龙沟Ⅰ、Ⅱ金矿化带、金红沟金矿点、黄绿沟金矿点及金和铜、铅、锌等多金属矿化破碎蚀变带 5 处，为本区寻找金矿床提供了依据。2012 年，青海省第五地质矿产勘查院开展了"青海柴北缘 1∶5 万（J46E010018，J46E011018 和 J46E011019）三幅化探"项目，圈定 1∶5 万地球化学综合异常 43 处，查证异常 5 处，通过对位于矿区的青山 HS31 甲 3-1Pb(CdAuZn) 综合异常查证，在异常区内圈出矿化带 2 条、金矿化体 2 条、铜矿体 1 条。2014—2015 年，青海省第五地质矿产勘查院开展青海省大柴旦镇青山地区金矿预查工作，在异常带中发现多条金铅矿化线索，为矿致异常。2016—2019 年，青海省第五地质勘查院开展青海省大柴旦镇青山地区金矿普查工作，圈定 5 条破碎蚀变带，带内圈定 5 条矿带，共圈定 56 条金、铅、金铅复合矿体，伴生银、锌。

五、都兰县那更康切尔沟银多金属矿

(一)概况

矿区行政区划隶属海西州都兰县管辖,距都兰县城约100km,交通便利。截至2019年底,矿区规模已达到超大型,矿床成因类型为中低温构造热液型,是"十三五"期间取得新突破的矿床,它的发现填补了青海省寻找热液型银矿的的空白,是当前地质勘查形势下思路创新、理论创新的体现。

(二)矿区地质特征

矿区位于北昆仑岩浆弧带,成矿带属祁漫塔格—都兰海西期、印支期铁、铜、铅、锌、钴、锡、金、硅灰石(锑、铋)成矿带东段。出露地层有古元古界金水口岩群、上三叠统鄂拉山组及第四系(图4-4-6),其中古元古界金水口群主要分布于矿区南西部,其下部为黑云角闪片麻岩、黑云角闪斜长片麻岩,中部为深灰—灰黑色石英片岩夹大理岩、硅质岩、局部夹斜长角闪岩,上部岩性主要为灰—灰白色中粗粒大理岩;上三叠统鄂拉山组分布于矿区北东侧,出露面积仅次于金水口岩群,地层呈北西-南东走向,倾向北、北东,主要岩性为流纹岩、安山岩、英安岩及少量玄武岩、蚀变玄武岩等。本区紧临昆中断裂褶皱带,构造岩浆活动强烈。区内褶皱不明显,断裂构造发育,以压性或压扭性断裂为主,含矿断裂主要为北西向,次为北东向、近南北向,其中北西-南东向断裂为本区主要控矿、赋矿断裂,近东西向断层为区域内控岩及导矿构造,近南北向和北东向断裂对本区矿体有破坏和改造作用。区内岩浆岩主要为海西期花岗闪长岩和二长花岗岩。另外在矿区南部金水口岩群中和二长花岗岩体中分布大量基性、中性和酸性岩脉。

(三)矿体地质

那更康切尔沟银矿床共圈出了18条含银断裂破碎带,分布于矿区中部、北部,主要矿带均受北西向、北北西向断裂构造控制,整体呈"帚形"分布。带内共计圈出矿体84条,其中银矿体69条(工业矿体47条,低品位矿体22条),铅锌矿体13条(工业矿体4条,低品位矿体9条),金矿体2条(工业矿体1条,低品位矿体1条)。

Ⅱ矿带是区内规模最大的一条,位于矿区中部,受F2-1、F2-2断裂控制,整体呈北西向展布,工程控制长度4.3km,宽50~220m,带内圈出20条银矿体,其中工业矿体14条,低品位矿体6条。整体走向115°~130°。主要矿体特征介绍如下。

ⅡAg-3银矿体:为矿区规模最大矿体,赋存于Ⅱ号带碎裂状黑云角闪斜长片麻岩、构造角砾岩中。整体呈北西-南东向展布,呈似层状,连续性较好,控制长度1290m,平均厚3.31m,矿体整体倾向南西,矿体厚度整体北西厚、南东薄,控制斜深180~360m,控制最大斜深710m(图4-4-7)。Ag平均品位255.31×10^{-6}。

ⅡAg-1银矿体:赋存于Ⅱ号带碎裂状黑云角闪斜长片麻岩、构造角砾岩中。整体呈北西-南东向展布,与ⅡAg-3矿体近于平行,控制长度1140m,平均厚1.93m,矿体整体倾向南西,控制斜深一般38~393m,最大斜深393m,Ag平均品位479.79×10^{-6}。

ⅡAg-2银矿体:分布于ⅡAg-3矿体北侧,赋存于Ⅱ号带碎裂状黑云角闪斜长片麻岩、构造角砾岩中。矿体整体呈北西-南东向展布,与ⅡAg-3矿体近于平行,呈似层状分布,矿体控制长度1150m,平均厚2.67m,控制斜深一般71~404m,矿体倾向南西。Ag平均品位215.79×10^{-6}。

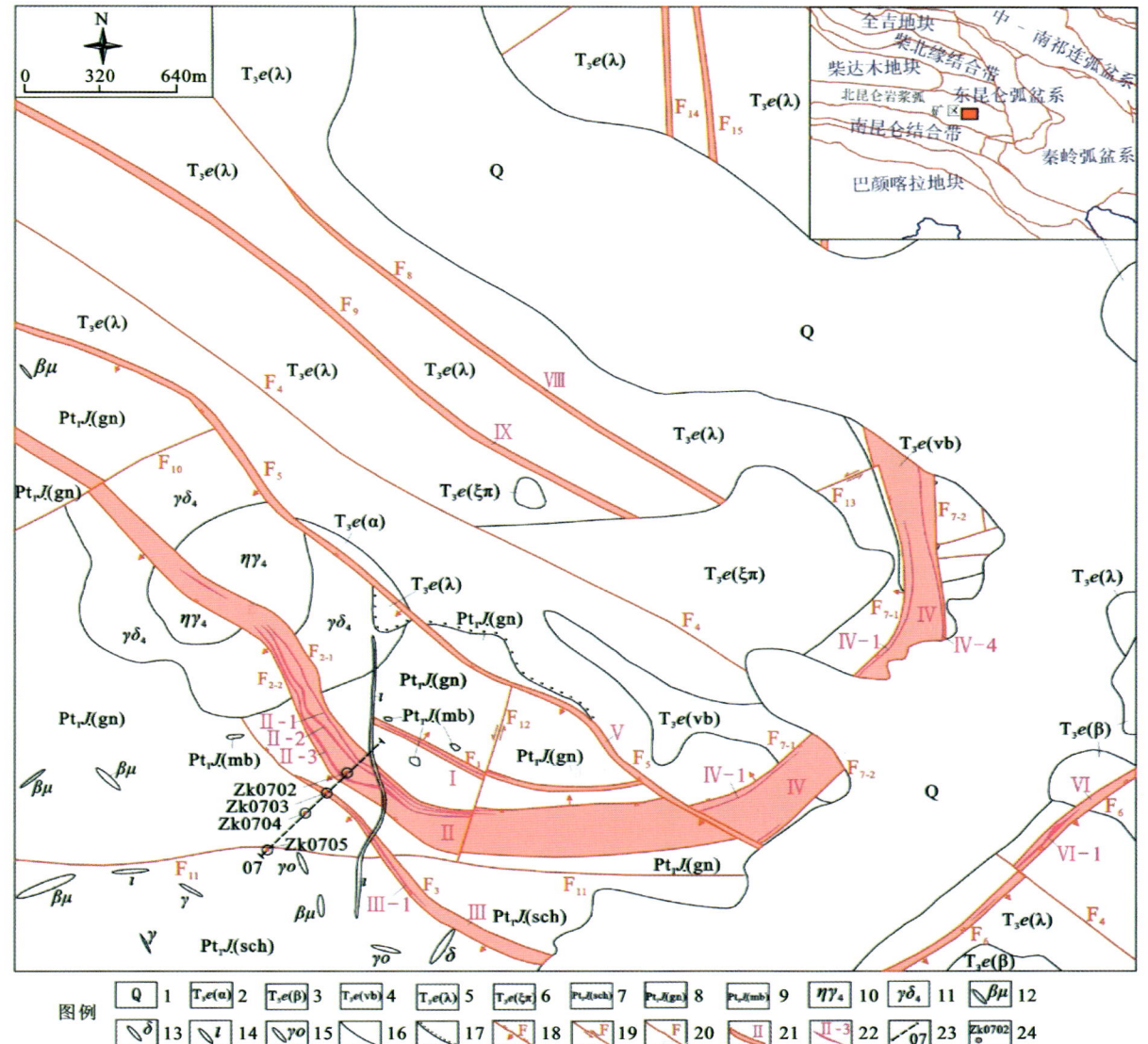

1.第四系;2.晚三叠世鄂拉山组安山岩;3.晚三叠世鄂拉山组玄武岩;4.晚三叠世鄂拉山组火山角砾岩;5.晚三叠世鄂拉山组流纹岩;6.晚三叠世鄂拉山组正长斑岩;7.古元古代金水口岩群片岩组;8.古元古代金水口岩群片麻岩组;9.古元古代金水口岩群大理岩组;10.二长花岗岩;11.花岗闪长岩;12.辉绿岩脉;13.闪长岩脉;14.花岗细晶岩脉;15.斜长花岗岩脉;16.地质界线;17.角度不整合界线;18.实测逆断层;19.走滑断层;20.性质不明断层;21.矿带位置及编号;22.矿体位置及编号;23.典型剖面位置;24.钻孔位置及编号。

图4-4-6 那更康切尔沟银矿区地质简图(据四川省冶金地质勘查局水文工程大队,2015,略作修改)

ⅡAg-4银矿体:分布于ⅡAg-3矿体南侧,赋存于Ⅱ号带碎裂状黑云角闪斜长片麻岩、构造角砾岩中。矿体整体呈北西-南东向展布,与ⅡAg-3矿体近于平行,呈似层状分布,控制长度806m,矿体平均厚2.49m,控制斜深45~455m,矿体产状较为稳定,整体向南西陡倾。银平均品位200.89×10^{-6}。

(四)矿石特征

矿石矿物有自然银、深红银矿、硬锰矿、软锰矿、褐铁矿、黄铁矿、毒砂、磁黄铁矿为主,部分矿带见方铅矿、闪锌矿、白铁矿、硬锰矿、火硫锑银矿、硫锑铅银矿、辉锑铅银矿、方硫锰矿、螺状硫银矿、银黝铜矿等。

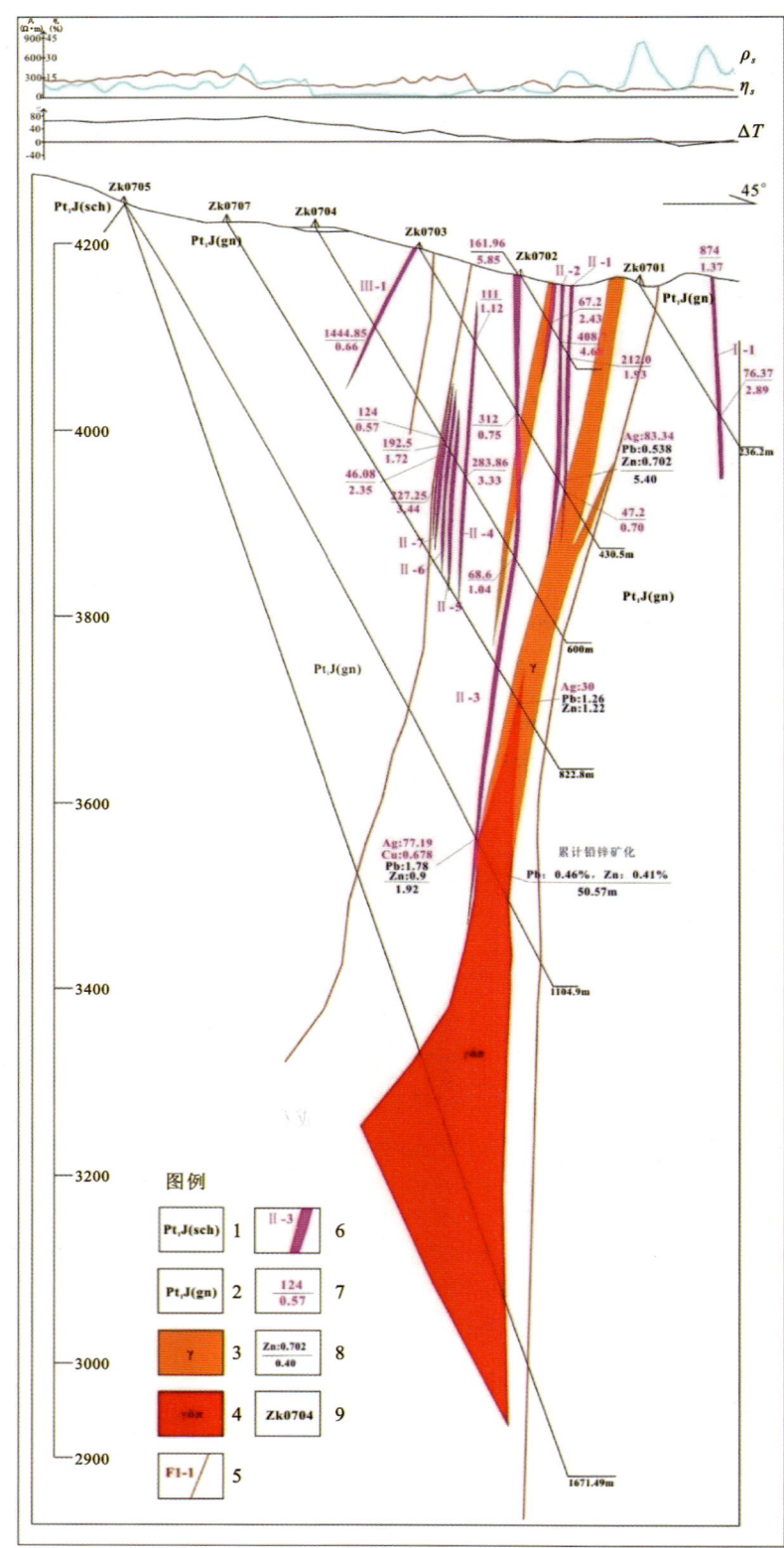

1.金水口岩群片岩;2.金水口岩群片麻岩;3.花岗岩脉;4.含矿花岗闪长斑岩;5.断裂构造及编号;6.银矿体及编号;7.银矿体平均品位、厚度;8.铅锌平均品位、厚度;9.钻孔位置及编号。

图 4-4-7　Ⅱ号矿(化)带 7 勘探线剖面图(据四川省冶金地质勘查局水文工程大队,2015,略作修改)

主要载银矿物为自然银、辉银矿、黝锑银矿、硫锑银矿、深红银矿等。自然银、辉银矿大多分布于黄铁矿和毒砂中。脉石矿物以绿泥石、斜长石、白云石、石英为主,占70%~80%。其次为角闪石、绢云母、黑云母。金属矿物主要呈浸染状、脉状、星点状分布。

矿石主要结构包括自形粒状、半自形粒状、网格状、共结边、侵蚀、镶边、包含、乳浊状、细脉穿插、文象等。主要构造有块状、角砾状、条带状、稀疏浸染状、中等浸染状、稠密浸染状、细脉状、网脉状等。

(五)围岩蚀变

矿区围岩蚀变强烈,蚀变受断裂影响明显,主要蚀变类型有硅化、高岭土化、绢云母化、碳酸盐化、绿泥石化,局部为绿帘石化、黄钾铁矾化、萤石化以及矽卡岩化等,尤以硅化、高岭土化、绢云母化与银多金属矿化关系密切,局部的钨(金)、锑矿化与硅化、矽卡岩化伴随。同时蚀变矿物分布还具有一定的分带性,表现为紧邻矿化(网)脉和裂隙处的蚀变矿物主要有石英、绢云母、方解石、含锰碳酸盐及硅酸盐等,而在矿化(网)脉外侧的边缘位置的蚀变矿物主要有高岭石、绿泥石、钠长石、方解石等。从矿(化)体至围岩整体具有硅化→硅化、碳酸盐化、绢云母化→绢云母、高岭石、绿泥石化的趋势,反映了伴随温度降低成矿热液从高硫到低硫的演化过程(杨涛,2017)。

(六)资源储量

全区提交推断银资源量2 137.2t,潜在资源2 933.36t,银平均品位326.35×10^{-6},矿床规模达到超大型。

(七)成矿期次

成矿期主要分为热液期及表生氧化期,其中热液期为主成矿期,可分为两个成矿阶段,即黄铁矿-毒砂阶段和黄铁矿-闪锌矿-辉银矿阶段(表4-4-1)。黄铁矿-毒砂阶段发育金属矿物主要为黄铁矿及毒砂,毒砂及黄铁矿呈自形结构,非金属矿物主要为石英;黄铁矿-闪锌矿-辉银矿阶段,发育金属矿物主要为黄铁矿、闪锌矿及辉银矿,从扫描电镜测试实验中发现辉银矿主要发育于黄铁矿的裂隙中,呈他形微晶,非金属矿物主要为石英、方解石等,此阶段为银的主要成矿阶段。表生氧化期发育的金属矿物主要为褐铁矿、软锰矿等,非金属矿物主要为方解石、石膏等。

表4-4-1 那更康切尔北矿物生成顺序表

成矿期 成矿阶段 矿物	热液期		表生氧化期
	毒砂-黄铁矿阶段	黄铁矿-闪锌矿- 辉银矿阶段	
毒砂	▬▬▬▬		
黄铁矿	▬▬▬▬▬▬▬	▬▬▬▬	
闪锌矿		▬▬▬	
辉银矿		▬▬▬	
褐铁矿			▬▬▬▬
软锰矿			▬▬▬
石英	▬▬▬▬▬▬▬▬▬		
方解石		▬▬▬▬▬▬▬	
石膏			▬▬▬▬

(八)成矿物理化学条件

1. 成矿流体

据李敏同(2018)研究,那更康切尔沟银矿金水口岩群和鄂拉山组中矿石石英均发育大量流体包裹体。包裹体类型单一,基本为气液两相水溶液包裹体,气液相比多为5%~20%,升温后均一到液相;流体包裹体大小通常为2~10μm,少数达25μm,形状多为椭圆—不规则,金水口岩群中部分矿石石英流体包裹体大于10μm,鄂拉山组中则少见。金水口岩群包裹体升温后均一到液相的温度为147.0~328.8℃,主要集中于275~295℃,冰点温度为-5.0~-0.3℃,利用冰点-盐度公式(Hall et al.,1988)得到相应的成矿流体盐度为0.53%~7.86%($NaCl_{eqv}$,后同),主要集中于4.5%~6.5%。而鄂拉山组中包裹体升温后均一到液相的温度为95.0~374.0℃,主要集中于155~215℃,冰点温度为-4.7~-0.4℃,相应的成矿流体盐度为0.70%~7.45%,主要集中于5.5%~6.5%(图4-4-8)。

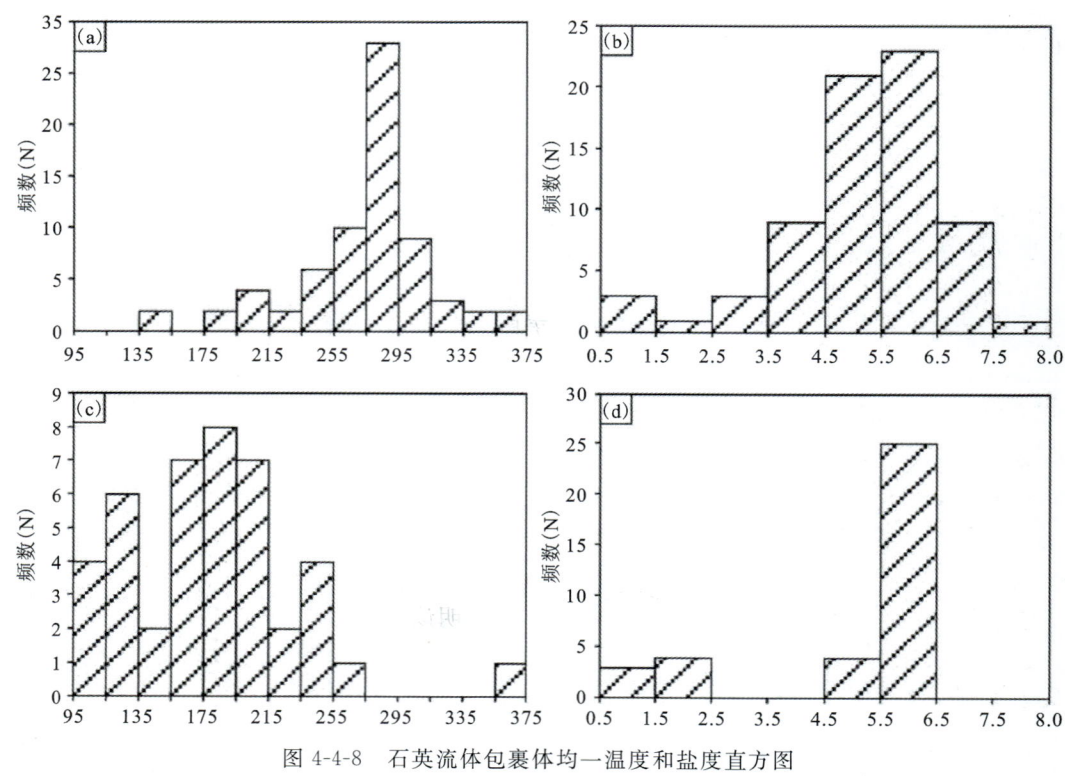

图4-4-8 石英流体包裹体均一温度和盐度直方图

(a)金水口岩群中石英流体包裹体均一温度;(b)金水口岩群中石英流体包裹体盐度;(c)鄂拉山组中石英流体包裹体均一温度;(d)鄂拉山组中石英流体包裹体盐度

那更康切尔银矿矿石石英流体包裹体均一温度较低,银矿物组合也显示低温特征,结合包裹体岩相学特征等,综合认为流体混合作用为本区成矿作用主要机制可能性最大,但还需要得到氢氧同位素等方面证据的进一步佐证。

2. 同位素研究

1)硫同位素

据李敏同(2017)研究,那更康切尔银矿床$\delta^{34}S_{CDT}$值介于-6.1‰~0.5‰之间,极差为16‰,平均值为-1.89‰,值主要集中于-3.4‰~0.6‰之间,表明矿床硫的来源相对单一。

那更康切尔银矿矿石矿物中未发现硫酸盐类矿物,因此可以认为硫化物矿物的 $\delta^{34}S$ 值基本上代表了热液流体的总硫同位素组成。因此,那更康切尔银矿床 $\delta^{34}S_{\Sigma S}$ 值约为 $-1.89‰$,表明成矿流体中的硫可能主要来源于岩浆作用(图4-4-9)。但 $\delta^{34}S$ 值为较小的负值暗示着可能有围岩地层中的还原硫或生物硫的加入。同时,这种简单的硫化物组合特征表明主成矿期流体可能为还原性。

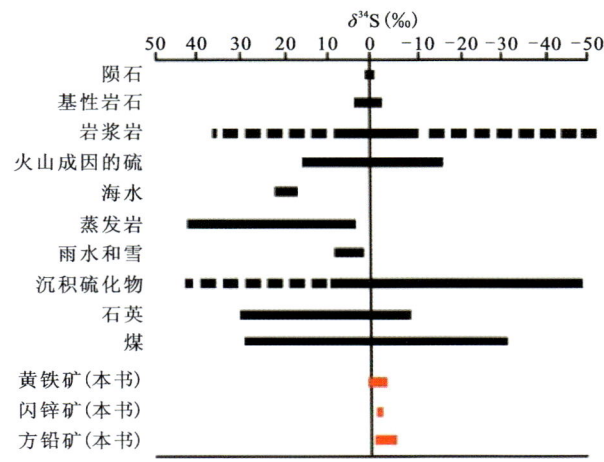

图 4-4-9　那更康切尔银矿床硫化物及不同硫源硫同位素组成(底图据 Thode et al.)

2)铅同位素

那更康切尔银矿黄铁矿矿石铅同位素组成范围变化小(图4-4-10),相对一致,这表明含铅成矿流体来源于具有均一化铅同位素组成特征的地质体,或者来源于具有不同铅同位素组成的地质体,但在成矿作用之前这些不同来源的铅已经均一化。此外,那更康切尔银矿床铅同位素组成与晚古生代花岗岩铅同位素组成在 $^{206}Pb/^{204}Pb$-$^{207}Pb/^{204}Pb$、$^{206}Pb/^{204}Pb$-$^{208}Pb/^{204}Pb$ 图解上有较大部分的重叠,表明两者之间可能存在成因上的联系;同时,印支期花岗岩的铅同位素组成变化较大,而矿石铅同位素组成则比较稳定。从这点可以看出,印支期赋矿花岗岩只提供了部分铅源。根据 H-H 单阶段演化模式计算的 μ 值可指示铅的不同来源。一般认为,地幔原始铅 μ 值为 $7.3\sim8.0$,造山带的 μ 值平均值大约为 10.87,上地壳铅多大于 9.58。那更康切尔银矿床矿石铅同位素 μ 值为 $9.47\sim9.71$,平均值为 9.57。因此,那更康切尔银矿床矿石铅可能源自 U、Th 相对富集的上部地壳物质。矿床 Th/U 值介于 $3.78\sim3.93$ 之间,平均值为 3.78,非常接近全球上地壳 Th/U 平均值 3.88,表明该矿床成矿物质可能来源于地壳。

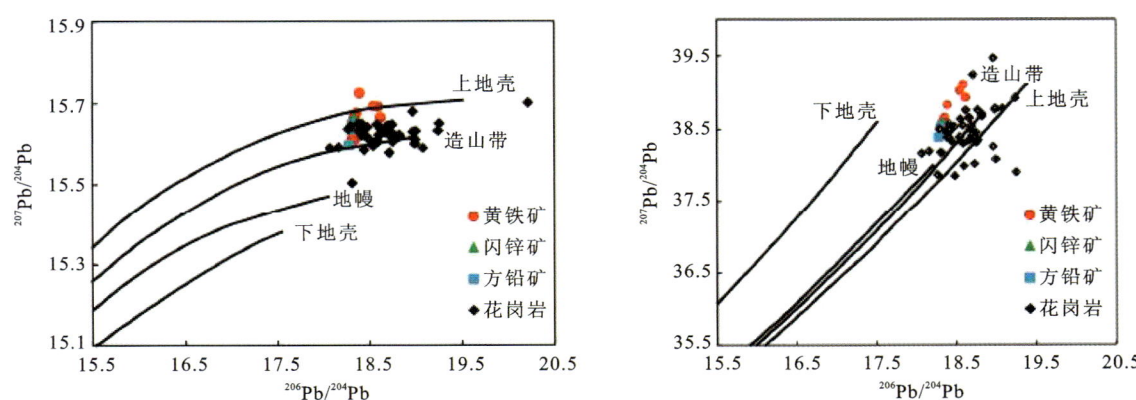

图 4-4-10　那更康切尔银矿床铅同位素构造模式图(底图据 Zartman,丰成友等)

3)C-O 同位素

那更康切尔银矿床方解石 $\delta^{13}C_{V\text{-}PDB}$ 值介于 $-6‰\sim-2.8‰$ 之间,极差为 $3.2‰$,平均值为 $-4.25‰$,

相对变化较小，与较多热液矿床中碳酸盐矿物组成类似。方解石 $\delta^{18}O_{V-SMOW}$ 值介于 6.1‰～20.5‰ 之间，极差为 14.4‰，平均值为 12.49‰（李敏同，2017）。

图 4-4-11 为那更康切尔银矿床及三大主要 C 来源的 $\delta^{13}C_{V-PDB}$-$\delta^{18}O_{V-SMOW}$ 图解，可以看出，所有样品投点呈近水平分布。一般情况下，当热液流体中 C 来源于岩浆作用，由此沉淀的方解石中 C 同位素的组成不受影响，相对稳定，而 O 同位素则表现为高值。由此可以看出，那更康切尔银矿床成矿流体可能与岩浆作用有关，成矿流体中的碳可能主要由岩浆作用提供的，并且一定程度上受大气降水和低温蚀变作用的影响。

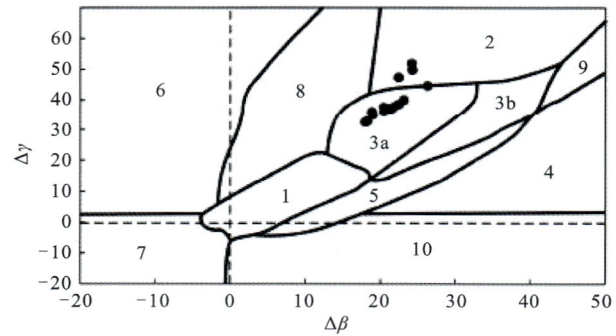

1.地幔铅；2.上地壳铅；3.上地壳与地幔混合的俯冲带铅（3a.岩浆作用；3b.沉积作用）；4.化学沉积型铅；5.海底热水作用铅；6.中深变质作用铅；7.深变质下地壳铅；8.造山带铅；9.古老页岩上地壳铅；10.退变质铅。

图 4-4-11　那更康切尔银矿床矿石铅同位素 $\Delta\beta$-$\Delta\gamma$ 成因分类图解（底图据朱炳泉等）

（九）成矿时代

国显正（2019）获得那更康切尔银多金属矿床赋矿流纹斑岩形成年龄为 217.4±3.1Ma，表明该火山岩形成时代为晚三叠世。在东昆仑阿亚克库木湖以北的土房子流纹质凝灰岩锆石 U-Pb 年龄为 219.5±1.9Ma（Hu et al.,2016）；张得鑫等（2017）报道了那陵格勒河南地区鄂拉山组玄武质晶屑凝灰熔岩锆石 U-Pb 年龄为 231±1Ma；Hu 等（2016）在都兰热水及英德尔地区获得流纹斑岩及流纹岩年龄分别为 227.5±1.5Ma 和 218.1±2.5Ma。以上流纹斑岩均形成于晚三叠世，为同时期火山作用的产物。那更康切尔流纹斑岩既是赋矿围岩，产出有脉状银铅锌矿体，又是含矿岩石，发育有浸染状、角砾状银矿石，表明该矿床的形成与流纹斑岩密切相关。尽管目前尚未直接获得银多金属矿床成矿年龄，但是流纹斑岩成岩年龄间接限定了成矿时限，暗示银多金属成矿年龄与流纹斑岩同期或晚于 217.4±3.1Ma 形成。

（十）矿床类型

那更银矿床形成时代为印支晚期，矿床成因类型分别为受构造控制的中低温构造热液型矿床。

那更康切尔银矿床紧邻东昆中构造带，矿体产于晚古生代花岗岩体中，具有典型的构造热液矿床特征。矿石硫化物 C-O-S-Pb 同位素特征均表明该矿床成矿过程与岩浆作用有关。结合区域地质背景认为，在印支晚期，随着巴彦喀拉洋的关闭，东昆仑地区发生强烈的壳-幔相互作用，构造体制由挤压转变为伸展，并引起该区岩石圈拆沉及幔源岩浆的底侵作用，岩石圈发生减薄和部分熔融，爆发剧烈的构造岩浆活动，并形成一系列与岩浆活动有关的热液矿床。同时，矿区与昆中断裂近于平行的北西向构造对成矿具有明显的控制作用，成为了有利于深部岩浆和成矿热液上升运移的通道，该区域岩浆岩既带来部分成矿物质又提供了动力，促进了银元素的活化、运移和富集（贾伟光等，2000），含矿热液在上升过程中，随着温度的降低，金属硫化物和银矿物大量沉淀（李朝阳等，2002），因此，结合矿床地质特征与区域成矿背景和流体包裹体研究，那更康切尔银矿床应属受构造和岩浆作用双重控制的中低温构造热液矿床。

（十一）成矿模式

本矿床已获得鄂拉山组流纹岩和流纹斑岩锆石年龄225Ma及217.4Ma，热液锆石年龄215Ma。鄂拉山组中成矿年龄与赋矿围岩年龄耦合，表明鄂拉山组中成矿作用与火山作用有关。此外，鄂拉山组中矿石硫化物铅同位素组成和鄂拉山组流纹岩、流纹质角砾熔岩及次火山岩英安斑岩长石铅同位素组成一致，进一步表明该矿床晚三叠世火山作用为晚期热液成矿作用提供了热动力和成矿物质。矿石碳、硫同位素组成具有幔源特征，而铅同位素组成却主要显示壳源特征。氢氧同位素组成显示两期成矿流体早阶段以岩浆水为主，晚阶段大气降水逐渐增多（武亚峰，2019）。结合区域构造演化，成矿过程可归结为：东昆仑造山带在造山过程于深部发生了两期幔源岩浆底侵作用，引起地壳部分熔融，壳幔岩浆进一步混合，并运移到本矿区就位，在中三叠世晚期形成了花岗闪长斑岩，在晚三叠世早期形成了火山岩、次火山岩，早期超浅成岩浆热液及晚期次火山热液在运移过程中与大气降水混合，与围岩发生水岩反应，并萃取围岩中有用组分，随着温度、压力的降低，成矿元素在北西向断层破碎带中卸载、沉淀富集成矿。其中金水口岩群中成矿作用具有分带性，上部为铅锌银矿化，下部为铅锌铜矿化（图4-4-12）。

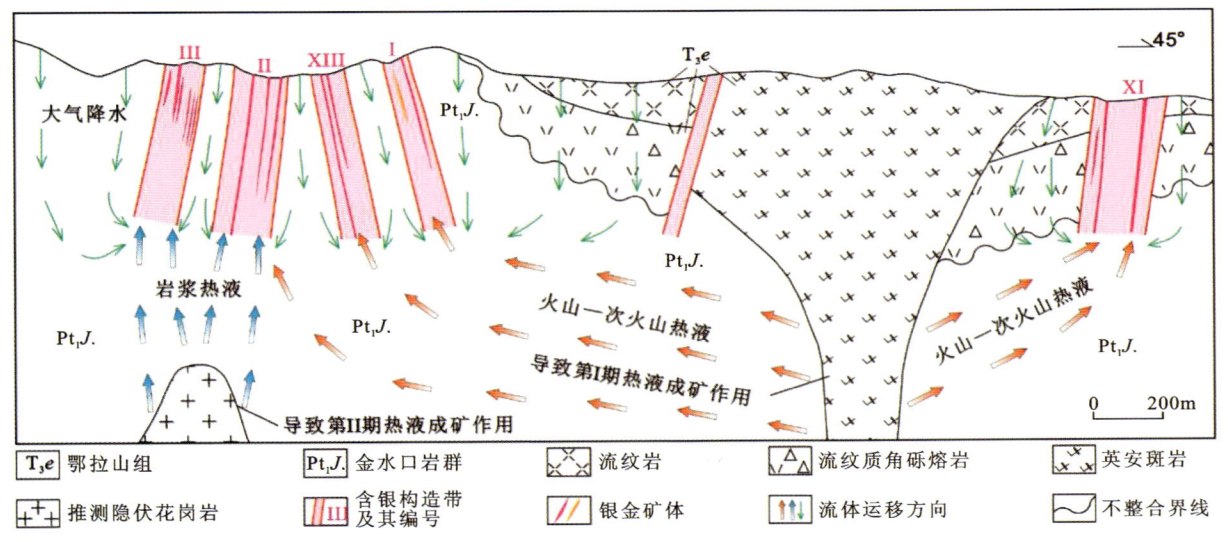

图4-4-12 那更康切尔银矿床成矿模式图

（十二）发现与勘查

2007—2008年，青海省有色地质矿产勘查局地质矿产勘查院开展"青海省苦海—那更地区I47E002011等12幅1∶5万水系沉积物和地面磁法测量报告"项目，对HS6乙1Ag(SbAsSnMnCuFe$_2$O$_3$)综合异常进行了查证，开展了少量槽探揭露，通过采样分析未发现明显的金矿化，但银有显示。2012—2013年，四川省冶金地质勘查局水文工程大队开展了预查工作，对HS6综合异常进行查证，重视了银矿找矿工作。利用综合手段圈出Ⅰ、Ⅱ、Ⅲ号银矿（化）带（图4-4-13）、7条银矿体。首次发现那更康切尔沟银矿床，认为本区有望实现银多金属矿找矿突破。2014—2019年，该矿区作为"沟里整装勘查"子项目实施，项目勘查阶段由"预查"转为"普查"，通过槽探、钻探等工作手段，对矿化带进一步追索控制，并对土壤异常进行查证，圈出18条含银断裂破碎带，带中圈出银矿体69条、铅锌矿体13条、金矿体2条。

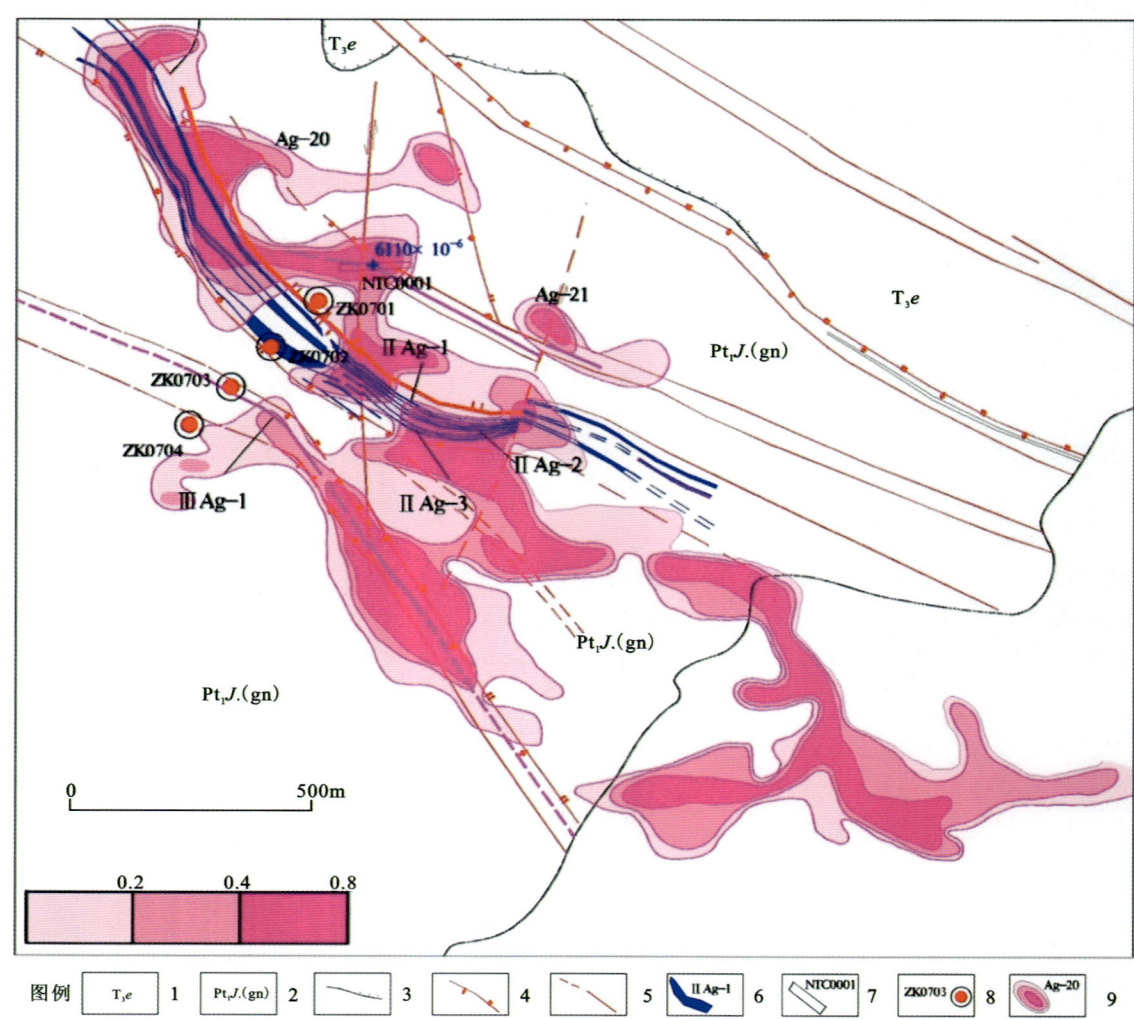

1.上三叠统鄂拉山组;2.古元古代金水口岩群片麻岩;3.地质界线及不整合界线;4.逆断层;5.推测及实测断层;6.银矿体及编号;7.探槽位置及编号;8.钻孔位置及编号;9.土壤测量 Ag 异常及编号。

图 4-4-13　那更康切尔沟银矿区综合地质图（据四川省冶金地质勘查局水文工程大队，2015；略作修改）

第五节　稀有稀土金属矿产

本书编入的稀有稀土金属矿有天峻县茶卡北山锂稀有稀土金属矿 1 处。

天峻县茶卡北山锂稀有稀土矿

（一）概况

矿区位于青海省中部海西蒙古族藏族自治州东部，地处柴达木盆地东北边缘青海湖西部，茶卡镇北部。矿区行政区划隶属海西州天峻县管辖，青藏铁路（西宁—格尔木段）、315 国道（天峻—乌兰段）和

109国道(茶卡—都兰段)均从矿区外围穿过,区内交通方便。截至2020年底,矿床规模为中型,矿床成因类型为伟晶岩型。

(二)矿区地质特征

矿区大面积出露土尔根大坂组中新解体出的一个非正式填图单位青白口纪—奥陶纪茶卡北山片岩组,面积80%以上,南部少量出露石炭系—二叠系果可山组、三叠系隆务河组及山前坡地、河床分布的现代河床冲洪积物。青白口纪—奥陶纪茶卡北山片岩组主要位于矿区中南部—北部,呈北西-南东向展布,根据特征将其划分为茶卡北山片岩组下段和茶卡北山片岩组上段两个岩性段,两者呈断层接触,上段中发育大量的花岗伟晶岩脉。受区域构造影响,岩石后期构造改造强烈,韧性剪切带发育,多具糜棱岩化、碎裂岩化特征,变质程度达高绿片岩相,该套片岩是区内最主要的含矿花岗伟晶岩脉的围岩地层。石炭系—二叠系果可山组出露于普查区内南侧,三叠系隆务河组仅在普查区南西角零星分布。

矿区内断裂构造较为发育,断裂构造主体方向为北西-南东向,与地层的走向基本一致。区内伟晶岩基本沿着F3—F7断裂中间产出,伟晶岩产出在两条断层形成的条带状空间内,伟晶岩的总体产出状态也与断层的方向一致。

矿区内岩浆活动较为频繁,以晚奥陶世石英闪长岩为主,在南西边界处还见有少量辉长岩出露。石英闪长岩主要分布在矿区中部沿区域性断裂产出,该岩体局部地段有浅灰白色含Li、Be矿的白云母花岗伟晶岩脉产出,是区内寻找Li-Be矿的主要地质体之一。辉长岩主要分布于矿区西南角。区内脉岩主要为石英闪长岩、二云片岩、花岗细晶岩脉、二长花岗岩脉以及花岗伟晶岩等,其中花岗伟晶岩脉为区内分布最广泛的岩脉,并且是主要的含矿地质体。

(三)矿体特征

矿区内划分出4条伟晶岩带(图4-5-1),共圈定伟晶岩527条,圈定锂、铍(铌钽铷铯等)矿体117条,矿化体192条。

Ⅰ号伟晶岩带围岩为石英闪长岩,由东西两个脉群组成,长约1km,宽100～200m,地表圈定39条花岗伟晶岩脉,共圈定36条矿体,矿体长55～726m,真厚度0.8～6.35m,控制斜深2～265m,Li_2O平均品位0.42%～1.94%,BeO平均品位0.041%～0.076%。浅部矿化类型以锂铍为主,有铌钽铷等共(伴)生,含矿岩性为灰白色、浅肉红色锂辉石绿柱石花岗伟晶岩,向深部逐渐过渡为单铍矿化,含矿岩性变为浅肉红色含绿柱石花岗伟晶岩。

Ⅱ号伟晶岩带围岩为灰褐色二云石英片岩,矿化类型以铍为主,是提交BeO资源量的主要地段。北西-南东向展布,长约12km,宽200～700m,带圈定伟晶岩脉167条,地表长10～200m,最大延伸3.2km,宽0.2～20m。带内共圈出以铍为主的矿体55条。矿体长度0.08～3.2km,厚0.83～6.30m,最大控制斜深652m,BeO平均品位0.040%～0.112%,最高0.297%,Li_2O平均品位1.15%,$(Nb+Ta)_2O_5$平均品位0.032%。含矿岩性主要为灰白色含绿柱石花岗伟晶岩、含绿柱石白云母钠长石化花岗伟晶岩、含绿柱石白云母花岗伟晶岩。

Ⅲ号伟晶岩带围岩为石英闪长岩,伟晶岩矿化类型以锂铍为主,铌钽铷等共(伴)生,北西向展布,长约12km,宽250～600m,圈定伟晶岩222条。圈定22条矿体,长50～320m,真厚度0.81～11.98m,控制斜深3～143m,Li_2O平均品位1.02%～4.13%,BeO平均品位0.042%～0.130%,含矿岩性主要为锂云母锂电气石花岗伟晶岩、灰白色含绿柱石花岗伟晶岩。

Ⅳ号伟晶岩带围岩为黑云石英片岩,伟晶岩矿化类型以铍为主,呈北西-南东向展布,长约3.8km,宽100～250m,圈定花岗伟晶岩脉79条,伟晶岩脉宽一般为0.5～10m,地表延伸50～700m不等,带内

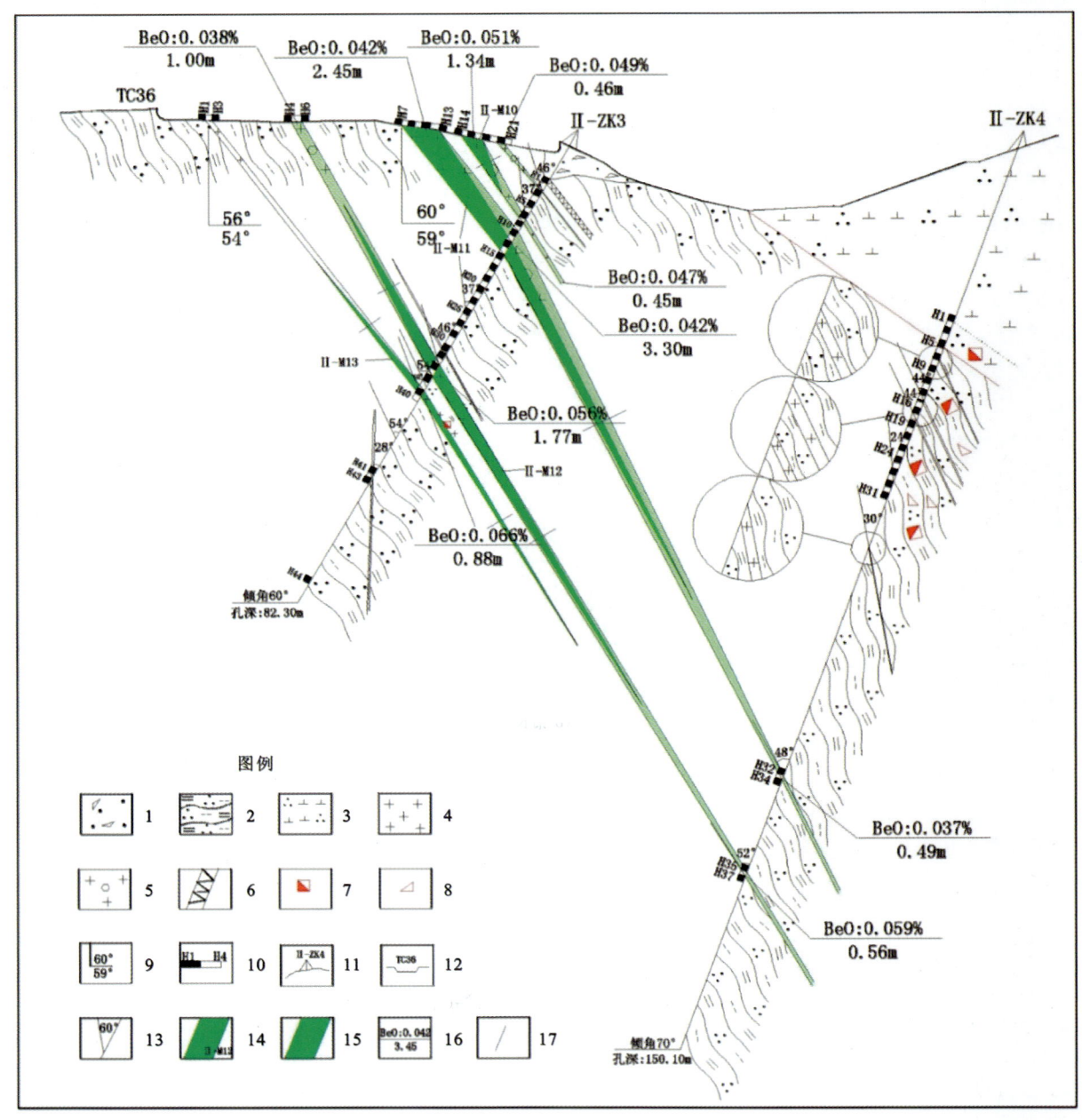

1.第四系;2.二云石英片岩;3.石英闪长岩;4.花岗伟晶岩;5.含绿柱石花岗伟晶岩;6.石英脉;7.褐铁矿化;8.碎裂岩化;9.产状;10.化学样位置及编号;11.钻孔位置及编号(剖面/平面);12.探槽位置及编号(剖面/平面);13.轴心夹角;14.铍矿体位置及编号;15.铍矿化体;16.品位/厚度;17.资源量估算边界。

图 4-5-1　茶卡北山矿区Ⅱ-ZK2 勘探线剖面图(据青海省地质调查院,2019)

圈出铍矿体 3 条,铍矿化体 2 条,矿体厚 0.81～1.38m,长 160m,BeO 平均品位 0.046%～0.058%,含矿岩性主要为含绿柱石白云母花岗伟晶岩。

(四)矿石特征

矿区含矿岩性较为单一,均为花岗伟晶岩,含矿岩石有锂辉石花岗伟晶岩、含绿柱石花岗伟晶岩、含锂电气石、锂云母花岗伟晶岩。锂辉石花岗伟晶岩矿物主要有锂辉石、绿柱石、锂云母、铌钽铁矿,脉石矿物主要有钾长石、斜长石、石英、白云母及极少的黑云母、磷灰石、锆石。含绿柱石花岗伟晶岩矿石矿物为绿柱石，脉石矿物主要有钠长石、石英、钾长石、白云母、绢云母、黑云母、电气石、石榴子石。锂云母花岗伟晶岩矿石矿物有锂云母、锂电气石，脉石矿物主要为钠长石、石英、斜长石及少量不透明矿物。矿石结构主要为伟晶结构、变余伟晶结构、他形粒状变晶结构，少数碎裂结构、片状粒状变晶结构。矿石构造均为块状构造(图4-5-2)。

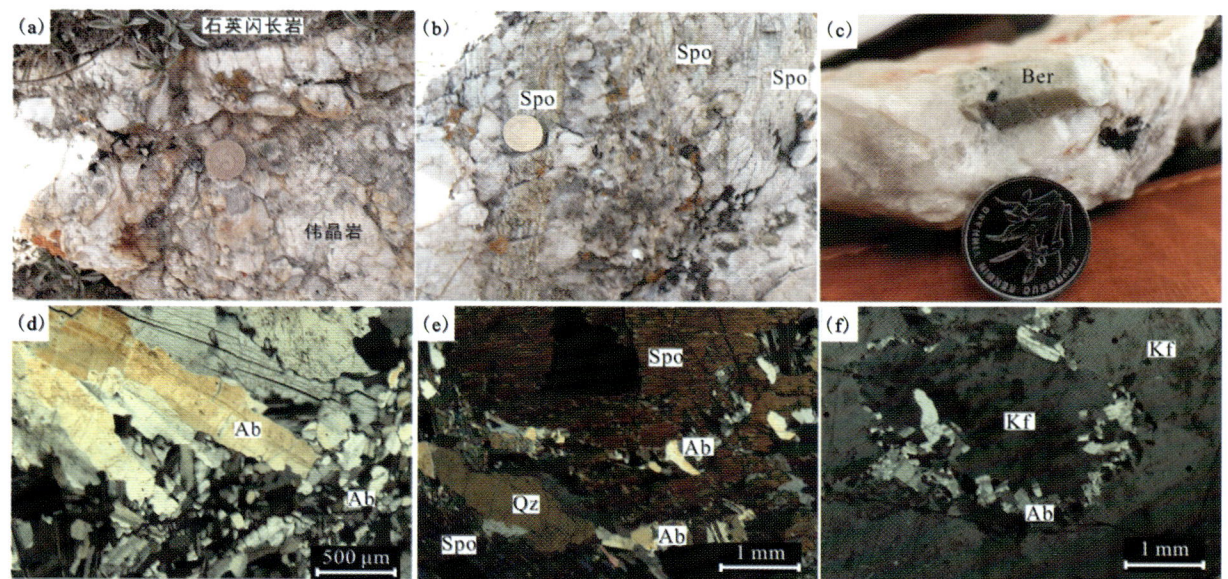

Spo-锂辉石；Ber-绿柱石；Ab-钠长石；Qz-石英；Kf-钾长石。

图4-5-2 伟晶岩产状、手标本及显微照片

(a)伟晶岩侵入于石英闪长岩形成的冷凝边；(b)含绿柱石锂辉石伟晶岩中锂辉石巨晶；(c)含绿柱石伟晶岩中的绿柱石；(d)含绿柱石锂辉石伟晶岩早期结晶大颗粒板柱状自形钠长石和晚期结晶的糖粒状他形钠长石(正交偏光)；(e)含绿柱石锂辉石伟晶岩中糖粒状钠长石沿裂隙充填在锂辉石中(正交偏光)；(f)含绿柱石锂辉石伟晶岩中微斜条纹长石边缘的钠长石(正交偏光)。

（五）围岩蚀变

矿区内围岩蚀变主要沿构造破碎带、石英脉、伟晶岩脉、岩体和围岩的接触边缘，蚀变类型主要为钾化、碳酸盐化、绿帘石化、高岭土化白云母化等。矿区蚀变与矿化关系密切，尤其以白云母化最为突出，目前发现的铍矿化体均产于伟晶岩中尤其是钾化、白云母化较强的伟晶岩中，即使未见绿柱石仍有铍矿化，因此钾化、白云母化伟晶岩对寻找铍矿化有重要指示。

（六）资源储量

矿区内初步估算推断资源量 Li_2O 4 854.82t，平均品位1.14%；BeO 2 959.14t，平均品位0.059%；$(Nb+Ta)_2O_5$ 85.87t；Rb_2O 903.55t，平均品位0.059%；Cs_2O 55.56t，平均品位0.194%。

（七）成矿时代

王秉璋等(2019)对伟晶岩锆石 U-Pb 年代学研究表明 Li-Be 矿形成于印支期(217Ma)，锆石 Hf 同位素显示茶卡北山伟晶岩源于古元古代地壳物质的重熔再造。

(八)控矿因素

矿区内所有矿化均位于花岗伟晶岩中,伟晶岩围岩有地层(二云石英片岩)和岩体(石英闪长岩),伟晶岩长轴整体北西向产出,与区内整体构造线方向一致,其充填于张性裂隙中,裂隙多大伟晶岩规模就有多大。因此在岩浆活动晚期,高度分异出的伟晶岩岩浆在一定的压力和相对封闭的空间条件下在裂隙中就位形成。同时由于 Li 元素是最活跃的元素,其在聚集成矿后,如果受到强大的外界压力会很容易造成向围岩中逸散,因此合适的围岩条件也至关重要。因此伟晶岩的形成与一定规模的花岗母岩体、相对封闭的环境、稳定的围岩条件密切相关。

(九)找矿标志

(1)岩性及矿物组合标志:花岗伟晶岩是最直接的找矿标志,白色—浅肉红色含锂辉石伟晶岩是寻找锂矿标志,伟晶岩中石榴子石多、白云母较多的、黑色电气石较少的并且粒度小的伟晶岩是重要含矿地质体,同时也要关注颗粒较大的破碎黑色电气石周围。伟晶岩围岩为二云石英片岩时,伟晶岩中石榴子石含量多、白云母含量多的伟晶岩中具有铍矿化,为含矿伟晶岩,而伟晶岩中、黑色电气石含量较多时,黑色电气石晶型较大并且白云母含量较少时,其含矿性较差。

(2)化探标志:地化剖面中 Li、Be 元素高值附近,1∶2.5 万水系异常浓集中心,特别是三级浓度分带清晰、浓集中心明显、地化剖面中峰值高的部位,$Li > 100 \times 10^{-6}$,$BeO > 300 \times 10^{-6}$,分别是寻找锂、铍矿最直接有效的标志。

(3)物探标志:目前根据 1∶1 万磁异常特来看,在弱正磁异常的梯度带和转折部位与地表发现的伟晶岩有一定的对应性;1∶1 万放射性异常中的 K 高值段与伟晶岩也有一定的对应性,因此下一步可将植被发育地段的正异常梯度带、K 含量高值区作为寻找隐伏伟晶岩的方向。

(4)地貌标志:伟晶岩地貌表现为白色,而其围岩主要为二云石英片岩以及灰色石英闪长岩,岩石均以灰黑色为主,因此"白色岩石"是寻找伟晶岩的重要标志。

(十)矿床类型

王秉璋、孙丰月等(2019)对不同类型的伟晶岩进行了地球化学特征研究,结果表明各相伟晶岩 SiO_2、CaO 含量相对变化不大,而 Al_2O_3、Na_2O 和 K_2O 含量变化幅度非常大,总体具有高硅、富铝、钠,中低钾,贫钙的特征,为亚碱性岩石。各岩相伟晶岩的稀土元素总量均较低,轻重稀土分馏相对较弱,反映了岩浆源区出现大量的斜长石残留,表明岩浆演化的环境由弱的氧化状态进入了弱的还原状态。孙丰月等(2019)对黑云母、白云母地球化学特征进行了分析,表明岩浆源于地壳。茶卡北山各相伟晶岩均有较高的分异指数(DI)(89.31~97.26),具有明显的 δEu 负异常,稀土元素含量趋低、轻重稀土比值趋小,出现明显稀土四分组效应,Eu 负异常加大,高的 Hf/Zr 和 Ta/Nb 比值,具有明显高分异花岗岩的特征。因此茶卡北山伟晶岩属于高分异 S 型花岗岩。孙丰月等(2019)对矿床成因进行了研究,表明矿区为流体不混溶、富助熔组分花岗岩浆高度结晶分异、热液交代共同作用形成的伟晶岩型矿床。

(十一)成矿模式

茶卡北山伟晶岩以伟晶岩脉群形式产出,每条伟晶岩脉宽 1~5m,同时每条伟晶岩在垂向上均有不同岩相分带,自下而上岩相依次为石榴电气二云母伟晶岩,文象结构电气白云母伟晶岩,层状结构石榴电气白云伟晶岩,含绿柱石石榴电气白云母伟晶岩(Li、Be),含绿柱石、锂辉石石榴电气白云母花岗伟晶岩(Li、Be),含锂辉石石榴电气白云母花岗伟晶岩(Li),其中含 Li 矿物主要为锂辉石,在白云母、电气石中均有少量 Li,含 Be 矿物主要为绿柱石,在白云母、电气石中含有少量 Be。

结合野外观察和测试分析,总结为以下成矿模式:在中三叠世,造山作用形成的加厚的地壳部分熔融,俯冲的洋壳带来了大量的水和成矿物质,加厚的地壳受到软流圈加热部分熔融,形成初始岩浆,同时增厚的地壳减少了地幔楔的熔融程度,同时水的加入降低了岩浆的固相线,促进岩浆在地壳内结晶分异,强化了 Li、B 等元素在岩浆房中富集,随着岩浆结晶分异作用,富含 Li、B、Rb、Cs 等组分的高分异花岗质熔体通常集中在岩浆房顶部,在助熔组分(Li、F)作用下,形成超临界富挥发分熔体,超临界流体具有极低的密度、黏度和表面张力,以及高的扩散性、反应性和流动性,这些性质极大地富集了一些在富碱和富水流体中高度溶解的成矿元素。超临界流体的性质,使其沿围岩片理、裂隙、断层运移。H_2O 含量增加,降低了结晶温度,使超临界流体沿运移通道持续演化上升,在富助熔组分作用下花岗岩浆高度结晶分异,在流体不混溶作用和交代作用共同作用下,超临界流体随着组分浓度及上升过程中物理化学条件的改变出现了化学成分、矿物组合和结构的分带,Li、B、Rb、Cs 等随着伟晶岩的演化,不断在流体中进一步富集,最终形成深部无矿伟晶岩、浅部含矿伟晶岩(图 4-5-3)。

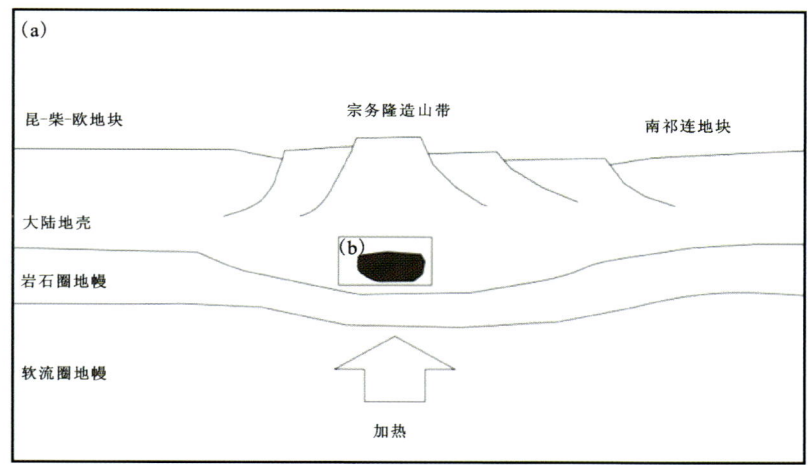

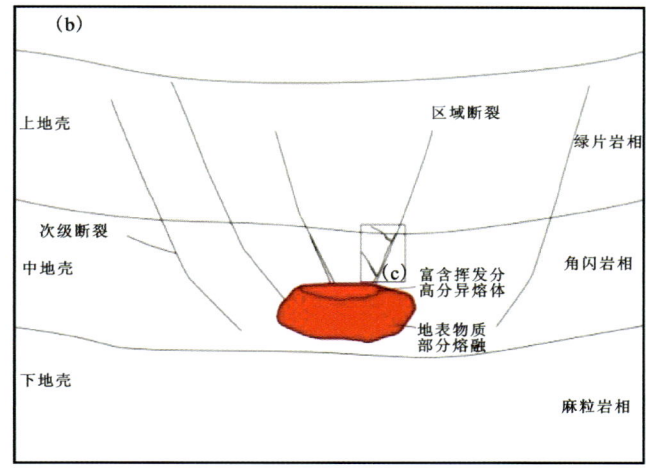
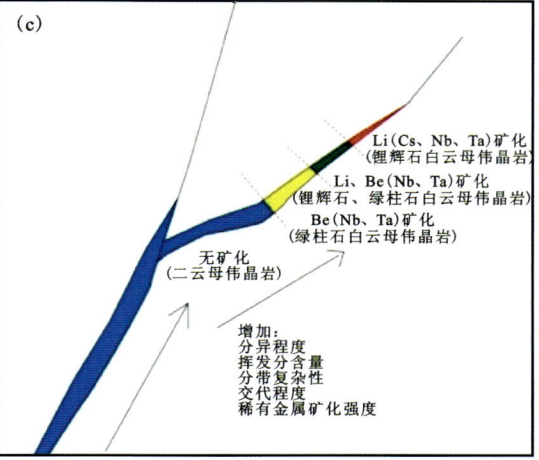

图 4-5-3 茶卡北山成矿模式示意图

(十二)发现与勘查

2018年,青海省地质调查院开展了"青海省乌兰县察汗诺—茶卡北山地区1∶2.5万地球化学测量"项目,圈定以锂铍为主的综合异常30处,涉及本区的有22处,圈定找矿靶区4处,拉开了茶卡北山地区锂稀有稀土矿找矿的帷幕。2018—2020年,青海省地质调查院开展了"青海省天峻县茶卡北山地区锂稀有稀土金属矿预查"工作,通过1∶1万草测发现了527条伟晶岩,圈定以Li、Be为主的土壤综合异常14处,通过揭露验证,共计圈定锂、铍(铌钽铷铯等)矿体117条,矿化体294条。2019—2020年,青海省地质调查院承担"柴达木盆地北缘锂铍矿富集机制及找矿预测""柴北缘地区战略性新兴矿产资源找矿突破及勘查技术示范""柴北缘稀有稀土金属成矿作用及找矿方向"项目,初步探讨了柴北缘地质构造演化与三稀矿产的关系,并利用成矿系列思想进行了区域成矿规律研究,初步建立了该带三稀矿产成矿系列,对区内找矿工作和寻找母岩浆提供了重要的理论支撑。2020年之后由青海省地质调查院开展普查工作。

第六节 化工原料非金属矿产

本书编入的化工原料非金属矿产有茫崖市马海深层卤水钾矿、冷湖镇昆特依矿区深层卤水钾矿、格尔木市呼热郭勒沟石墨矿、格尔木市妥拉海河石墨矿、乌兰县楚鲁特地区石墨矿5处。

一、茫崖市马海深层卤水钾矿

(一)概况

矿区位于柴达木盆地的北部,矿区行政区划隶属海西州茫崖市冷湖镇管辖,西北距冷湖镇85km,东距大柴旦镇108km,其南侧为茶(卡)-冷(湖)公路,北侧有215国道连通马海农场-马海钾矿区-冷湖镇,交通尚属方便。中心坐标为东经93°51′46″,北纬38°22′51″。

截至2020年底,矿区共求得液体KCl 2.818 8亿t(孔隙度),液体NaCl 122.616亿t(孔隙度),液体$MgCl_2$ 17.092 8亿t(孔隙度),固体石盐矿(NaCl)22.097 1亿t,规模为大型,矿床成因类型为砂砾空隙卤水型,是"十三五"期间取得新进展的矿床。参考资料主要来源于青海省柴达木综合地质矿产勘查院编写的《青海省冷湖镇马海地区钾矿资源调查评价报告》《青海省茫崖市马海地区深层卤水钾矿预查报告》。

(二)矿区地质特征

勘查区地处马海凹地,该凹地为一北西向盆地,受控于南祁连褶皱系赛什腾山构造、冷湖构造,属断陷凹地构造(图4-6-1)。祁漫塔格构造带出露前侏罗系和古近系、新近系,冷湖构造出露古近系和新近系(图4-6-2)。

凹地内分布(或钻遇)地层为第四系,主要为下更新统阿拉尔组(Qp_1)、中更新统尕斯库勒组(Qp_2)、上更新统察尔汗组(Qp_3)和全新统达布逊组(Qh)。阿拉尔组(Qp_1)属山前冲洪积相沉积,是孔隙卤水的储层,岩性为粗砂层、砂层及黏土层。尕斯库勒组(Qp_2)岩性为黏土层夹石膏层、薄层石盐层,属泥坪相沉积和少量盐湖相沉积,赋存晶间卤水。察尔汗组(Qp_3)出露少,岩性为黏土层夹石膏层、厚层石盐

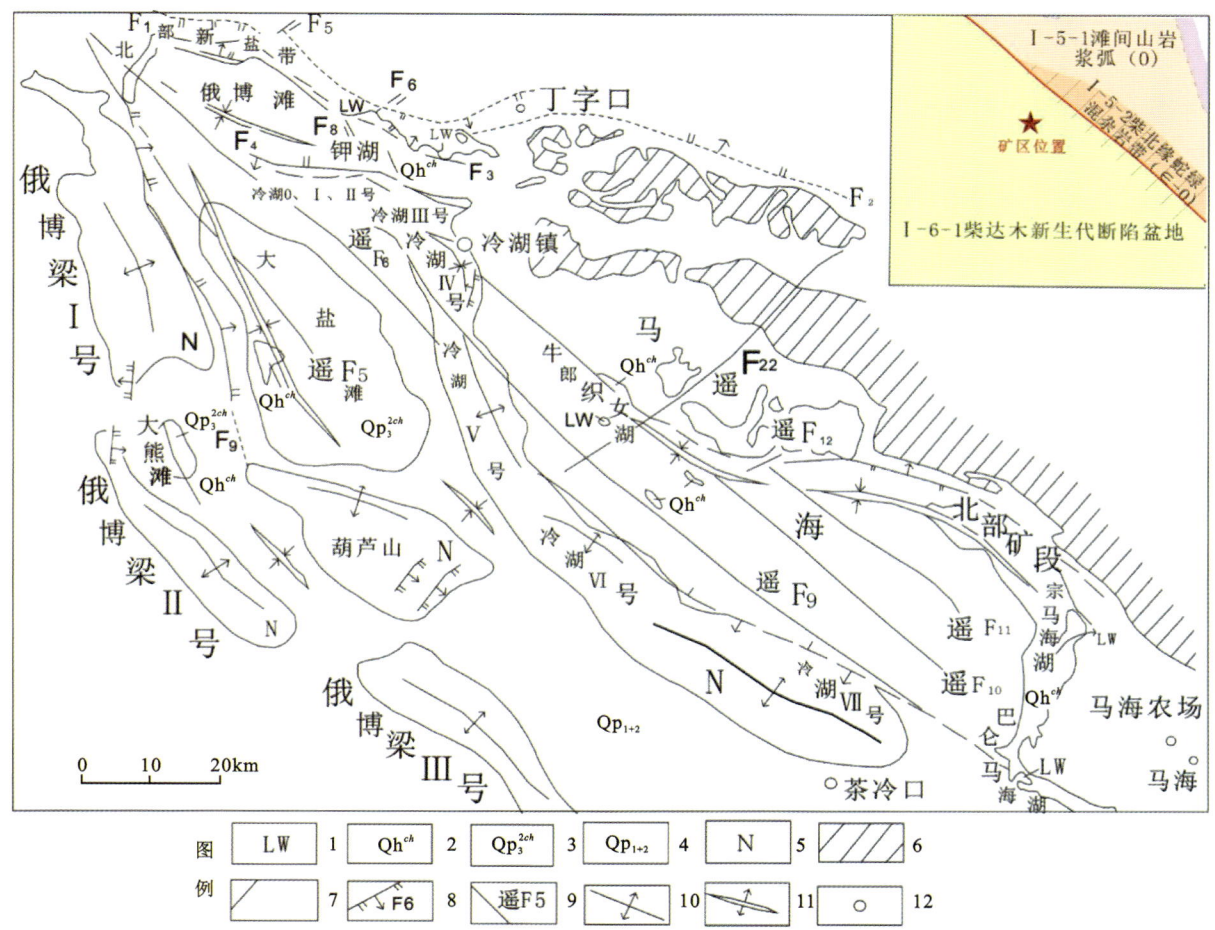

1.湖水；2.全新统湖泊化学沉积；3.上更新统湖泊化学沉积；4.中、下更新统湖泊沉积；5.新近系；6.古近系；7.基底断裂；8.断裂；9.遥感解译断层；10.背斜；11.向斜；12.村镇。

图 4-6-1 马海盆地地质简图（据青海省柴达木综合地质矿产勘查院，2004）

层，属泥坪相、干盐湖相沉积，赋存晶间卤水。达布逊组（Qh）岩性为石盐、含粉砂的石盐、杂卤石、含淤泥的石盐、含芒硝的石盐、含石盐的芒硝等，夹黏土层、淤泥层，属现代盐湖相沉积，局部为泥坪相沉积，赋存晶间卤水。

（三）矿体特征

由于晶间卤水分布于全新统达布逊组和上更新统察尔汗组，覆盖了马海凹地大部分区域，垂向上上部为盐湖相与泥坪相沉积物，下部为冲洪积扇群。钻孔施工揭示，凹地上部为化学盐类晶间卤水，下部为砂砾孔隙卤水，靠近山前，均为砂砾孔隙卤水。

砂砾孔隙卤水层由马 ZK4007、马 ZK2413 和马 ZK4010 等深孔控制，长度为 24km，宽 6km，分布面积 108km^2，顶板埋深 162.29～356m，底板埋深 475～1 983.9m，含卤层厚度 314.08～1 265.14m，平均 793.10m。水位埋深 26.46m。储卤层孔隙度 20.8%～37.49%，平均 29.15%，给水度 8.3%～15.77%，平均 10.33%。矿化度 279.5～259g/L，KCl 品位 0.14%～0.53%，平均 0.37%，NaCl 品位 17.04%～19.43%，$MgCl_2$ 品位 1.72%～2.61%，$MgSO_4$ 品位 0%，水化学类型为氯化物型。经抽水试验，大降深单井涌水量 6073m^3/d（马 ZK4007 孔为降深 33.40m）～2 148.34m^3/d（马 ZK4010 孔位降深 63.58m），抽水试验中最大单井涌水量达 6073m^3/d，富水性中等—强（图 4-6-3）。

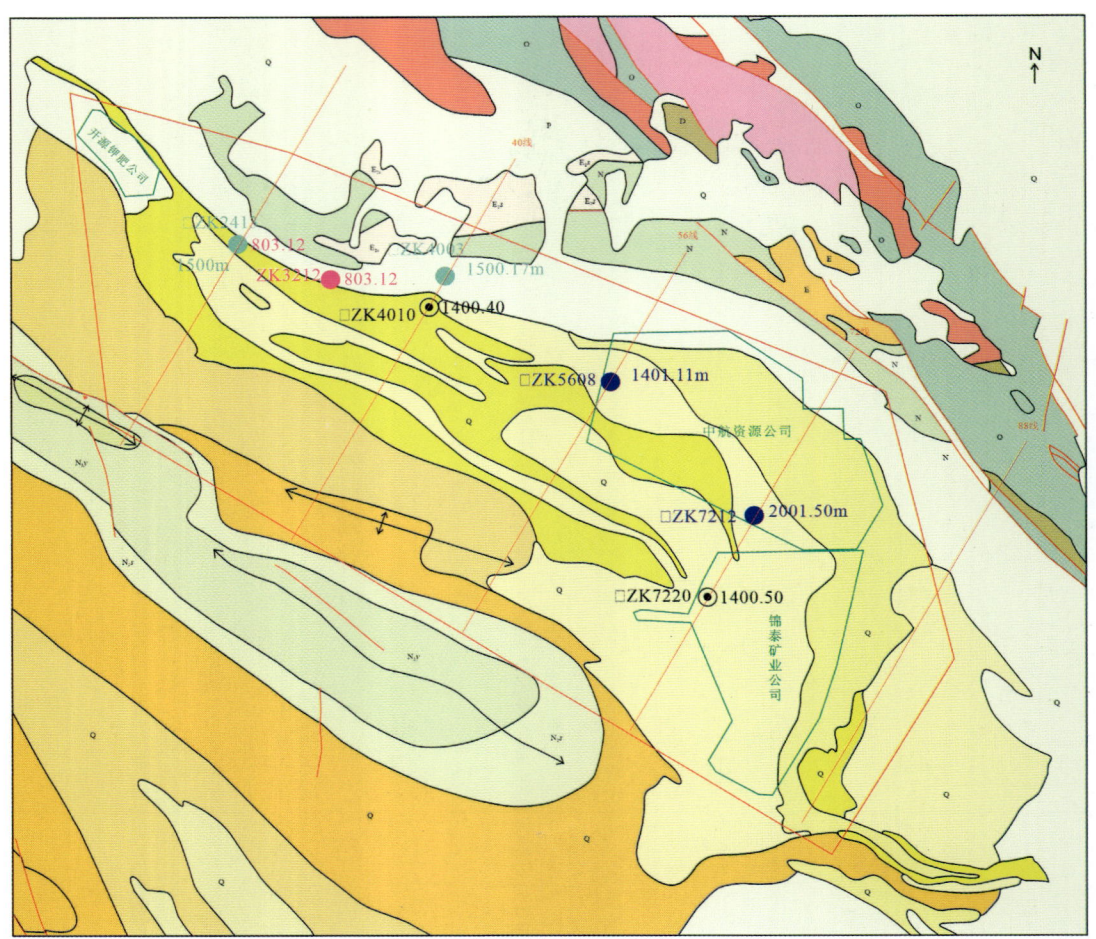

图 4-6-2　马海凹地矿区地质图（据青海省柴达木综合地质矿产勘查院，2019）

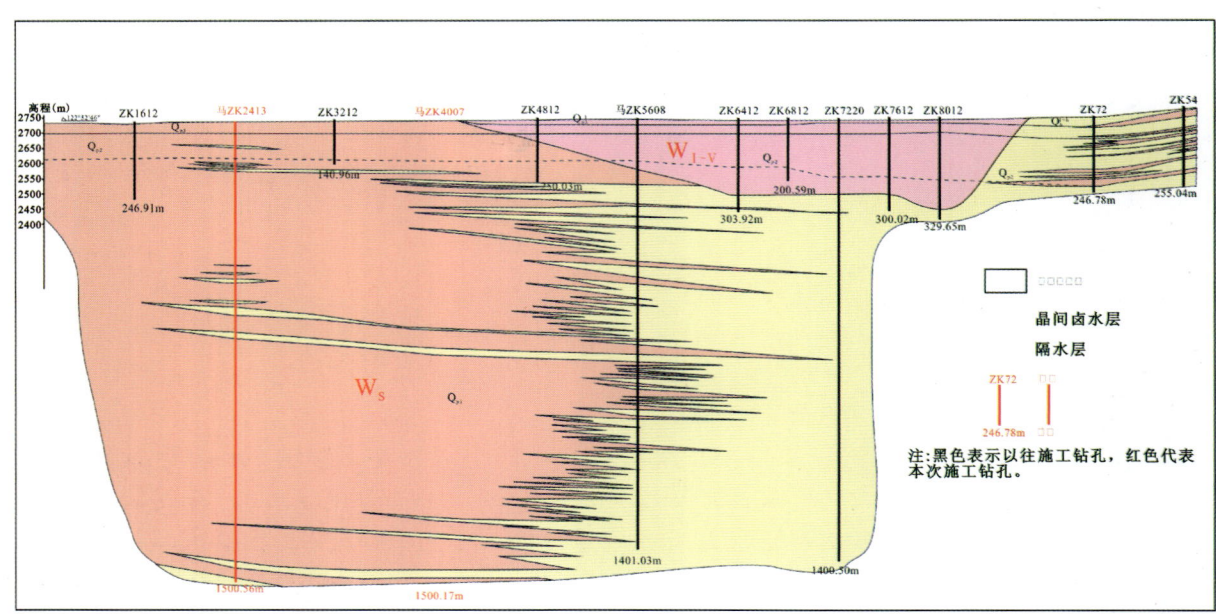

图 4-6-3　马海凹地深部孔隙卤水纵向剖面示意图（据青海省柴达木综合地质矿产勘查院，2019）

(四)资源储量

对砂砾孔隙卤水钾盐矿通过资源量估算,KCl液体的矿产资源量:孔隙度资源量4.978 6亿t,给水度资源量2.405 0亿t。NaCl:孔隙度资源量219.065 8亿t,给水度资源量105.944 6亿t。$MgCl_2$:孔隙度资源量30.512 4亿t,给水度资源量14.735 2亿t。本次预查提交固体石盐矿(NaCl)潜在的资源量22.097 1亿t。

(五)矿床类型

根据卤水赋存特征,矿床主体属于砂砾孔隙卤水型钾盐矿。

(六)发现与勘查

2008年,由青海省柴达木综合地质矿产勘查院主导,中国地质科学院矿产资源研究所等多家单位参与,实施了由中央财政设置的"青海柴达木盆地西部第三系上新统富钾硼锂深循环卤水矿产普查""柴达木西部新近纪以来固液相钾盐资源调查评价"项目,首次在阿尔金山前的大浪滩—黑北凹地、察汗斯拉图凹地区发现了巨厚的砂砾石型孔隙新型卤水钾矿,拉开了新一轮深层卤水钾盐矿找矿序幕。

2012—2014年,该院开展了青海省柴达木盆地深层卤水钾盐资源整装勘查工作,参考了在阿尔金山前取得的深层卤水找钾的成功经验,在赛什腾山前的马海盆地开展了针对砂砾石型深层卤水的勘查工作,实施了由省基金设置的"青海省冷湖镇马海地区钾矿资源调查评价"项目,项目实施期间找矿重点区的定位历经了"背斜构造区→向斜凹地中心→山前冲洪积沉积区"的演变,通过3个钻孔,最终明确了深层卤水钾矿的找矿空间及地层岩性,为下一阶段的勘查提供了思路。

2015—2020年,该院开展了青海省冷湖镇马海—巴仑马海一带卤水钾盐资源调查和青海省冷湖镇马海地区深层卤水钾矿预查工作,勘查成果显示在马海凹地深部赋存氯化物型为主的卤水矿层,其中赛什腾山山前的大部分钻孔,均揭露了巨厚的、高孔高渗砂砾石储卤层,单井涌水量一般超过4000m^3/d,最大涌水量6667m^3/d,卤水矿层富水性强,KCl品位在0.36%~0.55%之间,KCl潜在矿产资源量大,具较好的找矿前景。通过近年来的工作,项目组认为马海盆地在早更新世至全新世沉积相纵向上演变规律为:在盆地的北部边缘有粗—细—粗(碎屑岩相)的完整沉积旋回,其所对应的沉积相为冲洪积相—滨浅湖相;在盆地的中部碎屑颗粒是由粗—细—盐类沉积的正旋回沉积,所对应的沉积相为冲洪积相—滨浅湖相—盐湖相、干盐湖相;在盆地的南部边缘,根据以往的研究资料及钻孔编录数据,其所对应的沉积相为滨湖相。而最有利的深层卤水储层为粗颗粒的冲洪积相砂砾层。

(七)小结

(1)收集区域地质、水文、物探、遥感资料,进行地、物、遥综合信息的集成,在研究矿区内地层时代及构造、地层层序、粗颗粒相地层分布情况和分布规律方面奠定了基础。编制砂砾孔隙卤水储层的岩相古地理图,圈定砂砾石层、砂层、粉砂层发育地段是靶区优选的关键。

(2)采用"地震+钻探+岩心编录+物探测井+抽卤试验+样品测试"的勘查方法组合是该区寻找卤水钾盐矿最有效的方法组合,在矿区地质、水文地质、地震及遥感解译优选勘查重点工作区段起到了提高找卤水钾盐的有效性,尤其是圈定深部含卤地层厚度和空间分布范围,了解其水文地质特征、卤水化学成分与水化学类型等,在深层卤水钾盐找矿方面取得了较好的效果。

二、冷湖镇昆特依矿区深层卤水钾矿

（一）概况

区位于柴达木盆地西北部，行政区划属海西州冷湖镇管辖。地理坐标为北纬38°00′17″—38°58′55″，东经92°46′13″—93°27′27″，面积3 763.81km²。阿尔金山以北西西向贯穿于矿区北部，东临小赛什腾，南为第三系（古近系＋新近系）构造带所围绕的半封闭状态下的干盐湖盆地，构成北高南低的"高山深盆"地形轮廓，山区海拔3400～4200m，丘陵区海拔2800～3200m，矿区海拔在2750m左右。通过钻探施工成果，区内揭露了巨厚度的孔隙卤水矿层，卤水矿层富水性强，具有较好的找矿前景。

（二）矿区地质特征

矿区地处昆特依凹地。该凹地受控于阿尔金走滑断裂构造、鄂博梁构造与冷湖构造。阿尔金山前出露前侏罗系、古近系与新近系，鄂博梁构造出露古近系和新近系。凹地分布（或钻遇）地层为第四系，包括下更新统阿拉尔组（Qp_1）、中更新统尕斯库勒组（Qp_2）、上更新统察尔汗组（Qp_3）和全新统达布逊组（Qh）。阿拉尔组（Qp_1）属山前冲洪积相沉积，是孔隙卤水的储层，岩性为粗砂层、砂层及黏土层。尕斯库勒组（Qp_2）岩性为黏土层夹石膏层、薄层石盐层，属泥坪相沉积和少量盐湖相沉积，赋存晶间卤水。察尔汗组（Qp_3）研究区出露少，岩性为黏土层夹石膏层、厚层石盐层，属泥坪相、干盐湖相沉积，赋存晶间卤水。达布逊组（Qh）岩性为石盐、含粉砂的石盐、杂卤石、含淤泥的石盐、含芒硝的石盐、含石盐的芒硝等，夹黏土层、淤泥层，属现代盐湖相沉积，局部为泥坪相沉积，赋存晶间卤水。

（三）矿体特征

由于晶间卤水分布于全新统达布逊组和上更新统察尔汗组，覆盖了昆特依凹地大部分区域。垂向上，上部为盐湖相与泥坪相沉积物，沉积厚度100～150m；下部为冲洪积扇群，沉积厚度800～1200m。钻孔揭示昆特依凹地上部为化学盐类晶间卤水，下部为砂砾孔隙卤水。

砂砾孔隙卤水层由昆ZK01孔和昆ZK09孔控制，长度18km，推定宽度18km，面积300km²，含水层顶板埋深240.6～292.31m，底板埋深1 000.0～1 374.3m，厚度582～805m，水位埋深9.6～27.7m，储卤层孔隙度16.66%～33.96%，平均27.03%，给水度0.02～26.09，平均11.68%，矿化度284.39～292.89g/L，平均288.85g/L，KCl品位0.25%～0.48%，平均0.35%，NaCl品位18.09%～20.37%，平均19.94%，$MgCl_2$品位2.41%～3.69%，平均4.07%，$MgSO_4$品位0%，水化学类型为氯化物型。抽水试验中最大单井涌水量达3600m³/d（降深50.57m）～6500m³/d（降深32m），富水性强。

（四）资源储量

区内液体盐类矿产中KCl资源量：孔隙度资源量8 802.50万t，给水度资源量3 784.81万t。NaCl：孔隙度资源量51.93亿t，给水度资源量22.33亿t。$MgCl_2$：孔隙度资源量7.72亿t，给水度资源量3.32亿t。

（五）矿床类型

根据卤水赋存特征，矿床主体属于砂砾孔隙卤水型钾盐矿。

三、格尔木市呼热郭勒沟石墨矿

(一)概况

矿区行政区划隶属海西州格尔木市乌图美仁乡管辖,沿格尔木-茫崖公路行至114km处,再向南沿向阳沟河道行50km可达矿区,交通尚属便利。截至2017年底,矿床规模达到大型,成因类型为沉积变质型,是"十三五"期间取得新进展矿床。

(二)矿区地质特征

矿区大地构造位置位于昆北复合岩浆弧(图4-6-4),属东昆仑Fe-Pb-Zn-Cu-Co-Au-W-Sn-石棉成矿带。区内出露地层单一,主要为古元古代金水口岩群($Pt_1J.$),该套地层内赋存有石墨矿产。区内侵入活动时代主要为三叠纪,出露岩性较为简单,主要为三叠纪花岗闪长岩及二长花岗岩等。区内主要分布

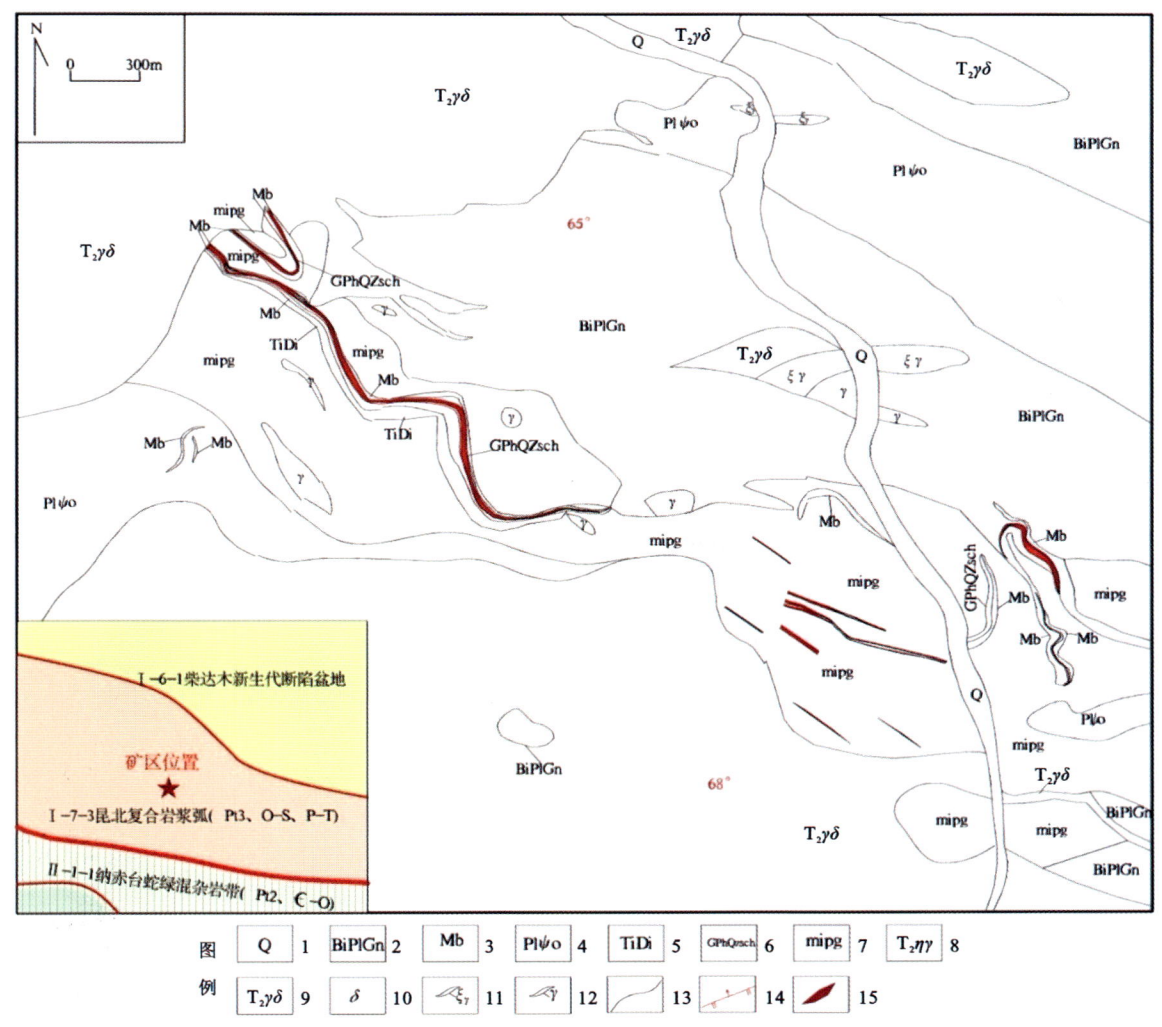

1.第四系冲洪积、残坡积、风积物;2.黑云斜长片麻岩;3.大理岩;4.斜长角闪岩;5.透闪透辉石;6.含石墨石英片岩;7.花岗混合片麻岩;8.二长花岗岩;9.花岗闪长岩;10.闪长岩;11.钾长花岗岩体;12.花岗岩脉;13.地质界线;14.逆断层;15.矿体编号及位置。

图4-6-4 呼热郭勒沟地区地质矿产简图(据周鹏等,2018年,略作修改)

4组断裂,其中具有控矿意义的断裂主要为北东东向(F4 断裂),与区内铜多金属矿成矿关系密切,对石墨矿则具有破坏作用。局部发育褶皱构造,有利于石墨矿的富集,是石墨矿体的厚大部位。物探异常基本与矿化体吻合,矿体大部分处于低阻高极化且激电梯度正负异常交替地段。

(三)矿体特征

区内共发现石墨矿化带11条(编号Ⅰ—Ⅺ),其中Ⅰ号石墨矿化带规模最大,是区内主矿带,Ⅱ、Ⅴ、Ⅹ号石墨矿化带也具有较大规模,其他矿化带规模相对较小。Ⅰ号石墨矿化带位于矿区中部,宽10~50m,长约2000m,北西-南东向延伸。该矿化带赋存于古元古代金水口岩群片麻岩岩组内,带内岩石以含石墨石英片岩为主,夹杂石英片岩、黑云斜长片麻岩、斜长角闪岩、大理岩及透闪透辉石岩等,赋矿岩石为含石墨石英片岩,赋矿围岩主要为大理岩、黑云斜长片麻岩和石英片岩等,带内岩石硅化、褐铁矿化、黄铁矿化蚀变较强。Ⅱ号石墨矿化带位于矿区中部Ⅰ号石墨矿化带下盘,长约600m,宽10~50m。Ⅲ—Ⅺ号矿化带为新发现石墨矿化带,均位于Ⅰ号石墨矿化带向南东延伸方向上,矿化带厚5~50m,长约200~1000m。矿化带均赋存于古元古代金水口岩群片麻岩岩组内,严格受地层控制,共圈定晶质石墨矿体14条(编号M1—M14),其中M14为深部隐伏盲矿体。矿体长200~2000m,厚3~12m,平均品位在3%~13.24%之间,最高品位达18.03%。通过选矿试验及光片鉴定统计工作,查明该区石墨片径最大可达1200μm,一般为20~660μm,属晶质石墨,其中+100目占比48.83%左右,具较高的经济价值。

(四)矿石特征

矿石矿物主要有石墨、黄铁矿、磁黄铁矿、褐铁矿,其中有用矿物主要为石墨;脉石矿物由石英、长石、角闪石、方解石、石榴子石、辉石、绢云母、黑云母、白云母等组成;矿石结构主要为他形粒状结构、揉皱结构、鳞片粒状变晶结构;矿石构造主要为稀疏浸染状构造。

(五)资源储量

全区共探获晶质石墨潜在资源94.70万t,矿床固定碳平均含量9.09%。其中工业品位晶质石墨潜在资源92.42万t,固定碳平均含量9.36%;低品位晶质石墨潜在资源2.29万t,固定碳平均含量4.17%。矿床规模已接近大型。

(六)找矿标志

区内古元古代金水口岩群深变质岩系是寻找区域变质型石墨矿的地层标志。含石墨片岩、片麻岩、大理岩等是寻找晶质石墨矿的直接标志,尤其是大理岩条带附近是寻找晶质石墨矿的优先地段。激电及自电等各类电法异常区是寻找晶质石墨矿体的重要标志。矿区及其外围处于柴达木盆地南缘,金水口岩群分布广泛,是寻找区域变质型石墨矿床的有利地段。尤其是与石墨矿化带相伴产出的大理岩层在矿区及其外围也十分发育,部分地段大理岩层长达10km左右,目前已在矿区外围向阳沟地区的大理岩条带附近发现有晶质石墨矿化带分布;矿区内已有石墨矿体规模较大,控制程度较低,共圈定石墨矿体14条,除M1矿体控制程度相对较高外,其余矿体均未进行深部控制,还具有较大的找矿空间。因此,矿区及其外围具备形成大—超大型晶质石墨矿床的优越地质条件,找矿潜力巨大。

（七）矿床类型

该区石墨矿体赋存于古元古代金水口岩群片麻岩岩组内，该岩组岩石组合为透闪透辉石岩＋大理岩＋黑云斜长片麻岩＋含石墨石英片岩＋含石墨大理岩＋斜长角闪岩＋混合岩。其中混合岩的分布最为广泛，可以说石墨矿体就是位于残留在混合岩化带内的金水口岩群中。表明区内石墨矿的形成，早期经受了区域变质作用，后期又经受了混合岩化作用的强烈改造，矿床成因类型属受后期热液改造的区域沉积变质型晶质石墨矿床。

（八）发现与勘查

2008—2011 年，青海省地质调查院开展了"青海 1∶5 万拉陵灶火地区地质矿产调查"项目，圈定地球化学综合异常 34 处、地面高精度磁法异常 41 处，发现铜、铅、锌、钼（钨）、铁多金属矿（化）点多处，为区内后续地质工作的开展提供了依据。2011—2015 年，青海省第一地质矿产勘查院在呼热郭勒沟开展铜钼矿预查及普查工作，在区内发现矿化蚀变带 1 条，共圈出铜、钼、钨多金属矿体 20 条。2015 年在地质填图及地质剖面测量工作中发现了石墨矿化带，并沿石墨矿化带大致按 400～800m 的间距实施槽探工程进行控制，初步圈定晶质石墨矿体 1 条。2016—2017 年，青海省第一地质矿产勘查院开展了青海省格尔木市呼热郭勒沟石墨矿预查工作，共发现石墨矿化带 11 条，共圈定晶质石墨矿体 14 条。

四、格尔木市妥拉海河石墨矿

（一）概况

矿区行政区划属海西州格尔木市郭勒木德镇管辖，距格尔木市约 70km，北部有省道格茫公路（S303）穿过，矿区至省道 S303 约 36km，有便道通行。目前矿床规模达到超大型，矿床成因类型为区域变质型，是"十三五"期间取得新突破的矿床。

（二）矿区地质特征

区内出露地层有古元古界金水口岩群下岩组和第四系（图 4-6-5），主要赋矿层位为金水口岩群下岩组大理岩段，区内呈层状、透镜状分布，总体呈北西-南东向展布，地层受构造影响，产状变化较大，岩性主要为大理岩、白云质大理岩、硅质大理岩、含透辉石大理岩、含石墨大理岩等，多见石墨矿化，局部富集成矿。

（三）矿体特征

区内圈出石墨矿化带 10 条，矿化带沿走向延伸较稳定，总体呈北西-南东向，地表出露宽 50～800m、长 800～8500m，产状 173°～224°∠42°～72°。石墨主要赋存于古元古界金水口岩群下岩组含石墨硅质大理岩中（少量为含石墨大理岩），矿化带呈层状、似层状展布，固定碳含量 0.03％～18.73％，局部石墨富集地段含量可达 8％～12％，最高达 33.60％。在矿化带中共圈定石墨矿体 88 条（工业品位≥2.5％）。矿体沿走向延伸较为稳定，呈北西-南东向，多呈层状、似层状，少量呈透镜状，矿体类型多为含石墨硅质大理岩，少量为含石墨大理岩，围岩多为灰白色—浅灰色大理岩、石英片岩、片麻岩。矿体长度

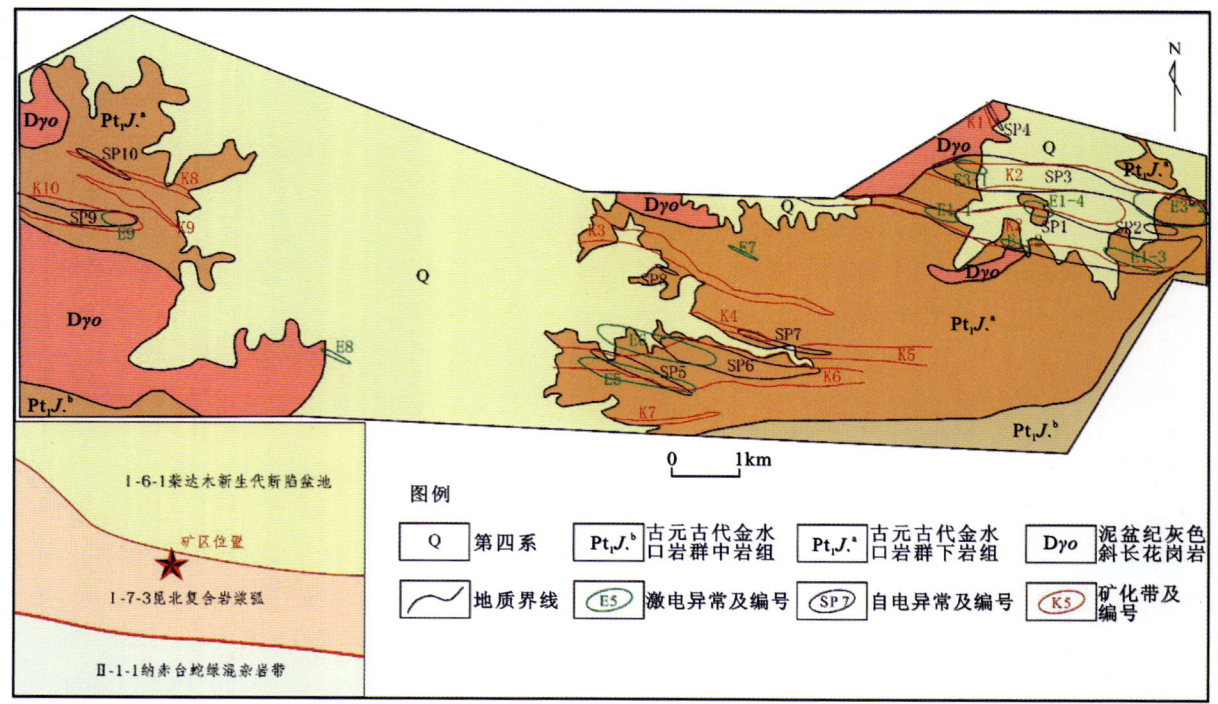

图 4-6-5 妥拉海一带石墨矿调查评价区地质简图（据中国建筑材料工业地质勘查中心青海总队，2018）

(尖推)100～3200m，平均真厚度 2.26～107.61m 不等，平均品位 2.50％～14.19％，局部石墨富集地段含量可达 8％～12％，最高达 33.60％，产状多为 175°～216°∠42°～74°（图 4-6-6）。

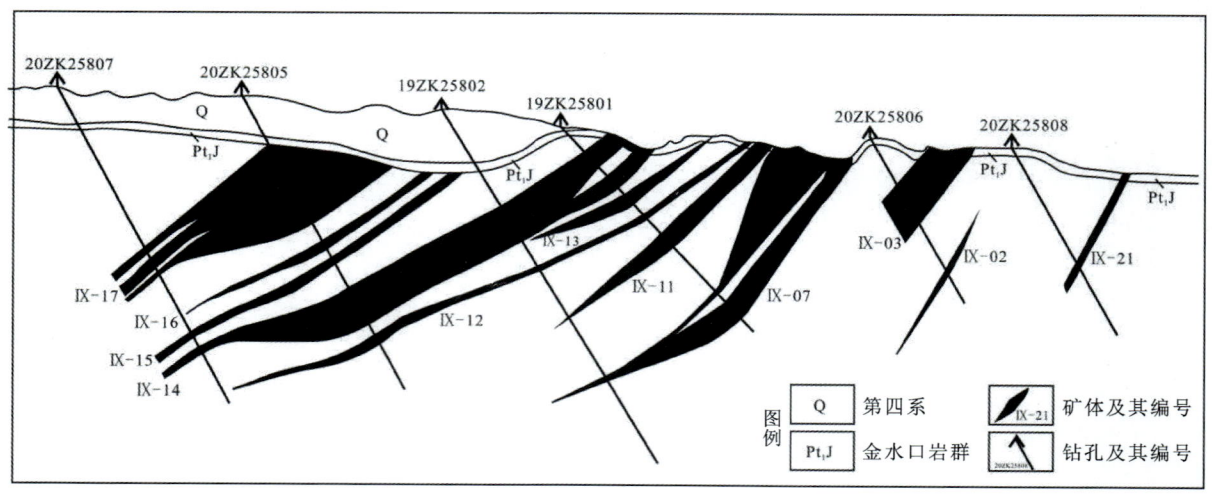

图 4-6-6 妥拉海矿区勘探线剖面图（据中国建筑材料工业地质勘查中心青海总队，2020）

（四）矿石特征

区内矿石类型主要为含石墨硅质大理岩，矿石矿物主要有方解石、石墨、石英、透闪石、橄榄石、透辉石、黑云母、黄铁矿、磷灰石及少量暗色矿物。

矿石为含石墨硅质大理岩，呈灰白色、白色、灰色、灰黑色，细粒、细—中粗粒粒状变晶结构，层状、条带状构造。主要由方解石组成，尚发育石英、橄榄石、透辉石、金云母、石墨等。中国建筑材料工业地质勘查中心青海总队2017—2018年通过光片样中石墨片径统计,区内石墨片径+100目的大鳞片含量较高,占比分别为90%和89.56%,属大鳞片晶质石墨。

(五)资源储量

初步估算石墨矿物推断资源量1 232.45万t,潜在资源量432.91万t,达超大型规模。

(六)控矿因素

区内发现的石墨矿化带均产于古元古界金水口岩下岩组大理段中,主要受地层控制,属区域变质型石墨矿。古元古界金水口岩群下岩组大理岩原岩为泥砂质碎屑岩夹碳酸盐岩及中基性火山岩,经过区域变质作用,大理岩及含碳碎屑岩夹碳酸盐岩等岩层变质形成透闪岩型晶质石墨矿石。

(七)找矿标志

地层标志:古元古界金水口岩群下岩组大理岩分布区是寻找晶质石墨矿的重要标志。
颜色标志:地表石墨矿(化)体风化后会经雨水冲刷,周围的土壤多被浸染成灰黑色,在野外极易识别。
地貌特征:大理岩以及含石墨的大理岩硬度较小,抗风化能力弱,通常在地貌上呈现出负地形。

(八)矿床类型

区内矿体赋存于古元古界金水口岩群下岩组的大理岩段中,矿体主要受地层岩性控制。古元古界金水口岩群地层中普遍发育有碳酸盐岩,原岩经长期复杂的沉积变质作用叠加热变质作用形成片麻岩、片岩、大理岩等。同时,原岩中的碳质经变质作用富集、集中、结晶形成石墨矿,石墨含量及分布基本上受沉积因素控制。故认为区内石墨矿是含较高有机质的碳酸盐岩经沉积变质叠加热变质而形成,属区域沉积变质型矿床。

(九)发现与勘查

2014年,中国建筑材料工业地质勘查中心青海总队在格尔木市胡杨林南一带对石墨含矿层金水口岩群进行石墨的找矿踏勘工作,在拖拖拉林东北部发现了几处晶质石墨矿化点,其中在一近南北向的冲沟中发现5～8m宽的晶质石墨矿带,石墨鳞片大,品位高,为后期找矿工作提供了直接线索。2015—2016年,该队根据前期矿化信息,在胡杨林南一带及其西部的半截沟继续开展石墨找矿工作,发现了更多的矿化信息,扩大了找矿成果。2017年,该队开展青海省格尔木市妥拉海河一带石墨矿调查评价工作,通过工作手段圈定新乐南沟、东妥拉海沟和西妥拉海沟3处石墨找矿靶区。2018—2020年,该队开展了普查工作,共圈出14处激电异常区,圈出石墨矿化带10条。2020年之后由该队继续开展普查工作。

五、乌兰县楚鲁特地区石墨矿

(一)概况

矿区行政区划大部分隶属海西州乌兰县管辖,东部部分地段隶属海西州天峻县管辖。矿区南西距乌兰县城约40km,交通较为方便。矿床规模为中型,矿床成因类型为区域变质型,是"十三五"期间新发现的矿床。

(二)矿区地质特征

矿区大地构造位置位于鄂拉山岩浆弧,处在柴达木北缘Pb-Zn-Mn-Cr-Au-云母成矿带与西秦岭Pb-Zn-Cu-(Fe)-Au-Hg-Sb成矿带交接部位。区内主要分布有古元古代金水口岩群($Pt_1J.$)、第四系(Q)(图4-6-7)。区域内的总体构造线方向为北西-南东向,区内地层多呈倾向北东的单斜层状产出,局部产状发生倒转倾向南西,区内共有7条断层。区内海西期岩浆活动较强,出露岩性主要为石英闪长岩、花岗闪长岩及岩脉等,南西部分布有一基性岩体,岩性为辉绿岩。

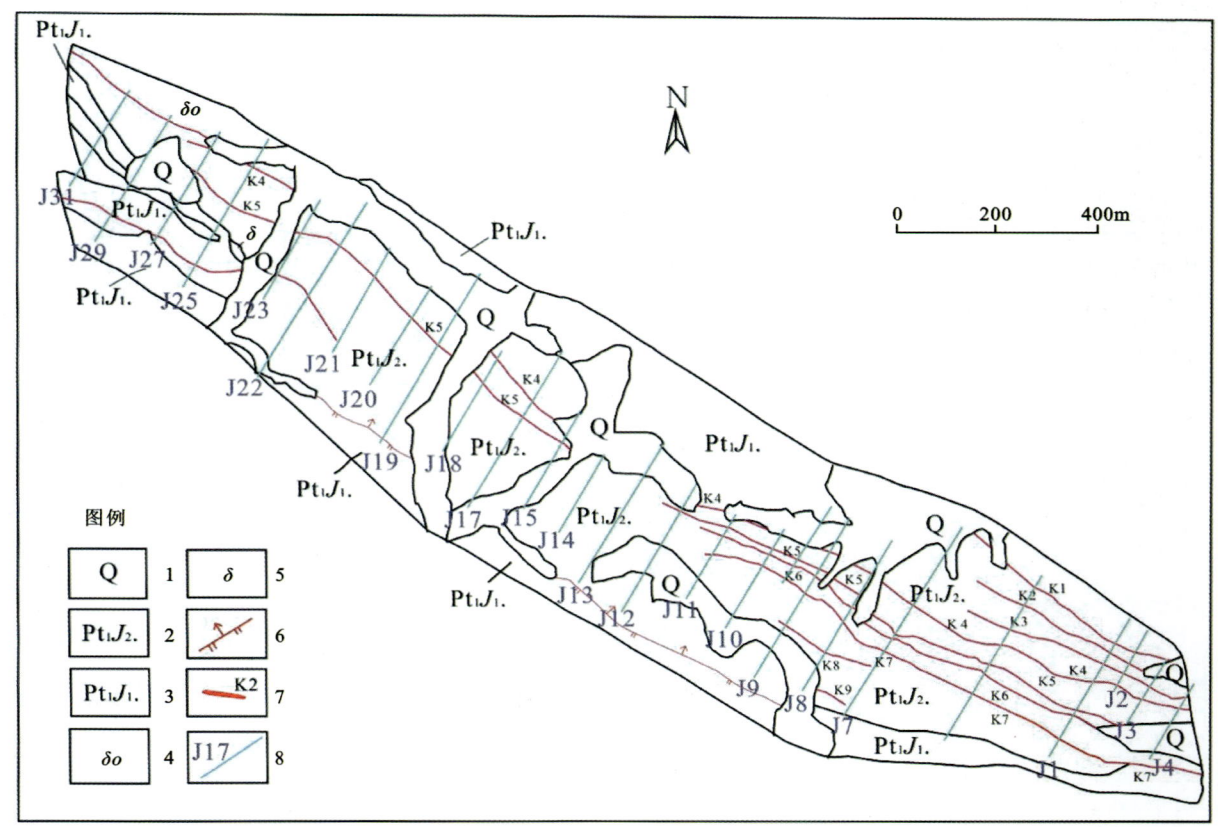

1.第四系;2.古元古代金水口岩群大理岩组;3.古元古代金水口岩群片麻岩组;4.石英闪长岩;5.闪长岩脉;6.断层;7.石墨矿化体;8.激电剖面及编号。

图4-6-7 楚鲁特矿区激电工作布置图(据中国建筑材料工业地质勘查中心青海总队,2018)

(三)矿体特征

区内共圈定了石墨矿体19条,呈透镜状或似层状分布,长465~2056m,厚2.09~23.03m,品位2.7%~12.43%。矿石类型为大理岩型,石墨片径大于100目的占比为43%~95%,平均80.82%,显示矿区内石墨片径大,质量佳,属晶质(鳞片状)石墨矿石。

(四) 矿石特征

矿石为灰—灰黑色石墨大理岩,局部夹硅质石墨大理岩,中—细粒粒状变晶结构,中层状构造为主,局部呈薄层状,主要矿物由方解石(57%～93%)、石墨(1%～20%)、石英(2%～10%)、白云石(1%～3%)、透辉石(1%～3%)及黄铁矿(1%～3%)等组成。石墨片径 0.03mm×0.10mm～0.14mm×0.89mm,聚晶直径一般为 1～2mm,最大可达 3mm 左右。通过 176 件光片样中石墨片径统计,石墨片径大于 100 目的占比为 43%～95%,平均 80.82%,因此矿区内石墨片径大,质量佳。

(五) 资源储量

全区估算石墨潜在资源 80.66 万 t。

(六) 控矿因素

古元古界金水口岩群中普遍发育有碳酸盐岩,为石墨矿的形成提供了良好的物质条件,同时调查区内下元古界地层经历了多期次区域变质作用,区域周边岩浆活动及构造活动十分强烈,为石墨矿床的形成提供了良好的变质作用和热力条件。

(七) 找矿标志

(1) 区内石墨矿化体主要赋存于古元古界金水口岩群碳酸盐岩中,矿化多顺层发育,矿化系含碳质的碳酸盐岩经沉积变质叠加热变质而形成,矿化主要受地层控制,因此古元古界金水口岩群含碳酸盐岩地层是该区石墨找矿的直接标志层。

(2) 由于含石墨大理岩具导电性能较好等特征,本次激电中梯剖面测量工作在含石墨大理岩区呈明显的高极化低电阻特点,因此,该特征可作为本区今后寻找石墨矿的物探标志。

(3) 由于含石墨大理岩具抗风化能力较弱等特征,它往往在地表形成负地形,因此,负地形为寻找石墨矿化提供了间接的找矿线索。此外,冲沟中的大理岩碎石往往是上游存在大理岩地层的间接标志,因此,寻找含矿的大理岩碎石等也将成为寻找石墨矿化的直接线索。

(4) 地表石墨矿体风化后会经雨水冲刷,周围的土壤多被浸染成灰黑色,在野外极易识别,也可作为石墨找矿的标志。

(八) 矿床类型

石墨矿赋存于古元古界金水口岩群大理岩中,矿层受地层控制,成矿类型均属于区域沉积变质型。

(九) 发现与勘查

2014—2016 年,中国建筑材料工业地质勘查中心青海总队在肯德隆东沟一带进行了石墨矿预查工作,圈定出 14 条石墨矿化体、6 条矿体。圈定 K1、K11 及 K14 共 3 条矿化体矿化质量佳、规模大,具有进一步工作的价值。2016—2017 年,该队开展了青海省乌兰县楚鲁特石墨矿调查评价工作,通过前期开展1∶2.5万路线地质调查和1∶1万地质草测,发现含石墨矿化体,采用1∶2000自然电位测量、探槽、钻探等工作手段进行追索和控制,共圈定了4个成矿靶区,并重点对楚鲁特及伊和查汗阿曼—大灶隆沟2个成矿靶区内的矿化体进行了追索和控制。在楚鲁特成矿靶区圈定11条石墨大理岩矿体,伊和查汗阿曼—大灶隆沟成矿靶区圈定石墨大理岩矿体8条。

第七节 冶金辅助原料非金属矿产

本书编入的冶金辅助原料非金属矿有都兰县德里特萤石矿、德令哈市牙马地区萤石矿、德令哈市亚麻图地区高纯石英岩矿3处。

一、都兰县德里特萤石矿

(一)概况

矿区位于柴达木盆地南缘,布尔汗布达山脉区西段南坡,隶属于都兰县宗加镇管辖。距格尔木220km,国道109和G6京藏高速公路从工作区北部的诺木洪通过,自诺木洪向南有便道可到达工作区,距离约120km,交通相对方便。截至2020年底,矿床规模已达到中型,矿床成因类型为热液型,是"十三五"期间新发现的矿床。

(二)矿区地质特征

矿区出露地层主要有中—新元古界万保沟群,上古生界石炭系哈拉郭勒组、浩特洛洼组,中生界三叠系八宝山组及第四系。断裂是区内主要发育的构造类型,主要为北西西向、北西向及近东西向构造。其中,北西西向与北西向均为控矿构造,控制着矿区内矿化蚀变带的产出。区内岩浆岩侵入活动强烈,主要为加里东期—印支期酸性侵入岩,主要有辉石闪长岩、二长花岗岩、钾长花岗岩及酸性脉岩。

(三)矿体特征

矿区共发现6条含矿蚀变带,带内圈定萤石及多金属矿体共31条,其中萤石矿体13条,铅萤石复合矿体1条,铅矿体14条,铜矿体1条,铜铅复合矿体1条。

Ⅰ号含矿蚀变带规模巨大,是区内萤石矿重要的含矿蚀变。蚀变带走向近东西向,倾向南。带内可见褐铁矿化、黄铁矿化、方铅矿化、萤石化、硅化、绿泥石化、孔雀石化与高岭土化等矿化蚀变。带内共圈出矿体26条,其中铅矿体14条,萤石矿体10条,铅萤石复合矿体2条。Pb矿体长400~1800m,厚1.04~10.9m不等,Pb品位1.1%~7.84%,最高可达28.67%;Pb萤石复合矿体长约200m,厚3.26~6.79m,Pb品位1.42%~8.97%,CaF_2品位15.17%~43.95%;萤石矿体长约200m,厚0.49~10.5m,CaF_2品位31.16%~66.34%(图4-7-1),部分矿体有方铅矿伴生。

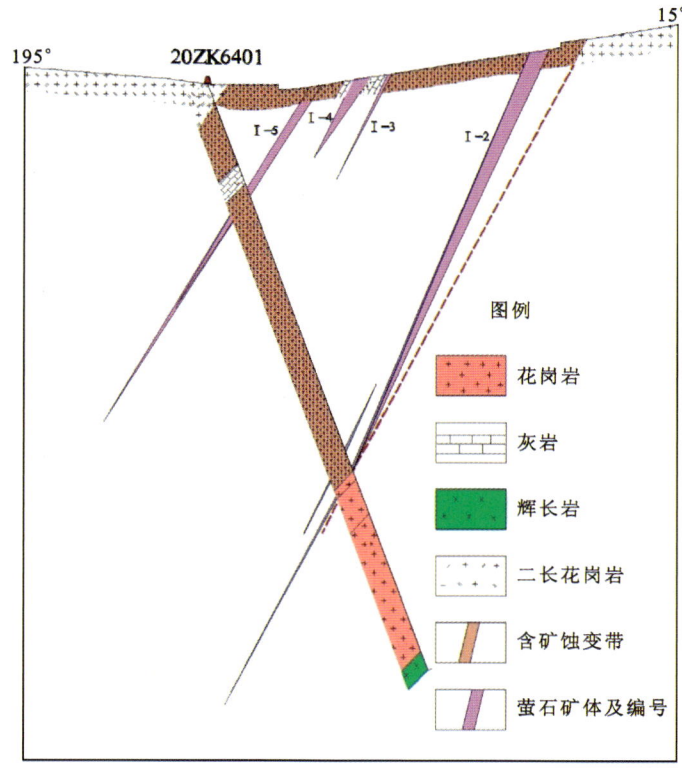

图 4-7-1 德里特矿区 64 勘探线剖面图（据青海省有色第三地质勘查院，2020）

（四）矿石特征

矿区内矿石矿物主要为萤石、方铅矿及少量闪锌矿、黄铜矿、黄铁矿等，脉石矿物主要为石英、方解石、绢云母等。地表可见铅矾、孔雀石等氧化矿物。矿石结构主要为粒状结构、浸蚀结构、压碎结构等，构造主要为块状、脉状、浸染状、星点状等（图 4-7-2）。

图 4-7-2 德里特矿区方铅矿与萤石手标本照片
(a)块状方铅矿；(b)浸染状方铅矿；(c)块状萤石；(d)脉状萤石

（五）围岩蚀变

本区热液活动广泛,导致区内岩浆岩中的热液蚀变较强,发育有绿泥石化、硅化、绿帘石化、高岭土化和碳酸盐化等,部分钻孔中的岩石硅化、高岭土化蚀变发育较强,原岩特征已难以识别。

（六）资源储量

初步估算萤石潜在资源48.78万t,铅潜在资源3.17万t。矿床规模已达到中型。

（七）成矿物理化学条件

1. 流体包裹体分析

孙丰月等(2020)对矿区主成矿期石英-方铅矿及石英-萤石阶段的包裹体进行测温分析,室温下发现包裹体的相态单一,未观测到含子矿物包裹体和富CO_2包裹体,只观测到气液两相包裹体。显微测温结果显示,石英-方铅矿阶段均一温度范围120~180℃,平均 145.9℃,盐度集中在 3.69~9.07wt% NaCl 之间,均值 5.64wt% NaCl,密度集中在 0.930~0.991g/cm³ 之间,均值 0.963g/cm³;石英-萤石阶段气液两相均一温度集中在 107~134℃ 之间,均值 119℃,盐度集中在 0.18~3.53wt% NaCl 之间,均值 1.61wt% NaCl,密度集中在 0.941~0.972g/cm³ 之间,均值 0.961g/cm³。均一温度、密度和盐度分布直方图如图 4-7-3 所示。

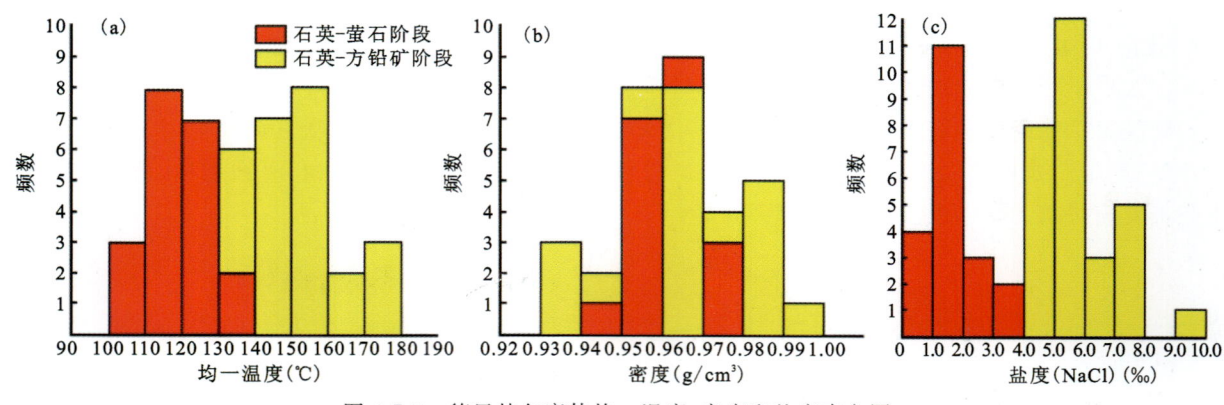

图 4-7-3 德里特包裹体均一温度、密度和盐度直方图

根据矿区主成矿期包裹体类型及特征,计算得到石英-方铅矿阶段流体包裹体成矿压力值为9.72~15.55MPa,平均值为12.56MPa,石英-萤石阶段中流体包裹体成矿压力值为7.14~10.17MPa,平均值为8.02MPa。进而计算得石英-方铅矿阶段流体捕获深度为0.97~1.55km,石英-萤石阶段流体捕获深度为0.71~1.02km,表明其形成深度较浅。

2. 稳定同位素

根据孙丰月(2021)等研究,矿区黄铜矿与黄铁矿等硫化物的 $\delta^{34}S$ 值近似表征成矿流体的总硫同位素组成(Ohmoto,1972)。3件样品的 $\delta^{34}S$ 值分布较为集中,平均值 8.19‰,表明硫化物的形成过程中,所处物理化学环境相对稳定。另外,$\delta^{34}S$ 值大于幔源岩浆的 $\delta^{34}S$ 值(-5.0‰~+5.0‰),暗示幔源岩浆侵位时,可能有壳源组分的加入。

此外,对石英-方铅矿阶段和石英-萤石阶段分别进行了 O-H 同位素测试。在 $\delta^{18}O_{H_2O}$-δD 图解中(图 4-7-4),石英-方铅矿阶段的样品点落在大气降水与岩浆水间且靠近大气降水的部位,表明成矿流体主要由大气降水构成,存在部分岩浆水;而石英-萤石阶段的样品点落在大气降水线左侧,表明该阶段成矿流体应主要由大气降水组成。

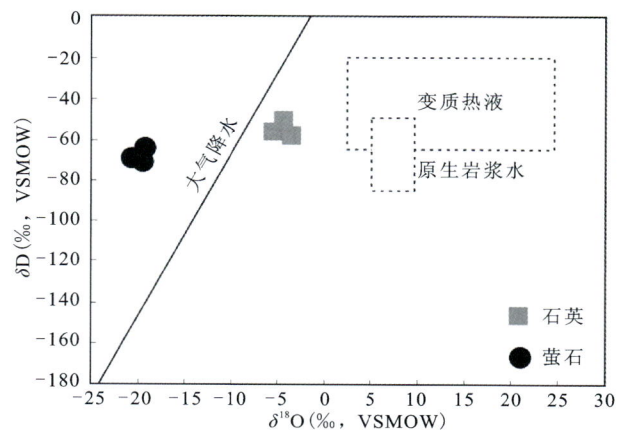

图 4-7-4　德里特多金属及萤石矿 δD-$\delta^{18}O_{H_2O}$ 图解

S 同位素特征表明,幔源岩浆侵位时,可能有壳源组分的加入;O-H 同位素特征显示,大气降水构成了石英-方铅矿阶段和石英-萤石阶段的成矿流体的主体,而且石英-萤石阶段的成矿流体中应含有更高的大气降水组分。

(八)控矿因素

区内矿体产于构造蚀变带中,钻孔 ZK64 中的控矿斑岩体硅化蚀变较强,表明热液活动强烈,且细网脉较多。而构造主要起到导矿作用,主要为斑岩体控矿。

(九)找矿标志

构造标志:已知区内铅矿化主要受断裂构造或构造裂隙控制,断裂构造和构造裂隙是寻找铅、萤石等内生矿体的直接标志。

围岩蚀变:有次闪石化、绿帘石化、硅化、绿泥石化、碳酸盐化、萤石化等。蚀变主要在矿体附近的围岩中发育,越接近矿体蚀变越强,远离矿体则蚀变减弱。

矿化转石:区内萤石石英脉大多含铅,区内碎石流发育,各种含铅、萤石转石是间接找矿标志。

矿化露头:工作区内大部分地区基岩裸露,出露的矿化露头是直接的找矿标志。

(十)矿床成因

通过地表及钻孔发现矿区存在控矿斑岩体,该斑岩体硅化蚀变较强,表明热液活动强烈,且细网脉较多。构造主要起到导矿作用,在控矿因素中并非占主导地位。石英-方铅矿阶段和石英-萤石阶段的成矿流体均具有低温、低盐度与低密度特征。通过对两个阶段的成矿流体进行成矿压力与成矿深度的估算,认为具有成矿压力较小,成矿深度浅的特征。稳定同位素特征又表明成矿物质主要来源于幔源,也有部分壳源物质的混合,成矿流体主要与大气降水有关。综上,推测德里特萤石矿成矿受斑岩体+构造联合控制,具有浅成低温成矿特征。

（十一）发现与勘查

2006—2008年青海省核工业地质局对工作区1∶5万化探异常AS9乙1、AS10乙1进行异常查证，发现1条含矿构造蚀变带，后期在该带开展预、普查工作，圈定铅矿体9条。2017—2018年，青海省有色第三地质勘查院开展了青海省都兰县德里特地区1∶2.5万地球化学测量，圈定1∶2.5万地球化学综合异常139处，其中区内圈定1∶2.5万地球化学综合异常18处，经对主要的综合异常进行查证，发现含矿带与地球化学综合异常及地化剖面高值区对应较好，经检查发现Ⅰ号含矿蚀变带走向延伸规模较大，带内圈出铅、萤石复合矿体3条，并发现多处萤石矿化线索；通过地表对Ⅰ号含矿蚀变带追索及控制发现主矿带产状南倾，为本区开展矿产勘查工作提供了直接依据。2019—2021年，青海省有色第三地质勘查院在该地区开展了预、普查工作。利用1∶1万地质草测工作在GA2、GA3、GA4、GA16综合异常区发现含矿蚀变带1条（Ⅰ号），矿化点5处（Ⅱ—Ⅵ号），首次在工作区内发现萤石矿体。

二、德令哈市牙马地区萤石矿

（一）概况

调查区位于南祁连，行政区划隶属青海省德令哈市怀头他拉镇管辖。向东南距德令哈市约180km，向南距格尔木约320km，北部喀克图蒙克地区与甘肃省相邻，交通较为便利。该区以往工作主要针对铅锌、铁、金多金属，对萤石及稀有金属矿找矿工作基本未涉及。青海省柴达木综合地质矿产勘查院通过工作发现多处萤石找矿线索，取得了较好的找矿成果，有望达到大型规模。

（二）矿区地质特征

矿区出露地层较少，仅出露奥陶系盐池湾组和第四系。盐池湾组原岩主要为灰色厚层状灰岩，由于被晚奥陶世酸性侵入岩侵入，热接触变质作用强烈，现出露岩性主要为钙质糜棱岩，与岩体接触部位矽卡岩化明显，形成了数米至数十米的热接触变质带。区内断裂构造较为发育（图4-7-5），区内共出露3条大的断裂构造，呈北西向或近东西向展布，其中北西向断裂破碎带及其派生出的节理、裂隙等次级构造是区内萤石及稀有金属矿产的主要控矿因素和赋矿空间。区内岩浆活动强烈，主要经历了加里东期构造岩浆旋回，形成的岩浆岩均为侵入岩，以中—酸性岩体为主，侵入时代为晚奥陶世和早志留世，岩性主要为正长花岗岩、二长花岗岩、黑云母二长花岗岩等。

（三）矿体特征

区内圈定萤石矿化带2条，其中Ⅰ号矿化带走向为近南北向，长约1.3km，宽0.4～0.9km。主要位于构造破碎蚀变带中，赋矿岩性为石英脉以及碎裂岩化花岗岩，矿体主要产于该矿化带。Ⅱ号矿化带走向为北西向，长约500m，宽20～80m，位于构造破碎蚀变带中，赋矿岩性为石英脉以及糜棱岩化绿泥石化花岗岩。萤石矿化断续出露，且不均匀分布，CaF_2含量10.8%～30%。

区内共圈定萤石矿体22条，矿化体30条。矿（化）体主要受断裂裂隙等次级构造控制，总体走向以北北西向为主，部分呈北东向、近南北向分布，与构造破碎带以及石英脉的走向大体一致。矿体呈脉状、不规则透镜状产出，长50～1100m，平均真厚度0.73～4.2m，CaF_2平均品位在20.2%～70.86%之间。含矿岩性为石英脉、碎裂岩化花岗岩。

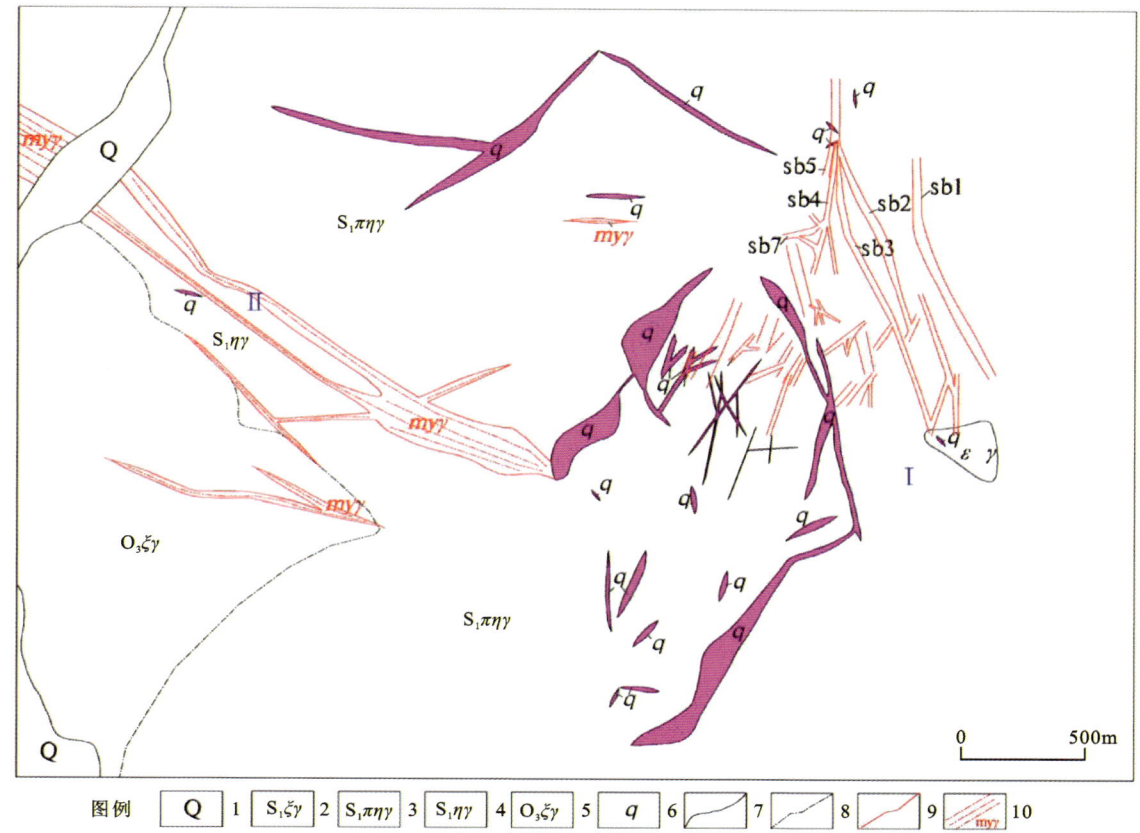

图例 Q 1 $S_1\xi\gamma$ 2 $S_1\pi\eta\gamma$ 3 $S_1\eta\gamma$ 4 $O_3\xi\gamma$ 5 q 6 7 8 9 10

1.第四系；2.早志留世正长花岗岩；3.早志留世斑状二长花岗岩；4.早志留世二长花岗岩；5.晚奥陶世正长花岗岩；6.石英脉；7.地质界线；8.脉动接触界线；9.实测断层；10.糜棱岩化花岗岩。

图 4-7-5　牙马地区萤石矿矿区地质简图（据青海省柴达木综合地质矿产勘查院，2020）

（四）矿石特征

矿石矿物以萤石为主，脉石矿物主要为石英、绿泥石等。萤石主要以团块状、条带状、浸染状分布。萤石主要呈深蓝色、蓝色、紫红色、粉红色，半透明、玻璃光泽。矿石结构主要为粗—细晶半自形—他形粒状结构，碎裂结构等。矿石构造主要以角砾状、团块状、条带状、梳状构造为主（图 4-7-6）。

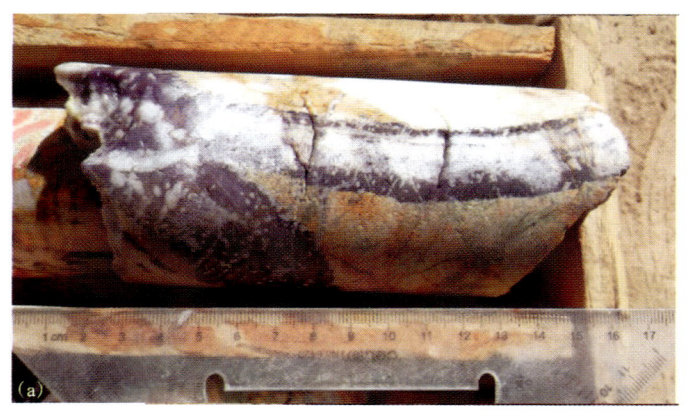

图 4-7-6　萤石矿主要矿石构造

（a）脉状构造；（b）梳状构造

(五)围岩蚀变

区内萤石矿体主要产于中酸性侵入岩体中的碎裂岩化带内。含矿岩性为紫红色块状萤石矿化石英脉,围岩为碎裂岩化粗粒正长花岗岩。矿体围岩蚀变主要为硅化、云英岩化、高岭土化、绢云母化、绿帘石化、绿泥石化等。

(六)资源储量

初步估算萤石潜在资源44万t,已达到中型矿床规模。

(七)控矿因素

区内断裂构造与成矿关系极为密切,为后期含矿热液及脉体的赋存提供了有利空间,促使含矿热液沿破碎带迁移,在温度、压力适宜的环境下沿次级断裂带沉淀富集成矿,为区内寻找萤石矿的主要部位。

(八)找矿标志

地形地貌:区内萤石矿与石英脉或硅化破碎带关系密切,而石英脉或硅化带不易风化,往往成为正地形。在中酸性岩浆岩、构造成矿有利的条件下,正地形中的石英脉或硅化破碎带可作为找矿标志。

颜色:深蓝色、蓝色、紫红色、粉红色萤石及萤石矿化石英脉为区内最直观、最重要的直接找矿标志。

断裂构造:区内断裂构造及其派生出的破碎蚀变带、糜棱岩化带以及节理、裂隙等次级构造发育。区内构造破碎蚀变带以及岩体中的节理、裂隙发育部位为重要的直接找矿标志。

土壤异常:经工程验证土壤剖面中的一般F含量$\geqslant 6000\times 10^{-9}$的地段均可见到萤石矿(化)体,因此,土壤异常中F含量较高且异常规模较大时可作为该区找矿的间接标志。

围岩蚀变:区内萤石矿的矿化蚀变类型组合较简单,主要发育一套中—低温热液蚀变矿物组合。矿体围岩除萤石矿化之外,围岩蚀变类型主要为硅化,其次为绿泥石化、碳酸盐化、绢云母化、高岭石化、褐铁矿化等。这些蚀变与矿化关系密切。

(九)矿床成因

矿(化)体产于早志留世粗粒蚀变二长花岗、正长花岗岩岩体中的构造破碎带及其派生出的节理、裂隙等次级构造中,属于岩浆热液后期脉石英建造热液充填型脉状萤石矿床。萤石矿体围岩与花岗岩有密切成因关系,为成矿提供了重要的物质来源。以大气降水为主的成矿热液沿破碎带循环、淋滤,使赋存于花岗岩中的F以及地层中的Ca再次活化、富集、重结晶成矿(图4-7-7)。

(十)发现与勘查

2012—2014年,西北有色地质勘查局地质勘查院开展的"青海省柴达木山地区矿产远景调查"工作覆盖矿区E96°以西范围。该项工作全面提高了该区区基础地质研究程度,圈定了9处找矿靶区,其中牙马图西沟BiWSnAu多金属(C级)找矿靶区为本次开展工作奠定了基础。2014—2016年,陕西省地矿局第一地质队开展的"青海省德令哈市喀克图蒙克地区1∶5万J47E012001、J47E013001、

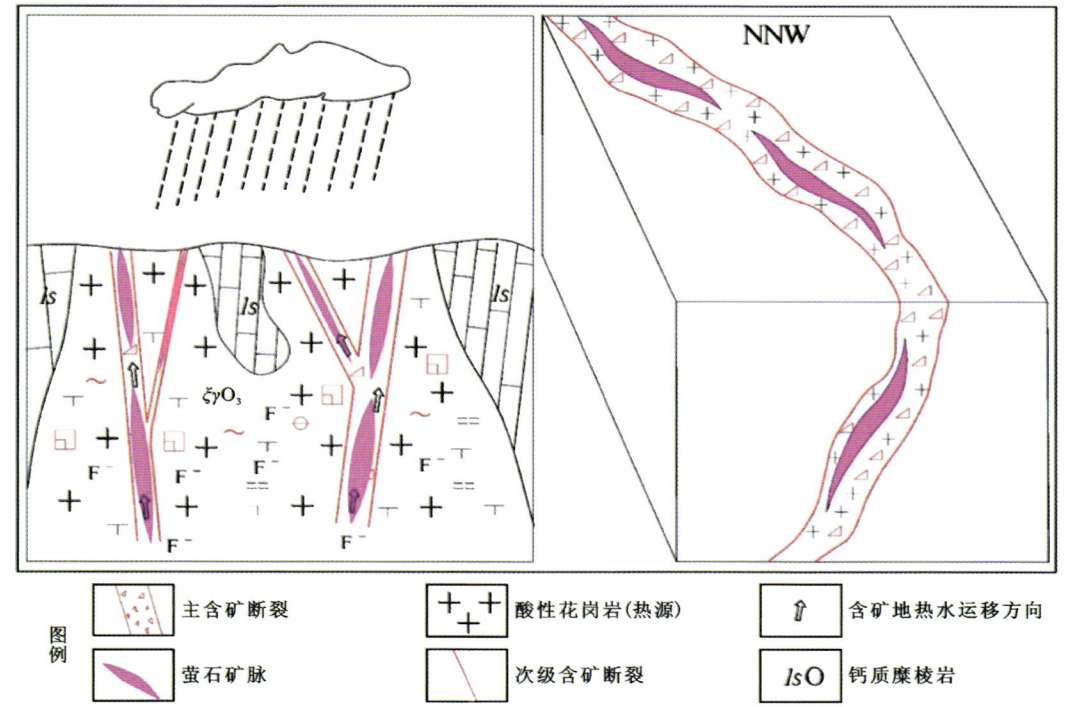

图 4-7-7　牙马地区成矿模式与矿体空间赋存状态简图

J47E014001 共 3 幅区域地质矿产调查"工作完成了测区内基岩区的 1∶5 万区域化探扫面工作，在调查区分布有 HS2 乙 2Bi(SnRbBe)、HS4 乙 2Bi(RbSnBe) 和 HS5 乙 3Bi(RbBeSn) 3 处异常，为调查区进一步开展找矿工作提供了丰富的地球化学资料。2021—2022 年，青海省柴达木综合地质矿产勘查院开展"青海省德令哈市牙马图地区矿产资源调查评价"工作覆盖调查区，该项工作通过实施 1∶2.5 万地球化学测量，评价了区内 F 及稀土元素异常。圈出了 10 个找矿靶区，其中牙马萤石找矿靶区（A2）、乌兰达吾萤石及铍找矿靶区（A1）、昌吉东萤石找矿靶区（B3）位于调查区内。2020—2024 年青海省柴达木综合地质矿产勘查院在该区开展了调查评价工作。

三、德令哈市亚麻图地区高纯石英岩矿

（一）概况

矿区位于大煤沟后山一带，行政区隶属德令哈市怀头他拉镇管辖。矿区东距德令哈市约 200km，西距大柴旦行委 100km，交通条件一般。2018 年中国建筑材料工业地质勘查中心青海总队对该区发现的石英脉矿进行了简测工作，2020 年开展了预查工作，圈定的石英脉规模大，质量佳，延伸相对稳定，取得了重大进展。

（二）矿区地质特征

矿区出露的地层主要为第四系全新统残坡积物及冲洪积物，分布于工作区内地势较缓的地段及冲沟内，厚度 2～3m，局部厚度超过 5m。区内发育 2 条断层，断层走向为北东向，构成了石英脉的北界线，断层性质不明。区内岩浆活动频繁，主要发育加里东期侵入岩，岩性主要有正长花岗岩、斑状正长花岗

岩、二长花岗岩等。岩脉较发育，岩性主要为石英脉，局部分布有少量二长花岗岩脉及灰绿色闪长岩脉等（图 4-7-8）。

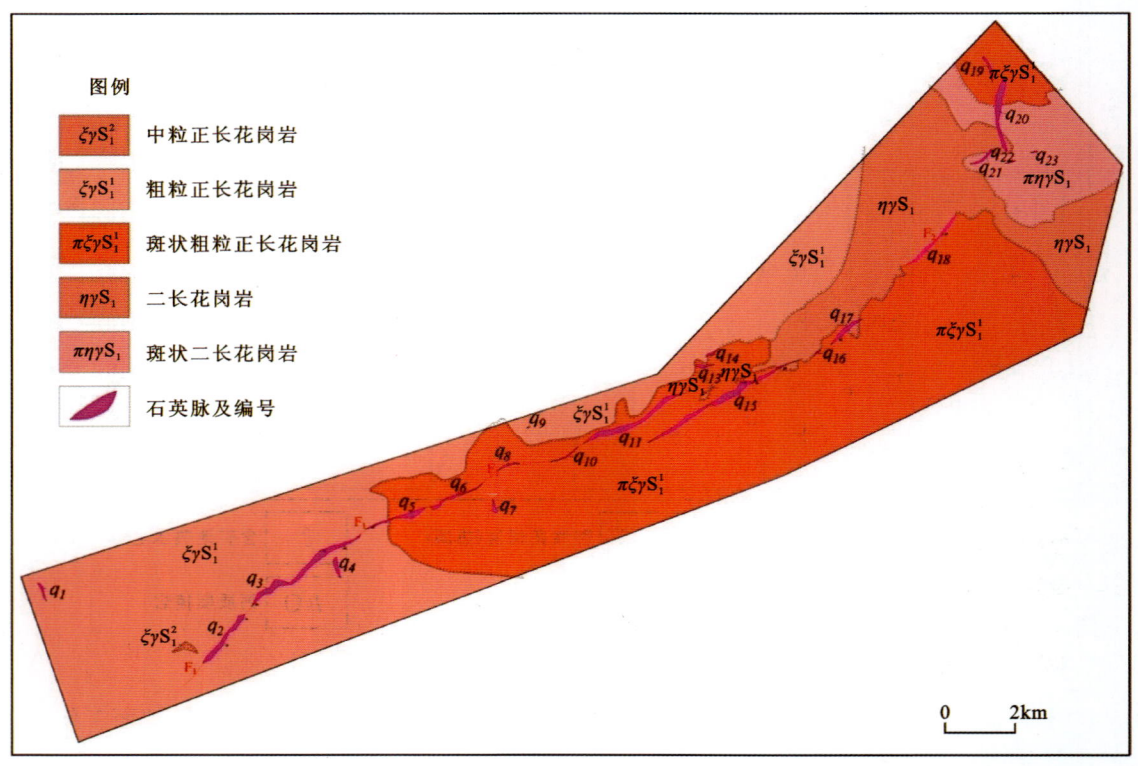

图 4-7-8　延森哈达—亚麻图脉石英矿矿区地质简图（据中国建筑材料工业地质勘查中心青海总队，2020）

（三）矿体特征

矿区圈定石英脉 23 条，其中脉体规模大、质量佳、延伸稳定的主要有 11 条，这 11 条石英脉规模较大、质量较佳、延伸相对较稳定，具有进一步工作的价值。各脉体均产于花岗岩体中，主要石英脉长 100～2410m，宽 10～111m，脉体如墙状突出地表分布，高差约 30～100m。矿石 SiO_2 含量 92.05%～99.14%，Al_2O_3 含量 0.01%～4.56%，Fe_2O_3 含量 0.02%～1.15%，CaO 含量 0.053%～2.44%。2020 年度在 q_3 石英脉中采集了一件样品进行提纯试验，通过试验可将脉石英中 SiO_2 平均含量由 96.15% 提纯至 99.35%，提纯后的脉石英可满足超白光伏玻璃用硅质原料工业质量要求。

（四）矿石特征

矿体矿石矿物主要为石英，脉石矿物为少量铁质物、绿泥石等，其中铁质物多分布于岩石裂隙面中，少部分则呈星点状或团块状分布于岩石新鲜面中，绿泥石则多分布于石英脉与围岩接触部位，多以浸染状分布，少部分以条带状分布。矿石结构主要为中细粒不等粒他形粒状结构，构造主要为块状、脉状构造。

（五）资源储量

初步估算石英矿潜在资源 1.15 亿 t，矿床规模已达到超大型。

(六)控矿因素

区内石英脉整体走向多呈北东-南西向,其北部边界多与区域内断层重合,断层及其次级构造面(节理面等)为石英脉的形成提供了较好空间,故区域内断层作为主要控矿因素。

(七)找矿标志

围岩标志:脉石英主要发育在区内加里东期的侵入岩范围内,为脉石英找矿的大体分布范围。
构造标志:区内的脉石英均发育于断层附近,断层为找矿的有利标志。
野外标志:脉石英在该区内一般为城墙状或凸起状产出,附近残坡积物中的石英滚石较多,是野外找矿的最直接标志。

(八)矿床成因

综合分析本区成矿地质背景,本区石英脉成因类型主要为岩浆热液型,部分为伟晶岩型,形成的石英脉多为岩浆热液活动晚期的产物。本区岩浆活动频发,中酸性岩浆侵入时形成的岩浆期后富硅热液,混合少量大气降水和地壳中的物质沿构造裂隙运移,最终在合适的容矿空间沉淀结晶形成脉石英,而部分形成于酸性岩顶部的石英脉则是由于在稳定构造环境中周围花岗岩再结晶和组成花岗岩的矿物组分分解而成。

(九)发现与勘查

2011年中国建筑材料工业地质勘查中心青海总队在海西州大柴旦行委黑石山—塔塔棱河一带进行了高纯石英调查工作,调查范围包含本次工作区。对区内石英脉的分布特征及成矿规律进行了初步了解。并在位于本次工作区西侧的 q1 石英脉上采集了岩矿鉴定样及提纯试验样(试验室小试)。2013年该队在工作区西约20km处的大头羊西沟进行了高纯石英用脉石英矿的普查工作,提交了《大柴旦大头羊西沟高纯石英用脉石英普查报告》。2018年该队对延森哈达—亚麻图一带的石英脉矿进行了简测工作,对本区内石英脉分布特征及矿石质量有了进一步的了解。2020年,在工作区内开展了预查工作。2021年开展了普查工作。2022年结束了普查工作,提交了普查报告。

第八节 建材和其他非金属矿产

本书编入的建材和其他非金属矿有格尔木市铜金山滑石矿1处。

格尔木市铜金山滑石矿

(一)概况

矿区位于青海省西部的东昆仑山中段,行政区划隶属青海省格尔木市郭勒木德镇管辖,地处昆仑河万保沟一带。距格尔木市150km左右，交通较为便利。截至2020年底，矿床规模已达超大型。该矿床为"十三五"期间新发现的矿床。

（二）矿区地质特征

矿区出露地层较为简单，形成时代比较古老，经历了东昆仑造山带两期构造旋回，构造变形强烈。主要地层为中元古界万保沟群上部青办食宿站组及下部温泉沟组、下—中寒武统沙松乌拉组和三叠纪碎屑岩沉积。其中万保沟群青办食宿站组在区内可划分为灰岩和大理岩两个岩性段，其大理岩段为本区滑石矿的主要赋矿地层。万保沟群青办食宿站组大理岩段主要分布在矿区南部，呈东西向展布，产状较稳定，倾向基本南倾，倾角60°～70°，主要岩性为大理岩、白云质大理岩、硅化大理岩，与下覆温泉沟组呈断层接触（图4-8-1）。区内断裂构造发育，主要发育多条脆性断裂及韧性剪切带。脆性断裂性质主要为逆冲断层，其次为走滑断层。逆冲断层走向大体可分为北西西向和近东西向两组，主要发育于地层接触部位。万宝沟群青办食宿站组与沙松乌拉组间走向北西西、倾向南的逆冲断裂构造（F9）发育，断裂带内碎裂岩、构造角砾岩、断层泥发育，断裂附近地层产状紊乱，局部地段可见石英脉石香肠构造；区内韧性剪切带与相邻断层走向近于一致，主要发育在沙松乌拉组中。区内岩浆活动较弱，矿区范围内未见大面积岩体出露，仅在矿区南侧钻孔和探槽中见少量隐伏的花岗细晶岩脉、花岗斑岩脉，呈透镜状侵入万宝沟群大理岩及沙松乌拉组变砂岩之中，由于第四纪地层覆盖，出露规模较小，一般宽1～2m。

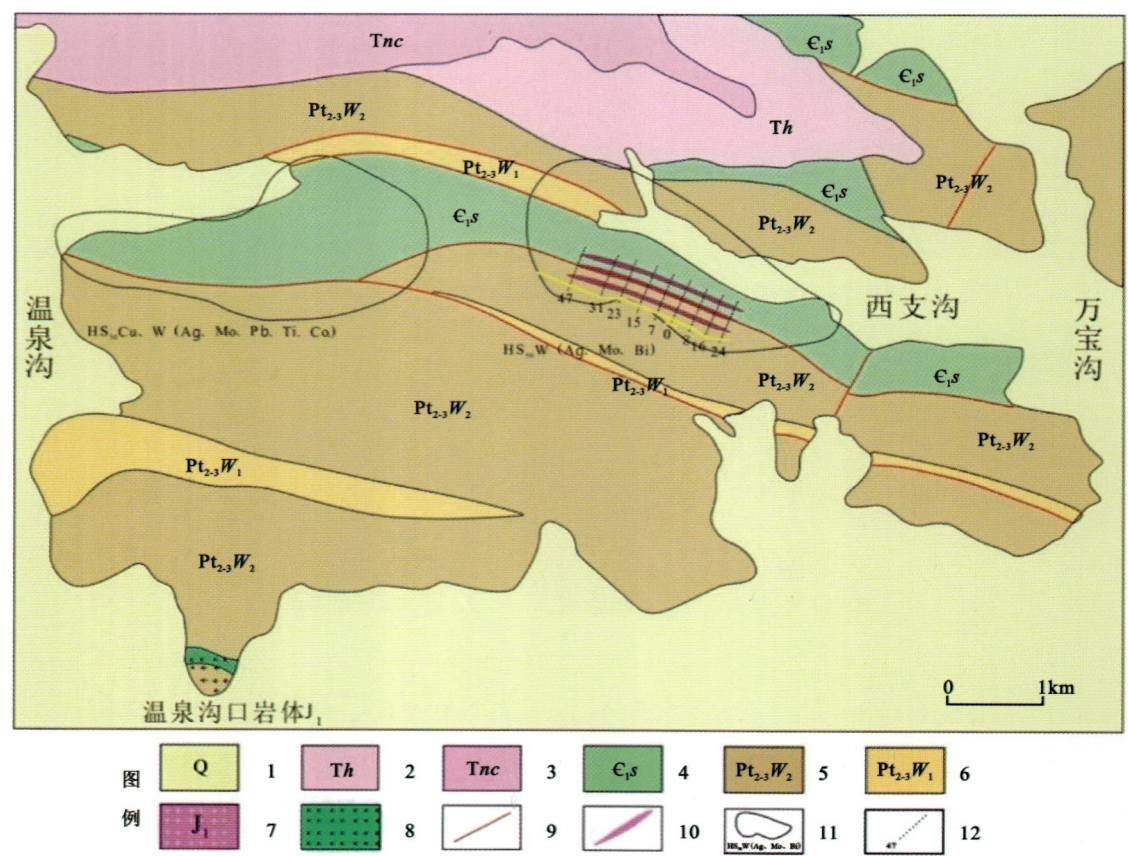

1.第四系；2.下三叠统洪水川组；3.下—中三叠统闹仓坚沟组；4.下寒武统沙松乌拉组；5.中元古界万宝沟群碳酸盐岩组；6.中—新元古界万宝沟群火山岩组；7.早侏罗世花岗岩；8.辉绿岩；9.断裂构造；10.矿体；11.元素异常范围；12.勘探线。

图4-8-1 铜金山钨多金属矿区地质图（据刘赫显，2017，修改）

(三) 矿体特征

区内划分了2条滑石矿化带（MⅣ、MⅤ），MⅣ滑石矿化带圈定滑石矿体65条，MⅤ滑石矿化带圈定滑石矿体1条。MⅣ滑石矿（化）带中矿体多呈似层状，长200~2820m，倾向181°~200°，倾角53°~80°，倾向延伸100~710m，矿体平均品位在35%~56.18%之间，最高67.56%，矿体平均厚度在1.12~10.55m之间（图4-8-2）；其中MⅣ-3为主矿体，MⅣ(14-65)滑石矿体为隐伏矿体，滑石矿整体白度较好，样品白度平均值为88.99%（地表均为风化层，槽探工程中平均白度75.67%，明显低于钻孔内白度），Fe_2O_3含量平均值为0.18%，最高为0.75%，现对主要矿体进行重点介绍。

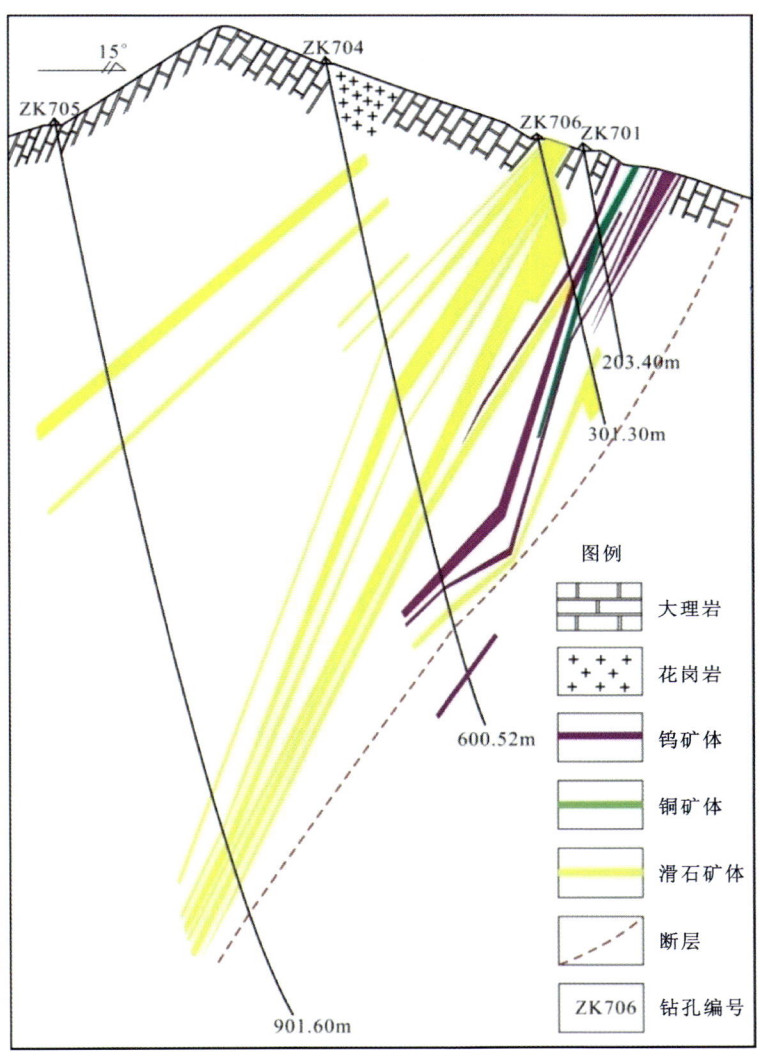

图4-8-2 铜金山矿区7勘探线剖面图（据青海省地质调查院，2017，修改）

MⅣ-3矿体呈似层状，含矿岩性为白色滑石矿石，局部与硅化大理岩互层产出，在区内该条矿体控制规模最大，贯穿整个矿化带，矿体长3220m，倾向延伸100~710m，矿体平均品位在38.62%~78.21%之间，最高97.94%，矿体平均厚度在1.48~33.07m之间。其中在21—16线之间以及71线控制一定规模的工业滑石矿体，向两侧品位及厚度呈相对减弱的趋势；后排孔控制的矿体倾角普遍较大，一般在60°~85°之间。

MⅣ-4矿体呈似层状,近平行于MⅣ-3矿体产出,基本贯穿整个矿化带,含矿岩性为白色滑石矿石,在区内该条矿体控制规模仅弱于MⅣ-3矿体,矿体长2820m,倾向延伸100~680m,矿体平均品位在36.7%~80.24%之间,最高80.24%,矿体平均厚度在1.07~15.26m不等。

(四)矿石特征

滑石矿石见于钻孔岩心中,地表多呈粉末状,滑石赋存于万保沟群大理岩中,滑石一般10~50cm,最宽处10m左右。岩石中的矿物由滑石、白云石和裂隙充填物(方解石)组成,属于镁质碳酸盐-滑石型矿石。

矿经过肉眼观察及光片鉴定其中矿石矿物主要有滑石。脉石矿物主要有石英、白云石、方解石、长石、碳质有机质。

矿石结构主要为粒状鳞片变晶结构,片状构造,主要由滑石、粒状石英、长石和片状的白云母组成,滑石呈鳞片状,手摸有滑感。赋矿岩性为滑石片岩,滑石呈似层状、透镜状不均匀分布。

(五)围岩蚀变

围岩蚀变主要为滑石化,呈层状、似层状分布于石英脉两侧,宽0.1~1.0cm,与区内的白钨矿化存在间接联系,一般为白钨矿体的顶板,该蚀变较强处已圈定出1条滑石矿化带,成层状分布,产于白云质大理岩中。

(六)控矿因素

地层:万保沟群青办食宿站组主要岩性为灰白色硅质条带白云石大理岩、白云石大理岩夹深灰色中厚层微晶灰岩及结晶灰岩,属白云质灰岩—白云岩建造,硅质条带提供了硅质来源,白云石提供了镁质来源,通过分析在深部存在中酸性的岩体,提供了丰富的热源。

岩浆岩:岩体与围岩接触带及其附近的断裂中是区内钨矿、滑石矿的主要产出部位。目前铜金山南带发现的钨铜多金属矿体及滑石矿体主要产于沿构造界面侵入的辉长岩脉及其两侧,且辉长岩脉整体有较强的黑云母、白云母蚀变,进一步表明区内成矿与大量的岩浆热液活动关系密切。

构造:区内发现的滑石矿受构造作用控制明显,滑石矿的交代作用往往发生在由大断裂派生的小断裂、裂隙附近,或围岩受岩浆烘烤和冷却而产生的裂隙及次一级构造中。含硅热液既把断裂构造作为运移通道,又把一定的构造部位作为成矿物质的沉淀场所。

(七)找矿标志

中元古代万保沟群大理岩段中硅化透闪石化大理岩为主要的地层找矿标志;大理岩中共生的透闪石化、硅化,以及矿体顶板的滑石化为主要的矿化蚀变标志。

(八)矿床类型

主要标志地层为云英岩化辉长岩脉,赋存于沙松乌拉组与万保沟群断层接触部位的上盘,云英岩化、孔雀石化、黄铜矿等伴生于该岩脉中,形成了滑石矿体,滑石化赋存在该矿体两侧,上盘中滑石类型为镁质碳酸岩型滑石矿石,下盘为透闪石型滑石矿石。成因类型暂定为热液交代蚀变型滑石矿床。

（九）发现与勘查

2010—2012 年，青海省地质调查院开展了青海省格尔木市昆仑河地区 1∶5 万矿产远景调查项目，在矿区内圈定以 W、Cu、Au 为主元素的综合异常 5 处。经异常查证，在 HS9 号异常区圈出铜矿化蚀变带 1 条，铜矿体 2 条；在 HS51 号异常区发现白钨矿化线索，圈定了白钨矿（化）体 6 条。2013—2014 年，青海省地质调查院开展了青海省格尔木市黑刺沟—铜金山铜金多金属矿调查评价工作，对区内已圈定的铜钨矿体开展了进一步检查工作，同期，针对 HS11、HS12 开展了以 Au 为主的找矿工作，累计圈定白钨矿化群 2 条，黄铜矿化、白钨矿化群 1 条，圈出白钨矿（化）体 62 条，地表控制白钨矿化体达 1.6km，铜矿（化）体 7 条，铜钨复合矿体 2 条。2015—2018 年，青海省地质调查院开展了青海省格尔木市铜金山钨及滑石矿普查工作，主要针对北侧 HS9 异常区开展以铜为主的找矿工作，在 HS11、HS12 两个异常区以金矿找矿为主，在 HS50、H51 异常区主要以钨矿找矿工作为主。同时对 HS9、HS11、HS12 异常区铜金矿化带以及 HS50、HS51 异常区白钨矿化带利用槽探、浅钻工程进行揭露控制，共圈定 8 条矿化蚀变带。2019—2020 年，针对在 HS50、HS51 号异常区白钨矿的勘查工作中发现了大量的滑石矿化信息，在深部探索白钨矿的同时逐渐转为以滑石矿为主要勘查矿种，并开展了找矿工作，主要以槽探、浅钻及钻探工作手段，圈定滑石矿带 1 条，滑石矿体 28 条。2021 年由青海省地质调查院在区内开展普查工作。

第九节 地下水及地热资源

本书编入的水源地有格尔木大格勒—五龙沟山前倾斜平原特色农业开发区供水水源地、茫崖市花土沟城镇水源地、乌兰县查查香卡地区水源地、德令哈市柏树山饮用天然矿泉水 4 处，地热资源有共和县恰卜恰地热田 1 处。

一、格尔木大格勒—五龙沟山前倾斜平原特色农业开发区供水水源地

（一）概况

水源地行政区划隶属海西蒙古族藏族自治州格尔木市、都兰县管辖，距格尔木市 80km，交通便利。东经 95°47′40″，北纬 36°15′07″。截至 2020 年底，矿区共求得径流量 63.93×10⁴m³/d，初步求得地下水天然资源量为 33.1×10⁴m³/d，有望提交 2 处大型水源地，水源地地下水类型为松散岩类孔隙水。该水源地是"十三五"期间新发现的水源地。参考资料主要来源于青海省地质环境调查院编写的《青海省大格勒—五龙沟山前倾斜平原特色农业开发区供水水文地质普查 2020 年工作总结及 2021 年工作方案》。

（二）地质矿产概述

水源地位于柴达木盆地南缘昆仑山北麓之大格勒—五龙沟地区。区内第四纪地层主要分布于五龙沟-大格勒沟谷及山前冲洪积平原一带。岩性以古元古代金水口群（Pt_1J）片岩、片麻岩为主，部分为混合岩夹大理岩、石英岩等。区内以东西向和北西西向压性、压扭性构造为主。地下水主要补给来源是工作区南侧高海拔山区大气降水、冰雪融水和冻结层水，汇集径流形成大格勒、五龙沟、石灰沟河水的补

给,次要补给来源为渠系渗透补给、农灌回归水及基岩裂隙水的侧向补给。地下水的水化学特征主要受地形、地貌、气候、地层岩性及补给、径流、排泄条件的影响,普查区地下水水化学具宏观的水平演化规律与垂直分带特征。水化学成因由戈壁砾石带的溶滤型过渡到细土平原地带蒸发浓缩型。依据地下水补径排条件和前人水位动态观测资料,区内地下水动态类型可分为水文径流型、农田灌溉型。经计算,Ⅰ—Ⅰ′勘探线断面径流量为 $30.65 \times 10^4 \mathrm{m}^3/\mathrm{d}$。Ⅱ—Ⅱ′勘探线断面径流量为 $33.28 \times 10^4 \mathrm{m}^3/\mathrm{d}$(图4-9-1)。

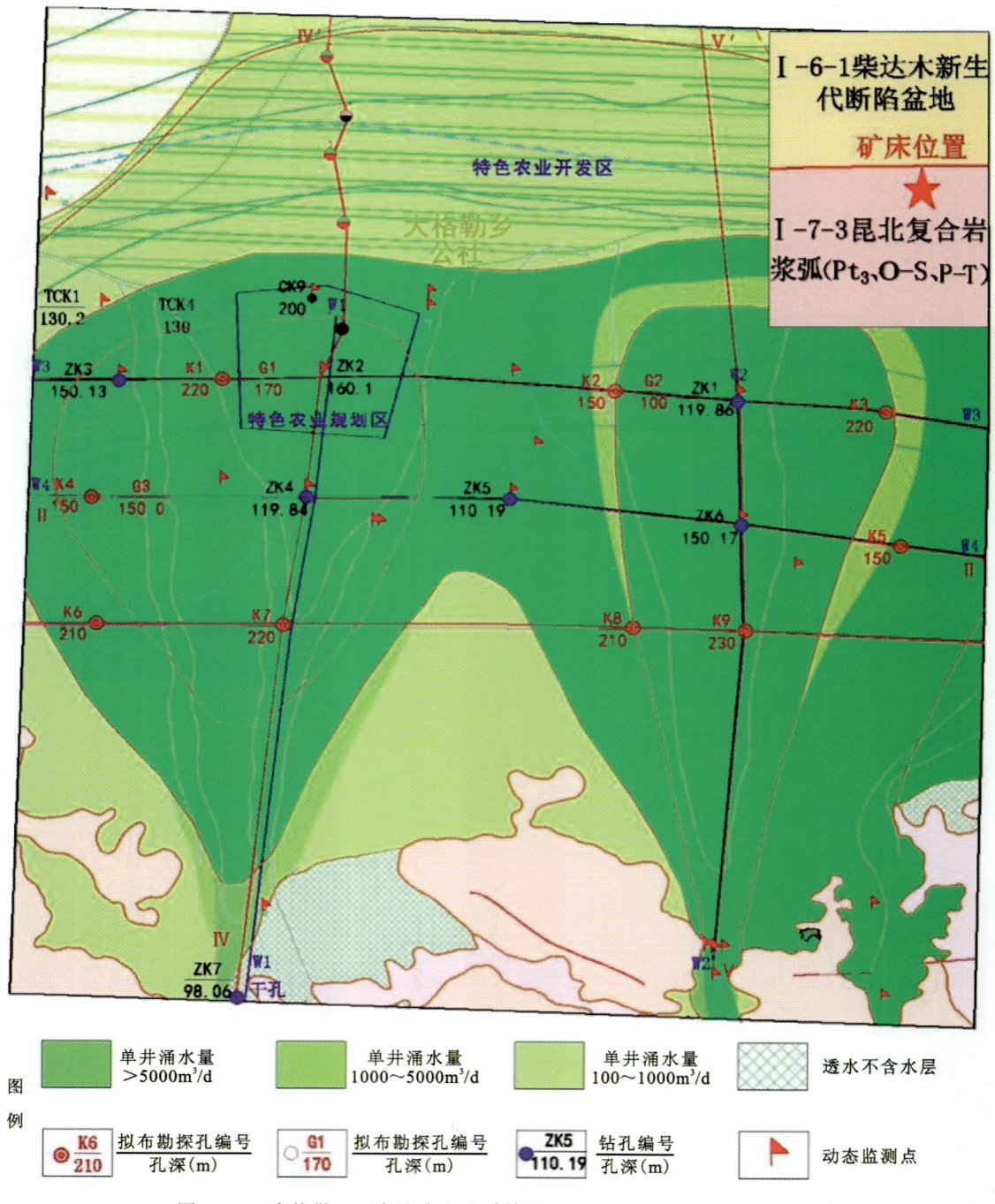

图 4-9-1　大格勒—五龙沟水文地质简图(据青海省地质环境调查院,2020)

(三)发现与勘查

2013—2017年,青海省水文地质工程地质环境地质调查院开展了青海省都兰县五龙沟整装勘查区1:5万水工环地质调查工作,利用遥感解译、地面调查、物探及水文地质钻探等勘查手段,圈出五龙沟沟口河谷开阔段、五龙沟上游山间小盆地和石灰沟沟口开阔段3处富水地段,采用平均布井法概略计算了可开采资源量,其中五龙沟沟口河谷开阔段松散岩类孔隙水可开采资源量为 $1.08\times10^4 m^3/d$,石灰沟沟口河谷开阔段可开采资源量为 $0.58\times10^4 m^3/d$,为后期工作开展提供了依据。

2020年,青海省地质环境调查院开展了大格勒—五龙沟山前倾斜平原特色农业开发区供水水文地质普查工作。首先,利用1:5万水温地质测量、地球物理勘探工作对大格勒—五龙沟山前冲洪积平原地带进行了反演,结果显示厚度大于1500m,为地下水赋存提供了良好的空间。其次,通过水文地质钻探及以往资料综合分析研究,区内富水区域分布于五龙沟、沟口宽阔地段和五龙沟—大格勒冲洪积扇中前缘轴部及现代河床、古河道。含水层岩性为中上更新统的泥质砂砾卵石及砂砾卵石、砂砾石层,岩性较单一,局部有亚砂土夹层,地层颗粒较粗,结构较松散,孔隙发育,透水性好,富水性强。主要接受五龙沟、大格勒河水的径流补给,施工钻孔揭露水位埋深30.82~102.84m,含水层厚度41.42~119.27m(非完整井),实际涌水量 4 274.21~5 698.06 m^3/d,换算涌水量 8 568.2~16 038.8 m^3/d。根据水质分析资料,矿化度 0.706~2.10g/L,水化学类型多属 $Cl-Na$ 及 $Cl\cdot SO_4-Na$ 型。根据矿泉水检测报告,ZK1、ZK2号送检水样 Sr 含量分别为 1.438 ± 0.044 mg/L、1.114 ± 0.058 mg/L,符合《食品安全国家标准 饮用天然矿泉水》(GB 8537—2018)中"锶≥0.20mg/L(含量在0.20~0.40mg/L 时,水源水水温应在25℃以上)"相关要求,属于富锶矿泉。

(四)小结

利用"遥感解译+地面调查+1:5万水文地质测量+地球物理勘探+水文地质钻探+抽水试验+地下水动态监测"的最佳勘查技术方法组合是发现该水源地的最佳途径。运用水文地质测绘、地球物理勘探,确定含水层及隔水层的分布、含水层厚度、埋藏深度,划分富水性及富水地段,合理部署水文地质钻探工作,结合抽水试验、地下水动态监测等多种方法,基本查明工作区含水层的空间分布规律及水文地质条件,初步评价水源地的地下水天然资源量及允许开采量。

二、茫崖市花土沟城镇水源地

(一)概况

水源地行政区划隶属海西州茫崖市管辖,距花土沟镇70km,交通不便。中心点坐标为东经98°22′38″,北纬36°55′27″。截至2020年底,计算天然资源量为 $21.47\times10^4 m^3/d$,提交开采量为 $6\times10^4 m^3/d$,满足(D级)精度要求,规模为大型,地下水类型为松散岩类孔隙水。该水源地为"十三五"期间新发现的水源地。参考资料主要来源于青海省环境地质勘查局编写的《青海省茫崖行委花土沟城镇供水水源地水文地质普查报告》。

(二)水源地概述

水源地大地构造位置位于柴达木盆地最西侧的子盆地阿拉尔盆地的西北部(图4-9-2)。区内出露的地层主要为上泥盆统（D_3）和新近系（N）。区内断裂构造比较发育，断裂倾向为北北西、南南东或南西西，两侧岩层和岩体因受强烈挤压而扭曲，破裂带宽度一般为10～40m，多被侵蚀成"V"形谷，破碎带为断层泥、断层角砾岩充填。区内分布着大面积的第四系沉积物，厚度400～600m，含水层岩性主要为第四系松散岩类。潜水在普查区内沿盐碱沼泽两侧均有分布，北部阿哈提山冲洪积平原地下水水位埋深最大48.48m，含水层厚度11.72m，单井涌水量17.79m³/d，降深2.11m，单井计算涌水量140.31m³/d，矿化度3.53g/L。承压水分布于盐碱沼泽南北两侧冲洪积扇前缘地带的细土平原，含水层底板埋深较浅，一般为67.00～88.99m，承压水顶板埋深一般为37.38～86.49m（图4-9-2）。含水层厚度13.89～33.41m，降深9.71～10.37m，涌水量247.36～1 200.10m³/d，富水性中等。水源地地下水径流补给主要由两部分组成，一是由南部的斯巴里克河和阿达滩河渗漏后形成地下水径流到达普查区南边界（Ⅱ—Ⅱ′断面）补给区内地下水（图4-9-2），另外是由阿哈提山基岩裂隙水通过地下水径流到达普查区北边界（Ⅲ—Ⅲ′断面）补给区内地下水。通过计算Ⅱ—Ⅱ′断面径流量为19.92×10⁴m³/d，Ⅲ—Ⅲ′断面径流量为1.45×10⁴m³/d，因此径流补给总和为21.37×10⁴m³/d。

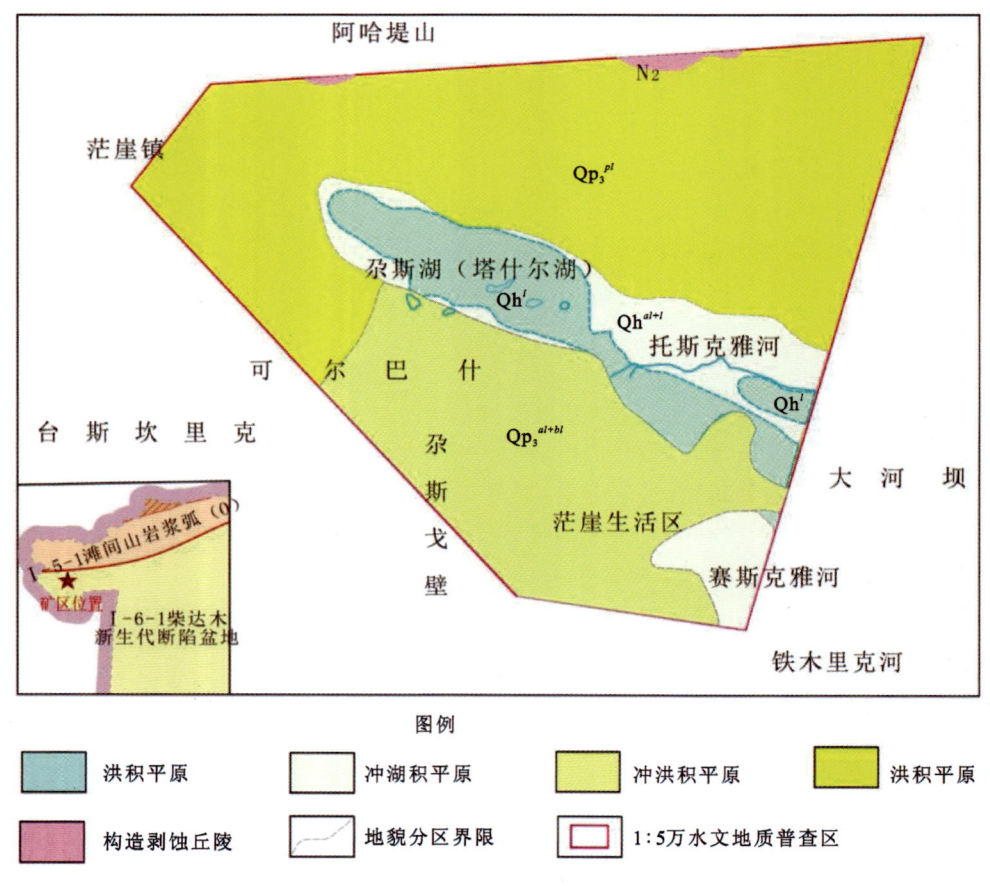

图4-9-2　花土沟水源地区域地貌图（据青海省环境地质勘查局，2018）

（三）发现与勘查

2016年，青海九〇六工程勘察设计院开展了花土沟城镇供水水源地的前期勘探工作，在区内利用音频大地电磁测深（AMT）剖面和水文地质钻探，在120m以上段未见稳定的隔水层，含水层岩性由冲洪积砂砾卵石、砂砾石及含泥砂砾卵石层组成。

2017—2018年，青海省环境地质勘查局开展了青海省茫崖行委花土沟城镇供水水源地水文地质普查工作，通过剖面测量、水文地质测绘、浅井、物探、地下水动态监测、水文地质钻探、抽水试验、工程测量等工作手段，查明了普查区南部阿达滩—斯巴利克冲洪积扇前缘主要为中、上更新统冲洪积的含卵石的砂砾石层（下部含泥质），厚度大，岩性颗粒粗，结构松散，渗透性好，补给充足，富水性强。地下水丰富地段主要分布于普查区南部阿达滩—斯巴利克冲洪积扇前缘(ZK5—ZK6之间)地区（图4-9-3），为单一大厚度孔隙潜水，含水层厚度大于180m，单井计算涌水量大于10 000m³/d，水质好。戈壁砾石带的中前缘，水位埋深4～20m，适合集中供水井开采，可作为主要的供水水源。据水质分析资料，普查区南部阿达滩—斯巴利克冲洪积扇潜水水化学类型以 Cl·HCO_3—Na 型水为主，矿化度0.75g/L。依据《生活饮用水卫生标准》(GB 5749—2022)，各项离子含量均未超标，细菌总数、大肠菌群数均未检出，矿化度529～781mg/L，符合饮用水水质标准。区内共求得天然资源量为$21.47×10^4$m³/d，评价允许开采量为$6×10^4$m³/d，普查工作满足(D级)精度要求，可作为地下水资源开发利用规划和今后进一步开展勘查工作的依据。

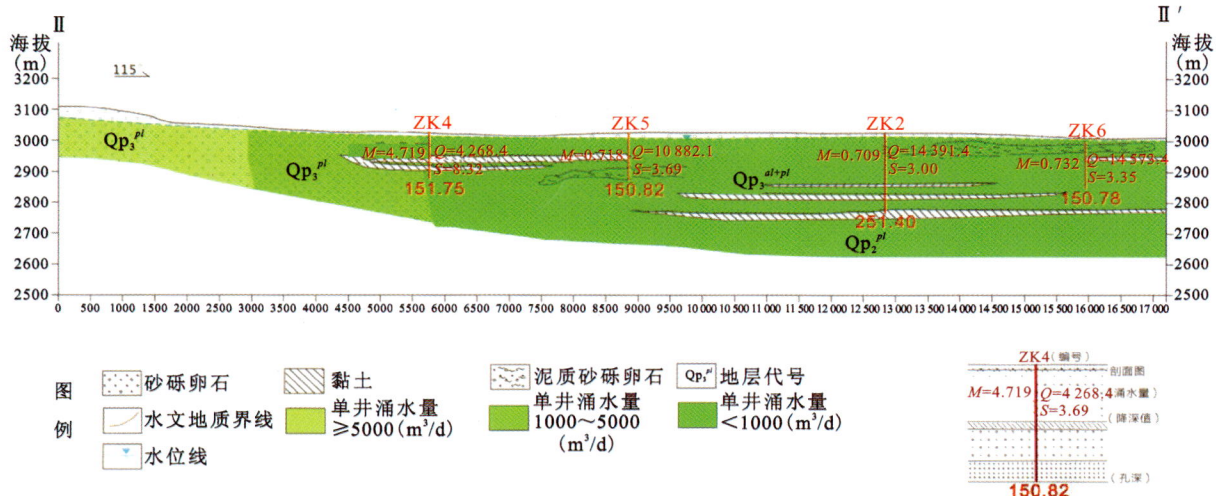

图4-9-3 阿达滩—斯巴利克冲洪积扇Ⅱ—Ⅱ′东西向水文地质剖面图(据青海省环境地质勘查局，2018)

（四）小结

（1）综合应用各类水文地质工作手段，是预测和评价地下水的有效方法。利用1∶5万水文地质测绘→物探→地下水动态监测→水文地质钻探→抽水试验→浅井→工程测量→剖面测量等工作手段进行勘查后显示该区地下水资源丰富。

（2）在找水的同时，注重水质资料的分析，为找水工作指明了方向。项目组通过对南部阿达滩—斯巴利克冲洪积扇潜水水化学类型、矿化度的分析，认为该水资源符合饮用水水质标准，水质良好，按照现有布井方案，提出了适宜开采的地段及开采方式。

三、乌兰县查查香卡水源地

（一）概况

水源地北部行政区划隶属海西州乌兰县柯柯镇管辖，南东部行政区划隶属海西州都兰县夏日哈镇管辖,距都兰县城60km,区内交通方便。中心点坐标为东经96°10′52″,北纬35°56′26″。截至2020年底,全区估算出地下水允许开采量为$5.02×10^4 m^3/d$,满足D级精度要求,规模为大型。水源地的地下水可划分为松散岩类孔隙水、碎屑岩类裂隙孔隙水、基岩裂隙水和碳酸盐岩溶裂隙水4种基本类型。该水源地为"十三五"期间取得新进展的水源地。参考资料主要来源于青海省环境地质勘查局编写的《青海省乌兰县查查香卡农业开发区供水水文地质普查报告》。

(二)水源地概述

水源地大地构造位置位于柴北缘蛇绿混杂岩带,属北霍布逊湖水系,由两条常年性河流及一个主要湖泊组成(图4-9-4),河流从东到西分别为查查河、素棱郭勒河。区内出露的地层由老到新有古元古界(Pt_1)、上泥盆统(D_3)和新近系(N)。晚三叠世侵入岩主要分布于查查河上游两侧中山地区,为一套浅肉红色中细粒黑云母二长花岗岩、灰白色中细粒黑云母花岗闪长岩。区内断裂构造较为发育,呈棋盘式,北东向、北西西向均有发育,其中以北西西向断裂为主,控制着查查河河谷的形成和演化;北东向断裂为后期发育,错断主构造线,使基岩山地形成条带或条块,控制河谷区纵向基底的隆升和沉降,使第四系松散堆积地层厚度发生变化,从而控制着含水层结构和富水性特征。受基底起伏和地层岩性的限制,查查河河谷地表水和地下水发生多次转换,形成两个转换断面。第一转换断面位于农场一队,农场一队以东河谷地下水以泉的形式排泄补给河流;第二转换断面位于下游达楞希热根处,第一、第二转换断面之间为地下水的补给、径流区;第二转换断面以西为地下水的排泄区。

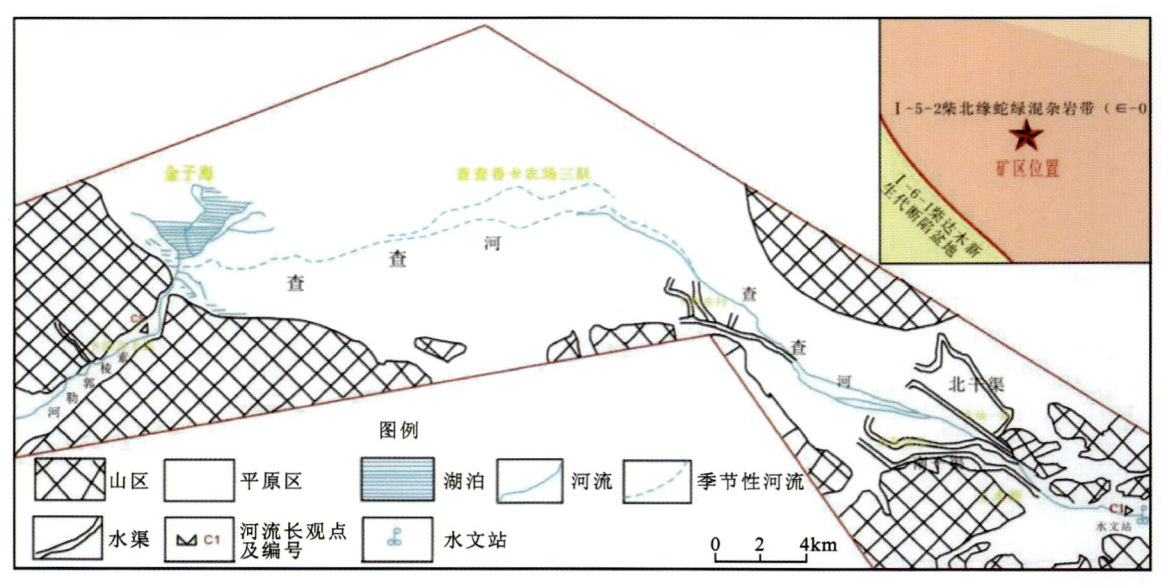

图4-9-4 查查香卡地区水系图(据青海省环境地质勘查局,2017)

查查河河谷内堆积有巨厚中、上更新统砂砾卵石、冰碛泥质砂砾卵石层,颗粒粗、透水性好,补给源水量大,是地下水的富集场所,从查查香卡农场场部至农场三队,沿查查河呈条带状分布。钻孔揭露含水层厚度一般40~150m,地下水位埋深21.06~93.69m,透水性好,径流舒畅,富水性强,单井计算涌水量$5\ 597.2$~$14\ 504.60 m^3/d$,水质较好,矿化度一般为0.6~0.8g/L,多为Cl·HCO_3—Na·Ca型水。据水质分析资料,地下水由东向西径流,在河谷纵向上具有水平分带的特点:从上游至下游,地下潜水水质由淡水逐步变为微咸水、咸水。

(三)发现与勘查

2012年,为解决查查香卡养殖场人畜饮水困难问题,青海省九〇六工程勘察设计院在养殖场施工了一眼供水井(D059),孔深120m;为解决土地开发治理灌溉用水问题,于2014年在查查香卡农场三队施工了一眼供水井(D109),孔深120m。

2016—2017年,青海省环境地质勘查局开展了青海省乌兰县查查香卡农业开发区供水水文地质普查工作,利用1:5万水文地质测绘、物探、水文地质钻探、抽水试验、地下水动态监测、浅井、工程测量、剖面测量等工作手段发现2处富水地段,分别为农场场部至下查查地区及农场三队地区。第一富水地段:以F1、F2断裂为界的农场场部至下查查地区(图中未见断裂),长10km,第四系颗粒粗,含水层厚度一般170～240m,单井换算涌水量大于5000m³/d。第二富水地段:农场三队地区,含水层厚度一般大于65m,是地下水径流区,断面径流量为$15.14×10^4$m³/d。其中,施工的ZK4号孔,涌水量达1 327.10m³/d,换算涌水量达7 011.70m³/d(图4-9-5)。据水质分析资料,查查河中上游河谷平原潜水和下游金子海地区深

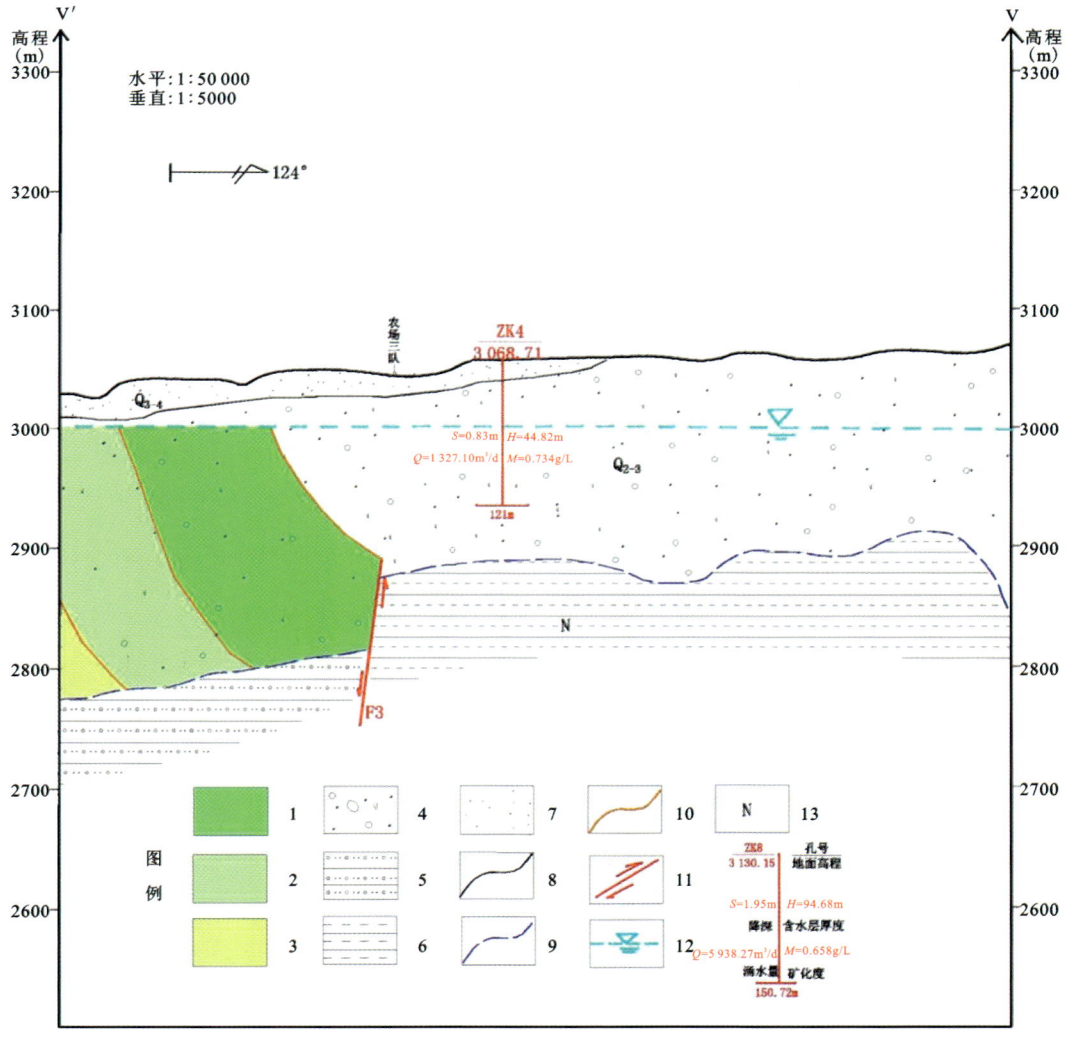

1.单井换算涌水量3000～5000m³/d;2.单井换算涌水量1000～3000m³/d;3.单井换算涌水量100～1000m³/d;4.含泥砂砾卵石;5.砂砾岩;6.泥岩;7.中细砂;8.地质界线;9.物探解译地质界线;10.富水性界线;11.断层;12.等水位线;13.地层代号。

图4-9-5 素棱郭勒河河谷卜浪沟地区水文地质剖面图(据青海省环境地质勘查局,2018)

部承压水水质较好,多为矿化度0.5~0.8g/L的$Cl·HCO_3—Na·Ca$型水,成垢作用较弱,可用于工业用水。通过有限已检测项评价,除农场一队以东的查查河上游河谷和查查河中游河谷两侧山前带地下水Cl^-离子超标外,其他地区地下水均适合饮用。通过农田灌溉水质评价,表明查查河河水、素棱郭勒河河水适宜灌溉,除农场一队以东的查查河上游河谷和查查河中游河谷两侧山前带地下水不宜灌溉外,其余地区地下水均可用于灌溉。采用排泄量总和法、补给量总和法和断面径流量法,计算出水源地地下水天然资源量为$15.75×10^4 m^3/d$、$15.24×10^4 m^3/d$、$15.14×10^4 m^3/d$。按照D级精度的要求,计算出水源地地下水允许开采资源量为$5.02×10^4 m^3/d$,并评价了地下水补给量、地下水储存量、地下水可开采资源量及其环境地质问题。

(四)小结

(1)综合应用各类水文地质工作手段,是预测和评价地下水的有效方法。采用"剖面测量→水文地质测绘→浅井→物探→水文地质钻探→抽水试验→地下水动态监测→工程测量"方法组合是该区寻找水源地最有效的勘查方法,提高了找水的有效性。

(2)通过地下水化学特征分析及生活饮用水+工业用水+农田灌溉水等综合水质评价,提出该水源地水质的不同用途。采用排泄量总和法、补给量总和法和断面径流量法计算出的地下水开采资源量,为对拟建水源地进行位置及可采方案的选择提供了依据。

四、德令哈市柏树山饮用天然矿泉水

(一)概况

水源地行政区划隶属海西州德令哈市蓄集乡管辖,南距德令哈市23km,交通较为便利。中心点坐标为东经97°24′43″,北纬37°31′42″。截至2018年底,全区共求得矿泉水允许开采量1 676.16m³/d,规模为大型,地下水类型为碎屑岩类裂隙孔隙水。该水源地为"十三五"期间新发现的水源地。参考资料主要来源于青海省环境地质勘查局编写的《青海省德令哈市柏树山饮用天然矿泉水水源地勘探报告》。

(二)水源地概述

水源地大地构造位置位于南祁连岩浆弧(图4-9-6)。区内出露的地层有古元古界(Pt_1)、新元古界(Pt_3)、志留系巴龙贡噶尔组(Sb)、石炭系—二叠系宗务隆山群(CP_2Z)、三叠系郡子河群(TJ)、下—中侏罗统(J_{1-2})及古近纪渐新统—新近系中新统($E_3—N_1$)。矿泉(群)出露在奥利克沟北侧山脚下,由于第四系松散堆积物的覆盖,断裂构造面不易看见。沟谷北侧有一条区域断裂通过,属纬向构造体系的东西向压性及压扭性断裂,断裂带附近岩石破碎,裂隙发育,在该断裂上盘发育的低次序的断裂和压扭性断裂本身在局部地段或不同时期呈现张性特点,为地下水的补给和运移创造了条件。在两条断裂的交汇处有地下水露头出现,流量变化较大,测得流量的主泉眼1个,枯水期流量为19.4L/s(1 676.16m³/d),丰水期流量为36.7L/s(3 170.88m³/d),泉群枯水期流量为35L/s(3024m³/d),平均值为74.61L/s(6 446.3m³/d),允许开采量为1 676.16m³/d,可作为开发利用的水量依据。

(三)发现与勘查

2016—2018年,青海省环境地质勘查局开展了青海省德令哈市柏树山饮用天然矿泉水水源地勘探

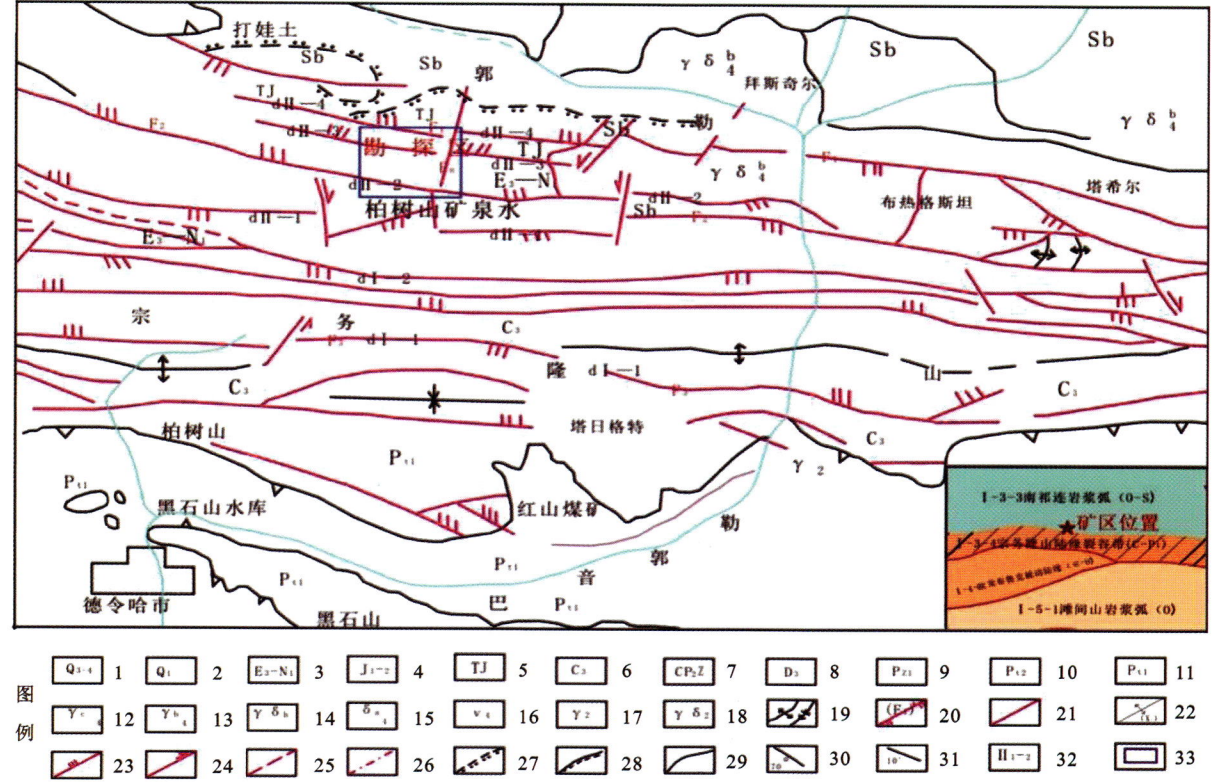

图 4-9-6　德令哈地区地质构造图（据青海省环境地质勘查局，2016）

图例：1.上更新统—全新统；2.上更新统；3.渐新统—中新统；4.下—中侏罗统；5.上石炭统；6.中—上石炭统；7.下石炭统；8.上泥盆统；9.下古生界；10.新元古界；11.古元古界；12.二叠纪花岗岩；13.石炭纪花岗岩；14.石炭纪花岗闪长岩；15.泥盆纪闪长岩；16.海西期辉长岩；17.元古宇花岗岩；18.元古宇花岗闪长岩；19.北西西向复式背斜与复式向斜轴线；20.北西西向压扭性断裂及编号；21.北东向张扭性断裂；22.北西西向斜列压扭性背斜轴线及编号；23.北西向压扭性断裂；24.扭性断裂；25.性质不明及推断断裂；26.隐伏断裂；27.不整合界线；28.假整合界线；29.地层界线及岩体侵入界线；30.片理产状；31.地层产状；32.北西西向褶带及编号；33.勘探区范围。

工作，利用地形测量、剖面测量、地质-水文地质测绘、物探、地下水动态监测等手段，在主干区域发现宽约 200m 压扭性断裂破碎带，北盘与一条近南北向张性断层交汇，该断裂向北延伸长度达 10km 以上（图 4-9-7）。奥利克矿泉（群）系地下水经深部循环后沿断裂带上升溢出地表而形成构造裂隙上升泉。泉水各项感官性状指标、水化学指标、限量指标、污染物指标、微生物指标等，均符合《饮用天然矿泉水》（GB 8537—2008）规定要求，水化学类型为重碳酸钙型，pH 值为 6.88～7.43，属中性水，矿化度小于 1g/L，为淡水；游离 CO_2 现场实测值 98.87～101.7mg/L，并含有对人体有益的微量元素，其中锶含量在 0.42～0.51mg/L 之间，达到《饮用天然矿泉水》（GB 8537—2008）界限指标要求，柏树山矿泉（群）属重碳酸钙型富锶饮用天然矿泉水。

（四）小结

（1）采用"地形测量→剖面测量→地质-水文地质测绘→物探→地下水动态监测"是该区寻找矿泉水水源地最有效的勘查方法组合，提高了找水的有效性。

（2）在找水的同时，注重构造是寻找矿泉水的重要因素。在填图过程中注重了断裂的识别与填绘，在主干区域发现压扭性断裂破碎带，北盘与一条近南北向张性断层交汇，扩大了该矿泉水的规模。

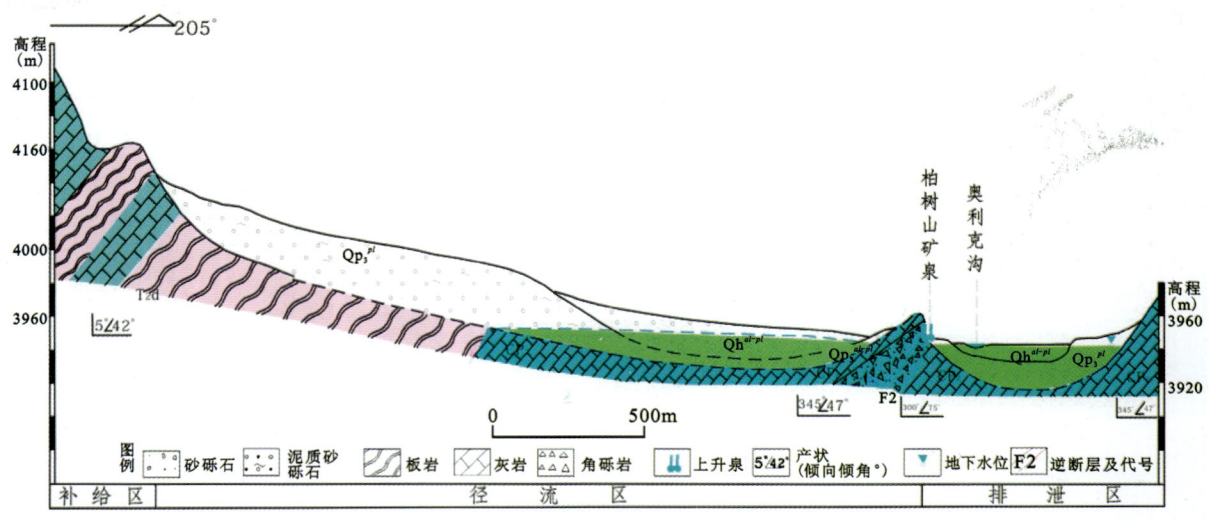

图 4-9-7 北支沟—奥利克沟Ⅱ—Ⅱ′水文地质剖面图（据青海省环境地质勘查局，2016）

五、共和县恰卜恰地热田

（一）概况

地热田行政区划隶属海南州共和县恰卜恰镇，距西宁市 148km，交通方便。中心点坐标为东经 100°37′00″，北纬 36°15′20″。截至 2020 年底，全区共求得勘查区下更新统及新近系热储中存储的热量为 $12768.83×10^{15}$ J，属沉积盆地传导型地热资源，规模为大型。该地热田是"十三五"期间取得新进展的中低温地热田。参考资料主要来源于青海省水文地质工程地质环境地质调查院编写的《青海省共和县恰卜恰镇地下热水资源勘查报告》。

（二）地热田概述

地热田大地构造位置位于泽库复合型前陆盆地，处在共和盆地内。共和盆地是一个自中生代以来形成的断陷盆地，北缘由宗务隆-青海南山断裂控制，该断裂是祁连地块与昆仑地块的分界断裂（图 4-9-8），走向北西，长度大于 650km，是一条断面近直立微向南倾的超岩石圈活动断裂（朱俊才，1963）。西南由哇洪山-温泉断裂控制，走向北西，长度大于 200km，为一条走滑地壳断裂。据航磁、重力异常解译，一条规模较大、经花石峡—温泉—共和—湟源的北东向隐伏断裂，从盆地中部通过。盆地内的小规模断裂以北西向、东西向为主。钻孔物探测温反映，共和盆地地温明显偏高，盆地北部、东部及中部二塔拉一带的钻孔中，上覆第四系、新近系地温及其中的地下水水温均较高。盆地北部恰卜恰镇一带，1400m 以浅地下水水温达 80℃以上，有的地段高达 90℃以上，成为中温热水。在接近基底的 1400m 左右岩体温度可达 100℃。组成基底的花岗岩，平均地温梯度为 6.7～6.8℃/100m，但不同深度段的梯度差异明显（严维德，2015）。该区实施了多眼地热地质钻孔，花岗岩基底埋深在 797.04～1694.26m 之间，热储层位置在 216.65～1694.26m 之间，热储层厚度在 59.6～213.19m 之间，热储层岩性多以新近纪砂岩、砂砾岩及花岗岩风化壳为主，井口水温 40～105℃。恰卜恰地热田 40.0km² 范围内，地热资源为可行性勘查阶段，储量类别达到"探明的"程度。恰卜恰北部地区为盆地型层状热储Ⅱ-1 型中低温地热田，南部地区为兼有层状热储和带状热储特征的Ⅱ-3 型中低温地热田。按照 6 个区块进行计算，勘查区下更新统热储地下热水温度为25～45℃,属于温水类型,其中存储的热量为3 425.83×10¹⁵J,新近纪热储温度为64.0～91℃,属沉积盆地传导型地热资源,其中存储的热量为9343×10¹⁵J。

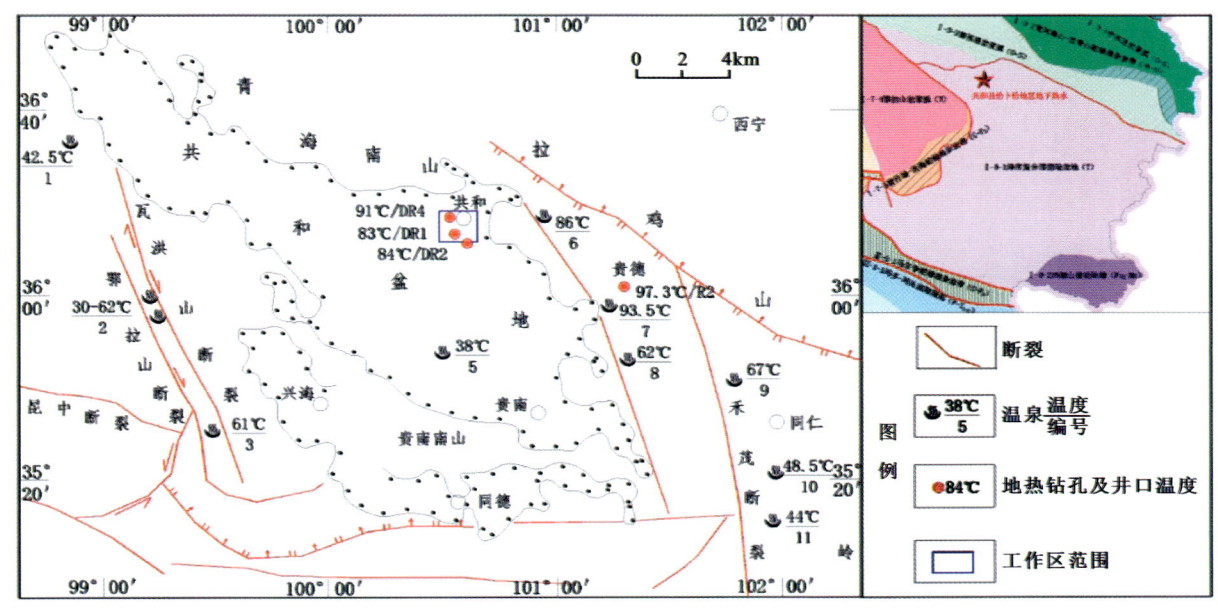

图4-9-8　共和盆地地质构造与温泉分布图(据青海省水文地质工程地质环境地质调查院,2018)

(三)发现与勘查

2009年,青海省环境地质勘查局完成了青海省共和盆地恰卜恰地区地下热水资源地球物理详细勘查工作,利用1∶2.5万可控源音频大地电磁测深对工作区断裂构造的分布规律、基底埋藏深度等进行了综合分析。

2013—2017年,青海省水文地质工程地质环境地质调查院实施青海省共和县恰卜恰镇干热岩勘查工作,通过1∶2.5万地面调查、物探、地热地质钻探等工作手段,查明勘查区基底均由印支期花岗岩组成,其埋藏深度在900～1400m之间,基底呈东高西低趋势,总体起伏不大(图4-9-9);花岗岩体在埋深3000m左右温度达到180℃,平均地温梯度6.1℃/100m,GR1号孔在6000m深度花岗岩体温度达376℃;综合研究表明,整个勘查区地温梯度、温度相对均匀稳定,表明区内干热岩具有分布范围广、埋深浅、温度高的特点,具有很高的开发利用前景。根据体积法推算,已探明的262km²范围内,在3000～6000m深度范围干热岩资源静态储量为130.86×10¹⁸J,折合标准煤44.71亿t。

2018—2019年,该院开展青海省共和县恰卜恰地区地下热水资源可行性勘查工作,通过地面调查、可控源音频大地电磁测深、重力、地热地质钻孔等工作,基本查明勘查区基底呈东浅西深,南北向起伏小,局部有隆起或凹陷,其中勘查区东侧基底埋深800～1100m,中部基底埋深1300～1400m,西部基底埋深1600～1700m。下更新统和新近纪覆盖层呈东部薄西部厚的特点,不仅为地热地质钻探布孔提供了大量地质依据,也为后续地质模型建立奠定了坚实基础。通过抽水试验、产能测试工作,勘查区内单井涌水量呈东部小、西部大的特点,东部1250～2000m³/d,中部1500～2500m³/d,西部2000～3500m³/d,呈西北部水温高、水量大,东部水温低、水量小的特点。勘查区井口水温呈由东南向西北增加的趋势,勘查区西北部井口水温普遍在100℃左右,属中温地热资源。通过稳态测温曲线结合井口水温分析,认为勘查区新近纪地下热水主要来自深部热储,深部热储层对涌水量的贡献大于上部热储层。

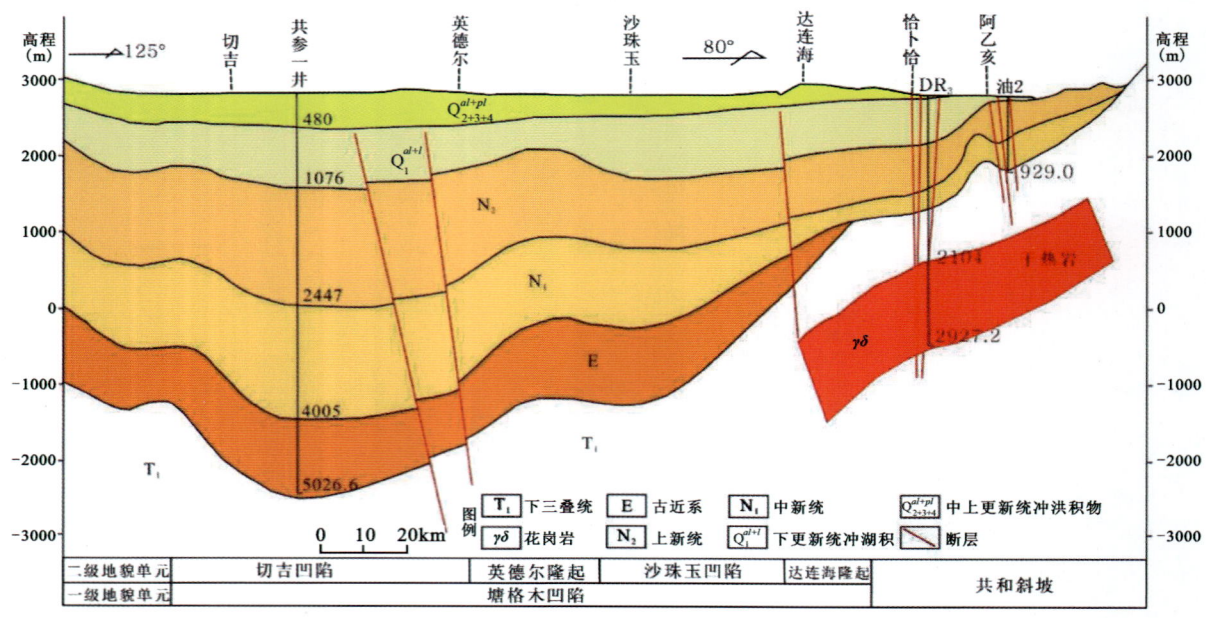

图 4-9-9 共和盆地地热区热储分布及埋藏条件示意图(据青海省水文地质工程地质环境地质调查院,2016)

(四)小结

(1)利用1:2.5万地面调查、可控源音频大地电磁测深、地热地质钻探与地热井产能测试紧密结合是该区取得突破的最佳经验。通过地面调查、地球物理勘探工作,查明了下更新统和新近纪覆盖层呈东部薄西部厚的特点,不仅为地热地质钻探布孔提供了大量地质依据,也为后续地热地质模型建立奠定了坚实基础。通过地热井产能测试工作,查明勘查区内单井涌水量呈西北部水温高、水量大,东部水温低、水量小的特点。

(2)对热储地温梯度异常(恰卜恰地区下更新统热储地热梯度平均值7.78℃/100m,大地热流值平均值4.60HFU;新近系热储地温梯度平均值5.94℃/100m,大地热流值平均值3.68HFU;花岗岩地温梯度平均值4.28℃/100m,大地热流平均值2.70HFU)及花岗岩岩体温度场异常特征分析,为地热资源温度场研究提供了突破口。恰卜恰地下热水勘查工作经历了从"理论认识→靶区优选→靶区验证(点上突破)→面上突破"的过程,突破点在于青海省共和县恰卜恰镇地下热水资源勘查项目四眼地热井揭露到印支期花岗岩后,在对区域地热地质条件深入认识的基础上,敏感地意识到花岗岩岩体温度场的异常,并大胆实践,加深钻孔,验证到基底花岗岩岩体地热梯度具有高异常现象,从而确定了地热勘查靶区。

第五章 成果转化与效益

第一节 成果的转化

一、通过财政资金引领,进一步激发社会投资活力

较为稳定的资金投入,有效解决了长期制约青海省地质勘查深入推进资金不足的问题,逐步形成了以商业性勘查为主体,推进地质找矿新突破的良好勘查格局。同时,随着地质勘查工作程度的不断提高,有效促进了勘查成果向开发利用的转化,每年矿业权的出让收入和矿产资源补偿费收入,极大地充实了地质勘查的财政资金。据不完全统计,2016—2019年全省共收取探矿权出让价款、采矿权出让价款和矿产资源补偿费共计约35亿元。省、州两级地方财政勘查投入资金占同期两权价款和矿产资源补偿费收入的60%,两权价款和矿产资源补偿费为全省地质勘查工作的稳步推进提供了坚实有力的资金保障。

二、资源保障能力持续提升,大力支撑循环经济产业项目建设和特色产业发展

一是依托柴达木盆地丰富的盐湖资源,以钾资源开发为龙头,综合开发利用盐湖钠、镁、锂、锶、硼等有益共伴生资源,先后建成了钾肥综合利用、碳酸锂产业化示范工程、金属镁一体化、氢氧化镁、硼酸、纯碱等资源综合开发利用和产业延伸项目。

二是以木里、江仓、鱼卡等重点矿区煤炭资源为支撑,先后建成了焦炭、煤焦油加工、煤矸石资源再利用、煤制甲醇、乙二醇、合成氨、尿素等煤焦化、煤化工产业项目。

三是依托铁、铜镍、铅锌等金属矿产资源,先后建成了钢铁一体化、铜、铅、锌精粉加工、金属冶炼等产业链延伸项目;依托夏日哈木百万t镍矿资源,将大力推进镍、钴矿采选、冶炼及镍下游产业项目建设,重点建设镍基合金、镍粉体材料、硫酸镍、钴基高温合金等精深加工项目,有望将格尔木打造成中国新的镍都。

四是依托东昆仑、柴北缘金矿资源,推进了都兰黄金产业园建设,扩大了金矿资源开发利用产能,延伸了产业链条,发展了下游黄金冶炼、黄金粉、丝箔材料加工及黄金首饰加工产业。

此外,通过1∶5万生态地球化学评价以及1∶1万土地质量地球化学评估等项目的实施,在青海东部农业区、拉脊山南部黄河谷地和都兰县诺木洪农场北部圈定规模可观的富硒土壤,有效促进了青海省高原农牧业发展方式的转变,为青海省区域农业经济结构调整、特色农业区规划和产业发展提供了科学依据。其中,海东市平安区依托富硒土壤资源,着力打造"丝路硒谷"农业公园,以富硒农业、富硒产业园区、富硒文化休闲产业为抓手,推动富硒农畜产业集群化经营,规划建设"高原硒都·健康平安"富硒生

态旅游文化产业园,构建集富硒农产品科研示范、种植生产、精深加工、文化科普、商贸物流、品牌推介、民俗文化体验等多功能于一体的高原富硒现代农业产业链,在壮大现有富硒大蒜产业基础上,重点发展富硒燕麦、富硒马铃薯、富硒果蔬、富硒鸡蛋、富硒高原肉等种植、养殖、精深加工特色产业,提高农畜产品品质和附加值,实现一、二、三产业融合发展,为促进青海东部农业产业结构优化,带动全省特色农牧经济的健康快速发展起到积极的引领和示范作用。

三、矿业勘查开发活力进一步增强,有效促进全省经济社会发展

一是有关资料显示,全省依托优势资源形成了以盐湖化工、有色冶金、能源化工、特色轻工、建材及新能源、新材料、电子信息、生物医药、装备制造为主体的十大优势产业,其中有八大产业以矿产资源勘查开发为支撑。"十三五"以来,全省矿产资源开发及后续加工业总产值合计为1 179.54亿元,占全省工业总产值的47.29%。由矿产资源勘查—开发—加工利用形成的矿产资源产业,不仅为经济社会发展提供了资源保障,也是青海省经济社会发展的重要支柱和动力。

二是据相关资料统计,5年共投入地勘工作人员约5万人次,其中安排地勘工作辅助人员近2.5万人次,平均每年提供各类工程施工人员和当地群众劳务就业数千人;新建成投产的多家大中型重要矿产开发矿山新增从业人员近万人次,平均每年安排采矿生产和当地群众劳务就业人员近2000人次。矿产资源勘查开发活动为促进地方就业和当地群众增收脱贫发挥了积极的作用。

四、水工环、灾害地质及地热勘查工作全面推进,显著提升民生服务能力

一是通过基础水文地质调查和供水水文地质勘查,基本查明了重点地区、重要城镇地下水资源分布规律和赋存特征。共发现大中型水源地多处,有效保障了重要城镇、循环经济工业园区产业项目、重要资源开发项目建设和农牧区生产、生活对水资源的需求,保障了生产用水和人畜饮水安全。

二是通过区域水工环地质综合调查和生态环境地质调查,进一步查明了重点地区水文地质、工程地质、环境地质条件和生态脆弱区环境承载能力,为全省生态文明先行区建设和生态地质环境保护提供了基础地质资料依据。

三是通过开展全省地热资源调查评价及西宁盆地、共和盆地、贵德盆地等重点地区地热资源勘查工作,初步查明了地热资源分布范围、地质构造特征及深部热储的空间分布规律,摸清了全省地热资源家底,圈定干热岩远景区18处,提交大中型地热田6处。另外,在共和县恰卜恰地区和贵德县扎仓沟地区相继发现干热岩资源,并在3705m深处探获236℃可利用干热岩,填补我国干热岩勘查史上的空白,其评价成果对我国干热岩资源开发利用研究工作起到了重要的示范引领作用,为建设干热岩资源国家研究基地奠定了基础,也为生态文明先行区、清洁能源示范省建设提供了重要支撑。

四是围绕防灾减灾、保障人民生命财产安全需要,青海省县(市)1∶5万地质灾害详细调查工作达到全覆盖,基本查明了各县(市)地质灾害形成的地质环境条件及崩塌、滑坡、泥石流等各类地质灾害分布范围、规模、变形破坏特征及危害程度,编制了地质灾害易发程度分区图和危险性分区图,建立了重大地质灾害隐患点防灾预案,为群测群防、应急处置、地质灾害减灾防灾、重点工程建设选址提供了基础地质依据。

五是通过百余项地质灾害治理工程的实施,不仅有效保护了灾害发育区段109国道、304省道、兰西高速、玛久公路、兰新铁路以及市政主干道等道路的行车安全,同时保障了数千户居民、10余万人的生命财产安全,保护寺院佛堂、居民房屋建筑7000余座、耕地800亩,挽回经济损失数十亿元,对社会稳定、民族团结和人民群众安居乐业起到了积极的促进作用,取得了良好的社会效益。

第二节 潜在经济价值

一、潜在经济价值估算方法

2016—2020年,全省矿产勘查取得了丰硕成果,煤、铁、铜、镍、铅锌、金、银、钾盐等重要矿产地质找矿工作实现了重大突破。据统计,新发现普查基地、矿产地62处(目标40处),完成率152%;新提交可供开发矿产地18处(目标10处),完成率180%。新探明石油地质储量1.5亿t(目标1.5亿t),完成率100%;天然气地质储量400亿m^3(目标1000亿m^3),完成率40%。重要矿种新增"333及以上"资源储量:煤炭3.25亿t;铁1.01亿t;铜39.58万t;镍16.64万t;铅锌895.79万t;金101.59t;银2 336.65t;钾盐3.48亿t;钛118.42万t;石墨856.22万t;钾盐3.48亿t;萤石39.90万t;锂盐22.95万t;锰2万t。新增"334"预测资源量:煤炭11.16亿t;铜18.44万t;镍5.39万t;金13.18t;银3 815.66t;钛59.75万t;石墨1 325.57万t;钾盐2.95亿t;萤石100.40万t;锰538.91万t。

按照新增资源量折算的未来可开采储量,根据相应矿种矿产品5年平均销售价格(不含税价),重点对全省煤、铜、金、银、镍、钨、锰、钾盐、石墨、萤石等10种主要矿产新增333及以上资源量潜在经济价值和新增334资源量潜在经济价值分别进行估算。

(一)估算公式

$$V = Q \times S \times K \times X \times C$$

式中:V为矿产资源潜在经济价值;Q为新增资源量;S为资源可信度系数;K为开采回采率;X为选矿回收率;C为矿产品估算价格。

(二)指标选用依据

1. 资源可信度系数

根据经验数据,333及以上资源量可信度系数综合取0.80,334资源量可信度系数取0.30。

2. 开采回采率、选矿回收率

煤炭:根据《国土资源部关于煤炭资源合理开发利用"三率"指标要求(试行)的公告》(〔2012〕23号),按照井工开采、中厚煤层,采区回采率取80%。

铁、铜、铅、锌、钾盐矿:根据《国土资源部关于铁、铜、铅、锌、稀土、钾盐和萤石等矿产资源合理开发利用"三率"最低指标要求(试行)的公告》(〔2013〕21号)选取。开采回采率取80%;选矿回收率:铁90%、铜87.5%、铅锌90%、钾盐65%、萤石83%。铁精矿产率综合取40%。

金矿:根据《国土资源部关于金矿资源合理开发利用"三率"指标要求(试行)的公告》(〔2012〕29号)选取。开采回采率85%、选矿回收率85%。

镍矿:根据《国土资源部关于镍、锡、锑、石膏和滑石等矿产资源合理开发利用"三率"最低指标要求(试行)的公告》(〔2015〕30号)选取。开采回采率88%、选矿回收率82%。

钨、钼、石墨矿:根据《国土资源部关于锰、铬、铝土矿、钨、钼、硫铁矿、石墨和石棉等矿产资源合理开发利用"三率"最低指标要求(试行)的公告》(〔2014〕31号)选取。开采回采率:锰83%、钨85%、钼

88%、石墨80%;选矿回收率:锰83%、钨80%、钼86%、石墨85%。

银矿:根据国内开采银矿山经验数据选取。开采回采率80%,选矿回收率90%。

3. 矿产品估算价格(不含税价)

煤炭:依据全省5年平均销售价格确定。估算价格为439元/t。

铜、铅、锌、金、银、镍、钨、钼、石墨矿:依据"上海有色金属网"相应矿产品5年平均销售价格确定。估算价格分别为:铜46 689.19元/t(金属)、金302.29元/g(金属)、银4 091.40元/kg(金属)、镍97 112元/t(金属)、钨76 065.13元/t(精矿)、锰12 457.05元/t(金属)、石墨6950元/t(精矿)。

钾盐:依据全省氯化钾(品位90%)5年平均销售价格确定。估算价格为1 478.37元/t。

萤石:依据全省5年平均销售价格确定。估算价格为2 586.44元/t。

二、估算结果

通过估算,"十三五"期间,全省煤、铜、金、银、镍、钨、锰、钾盐、石墨、萤石等10种主要矿产新增333及以上资源量潜在经济价值为3 794.22亿元;新增334资源量潜在经济价值为2 251.35亿元。全省煤、铁、铜、铅锌、金等17种主要矿产新增资源量潜在经济价值总计为6 045.57亿元(图5-2-1、表5-2-1)。

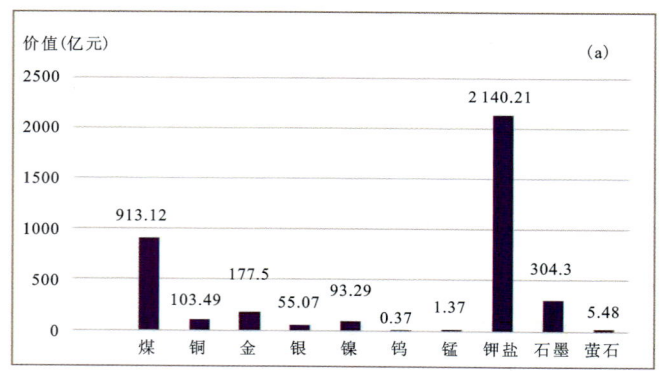

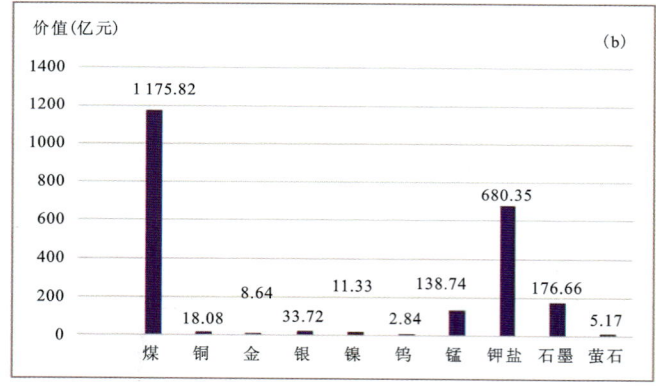

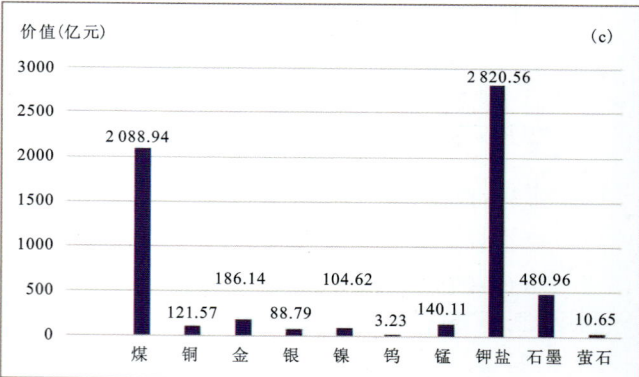

图5-2-1 青海省"十三五"期间主要矿种新增资源量潜在经济价值柱状图
(a)333以上资源量潜在经济价值柱状图;(b)334以上资源量潜在经济价值柱状图;(c)333+334及以上资源量潜在经济价值柱状图

表 5-2-1　青海省"十三五"期间主要矿种新增资源量潜在经济价值估算表

资源类别	矿种	新增资源量	资源可信度系数	开采回采率	选矿回收率	矿产品价格 单价	矿产品价格 单位	精粉计价系数	资源潜在工业经济价值（亿元）
333 及以上	煤（原煤亿 t）	3.25	0.80	0.80	1.00	439.00	元/t	1.00	913.12
	铜（金属万 t）	39.58	0.80	0.80	0.88	46 689.19	元/t（金属）	1.00	103.49
	金（金属 t）	101.59	0.80	0.85	0.85	302.29	元/g（金属）	1.00	177.5
	银（金属 t）	2 336.65	0.80	0.80	0.90	4 091.40	元/kg（金属）	1.00	55.07
	镍（金属万 t）	16.64	0.80	0.88	0.82	97 112.00	元/t（金属）	1.00	93.29
	钨（WO_3 万 t）	0.17	0.80	0.85	0.80	76 065.13	元/t（精矿）	0.55	0.39
	锰（金属万 t）	2.00	0.80	0.83	0.83	12 457.05	元/t	1.00	1.37
	钾盐（KCl 亿 t）	3.48	0.80	0.80	0.65	1 478.37	元/t	1.00	2 140.21
	石墨（矿物万 t）	856.22	0.80	0.80	0.85	6 950.00	元/t（精矿）	0.94	304.3
	萤石（万 t）	39.90	0.80	0.80	0.83	2 586.44	元/t	1.00	5.48
合计	主要矿种资源量潜在工业经济价值合计								3 794.22
334	煤（原煤亿 t）	11.16	0.3	0.8	1	439.00	元/t	1	1 175.82
	铜（金属万 t）	18.44	0.3	0.8	0.875	46 689.19	元/t（金属）	1	18.08
	金（金属 t）	3.18	0.3	0.85	0.85	302.29	元/g（金属）	1	8.64
	银（金属 t）	3 815.66	0.3	0.8	0.9	4 091.40	元/kg（金属）	1	33.72
	镍（金属万 t）	5.39	0.3	0.88	0.82	97 112.00	元/t（金属）	1	11.33

续表 5-2-1

资源类别	矿种	新增资源量	资源可信度系数	开采回采率	选矿回收率	矿产品价格 单价	矿产品价格 单位	精粉计价系数	资源潜在工业经济价值(亿元)
334	钨 （WO₃ 万 t）	3.33	0.3	0.85	0.8	76 065.13	元/t（精矿）	0.55	2.84
	锰 （金属万 t）	538.91	0.3	0.83	0.83	12 457.05	元/t	1	138.74
	钾盐 （KCl 亿 t）	2.95	0.3	0.8	0.65	1 478.37	元/t	1	680.35
	石墨 （矿物万 t）	1 325.57	0.3	0.8	0.85	6 950.00	元/t（精矿）	0.94	176.66
	萤石 （万 t）	100.40	0.30	0.80	0.83	2 586.44	元/t	1	5.17
合计	主要矿种资源量潜在工业经济价值合计								2 251.35

第三节　经济与社会效益

五年来，地质工作由传统的大宗矿产勘查拓展到清洁能源勘查、新材料矿产勘查、优势重要矿产勘查、公益性地质调查、民生地质调查等多个领域。取得了丰硕的地质成果，提升了资源保障能力，在青海省生态文明建设、乡村振兴、精准扶贫、新型城镇化、自然资源管理等方面发挥了重要作用。

一、讲好绿水青山故事，传播地质文化，促进地学、文化、旅游联合发展

五年来，矿产勘查工作重点从三江北段、祁连等地区，调整到柴达木盆地及其周缘，形成盆地及周缘以矿产勘查为主，西宁-贵德-共和盆地以地热资源调查为主，东部人口密集区以生态地质、农业地质、城市地质、旅游地质、地质灾害等民生地质调查为主的地质工作新布局。在西宁、海东、海南地区开展重要地质遗迹调查评价，新发现地质遗迹集中区 5 处、地质遗迹景观 355 处、重要地质遗迹点 24 处，依托地学文化，开展地学旅游，增强旅游产品的科学含量，发挥资源的深层次价值，以地质环境保护和地质遗迹景观为主体，融合乡村文化，为乡村旅游和地方政府发展特色旅游文化提供新的方向，对保护自然遗产，实现产业精准扶贫，推进生态文明和建设美丽中国起到了积极作用。

二、推动绿色农业产业发展，助力脱贫攻坚

五年来，在柴达木绿洲农业区、海东富硒耕地区全面开展 1∶5 万土地质量地球化学评价，新圈定富硒土壤 1 518.3 km²、富锗土地 123.6 km²，根据硒元素的空间分布及其含量水平，评价和圈化富硒耕地资源潜力区，为青海省发展绿色有机富硒产业提供了良好的土地资源，为开发绿色农业提供了科学依据

第五章　成果转化与效益

和决策指导。在共和、互助、贵南等地发现大—中型富锶矿泉水 8 处,水量丰富,水质优良,具良好的开发利用价值,为发展地方经济、乡村振兴提供了绿色资源支撑。

三、控制和预防地质灾害,缓解水资源紧缺

五年来,通过"天-空-地"一体化调查,完成了全省 1∶5 万县(市)地质灾害详细调查,查明崩塌、滑坡、泥石流、不稳定斜坡等地质灾害点 4473 处,查清了滑坡潜在隐患区,为地质灾害有效防治及应急响应提供了技术支撑。在青海湖流域开展 1∶25 万水文地质环境地质调查,为流域的生态环境保护和治理提供了依据。在黄河流域、湟水流域人口密集区、主要经济区开展 1∶5 万水工环综合调查,稳步推进青海东部城市群后备水源地勘查和严重缺水区供水水源地勘查,共成功实施探采结合井 42 口,解决当地 4 万~6 万人饮水困难的问题,是缓解水资源紧缺问题、构建城市供水保障体系、保证城市供水安全的一项战略性举措。

四、矿产资源勘查成果突出,提升资源安全保障

五年来,新提交那更康切尔沟银矿、妥拉海河石墨矿、铜金山滑石矿等大型超大型矿产地 14 处;新形成格尔木昆仑河-妥拉海河滑石石墨非金属矿、德令哈牙马-延森哈达萤石脉石英新材料矿、都兰那更-哈日扎银多金属矿、天峻茶卡北山锂铍矿、共和-贵德盆地地下热水干热岩、柴达木盆地深层卤水钾盐、大柴旦金钛多金属矿七大矿产资源勘查基地,地质找矿实现新的重大突破,资源安全保障进一步提升。

一是优势重要矿产勘查取得新成果。都兰那更康切尔沟地区新发现青海省第一个超大型独立银矿床,累计银资源储量超过 5000t,是青海省地质找矿的重大突破,加上周边哈日扎、抗得弄舍等银多金属矿床,有望形成万吨级银矿勘查开发基地。格尔木石头坑德地区新发现岩浆熔离型铜镍矿,累计新增铜镍资源量 20 万 t 以上,达大型矿床规模,是青海省继夏日哈木之后同类矿床勘查的又一重大发现。柴达木盆地深层钾锂盐资源勘查在马海、大浪滩、昆特依等凹地深部发现以厚度巨大的砂砾石层为含卤介质的孔隙卤水型钾矿,累计提交氯化钾资源量 4 亿余吨,有巨大的潜在经济价值,有望形成新的钾锂盐勘查开发基地。都兰沟里整装勘查区的达热尔、色日、迈龙地区新发现金矿体,累计新增金资源量 13.5t,有望形成新的金矿勘查基地。另外,在都兰的朗日扎、热龙、各玛龙、博鲁古斯坦、益克郭勒,格尔木茫崖河东及茫崖乌兰乌珠尔等地区新发现一定规模的金及多金属矿体,找矿空间进一步扩大。五龙沟整装勘查区的红旗沟—水闸东沟、无名沟—百吨沟地区金矿勘查成效显著,累计提交金资源量 95t。大柴旦滩间山金矿田青龙山、金龙沟、细晶沟等老矿区资源储量进一步增大,东北部新发现中型规模的青山金矿,远景可达大型以上。都兰哈日扎铜多金属矿资源量 50 万 t 以上,达到大型矿床规模;格尔木夏日哈木外围新发现富铅锌矿体,估算新增铅锌资源量 7 万 t。

二是非金属矿产资源勘查取得新突破。非金属矿产资源被广泛应用于石油、化工、冶金、建筑、机械、农业、环保、医药等行业,并越来越多地被用于国防、航天、通信等高科技领域,在经济社会发展中具有十分重要的作用。格尔木妥拉海河地区新发现鳞片大、埋藏浅、易开采的超大型晶质石墨矿,估算石墨资源量 1500 万 t 以上;铜金山地区新发现超大型规模滑石矿床,估算滑石矿石量 2500 万 t 以上。这是青海省非金属矿产勘查取得的两个重大突破。天峻茶卡北山地区新发现规模巨大的含矿伟晶岩带,估算氧化锂资源量 3 万 t,氧化铍资源量 5000t,达中型矿床规模,有望形成大型以上锂铍稀有金属矿勘查开发基地。此外,一些新类型新矿种的勘查取得了重要发现,都兰德里特和德令哈牙马地区新发现热液型萤石多金属矿,共新增萤石矿石量 87 万 t,找矿前景看好;德令哈延森哈达—亚麻图地区新发现脉石英矿,新增脉石英矿石量 1.1 亿 t;大柴旦鱼卡—铁石观地区提交钛资源量 106.9 万 t,达大型以上

矿床规模;都兰三通沟北新发现沉积型碳酸锰矿,初步估算资源量 460 万 t,已达中型矿床规模;都兰龙什更地区新发现热水沉积型铁钴矿等。这些新矿床类型的发现,进一步拓展了东昆仑、柴北缘成矿带的找矿方向和空间。

三是清洁能源可持续利用取得新进展。青海省地热资源丰富,市场潜力巨大,发展前景广阔。加快开发利用地热能不仅对调整能源结构、节能减排、改善环境具有重要意义,而且对培育新兴产业、促进新型城镇化建设、增加就业均具有显著的拉动效应,是促进生态文明建设的重要举措。依托地热水为城市(镇)集中供热,发展集游泳、娱乐、健身、餐饮、住宿为一体的旅游服务业,开发利用地热水中含有的对人体有益的微量元素,建设旅游景点,将地热利用与风景旅游区建设结合,既可以欣赏自然美景,又可享受到地热的休闲、医疗保健功用。共和恰卜恰地区地下热水已经探明埋深 $300\sim1700m$,累计含水层厚度 $50\sim260m$ 的地热储层,开采量达 3.5 万 m^3/d(折合标准煤 31.5 万 t/a),水温 $58\sim105℃$,成为青海省第一处具备整装开发价值的水质优良的大型中低温地热田,既能满足恰卜恰地区供暖需要,又为发展设施农业和医疗康养等提供了资源保障;同时,首次实现了砂岩热储自然条件下的 100% 回灌,对实现高效开发利用意义重大。此外,共和达连海北部探获水温较高、水量丰富的地下热水资源,有望提交新的大中型低温地热田;共和盆地干热岩在自然资源部及中国地质调查局主导下,与省政府、中石化共同拟定了勘查开发试验攻关方案,并按方案稳步推进,已完成前期压裂和试采定向井施工,计划到 2021 年实现装机容量 2MW 试验性发电,努力建成国家干热岩勘查开发利用示范基地。东昆仑八宝山和柴北缘鱼卡地区发现陆相页岩气,为青海省页岩气调查评价提供了新思路。

四是常规能源矿产勘查取得重要成果。煤炭勘查在天峻县聚乎更煤矿区南部新发现厚达 34m 的巨厚可采煤层,初步估算新增优质炼焦用煤 4 亿 t;大柴旦鱼卡煤田九龙山矿区新发现累计厚 25.23m 的可采煤层 2 层,估算新增资源量 2.6 亿 t;均达到大型井田规模。油气勘查在柴西凹陷带、阿尔金山前带新增探明石油地质储量 1.5 亿 t,新增天然气探明地质储量 400 亿 m^3,勘探区域已从局部拓展到整个盆地,进一步夯实了建成千万吨规模高原油气田的资源根基。

五、加大技术创新投入力度,满足实际应用需求

一是有序推进不同层次的找矿部署研究。针对青海省铜矿、铜镍硫化物矿、天然矿泉水等勘查工作有效部署了研究项目,积极指导地质找矿方向和靶区优选;开展了整装勘查区找矿部署研究工作,进一步完善了成矿理论和矿床模型,拓展了找矿空间,为找矿突破战略行动的顺利实施提供了科学依据;开展了青海省"358 地质勘查工程"成果集成与经验总结,全面推进"十四五"矿产资源规划专题研究、专项规划的研编工作等,达到了总结成果、梳理问题、分析形势、谋划布局的目的,为青海省地质勘查工作高质量发展提供了理论技术支撑。

二是积极实施重要矿产成矿规律及找矿预测研究。相继在柴北缘和东昆仑地区开展了稀有稀土金属、多金属、页岩气、铀矿的成矿规律及找矿突破方向研究,进一步明确了控矿构造和赋矿层位,为实现找矿突破提供了技术支撑;加强沉积型晶质石墨矿锰矿、岩浆伟晶岩型锂铍矿、热水沉积型铁钴矿等新成矿类型的研究,进一步拓展了找矿思路和空间;开展了柴达木盆地锂资源、南翼山地区深层卤水资源的潜力评价工作,为全省科学规划部署盐湖矿产资源的勘查开发提供了翔实的地质资料。

三是创新开展勘查技术方法试验与应用研究。针对柴周缘重要矿床类型开展综合物探技术方法有效性评价与试验研究,总结出在青藏高原浅覆盖区寻找矽卡岩型铁及多金属矿的物探方法组合,并在野马泉、它温查汗西等矿区得到成功应用,进一步拓宽了找矿空间;在重要成矿带开展 1∶2.5 万地球化学测量示范与推广,明确其圈定的多数异常不仅对 1∶5 万异常进行了分解,同时新发现了一批具有找矿意义的新异常,为矿产勘查选区立项工作提供了有效的靶区;二维地震和广域电磁法在页岩气、干热岩、

深层卤水、金属矿等领域得到推广,取得了一批重要勘查成果;在都兰地区开展了"自然资源遥感动态巡查及遥感监测示范研究",初步探索了高分遥感在自然资源领域的动态监测应用;在夏日哈木、拉陵灶火、哈西亚图、铜金山、锡墨格山等重点矿区开展地质扫描技术规范研究,获取了高分辨率岩心图像,保留了一套内容丰富、真实可靠、价值很高的实用数字资料,为更全面深入研究矿床成矿特征等提供了依据。

四是加强地学数据与资料信息开发利用。建立了青海省同位素数据库、全国地质资料目录服务中心建设(青海)、区域地质图数据库建设(西北)等多个地学基础数据库,更新完善了青海省矿产地数据库和青海省地勘项目管理数据库,为持续推进数字化建设提供了支撑;开展青海省新一轮区域地质志、矿产地质志编制等工作,对全省地质工作成果进行全面梳理和综合集成的同时,为找矿工作提供了丰富的基础地质资料,进一步提升了全省地质资料综合利用水平和程度。

第六章 下步工作思路

第一节 "十四五"面临形势

通过五年的努力，超额完成了"十三五"确定的任务目标，初步形成了地质工作绿色高质量发展的新局面，为"十四五"开局起步打好了坚实基础。但进入新发展阶段，按照绿色高质量发展、构建青海省地质工作新发展格局的新任务新要求，面临着诸多新的挑战、问题和困难，需要在工作中不断思考、研究与解决。

一是国家能源资源安全保障对地质工作提出新的需要。我国正处在转变发展方式、优化经济结构、转换增长动力的攻关期，结构性、体制性、周期性问题相互交织，"三期叠加"影响深化，经济下行压力持续加大。国际矿业市场正处在新一轮发展的关键期，国内矿产资源供应及矿产资源勘查开发格局将发生重大变化，矿产资源需求将呈现多元化增长。青海省石油、天然气、钾盐、镍、铜铅锌、金、锂、干热岩等战略性矿产资源，在全国具有明显的比较优势与重要的战略意义，需要进一步加大战略性矿产勘查开发力度，持续推进绿色勘查开发，不断提升矿产资源综合开发利用水平，使青海省真正成为国家战略资源要地，在保障国家能源资源安全中发挥重要作用。

二是青海省循环经济发展对矿产资源保障提出新的需求。青海省实施"五四战略"、推进"一优两高"、持续推动"四种经济形态"、培育和发展新材料产业等战略举措，对保障矿产资源供给、提高资源节约集约利用水平提出了新的更高要求。特别是推进"循环经济"、培育和发展新材料产业要求我们必须转变思路，除了加强传统优势矿产资源勘查开发外，要紧密围绕柴达木循环经济和发展新材料产业的新需求，更加注重新材料矿产资源的勘查，加强战略性矿产资源和盐湖资源的综合开发和节约集约利用，增强与延伸循环经济产业链，促进产业转型升级。

三是统筹建设"五个示范省"对地质工作提供新的机遇。特别是"清洁能源示范省"建设需要加强页岩气、煤层气、地下热水、干热岩等清洁能源资源的勘查开发力度，为青海省清洁能源利用提供新的方向；"国家公园示范省"建设对生态环境地质、地质遗迹调查及保护等工作提出了新的要求；"绿色有机农畜产品示范省"建设要求我们要在总结以往工作经验基础上，进一步加强生态农（牧）业地质工作，为发展有机特色农畜产业提供依据；"高原美丽城镇示范省"建设需要加强城市（镇）地质综合调查，为推进新型城镇化建设、合理利用城市地质资源、城市灾害应急管理和整治提供技术支撑；"民族团结进步示范省"创建要求我们进一步加强与地方政府的沟通，了解地方发展对矿产资源工作的需求与要求，寻求地方政府及群众对矿产资源工作的支持，积极推进和谐勘查开发，营造良好的外部工作环境。

四是生态文明建设对地质工作提出新的挑战。实施绿色勘查、建设绿色矿山是全社会的共同期盼，也是企业主动适应生态文明要求，谋求自身可持续发展的必然选择。新时期矿业绿色高质量发展对绿色勘查、绿色矿山建设及矿业活动中的生态保护与修复提出了新要求；在工作范围压缩、环境保护约束趋紧的前提下，我们要积极应对挑战，开拓创新，努力实现勘查开发新的成果突破。

第二节 地质工作下步思路

一、总体思路

以习近平新时代中国特色社会主义思想为指导，聚焦国家能源资源安全保障重点任务，按照省委省政府"一优两高"战略部署，紧紧围绕循环经济发展和"五个示范省"建设的需求，突出目标和结果导向，握紧拳头，靶向投入，加大清洁能源矿产、优势重要矿产及新材料矿产资源绿色勘查力度，努力实现地质找矿新突破；进一步拓展服务领域，加强基础地质、水工环地质、城市综合地质等工作，注重科技引领，提升地质工作服务民生及经济社会发展能力；进一步完善矿产资源有偿使用制度，不断优化矿产资源开发格局；持续推进绿色勘查和绿色矿山建设，进一步提高矿产资源综合利用效率，促进资源有效保护和合理开发利用。通过深入实施四大"矿产资源工程"，在新的起点上为建设更加富裕文明和谐美丽新青海、打造国家战略性能源资源接续地提供资源保障和技术支撑。

二、基本原则

（一）生态保护优先

围绕青海省"十四五"规划目标，立足"三个最大"省情定位和"三个安全"重要地位，按照生态环境"三线一单"要求，在保护生态环境的前提下继续实施"四大地质工程"，研究推广绿色勘查适用的技术方法，全面摸清青海省主要优势、战略性、新材料产业发展急需的以及清洁能源矿产资源家底，支撑和服务社会经济发展。

（二）全面绿色勘查

青海省地勘工作以"生态保护第一，尊重群众意愿"为前提，对于外部环境较好的地区，积极加强宣传，征求地方政府及群众意见，稳妥部署地勘工作；对于地方政府和当地群众不同意实施的地区，暂缓安排地勘工作。同时，按照生态环境保护对地质工作的新要求，通过技术创新，研究运用最先进的工作手段、仪器设备，加强青藏高原绿色勘查技术与找矿突破示范研究，全面推进绿色勘查，为实现生态环境保护与找矿突破双赢提供技术支撑。

（三）推进深部勘查

结合"一核二深三系"科技创新战略，以国家能源资源基地建设为依托，突出地质工作新理论、新技术、新方法研究，坚持"从已知到未知，由浅入深"的部署原则，开展制约矿产资源勘查的基础地质、关键技术问题的研究，针对重要成矿带、主要矿集区、重点勘查区，继续开展铜钴镍、钨锡钼、金银及稀有稀土等矿产成矿作用、找矿方向研究与靶区优选工作，为找矿部署研究和工作部署提供科学依据；在成矿地质条件有利、找矿前景良好的大中型矿山深部和外围分层次开展深部勘查工作，努力实现深部找矿工作的重要进展与重大突破。

(四)科技创新引领

运用现代地质成矿理论和新技术、新方法、新设备,科学合理部署,精心组织实施,提高矿产资源勘查的深度、精度和速度。针对制约找矿突破的关键基础地质问题和重大疑难问题,与科研院所共同开展攻关研究,拓宽找矿思路与方向,力争取得一批具有较大影响的科研成果。开展不同层次的学术交流和现场研讨,野外一线工作人员与省内外专家、学者共同探讨,研究提出下一步地质勘查工作的思路和措施。不断探索建立和完善人才培养制度体系,特别是要着力培养"揭榜挂帅"型领军人才、野外实践能力强的战术性人才。

(五)坚持服务于民

坚持以人民为中心的发展思想,以产业"四地"建设为引领,紧紧围绕全省经济社会发展对矿产资源的需要,不断拓展地质工作领域,积极发挥地质工作在服务国土空间规划、农业产业规划、乡村振兴、防灾减灾、地学旅游等方面的重要作用。开展各类大比例尺基础地质调查,补齐基础资料短板,为乡村振兴重大工程、基础设施、城镇建设等提供基础地质资料支撑;继续加强公益性、基础性综合地质调查,摸清优势特色土地资源分布,开展土地质量调查评价,助力农牧业高质量发展,为打造绿色有机农畜产品输出地提供依据;开展重点地区地质遗迹及旅游地质调查,摸清地学旅游资源家底,为地方合理有效地将资源优势转化为产品优势,打造精品地学旅游基地和线路,为乡村振兴、打造国际生态旅游目的地提供基础资料;充分利用云计算、大数据等新技术新方法,依托基础地质调查数据,加强调查成果创新运用,推动调查成果系统集成、数据体系信息化和社会化服务。

三、主要目标

一是基础地质调查服务与科技创新能力进一步增强。柴周缘地区1:2.5万地球化学测量覆盖率达到可测面积的65%,圈定一批有前景的地质异常和找矿靶区;基本完成全省重点城镇区及重要经济区1:5万水工环地质调查;完成海东、德令哈、格尔木城市地质综合调查;有效解决制约地质找矿突破、优势矿产资源开发利用的关键疑难问题。

二是矿产资源勘查实现新突破。新发现普查基地和矿产地20~30处,其中大中型矿产地5~10处;新提交6~8处矿产资源勘查开发基地。主要矿产新增资源储量:煤炭2亿t,铜镍铅锌200万t,金60t,银2000t,锰矿石2000万t,氧化锂铍10万t,氯化钾锂1亿t,晶质石墨1000万t,萤石100万t,滑石1000万t,高纯石英100万t。

三是矿产资源集约节约利用技术显著进步,战略性矿产和盐湖资源得到有效保护,绿色、和谐勘查开发新局面全面形成。优势矿产资源开发利用的关键疑难问题得到有效解决,矿产资源规模化集约化和综合利用水平不断提高,矿产资源开发利用"三率"水平达标率达到国家下达指标,绿色勘查全覆盖,绿色矿山比例达到生产矿山的50%。

四、重点任务

一是加强基础地质调查工作,提升地质服务支撑水平。①加大重要成矿区带及重点调查评价区大比例尺地质矿产调查工作,为进一步找矿提供靶区。②合理选区,择优开展1:5万土地质量地球化学评价、重要地质遗迹与古生物化石调查评价等工作，为特色农业、地质旅游等产业提供依据。③围绕全省重点城镇区及重要经济区开展水工环地质调查、供水水文地质勘查、城市地质综合调查等工作，提升服务能力。④针对地质矿产勘查及开发利用中的理论和方法问题，开展科技攻关，引领、指导工作实践。

二是加大矿产资源勘查力度，提高新时期能源资源安全保障水平。根据成矿条件、已有成矿事实、成矿潜力及物化探异常等划分重点勘查区及矿集区，开展矿产资源勘查。①加大"三稀"（锂、铍、铌、钽等）、锰、钴、镍、锡、钒、萤石、晶质石墨、滑石、高纯石英等新材料矿产的勘查力度，形成新的资源基地，为青海省新材料产业发展提供新的"增长极"。②加强以钾盐、锂盐、金、银、铜、铅、锌等优势重要矿产为主，兼顾煤炭及建材非金属矿产的勘查，加大深层卤水开发利用研究和老矿区深部及外围勘查力度，尽快提交一批可供开发的、具有重要经济价值的大中型矿产地，为促进青海省矿业经济发展提供新的动力。③继续开展页岩气、地热和干热岩、煤层气、砂岩型铀矿等清洁能源矿产勘查，为青海省清洁能源示范省建设提供支持。青南地区在外部环境好转的情况下，对多彩等铜铅锌银资源富集区开展勘查，提交大型矿产资源勘查开发基地。

三是优化矿产资源开发格局，进一步保障资源合理开发利用。①明确矿产资源开发利用方向。鼓励开采资源储量丰富、市场前景好、经济效益高、环境污染小的石油、天然气、煤炭、盐湖、铜、铅、锌、金、银、铁、锂、镍、地下热水、矿泉水、晶质石墨、金红石、滑石、萤石、石英岩、石膏等矿种；限制开采国家产业政策限制、市场供过于求、开采过程中会影响生态环境的汞、砷、钨、锑、稀土等矿种，严格执行国家相关矿种的开采总量控制指标；禁止开采会造成严重环境、社会问题的砂金、泥炭等矿种。按照矿山开采规模与矿床（区）资源储量规模相适应的原则，制定符合青海省实际的矿山最低开采规模。②优化矿产资源开发利用布局。以柴达木地区和西宁东部地区为重点，按照生态保护优先和国家产业政策的要求，结合经济、技术、安全等多种因素，划分重点矿区、限制开采区、禁止开采区。

四是优化矿产资源利用结构，提高矿产资源节约集约利用水平。以优势矿产资源为基础，以市场为导向，以节约和合理利用为前提，以经济效益为中心，以提高矿产资源的规模化、集约化、产业化为方向，通过总量调控、科技进步、规模开采、深度加工、合理布局等手段，调整和优化矿产资源开发规模、技术、产品等结构，促进矿产资源的节约、科学和合理开发利用，延伸矿产品加工产业链，提高矿产资源附加值。

五是加强矿业活动中的生态环境保护，推进绿色矿业发展。①强力推进全域绿色勘查，加快提升绿色勘查工作的质量和水平，加强绿色勘查工作的监督管理，最大程度的减少对生态环境的影响。②将绿色矿业理念贯穿于矿山开采、选冶、深加工、治理恢复的全过程，加强事前评估、事中监管和事后综合评价与考核，实现资源开发的经济效益、生态效益和社会效益协调统一。

第三节　工作部署

一、总体工作部署

为坚持保护环境和节约资源的基本国策，落实国家能源资源安全战略和健全国土空间开发保护制度，根据相关要求，在统筹协调好与生态保护红线、永久基本农田、城镇开发边界（三条控制线）关系的基础上，突出目标和结果导向，以绿色发展、高质量发展、转变资源利用方式为出发点，结合矿产资源潜力、勘查现状和环境保护等因素，对全省矿产资源勘查开发与保护布局进行了优化调整。具体情况如下：

重要矿种及重点地区部署方面，紧紧围绕经济社会发展的需要，以市场紧缺、青海省优势或资源潜力大的铜、镍、铅锌、金、银、页岩气、地热-干热岩、钾（锂）盐、晶质石墨、"三稀"矿产等重要矿种为目标，以阿尔金、柴达木盆地北缘、柴达木盆地、东昆仑等重要成矿区带为重点,采用新理论、新技术、新方法,优化实施基础性地质矿产调查评价及创新、矿产资源勘查与保障、优势重要矿产资源开发、战略性矿产及盐湖资源节约集约利用等"四大工程",提交一批大中型矿产地,支撑能源资源安全保障,增强与延伸循环经济产业链,助推全省经济社会发展。

重要矿床类型方面,加强重点成矿类型成矿规律研究,引领重点矿区找矿突破,对具有形成大型、超大型矿床潜力的岩浆型铜镍矿、斑岩型铜钼锡矿、火山岩型铜铅锌矿、造山型金矿、热液型银矿等类型成矿规律的研究,持续发挥科研引领作用;加强对岩浆-伟晶岩型稀有稀土矿、海相沉积型锰矿、热水沉积型钴矿等新类型成矿规律的研究,促进找矿工作取得新突破。

区划布局方面,一是加大矿产资源勘查开发力度,持续推进能源资金基地建设。在现有工作的基础上,全力推动野马泉-夏日哈木镍矿、滩间山-锡铁山铅锌矿、东昆仑金矿、察尔汗钾盐、一里坪-东台锂矿、柴达木盆地油气、大浪滩-昆特依深层钾盐、共和-贵德盆地地热等能源资源勘查开发基地的建设工作,作为保障国家、全省资源供应的核心区域。二是根据主体功能分区,合理划分战略性矿产保障区。将青海省处于生态保护红线内的、已基本探明资源储量的、目前受外部环境影响的、暂时无法进行开发利用的大中型及具重要价值小型矿产地,实行矿产资源储备保护,拟设置弧山煤矿、雪霍立煤矿、航亚煤矿、艾力斯台-黄石梁石英岩矿、大场金矿、瓦勒根金矿、东乘公麻金矿、牙扎曲金矿、纳日贡玛铜钼矿、然者涌铅锌银矿、莫海拉亨铅锌矿、扎朵-尕朵稀有金属矿、赛什塘-铜峪沟铜矿和多彩铜铅锌矿等14个战略性矿产资源保护区(有12个涉及自然保护区),总面积约0.4万 km²,占全省面积的0.57%。三是以重要成矿区带为主要对象,科学设置重点勘查区。将青海省成矿条件有利或找矿前景良好的区域、大中型矿山深部和外围具有资源潜力的区域、其他能实现找矿重大突破的区域,按照整体勘查、整体评价的思路,实施科学有序的矿产资源勘查工作,拟设置阿尔金金铜镍及"三稀"矿、采石岭-冷湖-马海盐湖矿产、丁字口-滩间山-锡铁山金煤煤层气、尕斯库勒-东达布逊湖石油天然气钾锂盐、居洪图-茶卡北山锂铍稀有金属萤石矿、卡而却卡-尕林格铜多金属稀有稀土矿、拉陵灶火-妥拉海河铜多金属石墨矿、昆仑河-铜金山钨金多金属滑石矿、五龙沟-八宝山金页岩气、诺木洪-哈图金银多金属矿、赛坝沟-沙柳河金铜多金属矿、沟里-那更康切尔金银铜镍多金属矿、共和-贵德地下热水干热岩和西宁-海东地下热水建材非金属矿等14个重点勘查区,总面积约15.6万 km²,占全省面积的22.39%。四是以经济社会发展需求为导向,统筹生态环境保护与矿产资源开采的协调发展,优化部署重点开采区。将青海省资源禀赋优、开发利用条件好的大中型矿产地,以优化资源配置、支撑能源资源基地建设为目标,实施规模化、集约化开采,拟设置茫崖石棉矿、尕斯库勒油气、大浪滩钾盐矿、马海钾盐矿、一里坪-东台锂矿、涩北天然气、察尔汗钾镁盐矿、团鱼山煤炭、滩间山岩金矿、鱼卡煤炭、大柴旦湖硼及钾盐、大煤沟煤炭、锡铁山铅锌矿、卡而却卡-索拉吉尔铜钼矿、肯得可克-尕林格铁铅锌矿、它温查汗-那陵郭勒河西铁多金属矿、那陵高里-夏日哈木铁镍铅锌矿、铜金山-妥拉海河铜钨滑石石墨矿、石灰窑石灰岩、五龙沟岩金矿、旺尕秀工业用石灰岩、柯柯盐湖湖盐、茶卡盐湖湖盐、白石崖铁多金属矿、丁叉叉山钛矿、沟里金多金属矿、哈日扎-那更康切尔银多金属矿、什多龙-满丈岗铅锌金矿、恰卜恰地下热水、扎仓寺地下热水、柏木沟石英岩石灰岩、西宁-平安地下热水、木里煤炭、西大滩-纳赤台矿泉水等34个重点开采区,总面积约3.6万 km²,占全省面积的5.17%。

二、具体工作部署

(一)基础性地质矿产调查评价及创新工程

基础地质调查方面:一是在柴北缘、东昆仑、阿尔金等地区(可测面积5.5万 km²)完成1∶2.5万地球化学测量1.4万km²,覆盖率由"十三五"末的40%提高至65%;选择重要成矿区带完成1:2.5万区域地质调查2000km²,1:5万放射性地质矿产调查2000km²。二是在祁漫塔格、阿尔金等成矿有利区完成1:5万综合物探调查3200km²;在东昆仑东段地面物探无法开展的重要成矿区完成1:1万航空物探测量1200km²。三是在青海东北部重点农牧区完成1:5万土地质量地球化学评价3000km²,达到青海东北部重点农牧区富硒区全覆盖。四是在海东市、海南州及海西州部分地区择优开展重要地质遗迹调查和古生物化石调查评价。

水工环地质调查方面:一是在"十三五"期间已完成黄河流域、湟水流域1:5万水工环地质调查的基础上,围绕全省重点城镇(各市、州府所在地)开展1:5万水工环地质调查,完成调查面积1.55万km²。二是完成海北州刚察、海晏、门源、祁连,海西州天峻、乌兰、大柴旦、茫崖、冷湖等城镇的1:5万水文地质调查,完成调查面积1.05万km²。三是完成乐都、平安、互助、达日、班玛、甘德、久治、河南、泽库等城镇以及香日德、马海、哇玉香卡-沙珠玉等重要经济区的供水水文地质勘查,完成调查面积5000km²,水文地质钻探1万m,提交水源地靶区10~15处。四是在交通条件好、能开发利用的地区,完成矿泉水点勘查评价10~20处,提交大中型矿泉水水源地5~10处。五是开展海东、格尔木、德令哈等城市地质综合调查,力争完成调查面积2300km²。

地质科技创新方面:一是在柴达木盆地及周缘主要成矿带加大找矿突破部署研究,围绕滩间山、沟里、五龙沟、昆仑河等重点矿集区开展深部找矿成矿规律研究;二是加强国产高分遥感卫星数据应用;三是注重盐湖矿产资源开发利用研究,促进深层卤水钾锂矿的开发利用;四是加强绿色勘查技术创新研究和新技术新方法应用推广;五是开展环境承载力基础研究;六是坚持数字经济引领,加强地质数据信息化平台和地质云信息化建设。

(二)矿产资源勘查与保障工程

新材料矿产方面:重点开展柴北缘—阿尔金地区"三稀"(锂、铍、铌、钽等)、高纯石英,东昆仑都兰-格尔木锰、钴、镍、锡、钒、晶质石墨、萤石、滑石等新材料矿产勘查,力争形成茶卡北山锂铍稀有金属矿、都兰诺木洪锰锡萤石、格尔木妥拉海河晶质石墨、格尔木小干沟钒、大柴旦高纯石英、格尔木铜金山滑石钨等一批大中型矿产地。

传统优势重要矿产方面:继续加强柴达木盆地盐湖矿产(锂、钾等),都兰沟里-热水金银矿,都兰宗家-诺木洪铅锌金矿,鱼卡-嗷唠河煤炭,青海东部建材非金属等优势矿产勘查,加大黑北凹地—马海地区深层卤水钾锂矿勘查,深化滩间山金矿、沟里金矿、五龙沟金矿、牛苦头-四角羊铜铅锌矿、虎头崖铜铅锌矿等重要矿区及具有找矿潜力的老矿区深部外围找矿,发现和评价一批重要矿产地,努力实现地质找矿新突破,新形成马海-大浪滩深层卤水钾盐、红三旱-碱石山等一批重要矿产勘查开发基地。青南地区根据外部环境情况,适时开展多彩等铜铅锌银资源富集区勘查工作,形成矿产资源储备基地。

清洁能源矿产方面:重点开展柴达木盆地及周缘页岩气、煤层气、砂岩型铀矿,共和-贵德盆地地下热水-干热岩,西宁-海东地下热水等清洁能源矿产勘查,力争提交都兰八宝山页岩气、共和-贵德地热干热岩、鱼卡煤及煤层气、平安乐都地下热水等一批矿产地,力争形成都兰页岩气、共和-贵德地下热水-干热岩勘查开发基地。

(三)优势重要矿产资源开发工程

传统优势矿产方面:继续加强石油、天然气、铜、铅、锌、盐湖等优势矿产资源的综合开发,进一步扩大产能与规模。

具新开发潜力的矿产方面:进一步加大铁、煤、锂、镍、银等具有开发潜力矿产的开采力度,尤其要加快地质勘查程度较高、资源储量规模较大的格尔木夏日哈木镍铜矿及周边多金属矿产,大柴旦鱼卡煤矿及周边煤矿等开发基地建设;推进都兰那更康切尔沟银多金属矿等贵金属勘查开发进程,力争新建一批重要矿山,形成新的矿业产能。

新能源、新材料矿产方面:加快开展共和、西宁、海东地区地下热水、干热岩等清洁能源矿产的开发利用。积极推进石英岩、石膏、饰面石材等非金属材料矿产的开采进程,特别是在进一步勘查、选矿试验研究基础上,推进妥拉海河晶质石墨矿、鱼卡金红石矿等新材料矿产开发,为柴达木循环经济发展提供新的方向。

(四)战略性矿产及盐湖资源节约集约利用工程

传统矿产资源利用技术改造方面:淘汰落后产能,开展矿山固体废弃物、尾矿资源和废水利用研究,全面提高矿产资源综合利用率。

盐湖资源综合利用方面:开展青海省优势盐湖矿产及其他战略性矿产(有色金属、非金属等)的整体和多矿种综合利用,特别是在钾、镁盐开发中加强对钠盐、硼、锂、碘、溴、铯、铷等共伴生组分的综合回收利用。由于青海省盐湖资源在全国具有优势地位,它的保护与合理开发利用工作需要开展专项规划研究。

新材料矿产可持续利用方面:开展镍、锰、钛、晶质石墨等矿产的综合利用研究,为新材料矿产开发利用提供技术支撑。

三、主要实物工作量

2021—2025年青海省地质勘查的主要工作手段包括钻探、槽探、1:5万放射性矿产调查、土地质量调查评价、水工环地质调查、地质遗迹集中区调查、1:2.5万区域地质矿产调查、地球化学测量等工作(表6-3-1)。

表6-3-1 2021—2025年青海省地质勘查主要实物工作量计划表

工作方法	实施阶段	单位	主要工作量
1:25万区域水文地质环境地质调查	2021—2025年	km²	290 000
1:5万放射性矿产调查	2021—2025年	km²	10 580
1:5万土地质量地球化学评价	2021—2025年	km²	8236
1:5万地质遗迹集中区调查	2021—2025年	km²	1200
1:5万水工环地质调查	2021—2025年	km²	26 000
1:5万遥感解译	2021—2025年	km²	57 000
1:2.5万区域地质矿产调查	2021—2025年	km²	5826
1:2.5万地球化学测量	2021—2025年	km²	27 081
槽探	2021—2025年	m³	800 000
机械岩心钻探	2021—2025年	万m	60
水文钻探	2021—2025年	万m	10
地热钻探	2021—2025年	万m	5
油气钻探	2021—2025年	万m	50

注:主要实物工作量为拟设置工作量,以实际部署情况为准。

四、资金投入

力争投入地质勘查资金 40 亿~50 亿元，其中，中央财政 5 亿~10 亿元，省级财政 10 亿~15 亿元，社会资金 25 亿元左右。

五、预期成果

以柴达木盆地及周缘地区为重点，依托"四大工程"，进一步提高基础地质调查及重要矿区勘查研究程度，明显提升地质科技创新能力与服务水平，加大优势重要矿产、关键战略性矿产深部找矿研究力度，努力促进铜、钴、镍、锰、锡、锂铍、页岩气、地热等矿产勘查实现新突破，力争新发现一批可供开发的大中型矿产地，持续提升资源储量。到 2025 年末，形成柴达木盆地深层卤水钾锂盐、柴北缘茶卡地区锂铍矿、鱼卡-嗷唠河煤炭、中南祁连木里煤田煤及煤层气、东昆仑都兰地区金银锰、祁漫塔格地区铜镍铅锌、昆仑河地区晶质石墨、共和-贵德盆地干热岩-地下热水等 8 个矿产资源勘查开发基地。

第四节　保障措施

保持地勘经费稳定投入。进一步改善矿业领域投资环境，保障矿业企业有相对稳定的利润空间，更好地发挥市场在资源配置中的基础性作用，鼓励和调动市场各类主体投资的积极性，积极争取国家财政资金用于青海省公益性、基础性地质工作，保持省级财政资金稳定投入矿产调查评价及普查工作，引导和拉动社会资金进行勘查开发，形成多元投入、有机衔接、有效竞争的矿产勘查新局面，力争"十四五"期间勘查总投入达到 50 亿~60 亿元，为地质勘查提供坚实的资金保障。

推进矿产资源管理改革。贯彻落实党中央、国务院统筹推进自然资源资产产权制度改革等决策部署，根据《中华人民共和国矿产资源法》修改进程，全面推动矿业权出让制度改革，进一步完善矿业权权益金制度改革具体措施，完成矿产资源储量分类分级改革，简化财政资金开展基础性、公益性工作及矿产资源评审备案和登记事项。探索建立战略性矿产资源战略储备体系。

深化"放管服"改革。立足矿产资源勘查开采实际，为解决矿产资源管理存在的突出问题，将实践中一些成熟、可行的经验提炼总结，上升到制度层面，为正常有序推进矿产资源管理提供政策保障。承接做好自然资源部下放的矿业权省级审批管理，加大审批权限向市（州）级下放力度，明晰监管责任，做到接得住、放得下、管得好。

强化组织实施。加强对矿产资源工作的全过程管理，加强项目承担和考核评估机制的改革创新，强化落实激励机制，形成开放、竞争、有序的管理机制，为地质找矿工作再获新突破提供充满活力的制度保障。

加强科技创新引领。加强与科研院所合作，充分发挥地勘单位、矿山企业、研发机构等全社会力量及"产学研"创新平台和技术研发团队作用，加强矿产资源人才队伍能力建设，提升科技创新水平；坚持创新驱动，提升勘查开发技术装备水平，解决矿产资源深部勘查与深层卤水等深部采矿等技术瓶颈，提升矿产资源勘查开发和集约节约利用水平，为矿业高质量发展注入新动力。

主要参考文献

陈晓琳,2019.青海省大柴旦镇青山金矿矿床成因及找矿方向[D].长春:吉林大学.

邓红宾,陈永东,杨鹏涛,等,2019.东昆仑纳赤台地区构造时空格架及成矿地质背景分析[J].中国地质调查,6(2):34-41.

焦鹏程,张建伟,姚佛军,等,2016.马海盐湖深部卤水钾盐勘查与研究进展[J].矿床地质,35(6):1305-1308.

焦文,1995.马海盐湖资源开发存在的问题与设想[J].柴达木开发研究(3):45-46.

李海宾,卿晓锋,祁昌炜,等,2016.自然电场法在青海省三通沟石墨矿找矿中的应用[J].地质与资源,25(6):580-582.

李海宾,卿晓锋,谈艳,等,2018.激电中梯测量在青海省楚鲁特石墨矿找矿中的应用[J].矿产与地质,32(6):1084-1090.

李文强,浅谈,2017.青海省格尔木二道沟白钨矿床地质特征[J].世界有色金属(16):204-205.

刘创脱,王丰翔,崔邢涛,等,2019.超高压榴辉岩中金红石的地球化学特征分析——以丁叉叉山钛矿为例[J].电子显微学报,38(6):650-656.

刘海声,穆元红,刘鹏,等,2017.绿色勘查技术在青海格尔木铜金山矿区钻探施工的应用分析[J].探矿工程(岩土钻掘工程),44(3):27-30.

刘赫显,2017.青海昆仑河地区钨矿床流体包裹体特征及矿床成因[D].北京:中国地质大学(北京).

罗长海,李福军,乔建峰,等,2018.青海丁叉叉山地区金红石矿床地质特征及找矿前景[J].矿产勘查,9(7):1342-1351.

罗生福,2019.茶卡北山有"锂"了[N].中国矿业报,2019-07-05(06).

马进海,2018.青海省乌兰县楚鲁特地区石墨矿矿床地质特征及找矿前景浅析[D].绵阳:西南科技大学.

欧栋,路利春,马东,等,2019.基于重磁资料探析青海省石头坑德铜镍多金属矿成矿特征[J].陕西地质,37(2):69-77.

潘彤,李善平,任华,等,2020.柴达木盆地北缘锂多金属矿成矿条件及找矿潜力[J].矿产勘查,11(6):1101-1116.

裴康康,2016.东昆仑五龙沟金矿外围Ⅺ号矿化带流体包裹体研究[D].石家庄:河北地质大学.

祁万龙,雷延智,马如财,等,2017.激电中梯法在鑫拓多金属找矿中的应用[J].世界有色金属(10):229,231.

王秉璋,韩杰,谢祥镭,等,2020.青藏高原东北缘茶卡北山印支期(含绿柱石)锂辉石伟晶岩脉群的发现及Li-Be成矿意义[J].大地构造与成矿学,44(1):69-79.

王坤,车泽福,2014.二道沟矿床地质特征简介及成因探讨[J].西部探矿工程,26(4):111-113,116.

王泰山,鲁海峰,张尧,等,2016.青海省格尔木二道沟白钨矿床地质特征初析[J].中国钨业,31(4):14-20.

王瑜,罗生福,康维海,2017.做好"绿色"大文章——青海地调院铜金山多金属矿预查项目绿色勘查纪实[J].青海国土经略(4):12-14.

张斌顺,马启龙,张里斌,2018.青海省都兰县迈龙地区金多金属矿地质特征及矿床成因分析[J].世界有色金属(7):131-132.

张海青,马玉成,何存发,等,2019.柴达木盆地北缘高压—超高压变质带榴辉(闪)岩中钛载体的比对研究及地质意义[J].青海大学学报,37(2):100-106.

张海青,王军,晁海德,等,2019.青海乌兰榴辉岩型金红石矿选矿工艺对比研究[J].青海大学学报,37(5):66-72.

张里斌,肖积福,李文君,等,2018.都兰县迈龙地区金多金属矿矿体地质特征与找矿远景分析[J].中国锰业,36(6):138-141,170.

张启龙,林艳海,张鑫利,等,2018.东昆仑地区二道沟石英脉型白钨矿矿床地质特征及找矿前景分析[J].中国锰业,36(5):105-108,120.

张宇婷,2018.青海东昆仑中段五龙沟矿集区金矿成矿作用研究[D].长春:吉林大学.

周鹏,安永尉,张鹏,等,2018.青海呼热郭勒沟石墨矿床地质特征、矿床成因及找矿前景[J].矿产勘查,9(2):286-295.

主要内部资料

陈惠娟,2015.青海省乌兰县柯柯盐化工业小区供水水文地质勘查[R].西宁:青海省环境地质勘查局.

陈松,彭辉,马瑞光.2019.青海省茫崖行委乌兰乌珠尔4041高地钨锡铜多金属矿预查报告[R].武汉:湖北省地质调查院.

程洪明,赵静纯,许文元,等,2016.青海省乌兰县柯柯盐湖西铁多金属矿预查报告[R].西宁:青海省第三地质矿产勘查院.

崔明,海涛,徐维成,等,2013.青海省木里煤田江仓矿区八井田勘探[R].西宁:青海省第四地质矿产勘查院.

代威,赵静纯,刘永乐,等,2020.青海省都兰县三通沟北地区锰多金属矿预查2019年工作总结及2020年工作安排[R].西宁:青海省第三地质勘查院.

范厚敏,朱华云,陈凉,等,2015.青海省都兰县柯赛东铅多金属矿Ⅳ-1矿体详查及外围普查报告[R].成都:四川省地质矿产勘查开发局一〇九地质队.

耿庆明,李永红,牛志新,等,2014.青海省天峻县聚乎更煤矿区一井田南部(六号井)详查报告[R].西宁:青海煤炭地质一〇五勘探队.

何俊江,李世恩,张正虎,等,2020.青海省都兰县色日地区金矿普查2017—2019年工作总结及2020年工作安排[R].西宁:青海省有色第三地质勘查院.

赖华亮,王泽勇,杨克水.2019.青海大柴旦镇青山地区金矿预查报告[R].西宁:青海省第五地质勘查院.

李俊,文军,黄忠.2016.青海省都兰县那更康切尔沟银多金属矿预查报告(2012—2014年)[R].成都:四川省冶金地质勘查局水文工程大队.

李荣生,谢永文,张生学,等,2018.青海省乌兰县丁叉叉山南坡那日托钛矿普查报告[R].西宁:青海建立矿业有限公司.

李滔,李敏同,周洪兵,等,2019.青海省都兰县那更康切尔沟银多金属矿预查报告[R].成都:四川省冶金地质勘查局水文工程大队.

李小林,吴国禄,汤洪康,等,2016.青海省共和盆地恰卜恰地区地下热水资源勘查报告[R].西宁:青海省环境地质勘查局.

李永登,王泰山,常海安,等,2020.青海省格尔木市铜金山钨及滑石矿预查2015—2019年工作总结及2020年工作安排[R].西宁:青海省地质调查院.

梁志祥,赵东阳,杨占梅,等,2016.青海省德令哈市柏树山饮用天然矿泉水水源地勘探报告[R].西宁:青海省环境地质勘查局.

路隆炜,马佐龙,李玉录,2019.青海省都兰县石头坑德西铜镍多金属矿预查报告[R].西宁:青海省第一地质矿产勘查院.

马进海,马文智,李必鑫,等,2019.青海省乌兰县楚鲁特地区石墨矿调查评价报告[R].西宁:中国建筑材料工业地质勘查中心青海总队.

牛索安,祁拉加.2019.青海省天峻县江仓南部地区煤炭预查报告[R].西宁:青海煤炭地质一〇五勘探队.

庞小朋,胡连成,钟俊,等,2020.青海省格尔木市妥拉海河一带石墨矿调查评价报告[R].西宁:中国建筑材料工业地质勘查中心青海总队.

秦光雄,陈惠娟,侯银财,等,2020.青海省乌兰县查查香卡农业开发区供水水文地质普查[R].西宁:青海省环境地质勘查局.

沈廷硕,杨宝荣,陈海福,等,2020.青海省都兰县鑫拓金多金属矿普查报告[R].西宁:青海省有色第三地质勘查院.

宋永前,贾成财,刘立波,等,2013.青海省木里煤田江仓西北煤炭预查[R].西宁:青海省第四地质矿产勘查院.

王鲁青,代春辉,贺鹏飞,等,2020.青海省鱼卡煤田九龙山北煤及煤层气预查工作总结[R].西宁:青海煤炭地质勘查院.

王万平,汪生斌,童珏,等,2020.青海省茫崖行委花土沟城镇供水水源地水文地质普查[R].西宁:青海省环境地质勘查局.

文怀军,李永红,牛索安,等,2014.青海省天峻县聚乎更煤矿区三露天勘探报告[R].西宁:青海煤炭地质一〇五勘探队.

辛光顺,徐永锋,徐维成,等,2013.青海省木里煤田江仓矿区七井田勘探[R].西宁:青海省第四地质矿产勘查院.

杨进尧,曹官青,耿庆明,等,2014.青海省天峻县聚乎更煤矿区二露天勘探报告[R].西宁:青海煤炭地质一〇五勘探队.

杨顺龙,段鸿昌,柴永强,等,2020.青海省都兰县浪木日地区锰镍多金属矿预查2017—2019年工作总结及2020年工作安排[R].西宁:青海省有色第三地质勘查院.

张斌顺,刘相钊,张里斌,等,2020.青海省都兰县迈龙地区金多金属矿预查2017—2019年工作总结及2020年工作安排[R].西宁:青海省有色第三地质勘查院.

张松涛,杨阳,王珩,等,2019.青海省都兰县达热尔地区金矿预查报告(2013—2014年)[R].西宁:青海省有色地质矿产勘查局八队.

张晓冬,杨晓龙,朱杰君,等,2019.青海省冷湖镇马海地区钾矿资源调查评价报告[R].西宁:青海省柴达木综合地质矿产勘查院.

张尧,殷占虎,卢世银,等,2019.青海省格尔木市二道沟地区金钨矿预查报告[R].西宁:青海省地质调查院.

周鹏,杜承文,李金善,等,2018.青海省格尔木市呼热郭勒沟石墨矿预查报告[R].西宁:青海省第一地质矿产勘查院.

心思歌·唢唤有高调组歌

寓言组歌

黄振国 ○ 著

黄振国，男，汉族，1952年出生，退休干部，潢川县基店村人。现系《香港商报》记者，信阳市作家协会会员，诗歌协会理事，河南省作家协会会员，中国黄河文化研究会名誉会长，中国黄河文化研究会常务理事，信阳市黄氏文化研究会名誉主席。曾在青少年时务过农，当过多年组、村、乡干部，先后在县委、地委、行署办公室工作十多年，在业余时间不断从事文学创作。目前，已发表作品六百多篇(首)，出版了与人合著的《县级领导学》，《趣味诗词故事》，《趣味成语乐园》，《图说清廉》，《图说信阳》，《唱响信阳》，《名歌何来——99首经典歌曲的传奇故事》，《政协之典》，《信阳大博览》，《信阳文史资料大观》，《信阳黄氏文化湖源》和个人诗文流初探《青春无价》，《青春作伴》，《信阳文专著《黄振国诗集》(线装本)《名人与信阳歌》《共四季五卷》等书，分别由解放军文艺出版社，时代文艺出版社等单位出版发行。先后担任潢川、淮滨、光山县委副书记（在光山兼任县政协主席）和市经济体制改革委员会（经济研究中心）党组书记、主任以及市体育局党组书记、局长，市委办、市直机关工委书记、市政协常委、学习文史委主任期间，还分别主持、参与编印出版了内部书籍十多种。此外，还总策划、监制出品了《青春"唱响信阳"诗歌朗诵会》和《信阳经典歌曲集锦》两套光碟。

时代文艺出版社

49.00元